2008中国城市(镇)生活与价格年鉴

CHINA URBAN LIFE AND PRICE YEARBOOK

国家统计局城市社会经济调查司 编
Compiled by
Department of Urban Society and Economic Statistics,
National Bureau of Statistics of China

中国统计出版社
China Statistics Press

(京)新登字 041 号

图书在版编目(CIP)数据

中国城市(镇)生活与价格年鉴.2008/国家统计局城市社会经济调查司编.
—北京:中国统计出版社,2008.8
ISBN 978-7-5037-5505-7

Ⅰ.中…
Ⅱ.国…
Ⅲ.①城镇-职工家庭收支调查-统计资料-中国-2008-年鉴
②物价管理-统计资料-中国-2008-年鉴
Ⅳ.F126.2-66 F726.7-66

中国版本图书馆 CIP 数据核字(2008)第 091915 号

中国城市(镇)生活与价格年鉴—2008

作　　者/国家统计局城市社会经济调查司
责任编辑/马　平
装帧设计/艺编广告
出版发行/中国统计出版社
通信地址/北京市西城区月坛南街 57 号　邮政编码/100826
办公地址/北京市丰台区西三环南路甲 6 号
网　　址/www.stats.gov.cn/tjshuuia
电　　话/邮购(010)63376907　书店(010)68783172
印　　刷/河北天普润印刷厂
经　　销/新华书店
开　　本/880×1230mm　1/16
字　　数/700 千字
印　　张/24
印　　数/1—1200 册
版　　别/2008 年 11 月第 1 版
版　　次/2008 年 11 月第 1 次印刷
书　　号/ISBN 978-7-5037-5505-7/F·2738
定　　价/208.00 元

《中国城市(镇)生活与价格年鉴—2008》

编委会和编辑人员

2008 CHINA URBAN LIFE AND PRICE YEARBOOK

Editorial Board And Staff

编者说明

一、《中国城市（镇）生活与价格年鉴—2008》是在《城镇居民家庭收支调查资料》与《中国物价统计年鉴》的基础上，对资料进行了充实和重新编排，增加了英文对照。本年鉴系统收录了2007年度城镇居民家庭收支调查资料、城市发展基本情况资料、价格调查资料，是一部比较全面地反映中国城市（镇）人民生活水平和各类价格指数的专业性综合年鉴。

二、年鉴分四个主要部分，第一部分，城镇居民家庭收入和消费；第二部分，城市资源与经济；第三部分，城市生活质量与环境；第四部分，价格指数。篇末附有统计指标解释。

三、本年鉴所涉及的全国性统计数据，均未包括香港、澳门特别行政区和台湾省数据。

四、年鉴资料中所使用的度量单位均采用国际统一标准计量单位。

五、资料中的城市为地级及以上城市。城市统计数据由各市统计部门或调查队采集。城市中的"全市"为城市全部行政区域，包括城区、郊区、市辖县；"市辖区"包括城区、郊区，不包括市辖县。

六、资料中的城镇居民家庭收支调查资料和物价调查资料为抽样调查资料，引用时须注意代表性误差。

七、城镇居民家庭收支调查（又称住户调查）和价格指数调查，是由国家统计局城市社会经济调查司组织实施，国家统计局各调查总队及抽中市（县）的调查队依据国家统计局统一制定的调查方案具体操作的。

八、年鉴符号使用说明："空格"表示无该项数据或数据不详；*号表示本表下有注释，# 号表示其中数。

PREFACE

Ⅰ. *China Urban Life and Price Yearbook 2008* mainly uses data of two books *Data of Urban Households' Income and Expenditure* and *China Price Statistical Yearbook*, with the english explanation and abundance in contents and reorganization in editing mode. The yearbook is a professional annual statistics publication, which covers very comprehensive data in 2007 of urban households' income and expenditure, basic condition of urban development and price indices.

Ⅱ. The yearbook contains four main chapters, 1.the urban households' income and expenditure; 2.Resources and economics in urban area; 3.Quality of life and circumstance in urban area; 4.Price indices. In addition, Explanatory Notes on Main Statistical Indicators are provided at the end of the yearbook.

Ⅲ. The national data in this yearbook do not include that of Hong Kong SAR (Special Administrative Region), Macao SAR and Taiwan province.

Ⅳ. The units of measurement used in this yearbook are in accordance with internationally standard measurement units.

Ⅴ. The urban areas in this yearbook are the cities at prefecture level and above. The urban data are collected by the municipal statistical sector or the survey organization at different level; "All cities" in this yearbook is the whole administrative district of a city, including the city and suburb district and counties under the jurisdiction of city government; "Districts under city" include city and suburban district, excluded counties.

Ⅵ. The data of urban households' income and expenditure and price indices, both are collected by sample survey; attention must be paid when the data are used as quotation.

Ⅶ. Department of Urban Surveys of National Bureau of statistics in China organizes urban household's survey and price indices survey. The survey organizations of provinces, autonomous regions and municipalities directly under the central government as well as the survey organizations of the selected cities and countries collect the data in accordance with the survey scheme stipulated by NBS.

Ⅷ. Notations used in the yearbook: "blank space" indicates that the data are unknown or are not available; "#" indicates a major breakdown of the total; "*" indicates footnotes at the end of the table.

目 录
CONTENTS

第1篇　收入与消费
Ⅰ. Income and Consumption

第 2 篇　城市资源与经济
Ⅱ. Urban Resources and Economy

第 3 篇　城市生活质量与环境
Ⅲ. Urban Life Quality and Environment

第 4 篇　价格指数
Ⅳ. Price Indices

附录　Appendix

收入与消费

Income and Consumption

第 1 篇

1—1—1　城镇居民家庭可支配收入和消费支出
The Cash Income and Expenditure of Urban Household

年　份 Year	城镇居民家庭人均可支配收入 Per Capita Annual Disposable Income of Urban Households			城镇居民人均消费性支出 Per Capita Annual Consumption Expenditure of Urban Households		
	绝对数 Value（元）（yuan）	增长率 Growth Rate		绝对数 Value（元）（yuan）	增长率 Growth Rate	
		1978=100	上年=100 preceding year=100		1978=100	上年=100 preceding year=100
1978	343.4	100.0		311.2		
1979	405.0	115.7	115.7			
1980	477.6	127.0	109.7	412.4	121	
1981	500.4	129.9	102.2	456.8	130.9	108.1
1982	535.3	136.3	104.9	471.0	132.3	101.1
1983	564.6	141.5	103.9	505.9	139.3	105.3
1984	652.1	158.7	112.2	559.4	150	107.7
1985	739.1	160.4	101.1	673.2	161.2	107.5
1986	900.9	182.7	113.9	799.0	178.8	110.9
1987	1002.1	186.8	102.2	884.4	182	101.7
1988	1180.2	182.3	97.6	1104.0	188.1	103.4
1989	1373.9	182.5	100.1	1211.0	177.5	94.3
1990	1510.2	198.1	108.5	1278.9	185.1	104.3
1991	1700.6	212.4	107.1	1453.8	200.3	108.2
1992	2026.6	232.9	109.7	1671.7	212	105.9
1993	2577.4	255.1	109.5	2110.8	230.6	108.8
1994	3496.2	276.8	108.5	2851.3	249.1	108.1
1995	4283.0	290.3	104.9	3537.6	264.6	106.2
1996	4838.9	301.6	103.8	3919.5	269.5	101.8
1997	5160.3	311.9	103.4	4185.6	279.1	103.6
1998	5425.1	329.9	105.8	4331.6	290.6	104.1
1999	5854.0	360.6	109.3	4615.9	313.8	108
2000	6280.0	383.7	106.4	4998.0	337	107.4
2001	6859.6	416.3	108.5	5309.0	355.5	105.5
2002	7702.8	472.1	113.4	6029.9	407.9	114.7
2003	8472.2	514.6	109.0	6510.9	436.5	107
2004	9421.6	554.2	107.7	7182.1	466.1	106.8
2005	10493	607.4	109.6	7942.9	507.4	108.9
2006	11759.5	670.7	110.4	8696.7	547.4	107.9
2007	13785.8	752.3	112.2	9997.5	602.1	110.0

1—1—2 城镇居民家庭基本情况

项　　目	Item	单位	Unit	1985	1990
调查户数	**Number of Households Surveyed**	**户**	**household**	**17143**	**35660**
平均每户家庭人口	**Average Household Size**	**人**	**person**	**3.82**	**3.50**
平均每户就业人口	**Average Number of Employed Persons Per Household**	**人**	**person**	**2.2**	**1.98**
平均每户就业面	**Proportion of Employment per Household**	**%**	**%**	**57.59**	**56.57**
平均每一就业者负担人数	**Number of Dependents per Employee**				
包括就业者本人)	**(Including the Employee Himself or Herself)**	**人**	**person**	**1.74**	**1.77**
平均每人全部年收入	**Per Capita Annual Income**	**元**	**yuan**	**821.4**	**1516.21**
工薪收入	Income of Wages and Salaries	元	yuan		1149.70
经营净收入	Net Business Income	元	yuan		22.50
财产性收入	Income from Property	元	yuan		15.60
转移性收入	Income from Transfer	元	yuan		328.41
#可支配收入	#Disposable Income	元	yuan	752.4	1510.16
平均每人消费性支出	**Per Capita Annual Consumption Expenditures**	**元**	**yuan**	**732.24**	**1278.89**
食　品	Food	元	yuan	390.36	693.77
衣　着	Clothing	元	yuan	112.32	170.90
居　住	Housing	元	yuan	25.56	60.86
家庭设备用品及服务	Household Appliances and Service	元	yuan	81.48	108.45
医疗保健	Health Care and Medical Services	元	yuan	5.52	25.67
交通通信	Transport and Communications	元	yuan	9.24	40.51
教育文化娱乐服务	Education, Cultural and Recreation Services	元	yuan	75.48	112.26
杂项商品与服务	Miscellaneous Goods and Services	元	yuan	32.28	66.57
平均每人消费性支出构成	**Composition of Per Capita Annual Consumption**				
(人均消费性支出=100)	**Expenditures**	**%**	**%**		
食　品	Food	%	%	53.31	54.25
衣　着	Clothing	%	%	15.34	13.36
居　住	Housing	%	%	3.49	6.98
家庭设备用品及服务	Household Appliances and Service	%	%	11.13	10.14
医疗保健	Health Care and Medical Services	%	%	0.75	2.01
交通通信	Transport and Communications	%	%	1.26	1.20
教育文化娱乐服务	Education, Cultural and Recreation Services	%	%	10.31	11.12
杂项商品与服务	Miscellaneous Goods and Services	%	%	4.41	0.94

Basic Conditions of Urban Households

1995	2000	2001	2002	2003	2004	2005	2006	2007
35520	**42220**	**43840**	**45317**	**48028**	**50430**	**54496**	**56094**	**59305**
3.23	**3.13**	**3.10**	**3.04**	**3.01**	**2.98**	**2.96**	**2.95**	**2.91**
1.87	**1.68**	**1.65**	**1.58**	**1.58**	**1.56**	**1.51**	**1.53**	**1.54**
57.89	**53.67**	**53.23**	**51.97**	**52.49**	**52.35**	**51.01**	**51.86**	**52.92**
1.73	**1.86**	**1.88**	**1.92**	**1.91**	**1.91**	**1.96**	**1.93**	**1.89**
4279.02	**6295.91**	**6868.88**	**8177.40**	**9061.22**	**10128.51**	**11320.77**	**12719.19**	**14908.61**
3390.21	4480.50	4829.86	5739.96	6410.22	7152.76	7797.54	8766.96	10234.76
72.62	246.24	274.05	332.16	403.82	493.87	679.62	809.56	940.72
90.43	128.38	134.62	102.12	134.98	161.15	192.91	244.01	348.53
725.76	1440.78	1630.36	2003.16	2112.20	2320.73	2650.7	2898.66	3384.6
4282.95	6279.98	6859.58	7702.80	8472.20	9421.61	10493.03	11759.45	13785.81
3537.57	**4998.00**	**5309.01**	**6029.88**	**6510.94**	**7182.10**	**7942.88**	**8696.55**	**9997.47**
1771.99	1971.32	2027.99	2271.84	2416.92	2709.60	2914.39	3111.92	3628.03
479.20	500.46	533.66	590.88	637.72	686.79	800.51	901.78	1042
283.76	565.29	610.67	624.36	699.38	733.53	808.66	904.19	982.28
263.36	374.49	376.22	388.68	410.34	407.37	446.52	498.48	601.8
110.11	318.07	343.28	430.08	475.98	528.15	600.85	620.54	699.09
183.22	426.95	493.94	626.04	721.12	843.62	996.72	1147.12	1357.41
331.01	669.58	736.63	902.28	934.38	1032.80	1097.46	1203.03	1329.16
114.92	171.83	186.61	195.84	215.1	240.24	277.75	309.49	357.7
50.09	39.44	38.20	37.68	37.12	37.73	36.69	35.78	36.29
13.55	10.01	10.05	9.80	9.79	9.56	10.08	10.37	10.42
8.02	11.31	11.50	10.35	10.74	10.21	10.18	10.40	9.83
7.44	7.49	7.09	6.45	6.30	5.67	5.62	5.73	6.02
3.11	6.36	6.47	7.13	7.31	7.35	7.56	7.14	6.99
5.18	8.54	9.30	10.38	11.08	11.75	12.55	13.19	13.58
9.36	13.40	13.88	14.96	14.35	14.38	13.82	13.83	13.29
3.25	3.44	3.51	3.25	3.30	3.34	3.50	3.56	3.58

1—1—3 最低收入户城镇居民家庭基本情况

项　目	Item	单位	Unit
调查户数	**Number of Households Surveyed**	**户**	**household**
一、家庭人口数	**Households Size**	**人**	**person**
(一)有收入者人数	**Number of Persons with Income**	**人**	**person**
1. 就业人口数	Number of Employed Persons	人	person
(1)国有经济单位职工人数	Staff and Workers in State-owned Economic Units	人	person
(2)城镇集体经济单位职工人数	Staff and Workers in Collective-owned Economic Units	人	person
(3)其他各种经济类型单位职工人数	Staff and Workers in Units of Other Economic Type	人	person
(4)城镇个体经营者人员数	Urban Self-employed Individuals or Owners of Private Enterprises	人	person
(5)城镇个体被雇人员数	Employed Persons of Urban Self-employed or Private Enterprises	人	person
(6)离退休再就业人员数	Retired Staff and Veteran Cadres of Reemployment	人	person
(7)其他就业人员数	Other Employed	人	person
2. 离退休人数	Number of Retired Staff and Veteran Cadres	人	person
3. 其他有收入者人数	Number of Other Persons Earning Income	人	person
(二)无收入者人数	**Number of Persons Without Income**	**人**	**person**
二、期末家庭人口数	**Number of Households Members at the end of Period**	**人**	**person**

1—1—4 困难户城镇居民家庭基本情况

项　目	Item	单位	Unit
调查户数	**Number of Households Surveyed**	**户**	**household**
一、家庭人口数	**Households Size**	**人**	**person**
(一)有收入者人数	**Number of Persons with Income**	**人**	**person**
1. 就业人口数	Number of Employed Persons	人	person
(1)国有经济单位职工人数	Staff and Workers in State-owned Economic Units	人	person
(2)城镇集体经济单位职工人数	Staff and Workers in Collective-owned Economic Units	人	person
(3)其他各种经济类型单位职工人数	Staff and Workers in Units of Other Economic Type	人	person
(4)城镇个体经营者人员数	Urban Self-employed Individuals or Owners of Private Enterprises	人	person
(5)城镇个体被雇人员数	Employed Persons of Urban Self-employed or Private Enterprises	人	person
(6)离退休再就业人员数	Retired Staff and Veteran Cadres of Reemployment	人	person
(7)其他就业人员数	Other Employed	人	person
2. 离退休人数	Number of Retired Staff and Veteran Cadres	人	person
3. 其他有收入者人数	Number of Other Persons Earning Income	人	person
(二)无收入者人数	**Number of Persons Without Income**	**人**	**person**
二、期末家庭人口数	**Number of Households Members at the end of Period**	**人**	**person**

Basic Conditions of Lowest Income Households

1985	1990	1995	2000	2001	2002	2003	2004	2005	2006	2007
1714	**3566**	**3552**	**4222**	**4383**	**4532**	**4783**	**5060**	**5376**	**5594**	**5940**
4.47	**4.09**	**3.67**	**3.56**	**3.51**	**3.43**	**3.4**	**3.36**	**3.34**	**3.31**	**3.3**
		2.05	**1.93**	**1.90**	**1.77**	**1.76**	**1.79**	**1.75**	**1.77**	**1.72**
1.82	1.75	1.71	1.59	1.54	1.36	1.35	1.36	1.26	1.30	1.34
		1.11	0.87	0.80	0.61	0.57	0.53	0.41	0.44	0.42
		0.45	0.31	0.29	0.17	0.14	0.13	0.10	0.09	0.09
		0.01	0.06	0.06	0.07	0.07	0.12	0.13	0.16	0.17
		0.05	0.16	0.18	0.21	0.22	0.23	0.22	0.22	0.21
		0.02	0.10	0.12	0.18	0.19	0.21	0.26	0.25	0.3
		0.03	0.02	0.02	0.01	0.01	0.01	0.01	0.01	
		0.02	0.07	0.06	0.13	0.14	0.14	0.13	0.14	0.15
		0.32	0.31	0.34	0.28	0.25	0.27	0.30	0.30	0.29
		0.02	0.03	0.03	0.13	0.16	0.16	0.19	0.18	0.1
		1.62	**1.64**	**1.60**	**1.66**	**1.64**	**1.57**	**1.59**	**1.53**	**1.58**
		3.66	**3.56**	**3.50**	**3.42**	**3.38**	**3.35**	**3.35**	**3.28**	**3.3**

Basic Conditions of Poor Households

1985	1990	1995	2000	2001	2002	2003	2004	2005	2006	2007
857	**1783**	**1861**	**2111**	**2291**	**2266**	**2383**	**2524**	**2666**	**2801**	**2967**
4.55	**4.13**	**3.73**	**3.60**	**3.57**	**3.49**	**3.46**	**3.42**	**3.38**	**3.33**	**3.3**
		2.01	**1.87**	**1.86**	**1.68**	**1.66**	**1.7**	**1.61**	**1.66**	**1.59**
1.70	1.63	1.65	1.54	1.52	1.27	1.25	1.27	1.13	1.17	1.23
		1.05	0.82	0.76	0.53	0.49	0.46	0.33	0.32	0.33
		0.46	0.32	0.30	0.16	0.14	0.11	0.09	0.07	0.08
		0.01	0.05	0.07	0.06	0.06	0.10	0.12	0.13	0.15
		0.06	0.16	0.18	0.20	0.21	0.23	0.20	0.23	0.21
		0.02	0.10	0.12	0.20	0.20	0.19	0.24	0.25	0.29
		0.03	0.01	0.01	0	0.01	0	0.01	0.01	
		0.02	0.07	0.08	0.11	0.14	0.16	0.15	0.15	0.16
		0.33	0.30	0.31	0.24	0.22	0.23	0.25	0.26	0.24
		0.02	0.03	0.03	0.16	0.19	0.20	0.24	0.23	0.12
		1.72	**1.73**	**1.71**	**1.81**	**1.81**	**1.72**	**1.77**	**1.66**	**1.71**
		3.72	**3.60**	**3.56**	**3.48**	**3.43**	**3.41**	**3.39**	**3.30**	**3.3**

1—1—5 低收入户城镇居民家庭基本情况

项 目	Item	单位	Unit
调查户数	**Number of Households Surveyed**	**户**	**household**
一、家庭人口数	**Household Size**	**人**	**person**
(一)有收入者人数	**Number of Persons with Income**	**人**	**person**
1. 就业人口数	Number of Employed Persons	人	person
(1)国有经济单位职工人数	State-owned Units	人	person
(2)城镇集体经济单位职工人数	Urban Collective-owned Units	人	person
(3)其他各种经济类型单位职工人数	Staff and Workers in Units of Other Economic Type	人	person
(4)城镇个体经营者人员数	Urban Self-employed Individuals or Owners of Private Enterprises	人	person
(5)城镇个体被雇人员数	Employed Persons of Urban Self-employed or Private Enterprises	人	person
(6)离退休再就业人员数	Retired Staff and Veteran Cadres of Reemployment	人	person
(7)其他就业人员数	Other Employed	人	person
2. 离退休人数	Number of Retire	人	person
3. 其他有收入者人数	Number of Other Persons Earning Income	人	person
(二)无收入者人数	**Number of Persons Without Income**	**人**	**person**
二、期末家庭人口数	**Number of Households Members at the end of Period**	**人**	**person**

1—1—6 中等偏下收入户城镇居民家庭基本情况

项 目	Item	单位	Unit
调查户数	**Number of Households Surveyed**	**户**	**household**
一、家庭人口数	**Households Size**	**人**	**person**
(一)有收入者人数	**Number of Persons with Income**	**人**	**person**
1. 就业人口数	Number of Employed Persons	人	person
(1)国有经济单位职工人数	Staff and Workers in State-owned Economic Units	人	person
(2)城镇集体经济单位职工人数	Staff and Workers in Collective-owned Economic Units	人	person
(3)其他各种经济类型单位职工人数	Staff and Workers in Units of Other Economic Type	人	person
(4)城镇个体经营者人员数	Urban Self-employed Individuals or Owners of Private Enterprises	人	person
(5)城镇个体被雇人员数	Employed Persons of Urban Self-employed or Private Enterprises	人	person
(6)离退休再就业人员数	Retired Staff and Veteran Cadres of Reemployment	人	person
(7)其他就业人员数	Other Employed	人	person
2. 离退休人数	Number of Retired Staff and Veteran Cadres	人	person
3. 其他有收入者人数	Number of Other Persons Earning Income	人	person
(二)无收入者人数	**Number of Persons Without Income**	**人**	**person**
二、期末家庭人口数	**Number of Households Members at the end of Period**	**人**	**person**

Basic Conditions of Low Income Households

1985	1990	1995	2000	2001	2002	2003	2004	2005	2006	2007
1714	**3566**	**3552**	**4222**	**4384**	**4532**	**4849**	**5055**	**5454**	**5607**	**5936**
4.19	**3.88**	**3.49**	**3.40**	**3.38**	**3.34**	**3.28**	**3.24**	**3.22**	**3.20**	**3.2**
		2.16	**2.03**	**2.02**	**1.99**	**1.98**	**1.99**	**1.96**	**2.00**	**1.98**
2.03	1.92	1.81	1.66	1.62	1.54	1.53	1.52	1.45	1.52	1.55
		1.29	1.01	0.95	0.86	0.81	0.79	0.66	0.67	0.66
		0.39	0.27	0.24	0.18	0.16	0.14	0.11	0.11	0.1
		0.02	0.07	0.08	0.09	0.12	0.14	0.20	0.22	0.2
		0.05	0.16	0.15	0.18	0.17	0.17	0.17	0.19	0.17
		0.01	0.09	0.11	0.14	0.15	0.19	0.21	0.22	0.29
		0.04	0.02	0.03	0.02	0.01	0.01	0.01	0.02	0.01
		0.01	0.05	0.05	0.08	0.1	0.09	0.09	0.10	0.11
		0.34	0.36	0.38	0.37	0.36	0.38	0.41	0.39	0.39
		0.01	0.01	0.02	0.09	0.09	0.1	0.11	0.09	0.04
		1.33	**1.37**	**1.36**	**1.34**	**1.3**	**1.25**	**1.26**	**1.20**	**1.22**
		3.47	**3.40**	**3.37**	**3.33**	**3.26**	**3.24**	**3.21**	**3.19**	**3.2**

Basic Conditions of Lower Middle Income Households

1985	1990	1995	2000	2001	2002	2003	2004	2005	2006	2007
3429	**7132**	**7104**	**8444**	**8768**	**9063**	**9691**	**10124**	**10943**	**11251**	**11880**
3.99	**3.71**	**3.36**	**3.28**	**3.25**	**3.20**	**3.13**	**3.10**	**3.10**	**3.09**	**3.05**
		2.19	**2.13**	**2.10**	**2.10**	**2.07**	**2.08**	**2.09**	**2.10**	**2.1**
2.12	1.98	1.87	1.69	1.66	1.62	1.58	1.57	1.55	1.56	1.57
		1.43	1.14	1.09	1.04	0.99	0.94	0.84	0.87	0.81
		0.33	0.23	0.22	0.16	0.15	0.13	0.11	0.10	0.09
		0.02	0.08	0.08	0.11	0.12	0.15	0.19	0.21	0.2
		0.04	0.12	0.13	0.12	0.12	0.12	0.14	0.13	0.14
		0.01	0.07	0.08	0.12	0.12	0.14	0.17	0.16	0.22
		0.04	0.03	0.03	0.02	0.02	0.02	0.02	0.02	0.02
		0.01	0.04	0.04	0.06	0.07	0.07	0.07	0.07	0.08
		0.31	0.43	0.43	0.41	0.43	0.44	0.48	0.48	0.5
		0.01	0.01	0.01	0.06	0.07	0.07	0.07	0.06	0.03
		1.17	**1.15**	**1.15**	**1.10**	**1.06**	**1.02**	**1.01**	**0.99**	**0.95**
		3.35	**3.28**	**3.24**	**3.19**	**3.12**	**3.09**	**3.09**	**3.09**	**3.05**

1—1—7　中等收入户城镇居民家庭基本情况

项　　目	Item	单位	Unit
调查户数	**Number of Households Surveyed**	户	**household**
一、家庭人口数	**Households Size**	人	**person**
(一)有收入者人数	**Number of Persons with Income**	人	**person**
1. 就业人口数	Number of Employed Persons	人	person
(1)国有经济单位职工人数	Staff and Workers in State-owned Economic Units	人	person
(2)城镇集体经济单位职工人数	Staff and Workers in Collective-owned Economic Units	人	person
(3)其他各种经济类型单位职工人数	Staff and Workers in Units of Other Economic Type	人	person
(4)城镇个体经营者人员数	Urban Self-employed Individuals or Owners of Private Enterprises	人	person
(5)城镇个体被雇人员数	Employed Persons of Urban Self-employed or Private Enterprises	人	person
(6)离退休再就业人员数	Retired Staff and Veteran Cadres of Reemployment	人	person
(7)其他就业人员数	Other Employed	人	person
2. 离退休人数	Number of Retired Staff and Veteran Cadres	人	person
3. 其他有收入者人数	Number of Other Persons Earning Income	人	person
(二)无收入者人数	**Number of Persons Without Income**	人	**person**
二、期末家庭人口数	**Number of Households Members at the end of Period**	人	**person**

1—1—8　中等偏上收入户城镇居民家庭基本情况

项　　目	Item	单位	Unit
调查户数	**Number of Households Surveyed**	户	**household**
一、家庭人口数	**Households Size**	人	**person**
(一)有收入者人数	**Number of Persons with Income**	人	**person**
1. 就业人口数	Number of Employed Persons	人	person
(1)国有经济单位职工人数	Staff and Workers in State-owned Economic Units	人	person
(2)城镇集体经济单位职工人数	Staff and Workers in Collective-owned Economic Units	人	person
(3)其他各种经济类型单位职工人数	Staff and Workers in Units of Other Economic Type	人	person
(4)城镇个体经营者人员数	Urban Self-employed Individuals or Owners of Private Enterprises	人	person
(5)城镇个体被雇人员数	Employed Persons of Urban Self-employed or Private Enterprises	人	person
(6)离退休再就业人员数	Retired Staff and Veteran Cadres of Reemployment	人	person
(7)其他就业人员数	Other Employed	人	person
2. 离退休人数	Number of Retired Staff and Veteran Cadres	人	person
3. 其他有收入者人数	Number of Other Persons Earning Income	人	person
(二)无收入者人数	**Number of Persons Without Income**	人	**person**
二、期末家庭人口数	**Number of Households Members at the end of Period**	人	**person**

Basic Conditions of Middle Income Households

	1985	1990	1995	2000	2001	2002	2003	2004	2005	2006	2007
	3429	**7132**	**7104**	**8444**	**8768**	**9063**	**9663**	**10108**	**10966**	**11236**	**11869**
	3.80	**3.49**	**3.23**	**3.14**	**3.11**	**3.04**	**3.03**	**2.99**	**2.95**	**2.92**	**2.88**
			2.22	**2.16**	**2.13**	**2.15**	**2.16**	**2.16**	**2.14**	**2.15**	**2.14**
	2.22	2.04	1.92	1.72	1.67	1.63	1.65	1.63	1.56	1.56	1.57
			1.54	1.28	1.21	1.15	1.14	1.10	0.97	0.97	0.94
			0.26	0.17	0.16	0.12	0.11	0.10	0.08	0.08	0.08
			0.02	0.07	0.08	0.11	0.12	0.15	0.19	0.20	0.21
			0.03	0.08	0.09	0.09	0.09	0.09	0.11	0.11	0.11
			0.01	0.05	0.06	0.09	0.1	0.1	0.11	0.12	0.14
			0.04	0.04	0.04	0.03	0.03	0.03	0.04	0.04	0.03
			0.01	0.03	0.03	0.04	0.05	0.06	0.06	0.05	0.06
			0.29	0.43	0.46	0.47	0.46	0.49	0.53	0.54	0.55
			0.01	0.01	0.01	0.04	0.05	0.05	0.05	0.04	0.02
			1.02	**0.98**	**0.97**	**0.9**	**0.87**	**0.83**	**0.81**	**0.78**	**0.74**
			3.23	**3.13**	**3.10**	**3.03**	**3.02**	**2.98**	**2.94**	**2.91**	**2.88**

Basic Conditions of Upper Middle Income Households

	1985	1990	1995	2000	2001	2002	2003	2004	2005	2006	2007
	3429	**7132**	**7104**	**8444**	**8768**	**9063**	**9615**	**10094**	**10920**	**11225**	**11865**
	3.62	**3.30**	**3.12**	**2.97**	**2.97**	**2.91**	**2.87**	**2.84**	**2.79**	**2.79**	**2.74**
			2.24	**2.17**	**2.18**	**2.2**	**2.18**	**2.18**	**2.17**	**2.17**	**2.16**
	2.30	2.04	1.92	1.71	1.70	1.61	1.61	1.58	1.54	1.55	1.54
			1.60	1.35	1.33	1.19	1.17	1.11	1.03	1.00	0.96
			0.20	0.12	0.11	0.09	0.09	0.08	0.07	0.08	0.07
			0.02	0.07	0.08	0.12	0.12	0.15	0.18	0.20	0.21
			0.03	0.07	0.07	0.06	0.07	0.08	0.09	0.09	0.09
			0.01	0.04	0.04	0.06	0.07	0.08	0.07	0.08	0.1
			0.05	0.04	0.05	0.06	0.05	0.05	0.05	0.06	0.05
			0.01	0.01	0.01	0.03	0.03	0.04	0.04	0.05	0.05
			0.31	0.46	0.48	0.54	0.53	0.56	0.59	0.59	0.61
			0.00	0.00	0.00	0.04	0.04	0.03	0.04	0.04	0.02
			0.88	**0.80**	**0.80**	**0.71**	**0.69**	**0.66**	**0.62**	**0.62**	**0.58**
			3.11	**2.97**	**2.96**	**2.9**	**2.86**	**2.83**	**2.78**	**2.78**	**2.74**

1—1—9 高收入户城镇居民家庭基本情况

项　目	Item	单位	Unit
调查户数	**Number of Households Surveyed**	**户**	**household**
一、家庭人口数	**Households Size**	**人**	**person**
(一)有收入者人数	**Number of Persons with Income**	**人**	**person**
1.就业人口数	Number of Employed Persons	人	person
(1)国有经济单位职工人数	Staff and Workers in State-owned Economic Units	人	person
(2)城镇集体经济单位职工人数	Staff and Workers in Collective-owned Economic Units	人	person
(3)其他各种经济类型单位职工人数	Staff and Workers in Units of Other Economic Type	人	person
(4)城镇个体经营者人员数	Urban Self-employed Individuals or Owners of Private Enterprises	人	person
(5)城镇个体被雇人员数	Employed Persons of Urban Self-employed or Private Enterprises	人	person
(6)离退休再就业人员数	Retired Staff and Veteran Cadres of Reemployment	人	person
(7)其他就业人员数	Other Employed	人	person
2.离退休人数	Number of Retired Staff and Veteran Cadres	人	person
3.其他有收入者人数	Number of Other Persons Earning Income	人	person
(二)无收入者人数	**Number of Persons Without Income**	**人**	**person**
二、期末家庭人口数	**Number of Households Members at the end of Period**	**人**	**person**

1—1—10 最高收入户城镇居民家庭基本情况

项　目	Item	单位	Unit
调查户数	**Number of Households Surveyed**	**户**	**household**
一、家庭人口数	**Households Size**	**人**	**person**
(一)有收入者人数	**Number of Persons with Income**	**人**	**person**
1.就业人口数	Number of Employed Persons	人	person
(1)国有经济单位职工人数	Staff and Workers in State-owned Economic Units	人	person
(2)城镇集体经济单位职工人数	Staff and Workers in Collective-owned Economic Units	人	person
(3)其他各种经济类型单位职工人数	Staff and Workers in Units of Other Economic Type	人	person
(4)城镇个体经营者人员数	Urban Self-employed Individuals or Owners of Private Enterprises	人	person
(5)城镇个体被雇人员数	Employed Persons of Urban Self-employed or Private Enterprises	人	person
(6)离退休再就业人员数	Retired Staff and Veteran Cadres of Reemployment	人	person
(7)其他就业人员数	Other Employed	人	person
2.离退休人数	Number of Retired Staff and Veteran Cadres	人	person
3.其他有收入者人数	Number of Other Persons Earning Income	人	person
(二)无收入者人数	**Number of Persons Without Income**	**人**	**person**
二、期末家庭人口数	**Number of Households Members at the end of Period**	**人**	**person**

Basic Conditions of High Income Households

1985	1990	1995	2000	2001	2002	2003	2004	2005	2006	2007
1714	**3566**	**3552**	**4222**	**4384**	**4532**	**4767**	**5012**	**5440**	**5610**	**5919**
3.48	**3.14**	**2.99**	**2.87**	**2.83**	**2.78**	**2.76**	**2.74**	**2.68**	**2.69**	**2.63**
		2.24	**2.19**	**2.18**	**2.21**	**2.21**	**2.21**	**2.18**	**2.19**	**2.15**
2.43	2.05	1.90	1.69	1.66	1.57	1.57	1.60	1.54	1.56	1.54
		1.61	1.38	1.35	1.15	1.11	1.11	1.03	1.00	0.97
		0.16	0.09	0.08	0.07	0.06	0.07	0.06	0.06	0.06
		0.03	0.06	0.07	0.13	0.16	0.17	0.19	0.22	0.23
		0.03	0.06	0.06	0.05	0.06	0.07	0.08	0.10	0.1
		0.00	0.03	0.03	0.05	0.07	0.07	0.06	0.07	0.09
		0.06	0.06	0.06	0.08	0.08	0.08	0.07	0.08	0.07
		0.01	0.01	0.01	0.02	0.02	0.03	0.03	0.04	0.03
		0.34	0.50	0.52	0.62	0.60	0.58	0.62	0.61	0.6
		0.00	0.00	0.00	0.03	0.03	0.03	0.03	0.03	0.01
		0.75	**0.67**	**0.65**	**0.56**	**0.55**	**0.53**	**0.50**	**0.50**	**0.47**
		2.99	**2.86**	**2.82**	**2.77**	**2.74**	**2.73**	**2.67**	**2.68**	**2.62**

Basic Conditions of Highest Income Households

1985	1990	1995	2000	2001	2002	2003	2004	2005	2006	2007
1714	**3566**	**3552**	**4222**	**4384**	**4532**	**4660**	**4977**	**5398**	**5571**	**5894**
3.24	**2.87**	**2.79**	**2.66**	**2.64**	**2.68**	**2.68**	**2.65**	**2.64**	**2.62**	**2.58**
		2.24	**2.16**	**2.15**	**2.22**	**2.2**	**2.17**	**2.16**	**2.16**	**2.13**
2.41	1.99	1.81	1.60	1.60	1.58	1.62	1.6	1.59	1.62	1.6
		1.53	1.30	1.31	1.07	1.09	1.05	1.00	1.01	0.97
		0.12	0.07	0.07	0.07	0.07	0.06	0.06	0.07	0.06
		0.03	0.08	0.07	0.19	0.21	0.22	0.25	0.26	0.26
		0.03	0.06	0.06	0.07	0.07	0.08	0.11	0.12	0.12
		0.01	0.01	0.02	0.04	0.05	0.05	0.05	0.05	0.07
		0.08	0.07	0.07	0.12	0.11	0.1	0.10	0.10	0.09
		0.00	0.01	0.01	0.02	0.02	0.02	0.02	0.02	0.03
		0.43	0.57	0.55	0.62	0.55	0.54	0.54	0.51	0.53
		0.00	0.00	0.00	0.02	0.03	0.03	0.03	0.03	0.01
		0.54	**0.49**	**0.49**	**0.46**	**0.48**	**0.48**	**0.48**	**0.46**	**0.44**
		2.79	**2.65**	**2.63**	**2.66**	**2.66**	**2.64**	**2.62**	**2.61**	**2.57**

1—1—11 最低收入户城镇居民家庭现金收支表

单位:元

项　　目	Item	1985	1990
平均每人全部年收入	**Per Capita Annual Income**	**482.76**	**859.92**
工薪收入	Income of Wages and Salaries		
经营净收入	Net Business Income		
财产性收入	Income from Property		
转移性收入	Income from Transfer		
#可支配收入	#Disposable Income	437.4	761.16
平均每人消费性支出	**Per Capita Annual Consumption Expenditures**	**455.64**	**782.28**
食　品	Food	278.88	479.83
衣　着	Clothing	60	90.16
居　住	Housing	20.4	47.56
家庭设备用品及服务	Household Appliances and Service	35.76	51.88
医疗保健	Health Care and Medical Services	4.56	18.11
交通通信	Transport and Communications	4.68	7.06
教育文化娱乐服务	Education, Cultural and Recreation Services	33.48	60.62
其它商品和服务	Miscellaneous Goods and Services	17.88	27.15
平均每人消费性支出构成	**Composition of Per Capita Annual Consumption**		
(人均消费性支出=100)	**Expenditures (%)**		
食　品	Food	61.21	61.34
衣　着	Clothing	13.17	11.53
居　住	Housing	4.48	6.08
家庭设备用品及服务	Household Appliances and Service	7.85	6.63
医疗保健	Health Care and Medical Services	1.00	2.32
交通通信	Transport and Communications	1.03	0.90
教育文化娱乐服务	Education, Cultural and Recreation Services	7.35	7.75
其它商品和服务	Miscellaneous Goods and Services	3.92	3.47

Income and Expenditure in Cash of Lowest Income Households

Unit: yuan

1995	2000	2001	2002	2003	2004	2005	2006	2007
2177.72	**2678.32**	**2834.70**	**2527.68**	**2762.43**	**3084.83**	**3377.68**	**3871.37**	**4604.09**
1655.32	1839.81	1882.74	1642.06	1768.14	1946.41	2066.49	2434.11	2981.82
52.79	185.01	222.61	261.87	316.69	350.96	405.02	441.39	510.96
23.18	52.47	54.38	26.02	27.1	33.33	32.47	35.29	53.56
446.43	601.05	674.96	597.73	650.5	754.13	873.70	960.59	1057.73
2169.75	2653.02	2802.83	2408.6	2590.17	2862.39	3134.88	3568.73	4210.06
2060.96	**2540.13**	**2690.98**	**2387.91**	**2562.36**	**2855.15**	**3111.47**	**3422.98**	**4036.32**
1226.06	1256.62	1301.05	1127.41	1222.76	1417.76	1475.67	1586.02	1904.09
208.86	190.07	200.02	193.09	198.71	213.5	243.66	286.12	360.89
167.89	301.40	332.54	282.74	309.01	323.05	384.08	427.16	469.05
107.93	118.49	120.77	86.69	91.99	97.78	109.21	139.99	163.91
67.53	162.71	168.38	164.63	175.77	185.05	232.50	234.5	281.13
62.77	142.73	163.90	157.64	174.17	197.8	228.37	257.72	314.24
162.99	286.83	317.03	317.57	327.71	353.76	363.61	406.05	445.71
56.94	81.28	87.29	58.15	62.25	66.46	74.36	85.42	97.29
59.49	49.47	48.35	47.21	47.72	49.66	47.43	46.33	47.17
10.13	7.48	7.43	8.09	7.75	7.48	7.83	8.36	8.94
8.15	11.87	12.36	11.84	12.06	11.31	12.34	12.48	11.62
5.24	4.66	4.49	3.63	3.59	3.42	3.51	4.09	4.06
3.28	6.41	6.26	6.89	6.86	6.48	7.47	6.85	6.97
3.05	5.62	6.09	6.60	6.80	6.93	7.34	7.53	7.79
7.91	11.29	11.78	13.30	12.79	12.39	11.69	11.86	11.04
2.76	3.20	3.24	2.44	2.43	2.33	2.39	2.50	2.41

1—1—12 困难户城镇居民家庭现金收支表

单位:元

项　目	Item	1985	1990
平均每人全部年收入	**Per Capita Annual Income(yuan)**	**438.36**	**782.93**
工薪收入	Income of Wages and Salaries		
经营净收入	Net Business Income		
财产性收入	Income from Property		
转移性收入	Income from Transfer		
＃可支配收入	＃Disposable Income	394.8	688.97
平均每人消费性支出	**Per Capita Annual Consumption Expenditures(yuan)**	**417.96**	**724.80**
食　品	Food	261.84	452.44
衣　着	Clothing	53.4	78.56
居　住	Housing	10.92	45.34
家庭设备用品及服务	Household Appliances and Service	29.76	46.34
医疗保健	Health Care and Medical Services	4.2	17.01
交通通信	Transport and Communications	4.44	6.71
教育文化娱乐服务	Education, Cultural and Recreation Services	29.28	52.86
其它商品和服务	Miscellaneous Goods and Services	24.12	25.54
平均每人消费性支出构成	**Composition of Per Capita Annual Consumption**		
(人均消费性支出＝100)	**Expenditures(%)**		
食　品	Food	62.65	62.42
衣　着	Clothing	12.78	10.84
居　住	Housing	2.61	6.26
家庭设备用品及服务	Household Appliances and Service	7.12	6.39
医疗保健	Health Care and Medical Services	1.00	2.35
交通通信	Transport and Communications	1.06	0.93
教育文化娱乐服务	Education, Cultural and Recreation Services	7.01	7.29
其它商品和服务	Miscellaneous Goods and Services	5.77	3.52

Income and Expenditure in Cash of Poor Income Households

Unit: yuan

1995	2000	2001	2002	2003	2004	2005	2006	2007
1984. 92	**2350. 75**	**2497. 32**	**2063. 95**	**2278. 29**	**2531. 46**	**2733. 3**	**3129. 34**	**3744. 87**
1477. 81	1607. 22	1681. 61	1299. 77	1411. 26	1521. 63	1628. 94	1840. 18	2331. 57
50. 61	171. 74	196. 78	226. 79	250. 34	309. 83	320. 06	403. 28	453. 08
22. 77	44. 32	45. 60	18. 93	22. 71	23. 07	23. 06	29. 19	40. 53
433. 74	527. 45	573. 33	518. 47	593. 97	676. 93	761. 24	856. 69	919. 7
1975. 84	2325. 05	2464. 80	1957. 46	2098. 92	2312. 50	2495. 75	2838. 87	3357. 91
1904. 41	**2320. 36**	**2450. 91**	**2079. 52**	**2237. 27**	**2441. 12**	**2656. 41**	**2953. 27**	**3447. 68**
1153. 86	1172. 77	1209. 15	988. 19	1087. 2	1248. 87	1290. 09	1387. 70	1672. 36
184. 13	166. 66	175. 57	152. 38	157. 02	169. 55	189. 78	225. 02	288. 5
154. 79	280. 56	318. 84	261. 45	286. 93	280. 44	338. 74	391. 51	415. 66
95. 27	106. 15	96. 70	71. 49	76. 85	76. 02	90. 39	121. 23	130. 58
62. 35	140. 69	142. 35	150. 74	144. 97	158. 63	206. 52	213. 39	250. 27
47. 76	124. 55	144. 58	126. 34	137. 67	157. 13	180. 86	205. 60	243. 21
155. 11	258. 18	289. 37	280. 53	293	297. 91	293. 17	332. 64	366. 54
51. 14	70. 79	74. 34	48. 39	53. 62	52. 56	66. 86	76. 18	80. 55
60. 59	50. 54	49. 33	47. 52	48. 59	51. 16	48. 57	46. 99	48. 51
9. 67	7. 18	7. 16	7. 33	7. 02	6. 95	7. 14	7. 62	8. 37
8. 13	12. 09	13. 01	12. 57	12. 83	11. 49	12. 75	13. 26	12. 06
5. 00	4. 57	3. 95	3. 44	3. 43	3. 11	3. 4	4. 10	3. 79
3. 27	6. 06	5. 81	7. 25	6. 48	6. 50	7. 77	7. 23	7. 26
2. 51	5. 37	5. 90	6. 08	6. 15	6. 44	6. 81	6. 96	7. 05
8. 14	11. 13	11. 81	13. 49	13. 10	12. 20	11. 04	11. 26	10. 63
2. 69	3. 05	3. 03	2. 33	2. 40	2. 15	2. 52	2. 58	2. 34

1—1—13 低收入户城镇居民家庭现金收支表

单位:元

项　目	Item	1985	1990
平均每人全部年收入	**Per Capita Annual Income**	**599.16**	**1077.12**
工薪收入	Income of Wages and Salaries		
经营净收入	Net Business Income		
财产性收入	Income from Property		
转移性收入	Income from Transfer		
#可支配收入	#Disposable Income	546.72	968.64
平均每人消费性支出	**Per Capita Annual Consumption Expenditures**	**551.28**	**960.72**
食　品	Food	319.56	564.51
衣　着	Clothing	81.36	119.91
居　住	Housing	12.72	59.17
家庭设备用品及服务	Household Appliances and Service	51.12	71.75
医疗保健	Health Care and Medical Services	5.04	21.41
交通通信	Transport and Communications	6.48	9.65
教育文化娱乐服务	Education, Cultural and Recreation Services	43.68	79.94
其它商品和服务	Miscellaneous Goods and Services	31.32	34.38
平均每人消费性支出构成	**Composition of Per Capita Annual Consumption**		
(人均消费性支出=100)	**Expenditures(%)%**		
食　品	Food	57.97	58.76
衣　着	Clothing	14.76	12.48
居　住	Housing	2.31	6.16
家庭设备用品及服务	Household Appliances and Service	9.27	7.47
医疗保健	Health Care and Medical Services	0.91	2.23
交通通信	Transport and Communications	1.18	1.00
教育文化娱乐服务	Education, Cultural and Recreation Services	7.92	8.32
其它商品和服务	Miscellaneous Goods and Services	5.68	3.58

Income and Expenditure in Cash of Low Income Households

Unit: yuan

1995	2000	2001	2002	2003	2004	2005	2006	2007
2778.49	**3658.53**	**3888.13**	**3833.01**	**4209.16**	**4697.62**	**5202.12**	**5946.10**	**6992.55**
2164.41	2571.64	2674.66	2644.3	2913.14	3239.22	3475.95	4040.28	4807.36
62.54	237.92	239.36	302.58	324.83	366.79	435.64	546.58	589.33
32.88	64.58	68.50	31.22	36.25	39.34	54.00	57.89	73.95
518.66	784.39	905.61	854.91	934.93	1052.26	1236.53	1301.35	1521.91
2774.94	3633.51	3856.49	3649.16	3970.03	4429.05	4885.32	5540.71	6504.6
2516.22	**3274.93**	**3452.27**	**3259.59**	**3549.28**	**3942.23**	**4295.35**	**4765.55**	**5634.15**
1462.42	1524.48	1569.77	1457.87	1594.67	1827.42	1926.01	2073.45	2451.15
287.63	279.10	295.12	309.49	329.15	352.04	408.63	470.00	565.19
185.88	368.20	387.28	355.12	387.88	413.37	472.21	530.06	605.01
133.54	184.27	176.30	144.67	156.26	154.45	171.60	212.02	282.51
82.93	198.92	207.88	225.67	236.76	271.56	308.13	350.01	378.69
79.84	212.52	234.65	257.63	300.65	329.77	375.86	431.13	548.82
205.85	390.21	453.07	425.33	454.53	488.77	518.77	572.38	646.99
78.12	117.22	128.19	83.81	89.41	104.84	114.14	126.50	155.79
58.12	46.55	45.47	44.73	44.93	46.35	44.84	43.51	43.51
11.43	8.52	8.55	9.49	9.27	8.93	9.51	9.86	10.03
7.39	11.24	11.22	10.89	10.93	10.49	10.99	11.12	10.74
5.31	5.63	5.11	4.44	4.40	3.92	4.00	4.45	5.01
3.30	6.07	6.02	6.92	6.67	6.89	7.17	7.34	6.72
3.17	6.49	6.80	7.90	8.47	8.37	8.75	9.05	9.74
8.18	11.92	13.12	13.05	12.81	12.40	12.08	12.01	11.48
3.10	3.58	3.71	2.57	2.52	2.66	2.66	2.65	2.77

1－1－14 中等偏下收入户城镇居民家庭现金收支表

单位:元

项 目	Item	1985	1990
平均每人全部年收入	**Per Capita Annual Income**	**691.68**	**1266.60**
工薪收入	Income of Wages and Salaries		
经营净收入	Net Business Income		
财产性收入	Income from Property		
转移性收入	Income from Transfer		
＃可支配收入	＃Disposable Income	632.88	1144.44
平均每人消费性支出	**Per Capita Annual Consumption Expenditures**	**626.88**	**1097.76**
食 品	Food	352.44	627.91
衣 着	Clothing	95.76	144.73
居 住	Housing	23.52	58.81
家庭设备用品及服务	Household Appliances and Service	62.88	95.32
医疗保健	Health Care and Medical Services	5.04	23.20
交通通信	Transport and Communications	7.44	11.50
教育文化娱乐服务	Education, Cultural and Recreation Services	55.32	94.21
其它商品和服务	Miscellaneous Goods and Services	24.48	42.09
平均每人消费性支出构成（人均消费性支出＝100）	**Composition of Per Capita Annual Consumption Expenditures(%)**		
食 品	Food	56.22	57.20
衣 着	Clothing	15.28	13.18
居 住	Housing	3.75	5.36
家庭设备用品及服务	Household Appliances and Service	10.03	8.68
医疗保健	Health Care and Medical Services	0.80	2.11
交通通信	Transport and Communications	1.19	1.05
教育文化娱乐服务	Education, Cultural and Recreation Services	8.82	8.58
其它商品和服务	Miscellaneous Goods and Services	3.91	3.83

Income and Expenditure in Cash of Lower Middle Income Households

Unit: yuan

1995	2000	2001	2002	2003	2004	2005	2006	2007
3363. 67	**4651. 72**	**4983. 50**	**5209. 18**	**5705. 67**	**6423. 89**	**7177. 05**	**8103. 73**	**9568. 02**
2716. 94	3286. 94	3487. 48	3758. 89	4060. 66	4560. 07	4960. 55	5669. 97	6622. 03
54. 62	223. 11	263. 46	270. 19	317. 25	373. 79	475. 75	532. 86	656. 81
42. 15	82. 82	96. 00	48. 32	50. 81	72. 03	83. 79	88. 77	109. 31
549. 96	1058. 85	1136. 56	1131. 78	1276. 94	1417. 99	1656. 96	1812. 12	2179. 86
3359. 84	4623. 54	4946. 60	4931. 96	5377. 25	6024. 10	6710. 58	7554. 16	8900. 51
2934. 16	**3947. 91**	**4197. 57**	**4205. 97**	**4557. 82**	**5096. 15**	**5574. 32**	**6108. 33**	**7123. 69**
1606. 15	1748. 90	1790. 57	1772. 88	1926. 06	2201. 88	2336. 3	2484. 28	2942. 78
380. 85	375. 07	392. 14	438. 38	456. 14	489. 78	565. 13	665. 74	776. 85
208. 14	407. 82	451. 46	421. 9	459. 56	514. 62	580. 01	655. 61	718. 26
186. 34	256. 85	264. 95	226. 42	228. 41	235. 95	268. 81	301. 42	385. 04
93. 77	247. 84	273. 78	286. 56	325. 14	355. 53	408. 12	425. 48	501. 69
113. 14	281. 32	316. 34	367. 72	427. 79	479. 48	536. 22	610. 03	710. 05
242. 65	469. 16	529. 59	576. 71	605. 57	675. 28	720. 4	781. 97	877. 36
103. 13	160. 95	178. 74	115. 38	129. 17	143. 61	159. 32	183. 79	211. 66
54. 74	44. 30	42. 66	42. 15	42. 26	43. 21	41. 91	40. 67	41. 31
12. 98	9. 50	9. 34	10. 42	10. 01	9. 61	10. 14	10. 90	10. 91
7. 09	10. 33	10. 76	10. 03	10. 08	10. 10	10. 41	10. 73	10. 08
6. 35	6. 51	6. 31	5. 38	5. 01	4. 63	4. 82	4. 93	5. 41
3. 20	6. 28	6. 52	6. 81	7. 13	6. 98	7. 32	6. 97	7. 04
3. 86	7. 13	7. 54	8. 74	9. 39	9. 41	9. 62	9. 99	9. 97
8. 27	11. 88	12. 62	13. 71	13. 29	13. 25	12. 92	12. 80	12. 32
3. 51	4. 08	4. 26	2. 74	2. 83	2. 82	2. 86	3. 01	2. 97

1—1—15 中等收入户城镇居民家庭现金收支表

单位:元

项　目	Item	1985	1990
平均每人全部年收入	**Per Capita Annual Income**	**805.2**	**1489.08**
工薪收入	Income of Wages and Salaries		
经营净收入	Net Business Income		
财产性收入	Income from Property		
转移性收入	Income from Transfer		
#可支配收入	#Disposable Income	737.28	1351.68
平均每人消费性支出	**Per Capita Annual Consumption Expenditures**	**724.2**	**1275.12**
食　品	Food	392.76	696.79
衣　着	Clothing	113.52	174.53
居住	Housing	24.84	67.25
家庭设备用品及服务	Household Appliances and Service	77.16	124.20
医疗保健	Health Care and Medical Services	5.76	25.77
交通通信	Transport and Communications	9.24	14.60
教育文化娱乐服务	Education, Cultural and Recreation Services	70.56	118.44
其它商品和服务	Miscellaneous Goods and Services	30.36	53.54
平均每人消费性支出构成	**Composition of Per Capita Annual Consumption**		
(人均消费性支出=100)	**Expenditures (%)**		
食　品	Food	54.23	54.65
衣　着	Clothing	15.68	13.69
居住	Housing	3.43	5.27
家庭设备用品及服务	Household Appliances and Service	10.65	9.74
医疗保健	Health Care and Medical Services	0.80	2.02
交通通信	Transport and Communications	1.28	1.14
教育文化娱乐服务	Education, Cultural and Recreation Services	9.74	9.29
其它商品和服务	Miscellaneous Goods and Services	4.19	4.20

Income and Expenditure in Cash of Middle Income Households

Unit: yuan

1995	2000	2001	2002	2003	2004	2005	2006	2007
4073. 88	**5930. 82**	**6406. 16**	**7061. 37**	**7753. 86**	**8746. 65**	**9886. 96**	**11052. 05**	**12978. 61**
3360. 22	4335. 7	4583. 49	5162. 4	5684. 84	6375. 79	6961. 71	7744. 63	9082. 9
57. 65	210. 79	249. 35	279. 98	320. 58	364. 12	539. 6	609. 86	719. 35
57. 74	107. 20	117. 76	68. 31	75. 5	101. 26	112. 37	123. 14	173. 87
598. 28	1277. 12	1453. 55	1550. 68	1672. 94	1905. 48	2273. 27	2574. 42	3002. 49
4068. 66	5897. 92	6366. 24	6656. 81	7278. 75	8166. 54	9190. 05	10269. 70	12042. 32
3446. 12	**4794. 56**	**5131. 55**	**5452. 94**	**5848. 02**	**6498. 36**	**7308. 06**	**7905. 41**	**9097. 35**
1770. 12	1960. 82	2032. 81	2140. 34	2293. 98	2581. 24	2838. 83	3019. 37	3538. 3
483. 70	504. 70	528. 79	571. 19	617. 54	661. 21	784. 56	884. 74	1017. 66
238. 48	470. 95	529. 26	563. 31	588. 75	642. 85	745. 49	799. 32	873. 89
253. 28	376. 25	377. 96	331. 54	343. 06	349. 63	397. 17	444. 57	545. 18
107. 96	300. 29	335. 52	382. 83	415. 13	466. 86	561. 82	590. 45	646. 52
156. 28	353. 19	421. 09	505. 78	598. 16	696. 36	764. 7	859. 87	993. 43
293. 02	597. 55	660. 70	797. 52	811. 91	901. 8	985. 68	1047. 48	1172. 43
143. 28	230. 82	245. 41	160. 43	179. 54	198. 42	229. 81	259. 60	309. 95
51. 37	40. 90	39. 61	39. 25	39. 23	39. 72	38. 85	38. 19	38. 89
14. 04	10. 53	10. 30	10. 47	10. 56	10. 18	10. 74	11. 19	11. 19
6. 92	9. 82	10. 31	10. 33	10. 07	9. 89	10. 2	10. 11	9. 61
7. 35	7. 85	7. 37	6. 08	5. 87	5. 38	5. 43	5. 62	5. 99
3. 13	6. 26	6. 54	7. 02	7. 10	7. 18	7. 69	7. 47	7. 11
4. 53	7. 37	8. 21	9. 28	10. 23	10. 72	10. 46	10. 88	10. 92
8. 50	12. 46	12. 88	14. 63	13. 88	13. 88	13. 49	13. 25	12. 89
4. 16	4. 81	4. 78	2. 94	3. 07	3. 05	3. 14	3. 28	3. 41

1—1—16 中等偏上户城镇居民家庭现金收支表

单位:元

项　　目	Item	1985	1990
平均每人全部年收入	**Per Capita Annual Income**	**935.52**	**1756.56**
工薪收入	Income of Wages and Salaries		
经营净收入	Net Business Income		
财产性收入	Income from Property		
转移性收入	Income from Transfer		
＃可支配收入	＃Disposable Income	861.96	1598.28
平均每人消费性支出	**Per Capita Annual Consumption Expenditures**	**830.28**	**1456.68**
食　品	Food	430.8	766.19
衣　着	Clothing	130.56	203.40
居　住	Housing	27.72	77.54
家庭设备用品及服务	Household Appliances and Service	96.36	163.92
医疗保健	Health Care and Medical Services	5.88	26.88
交通通信	Transport and Communications	10.68	17.66
教育文化娱乐服务	Education, Cultural and Rccreation Services	91.69	138.21
其它商品和服务	Miscellaneous Goods and Services	36.59	62.88
平均每人消费性支出构成	**Composition of Per Capita Annual Consumption**		
(人均消费性支出＝100)	**Expenditures (%)**		
食　品	Food	51.89	52.60
衣　着	Clothing	15.72	13.96
居　住	Housing	3.34	5.32
家庭设备用品及服务	Household Appliances and Service	11.61	11.25
医疗保健	Health Care and Medical Services	0.71	1.85
交通通信	Transport and Communications	1.29	1.21
教育文化娱乐服务	Education, Cultural and Recreation Services	11.04	9.49
其它商品和服务	Miscellaneous Goods and Services	4.41	4.32

Income and Expenditure in Cash of Urban Middle Income Households

Unit: yuan

1995	2000	2001	2002	2003	2004	2005	2006	2007
4958.42	**7524.98**	**8213.66**	**9437.99**	**10463.66**	**11870.79**	**13596.66**	**15199.70**	**17684.55**
4013.78	5496.09	5967.59	6772.64	7553.7	8450.05	9462.00	10579.93	12232.34
82.64	238.54	252.01	266.87	347.37	464.35	628.84	719.67	837.98
95.97	143.27	150.43	86.91	115.28	140	178.41	233.24	312.21
766.02	1647.07	1843.64	2311.58	2447.3	2816.4	3327.41	3666.86	4302.02
4954.54	7487.37	8164.22	8869.51	9763.37	11050.89	12603.37	14049.17	16385.8
4045.52	**5894.92**	**6241.50**	**6939.95**	**7547.31**	**8345.70**	**9410.77**	**10218.25**	**11570.39**
1946.42	2215.56	2272.11	2596.95	2762.75	3130.75	3425.91	3647.94	4229.78
585.74	627.81	676.22	737.2	791.36	849.19	1010.63	1120.40	1278.22
275.79	578.89	614.13	643.15	779.81	813.24	921.67	1009.55	1095.36
358.76	526.42	524.81	460.99	472.55	480.6	546.06	583.94	716.89
121.20	373.83	405.29	510.15	560.89	665.82	764.91	762.37	861.43
214.28	487.11	580.63	718.92	826.32	938.65	1074.90	1264.52	1420.31
362.64	758.84	820.73	1046.46	1102.89	1182.09	1336.77	1469.14	1544.2
180.68	326.64	347.57	226.13	250.79	285.36	329.92	360.39	424.19
48.11	37.58	36.40	37.42	36.61	37.51	36.40	35.70	36.56
14.48	10.65	10.83	10.62	10.49	10.18	10.74	10.96	11.05
6.82	9.82	9.84	9.27	10.33	9.74	9.79	9.88	9.47
8.87	8.93	8.41	6.64	6.26	5.76	5.80	5.71	6.20
3.00	6.34	6.49	7.35	7.43	7.98	8.13	7.46	7.45
5.30	8.26	9.30	10.36	10.95	11.25	11.42	12.38	12.28
8.96	12.87	13.15	15.08	14.61	14.16	14.20	14.38	13.35
4.47	5.54	5.57	3.26	3.32	3.42	3.51	3.53	3.67

1—1—17 高收入户城镇居民家庭现金收支表

单位:元

项 目	Item	1985	1990
平均每人全部年收入	**Per Capita Annual Income**	**1098.24**	**2071.92**
工薪收入	Income of Wages and Salaries		
经营净收入	Net Business Income		
财产性收入	Income from Property		
转移性收入	Income from Transfer		
#可支配收入	#Disposable Income	1012.32	1889.52
平均每人消费性支出	**Per Capita Annual Consumption Expenditures**	**963.24**	**1685.28**
食 品	Food	473.88	858.16
衣 着	Clothing	152.64	231.88
居 住	Housing	29.64	92.27
家庭设备用品及服务	Household Appliances and Service	118.44	197.78
医疗保健	Health Care and Medical Services	6	32.42
交通通信	Transport and Communications	12.12	22.42
教育文化娱乐服务	Education, Cultural and Recreation Services	120.24	172.56
其它商品和服务	Miscellaneous Goods and Services	50.28	77.80
平均每人消费性支出构成	**Composition of Per Capita Annual Consumption**		
(人均消费性支出=100)	**Expenditures (%)**		
食 品	Food	49.20	50.92
衣 着	Clothing	15.85	13.76
居 住	Housing	3.08	5.48
家庭设备用品及服务	Household Appliances and Service	12.30	11.74
医疗保健	Health Care and Medical Services	0.62	1.92
交通通信	Transport and Communications	1.26	1.33
教育文化娱乐服务	Education, Cultural and Recreation Services	12.48	10.24
其它商品和服务	Miscellaneous Goods and Services	5.22	4.62

Income and Expenditure in Cash of Urban High Income Households

Unit: yuan

1995	2000	2001	2002	2003	2004	2005	2006	2007
6036.43	**9484.67**	**10441.61**	**12555.07**	**14076.07**	**16156.02**	**18687.74**	**20699.63**	**24106.62**
4821.69	6824.31	7439.91	8727.13	9795.67	11441.1	12826.09	14207.10	16552.82
108.94	251.73	289.11	344.69	450.19	544.81	852.18	1056.18	1236.3
98.02	185.50	201.55	138.42	212.1	247.76	340.27	409.62	544.86
1007.78	2223.14	2511.04	3344.82	3618.08	3922.36	4669.20	5026.73	5772.65
6031.61	9434.21	10374.92	11772.82	13123.08	14970.91	17202.93	19068.95	22233.56
4665.91	**7102.33**	**7495.09**	**8919.94**	**9627.58**	**10749.35**	**12102.51**	**13169.82**	**15297.73**
2127.00	2458.60	2509.80	3171.36	3337.82	3740.68	4151.09	4392.35	5062.13
688.67	760.39	810.10	866.38	945.33	1071.52	1255.95	1350.76	1579.06
308.99	681.61	739.72	906.67	965.22	1100.61	1195.48	1341.89	1436.69
445.87	780.47	735.26	645.72	687.17	685.43	754.85	842.34	967.68
139.85	442.70	487.26	657.33	757.57	821.16	997.59	1020.20	1108.59
277.40	628.15	688.10	991.17	1106.03	1274.18	1590.28	1801.04	2467.69
443.55	925.35	1040.60	1373.85	1482.57	1673.76	1700.23	1901.68	2092.01
234.58	425.06	484.27	307.46	345.91	382	457.03	519.56	583.88
45.59	34.62	33.49	35.55	34.67	34.80	34.30	33.35	33.09
14.76	10.71	10.81	9.71	9.82	9.97	10.38	10.26	10.32
6.62	9.60	9.87	10.16	10.03	10.24	9.88	10.19	9.39
9.56	10.99	9.81	7.24	7.14	6.38	6.24	6.40	6.33
3.00	6.23	6.50	7.37	7.87	7.64	8.24	7.75	7.25
5.95	8.84	9.18	11.11	11.49	11.85	13.14	13.68	16.13
9.51	13.03	13.88	15.40	15.40	15.57	14.05	14.44	13.68
5.03	5.98	6.46	3.45	3.59	3.55	3.78	3.95	3.82

1—1—18 最高收入户城镇居民家庭现金收支表

单位:元

项　　目	Item	1985	1990
平均每人全部年收入	**Per Capita Annual Income**	**1383.72**	**2675.64**
工薪收入	Income of Wages and Salaries		
经营净收入	Net Business Income		
财产性收入	Income from Property		
转移性收入	Income from Transfer		
#可支配收入	#Disposable Income	1276.2	2447.92
平均每人消费性支出	**Per Capita Annual Consumption Expenditures**	**1162.92**	**2039.76**
食　品	Food	546.12	991.95
衣　着	Clothing	178.68	271.23
居　住	Housing	35.28	133.43
家庭设备用品及服务	Household Appliances and Service	167.04	265.69
医疗保健	Health Care and Medical Services	6.6	38.77
交通通信	Transport and Communications	17.16	32.81
教育文化娱乐服务	Education, Cultural and Recreation Services	153.24	197.68
其它商品和服务	Miscellaneous Goods and Services	58.8	108.20
平均每人消费性支出构成	**Composition of Per Capita Annual Consumption**		
(人均消费性支出=100)	**Expenditures(%)%**		
食　品	Food	46.96	48.63
衣　着	Clothing	15.36	13.30
居　住	Housing	3.03	6.54
家庭设备用品及服务	Household Appliances and Service	14.36	13.03
医疗保健	Health Care and Medical Services	0.57	1.90
交通通信	Transport and Communications	1.48	1.61
教育文化娱乐服务	Education, Cultural and Recreation Services	13.18	9.69
其它商品和服务	Miscellaneous Goods and Services	5.06	5.30

Income and Expenditure in Cash of Highest Income Households

Unit: yuan

1995	2000	2001	2002	2003	2004	2005	2006	2007
8231.31	**13390.49**	**15219.98**	**20208.43**	**23483.95**	**27506.23**	**31237.52**	**34834.39**	**40019.22**
5890.70	8748.89	9831.37	13557.84	16272.22	19114.53	21427.02	23724.14	26979.75
178.98	562.94	561.81	776.79	1017.82	1422.67	2149.30	2726.40	3020.55
353.61	378.11	350.30	425.44	632.98	775.23	937.09	1279.28	1911.3
1808.01	3700.73	4476.51	5448.37	5560.93	6193.8	6724.11	7104.57	8107.62
8221.94	13311.02	15114.85	18995.85	21837.32	25377.17	28773.11	31967.34	36784.51
6033.10	**9250.63**	**9834.20**	**13040.69**	**14515.68**	**16841.82**	**19153.73**	**21061.68**	**23337.33**
2440.91	2847.03	2921.26	4100.79	4332.62	4914.64	5367.27	5746.72	6439.53
831.51	933.52	1022.75	1103.16	1276.08	1461.11	1757.59	1956.60	2162.63
443.81	864.71	972.10	1485.72	1794.64	1812.28	1897.91	2196.59	2290.13
801.85	1219.75	1243.00	1014.63	1172.69	1195.98	1287.53	1415.42	1597.44
189.21	638.30	648.58	933.1	1070.24	1218.42	1287.67	1311.35	1472.54
385.31	876.61	1024.75	1731.09	2081.14	2828.09	3769.58	4316.82	4815.64
597.42	1223.97	1273.10	2148.56	2208.97	2707.79	2907.99	3176.07	3526.23
343.08	646.73	728.66	523.68	579.33	703.5	878.19	942.10	1033.17
40.46	30.78	29.71	31.45	29.85	29.18	28.02	27.29	27.59
13.78	10.09	10.40	8.46	8.79	8.68	9.18	9.29	9.27
7.36	9.35	9.88	11.39	12.36	10.76	9.91	10.43	9.81
13.29	13.19	12.64	7.78	8.08	7.10	6.72	6.72	6.84
3.14	6.90	6.60	7.16	7.37	7.23	6.72	6.23	6.31
6.39	9.48	10.42	13.27	14.34	16.79	19.68	20.50	20.63
9.90	13.23	12.95	16.48	15.22	16.08	15.18	15.08	15.11
5.69	6.99	7.41	4.02	3.99	4.18	4.58	4.47	4.43

1—1—19 城镇居民家庭平均每人全年购买主要商品数量

项　目	Item	单位 Unit	1957	1964	1981	1982	1983	1984	1985	1986	1987	1988
粮　食	Grain	千克　kg	167.16	155.76	145.44	144.56	144.48	142.08	131.16	137.88	133.87	137.17
鲜　菜	Fresh Vegetables	千克　kg	109.14	130.32	152.34	159.08	165	149.04	147.72	148.32	142.58	147.02
食用植物油	Edible Vegetable Oil	千克　kg	4.2	2.22	4.8	5.78	6.54	7.08	6.36	6.24	6.44	6.96
猪　肉	Pork	千克　kg	6.72		16.92	16.85	18	17.1	17.16	18.96	18.85	16.94
牛羊肉	Beef and Mutton	千克　kg	1.2		1.68	1.81	1.86	2.76	3	2.64	3.05	2.81
家　禽	Poultry	千克　kg	1.2	0.48	1.92	2.26	2.58	2.88	3.84	3.72	3.4	4
鲜　蛋	Fresh Eggs	千克　kg	3.29	2.04	5.22	5.88	6.9	7.62	8.76	7.08	6.56	6.87
水产品	Aquatic Products	千克　kg	7.62	4.68	7.26	7.67	8.1	7.8	7.8	8.16	7.88	7.07
鲜　奶	Milk	千克　kg										
水果(瓜果)	Fresh Melons and Fruits	千克　kg										
酒	Liquor	千克　kg	2.52	1	4.38	4.48	5.34	6.78	8.04	9.36	9.92	9.45
煤　炭	Coal	千克　kg	274.62	285.48	240	226.5	229.26	254.82	258.72	267.58	236.27	280.81

1—1—20 城镇居民家庭平均每百户年底耐用消费品拥有量

项　目	Item	单位	Unit	1985	1990	1991	1992	1993	1994
摩托车	Motorcycle	辆	unit	1.04	1.94	2.25	2.80	3.53	5.26
洗衣机	Washing Machine	台	set	52.83	78.41	80.58	83.41	86.36	87.29
电冰箱	Refrigerator	台	set	9.57	42.33	48.70	52.60	56.68	62.10
彩色电视机	Colour Television Set	台	set	18.43	59.04	68.41	74.87	79.46	86.21
组合音响	Hi-Fi Stereo Component System	套	set				3.99	5.69	8.68
照相机	Camera	架	set	12.09	19.22	21.32	24.32	26.48	29.83
空调器	Air Conditioner	台	unit	0.08	0.34	0.71	1.19	2.33	5.00
淋浴热水器	Shower	台	unit				13.00	17.74	25.24
家用电脑	Computer	台	set						
摄像机	Pickup Camera	架	set						
微波炉	Oven	台	unit						
健身器材	Healthy Equipment	套	set						
移动电话	Mobile Telephone	部	unit						
家用汽车	Automobile	辆	unit						

Per Capita Annual Purchases of Major Commodities of Urban Households

1989	1990	1991	1992	1993	1994	1995	1999	2000	2003	2004	2005	2006	2007
133.94	130.72	127.93	111.50	97.78	101.67	97.00	84.91	82.31	79.52	78.18	76.98	75.92	77.60
144.56	138.70	132.18	124.91	120.64	120.74	116.47	114.94	114.74	118.34	122.32	118.58	117.56	117.80
6.16	6.40	6.93	6.65	7.14	7.53	7.11	7.78	8.16	9.20	9.29	9.25	9.38	9.63
17.53	18.46	18.86	17.70	17.40	17.12	17.24	16.91	16.73	20.43	19.19	20.15	20.00	18.21
2.73	3.28	3.34	3.71	3.36	3.10	2.44	3.09	3.33	3.31	3.66	3.71	3.78	3.93
3.65	3.42	4.40	5.08	3.70	4.13	3.97	4.92	5.44	9.20	6.37	8.97	8.34	9.66
7.05	7.25	8.26	9.45	8.86	9.68	9.74	10.92	11.21	11.19	10.35	10.40	10.41	10.33
7.61	7.69	8.02	8.19	8.02	8.53	9.20	10.34	11.74	13.35	12.48	12.55	12.95	14.20
	4.63		5.52	5.38	5.25	4.62	7.88	9.94	18.62	18.83	17.92	18.32	17.75
	41.11		47.37	38.85	40.04	44.96	54.21	57.48	57.79	56.45	56.69	60.17	59.54
9	9.25	9.45	9.85	9.71	10.00	9.93	9.61	10.01	9.39	8.94	8.85	9.12	9.14
217.53	206.04	195.37	164.69	135.99	130.54	129.52	115.46	128.07	104.71	91.97	84.01	70.91	51.04

Number of Major Durable Consumer Goods Owned Per 100 Urban Households at the Year-end

1995	1999	2000	2001	2002	2003	2004	2005	2006	2007
6.29	15.12	18.80	20.24	22.19	24.00	24.84	25.00	25.30	24.81
88.97	91.44	90.50	92.22	92.90	94.41	95.9	95.51	96.77	96.77
66.22	77.74	80.10	81.87	87.38	88.73	90.15	90.72	91.75	95.03
89.79	111.57	116.60	120.52	126.38	130.50	133.44	134.80	137.43	137.79
10.52	19.66	22.20	23.84	25.16	26.89	28.29	28.79	29.05	30.20
30.56	38.11	38.40	39.79	44.08	45.36	47.04	46.94	47.99	45.06
8.09	24.48	30.80	35.79	51.10	61.79	69.81	80.67	87.79	95.08
30.05	45.49	49.10	52.00	62.42	66.61	69.4	72.65	75.13	79.52
	5.91	9.70	13.31	20.63	27.81	33.11	41.52	47.20	53.77
	1.06	1.30	1.63	1.92	2.45	3.17	4.32	5.11	6.17
	12.15	17.60	22.27	30.91	36.96	41.7	47.61	50.61	53.39
	3.83	3.50	3.98	3.74	4.07	4.22	4.68	5.00	4.39
	7.14	19.50	33.97	62.89	90.07	111.35	137.00	152.88	165.18
	0.34	0.50	0.60	0.88	1.36	2.18	3.37	4.32	6.06

1—2—1 按收入等级分城镇居民家庭基本情况(2007 年)

项　目	Item	单位	Unit	全　国 National
调查户数	Number of Households Surveyed	户	household	59305.00
调查户比重	Proportion	%	%	100.00
平均每户家庭人口	Average Household Size	人	person	2.91
平均每户就业人口	Average Number of Employed Persons per Household	人	person	1.54
平均每户就业面	Proportion of Employment per Household	%	%	52.92
平均每一就业者负担人数	Number of Dependents per Employee			
(包括就业者本人)	(including the employee himself or herself)	人	person	1.89
平均每人全部年收入	Per Capita Annual Income	元	yuan	14908.64
平均每人可支配收入	Per Capita Disposable Income	元	yuan	13785.79
平均每人消费性支出(元)	Per Capita Annual Consumption Expenditure	元	yuan	9997.47

Basic Condition of Urban Households by Level of Income (2007)

按收入等级分 Grouped by Percentile of Households								
	最低收入户 Lowest Income Households (firstdecile)	困难户 Poor Households (first five percent)	低收入户 Low Income Households (second decile)	中等偏下户 Lower Middle Income Households (second quintile)	中等收入户 Middle Income Households (third quintile)	中等偏上户 Upper Middle Income Households (fourth quintile)	高收入户 High Income Households (ninth decile)	最高收入户 Highest Income Households (tenth decile)
	5940	2967	5936	11880	11869	11865	5919	5894
	10.02	5.00	10.01	20.03	20.01	20.01	9.98	9.94
	3.3	3.3	3.2	3.05	2.88	2.74	2.63	2.58
	1.34	1.23	1.55	1.57	1.57	1.54	1.54	1.6
	40.61	37.27	48.44	51.48	54.51	56.20	58.56	62.02
	2.46	2.68	2.06	1.94	1.83	1.78	1.71	1.61
	4604.09	3744.87	6992.55	9568.02	12978.61	17684.55	24106.62	40019.22
	4210.06	3357.91	6504.6	8900.51	12042.32	16385.8	22233.56	36784.51
	4036.32	3447.68	5634.15	7123.69	9097.35	11570.39	15297.73	23337.33

1—2—2 按收入等级分城镇居民家庭现金收入和支出(平均每人全年,2007年)

单位:元

项目	Item	总平均 Average	最低收入户 Lowest Income Households (first decile)	困难户 Poor Households (first five percent)
一、期初手存现金	**Deposited Cash at Beginning of the Period**	**717.20**	**333.64**	**290.29**
二、家庭总收入	**Total Income of Living Expenditure**	**14908.64**	**4604.09**	**3744.87**
#可支配收入	Disposable Income	13785.81	4210.06	3357.91
(一)工薪收入	Income of Wages and Salaries	10234.76	2981.82	2331.57
1.工资及补贴收入	Income of Wages and Allowances	9979.60	2770.25	2095.55
2.其他劳动收入	Other Working Income	255.16	211.57	236.02
(二)经营净收入	Net Income from Management	940.72	510.98	453.08
(三)财产性收入	Property Income	348.53	53.56	40.53
1.利息收入	Interest Income	38.03	5.13	4.28
2.股息与红利收入	Bonus and Dividends	96.21	4.32	1.99
3.保险收益	Insurance Yield	5.91	0.17	0.02
4.其它投资收入	Other Investment Income	42.16	0.82	1.43
5.出租房屋收入	House Leasing Income	155.71	41.18	30.91
6.知识产权收入	Intellectual Property Income	1.09		
7.其他财产性收入	Other Property Income	9.42	1.94	1.90
(四)转移性收入	Transfer Income	3384.60	1057.73	919.70
1.养老金或离退休金	Pension	2748.51	718.75	551.75
2.社会救济收入	Social Assistance Grants	23.62	106.74	152.97
3.辞退金	Compensation for Dismissal	15.48	0.91	0.41
4.赔偿收入	Compensation Income	5.28	1.26	2.39
5.保险收入	Insurance Proceeds	19.73	17.31	16.25
#失业保险金	Insurance for Unemployment	13.99	16.70	15.52
6.赡养收入	Solatium Income	129.55	70.75	64.60
7.捐赠收入	Donation Income	265.15	79.90	69.88
8.提取住房公积金	Withdrawal of Public Accumulation Fund for Housing Construct	47.61	1.28	0.49
9.记帐补贴	Bookkeeping Allowance	63.08	42.72	43.06
10.其他转移性收入	Other Transfer Income	66.58	18.12	17.89
三、出售财物收入	**Income from Selling Property**	**159.48**	**27.02**	**23.48**
1.出售住房收入	House Leasing Income	148.10	17.33	6.18
2.出售其他物品收入	Other Articles	11.37	9.68	17.30
四、借贷收入	**Debit and Credit Income**	**4264.01**	**1124.92**	**1101.22**
1.提取储蓄存款	Withdrawal of Deposit	3655.56	969.70	910.27
2.借入款	Borrowing	205.57	118.64	151.24
3.收回借出款	Withdrawal of Debts	56.82	15.19	15.15
4.收回储蓄性保险本	Withdrawal of Saving Insurance Principal	9.86	1.25	1.82
5.兑售有价证券	Changing or Sale Securities	61.10	6.14	12.43
6.收回投资本金	Withdrawal of Investment Principal	10.02	0.03	0.02
7.住房贷款	Housing Loans	210.59	4.14	2.41
8.汽车贷款	Car loans	8.36		
9.教育贷款	Education Loans	0.97	3.19	3.49
10.其他贷款	Other loans	7.76	0.42	0.24
11.其他借贷收入	Other Debit and Credit Income	37.41	6.23	4.15

Per Capita Annual Cash Income and Expenditure of Urban Households (2007).

Unit: yuan

低收入户 Low Income Households (second decile)	中等偏下户 Lower Middle Income Households (second quintile)	中等收入户 Middle Income Households (third quintile)	中等偏上户 Upper Middle Income Households (fourth quintile)	高收入户 High Income Households (ninth decile)	最高收入户 Highest Income Households (tenth decile)
437.63	**520.91**	**666.74**	**832.02**	**1039.07**	**1562.74**
6992.55	**9568.02**	**12978.61**	**17684.55**	**24106.62**	**40019.22**
6504.60	8900.51	12042.32	16385.80	22233.56	36784.51
4807.36	6622.03	9082.90	12232.34	16552.82	26979.75
4619.40	6458.88	8886.87	11991.98	16230.99	26267.00
187.96	163.16	196.03	240.36	321.83	712.76
589.33	656.81	719.35	837.98	1236.30	3020.55
73.95	109.31	173.87	312.21	544.86	1911.30
6.63	15.15	26.10	40.39	60.16	173.75
11.74	17.44	40.85	77.46	146.59	620.50
0.65	1.17	3.71	7.56	13.47	25.11
2.51	4.71	8.27	16.22	38.95	367.51
49.30	68.81	89.47	161.85	264.76	668.83
0.10	0.03	0.38	0.05	0.18	10.94
3.02	2.01	5.08	8.68	20.74	44.67
1521.91	2179.86	3002.49	4302.02	5772.65	8107.62
1209.40	1847.57	2574.48	3659.32	4737.84	5907.15
36.14	14.75	9.79	7.59	5.70	7.18
2.10	3.67	4.95	10.36	33.42	95.30
0.41	1.05	1.87	7.44	8.18	26.86
13.51	15.69	17.65	17.35	25.89	43.83
12.54	14.36	14.54	12.04	15.38	12.93
78.04	81.34	96.03	142.88	233.24	327.35
106.67	129.76	190.36	294.12	451.90	943.54
1.70	1.88	6.43	21.13	59.13	409.69
44.90	50.34	58.66	72.21	87.59	108.61
29.05	33.81	42.28	69.62	129.75	238.13
10.19	**69.21**	**94.01**	**105.89**	**279.68**	**869.54**
6.52	64.51	89.30	96.17	264.91	815.30
3.67	4.70	4.72	9.72	14.77	54.23
1526.82	**2008.12**	**3084.68**	**4518.38**	**7159.60**	**16301.80**
1355.96	1782.30	2713.32	3960.94	6376.59	13186.76
121.95	101.78	166.98	183.38	307.20	701.55
14.57	25.56	32.42	44.25	59.20	316.32
1.24	4.05	7.16	11.03	18.77	40.21
0.74	4.98	26.12	31.57	45.65	497.37
1.72	4.12	5.09	8.05	18.58	53.77
21.33	50.28	97.14	230.33	267.37	1250.92
0.39	2.70	3.17	3.77	19.12	52.92
1.44	0.91	1.11	0.18	0.07	
1.72	14.98	3.72	7.21	13.85	11.03
5.76	16.45	28.46	37.68	33.20	190.95

1－2－2续表

单位:元

项　　目	Item	总平均 Average	最低收入户 Lowest Income Households (first decile)	困难户 Poor Households (first five percent)
五、家庭总支出	**Total Expenditure of Household**	**13513.87**	**4903.97**	**4233.30**
(一)消费支出	Living Expenditure	9997.47	4036.32	3447.68
其中:服务性消费支出	Living Expenditure for Services	2665.87	885.35	725.97
1.食品	Food	3628.03	1904.09	1672.36
2.衣着	Clothing	1042.00	360.89	288.50
3.居住	Residence	982.28	469.05	415.66
4.家庭设备用品及服务	Household Facilities, Articles and Services	601.80	163.91	130.58
5.医疗保健	Medicine and Medical Services	699.09	281.13	250.27
6.交通和通信	Transportation and Communication	1357.41	314.24	243.21
7.教育文化娱乐服务	Education, Cultural and Recreation Services	1329.16	445.71	366.54
8.杂项商品和服务	Miscellaneous Commodities and Services	357.70	97.29	80.55
(二)购房与建房支出	Expenditure for Purchasing and Building House	922.91	81.54	93.37
1.购房	Purchasing House	906.93	78.84	89.82
2.建房	Building House	15.98	2.70	3.55
(三)转移性支出	Transfer Expenditure	1582.39	435.13	349.59
1.交纳的个人收入税	Tax	90.56	1.37	1.64
2.捐赠支出	Contribution	922.19	291.61	227.22
3.购买彩票	Expenditure for Purchasing Lotteries	12.47	2.77	1.59
4.赡养支出	Expenditure for support	442.82	121.32	105.67
其中:在外就学子女费用	Expenditure for Children Studying Out Of Current Cities	265.74	86.22	82.31
5.各种非储蓄性保险支出	Expenditure on all Kinds of Non-saving Insurances	57.45	7.76	5.41
其中:车辆保险支出	Expenditure on Car Insurance	22.33	0.26	0.20
6.其他转移性支出	Other Transfer Expenditure	56.91	10.30	8.06
(四)财产性支出	Property Expenditure	41.93	1.03	0.41
1.非生产性利息支出	Expenditure on Non-product ional Loan Interests	29.70	0.45	0.25
2.其他	Others	12.23	0.58	0.16
(五)社会保障支出	Expenditure on Social Securities	969.15	349.93	342.27
1.个人交纳的养老基金	Individually Paid Pension Fund	397.75	236.92	252.18
2.个人交纳的住房公积金	Individually Paid Public Accumulation Fund for Housing Construction	407.92	43.99	30.04
3.个人交纳的医疗基金	Individually Paid Medical Fund	128.62	60.37	53.52
4.个人交纳的失业基金	Individually Paid Unemployment Fund	28.45	6.66	4.35
5.其他社会保障支出	Other Expenditure on Social Securities	6.41	1.99	2.18
六、借贷支出	**Expenditure on Debit and Credit**	**5276.57**	**692.91**	**510.61**
1.存入储蓄款	Deposited Saving Money	4501.91	616.93	452.54
2.借出款	Loans	53.66	8.85	5.92
3.归还借款	Returning Loans	106.93	22.73	21.20
4.储蓄性保险支出	Expenditure on Saving Insurance	112.28	16.77	11.59
5.购买有价证券	Purchasing Securities	155.59	6.88	7.28
6.其它投资支出	Other Investment Expenses	29.46	2.16	2.01
7.归还住房贷款	Returning Housing Loans	275.20	12.37	5.19
8.归还汽车贷款	Returning Car Loans	11.23	0.41	0.83
9.归还教育贷款	Returning Education Loans	1.58	0.62	0.51
10.归还其他贷款	Returning Other Loan	6.03	1.40	1.58
11.其他借贷支出	Other Debit and Credit Expenses	22.69	3.80	1.95
七、期末手存现金	**Deposited Cash at the end of Period**	**1267.57**	**494.46**	**417.12**

1—2—2 Continued

Unit: yuan

低收入户 Low Income Households (second decile)	中等偏下户 Lower Middle Income Households (second quintile)	中等收入户 Middle Income Households (third quintile)	中等偏上户 Upper Middle Income Households (fourth quintile)	高收入户 High Income Households (ninth decile)	最高收入户 Highest Income Households (tenth decile)
6939.15	**8955.30**	**11862.45**	**15629.14**	**21147.63**	**35242.61**
5634.15	7123.69	9097.35	11570.39	15297.73	23337.33
1275.52	1719.19	2301.04	3111.37	4262.31	7224.80
2451.15	2942.78	3538.30	4229.78	5062.13	6439.53
565.19	776.85	1017.66	1278.22	1579.06	2162.63
605.01	718.26	873.89	1095.36	1436.69	2290.13
282.51	385.04	545.18	716.89	967.68	1597.44
378.69	501.69	646.52	861.43	1108.59	1472.54
548.82	710.05	993.43	1420.31	2467.69	4815.64
646.99	877.36	1172.43	1544.20	2092.01	3526.23
155.79	211.66	309.95	424.19	583.88	1033.17
175.65	260.31	524.88	978.71	1419.73	4796.10
165.91	258.15	519.81	958.46	1407.99	4702.49
9.74	2.16	5.07	20.24	11.74	93.60
686.25	958.21	1371.59	1894.89	2698.51	4359.54
3.66	9.24	26.75	72.33	164.03	615.04
443.59	621.10	861.78	1138.72	1514.07	2134.58
5.17	9.98	13.62	15.91	22.68	19.93
197.18	263.73	387.45	534.53	786.33	1176.35
135.65	161.95	241.15	320.49	475.68	635.80
17.02	23.54	37.36	65.87	102.62	234.67
1.55	2.77	5.14	19.22	42.98	147.52
19.64	30.63	44.63	67.54	108.77	178.97
3.70	5.13	17.66	30.94	110.23	238.73
1.38	3.17	10.98	23.59	73.87	176.32
2.32	1.96	6.68	7.35	36.36	62.41
439.39	607.92	850.87	1154.21	1621.44	2510.91
249.65	297.67	365.00	450.04	568.44	821.06
103.29	188.29	328.14	511.10	804.81	1344.04
72.10	96.46	125.31	150.52	192.52	260.98
10.77	18.52	25.25	35.25	47.97	75.48
3.58	6.97	7.17	7.30	7.70	9.34
1311.95	**2334.65**	**3816.13**	**6014.29**	**9527.32**	**20592.41**
1164.57	2064.18	3352.89	5220.59	8201.39	16829.62
13.46	25.12	33.64	55.08	90.04	234.76
33.28	50.67	89.28	110.28	160.66	420.18
44.16	59.16	85.29	123.60	187.56	407.53
11.13	27.91	72.96	113.28	246.18	1014.93
3.25	13.33	28.19	34.63	58.18	99.12
34.18	83.19	136.10	313.80	513.43	1363.22
0.20	1.40	2.15	19.39	12.03	64.86
1.98	0.10	0.43	0.88	9.30	2.08
0.94	1.53	4.75	7.62	10.87	23.85
4.79	8.07	10.45	15.13	37.69	132.33
720.46	**881.61**	**1151.24**	**1507.42**	**1929.99**	**2942.10**

1－2－3 按收入等级分城镇居民家庭消费支出(2007年)

单位:元

项目	Item	总平均 Average	最低收入户 Lowest Income Households (first decile)	困难户 Poor Households (first five percent)
消费支出	**Total Consumption Expenditures**	**9997.47**	**4036.32**	**3447.68**
＃服务性消费支出	＃Service Consumption Expenditure	2665.87	885.35	725.97
一、食品	**Food**	**3628.03**	**1904.09**	**1672.36**
(一)粮油类	Grain and Oil	465.24	368.15	350.27
1.粮食	Grain	278.30	223.65	214.67
2.淀粉及薯类	Starches and Tubers	26.19	20.63	19.66
3.干豆类及豆制品	Beans and Bean Products	43.43	31.74	28.99
4.油脂类	Oil and Fats	117.32	92.13	86.95
(二)肉禽蛋水产品类	Meat,Poultry,Egg,Aquatic Products and Related Products	1030.88	593.90	521.56
1.肉类	Meat Products	522.98	336.50	300.59
2.禽类	Poultry Products	180.29	101.19	86.62
3.蛋类	Eggs	83.83	58.53	53.15
4.水产品类	Aquatic Products	243.78	97.68	81.19
(三)蔬菜类	Vegetables	348.61	236.63	218.39
1.鲜菜	Fresh Vegetables	316.40	219.23	203.40
2.干菜	Dried Vegetables	20.19	10.03	8.43
3.菜制品	Vegetable Products	12.01	7.37	6.55
(四)调味品	Condiments	45.53	30.23	28.01
(五)糖烟酒饮料类	Sugar,Tobacco,Liquor and Beverages	397.99	182.67	154.81
1.糖类	Sugar	34.50	17.96	15.59
2.烟草类	Tobacco	191.92	88.74	74.41
3.酒类	Liquor	96.66	46.29	39.99
4.饮料	Beverages	74.92	29.68	24.82
(六)干鲜瓜果类	Dried and Fresh Melons and Fruits	272.24	135.22	117.84
1.鲜果	Fruits	175.45	89.41	78.21
2.鲜瓜	Melons	34.61	16.68	14.41
3.其它干鲜瓜果类及制品	Dried Fruits	62.19	29.13	25.21
(七)糕点、奶及奶制品	Cake, Milk and Its Products	234.73	110.59	90.75
1.糕点	Cake	74.01	34.62	28.46
2.奶及奶制品	Milk and Its Products	160.72	75.97	62.29
(八)其他食品	Other Food	69.95	32.55	26.37
(九)饮食服务	Bite and Sup Service	762.85	214.15	164.37
1.食品加工服务费	Food Processing Service Fees	1.88	0.96	0.82
2.在外饮食	Dining Out	760.97	213.18	163.55
二、衣着	**Clothing**	**1042.00**	**360.89**	**288.50**
(一)服装	Garments	747.93	243.08	191.61
(二)衣着材料	Clothing Materials	10.13	4.49	3.75
(三)鞋类	Shoes	242.64	96.01	78.55
(四)其他衣着用品	Other Clothing	33.91	14.27	11.92
(五)衣着加工服务费	Tailoring and Laundering Services	7.39	3.05	2.66

Per Capita Annual Living Expenditure of Urban Households (2007)

Unit: yuan

低收入户 Low Income Households (second decile)	中等偏下户 Lower Middle Income Households (second quintile)	中等收入户 Middle Income Households (third quintile)	中等偏上户 Upper Middle Income Households (fourth quintile)	高收入户 High Income Households (ninth decile)	最高收入户 Highest Income Households (tenth decile)
5634.15	**7123.69**	**9097.35**	**11570.39**	**15297.73**	**23337.33**
1275.52	1719.19	2301.04	3111.37	4262.31	7224.80
2451.15	**2942.78**	**3538.30**	**4229.78**	**5062.13**	**6439.53**
411.38	440.58	473.12	508.86	529.47	541.77
246.86	263.13	280.51	302.84	319.37	325.94
21.85	23.85	26.57	29.18	30.48	32.92
36.63	39.76	43.99	48.60	52.57	54.34
106.04	113.84	122.05	128.24	127.05	128.58
760.48	896.07	1035.08	1204.18	1357.26	1548.22
419.48	479.56	537.76	596.19	644.18	685.51
133.20	157.91	179.53	210.56	238.85	272.82
70.24	78.65	88.16	94.75	97.76	98.86
137.56	179.95	229.62	302.69	376.47	491.01
279.77	319.40	356.35	395.75	422.26	457.25
256.91	291.67	323.93	357.51	379.34	407.68
14.11	17.45	20.31	24.11	27.45	31.55
8.75	10.29	12.11	14.13	15.48	18.02
35.61	40.52	46.17	52.64	56.86	61.77
261.22	320.94	396.42	478.86	562.67	696.81
22.70	28.67	33.52	40.30	46.64	62.15
129.36	156.73	192.40	230.09	269.99	326.40
66.43	79.89	98.33	117.05	130.25	158.67
42.72	55.65	72.16	91.42	115.78	149.59
179.26	219.25	271.49	323.13	392.06	465.01
117.96	143.90	175.68	205.04	249.93	295.28
23.14	27.92	34.93	42.10	49.38	56.64
38.16	47.43	60.89	75.99	92.74	113.10
157.43	189.83	238.27	279.38	334.06	396.05
48.49	59.10	73.03	87.14	108.28	132.09
108.93	130.73	165.24	192.23	225.78	263.96
45.35	56.57	72.02	85.16	99.55	114.29
320.66	459.60	649.39	901.82	1307.95	2158.35
1.69	1.74	2.07	1.96	2.59	2.31
318.97	457.86	647.32	899.85	1305.36	2156.05
565.19	**776.85**	**1017.66**	**1278.22**	**1579.06**	**2162.63**
389.10	544.86	725.63	917.87	1150.88	1616.58
6.35	8.92	11.03	12.30	13.60	14.90
145.88	191.10	240.57	298.40	351.79	452.23
19.83	26.41	33.31	40.95	51.43	63.56
4.03	5.56	7.12	8.70	11.36	15.37

1—2—3 续表

单位:元

项　目	Item	总平均 Average	最低收入户 Lowest Income Households (first decile)	困难户 Poor Households (first five percent)
三、居住	**Residence**	**982.28**	**469.05**	**415.66**
(一)住房	House	302.19	64.44	49.49
(二)水电燃料及其他	Water, Electricity and Fuels	620.84	387.82	353.04
(三)居住服务费	Housing Services	59.25	16.79	13.12
四、家庭设备用品及服务	**Household Appliances and Services**	**601.80**	**163.91**	**130.58**
(一)耐用消费品	Durable Consumer Goods	285.54	49.44	34.09
1. 家具	Furniture	76.57	7.26	5.62
2. 家庭设备	Household Appliances	194.74	38.45	26.51
(二)室内装饰品	Room Decorations	17.78	2.90	1.86
(三)床上用品	Bed Articles	52.02	13.88	10.30
(四)家庭日用杂品	Household Articles for Daily Use	196.04	90.33	79.54
(五)家具材料	Furniture Materials	10.52	1.39	0.52
(六)家庭服务	Household Services	39.90	5.96	4.26
1. 家政服务	Housekeeping Services	24.62	1.55	1.08
2. 加工维修服务费	Manufacturing Upkeep	14.78	4.23	3.07
五、医疗保健	**Health Care and Medical Services**	**699.09**	**281.13**	**250.27**
(一)医疗器具	Medical Appliances	6.58	2.80	2.06
(二)保健器具	Health Care Appliances	13.27	3.52	1.04
(三)药品费	Medicine	364.37	174.93	164.26
(四)滋补保健品	Health Products	82.40	7.36	6.33
(五)医疗费	Health Care Services	222.48	89.85	74.90
(六)其他	Other	9.99	2.67	1.68
六、交通和通讯	**Transport and Communications**	**1357.41**	**314.24**	**243.21**
(一)交通	Transport	759.12	106.82	76.93
1. 家庭交通工具	Transportation Facility	348.98	25.05	12.23
2. 车辆用燃料及零配件	Fuels and Parts	107.88	14.08	11.42
3. 交通工具服务支出	Using and Upkeep Fare	83.79	7.03	6.05
4. 交通费	Traffic Fare	218.47	60.65	47.23
(二)通信	Communication	598.28	207.43	166.28
1. 通信工具	Communication Facility	104.57	21.15	14.48
2. 通信服务	Communication Services	493.72	186.27	151.80
七、教育文化娱乐服务	**Recreation, Education and Culture**	**1329.16**	**445.71**	**366.54**
(一)文化娱乐用品	Cultural and Recreational Articles	343.17	63.16	49.56
(二)文化娱乐服务	Expenditure of Culture and Recreation	347.59	47.80	38.12
(三)教育	Education	638.40	334.75	278.87
1. 教材	Teaching material	79.63	46.15	35.97
2. 教育费用	Tuition	558.77	288.60	242.90
八、其它商品和服务	**Miscellaneous Goods and Services**	**357.70**	**97.29**	**80.55**
(一)杂项商品	Miscellaneous Goods	227.43	58.46	47.39
(二)服务	Services	130.27	38.83	33.16

1—2—3 Continued

Unit:yuan

低收入户 Low Income Households (second decile)	中等偏下户 Lower Middle Income Households (second quintile)	中等收入户 Middle Income Households (third quintile)	中等偏上户 Upper Middle Income Households (fourth quintile)	高收入户 High Income Households (ninth decile)	最高收入户 Highest Income Households (tenth decile)
605.01	**718.26**	**873.89**	**1095.36**	**1436.69**	**2290.13**
114.99	135.63	215.10	315.54	532.09	1174.75
465.64	548.74	613.92	715.78	801.48	919.56
24.38	33.89	44.87	64.05	103.13	195.82
282.51	**385.04**	**545.18**	**716.89**	**967.68**	**1597.44**
113.01	166.76	262.47	339.40	484.27	826.56
21.98	36.86	62.00	82.77	133.48	290.90
82.48	118.37	188.77	244.16	324.68	497.24
5.83	8.07	14.64	20.73	30.27	63.39
23.16	33.80	44.78	66.42	85.91	132.33
126.75	154.02	188.08	230.66	286.04	372.85
3.87	5.93	10.15	14.56	15.49	28.92
9.88	16.45	25.06	45.11	65.70	173.39
2.90	6.59	11.88	26.86	42.15	130.59
6.65	8.99	12.56	17.83	23.22	42.34
378.69	**501.69**	**646.52**	**861.43**	**1108.59**	**1472.54**
1.39	3.06	6.77	7.52	10.34	20.26
2.19	5.23	9.84	16.21	32.09	41.49
227.94	290.66	356.16	441.89	533.50	639.42
16.97	33.80	61.38	105.52	166.33	290.95
125.93	161.50	203.03	279.25	348.88	456.08
4.28	7.44	9.34	11.05	17.45	24.35
548.82	**710.05**	**993.43**	**1420.31**	**2467.69**	**4815.64**
228.59	271.81	413.48	688.25	1542.57	3554.96
87.67	74.14	128.93	255.53	811.89	1968.72
24.51	37.47	57.17	99.00	199.75	540.17
14.85	19.90	31.18	65.65	172.22	487.62
101.56	140.30	196.20	268.08	358.71	558.46
320.23	438.24	579.95	732.06	925.12	1260.68
42.64	68.13	96.83	135.55	177.29	255.10
277.59	370.10	483.12	596.51	747.83	1005.58
646.99	**877.36**	**1172.43**	**1544.20**	**2092.01**	**3526.23**
124.33	192.63	304.11	408.02	614.94	1013.79
89.88	161.52	254.00	421.20	632.50	1267.68
432.78	523.21	614.32	714.98	844.57	1244.76
77.57	78.85	83.95	81.47	87.47	104.77
355.21	444.35	530.37	633.51	757.10	1139.99
155.79	**211.66**	**309.95**	**424.19**	**583.88**	**1033.17**
96.48	132.04	197.08	271.50	388.12	649.76
59.31	79.62	112.87	152.69	195.76	383.42

1-2-4 按收入等级分城镇居民家庭消费支出构成(2007年)

单位:%

项 目	Item	总平均 Average	最低收入户 Lowest Income Households (first decile)	困难户 Poor Households (first five percent)
消费支出	**Total Consumption Expenditures**	**100.00**	**100.00**	**100.00**
#服务性消费支出	# Service Consumption Expenditure	26.67	21.93	21.06
一、食品	**Food**	**36.29**	**47.17**	**48.51**
(一)粮油类	Grain and Oil	4.65	9.12	10.16
1.粮食	Grain	2.78	5.54	6.23
2.淀粉及薯类	Starches and Tubers	0.26	0.51	0.57
3.干豆类及豆制品	Beans and Bean Products	0.43	0.79	0.84
4.油脂类	Oil and Fats	1.17	2.28	2.52
(二)肉禽蛋水产品类	Meat,Poultry,Egg,Aquatic Products and Related Products	10.31	14.71	15.13
1.肉类	Meat Products	5.23	8.34	8.72
2.禽类	Poultry Products	1.80	2.51	2.51
3.蛋类	Eggs	0.84	1.45	1.54
4.水产品类	Aquatic Products	2.44	2.42	2.35
(三)蔬菜类	Vegetables	3.49	5.86	6.33
1.鲜菜	Fresh Vegetables	3.16	5.43	5.90
2.干菜	Dried Vegetables	0.20	0.25	0.24
3.菜制品	Vegetable Products	0.12	0.18	0.19
(四)调味品	Condiments	0.46	0.75	0.81
(五)糖烟酒饮料类	Sugar,Tobacco,Liquor and Beverages	3.98	4.53	4.49
1.糖类	Sugar	0.35	0.44	0.45
2.烟草类	Tobacco	1.92	2.20	2.16
3.酒类	Liquor	0.97	1.15	1.16
4.饮料	Beverages	0.75	0.74	0.72
(六)干鲜瓜果类	Dried and Fresh Melons and Fruits	2.72	3.35	3.42
1.鲜果	Fruits	1.75	2.22	2.27
2.鲜瓜	Melons	0.35	0.41	0.42
3.其它干鲜瓜果类及制品	Dried Fruits	0.62	0.72	0.73
(七)糕点、奶及奶制品	Cake, Milk and Its Products	2.35	2.74	2.63
1.糕点	Cake	0.74	0.86	0.83
2.奶及奶制品	Milk and Its Products	1.61	1.88	1.81
(八)其他食品	Other Food	0.70	0.81	0.76
(九)饮食服务	Bite and Sup Service	7.63	5.31	4.77
1.食品加工服务费	Food Processing Service Fees	0.02	0.02	0.02
2.在外饮食	Dining Out	7.61	5.28	4.74
二、衣着	**Clothing**	**10.42**	**8.94**	**8.37**
(一)服装	Garments	7.48	6.02	5.56
(二)衣着材料	Clothing Materials	0.10	0.11	0.11
(三)鞋类	Shoes	2.43	2.38	2.28
(四)其他衣着用品	Other Clothing	0.34	0.35	0.35
(五)衣着加工服务费	Tailoring and Laundering Services	0.07	0.08	0.08

Composition of Per Capita Annual Living Expenditure of Urban Households (2007)

Unit:%

低收入户 Low Income Households (second decile)	中等偏下户 Lower Middle Income Households (second quintile)	中等收入户 Middle Income Households (third quintile)	中等偏上户 Upper Middle Income Households (fourth quintile)	高收入户 High Income Households (ninth decile)	最高收入户 Highest Income Households (tenth decile)
100. 00	**100. 00**	**100. 00**	**100. 00**	**100. 00**	**100. 00**
22. 64	24. 13	25. 29	26. 89	27. 86	30. 96
43. 51	**41. 31**	**38. 89**	**36. 56**	**33. 09**	**27. 59**
7. 30	6. 18	5. 20	4. 40	3. 46	2. 32
4. 38	3. 69	3. 08	2. 62	2. 09	1. 40
0. 39	0. 33	0. 29	0. 25	0. 20	0. 14
0. 65	0. 56	0. 48	0. 42	0. 34	0. 23
1. 88	1. 60	1. 34	1. 11	0. 83	0. 55
13. 50	12. 58	11. 38	10. 41	8. 87	6. 63
7. 45	6. 73	5. 91	5. 15	4. 21	2. 94
2. 36	2. 22	1. 97	1. 82	1. 56	1. 17
1. 25	1. 10	0. 97	0. 82	0. 64	0. 42
2. 44	2. 53	2. 52	2. 62	2. 46	2. 10
4. 97	4. 48	3. 92	3. 42	2. 76	1. 96
4. 56	4. 09	3. 56	3. 09	2. 48	1. 75
0. 25	0. 24	0. 22	0. 21	0. 18	0. 14
0. 16	0. 14	0. 13	0. 12	0. 10	0. 08
0. 63	0. 57	0. 51	0. 45	0. 37	0. 26
4. 64	4. 51	4. 36	4. 14	3. 68	2. 99
0. 40	0. 40	0. 37	0. 35	0. 30	0. 27
2. 30	2. 20	2. 11	1. 99	1. 76	1. 40
1. 18	1. 12	1. 08	1. 01	0. 85	0. 68
0. 76	0. 78	0. 79	0. 79	0. 76	0. 64
3. 18	3. 08	2. 98	2. 79	2. 56	1. 99
2. 09	2. 02	1. 93	1. 77	1. 63	1. 27
0. 41	0. 39	0. 38	0. 36	0. 32	0. 24
0. 68	0. 67	0. 67	0. 66	0. 61	0. 48
2. 79	2. 66	2. 62	2. 41	2. 18	1. 70
0. 86	0. 83	0. 80	0. 75	0. 71	0. 57
1. 93	1. 84	1. 82	1. 66	1. 48	1. 13
0. 80	0. 79	0. 79	0. 74	0. 65	0. 49
5. 69	6. 45	7. 14	7. 79	8. 55	9. 25
0. 03	0. 02	0. 02	0. 02	0. 02	0. 01
5. 66	6. 43	7. 12	7. 78	8. 53	9. 24
10. 03	**10. 91**	**11. 19**	**11. 05**	**10. 32**	**9. 27**
6. 91	7. 65	7. 98	7. 93	7. 52	6. 93
0. 11	0. 13	0. 12	0. 11	0. 09	0. 06
2. 59	2. 68	2. 64	2. 58	2. 30	1. 94
0. 35	0. 37	0. 37	0. 35	0. 34	0. 27
0. 07	0. 08	0. 08	0. 08	0. 07	0. 07

1—2—4续表

单位:%

项　目	Item	总平均 Average	最低收入户 Lowest Income Households (first decile)	困难户 Poor Households (first five percent)
三、居住	**Residence**	**9.83**	**11.62**	**12.06**
(一)住房	House	3.02	1.60	1.44
(二)水电燃料及其他	Water, Electricity and Fuels	6.21	9.61	10.24
(三)居住服务费	Housing Services	0.59	0.42	0.38
四、家庭设备用品及服务	**Household Appliances and Services**	**6.02**	**4.06**	**3.79**
(一)耐用消费品	Durable Consumer Goods	2.86	1.22	0.99
1.家具	Furniture	0.77	0.18	0.16
2.家庭设备	Household Appliances	1.95	0.95	0.77
(二)室内装饰品	Room Decorations	0.18	0.07	0.05
(三)床上用品	Bed Articles	0.52	0.34	0.30
(四)家庭日用杂品	Household Articles for Daily Use	1.96	2.24	2.31
(五)家具材料	Furniture Materials	0.11	0.03	0.02
(六)家庭服务	Household Services	0.40	0.15	0.12
1.家政服务	Housekeeping Services	0.25	0.04	0.03
2.加工维修服务费	Manufacturing Upkeep	0.15	0.10	0.09
五、医疗保健	**Health Care and Medical Services**	**6.99**	**6.97**	**7.26**
(一)医疗器具	Medical Appliances	0.07	0.07	0.06
(二)保健器具	Health Care Appliances	0.13	0.09	0.03
(三)药品费	Medicine	3.64	4.33	4.76
(四)滋补保健品	Health Products	0.82	0.18	0.18
(五)医疗费	Health Care Services	2.23	2.23	2.17
(六)其他	Other	0.10	0.07	0.05
六、交通和通讯	**Transport and Communications**	**13.58**	**7.79**	**7.05**
(一)交通	Transport	7.59	2.65	2.23
1.家庭交通工具	Transportation Facility	3.49	0.62	0.35
2.车辆用燃料及零配件	Fuels and Parts	1.08	0.35	0.33
3.交通工具服务支出	Using and Upkeep Fare	0.84	0.17	0.18
4.交通费	Traffic Fare	2.19	1.50	1.37
(二)通信	Communication	5.98	5.14	4.82
1.通信工具	Communication Facility	1.05	0.52	0.42
2.通信服务	Communication Services	4.94	4.61	4.40
七、教育文化娱乐服务	**Recreation, Education and Culture**	**13.29**	**11.04**	**10.63**
(一)文化娱乐用品	Cultural and Recreational Articles	3.43	1.56	1.44
(二)文化娱乐服务	Expenditure of Culture and Recreation	3.48	1.18	1.11
(三)教育	Education	6.39	8.29	8.09
1.教材	Teaching material	0.80	1.14	1.04
2.教育费用	Tuition	5.59	7.15	7.05
八、杂项商品和服务	**Miscellaneous Goods and Services**	**3.58**	**2.41**	**2.34**
(一)杂项商品	Miscellaneous Goods	2.27	1.45	1.37
(二)服务	Services	1.30	0.96	0.96

1—2—4 Continued

Unit：%

低收入户 Low Income Households (second decile)	中等偏下户 Lower Middle Income Households (second quintile)	中等收入户 Middle Income Households (third quintile)	中等偏上户 Upper Middle Income Households (fourth quintile)	高收入户 High Income Households (ninth decile)	最高收入户 Highest Income Households (tenth decile)
10.74	**10.08**	**9.61**	**9.47**	**9.39**	**9.81**
2.04	1.90	2.36	2.73	3.48	5.03
8.26	**7.70**	**6.75**	**6.19**	**5.24**	**3.94**
0.43	0.48	0.49	0.55	0.67	0.84
5.01	**5.41**	**5.99**	**6.20**	**6.33**	**6.84**
2.01	2.34	2.89	2.93	3.17	3.54
0.39	0.52	0.68	0.72	0.87	1.25
1.46	1.66	2.07	2.11	2.12	2.13
0.10	0.11	0.16	0.18	0.20	0.27
0.41	0.47	0.49	0.57	0.56	0.57
2.25	2.16	2.07	1.99	1.87	1.60
0.07	0.08	0.11	0.13	0.10	0.12
0.18	0.23	0.28	0.39	0.43	0.74
0.05	0.09	0.13	0.23	0.28	0.56
0.12	0.13	0.14	0.15	0.15	0.18
6.72	**7.04**	**7.11**	**7.45**	**7.25**	**6.31**
0.02	0.04	0.07	0.06	0.07	0.09
0.04	0.07	0.11	0.14	0.21	0.18
4.05	4.08	3.91	3.82	3.49	2.74
0.30	0.47	0.67	0.91	1.09	1.25
2.24	2.27	2.23	2.41	2.28	1.95
0.08	0.10	0.10	0.10	0.11	0.10
9.74	**9.97**	**10.92**	**12.28**	**16.13**	**20.63**
4.06	3.82	4.55	5.95	10.08	15.23
1.56	1.04	1.42	2.21	5.31	8.44
0.44	0.53	0.63	0.86	1.31	2.31
0.26	0.28	0.34	0.57	1.13	2.09
1.80	1.97	2.16	2.32	2.34	2.39
5.68	6.15	6.37	6.33	6.05	5.40
0.76	0.96	1.06	1.17	1.16	1.09
4.93	5.20	5.31	5.16	4.89	4.31
11.48	**12.32**	**12.89**	**13.35**	**13.68**	**15.11**
2.21	2.70	3.34	3.53	4.02	4.34
1.60	2.27	2.79	3.64	4.13	5.43
7.68	7.34	6.75	6.18	5.52	5.33
1.38	1.11	0.92	0.70	0.57	0.45
6.30	6.24	5.83	5.48	4.95	4.88
2.77	**2.97**	**3.41**	**3.67**	**3.82**	**4.43**
1.71	1.85	2.17	2.35	2.54	2.78
1.05	1.12	1.24	1.32	1.28	1.64

1—2—5 按收入等级分城镇居民家庭每人全年购买主要商品数量(2007 年)

项　目	Item	单位	Unit	总平均 Average	最低收入户 Lowest Income Households (first decile)	困难户 Poor Households (first five percent)
大米	Rice	千克	kg	41. 85	38. 4	37. 33
面粉	Flour	千克	kg	11. 97	14. 14	14. 53
食用植物油	Edible Vegetable Oil	千克	kg	9. 63	8. 13	7. 7
猪肉	Pork	千克	kg	18. 21	13. 22	12. 03
牛肉	Beef	千克	kg	2. 59	1. 72	1. 56
羊肉	Mutton	千克	kg	1. 34	0. 94	0. 88
鸡	Chicken	千克	kg	5. 56	3. 66	3. 26
鸭	Duck	千克	kg	1. 75	1. 09	0. 95
鲜蛋	Fresh eggs	千克	kg	10. 33	7. 62	7
鱼	Fish	千克	kg	10. 24	6. 44	5. 7
虾	Shrimp	千克	kg	1. 59	0. 58	0. 48
鲜菜	Fresh Vegetables	千克	kg	117. 8	96. 22	92. 74
白酒	Liquor	千克	kg	2. 27	1. 97	1. 91
果酒	Fruit Wine	千克	kg	0. 25	0. 09	0. 07
啤酒	Beer	千克	kg	6. 05	3. 6	3. 15
碳酸饮料	Soda Pop	千克	kg	2. 23	1. 1	0. 91
瓶装饮用水	Bottling Drinkable Water	千克	kg	11. 45	4. 86	3. 77
茶叶	Tea	千克	kg	0. 28	0. 17	0. 16
鲜果	Fruits	千克	kg	41. 1	25. 74	23. 04
鲜瓜	Melons	千克	kg	18. 44	11. 02	9. 74
糕点	Cake	千克	kg	4. 9	2. 85	2. 42
鲜乳品	Milk	千克	kg	17. 75	9. 57	8. 13
奶粉	Milk Powder	千克	kg	0. 45	0. 28	0. 24
酸奶	Yogurt	千克	kg	3. 97	1. 85	1. 56
服装	Clothing	件	piece	7. 82	3. 59	2. 99
鞋类	Shoes	双	pair	2. 74	1. 69	1. 5
水	Water	吨	ton	38. 15	23. 92	21. 95
电	Electricity	度	degree	511	288. 74	262. 62
煤炭	Coal	千克	kg	51. 04	102. 02	111. 46
液化石油气	LPG	千克	kg	15. 53	12. 81	11. 39
管道煤气	Coal Gas	立方米	stere	37. 89	17. 69	14. 73

Per Capita Annual Purchases of Major Commodities of Urban Households by Level of Income (2007)

低收入户 Low Income Households (second decile)	中等偏下户 Lower Middle Income Households (second quintile)	中等收入户 Middle Income Households (third quintile)	中等偏上户 Upper Middle Income Households (fourth quintile)	高收入户 High Income Households (ninth decile)	最高收入户 Highest Income Households (tenth decile)
41.27	41.96	41.51	44.04	43.14	41.51
12.67	12.81	12.81	11.63	9.83	7.31
9.06	9.68	10.05	10.22	9.93	9.61
16.02	17.35	18.69	20.05	21.09	21.51
2.13	2.5	2.75	2.94	3.02	2.97
1.09	1.3	1.47	1.55	1.46	1.42
4.58	5.1	5.55	6.27	6.92	7.47
1.45	1.67	1.74	2.00	2.09	2.23
8.95	9.99	10.96	11.48	11.58	11.24
7.98	9.3	10.21	11.75	13.11	14.16
0.85	1.18	1.56	2.06	2.43	3.06
105.28	114.93	122.04	127.98	129.22	125.48
2.13	2.32	2.41	2.46	2.27	1.99
0.13	0.19	0.23	0.32	0.4	0.48
5.15	5.73	6.47	7.01	7.38	6.78
1.6	1.95	2.31	2.64	3.03	3.31
6.83	8.54	10.69	13.1	18.46	23.82
0.21	0.24	0.28	0.33	0.36	0.38
32.14	37.22	43	46.69	52.17	54.07
14.2	16.27	19.14	21.73	23.51	24.82
3.81	4.45	5.11	5.57	6.32	6.61
12.53	15.35	19.16	21.02	23.23	24.89
0.43	0.44	0.48	0.51	0.51	0.52
2.83	3.41	4.22	4.61	5.51	5.94
5.09	6.46	7.9	9.16	10.95	13.74
2.19	2.46	2.81	3.17	3.38	3.79
30.27	33.38	37.65	43.4	48.5	57.28
358.22	430.19	502.86	598.88	696.57	826.78
79.28	60.78	44.84	31.73	23.11	9.95
14.57	16.56	15.53	16.47	16.44	14.82
27.02	31.62	39.24	45.54	50.61	60.35

1—2—6 按收入等级分城镇居民家庭平均每百户购买主要耐用消费品数量(2007 年)

项　目	Item	单位	Unit	总平均 Average	最低收入户 Lowest Income Households (first decile)	困难户 Poor Households (first five percent)
洗衣机	Washing Machine	台	set	4.22	1.33	0.82
电冰箱	Refrigerator	台	set	3.80	1.13	1.04
微波炉	Air Conditioner	台	unit	2.72	0.92	0.35
空调器	Air Conditioner	台	unit	5.39	0.95	0.32
淋浴热水器	Shower	台	unit	4.59	1.55	1.38
消毒碗柜	Disinfection Cupboard	台	unit	0.54	0.09	0.08
摩托车	Motorcycle	辆	unit	0.58	0.11	0.06
助力车	Helping Hand Car	辆	unit	3.04	0.78	0.34
家用汽车	Automobile	辆	unit	0.81		
电话机	Telephone	部	unit	9.71	2.90	2.56
移动电话	Mobile Telephone	部	unit	31.27	7.71	5.73
彩色电视机	Color Television Set	台	set	4.40	1.15	0.80
组合音响	Hi-Fi Stereo Component	台	set	0.75	0.11	0.10
摄像机	Pickup Camera	架	set	0.75		
照相机	Camera	架	set	2.93	0.21	0.16
钢琴	Piano	架	set	0.09	0.01	
其他中高档乐器	Other Medium and High Grade Musical Instrument	件	unit	0.73	0.18	0.04

1—2—7 按收入等级分城镇居民家庭平均每百户年底主要耐用消费品拥有量(2007 年)

项　目	Item	单位	Unit	总平均 Average	最低收入户 Lowest Income Households (first decile)	困难户 Poor Households (first five percent)
1. 摩托车	Motorcycle	辆	unit	24.81	17.99	16.11
2. 助力车	Helping Hand Car	辆	unit	17.50	8.71	6.85
3. 家用汽车	Automobile	辆	unit	6.06	0.44	0.41
4. 洗衣机	Washing Machine	台	set	96.77	85.30	81.84
5. 电冰箱	Refrigerator(	台	set	95.03	72.74	64.48
6. 彩色电视机	Colour Television Set	台	set	137.79	111.71	108.35
7. 家用电脑	Computer	台	set	53.77	15.73	12.97
8. 组合音响	Hi-Fi Stereo Component	套	set	30.20	12.65	10.47
9. 摄像机	Pickup Camera	架	set	6.17	0.91	0.98
10. 照相机	Camera	架	set	45.06	13.99	10.80
11. 钢琴	Piano	架	set	2.36	0.32	0.27
12. 其他中高档乐器	Other Medium and High Grade Musical Instrument	件	unit	6.03	1.80	1.18
13. 微波炉	Oven	台	unit	53.39	19.00	14.33
14. 空调器	Air Conditioner	台	unit	95.08	26.87	17.79
15. 淋浴热水器	Shower	台	unit	79.52	47.15	38.34
16. 消毒碗柜	Disinfection Cupboard	台	unit	16.19	5.47	3.71
17. 洗碗机	Dishwasher	台	unit	0.58	0.13	0.03
18. 健身器材	Healthy Equipment	套	unit	4.39	0.58	0.45
19. 普通电话	Telephone	部	unit	90.52	77.34	75.24
20. 移动电话	Mobile Telephone	部	unit	165.18	98.64	83.64

Purchases of Number of Durable Consumer Goods Per 100 Urban Households by level of Income (2007)

低收入户 Low Income Households (second decile)	中等偏下户 Lower Middle Income Households (second quintile)	中等收入户 Middle Income Households (third quintile)	中等偏上户 Upper Middle Income Households (fourth quintile)	高收入户 High Income Households (ninth decile)	最高收入户 Highest Income Households (tenth decile)
2.29	3.10	4.52	4.65	6.01	8.16
2.46	2.53	3.93	4.56	5.24	7.20
1.49	2.49	2.75	2.88	4.17	4.43
2.12	3.62	5.29	6.81	7.33	12.22
1.93	3.61	4.63	5.00	7.13	8.92
0.26	0.26	1.04	0.55	0.54	0.83
0.68	0.48	0.86	0.62	0.40	0.70
2.22	2.95	3.20	3.78	4.05	3.51
0.11	0.14	0.27	0.50	1.61	4.59
4.14	7.48	9.32	10.24	12.51	23.66
54.48	30.15	24.01	30.99	34.46	44.80
2.48	2.80	3.73	5.27	6.94	9.98
0.21	0.33	0.41	0.90	1.49	2.44
0.02	0.07	0.17	0.46	0.64	5.44
0.52	1.31	2.35	3.04	5.47	9.77
	0.02	0.21	0.06	0.07	0.21
0.27	0.44	0.63	0.97	1.31	1.51

Number of Durable Consumer Goods Owned Per 100 Urban Households at Year-end by Level of Income(2007)

低收入户 Low Income Households (second decile)	中等偏下户 Lower Middle Income Households (second quintile)	中等收入户 Middle Income Households (third quintile)	中等偏上户 Upper Middle Income Households (fourth quintile)	高收入户 High Income Households (ninth decile)	最高收入户 Highest Income Households (tenth decile)
24.84	26.46	26.85	25.23	24.60	23.48
11.90	16.25	19.00	20.46	21.39	21.67
1.03	2.01	3.11	5.90	11.88	25.25
93.03	95.36	97.57	99.58	100.53	103.85
86.36	93.13	97.06	100.40	103.11	107.01
121.80	127.90	134.63	145.39	155.73	173.23
28.57	41.54	53.84	65.61	78.31	93.84
21.03	25.12	29.54	35.01	40.67	48.47
1.51	2.63	4.27	7.90	11.47	18.37
22.42	31.67	43.41	53.70	68.90	88.38
0.64	1.12	2.09	2.71	4.35	6.47
2.75	4.73	5.86	7.27	8.75	11.38
30.74	42.40	54.68	65.80	75.10	84.03
47.96	66.21	88.20	114.69	144.82	194.29
63.87	72.22	81.70	88.38	95.36	104.62
8.76	12.14	13.18	19.20	25.13	33.65
0.12	0.34	0.48	0.77	0.84	1.57
1.13	1.91	3.28	4.83	8.77	13.41
84.36	86.71	90.55	94.52	97.78	102.39
130.82	154.30	170.12	182.32	195.35	214.12

1—3 按绝对收入分组城镇居民家庭基本情况(2007年)

项　目	Item	单位	Unit	全国 National	按户总收入分 10000元以下	10000～15000
调查户数	Number of Households Surveyed	户	household	59305	1239	2894
调查户比重	Proportion	%	%	100	2.09	4.88
平均每户家庭人口	Average Household Size	人	person	2.91	2.47	2.63
平均每户就业人口	Average Number of Employed Persons Per Household	人	person	1.54	0.79	1.06
平均每户就业面	Proportion of Employment per Household	%	%	52.92	32.01	40.42
平均每一就业者负担人数	Number of Dependents per Employee					
(包括就业者本人)	(Including the employee himself or herself)	人	person	1.89	3.12	2.47
平均每人全部年收入	Per Capita Annual Income	元	yuan	14908.61	3190.89	4851.46
工薪收入	Income of Wages and Salaries	元	yuan	10234.76	1621.24	2553.31
经营净收入	Net Business Income	元	yuan	940.72	270.96	521.55
财产性收入	Income from Property	元	yuan	348.53	42.08	39.00
转移性收入	Income from Transfer	元	yuan	3384.60	1256.61	1737.60
#可支配收入	#Disposable Income	元	yuan	13785.81	3042.88	4609.54
平均每人消费性支出	Per Capita Annual Consumption Expenditures	元	yuan	9997.47	3288.72	4406.97
食 品	Food	元	yuan	3628.03	1679.68	2125.73
衣 着	Clothing	元	yuan	1042.00	232.34	385.62
居 住	Housing	元	yuan	982.28	115.41	187.03
家庭设备用品及服务	Household Appliances and Service	元	yuan	601.80	271.14	355.34
医疗保健	Health Care and Medical Services	元	yuan	699.09	203.26	307.11
交通通信	Transport and Communications	元	yuan	1357.41	259.51	409.47
教育文化娱乐服务	Education, Cultural and Recreation Services	元	yuan	1329.16	455.70	532.65
其它商品与服务	Miscellaneous Goods and Services	元	yuan	357.70	71.68	104.03
平均每人消费性支出构成	Composition of Per Capita Annual Consumption Expenditures	%	%			
食 品	Food	%	%	36.29	51.07	48.24
衣 着	Clothing	%	%	10.42	7.06	8.75
居 住	Housing	%	%	9.83	3.51	4.24
家庭设备用品及服务	Household Appliances and Service	%	%	6.02	8.24	8.06
医疗保健	Health Care and Medical Services	%	%	6.99	6.18	6.97
交通通信	Transport and Communications	%	%	13.58	7.89	9.29
教育文化娱乐服务	Education, Cultural and Recreation Services	%	%	13.29	13.86	12.09
其它商品与服务	Miscellaneous Goods and Services	%	%	3.58	2.18	2.36

Basic Conditions of Urban Households by Level of Income (2007)

By Level of Income							
15000～20000	20000～25000	25000～30000	30000～35000	35000～40000	40000～45000	45000～50000	50000～55000
5065	6384	6574	6406	5558	4634	3879	3138
8. 54	10. 76	11. 09	10. 80	9. 37	7. 81	6. 54	5. 29
2. 72	2. 78	2. 85	2. 85	2. 97	3. 00	3. 00	2. 99
1. 16	1. 31	1. 43	1. 52	1. 62	1. 68	1. 68	1. 72
42. 74	47. 10	50. 12	53. 37	54. 53	55. 93	55. 99	57. 63
2. 34	2. 12	2. 00	1. 87	1. 83	1. 79	1. 79	1. 74
6511. 43	8089. 62	9653. 49	11369. 66	12609. 80	14135. 95	15806. 32	17525. 54
3654. 28	4827. 88	6137. 58	7589. 79	8645. 84	9813. 03	11075. 60	12436. 77
489. 06	615. 88	604. 29	588. 85	774. 89	846. 77	766. 80	778. 67
75. 73	96. 94	97. 72	130. 94	149. 19	212. 60	245. 53	287. 76
2292. 36	2548. 92	2813. 89	3060. 07	3039. 88	3263. 55	3718. 40	4022. 34
6188. 85	7653. 32	9106. 08	10662. 93	11794. 39	13182. 01	14667. 43	16184. 14
5377. 80	6391. 21	7298. 18	8147. 28	8869. 78	9521. 36	10492. 57	11462. 14
2491. 48	2815. 60	3055. 43	3278. 94	3425. 22	3593. 94	3903. 92	4093. 60
504. 13	631. 76	762. 37	907. 37	987. 62	1098. 88	1176. 68	1294. 03
256. 43	332. 61	406. 16	466. 80	529. 53	589. 50	655. 21	730. 90
438. 04	487. 06	562. 50	629. 62	644. 43	697. 94	759. 37	815. 63
428. 56	569. 75	724. 36	824. 92	943. 72	1042. 56	1186. 78	1480. 59
504. 13	678. 86	814. 86	976. 54	1153. 97	1242. 34	1380. 40	1576. 05
611. 41	691. 28	749. 40	801. 82	887. 72	926. 77	1029. 45	1038. 72
143. 63	184. 30	223. 09	261. 27	297. 56	329. 43	400. 77	432. 61
46. 33	44. 05	41. 87	40. 25	38. 62	37. 75	37. 21	35. 71
9. 37	9. 88	10. 45	11. 14	11. 13	11. 54	11. 21	11. 29
4. 77	5. 20	5. 57	5. 73	5. 97	6. 19	6. 24	6. 38
8. 15	7. 62	7. 71	7. 73	7. 27	7. 33	7. 24	7. 12
7. 97	8. 91	9. 93	10. 13	10. 64	10. 95	11. 31	12. 92
9. 37	10. 62	11. 17	11. 99	13. 01	13. 05	13. 16	13. 75
11. 37	10. 82	10. 27	9. 84	10. 01	9. 73	9. 81	9. 06
2. 67	2. 88	3. 06	3. 21	3. 35	3. 46	3. 82	3. 77

1—3—1 续表

项　目	Item	单位	Unit	按户总收入分	
				55000～60000	60000～65000
调查户数	Number of Households Surveyed	户	household	2474	2027
调查户比重	Proportion	%	%	4.17	3.42
平均每户家庭人口	Average Household Size	人	person	3.02	3.10
平均每户就业人口	Average Number of Employed Persons Per Household	人	person	1.73	1.81
平均每户就业面	Proportion of Employment per Household	%	%	57.48	58.35
平均每一就业者负担人数	Number of Dependents per Employee				
(包括就业者本人)	(Including the employee himself or herself)	人	person	1.74	1.71
平均每人全部年收入	Per Capita Annual Income	元	yuan	19017.86	20124.13
工薪收入	Income of Wages and Salaries	元	yuan	13427.66	14433.99
经营净收入	Net Business Income	元	yuan	898.58	1140.87
财产性收入	Income from Property	元	yuan	391.84	443.74
转移性收入	Income from Transfer	元	yuan	4299.77	4105.52
#可支配收入	#Disposable Income	元	yuan	17490.31	18492.19
平均每人消费性支出	Per Capita Annual Consumption Expenditures	元	yuan	11886.08	12875.91
食 品	Food	元	yuan	4240.95	4395.77
衣 着	Clothing	元	yuan	1323.70	1469.68
居 住	Housing	元	yuan	818.05	848.29
家庭设备用品及服务	Household Appliances and Service	元	yuan	885.55	873.95
医疗保健	Health Care and Medical Services	元	yuan	1413.64	1684.26
交通通信	Transport and Communications	元	yuan	1694.19	1880.49
教育文化娱乐服务	Education, Cultural and Recreation Services	元	yuan	1093.07	1250.06
其它商品与服务	Miscellaneous Goods and Services	元	yuan	416.92	473.41
平均每人消费性支出构成	Composition of Per Capita Annual Consumption Expenditures	%	%		
食 品	Food	%	%	35.68	34.14
衣 着	Clothing	%	%	11.14	11.41
居 住	Housing	%	%	6.88	6.59
家庭设备用品及服务	Household Appliances and Service	%	%	7.45	6.79
医疗保健	Health Care and Medical Services	%	%	11.89	13.08
交通通信	Transport and Communications	%	%	14.25	14.60
教育文化娱乐服务	Education, Cultural and Recreation Services	%	%	9.20	9.71
其它商品与服务	Miscellaneous Goods and Services	%	%	3.51	3.68

1—3—1 Continued

By Lovel of Income							
65000～70000	70000～75000	75000～80000	80000～85000	85000～90000	90000～95000	95000～100000	100000 元以上
1592	1282	1038	834	648	546	428	2666
2.69	2.16	1.75	1.41	1.09	0.92	0.72	4.49
3.09	3.09	3.19	3.16	3.11	3.19	3.09	3.24
1.83	1.86	1.89	1.92	1.88	1.94	1.93	2.01
59.41	60.11	59.22	60.66	60.53	60.77	62.41	61.91
1.68	1.66	1.69	1.65	1.65	1.65	1.60	1.62
21845.59	23417.23	24233.73	26048.76	28079.61	29018.37	31541.16	43301.91
15781.26	16977.96	17303.20	19026.33	20584.55	20930.61	23344.56	30982.52
1185.06	1358.80	1381.68	1512.21	1497.91	2138.31	1810.43	3771.63
473.40	552.95	523.28	761.26	774.00	1025.54	1078.12	2513.99
4405.88	4527.52	5025.57	4748.95	5223.15	4923.92	5308.06	6033.77
20015.14	21404.82	22206.63	23508.33	25365.77	26302.26	28402.91	39145.37
13625.13	14515.71	14901.02	16023.90	16882.93	18433.25	19253.77	25172.74
4566.40	4720.34	4869.67	4969.05	5097.06	5466.99	5549.96	6468.41
1482.63	1571.18	1532.18	1690.34	1599.57	1704.01	1921.77	2160.73
827.69	871.93	980.17	933.90	1089.83	1254.21	1039.06	1655.71
883.25	1093.01	921.63	1085.38	1135.47	1036.79	1203.56	1289.24
2153.57	2342.55	2287.78	3027.99	3004.42	3741.24	4170.57	5983.10
1938.72	2161.02	2238.15	2317.47	2598.77	2872.47	2851.71	4056.43
1226.65	1135.82	1425.09	1339.57	1669.16	1719.78	1718.70	2476.09
546.21	619.85	646.34	660.20	688.65	637.77	798.44	1083.05
33.51	32.52	32.68	31.01	30.19	29.66	28.83	25.70
10.88	10.82	10.28	10.55	9.47	9.24	9.98	8.58
6.07	6.01	6.58	5.83	6.46	6.80	5.40	6.58
6.48	7.53	6.19	6.77	6.73	5.62	6.25	5.12
15.81	16.14	15.35	18.90	17.80	20.30	21.66	23.77
14.23	14.89	15.02	14.46	15.39	15.58	14.81	16.11
9.00	7.82	9.56	8.36	9.89	9.33	8.93	9.84
4.01	4.27	4.34	4.12	4.08	3.46	4.15	4.30

1－4－1 各地区城镇居民家庭人口就业情况(平均每户,2007年)

Employment Status of Urban Households by Region (2007)

单位:人 Unit: person

地区	Region	调查户数(户) Number of Households Surveyed (household)	一、家庭人口数 Households Size	(一)有收入者人数 Number of Persons with Income	1.就业人口数 Number of Employed Persons	(1)国有经济单位职工人数 Staff and Workers in State-owned Economic Units	(2)城镇集体经济单位职工人数 Staff and Workers in Collective-owned Economic Units	(3)其他各种经济类型单位职工 Staff and Workers in Units of Other Economic Type	(4)城镇个体经营者人员数 Urban Self-employed Individuals or Owners of Private Enterprises
合计	**Total**	**59305**	**2.91**	**2.08**	**1.54**	**0.84**	**0.08**	**0.21**	**0.13**
北京	Beijing	3000	2.84	2.27	1.60	0.98	0.07	0.25	0.03
天津	Tianjin	1500	2.89	2.27	1.46	0.70	0.03	0.26	0.08
河北	Hebei	2520	2.92	2.12	1.58	1.05	0.10	0.10	0.10
山西	Shanxi	1810	2.91	1.90	1.44	1.00	0.06	0.17	0.07
内蒙古	Inner Mongolia	2420	2.87	1.97	1.59	1.03	0.04	0.14	0.17
辽宁	Liaoning	3650	2.78	2.15	1.43	0.70	0.07	0.10	0.09
吉林	Jilin	1450	2.83	2.08	1.48	0.86	0.05	0.14	0.11
黑龙江	Heilongjiang	2250	2.73	1.93	1.34	0.83	0.05	0.08	0.12
上海	Shanghai	1000	3.01	2.39	1.64	0.82	0.05	0.39	0.08
江苏	Jiangsu	4999	2.84	2.11	1.42	0.50	0.08	0.38	0.16
浙江	Zhejiang	4300	2.74	1.96	1.47	0.50	0.09	0.38	0.22
安徽	Anhui	2350	2.85	2.03	1.52	0.79	0.09	0.22	0.12
福建	Fujian	1700	3.01	2.18	1.60	0.86	0.10	0.23	0.18
江西	Jiangxi	1280	2.85	2.05	1.58	1.03	0.06	0.11	0.12
山东	Shandong	3047	2.87	2.05	1.68	1.00	0.15	0.27	0.09
河南	Henan	2459	2.90	2.10	1.53	1.07	0.07	0.07	0.14
湖北	Hubei	1850	2.95	2.10	1.59	0.91	0.10	0.21	0.13
湖南	Hunan	1250	2.89	2.04	1.45	0.73	0.08	0.16	0.16
广东	Guangdong	1600	3.27	2.16	1.73	0.77	0.13	0.36	0.15
广西	Guangxi	1340	2.94	2.07	1.54	0.91	0.06	0.17	0.17
海南	Hainan	600	3.44	2.12	1.58	0.89	0.05	0.15	0.17
重庆	Chongqing	1500	2.97	2.27	1.65	0.81	0.09	0.19	0.12
四川	Sichuan	2150	2.85	2.05	1.54	0.80	0.05	0.21	0.16
贵州	Guizhou	1340	3.02	2.01	1.52	0.92	0.05	0.10	0.18
云南	Yunnan	1750	2.88	1.90	1.39	0.81	0.07	0.14	0.13
西藏	Tibet	800	3.55	1.59	1.40	1.09	0.07	0.01	0.08
陕西	Shaanxi	1450	2.93	2.03	1.51	1.15	0.04	0.12	0.05
甘肃	Gansu	880	2.83	1.95	1.51	1.04	0.05	0.11	0.12
青海	Qinghai	550	3.06	1.87	1.39	0.77	0.03	0.18	0.12
宁夏	Ningxia	950	2.86	1.83	1.36	0.68	0.02	0.25	0.21
新疆	Xinjiang	1560	3.02	1.88	1.60	1.10	0.06	0.13	0.14

1—4—1 续表 Continued

单位:户、人 Unit:number, person

地 区	Region	(5)城镇个体被雇人员数 Employed Persons of Urban Self-employed or Private Enterprises	(6)离退休再就业人员数 Retired Staff and Veteran Cadres of Reemployment	(7)其他就业人员数 Other Employed	2. 离退休人数 Number of Retired Staff and Veteran Cadres	3. 其他有收入者人数 Number of Other Persons Earning Income	(二)无收入者人数 Number of Persons Without Income	二、期末家庭人口数 Number of Households Members at the end of Period
合 计	**Total**	**0.17**	**0.04**	**0.07**	**0.51**	**0.03**	**0.83**	**2.91**
北 京	Beijing	0.07	0.15	0.06	0.65	0.02	0.56	2.83
天 津	Tianjin	0.17	0.12	0.11	0.77	0.03	0.62	2.89
河 北	Hebei	0.15	0.05	0.05	0.53	0.02	0.79	2.92
山 西	Shanxi	0.09	0.01	0.03	0.43	0.03	1.00	2.91
内蒙古	Inner Mongolia	0.11	0.04	0.05	0.37	0.01	0.89	2.85
辽 宁	Liaoning	0.27	0.05	0.14	0.69	0.03	0.63	2.78
吉 林	Jilin	0.19	0.04	0.09	0.57	0.02	0.76	2.83
黑龙江	Heilongjiang	0.15	0.02	0.09	0.55	0.04	0.80	2.73
上 海	Shanghai	0.09	0.14	0.08	0.69	0.06	0.62	3.01
江 苏	Jiangsu	0.21	0.04	0.05	0.66	0.03	0.73	2.84
浙 江	Zhejiang	0.21	0.04	0.02	0.47	0.02	0.78	2.74
安 徽	Anhui	0.24	0.02	0.04	0.48	0.02	0.82	2.85
福 建	Fujian	0.16	0.04	0.04	0.54	0.04	0.83	3.02
江 西	Jiangxi	0.20	0.03	0.04	0.47		0.80	2.85
山 东	Shandong	0.11	0.01	0.05	0.34	0.03	0.82	2.87
河 南	Henan	0.11	0.03	0.03	0.54	0.02	0.80	2.90
湖 北	Hubei	0.14	0.03	0.08	0.47	0.03	0.85	2.95
湖 南	Hunan	0.17	0.02	0.13	0.52	0.08	0.85	2.89
广 东	Guangdong	0.25	0.02	0.06	0.40	0.03	1.10	3.27
广 西	Guangxi	0.13	0.01	0.08	0.50	0.03	0.87	2.94
海 南	Hainan	0.18	0.01	0.14	0.47	0.08	1.32	3.44
重 庆	Chongqing	0.25	0.10	0.09	0.58	0.04	0.70	2.97
四 川	Sichuan	0.17	0.05	0.09	0.48	0.03	0.80	2.85
贵 州	Guizhou	0.13	0.01	0.12	0.48	0.01	1.01	3.02
云 南	Yunnan	0.11	0.01	0.13	0.51		0.98	2.88
西 藏	Tibet	0.04	0.02	0.08	0.14	0.05	1.96	3.53
陕 西	Shaanxi	0.10	0.04	0.03	0.48	0.04	0.90	2.93
甘 肃	Gansu	0.13	0.01	0.05	0.39	0.05	0.88	2.83
青 海	Qinghai	0.17	0.01	0.11	0.43	0.05	1.18	3.06
宁 夏	Ningxia	0.17	0.01	0.01	0.42	0.06	1.03	2.86
新 疆	Xinjiang	0.13	0.02	0.03	0.26	0.02	1.13	3.02

1－4－2 各地区城镇居民家庭现金收入(平均每人全年,2007 年)

Per Capita Annual Cash Income of Urban by Region (2007)

单位:元 Unit:yuan

地区	Region	一、期初手存现金 Deposited Cash at Beginning of the Period	二、家庭总收入 Total Income of Living Expenditure	可支配收入 Disposable Income	(一)工薪收入 Income of Wages and Salaries	1. 工资及补贴收入 Income of Wages and Allowances	2. 其他劳动收入 Other Working Income	(二)经营净 Net Business Income
全 国	**National Average**	**717.20**	**14908.61**	**13785.81**	**10234.76**	**9979.60**	**255.16**	**940.72**
北 京	Beijing	1391.54	24575.58	21988.71	17318.72	16712.02	606.70	298.48
天 津	Tianjin	816.21	17828.15	16357.35	10882.24	10766.61	115.63	800.82
河 北	Hebei	614.95	12335.96	11690.47	8325.67	8119.29	206.37	649.79
山 西	Shanxi	550.06	12468.41	11564.95	9057.81	8690.36	367.44	431.07
内蒙古	Inner Mongolia	250.59	12977.07	12377.84	9300.62	8689.22	611.40	1036.97
辽 宁	Liaoning	767.05	13438.43	12300.39	8213.06	7937.66	275.39	765.33
吉 林	Jilin	540.80	11798.58	11285.52	7641.21	7452.30	188.91	741.51
黑龙江	Heilongjiang	532.61	10882.21	10245.28	6945.95	6661.98	283.97	919.67
上 海	Shanghai	1346.71	26101.54	23622.73	18996.58	18793.05	203.52	1157.55
江 苏	Jiangsu	1305.55	17686.48	16378.01	10791.22	10604.34	186.88	1502.06
浙 江	Zhejiang	1711.83	22583.83	20573.82	14509.69	14228.55	281.14	2611.91
安 徽	Anhui	629.18	12499.34	11473.58	8683.96	8414.17	269.79	688.34
福 建	Fujian	668.91	16983.26	15506.05	11175.25	10740.26	434.99	1208.84
江 西	Jiangxi	727.17	11984.00	11451.69	8411.73	8354.52	57.22	655.34
山 东	Shandong	567.19	15366.26	14264.70	11814.19	11616.10	198.09	730.16
河 南	Henan	531.72	12082.99	11477.05	8058.81	7905.54	153.26	819.34
湖 北	Hubei	417.26	12382.93	11485.80	8809.80	8481.94	327.86	602.17
湖 南	Hunan	534.63	12997.91	12293.54	8612.48	8283.06	329.42	975.13
广 东	Guangdong	821.94	19618.89	17699.30	14659.44	14387.92	271.52	1331.54
广 西	Guangxi	390.15	13182.57	12200.44	9075.18	8660.11	415.07	890.76
海 南	Hainan	321.07	11792.05	10996.87	8113.01	7585.10	527.91	695.84
重 庆	Chongqing	655.08	13441.17	12590.78	9717.48	9529.16	188.32	654.81
四 川	Sichuan	461.66	12009.81	11098.28	8147.31	7996.58	150.74	755.17
贵 州	Guizhou	382.53	11066.43	10678.40	7750.15	7544.09	206.06	764.63
云 南	Yunnan	229.30	12296.42	11496.11	8019.69	7685.80	333.89	686.18
西 藏	Tibet	819.32	11951.67	11130.93	10370.42	10006.32	364.10	280.68
陕 西	Shaanxi	536.40	11482.13	10763.34	8292.38	8142.32	150.06	280.05
甘 肃	Gansu	258.06	10859.69	10012.34	8140.72	7948.65	192.08	494.06
青 海	Qinghai	158.79	11428.29	10276.06	7849.44	7618.42	231.02	542.89
宁 夏	Ningxia	157.00	11793.08	10859.33	7667.77	7501.60	166.18	1182.90
新 疆	Xinjiang	313.21	11302.99	10313.44	9012.19	8901.01	111.18	606.33

1—4—2 续表1 Continued 1

单位:元 Unit:yuan

地 区	Region	(三)财产性收入 Income from Properties	1. 利息收入 Interest Income	2. 股息与红利收入 Bonus and Dividends	3. 保险收益 Insurance Yield	4. 其它投资收入 Other Investment Income	5. 出租房屋收入 House Leasing Income	6. 知识产权收入 Intellectual Property Income	7. 其他财产性收入 Other Property Income
全 国	**National Average**	**348.53**	**38.03**	**96.21**	**5.91**	**42.16**	**155.71**	**1.09**	**9.42**
北 京	Beijing	530.83	57.95	85.18	22.25	53.43	302.15	3.22	6.65
天 津	Tianjin	233.01	75.74	55.21	5.75		96.32		
河 北	Hebei	163.77	36.49	54.42	0.70	11.05	59.17		1.94
山 西	Shanxi	187.46	29.07	59.98	2.88	40.14	46.69	2.35	6.34
内蒙古	Inner Mongolia	303.92	32.73	71.98	6.22	30.96	97.57	1.03	63.43
辽 宁	Liaoning	263.73	31.79	79.36	6.06	39.92	84.32	13.70	8.58
吉 林	Jilin	131.80	21.20	34.51	2.85	2.62	67.65		2.97
黑龙江	Heilongjiang	98.26	2.46	26.07	0.11	11.52	55.57		2.52
上 海	Shanghai	368.79	11.75	1.45	14.25	4.77	336.23	0.15	0.20
江 苏	Jiangsu	402.85	29.93	91.14	3.96	109.40	160.61	0.02	7.79
浙 江	Zhejiang	1080.28	116.78	248.21	6.85	243.65	458.31		6.49
安 徽	Anhui	249.78	44.52	74.48	7.36	25.51	90.92	0.73	6.25
福 建	Fujian	739.89	70.13	275.60	7.63	8.32	378.11		0.10
江 西	Jiangxi	155.54	13.58	44.34	2.57	11.51	80.64	0.01	2.89
山 东	Shandong	304.71	58.32	124.17	13.91	36.18	63.11	0.83	8.18
河 南	Henan	159.63	26.01	49.45	3.97	25.08	52.82		2.31
湖 北	Hubei	217.86	38.04	112.49	0.68	1.45	52.11		13.09
湖 南	Hunan	388.19	35.58	49.79	7.12	51.42	217.28	0.04	26.96
广 东	Guangdong	649.44	47.41	242.51	5.98	16.49	328.69	0.11	8.23
广 西	Guangxi	449.41	22.57	139.49	18.04	27.87	234.08	4.89	2.46
海 南	Hainan	282.99	15.18	93.14	5.70	61.35	89.97	0.11	17.54
重 庆	Chongqing	230.41	33.99	44.53	3.76	12.76	131.70		3.67
四 川	Sichuan	297.53	39.40	75.01	4.92	58.63	116.18		3.39
贵 州	Guizhou	161.30	2.06	38.76	0.60	53.57	54.52		11.80
云 南	Yunnan	476.78	4.35	66.60	0.57	36.55	279.17		89.53
西 藏	Tibet	254.44	2.84	4.42		15.49	227.54		4.15
陕 西	Shaanxi	121.02	22.89	23.77	5.04	2.74	65.15		1.42
甘 肃	Gansu	71.36	6.17	26.25	2.35	7.06	25.52		4.01
青 海	Qinghai	66.62	13.43	23.65	0.23	1.29	25.96		2.06
宁 夏	Ningxia	147.42	13.16	41.69	3.90	6.80	80.01		1.85
新 疆	Xinjiang	67.97	9.59	14.77	0.56	10.02	25.19		7.85

1—4—2 续表 2 Continued 2

单位:元 Unit:yuan

地 区	Region	(四)转移性收入 Income from Transfer	1. 养老金或离退休金 Pension	2. 社会救济收入 Social Assistance Grants	3. 辞退金 Compensation for Dismissal	4. 赔偿收入 Compensation Income	5. 保险收入 Insurance Proceeds	失业保险金 Insurance for Unemployment
全 国	**National Average**	**3384.60**	**2748.51**	**23.62**	**15.48**	**5.28**	**19.73**	**13.99**
北 京	Beijing	6427.54	5611.08	10.96	37.60	5.73	32.60	8.90
天 津	Tianjin	5912.08	4686.60	33.90	43.92	0.64	8.98	6.16
河 北	Hebei	3196.73	2860.00	12.17	2.75	0.34	9.40	7.14
山 西	Shanxi	2792.06	2251.89	28.56	9.07	0.69	21.92	11.78
内蒙古	Inner Mongolia	2335.56	2045.31	14.38	2.15	5.26	6.32	2.41
辽 宁	Liaoning	4196.30	3508.51	34.91	8.68	8.93	27.63	16.25
吉 林	Jilin	3284.07	2898.37	8.68	5.94	0.52	5.92	1.03
黑龙江	Heilongjiang	2918.34	2605.55	18.35	18.17	0.02	3.85	3.08
上 海	Shanghai	5578.63	4696.01	44.29	26.50	0.19	76.07	71.36
江 苏	Jiangsu	4990.35	4062.70	33.41	35.97	15.04	18.33	15.14
浙 江	Zhejiang	4381.95	3313.46	21.59	2.14	4.68	29.45	27.66
安 徽	Anhui	2877.25	2208.49	24.86	24.25	4.40	23.13	17.58
福 建	Fujian	3859.28	2763.09	13.37	7.62	5.39	45.89	32.41
江 西	Jiangxi	2761.39	2105.04	13.42	0.15		3.51	2.52
山 东	Shandong	2517.21	2069.38	13.68	7.21	1.14	5.44	3.32
河 南	Henan	3045.21	2634.71	11.48	0.02	0.17	16.83	10.23
湖 北	Hubei	2753.10	2334.75	16.07	7.50	0.11	15.55	14.84
湖 南	Hunan	3022.10	2355.78	25.63	11.29	3.45	5.62	3.45
广 东	Guangdong	2978.48	1978.85	10.66	39.37	5.05	38.68	22.57
广 西	Guangxi	2767.22	2272.08	16.91	42.99	0.43	34.24	27.42
海 南	Hainan	2700.21	2010.75	10.76	41.84	0.79	14.11	1.90
重 庆	Chongqing	2838.48	2437.94	27.56	0.43	2.52	5.24	2.97
四 川	Sichuan	2809.79	2189.52	40.72	4.76	13.45	21.21	14.09
贵 州	Guizhou	2390.34	1969.84	45.09	25.14	0.11	6.23	5.37
云 南	Yunnan	3113.77	2558.44	51.14	55.19	61.91	14.36	11.31
西 藏	Tibet	1046.13	759.06	53.71			0.24	0.03
陕 西	Shaanxi	2788.68	2324.75	43.76	4.36	0.05	18.26	17.72
甘 肃	Gansu	2153.55	1902.23	40.57		3.74	8.06	6.84
青 海	Qinghai	2969.33	2651.29	59.82				
宁 夏	Ningxia	2794.99	2323.98	66.58	21.64	0.03	7.52	5.55
新 疆	Xinjiang	1616.49	1435.03	20.14	0.05	0.25	5.42	0.18

1—4—2 续表 3 Continued 3

单位:元 Unit:yuan

地 区	Region	6. 赡养收入 Solatium Income	7. 捐赠收入 Donation Income	8. 提取住房公积金 Withdrawal of Public Accumulation Fund for Housing Construct	9. 记帐补贴 Bookkeeping Allowance	10. 其他转移性收入 Other Transfer Income	三、出售财物收入 Income from Selling Property
全 国	**National Average**	**129.55**	**265.15**	**47.61**	**63.08**	**66.58**	**159.48**
北 京	Beijing	148.19	181.35	215.81	123.11	61.11	643.44
天 津	Tianjin	203.06	448.21	407.25	25.50	54.02	476.06
河 北	Hebei	65.11	170.24	16.28	38.22	22.22	63.50
山 西	Shanxi	99.17	302.26	14.68	42.75	21.08	82.97
内蒙古	Inner Mongolia	47.08	157.22	21.30	20.55	15.99	54.93
辽 宁	Liaoning	134.69	332.23	57.07	49.81	33.86	92.62
吉 林	Jilin	74.62	186.98	29.63	53.36	20.04	62.33
黑龙江	Heilongjiang	48.16	178.60	0.88	37.23	7.53	48.20
上 海	Shanghai	164.23	361.39	19.32	80.34	110.29	586.63
江 苏	Jiangsu	124.77	381.79	79.32	107.25	131.77	343.58
浙 江	Zhejiang	182.37	413.46	140.07	128.57	146.15	482.45
安 徽	Anhui	98.53	282.07	89.75	49.50	72.27	119.38
福 建	Fujian	311.15	430.47	82.29	92.95	107.09	154.36
江 西	Jiangxi	231.54	259.38	2.82	35.77	109.76	93.82
山 东	Shandong	60.25	239.92	38.63	33.35	48.22	145.13
河 南	Henan	143.17	187.37	4.93	37.92	8.60	39.27
湖 北	Hubei	81.00	211.95	18.77	47.07	20.34	14.68
湖 南	Hunan	126.71	375.31	2.67	67.03	48.61	75.17
广 东	Guangdong	230.36	415.52	37.24	95.31	127.44	219.43
广 西	Guangxi	87.72	147.37	38.56	72.89	54.04	41.87
海 南	Hainan	125.19	248.22	18.54	71.11	158.92	34.42
重 庆	Chongqing	63.48	156.52	11.98	67.84	64.98	3.49
四 川	Sichuan	187.86	169.26	19.60	62.62	100.78	88.19
贵 州	Guizhou	81.49	163.73	10.33	27.48	60.91	1.46
云 南	Yunnan	52.83	119.21	23.51	78.52	98.68	21.54
西 藏	Tibet	0.43		47.70	53.94	131.05	21.88
陕 西	Shaanxi	114.31	204.81	16.03	34.75	27.61	11.61
甘 肃	Gansu	46.51	89.65	0.21	41.12	21.46	37.55
青 海	Qinghai	72.07	64.51		44.92	76.72	0.66
宁 夏	Ningxia	133.44	122.48	60.09	39.66	19.57	252.52
新 疆	Xinjiang	39.89	72.71	2.40	32.69	7.92	74.01

1—4—2 续表 4　Continued 4

单位:元　　　　Unit:yuan

地　区	Region	1. 出售住房收入 House Leasing Income	2. 出售其他物品收入 Other Articles	四、借贷收入 Debit and Credit Income	1. 提取储蓄存款 Withdrawal of Deposit	2. 借入款 Borrowing	3. 收回借出款 Withdrawal of Debts	4. 收回储蓄性保险本 Withdrawal of Saving Insurance Principal
全　国	**National Average**	**148.10**	**11.37**	**4264.01**	**3655.56**	**205.57**	**56.82**	**9.86**
北　京	Beijing	622.61	20.83	6967.49	6189.19	419.72	114.98	37.71
天　津	Tianjin	471.37	4.69	5494.80	4325.22	287.67	81.15	1.15
河　北	Hebei	58.97	4.53	3368.39	2823.61	201.78	70.85	25.61
山　西	Shanxi	73.16	9.80	2962.06	2337.85	398.91	118.17	22.67
内蒙古	Inner Mongolia	48.38	6.55	3386.90	2930.10	159.97	30.64	3.28
辽　宁	Liaoning	71.54	21.07	3091.23	2489.99	186.91	111.21	11.80
吉　林	Jilin	58.10	4.23	2463.94	2288.66	59.70	28.15	2.62
黑龙江	Heilongjiang	46.43	1.76	1986.17	1852.29	87.18	3.29	0.49
上　海	Shanghai	572.59	14.04	5714.21	4973.67	39.61		10.78
江　苏	Jiangsu	335.90	7.68	4070.16	3197.69	308.45	11.86	2.42
浙　江	Zhejiang	466.91	15.53	7124.67	5744.40	337.00	264.16	24.00
安　徽	Anhui	108.58	10.81	3551.75	2360.30	411.52	78.33	31.61
福　建	Fujian	146.08	8.28	9793.43	8834.85	120.04	34.46	5.50
江　西	Jiangxi	89.10	4.73	1872.56	1735.57	49.64	10.42	13.51
山　东	Shandong	137.44	7.69	6934.52	6510.54	175.30	25.09	8.66
河　南	Henan	35.06	4.21	2180.65	1951.65	141.60	18.60	5.04
湖　北	Hubei	11.53	3.16	2569.03	2196.91	222.56	16.88	2.47
湖　南	Hunan	73.42	1.75	2644.45	2346.81	117.71	10.27	12.54
广　东	Guangdong	177.54	41.89	7390.19	6479.51	176.36	78.95	2.41
广　西	Guangxi	35.16	6.72	2642.52	2193.24	295.81	70.33	10.23
海　南	Hainan	27.95	6.47	2845.90	2486.74	65.44	61.67	2.30
重　庆	Chongqing	1.94	1.54	3413.04	2808.15	231.48	62.15	17.32
四　川	Sichuan	66.15	22.04	3290.85	2655.46	238.73	46.57	4.72
贵　州	Guizhou	0.02	1.44	1705.94	1521.12	129.76	21.74	1.15
云　南	Yunnan	18.57	2.97	5668.69	5129.03	111.37	39.84	0.41
西　藏	Tibet	21.88		615.43	180.78	18.06	22.28	0.95
陕　西	Shaanxi	5.49	6.12	2289.37	1951.77	208.44	38.21	2.93
甘　肃	Gansu	36.73	0.82	3356.12	2905.30	280.43	31.55	9.53
青　海	Qinghai	0.16	0.50	6259.70	6176.10	51.04	1.61	4.92
宁　夏	Ningxia	249.50	3.02	7761.14	6944.75	341.68	45.57	6.74
新　疆	Xinjiang	45.54	28.47	2793.76	1939.60	193.17	94.52	1.00

1—4—2 续表 5　Continued 5

单位:元　　Unit: yuan

地　区	Region	5. 兑售有价证券 Changing or Sale Securities	6. 收回投资本金 Withdrawal of Investment Principal	7. 住房贷款 Housing Loans	8. 汽车贷款 Car loans	9. 教育贷款 Education Loans	10. 其他贷款 Other loans	11. 其他借贷收入 Other Debit and Credit Income
全　国	**National Average**	**61. 10**	**10. 02**	**210. 59**	**8. 36**	**0. 97**	**7. 76**	**37. 41**
北　京	Beijing	56. 08	38. 53	77. 53	13. 56	0. 61	3. 76	15. 83
天　津	Tianjin	34. 50	6. 90	411. 36				346. 86
河　北	Hebei	45. 27	7. 39	159. 05	3. 42	3. 18	10. 83	17. 39
山　西	Shanxi	10. 08	18. 58	20. 04	19. 32	0. 01	4. 80	11. 63
内蒙古	Inner Mongolia	4. 18	1. 32	223. 15	23. 07	5. 68	3. 06	2. 45
辽　宁	Liaoning	145. 71	5. 72	120. 68	12. 08	1. 47	1. 07	4. 58
吉　林	Jilin	9. 48	25. 98	15. 94			0. 38	33. 03
黑龙江	Heilongjiang	5. 39	0. 10	34. 76			1. 14	1. 52
上　海	Shanghai	4. 97	6. 62	647. 34				31. 21
江　苏	Jiangsu	33. 22	8. 44	463. 88	9. 19	2. 30	0. 49	32. 23
浙　江	Zhejiang	109. 24	14. 49	463. 43	26. 43	0. 43	22. 33	118. 75
安　徽	Anhui	40. 40	49. 33	548. 88	3. 96	0. 12	0. 41	26. 88
福　建	Fujian	527. 79	9. 47	144. 14	25. 32		18. 33	73. 52
江　西	Jiangxi	6. 90	4. 51	25. 68			0. 07	26. 25
山　东	Shandong	16. 69	10. 20	160. 51	10. 61		4. 48	12. 44
河　南	Henan	14. 02	1. 84	41. 59		0. 70	1. 71	3. 90
湖　北	Hubei	4. 44		71. 46		0. 38	9. 85	44. 08
湖　南	Hunan	4. 96	11. 07	131. 35		0. 47		9. 28
广　东	Guangdong	204. 77	4. 03	339. 09	15. 63		37. 66	51. 77
广　西	Guangxi	23. 52	12. 65	20. 99			12. 52	3. 23
海　南	Hainan	96. 20	44. 51	84. 67			0. 08	4. 29
重　庆	Chongqing	124. 48	0. 92	163. 66		1. 16	2. 54	1. 19
四　川	Sichuan	15. 08	2. 68	303. 06	8. 36		1. 49	14. 69
贵　州	Guizhou	5. 19	1. 43	17. 36		3. 69	1. 39	3. 11
云　南	Yunnan	0. 14	12. 25	292. 77	25. 41	7. 62	24. 30	25. 55
西　藏	Tibet			389. 51		3. 85		
陕　西	Shaanxi	7. 99	11. 62	47. 50		2. 02	1. 29	17. 60
甘　肃	Gansu	24. 82	31. 71	54. 77	3. 38	2. 63	4. 89	7. 11
青　海	Qinghai	0. 53		21. 72			1. 39	2. 40
宁　夏	Ningxia	1. 80	25. 32	368. 62	13. 74	0. 90	10. 09	1. 94
新　疆	Xinjiang	3. 54	2. 37	77. 65	28. 85		10. 78	442. 28

1—4—3 各地区城镇居民家庭现金支出(平均每人全年,2007 年)

Per Capita Annual Living Expenditure of Urban Households by Region (2007)

单位:元 Unit:yuan

地 区	Region	家庭总支出 Total Consumption Expenditures	(一)消费支出 Consumption Expenditure	服务性消费 Expense for Services Consumption	1. 食品 Food	2. 衣着 Clothing	3. 居住 Housing	4. 家庭设备用品及服务 Household Appliances and Service
全 国	**National Average**	**13513.87**	**9997.47**	**2665.87**	**3628.03**	**1042.00**	**982.28**	**601.80**
北 京	Beijing	21517.75	15330.44	4332.46	4934.05	1512.88	1246.19	981.13
天 津	Tianjin	17028.65	12028.88	3354.81	4249.31	1024.15	1417.45	760.56
河 北	Hebei	10797.34	8234.97	1792.29	2789.85	975.94	917.19	546.75
山 西	Shanxi	11666.2	8101.84	2067.29	2600.37	1064.61	991.77	477.74
内蒙古	Inner Mongolia	12146.68	9281.46	2437.31	2824.89	1396.86	941.79	561.71
辽 宁	Liaoning	12497.55	9429.73	2494.25	3560.21	1017.65	1047.04	439.28
吉 林	Jilin	11085.48	8560.3	2166.9	2842.68	1127.09	1062.46	407.35
黑龙江	Heilongjiang	10056.41	7519.28	2000.59	2633.18	1021.45	784.51	355.67
上 海	Shanghai	23715.1	17255.38	5594.76	6125.45	1330.05	1412.1	959.49
江 苏	Jiangsu	15285.63	10715.15	2891.51	3928.71	990.03	1020.09	707.31
浙 江	Zhejiang	20097.04	14091.19	4171.12	4892.58	1406.2	1168.08	666.02
安 徽	Anhui	12631.77	8531.9	2037.3	3384.38	906.47	850.24	465.68
福 建	Fujian	14595.26	11055.13	2910.04	4296.22	940.72	1261.18	645.4
江 西	Jiangxi	10047.04	7810.73	1774.52	3192.61	915.09	728.76	587.40
山 东	Shandong	13188.51	9666.61	2195.61	3180.64	1238.34	1027.58	661.03
河 南	Henan	10039.21	7826.72	1879.27	2707.44	1053.13	795.39	549.14
湖 北	Hubei	11437.84	8701.18	2180.06	3455.98	1046.62	856.97	550.16
湖 南	Hunan	12368.78	8990.72	2466.47	3243.88	1017.59	869.59	603.18
广 东	Guangdong	18891.87	14336.87	4309.53	5056.68	814.57	1444.91	853.18
广 西	Guangxi	10940.52	8151.26	2017.44	3398.09	656.69	803.04	491.03
海 南	Hainan	10437.97	8292.89	2022.01	3546.67	452.85	819.02	519.99
重 庆	Chongqing	13192.3	9890.31	2719.26	3674.28	1171.15	968.45	706.77
四 川	Sichuan	11643.24	8691.99	2175.5	3580.14	949.74	690.27	562.02
贵 州	Guizhou	9735.2	7758.69	2019.82	3122.46	910.3	718.65	463.56
云 南	Yunnan	10378.87	7921.83	2122.93	3562.33	859.65	673.07	280.62
西 藏	Tibet	9137.48	7532.07	1649.82	3836.51	880.1	628.35	271.29
陕 西	Shaanxi	10622.33	8427.06	2356.17	3063.69	910.29	831.27	513.08
甘 肃	Gansu	10558.06	7875.78	2137.19	2824.42	939.89	768.28	505.16
青 海	Qinghai	9778.46	7512.39	2100.55	2803.45	898.54	641.93	484.71
宁 夏	Ningxia	11473.99	7817.28	1868.65	2760.74	994.47	910.68	480.84
新 疆	Xinjiang	10439.03	7874.27	2109.35	2760.69	1183.69	736.99	475.23

1－4－3 续表 1　Continued 1

单位：元　　　Unit：yuan

地区	Region	5. 医疗保健 Health Care and Medical Services	6. 交通和通信 Transport and Communi-cations	7. 教育文化娱乐服务 Education, Cultural and Recreation Services	8. 其它商品和服务 Miscellaneous Goods and Services	(二)购房与建房支出 Expenditure for Purchasing and Building House	1. 购房 Purchasing House	2. 建房 Building House	(三)转移性支出 Transfer Expenditure
全　国	**National Average**	**699.09**	**1357.41**	**1329.16**	**357.70**	**922.91**	**906.93**	**15.98**	**1582.39**
北　京	Beijing	1294.07	2328.51	2383.96	649.66	1926.08	1846.88	79.2	2202.68
天　津	Tianjin	1163.98	1309.94	1639.83	463.64	1947.74	1947.74		1615.39
河　北	Hebei	833.51	1010.51	895.06	266.16	786.24	778.69	7.55	1182.23
山　西	Shanxi	640.22	1027.99	1054.05	245.07	776.82	696.41	80.41	1976.78
内蒙古	Inner Mongolia	719.13	1123.82	1245.09	468.17	773.75	772.1	1.66	1549.79
辽　宁	Liaoning	879.08	1033.36	1052.94	400.16	575	573.22	1.78	1425.8
吉　林	Jilin	854.8	873.88	997.75	394.29	399.62	394.77	4.85	1685.48
黑龙江	Heilongjiang	729.55	746.03	938.21	310.67	526.2	523.23	2.97	1415.96
上　海	Shanghai	857.11	3153.72	2653.67	763.8	2451.48	2451.48		1877.19
江　苏	Jiangsu	689.37	1303.02	1699.26	377.37	1675.99	1674.83	1.17	1756.89
浙　江	Zhejiang	859.06	2473.4	2158.32	467.52	1840.53	1791.25	49.28	2331.3
安　徽	Anhui	554.44	891.38	1169.99	309.3	1625.03	1590.2	34.83	1525.6
福　建	Fujian	502.41	1606.9	1426.34	375.98	630.81	618.98	11.83	1600.97
江　西	Jiangxi	385.91	732.97	973.38	294.60	454.65	447.20	7.45	1300.54
山　东	Shandong	708.58	1333.63	1191.18	325.64	1044.01	1026.3	17.71	1456.07
河　南	Henan	626.55	858.33	936.55	300.19	454.64	454.49	0.15	1211.07
湖　北	Hubei	525.32	903.02	1120.29	242.82	364.1	362.85	1.25	1548.48
湖　南	Hunan	668.53	986.89	1285.24	315.82	549.62	534.72	14.9	2228.34
广　东	Guangdong	752.52	2966.08	1994.86	454.09	967.87	967.87		1845.38
广　西	Guangxi	542.07	932.87	1050.04	277.43	422.16	381.39	40.77	1492.76
海　南	Hainan	503.78	1401.89	837.83	210.85	421.94	383.95	37.99	1058.2
重　庆	Chongqing	749.51	1118.79	1237.35	264.01	1088.99	1088.99		1387.23
四　川	Sichuan	511.78	1074.91	1031.81	291.32	747.37	743.78	3.59	1348.37
贵　州	Guizhou	354.52	895.04	1035.96	258.21	211.56	202.89	8.67	1414.12
云　南	Yunnan	631.7	1034.71	705.51	174.23	435.92	299.58	136.34	1337.99
西　藏	Tibet	272.81	866.33	441.02	335.66	351.61	246.43	105.19	492.4
陕　西	Shaanxi	678.38	866.76	1230.74	332.84	428.05	424.16	3.89	1088.28
甘　肃	Gansu	564.25	861.47	1058.66	353.65	746.01	746.01		1148.7
青　海	Qinghai	613.24	785.27	953.87	331.38	97.44	97.44		1104.1
宁　夏	Ningxia	645.98	859.04	863.36	302.17	1423.65	1407.81	15.84	1305.57
新　疆	Xinjiang	598.78	890.3	896.79	331.8	427.43	426.9	0.52	1201.03

1—4—3续表 2　Continued 2

单位:元　　Unit:yuan

地　区	Region	1. 交纳的个人收入税 Tax	1. 捐赠支出 Contribution	3. 购买彩票 Expenditure for Purchasing Lotteries	4. 赡养支出 Expenditure for Support	在外就学子女费用 Expenditure for Children Studying Out Of Current Cities	5. 各种非储蓄性保险支出 Expenditure on all Kinds of Non-saving Insurances	车辆保险支出 Expenditure on Car Insurance	6. 其他转移性支出 Other Transfer Expenditure
全　国	**National Average**	**90.56**	**922.19**	**12.47**	**442.82**	**265.74**	**57.45**	**22.33**	**56.91**
北　京	Beijing	425.5	838.77	26.01	587.37	217.02	211.44	98.8	113.58
天　津	Tianjin	107.21	1152.46	4.64	264.47	59.97	35.43	16.4	51.17
河　北	Hebei	29.27	641.96	14.45	421.67	237.9	52.88	20.92	22.01
山　西	Shanxi	63.87	997.89	15.81	780.28	513.94	65.26	18.51	53.67
内蒙古	Inner Mongolia	41.95	1045.24	5.81	382.57	286.15	39.02	6.11	35.21
辽　宁	Liaoning	70.84	837.83	19.38	400.84	241.73	69.11	11.01	27.79
吉　林	Jilin	24	1253.22	17	326.62	201.89	27.51	3.61	37.13
黑龙江	Heilongjiang	17.15	1007.98	5.29	323.3	232.51	37.39	0.68	24.86
上　海	Shanghai	426.8	1144.68	8.33	190.54	56.02	65.6	51.29	41.24
江　苏	Jiangsu	93.34	1176.13	7.77	376.99	270.47	53.14	26.67	49.53
浙　江	Zhejiang	239.92	1347.61	24.85	521.74	281.95	120.54	75.49	76.62
安　徽	Anhui	32.41	772.44	24.71	549.64	385.42	72.63	4.63	73.76
福　建	Fujian	128.74	945.67	5.06	430	230.62	24.07	11.64	67.45
江　西	Jiangxi	21.89	843.37	4.98	377.70	270.99	18.03	0.35	34.56
山　东	Shandong	54.74	842.93	6.06	397.72	254.86	97.24	32.25	57.39
河　南	Henan	29.42	734.77	5.05	376.52	245.86	28.81	2.85	36.5
湖　北	Hubei	31.66	1046.46	5.93	372.86	226.07	24.8	8.25	66.76
湖　南	Hunan	43.35	1639.76	10.34	431.95	282.46	21.94	2.6	81
广　东	Guangdong	217.43	695.27	14.56	721.3	367.13	109.23	67.92	87.59
广　西	Guangxi	48.53	819.33	6.07	540.61	384.87	20.28	6.76	57.94
海　南	Hainan	59.54	501.52	89.08	358.35	206.29	13.77	6.49	35.94
重　庆	Chongqing	62.09	876.31	9.08	320.38	189	49.73	8.38	69.64
四　川	Sichuan	18.43	761.14	9.57	426.7	220.39	40.48	5.54	92.04
贵　州	Guizhou	12.82	1018.79	20.81	305.55	201.52	10.16	3.58	46
云　南	Yunnan	41.48	597.16	35.78	608.58	387.21	21.35	16.36	33.64
西　藏	Tibet	5.68	24.44	9.7	420.49	271.79	6.08	4.6	26.01
陕　西	Shaanxi	14.84	606.29	4.06	410.78	282.6	17.3	3.69	35.01
甘　肃	Gansu	25.44	575.22	7	438.99	307.13	47.9	1.14	54.16
青　海	Qinghai	42.97	695.91	10.2	282.93	170.92	15.03	0.05	57.05
宁　夏	Ningxia	18.4	647.98	15.01	568	351.27	16.34	3.89	39.84
新　疆	Xinjiang	24.68	612.97	11.01	455.71	324.87	34.84	1.49	61.83

1—4—3 续表 3 Continued 3

单位:元 Unit:yuan

地 区	Region	(四)财产性支出 Property Expenditure	1. 非生产性利息支出 Expenditure on Non-productional Loan Interests	2. 其他 Others	(五)社会保障支出 Expenditure on Social Securities	1. 个人交纳的养老基金 Individually Paid Pension Fund	2. 个人交纳的住房公积金 Individually Paid Public Accumulation Fund for Housing Construction	3. 个人交纳的医疗基金 Individually Paid Medical Fund	4. 个人交纳的失业基金 Individually Paid Unemployment Fund
全 国	**National Average**	**41.93**	**29.70**	**12.23**	**969.15**	**397.75**	**407.92**	**128.62**	**28.45**
北 京	Beijing	20.77	9.98	10.79	2037.78	691.9	1003.24	264.46	60.89
天 津	Tianjin	98.55	63.62	34.94	1338.09	441.32	718.64	135.05	42.03
河 北	Hebei	15.9	4.23	11.66	578	245.68	218.36	88.34	19.71
山 西	Shanxi	13.93	7.64	6.29	796.84	340.3	297.4	116.93	29.81
内蒙古	Inner Mongolia	4.95	4.63	0.33	536.73	191.57	220.75	88.51	14.36
辽 宁	Liaoning	49.62	6.07	43.55	1017.4	509.6	317.96	161.64	24.32
吉 林	Jilin	4.37	2.42	1.95	435.7	213.97	140.96	62	8.58
黑龙江	Heilongjiang	12.41	1.96	10.44	582.56	290.98	168.94	93.43	18.07
上 海	Shanghai	159.37	139.58	19.79	1971.67	893.68	749.34	225.07	103.41
江 苏	Jiangsu	29.71	7.3	22.41	1107.88	475.54	457.19	144.91	24.3
浙 江	Zhejiang	192.51	156.26	36.25	1641.51	640.74	789.35	174.77	35.92
安 徽	Anhui	5.17	0.57	4.6	943.85	307.79	481.31	119.56	22.53
福 建	Fujian	52.2	43.87	8.33	1255.46	411.39	626.38	178.11	33.06
江 西	Jiangxi	6.47	5.76	0.71	474.66	224.84	172.00	54.05	13.22
山 东	Shandong	8.35	2.62	5.72	1013.47	441.75	397.46	128.18	36.85
河 南	Henan	8.17	4.48	3.69	538.6	218.83	215.94	83.66	18.12
湖 北	Hubei	5.69	1.19	4.51	818.4	327.41	366.52	99.03	16.42
湖 南	Hunan	6.12	0.31	5.81	593.99	223.97	267.82	82.33	15.83
广 东	Guangdong	134.9	113.81	21.09	1606.85	697.52	659.98	200.37	45.58
广 西	Guangxi	13.63	6.35	7.28	860.71	301.94	444.27	88.53	25.11
海 南	Hainan	0.4	0.36	0.03	664.54	280.58	265.95	86.58	20.97
重 庆	Chongqing	105.31	95.02	10.29	720.46	340.41	271.13	76.84	22.13
四 川	Sichuan	25.02	23.76	1.26	830.48	353.65	309.47	142.11	20.46
贵 州	Guizhou	3.09	2.02	1.07	347.73	151.33	114.83	63.87	11.08
云 南	Yunnan	2.83	0.97	1.85	680.31	183.68	352.81	112.93	22.75
西 藏	Tibet	0.28		0.28	761.12	132.71	479.12	131.71	16.57
陕 西	Shaanxi	9.72	2.43	7.3	669.21	312.13	236.07	94.64	25.38
甘 肃	Gansu	6.79	6.06	0.72	780.79	295.83	342.62	98.82	32.91
青 海	Qinghai	0.21	0.16	0.04	1064.34	327.59	555.47	141.39	30.54
宁 夏	Ningxia	51.81	42.48	9.32	875.69	349.19	394.57	111.17	19.7
新 疆	Xinjiang	4.13	0.06	4.07	932.18	324.19	412.13	154.26	37.77

1—4—3 续表4 Continued 4

单位:元 Unit:yuan

地区	Region	5.其他社会保障支出 Other Expenditure on Social Securities	(六)借贷支出 Expenditure on Debit and Credit	1.存入储蓄款 Deposited Saving Money	2.借出款 Loans	3.归还借款 Returning Loans	4.储蓄性保险支出 Expenditure on Saving Insurance	5.购买有价证券 Purchasing Securities
全 国	**National Average**	**6.41**	**5276.57**	**4501.91**	**53.66**	**106.93**	**112.28**	**155.59**
北 京	Beijing	17.29	9390.12	7487.38	116.35	202.02	208.55	601.45
天 津	Tianjin	1.04	5445.37	4292.93	119.75	131.67	121.15	159.5
河 北	Hebei	5.91	4491.33	3986.89	58.48	88.64	41.6	82.83
山 西	Shanxi	12.39	3384.92	2761.66	100.64	251.14	70.38	69.03
内蒙古	Inner Mongolia	21.54	4092.64	3593.72	5.75	89.47	106.1	20.8
辽 宁	Liaoning	3.88	3488.76	2717.4	64.02	58.59	42.4	413.27
吉 林	Jilin	10.19	3064.1	2660.24	33.97	77.93	73.2	51.62
黑龙江	Heilongjiang	11.15	2547.47	2277.14	6.75	29.27	65.73	33.43
上 海	Shanghai	0.18	7295.89	6258.58		16.26	323.04	38.22
江 苏	Jiangsu	5.92	6103.22	5322.97	23.48	120.87	132.47	118.26
浙 江	Zhejiang	0.74	8995.09	7123.75	85.85	188.19	118.49	435.51
安 徽	Anhui	12.66	3010.58	2126.46	93.08	87.48	165.31	168.29
福 建	Fujian	6.52	12028.62	10617.71	54.09	93.86	114.06	637.45
江 西	Jiangxi	10.55	3430.45	3126.98	11.36	58.93	79.41	6.64
山 东	Shandong	9.24	9048.17	8439.61	34.29	105.55	124.66	120.36
河 南	Henan	2.04	3855.49	3438.59	52.92	81.43	95.83	81.42
湖 北	Hubei	9.02	3309.11	2626.32	94.8	155.19	102.22	164.51
湖 南	Hunan	4.04	2900.1	2532.98	22.92	63.69	96.98	41.62
广 东	Guangdong	3.41	7608.23	6444.33	107.68	149.52	183.53	134.44
广 西	Guangxi	0.86	4544.11	3882.81	43.21	87.81	129.61	107.33
海 南	Hainan	10.45	4005.82	3637.54	18.53	36.12	52.37	177
重 庆	Chongqing	9.96	2884.26	2364.05	42.1	46.79	66.28	40.41
四 川	Sichuan	4.79	3450.25	2937.98	35.26	99.83	64.7	87.11
贵 州	Guizhou	6.62	2265.82	1865.85	16.06	54.37	56.59	36.47
云 南	Yunnan	8.15	7407.04	6356.72	72.9	192.68	59.58	83.31
西 藏	Tibet	1.02	2131.34	1653.87	5.44	96.8		2.06
陕 西	Shaanxi	0.98	2550.56	2046.16	21.88	108.64	114.51	67.99
甘 肃	Gansu	10.62	3429.98	2668.13	40.95	107.8	132.86	115.18
青 海	Qinghai	9.34	7922.49	7444.4	35.4	116.75	55.46	23.15
宁 夏	Ningxia	1.06	8321.51	7548.82	52.46	181.56	131.29	74.36
新 疆	Xinjiang	3.84	3498.78	2735.49	23.65	78.65	212.6	61.07

1—4—3 续表 5　Continued 5

单位:元　　　　　　　　　　　　　　　　　　　　　　　　　　Unit:yuan

地　区	Region	6. 其它投资支出 Other Investment Expenses	7. 归还住房贷款 Returning Housing Loans	8. 归还汽车贷款 Returning Car Loans	9. 归还教育贷款 Returning Education Loans	10. 归还其他贷款 Returning Other Loan	11. 其他借贷支出 Other Debit and Credit Expenses	(七)期末手存现金 Deposited Cash at the end of Period
全　国	**National Average**	**29.46**	**275.20**	**11.23**	**1.58**	**6.03**	**22.69**	**1267.57**
北　京	Beijing	111.74	574.17	33.06		5.18	50.44	2700.03
天　津	Tianjin	9.88	357.79				252.69	2112.53
河　北	Hebei	42.39	108.1	56.07		1.19	25.14	1130.88
山　西	Shanxi	22.48	96.34	2.14	0.49	0.86	9.76	1008.36
内蒙古	Inner Mongolia	19.88	231.26	6.84		10.07	8.74	437.18
辽　宁	Liaoning	16.07	168.49	2.36	0.77	1.9	3.49	1389.75
吉　林	Jilin	25.33	137.41	0.27	0.04	0.11	3.99	717.18
黑龙江	Heilongjiang	8.69	108.51	7.49		0.85	9.62	863.73
上　海	Shanghai	6.66	637.18	11.92	0.17	1.16	2.7	2718.69
江　苏	Jiangsu	45.28	281.4	11.97	3.26	4.14	39.12	2028.08
浙　江	Zhejiang	38.35	883.82	35.27		9.96	75.9	2825.74
安　徽	Anhui	72.86	272.94	2.78	0.88	4.68	15.84	1158.40
福　建	Fujian	87.05	351.17	23.98	0.85	6.19	42.2	965.69
江　西	Jiangxi	0.75	127.65		0.30	7.02	11.41	1215.44
山　东	Shandong	11.58	194.73	0.46	0.77	3.14	13.03	780.65
河　南	Henan	6.65	87.49	4.16		0.46	6.54	954.16
湖　北	Hubei	15.74	139.36			2.72	8.25	640.86
湖　南	Hunan	16.73	116.76	0.18		4.32	3.93	993.42
广　东	Guangdong	10	525.76	22.92	3.9	11.16	15	1570.26
广　西	Guangxi	13.26	227.2			46.51	6.37	779.20
海　南	Hainan	3.34	63.95	1.97		1.42	13.59	550.07
重　庆	Chongqing	7.87	311.41		0.33	2.23	2.8	1449.25
四　川	Sichuan	43.57	164.27	8.82	0.03	1.62	7.07	771.66
贵　州	Guizhou	17.9	179.21	21.48	3.77	4.45	9.66	1149.85
云　南	Yunnan	115.52	457.41	7.38	1.74	19.13	40.68	438.88
西　藏	Tibet	5.18	331.8	18.26	2.33	10.02	5.58	2145.19
陕　西	Shaanxi	7.61	165.03			1.26	17.49	1128.07
甘　肃	Gansu	81.5	202.1		62.7	13.01	5.75	520.33
青　海	Qinghai	8.07	226.56			2.48	10.23	146.08
宁　夏	Ningxia	7	294.33	8.07	0.64	11.24	11.74	170.93
新　疆	Xinjiang	47.13	231.98	4.9	0.14	52.71	50.47	550.14

1—4—4 各地区城镇居民家庭年末主要耐用消费品拥有量(2007年)
Number of Major Durable Consumer Goods Owned Per 100 Urban Households at the Year-end by Region (2007)

地区	Region	1.摩托车（辆）Motorcycle (unit)	2.助力车（辆）Helping Hand Car (unit)	3.家用汽车（辆）Automobile (unit)	4.洗衣机（台）Washing Machine (set)	5.电冰箱（台）Refrigerator (set)	6.彩色电视机（台）Color Television (set)	7.家用电脑（台）Computer (set)
全国	**National Average**	**24.81**	**17.50**	**6.06**	**96.77**	**95.03**	**137.79**	**53.77**
北京	Beijing	6.42	7.40	19.85	102.24	108.13	146.99	91.62
天津	Tianjin	3.81	16.47	5.62	97.80	106.01	134.75	66.60
河北	Hebei	36.55	21.80	5.93	98.73	101.19	126.32	49.68
山西	Shanxi	30.87	16.57	4.66	102.35	89.86	113.07	39.10
内蒙古	Inner Mongolia	32.10	11.08	6.49	96.56	95.05	108.73	31.93
辽宁	Liaoning	6.50	7.99	2.07	91.31	95.27	121.74	44.43
吉林	Jilin	15.88	7.19	2.59	94.89	90.93	125.82	40.59
黑龙江	Heilongjiang	8.46	2.33	2.03	93.45	86.04	111.34	34.39
上海	Shanghai	1.85	29.66	9.37	97.85	103.51	183.41	103.90
江苏	Jiangsu	25.22	47.26	6.79	101.23	96.62	161.13	58.98
浙江	Zhejiang	30.38	37.67	13.86	92.91	100.04	182.89	73.76
安徽	Anhui	21.42	17.10	0.70	99.59	95.97	140.93	40.79
福建	Fujian	51.98	12.85	4.00	99.98	99.68	166.91	68.58
江西	Jiangxi	19.19	19.79	1.09	95.54	92.85	144.05	44.98
山东	Shandong	41.15	31.48	9.40	95.00	98.82	122.20	58.85
河南	Henan	24.88	27.59	1.99	97.95	90.70	126.90	40.28
湖北	Hubei	18.84	8.31	2.81	96.54	98.46	134.97	52.14
湖南	Hunan	17.06	7.95	2.47	92.85	93.01	125.64	44.20
广东	Guangdong	62.46	8.21	17.60	98.88	94.33	154.20	78.79
广西	Guangxi	49.28	16.19	3.76	93.01	89.28	139.66	53.64
海南	Hainan	52.85	11.55	5.78	66.89	73.43	123.24	38.60
重庆	Chongqing	7.39	2.52	2.88	99.08	100.88	153.43	62.74
四川	Sichuan	9.28	9.78	4.01	101.41	93.77	137.26	45.89
贵州	Guizhou	4.92	0.80	2.01	98.32	94.22	122.02	40.37
云南	Yunnan	32.39	9.87	8.85	89.50	78.09	121.93	35.69
西藏	Tibet	13.63	12.37	6.56	82.26	73.26	116.34	18.38
陕西	Shaanxi	14.86	7.31	1.38	98.28	89.79	130.11	42.22
甘肃	Gansu	11.10	7.83	1.35	97.61	87.07	113.72	33.14
青海	Qinghai	4.01	0.52	1.56	101.01	89.49	116.14	33.77
宁夏	Ningxia	20.77	7.08	1.60	93.74	81.04	107.34	29.57
新疆	Xinjiang	19.99	3.95	1.80	93.02	88.34	105.34	34.70

1—4—4 续表 1　Continued 1

地 区	Region	8. 组合音响（套）Hi—Fi Stereo Component (set)	9. 摄像机（架）Pickup Camera (set)	10. 照相机（架）Camera (set)	11. 钢琴（架）Piano (set)	12. 其他中高档乐器（件）Other Medium and High Grade Musical Instrument (unit)	13. 微波炉（台）Oven (unit)
全 国	**National Average**	**30. 2**	**6. 17**	**45. 06**	**2. 36**	**6. 03**	**53. 39**
北 京	Beijing	33. 02	16. 4	98. 88	3. 80	9. 71	87. 84
天 津	Tianjin	29. 46	9. 5	62. 79	1. 16	1. 74	82. 24
河 北	Hebei	27. 36	4. 93	45. 32	1. 14	4. 91	46. 78
山 西	Shanxi	17. 89	2. 87	34. 03	1. 02	4. 90	29. 32
内蒙古	Inner Mongolia	14. 87	4. 82	35. 08	1. 10	6. 88	31. 42
辽 宁	Liaoning	25. 99	7. 59	43. 66	2. 10	5. 16	50. 02
吉 林	Jilin	15. 19	5. 38	40. 19	1. 43	6. 76	38. 95
黑龙江	Heilongjiang	14. 22	5. 15	31. 31	1. 95	6. 65	32. 71
上 海	Shanghai	52. 29	14. 73	89. 27	5. 85	7. 51	96. 10
江 苏	Jiangsu	29. 05	6. 57	47. 84	2. 50	4. 57	81. 32
浙 江	Zhejiang	38. 26	6. 30	52. 15	2. 62	7. 16	65. 67
安 徽	Anhui	25. 04	4. 06	31. 95	2. 21	5. 77	51. 02
福 建	Fujian	32. 86	5. 79	45. 50	3. 90	7. 44	73. 00
江 西	Jiangxi	24. 69	3. 00	35. 77	1. 71	6. 69	47. 30
山 东	Shandong	25. 63	7. 86	54. 31	3. 40	7. 37	48. 25
河 南	Henan	18. 18	4. 20	38. 00	1. 60	6. 02	33. 59
湖 北	Hubei	33. 68	4. 15	37. 42	1. 84	6. 29	53. 85
湖 南	Hunan	28. 60	4. 64	29. 81	2. 45	5. 15	41. 00
广 东	Guangdong	53. 66	10. 31	57. 49	4. 17	8. 34	65. 46
广 西	Guangxi	37. 24	4. 18	35. 53	1. 35	2. 69	52. 05
海 南	Hainan	24. 69	2. 83	22. 06	1. 04	2. 96	28. 11
重 庆	Chongqing	40. 02	6. 70	43. 76	2. 34	5. 13	69. 99
四 川	Sichuan	34. 37	4. 38	34. 11	1. 94	4. 61	47. 79
贵 州	Guizhou	38. 94	4. 39	32. 95	1. 06	4. 69	43. 7
云 南	Yunnan	35. 64	3. 87	40. 38	2. 68	4. 03	39. 83
西 藏	Tibet	45. 23	4. 61	36. 53	0. 47	1. 60	15. 37
陕 西	Shaanxi	26. 33	3. 02	45. 49	1. 49	7. 03	42. 71
甘 肃	Gansu	24. 66	3. 86	32. 67	1. 99	6. 97	34. 91
青 海	Qinghai	21. 08	4. 20	39. 51	2. 44	5. 79	47. 74
宁 夏	Ningxia	17. 21	2. 24	23. 43	0. 89	4. 67	35. 70
新 疆	Xinjiang	21. 12	3. 58	33. 39	1. 38	7. 02	27. 80

1—4—4 续表 2　Continued 2

地　区	Region	14. 空调器（台）Air Conditioner (unit)	15. 淋浴热水器（台）Shower (unit)	16. 消毒碗柜（台）Disinfection Cupboard (unit)	17. 洗碗机（台）Dishwasher (unit)	18. 健身器材（套）Healthy Equipment (unit)	19. 普通电话（部）Telephone (unit)	20. 移动电话（部）Mobile Telephone (unit)
全　国	**National Average**	**95.08**	**79.52**	**16.19**	**0.58**	**4.39**	**90.52**	**165.18**
北　京	Beijing	157.29	98.85	6.89	0.62	9.06	105.67	207.11
天　津	Tianjin	123.00	88.63	1.42	0.32	3.04	87.40	162.27
河　北	Hebei	87.64	74.44	2.88	0.35	4.36	88.03	154.31
山　西	Shanxi	28.90	46.59	1.46	0.13	1.52	92.83	127.39
内蒙古	Inner Mongolia	9.24	46.23	2.20	0.61	2.18	77.20	161.64
辽　宁	Liaoning	16.99	66.24	5.49	0.36	3.15	88.56	141.56
吉　林	Jilin	5.58	43.20	4.51	0.49	4.29	77.75	168.89
黑龙江	Heilongjiang	7.26	36.11	3.84	0.51	2.26	84.55	134.45
上　海	Shanghai	190.93	95.51	14.54	0.20	9.56	100.88	217.37
江　苏	Jiangsu	141.01	87.45	6.62	0.39	5.75	124.88	149.45
浙　江	Zhejiang	161.02	95.17	22.40	0.57	6.99	95.54	190.69
安　徽	Anhui	100.29	80.77	6.52	0.20	2.20	90.93	151.44
福　建	Fujian	149.87	104.67	41.62	0.56	6.11	101.39	186.44
江　西	Jiangxi	89.06	92.10	9.73	0.38	1.76	80.96	155.26
山　东	Shandong	85.68	80.32	5.68	0.89	6.56	85.89	173.53
河　南	Henan	105.66	59.56	6.57	0.54	3.36	84.74	150.68
湖　北	Hubei	112.34	79.50	12.33	0.52	2.77	84.20	154.75
湖　南	Hunan	100.87	80.47	22.93	0.30	4.18	82.04	156.32
广　东	Guangdong	184.00	110.63	84.05	1.63	7.45	97.77	206.41
广　西	Guangxi	86.6	96.31	55.4	0.93	2.71	85.22	163.26
海　南	Hainan	53.45	81.45	55.18	0.51	1.72	98.45	147.65
重　庆	Chongqing	157.47	96.95	14.98	2.08	4.48	94.40	178.79
四　川	Sichuan	73.07	87.67	7.95	0.19	3.01	86.39	166.88
贵　州	Guizhou	14.69	68.61	25.12	0.45	2.04	80.40	160.87
云　南	Yunnan	1.53	82.60	10.78	1.00	2.47	72.62	167.98
西　藏	Tibet	3.07	15.66	2.69	1.17	1.19	85.01	118.50
陕　西	Shaanxi	85.74	69.46	4.92	0.39	3.13	79.46	164.64
甘　肃	Gansu	3.75	62.32	1.86	0.21	1.24	69.06	145.52
青　海	Qinghai	1.09	51.30	1.86	0.21	1.27	87.12	148.33
宁　夏	Ningxia	7.23	63.94	3.06	0.12	1.78	78.28	149.50
新　疆	Xinjiang	6.70	69.63	6.08	0.52	2.58	90.15	140.12

1—4—5 各地区城镇居民家庭消费支出(平均每人全年,2007年)

Per Capita Annual Consumption Expenditure of Urban Households by Region (2007)

单位:元 Unit:yuan

地 区	Region	消费支出 Consumption Expenditure	服务性消费支出 Service Consumption Expenditure	一、食品 Food	(一)粮油类 Grain and Oil	1. 粮食 Grain	2. 淀粉及薯类 Starches and Tubers	3. 干豆类及豆制品 Beans and Bean Products
全 国	**National Average**	**9997.47**	**2665.87**	**3628.03**	**465.24**	**278.3**	**26.19**	**43.43**
北 京	Beijing	15330.44	4332.46	4934.05	542.78	314.78	43.10	51.95
天 津	Tianjin	12028.88	3354.81	4249.31	442.22	244.24	33.38	36.98
河 北	Hebei	8234.97	1792.29	2789.85	416.34	232.55	24.35	32.73
山 西	Shanxi	8101.84	2067.29	2600.37	482.61	320.36	46.52	36.37
内蒙古	Inner Mongolia	9281.46	2437.31	2824.89	399.68	279.75	22.34	25.02
辽 宁	Liaoning	9429.73	2494.25	3560.21	473.23	299.28	19.63	42.64
吉 林	Jilin	8560.3	2166.9	2842.68	459.83	281.80	35.32	50.45
黑龙江	Heilongjiang	7519.28	2000.59	2633.18	463.36	278.47	37.23	40.52
上 海	Shanghai	17255.38	5594.76	6125.45	560.70	329.24	38.91	74.97
江 苏	Jiangsu	10715.15	2891.51	3928.71	427.60	241.69	30.16	55.22
浙 江	Zhejiang	14091.19	4171.12	4892.58	437.98	256.30	24.62	55.70
安 徽	Anhui	8531.90	2037.30	3384.38	449.97	257.13	14.37	50.69
福 建	Fujian	11055.13	2910.04	4296.22	540.19	349.43	24.55	46.93
江 西	Jiangxi	7810.73	1774.52	3192.61	471.34	251.95	11.99	51.52
山 东	Shandong	9666.61	2195.61	3180.64	422.92	259.57	28.23	37.16
河 南	Henan	7826.72	1879.27	2707.44	445.39	276.80	34.08	40.59
湖 北	Hubei	8701.18	2180.06	3455.98	516.89	304.40	17.97	53.08
湖 南	Hunan	8990.72	2466.47	3243.88	508.65	294.23	16.56	49.03
广 东	Guangdong	14336.87	4309.53	5056.68	517.92	326.41	20.09	36.73
广 西	Guangxi	8151.26	2017.44	3398.09	423.54	255.65	17.43	41.01
海 南	Hainan	8292.89	2022.01	3546.67	347.67	212.78	12.44	17.39
重 庆	Chongqing	9890.31	2719.26	3674.28	474.90	239.66	33.43	43.00
四 川	Sichuan	8691.99	2175.50	3580.14	483.16	265.77	29.99	36.76
贵 州	Guizhou	7758.69	2019.82	3122.46	422.74	248.81	13.26	32.82
云 南	Yunnan	7921.83	2122.93	3562.33	365.88	260.08	16.45	34.05
西 藏	Tibet	7532.07	1649.82	3836.51	596.70	424.60	32.78	9.85
陕 西	Shaanxi	8427.06	2356.17	3063.69	474.55	283.21	33.66	45.58
甘 肃	Gansu	7875.78	2137.19	2824.42	441.63	270.60	21.53	24.50
青 海	Qinghai	7512.39	2100.55	2803.45	406.21	271.87	20.27	19.40
宁 夏	Ningxia	7817.28	1868.65	2760.74	442.90	269.48	33.31	30.76
新 疆	Xinjiang	7874.27	2109.35	2760.69	428.58	269.59	26.06	24.17

1—4—5 续表 1　Continued 1

单位:元　　　　Unit:yuan

地　区	Region	4. 油脂类 Oil and Fats	(二)肉禽蛋水产品类 Meat, Poultry, Egg, Aquatic Products and Related Products	1. 肉类 Meat Products	2. 禽类 Poultry Products	3. 蛋类 Eggs	4. 水产品类 Aquatic Products	(三)蔬菜类 Vegetables
全　国	**National Average**	**117.32**	**1030.88**	**522.98**	**180.29**	**83.83**	**243.78**	**348.61**
北　京	Beijing	132.95	1127.43	668.83	150.31	99.47	208.82	365.67
天　津	Tianjin	127.62	1068.94	510.40	112.45	122.70	323.39	351.32
河　北	Hebei	126.72	702.59	378.71	86.46	104.65	132.78	318.00
山　西	Shanxi	79.37	497.27	308.95	46.93	94.46	46.92	288.15
内蒙古	Inner Mongolia	72.58	612.25	441.04	60.22	55.87	55.12	225.99
辽　宁	Liaoning	111.68	962.40	480.63	99.46	110.58	271.74	357.19
吉　林	Jilin	92.25	721.08	434.10	76.10	75.66	135.22	338.96
黑龙江	Heilongjiang	107.15	675.76	408.67	71.15	74.22	121.72	238.81
上　海	Shanghai	117.58	1665.95	589.84	317.82	89.05	669.24	442.96
江　苏	Jiangsu	100.54	1169.59	525.01	233.39	85.50	325.69	381.11
浙　江	Zhejiang	101.35	1336.32	458.05	214.45	65.97	597.85	385.03
安　徽	Anhui	127.78	880.28	447.04	170.64	105.52	157.09	325.87
福　建	Fujian	119.27	1799.42	700.50	259.47	92.12	747.33	390.12
江　西	Jiangxi	155.88	982.73	554.69	178.59	72.54	176.92	388.13
山　东	Shandong	97.96	903.44	434.52	106.69	119.48	242.75	289.96
河　南	Henan	93.93	641.94	365.00	120.25	98.56	58.13	299.83
湖　北	Hubei	141.45	918.04	526.46	127.83	78.73	185.01	415.43
湖　南	Hunan	148.83	940.71	543.72	176.07	59.39	161.54	350.46
广　东	Guangdong	134.69	1819.26	830.77	433.95	65.41	489.13	411.77
广　西	Guangxi	109.45	1326.40	678.84	361.50	60.94	225.11	300.01
海　南	Hainan	105.05	1531.02	667.49	348.19	38.14	477.21	342.16
重　庆	Chongqing	158.81	1069.71	596.20	252.61	85.78	135.13	360.84
四　川	Sichuan	150.64	1075.82	670.15	227.18	78.93	99.57	393.25
贵　州	Guizhou	127.85	854.76	568.66	165.43	61.46	59.21	318.56
云　南	Yunnan	55.30	833.34	497.46	174.13	67.14	94.61	380.77
西　藏	Tibet	129.48	1051.19	883.75	71.97	48.92	46.55	465.89
陕　西	Shaanxi	112.11	566.37	340.58	88.45	68.58	68.76	300.18
甘　肃	Gansu	125.01	526.28	325.14	78.45	60.53	62.16	304.05
青　海	Qinghai	94.68	648.24	444.13	78.97	56.59	68.56	260.09
宁　夏	Ningxia	109.35	565.37	364.86	89.45	52.88	58.17	257.64
新　疆	Xinjiang	108.76	684.88	474.61	94.81	51.73	63.72	243.77

1—4—5 续表 2 Continued 2

单位:元 Unit:yuan

地 区	Region	1. 鲜菜 Fresh Vegetables	2. 干菜 Dried Vegetables	3. 菜制品 Vegetable Products	(四)调味品 Condiments	(五)糖烟酒饮料类 Sugar, Tobacco, Liquor and Beverages	1. 糖类 Sugar	2. 烟草类 Tobacco
全 国	**National Average**	**316.4**	**20.19**	**12.01**	**45.53**	**397.99**	**34.5**	**191.92**
北 京	Beijing	321.95	28.70	15.02	85.04	622.47	59.59	200.11
天 津	Tianjin	322.60	21.66	7.06	67.73	433.53	36.99	157.57
河 北	Hebei	286.35	20.69	10.96	38.80	390.68	30.60	140.91
山 西	Shanxi	261.79	16.54	9.82	32.44	347.79	20.00	205.88
内蒙古	Inner Mongolia	207.11	10.90	7.97	33.33	368.39	21.81	172.81
辽 宁	Liaoning	321.86	22.79	12.54	60.32	436.22	22.73	208.05
吉 林	Jilin	312.39	14.80	11.77	46.14	280.10	26.29	112.69
黑龙江	Heilongjiang	216.80	15.11	6.90	41.81	240.42	26.07	95.89
上 海	Shanghai	391.65	26.94	24.38	63.64	653.62	73.86	301.91
江 苏	Jiangsu	347.28	18.81	15.02	46.80	458.92	32.35	254.74
浙 江	Zhejiang	344.26	23.17	17.60	39.62	649.16	36.38	405.05
安 徽	Anhui	302.38	17.13	6.36	20.02	574.43	19.68	303.29
福 建	Fujian	329.51	44.66	15.95	52.08	362.99	29.34	161.42
江 西	Jiangxi	345.32	31.10	11.71	35.72	331.49	33.98	187.59
山 东	Shandong	262.86	14.68	12.42	42.14	304.07	25.93	91.28
河 南	Henan	281.67	11.30	6.85	38.94	304.29	22.42	127.33
湖 北	Hubei	383.87	17.43	14.12	50.08	428.52	31.05	241.06
湖 南	Hunan	319.08	17.53	13.85	37.03	316.14	33.48	167.97
广 东	Guangdong	362.78	34.62	14.36	40.79	349.43	50.85	137.15
广 西	Guangxi	264.84	17.57	17.59	30.16	220.26	35.67	86.11
海 南	Hainan	316.41	13.68	12.07	37.26	202.47	23.87	106.28
重 庆	Chongqing	335.88	17.25	7.71	57.82	367.53	43.46	212.45
四 川	Sichuan	363.56	20.08	9.61	66.49	411.62	50.03	196.5
贵 州	Guizhou	283.36	20.52	14.68	40.25	388.28	39.74	226.78
云 南	Yunnan	365.57	9.33	5.87	39.18	507.50	32.42	367.27
西 藏	Tibet	431.49	29.60	4.81	36.75	742.31	78.94	420.73
陕 西	Shaanxi	276.63	13.42	10.13	46.35	315.15	28.93	160.71
甘 肃	Gansu	288.76	10.93	4.35	42.63	347.51	26.41	158.79
青 海	Qinghai	245.38	6.94	7.78	34.83	323.70	29.73	131.86
宁 夏	Ningxia	245.82	7.29	4.53	35.63	322.18	31.66	165.33
新 疆	Xinjiang	227.47	10.05	6.25	29.52	240.62	40.11	91.94

1—4—5 续表 3 Continued 3

单位:元 Unit:yuan

地 区	Region	3. 酒类 Liquor	4. 饮料 Beverages	(六)干鲜瓜果类 Dried and Fresh Melons and Fruits	1. 鲜果 Fruits	2. 鲜瓜 Melons	3. 其它干鲜瓜果类及制品 Dried Fruits	(七)糕点、奶及奶制品 Cake,Milk and Its Products
全 国	**National Average**	**96.66**	**74.92**	**272.24**	**175.45**	**34.61**	**62.19**	**234.73**
北 京	Beijing	143.57	219.19	489.57	284.24	63.10	142.23	453.32
天 津	Tianjin	140.17	98.80	361.90	220.52	44.22	97.17	301.27
河 北	Hebei	136.48	82.69	228.49	147.83	37.00	43.66	218.05
山 西	Shanxi	63.85	58.06	196.19	121.43	27.41	47.34	237.83
内蒙古	Inner Mongolia	116.64	57.14	218.86	146.36	27.20	45.31	175.10
辽 宁	Liaoning	121.82	83.63	305.82	210.75	46.46	48.61	229.57
吉 林	Jilin	77.61	63.51	315.82	215.93	51.32	48.58	177.47
黑龙江	Heilongjiang	66.97	51.49	255.45	166.13	38.31	51.01	159.00
上 海	Shanghai	128.18	149.67	450.44	239.93	77.94	132.57	483.74
江 苏	Jiangsu	107.01	64.81	248.37	140.49	38.54	69.34	249.32
浙 江	Zhejiang	121.88	85.86	362.03	213.83	55.56	92.64	252.75
安 徽	Anhui	175.02	76.44	207.24	117.32	45.1	44.81	271.96
福 建	Fujian	73.55	98.67	277.33	196.33	18.22	62.78	228.37
江 西	Jiangxi	73.66	36.26	254.63	169.22	31.73	53.68	215.57
山 东	Shandong	116.83	70.03	297.43	182.69	45.60	69.14	282.69
河 南	Henan	95.35	59.19	213.18	128.10	28.16	56.92	208.55
湖 北	Hubei	104.55	51.86	218.79	133.79	33.22	51.78	216.29
湖 南	Hunan	70.70	43.99	245.02	163.75	32.15	49.12	156.4
广 东	Guangdong	49.99	111.44	306.04	233.28	16.69	56.07	237.44
广 西	Guangxi	56.47	42.00	234.38	165.18	26.57	42.63	174.53
海 南	Hainan	29.45	42.87	203.54	170.42	14.57	18.55	154.25
重 庆	Chongqing	71.92	39.69	228.85	156.78	15.55	56.51	239.54
四 川	Sichuan	98.37	66.72	246.65	170.26	16.67	59.72	217.19
贵 州	Guizhou	66.93	54.83	236.50	179.50	11.88	45.12	171.01
云 南	Yunnan	42.17	65.65	224.51	182.31	8.92	33.28	121.43
西 藏	Tibet	167.39	75.25	187.67	162.05	13.24	12.38	320.14
陕 西	Shaanxi	67.95	57.56	234.79	142.77	29.11	62.91	235.10
甘 肃	Gansu	104.06	58.24	246.97	152.64	30.00	64.34	184.09
青 海	Qinghai	110.48	51.63	204.91	125.84	19.32	59.75	190.36
宁 夏	Ningxia	69.82	55.36	256.73	158.68	35.47	62.59	199.27
新 疆	Xinjiang	62.43	46.15	267.00	145.65	29.14	92.21	192.80

1—4—5 续表 4　Continued 4

单位:元　　Unit:yuan

地　区	Region	1. 糕点 Cake	2. 奶及奶制品 Milk and Its Products	(八)其他食品 Other Food	(九)饮食服务 bite and sup service	1. 食品加工服务费 Food Processing Service Fees	2. 在外饮食 Dine out	二、衣着 Clothing	(一)服装 Garments
全　国	**National Average**	**74.01**	**160.72**	**69.95**	**762.85**	**1.88**	**760.97**	**1042.00**	**747.93**
北　京	Beijing	173.87	279.45	71.67	1176.11	1.36	1174.74	1512.88	1042.96
天　津	Tianjin	119.09	182.18	90.27	1132.10	0.52	1131.58	1024.15	717.60
河　北	Hebei	67.87	150.19	34.27	442.62	1.92	440.70	975.94	664.18
山　西	Shanxi	53.86	183.97	38.56	479.53	0.58	478.94	1064.61	765.53
内蒙古	Inner Mongolia	41.79	133.32	168.62	622.65	1.05	621.61	1396.86	996.32
辽　宁	Liaoning	76.50	153.06	51.36	684.11	3.19	680.91	1017.65	652.65
吉　林	Jilin	57.34	120.13	53.29	449.99	4.24	445.74	1127.09	774.93
黑龙江	Heilongjiang	46.52	112.49	47.84	510.72	0.71	510.02	1021.45	684.65
上　海	Shanghai	170.70	313.04	81.67	1722.72	0.26	1722.46	1330.05	984.12
江　苏	Jiangsu	67.07	182.26	97.76	849.24	3.16	846.08	990.03	721.12
浙　江	Zhejiang	83.44	169.31	71.59	1358.12	2.22	1355.90	1406.20	1069.58
安　徽	Anhui	79.12	192.84	61.46	593.16	4.00	589.15	906.47	619.75
福　建	Fujian	63.58	164.79	39.80	605.93	1.85	604.08	940.72	721.20
江　西	Jiangxi	58.11	157.46	103.49	409.50	1.31	408.20	915.09	686.58
山　东	Shandong	85.06	197.63	84.89	553.11	1.71	551.39	1238.34	884.37
河　南	Henan	63.43	145.11	63.19	492.12	0.84	491.28	1053.13	771.35
湖　北	Hubei	72.67	143.62	47.96	643.98	2.23	641.76	1046.62	761.59
湖　南	Hunan	49.42	106.98	98.10	591.37	1.07	590.30	1017.59	741.08
广　东	Guangdong	90.34	147.10	57.54	1316.50	0.65	1315.85	814.57	605.01
广　西	Guangxi	56.25	118.27	67.21	621.62	2.03	619.59	656.69	489.82
海　南	Hainan	50.17	104.07	26.88	701.43	0.56	700.87	452.85	345.16
重　庆	Chongqing	57.60	181.94	46.47	828.63	4.99	823.64	1171.15	853.57
四　川	Sichuan	55.45	161.74	66.66	619.30	3.49	615.81	949.74	681.09
贵　州	Guizhou	52.71	118.30	95.27	595.08	1.81	593.27	910.30	643.56
云　南	Yunnan	64.85	56.58	63.07	1026.65	0.50	1026.15	859.65	624.73
西　藏	Tibet	35.25	284.90	78.39	357.47	1.67	355.80	880.10	615.90
陕　西	Shaanxi	83.32	151.78	89.39	801.80	0.93	800.87	910.29	659.97
甘　肃	Gansu	43.22	140.87	126.12	605.14	0.96	604.18	939.89	669.66
青　海	Qinghai	51.63	138.73	137.48	597.62	0.25	597.37	898.54	654.78
宁　夏	Ningxia	44.45	154.82	97.30	583.72	0.98	582.73	994.47	731.47
新　疆	Xinjiang	60.03	132.77	51.18	622.34	0.96	621.38	1183.69	833.30

1—4—5 续表 5　Continued 5

单位:元　　Unit:yuan

地　区	Region	(二)衣着材料 Clothing Materials	(三)鞋类 Shoes	(四)其他衣着用品 Other Clothing	(五)衣着加工服务费 Tailoring and Laundering Services	三、居住 Residence	(一)住房 House	(二)水电燃料及其他 Water, Electricity and Fuels
全　国	**National Average**	**10.13**	**242.64**	**33.91**	**7.39**	**982.28**	**302.19**	**620.84**
北　京	Beijing	15.61	387.77	52.48	14.06	1246.19	605.89	573.83
天　津	Tianjin	13.80	243.17	40.11	9.46	1417.45	499.86	858.27
河　北	Hebei	12.88	256.35	34.87	7.66	917.19	176.08	708.64
山　西	Shanxi	10.29	242.96	41.49	4.34	991.77	346.89	586.42
内蒙古	Inner Mongolia	6.26	311.99	66.77	15.52	941.79	320.83	540.96
辽　宁	Liaoning	17.58	286.90	50.99	9.54	1047.04	250.77	760.37
吉　林	Jilin	13.23	282.45	44.45	12.03	1062.46	202.49	801.53
黑龙江	Heilongjiang	6.49	281.37	40.21	8.74	784.51	169.92	580.55
上　海	Shanghai	14.66	286.28	32.61	12.38	1412.10	586.54	656.24
江　苏	Jiangsu	9.66	217.09	34.62	7.54	1020.09	488.81	493.75
浙　江	Zhejiang	11.00	285.12	32.73	7.77	1168.08	400.94	713.17
安　徽	Anhui	17.40	232.68	28.25	8.40	850.24	287.44	507.20
福　建	Fujian	4.07	192.36	19.70	3.39	1261.18	454.59	750.86
江　西	Jiangxi	9.88	193.16	20.86	4.61	728.76	164.90	535.89
山　东	Shandong	9.98	283.56	52.79	7.65	1027.58	322.71	652.44
河　南	Henan	9.57	236.43	29.92	5.86	795.39	215.00	523.76
湖　北	Hubei	10.46	239.52	26.90	8.15	856.97	244.44	573.88
湖　南	Hunan	9.11	234.61	26.17	6.62	869.59	259.74	573.24
广　东	Guangdong	2.03	179.28	24.06	4.18	1444.91	360.82	923.17
广　西	Guangxi	7.66	139.86	15.00	4.34	803.04	217.29	547.62
海　南	Hainan	0.83	93.30	11.94	1.63	819.02	259.56	500.49
重　庆	Chongqing	6.36	270.09	34.42	6.71	968.45	347.11	548.48
四　川	Sichuan	8.57	224.75	28.85	6.49	690.27	130.54	498.48
贵　州	Guizhou	11.70	222.60	28.37	4.07	718.65	171.30	521.36
云　南	Yunnan	7.94	207.09	18.50	1.40	673.07	240.03	411.35
西　藏	Tibet	9.24	239.85	13.23	1.87	628.35	76.75	536.66
陕　西	Shaanxi	10.77	204.78	27.34	7.44	831.27	291.99	501.09
甘　肃	Gansu	13.95	211.85	36.47	7.96	768.28	233.27	491.07
青　海	Qinghai	5.92	192.08	38.99	6.76	641.93	154.43	434.48
宁　夏	Ningxia	14.47	211.65	29.35	7.54	910.68	288.13	561.41
新　疆	Xinjiang	17.62	272.91	45.51	14.35	736.99	224.08	476.88

1—4—5 续表 6 Continued 6

单位:元 Unit:yuan

地 区	Region	1. 水 Water	2. 电 Electricity	3. 燃料 Fuels	4. 取暖费	5. 其他 Other	(三)居住服务费 Housing Services	1. 物业管理费 Realty Management
全 国	**National Average**	**71.32**	**279.37**	**166.21**	**90.12**	**13.83**	**59.25**	**34.37**
北 京	Beijing	75.03	256.89	136.14	100.51	5.25	66.47	54.98
天 津	Tianjin	74.62	339.08	106.97	280.64	56.95	59.33	37.44
河 北	Hebei	54.66	211.60	145.37	284.01	13.01	32.46	16.82
山 西	Shanxi	40.36	185.55	154.05	195.88	10.57	58.46	14.47
内蒙古	Inner Mongolia	31.54	170.51	105.94	224.02	8.96	80.00	31.27
辽 宁	Liaoning	53.97	242.89	148.76	309.72	5.03	35.90	16.70
吉 林	Jilin	52.82	226.34	132.63	374.37	15.37	58.44	30.58
黑龙江	Heilongjiang	46.00	210.41	112.72	205.05	6.37	34.04	17.36
上 海	Shanghai	100.17	379.32	172.74		4.01	169.32	154.49
江 苏	Jiangsu	70.49	269.67	137.65	3.19	12.76	37.52	21.25
浙 江	Zhejiang	102.47	397.80	199.14		13.76	53.97	42.39
安 徽	Anhui	54.89	261.55	177.26	2.93	10.56	55.61	28.05
福 建	Fujian	112.61	418.72	213.88		5.64	55.73	27.70
江 西	Jiangxi	62.07	289.35	174.43	0.23	9.81	27.96	7.48
山 东	Shandong	52.45	218.83	136.41	210.23	34.53	52.43	21.20
河 南	Henan	65.33	246.64	138.53	54.61	18.64	56.64	15.50
湖 北	Hubei	73.86	312.45	170.19	2.27	15.10	38.65	11.66
湖 南	Hunan	71.43	288.84	198.73	1.42	12.83	36.60	22.62
广 东	Guangdong	120.29	470.53	321.37	0.01	10.97	160.91	126.03
广 西	Guangxi	77.81	260.91	203.73	0.32	4.84	38.14	14.29
海 南	Hainan	81.22	229.47	179.37	0.57	9.86	58.96	41.76
重 庆	Chongqing	102.09	293.24	151.17		1.98	72.86	48.69
四 川	Sichuan	73.43	255.69	158.76	0.03	10.57	61.26	24.40
贵 州	Guizhou	71.55	293.11	150.87	0.02	5.82	25.99	6.17
云 南	Yunnan	84.58	203.49	121.27	0.01	2.01	21.68	12.39
西 藏	Tibet	37.48	146.39	286.88	11.35	54.56	14.94	5.48
陕 西	Shaanxi	49.42	200.83	132.44	94.06	24.34	38.18	12.85
甘 肃	Gansu	31.04	160.66	77.85	212.31	9.21	43.94	19.56
青 海	Qinghai	27.67	168.43	66.56	160.32	11.51	53.02	28.36
宁 夏	Ningxia	33.69	161.39	110.59	216.11	39.62	61.14	34.00
新 疆	Xinjiang	29.86	124.03	115.41	173.46	34.11	36.04	13.56

1—4—5 续表 7 Continued 7

单位:元 Unit:yuan

地 区	Region	2. 维修服务费 Fitment Service Fees	3. 其它 Other	四、家庭设备用品及服务 Household Appliances and Services	(一)耐用消费品 Durable Consumer Goods	1. 家具 Furniture	2. 家庭设备 Household Appliances	(二)室内装饰品 Room Decorations
全 国	**National Average**	**10.55**	**14.34**	**601.80**	**285.54**	**76.57**	**194.74**	**17.78**
北 京	Beijing	5.96	5.53	981.13	478.44	175.64	302.80	28.31
天 津	Tianjin	5.30	16.60	760.56	423.16	163.36	259.80	40.81
河 北	Hebei	7.07	8.57	546.75	320.01	102.44	217.57	19.20
山 西	Shanxi	17.67	26.32	477.74	270.53	72.99	176.11	15.70
内蒙古	Inner Mongolia	13.85	34.88	561.71	247.82	92.06	155.77	26.66
辽 宁	Liaoning	9.79	9.41	439.28	204.69	45.38	157.60	22.83
吉 林	Jilin	11.58	16.28	407.35	151.05	33.17	87.64	20.77
黑龙江	Heilongjiang	6.49	10.19	355.67	139.42	35.38	104.04	7.71
上 海	Shanghai	4.51	10.32	959.49	437.64	123.31	314.32	33.34
江 苏	Jiangsu	10.78	5.49	707.31	336.98	105.56	231.42	12.19
浙 江	Zhejiang	8.28	3.30	666.02	315.66	75.45	240.21	21.88
安 徽	Anhui	19.52	8.04	465.68	204.51	50.92	140.90	16.89
福 建	Fujian	15.60	12.43	645.40	308.97	83.59	225.39	11.18
江 西	Jiangxi	12.91	7.57	587.40	291.18	21.76	223.99	9.63
山 东	Shandong	16.25	14.98	661.03	358.79	115.25	240.12	29.12
河 南	Henan	13.77	27.36	549.14	288.01	84.43	173.07	14.70
湖 北	Hubei	8.53	18.46	550.16	234.27	35.20	182.16	12.19
湖 南	Hunan	6.66	7.33	603.18	248.54	40.14	208.40	17.14
广 东	Guangdong	10.21	24.68	853.18	355.14	86.36	204.51	15.99
广 西	Guangxi	12.31	11.53	491.03	229.47	65.66	160.64	6.78
海 南	Hainan	6.18	11.02	519.99	241.37	92.43	133.00	10.87
重 庆	Chongqing	6.54	17.64	706.77	385.64	123.81	246.09	15.42
四 川	Sichuan	13.19	23.67	562.02	259.33	43.34	189.65	10.07
贵 州	Guizhou	6.80	13.02	463.56	162.60	40.59	122.01	9.61
云 南	Yunnan	4.40	4.90	280.62	146.49	60.26	86.24	4.55
西 藏	Tibet	2.11	7.36	271.29	41.89	6.45	35.44	17.95
陕 西	Shaanxi	11.02	14.31	513.08	259.13	47.52	184.69	13.92
甘 肃	Gansu	7.88	16.49	505.16	250.69	86.71	148.24	22.95
青 海	Qinghai	9.83	14.83	484.71	230.31	73.44	122.83	28.56
宁 夏	Ningxia	11.22	15.93	480.84	229.25	82.88	140.26	29.38
新 疆	Xinjiang	6.71	15.77	475.23	201.08	85.69	115.39	42.47

1—4—5 续表 8 Continued 8

单位:元 Unit:yuan

地 区	Region	(三)床上用品 Bed Articles	(四)家庭日用杂品 Household Articles for Daily Use	(五)家具材料 Furniture Materials	(六)家庭服务 Household Services	1. 家政服务 Housekeeping Services	2. 加工维修服务费 Manufacturing Upkeep	五、医疗保健 Health Care and Medical Services
全 国	**National Average**	**52.02**	**196.04**	**10.52**	**39.90**	**24.62**	**14.78**	**699.09**
北 京	Beijing	69.11	336.44	8.11	60.72	37.00	23.71	1294.07
天 津	Tianjin	54.18	192.03	5.06	45.33	29.80	15.53	1163.98
河 北	Hebei	57.61	113.67	14.68	21.59	12.19	9.40	833.51
山 西	Shanxi	28.66	130.22	13.09	19.55	10.05	8.56	640.22
内蒙古	Inner Mongolia	53.17	197.75	14.45	21.86	11.40	10.46	719.13
辽 宁	Liaoning	61.46	117.55	12.18	20.58	14.28	6.23	879.08
吉 林	Jilin	50.77	156.37	6.83	21.57	11.86	9.40	854.80
黑龙江	Heilongjiang	37.34	142.99	6.79	21.43	12.62	8.81	729.55
上 海	Shanghai	85.48	282.09	2.61	118.33	87.80	30.53	857.11
江 苏	Jiangsu	60.60	226.87	6.16	64.50	43.92	20.58	689.37
浙 江	Zhejiang	76.53	174.73	11.82	65.40	43.59	21.81	859.06
安 徽	Anhui	50.73	160.06	16.06	17.45	6.15	9.08	554.44
福 建	Fujian	47.48	224.10	5.96	47.69	35.94	11.75	502.41
江 西	Jiangxi	44.19	206.77	10.85	24.78	9.09	13.60	385.91
山 东	Shandong	46.27	195.19	11.10	20.56	8.35	12.08	708.58
河 南	Henan	49.84	164.11	13.06	19.43	4.24	13.36	626.55
湖 北	Hubei	32.06	224.38	22.08	25.17	10.73	13.42	525.32
湖 南	Hunan	57.17	226.53	10.01	43.79	25.98	17.81	668.53
广 东	Guangdong	62.91	302.33	10.09	106.71	84.89	21.04	752.52
广 西	Guangxi	38.03	176.99	13.70	26.06	6.76	19.06	542.07
海 南	Hainan	28.10	207.54	6.97	25.13	14.40	8.71	503.78
重 庆	Chongqing	70.07	189.03	5.31	41.30	24.41	16.80	749.51
四 川	Sichuan	44.25	209.22	10.50	28.66	11.64	16.41	511.78
贵 州	Guizhou	39.73	222.49	9.33	19.80	6.98	12.81	354.52
云 南	Yunnan	26.53	87.91	1.61	13.52	7.64	5.88	631.70
西 藏	Tibet	73.90	124.47	4.68	8.40	3.12	5.28	272.81
陕 西	Shaanxi	38.77	172.87	3.91	24.47	5.78	17.18	678.38
甘 肃	Gansu	41.44	151.55	19.88	18.66	6.72	11.64	564.25
青 海	Qinghai	32.35	160.47	15.13	17.87	7.23	8.42	613.24
宁 夏	Ningxia	31.82	160.11	10.09	20.19	6.71	13.43	645.98
新 疆	Xinjiang	27.31	173.47	6.45	24.45	16.97	7.48	598.78

1－4－5 续表 9　Continued 9

单位:元　　Unit:yuan

地　区	Region	(一)医疗器具 Medical Appliances	(二)保健器具 Health Care Appliances	(三)药品费 Medicine	(四)滋补保健品 Health Products	(五)医疗费 Health Care Services	(六)其他 Other	六、交通和通讯 Transport and Communi-cations
全　国	**National Average**	**6.58**	**13.27**	**364.37**	**82.40**	**222.48**	**9.99**	**1357.41**
北　京	Beijing	10.87	29.74	677.23	155.86	400.00	20.36	2328.51
天　津	Tianjin	5.14	36.64	641.85	73.85	399.69	6.81	1309.94
河　北	Hebei	10.46	18.82	454.42	91.87	246.02	11.94	1010.51
山　西	Shanxi	6.66	11.68	341.65	21.31	240.95	17.96	1027.99
内蒙古	Inner Mongolia	5.46	7.97	399.88	42.51	257.40	5.91	1123.82
辽　宁	Liaoning	12.20	17.84	375.14	123.83	324.72	25.34	1033.36
吉　林	Jilin	8.19	21.97	388.77	103.98	322.94	8.96	873.88
黑龙江	Heilongjiang	5.22	15.44	391.76	64.92	246.71	5.49	746.03
上　海	Shanghai	7.32	39.86	343.44	228.55	230.40	7.55	3153.72
江　苏	Jiangsu	5.26	20.22	329.39	129.42	196.46	8.63	1303.02
浙　江	Zhejiang	5.57	7.52	395.48	235.05	204.73	10.71	2473.40
安　徽	Anhui	4.49	9.71	269.16	58.81	202.78	9.49	891.38
福　建	Fujian	1.52	6.89	226.77	65.02	196.05	6.17	1606.90
江　西	Jiangxi	6.96	2.00	221.09	33.51	118.82	3.51	732.97
山　东	Shandong	13.96	13.20	331.90	89.91	246.93	12.67	1333.63
河　南	Henan	8.99	10.94	382.30	28.30	190.55	5.48	858.33
湖　北	Hubei	2.90	6.89	267.49	32.21	205.02	10.81	903.02
湖　南	Hunan	2.96	14.38	386.63	70.98	185.30	8.28	986.89
广　东	Guangdong	8.46	13.66	413.71	99.54	206.92	10.22	2966.08
广　西	Guangxi	3.25	4.62	304.73	32.65	191.49	5.33	932.87
海　南	Hainan	0.60	1.70	281.14	29.52	185.95	4.87	1401.89
重　庆	Chongqing	5.57	6.27	419.25	70.28	235.78	12.36	1118.79
四　川	Sichuan	1.88	7.36	314.80	31.93	144.07	11.74	1074.91
贵　州	Guizhou	2.73	2.22	210.93	12.99	120.92	4.72	895.04
云　南	Yunnan	6.98	9.13	370.83	32.11	207.57	5.07	1034.71
西　藏	Tibet	0.98	1.18	151.57	23.49	92.75	2.84	866.33
陕　西	Shaanxi	3.90	8.15	431.41	23.48	207.99	3.45	866.76
甘　肃	Gansu	3.36	7.79	323.80	38.90	184.50	5.91	861.47
青　海	Qinghai	4.73	23.36	255.87	10.76	312.26	6.26	785.27
宁　夏	Ningxia	2.70	2.68	427.80	25.99	180.73	6.08	859.04
新　疆	Xinjiang	0.97	3.61	288.11	38.36	261.36	6.36	890.30

1—4—5 续表 10　Continued 10

单位:元　　Unit:yuan

地　区	Region	(一)交通 Transport	1. 家庭交通工具 Transportation Facility	2. 车辆用燃料及零配件 Fuels and Parts	3. 交通工具服务支出 Using and Upkeep Fare	4. 交通费 Traffic Fare	(二)通信 Communication	1. 通信工具 Communication Facility
全　国	**National Average**	**759.12**	**348.98**	**107.88**	**83.79**	**218.47**	**598.28**	**104.57**
北　京	Beijing	1401.13	618.82	254.37	189.72	338.22	927.38	211.87
天　津	Tianjin	689.06	290.22	76.61	100.71	221.52	620.88	121.10
河　北	Hebei	522.18	309.82	66.57	36.86	108.93	488.33	87.36
山　西	Shanxi	544.38	329.41	57.66	40.24	117.07	483.61	74.76
内蒙古	Inner Mongolia	613.08	252.85	89.57	60.46	210.20	510.74	134.19
辽　宁	Liaoning	486.68	157.20	32.04	23.57	273.87	546.68	79.66
吉　林	Jilin	414.30	94.89	37.17	22.85	259.39	459.58	96.28
黑龙江	Heilongjiang	321.53	55.84	22.25	31.88	211.57	424.50	84.33
上　海	Shanghai	2079.06	864.41	183.29	356.78	674.58	1074.66	219.13
江　苏	Jiangsu	811.86	441.31	118.49	92.79	159.27	491.16	113.71
浙　江	Zhejiang	1531.10	891.46	240.68	185.44	213.53	942.30	137.44
安　徽	Anhui	396.59	127.10	38.71	23.07	207.70	494.79	104.58
福　建	Fujian	837.87	488.80	100.75	54.22	194.10	769.02	103.60
江　西	Jiangxi	242.40	72.29	20.35	13.93	135.83	490.57	83.66
山　东	Shandong	827.40	463.87	109.60	77.71	176.22	506.23	114.40
河　南	Henan	320.64	147.29	42.13	25.08	106.14	537.69	96.17
湖　北	Hubei	413.65	126.03	43.89	22.50	221.24	489.36	87.60
湖　南	Hunan	451.17	115.95	56.09	54.39	224.74	535.72	102.07
广　东	Guangdong	2012.62	1008.82	428.43	294.42	280.94	953.46	110.64
广　西	Guangxi	512.25	196.35	88.46	73.04	154.40	420.62	82.55
海　南	Hainan	937.64	515.66	159.98	39.21	222.79	464.25	50.25
重　庆	Chongqing	520.37	127.34	44.06	35.03	313.95	598.42	99.06
四　川	Sichuan	532.73	215.43	56.98	45.89	214.44	542.17	77.88
贵　州	Guizhou	386.34	126.82	28.86	15.11	215.55	508.70	80.97
云　南	Yunnan	478.32	199.60	89.09	64.16	125.47	556.39	76.06
西　藏	Tibet	285.67	32.92	23.60	19.39	209.76	580.65	24.06
陕　西	Shaanxi	410.75	126.34	32.94	25.41	226.05	456.02	93.26
甘　肃	Gansu	399.12	124.87	23.43	16.88	233.94	462.35	97.14
青　海	Qinghai	350.05	2.57	9.06	7.16	331.26	435.22	100.36
宁　夏	Ningxia	418.98	121.26	40.53	24.13	233.06	440.06	95.28
新　疆	Xinjiang	449.70	91.35	29.76	15.43	313.17	440.60	73.55

1—4—5 续表 11　Continued 11

单位:元　　Unit:yuan

地　区	Region	2. 通信服务 Communication Service	七、教育文化娱乐服务 Recreation, Education and Culture	(一)文化娱乐用品 Cultural and Recreational Articles	(二)文化娱乐服务 Expenditure of Culture and Recreation	1. 参观游览 Touring and Outgoing	2. 健身活动 Body Moves	3. 团体旅游 Team Travel
全　国	**National Average**	**493.72**	**1329.16**	**343.17**	**347.59**	**47.18**	**10.27**	**184.82**
北　京	Beijing	715.51	2383.96	788.83	718.21	116.27	48.48	431.10
天　津	Tianjin	499.78	1639.83	498.69	367.53	48.51	11.25	185.16
河　北	Hebei	400.97	895.06	312.87	186.51	26.45	5.23	116.87
山　西	Shanxi	408.86	1054.05	247.85	223.87	44.36	2.24	100.66
内蒙古	Inner Mongolia	376.55	1245.09	351.84	339.91	68.16	2.18	156.21
辽　宁	Liaoning	467.02	1052.94	290.47	152.96	26.72	11.58	82.46
吉　林	Jilin	363.30	997.75	242.95	174.23	24.14	8.14	46.76
黑龙江	Heilongjiang	340.17	938.21	222.86	158.15	40.88	5.14	46.02
上　海	Shanghai	855.54	2653.67	740.99	709.11	43.82	37.57	433.08
江　苏	Jiangsu	377.45	1699.26	474.30	498.50	67.62	12.49	310.39
浙　江	Zhejiang	804.86	2158.32	465.09	495.34	61.37	12.20	330.19
安　徽	Anhui	390.21	1169.99	259.91	242.15	95.61	5.52	50.27
福　建	Fujian	665.42	1426.34	370.38	427.20	30.37	7.76	325.92
江　西	Jiangxi	406.91	973.38	215.70	284.09	53.83	5.12	83.64
山　东	Shandong	391.83	1191.18	383.45	231.38	48.06	11.44	103.22
河　南	Henan	441.52	936.55	235.78	245.50	22.51	5.23	105.56
湖　北	Hubei	401.76	1120.29	243.89	284.91	31.76	6.05	134.67
湖　南	Hunan	433.65	1285.24	288.02	374.77	37.00	6.07	209.62
广　东	Guangdong	842.82	1994.86	468.75	714.08	76.52	19.45	430.84
广　西	Guangxi	338.07	1050.04	301.42	299.22	26.72	3.45	159.22
海　南	Hainan	414.00	837.83	216.61	188.37	15.47	4.04	73.33
重　庆	Chongqing	499.36	1237.35	321.04	320.18	34.30	6.06	187.70
四　川	Sichuan	464.30	1031.81	221.29	296.67	39.08	7.37	99.94
贵　州	Guizhou	427.73	1035.96	235.94	310.01	44.84	6.76	139.87
云　南	Yunnan	480.34	705.51	163.41	240.42	32.58	2.73	146.72
西　藏	Tibet	556.60	441.02	88.70	88.74	4.05	19.79	0.87
陕　西	Shaanxi	362.76	1230.74	284.74	260.05	38.22	4.59	86.69
甘　肃	Gansu	365.21	1058.66	238.53	297.06	75.50	1.54	121.98
青　海	Qinghai	334.86	953.87	273.70	260.98	67.32	0.30	56.54
宁　夏	Ningxia	344.77	863.36	263.91	223.53	32.02	4.26	56.23
新　疆	Xinjiang	367.04	896.79	241.16	166.62	26.63	5.04	76.25

1—4—5 续表 12 Continued 12

单位:元 Unit:yuan

地区	Region	4. 其它文娱活动 Other Entertainment	5. 文娱用品修理服务费 Fixing Service Fees for Recreation Expense	(三)教育 Education	1. 教材 Teaching Material	2. 教育费用 Tuition	八、其它商品和服务 Miscellaneous Goods and Services	(一)其它商品 Miscellaneous Goods	(二)服务 Services
全 国	**National Average**	**95.58**	**8.88**	**638.40**	**79.63**	**558.77**	**357.70**	**227.43**	**130.27**
北 京	Beijing	110.92	11.45	876.92	106.88	770.04	649.66	438.13	211.53
天 津	Tianjin	111.88	10.73	773.62	108.03	665.59	463.64	304.16	159.48
河 北	Hebei	33.08	4.87	395.69	40.13	355.56	266.16	156.92	109.23
山 西	Shanxi	67.09	7.06	582.34	106.06	476.28	245.07	137.10	107.97
内蒙古	Inner Mongolia	106.17	7.19	553.34	18.08	535.26	468.17	312.21	155.96
辽 宁	Liaoning	29.36	2.83	609.51	52.92	556.59	400.16	218.26	181.90
吉 林	Jilin	90.08	3.97	580.57	127.06	453.51	394.29	223.18	171.11
黑龙江	Heilongjiang	62.90	3.21	557.20	35.19	522.00	310.67	205.98	104.69
上 海	Shanghai	174.40	20.25	1203.57	119.74	1083.83	763.80	551.66	212.14
江 苏	Jiangsu	100.72	7.28	726.46	26.01	700.45	377.37	231.68	145.68
浙 江	Zhejiang	83.26	8.32	1197.90	71.84	1126.05	467.52	305.43	162.09
安 徽	Anhui	71.03	8.53	667.93	321.83	346.10	309.30	177.92	131.38
福 建	Fujian	55.97	7.18	628.76	32.68	596.08	375.98	211.87	164.11
江 西	Jiangxi	123.67	15.47	473.60	91.09	382.51	294.60	184.85	109.76
山 东	Shandong	56.27	11.84	576.35	69.73	506.62	325.64	226.57	99.07
河 南	Henan	103.62	6.19	455.28	93.13	362.15	300.19	187.00	113.19
湖 北	Hubei	93.97	18.06	591.50	114.56	476.94	242.82	164.10	78.71
湖 南	Hunan	113.21	8.88	622.45	16.27	606.18	315.82	200.89	114.92
广 东	Guangdong	176.53	10.49	812.03	89.52	722.51	454.09	291.30	162.79
广 西	Guangxi	98.35	11.49	449.39	62.09	387.31	277.43	171.17	106.26
海 南	Hainan	81.50	10.18	432.85	60.78	372.07	210.85	154.79	56.06
重 庆	Chongqing	87.63	4.39	596.13	46.49	549.64	264.01	192.74	71.26
四 川	Sichuan	141.35	8.51	513.85	93.65	420.19	291.32	175.79	115.53
贵 州	Guizhou	111.32	7.22	490.01	51.82	438.19	258.21	172.45	85.76
云 南	Yunnan	51.85	6.54	301.68	21.82	279.86	174.23	107.97	66.26
西 藏	Tibet	61.37	2.66	263.58	41.42	222.16	335.66	135.56	200.09
陕 西	Shaanxi	113.98	14.99	685.95	140.95	545.00	332.84	196.97	135.87
甘 肃	Gansu	87.66	9.60	523.07	75.70	447.37	353.65	228.23	125.41
青 海	Qinghai	132.20	3.10	419.19	96.97	322.22	331.38	227.74	103.64
宁 夏	Ningxia	126.46	4.36	375.92	104.38	271.54	302.17	205.32	96.85
新 疆	Xinjiang	56.27	2.43	489.01	43.96	445.05	331.80	250.80	81.00

1-4-6 各地区城镇居民家庭消费支出构成(2007年)
Composition of Per Capita Annual Consumption Expenditure of Urban Households by Region (2007)

单位:% Unit:%

地区	Region	消费支出 Consumption Expenditure	服务性消费 Service Consumption Expenditure	一、食品 Food	(一)粮油类 Grain and Oil	1. 粮食 Grain	2. 淀粉及薯类 Starches and Tubers	3. 干豆类及豆制品 Beans and Bean Products
	National Average	**100.00**	**26.67**	**36.29**	**4.65**	**2.78**	**0.26**	**0.43**
北京	Beijing	100.00	28.26	32.18	3.54	2.05	0.28	0.34
天津	Tianjin	100.00	27.89	35.33	3.68	2.03	0.28	0.31
河北	Hebei	100.00	21.76	33.88	5.06	2.82	0.30	0.40
山西	Shanxi	100.00	25.52	32.10	5.96	3.95	0.57	0.45
内蒙古	Inner Mongolia	100.00	26.26	30.44	4.31	3.01	0.24	0.27
辽宁	Liaoning	100.00	26.45	37.76	5.02	3.17	0.21	0.45
吉林	Jilin	100.00	25.31	33.21	5.37	3.29	0.41	0.59
黑龙江	Heilongjiang	100.00	26.61	35.02	6.16	3.70	0.50	0.54
上海	Shanghai	100.00	32.42	35.50	3.25	1.91	0.23	0.43
江苏	Jiangsu	100.00	26.99	36.67	3.99	2.26	0.28	0.52
浙江	Zhejiang	100.00	29.60	34.72	3.11	1.82	0.17	0.40
安徽	Anhui	100.00	23.88	39.67	5.27	3.01	0.17	0.59
福建	Fujian	100.00	26.32	38.86	4.89	3.16	0.22	0.42
江西	Jiangxi	100.00	22.72	40.87	6.03	3.23	0.15	0.66
山东	Shandong	100.00	22.71	32.90	4.38	2.69	0.29	0.38
河南	Henan	100.00	24.01	34.59	5.69	3.54	0.44	0.52
湖北	Hubei	100.00	25.05	39.72	5.94	3.50	0.21	0.61
湖南	Hunan	100.00	27.43	36.08	5.66	3.27	0.18	0.55
广东	Guangdong	100.00	30.06	35.27	3.61	2.28	0.14	0.26
广西	Guangxi	100.00	24.75	41.69	5.20	3.14	0.21	0.50
海南	Hainan	100.00	24.38	42.77	4.19	2.57	0.15	0.21
重庆	Chongqing	100.00	27.49	37.15	4.80	2.42	0.34	0.43
四川	Sichuan	100.00	25.03	41.19	5.56	3.06	0.35	0.42
贵州	Guizhou	100.00	26.03	40.24	5.45	3.21	0.17	0.42
云南	Yunnan	100.00	26.80	44.97	4.62	3.28	0.21	0.43
西藏	Tibet	100.00	21.90	50.94	7.92	5.64	0.44	0.13
陕西	Shaanxi	100.00	27.96	36.36	5.63	3.36	0.40	0.54
甘肃	Gansu	100.00	27.14	35.86	5.61	3.44	0.27	0.31
青海	Qinghai	100.00	27.96	37.32	5.41	3.62	0.27	0.26
宁夏	Ningxia	100.00	23.90	35.32	5.67	3.45	0.43	0.39
新疆	Xinjiang	100.00	26.79	35.06	5.44	3.42	0.33	0.31

1－4－6 续表 1　Continued 1

单位：%　　　　　　　　　　　　　　　　　　　　　　　　　　　　　　　　　　　　Unit：%

地　区	Region	4. 油脂类 Oil and Fats	(二)肉禽蛋水产品类 Meat,Poultry,Egg,Aquatic Products and Related Products	1. 肉类 Meat Products	2. 禽类 Poultry Products	3. 蛋类 Eggs	4. 水产品类 Aquatic Products	(三)蔬菜类 Vegetables
全　国	**National Average**	**1.17**	**10.31**	**5.23**	**1.80**	**0.84**	**2.44**	**3.49**
北　京	Beijing	0.87	7.35	4.36	0.98	0.65	1.36	2.39
天　津	Tianjin	1.06	8.89	4.24	0.93	1.02	2.69	2.92
河　北	Hebei	1.54	8.53	4.60	1.05	1.27	1.61	3.86
山　西	Shanxi	0.98	6.14	3.81	0.58	1.17	0.58	3.56
内蒙古	Inner Mongolia	0.78	6.60	4.75	0.65	0.60	0.59	2.43
辽　宁	Liaoning	1.18	10.21	5.10	1.05	1.17	2.88	3.79
吉　林	Jilin	1.08	8.42	5.07	0.89	0.88	1.58	3.96
黑龙江	Heilongjiang	1.43	8.99	5.43	0.95	0.99	1.62	3.18
上　海	Shanghai	0.68	9.65	3.42	1.84	0.52	3.88	2.57
江　苏	Jiangsu	0.94	10.92	4.90	2.18	0.80	3.04	3.56
浙　江	Zhejiang	0.72	9.48	3.25	1.52	0.47	4.24	2.73
安　徽	Anhui	1.50	10.32	5.24	2.00	1.24	1.84	3.82
福　建	Fujian	1.08	16.28	6.34	2.35	0.83	6.76	3.53
江　西	Jiangxi	2.00	12.58	7.10	2.29	0.93	2.27	4.97
山　东	Shandong	1.01	9.35	4.50	1.10	1.24	2.51	3.00
河　南	Henan	1.20	8.20	4.66	1.54	1.26	0.74	3.83
湖　北	Hubei	1.63	10.55	6.05	1.47	0.90	2.13	4.77
湖　南	Hunan	1.66	10.46	6.05	1.96	0.66	1.80	3.90
广　东	Guangdong	0.94	12.69	5.79	3.03	0.46	3.41	2.87
广　西	Guangxi	1.34	16.27	8.33	4.43	0.75	2.76	3.68
海　南	Hainan	1.27	18.46	8.05	4.20	0.46	5.75	4.13
重　庆	Chongqing	1.61	10.82	6.03	2.55	0.87	1.37	3.65
四　川	Sichuan	1.73	12.38	7.71	2.61	0.91	1.15	4.52
贵　州	Guizhou	1.65	11.02	7.33	2.13	0.79	0.76	4.11
云　南	Yunnan	0.70	10.52	6.28	2.20	0.85	1.19	4.81
西　藏	Tibet	1.72	13.96	11.73	0.96	0.65	0.62	6.19
陕　西	Shaanxi	1.33	6.72	4.04	1.05	0.81	0.82	3.56
甘　肃	Gansu	1.59	6.68	4.13	1.00	0.77	0.79	3.86
青　海	Qinghai	1.26	8.63	5.91	1.05	0.75	0.91	3.46
宁　夏	Ningxia	1.40	7.23	4.67	1.14	0.68	0.74	3.30
新　疆	Xinjiang	1.38	8.70	6.03	1.20	0.66	0.81	3.10

1—4—6续表2 Continued 2

单位:%　　　　Unit:%

地　区	Region	1. 鲜菜 Fresh Vegetables	2. 干菜 Dried Vegetables	3. 菜制品 Vegetable Products	(四)调味品 Condiments	(五)糖烟酒饮料类 Sugar, Tobacco, Liquor and Beverages	1. 糖类 Sugar	2. 烟草类 Tobacco
全　国	**National Average**	**3.16**	**0.20**	**0.12**	**0.46**	**3.98**	**0.35**	**1.92**
北　京	Beijing	2.10	0.19	0.10	0.55	4.06	0.39	1.31
天　津	Tianjin	2.68	0.18	0.06	0.56	3.60	0.31	1.31
河　北	Hebei	3.48	0.25	0.13	0.47	4.74	0.37	1.71
山　西	Shanxi	3.23	0.20	0.12	0.40	4.29	0.25	2.54
内蒙古	Inner Mongolia	2.23	0.12	0.09	0.36	3.97	0.23	1.86
辽　宁	Liaoning	3.41	0.24	0.13	0.64	4.63	0.24	2.21
吉　林	Jilin	3.65	0.17	0.14	0.54	3.27	0.31	1.32
黑龙江	Heilongjiang	2.88	0.20	0.09	0.56	3.20	0.35	1.28
上　海	Shanghai	2.27	0.16	0.14	0.37	3.79	0.43	1.75
江　苏	Jiangsu	3.24	0.18	0.14	0.44	4.28	0.30	2.38
浙　江	Zhejiang	2.44	0.16	0.12	0.28	4.61	0.26	2.87
安　徽	Anhui	3.54	0.20	0.07	0.23	6.73	0.23	3.55
福　建	Fujian	2.98	0.40	0.14	0.47	3.28	0.27	1.46
江　西	Jiangxi	4.42	0.40	0.15	0.46	4.24	0.44	2.40
山　东	Shandong	2.72	0.15	0.13	0.44	3.15	0.27	0.94
河　南	Henan	3.60	0.14	0.09	0.50	3.89	0.29	1.63
湖　北	Hubei	4.41	0.20	0.16	0.58	4.92	0.36	2.77
湖　南	Hunan	3.55	0.19	0.15	0.41	3.52	0.37	1.87
广　东	Guangdong	2.53	0.24	0.10	0.28	2.44	0.35	0.96
广　西	Guangxi	3.25	0.22	0.22	0.37	2.70	0.44	1.06
海　南	Hainan	3.82	0.16	0.15	0.45	2.44	0.29	1.28
重　庆	Chongqing	3.40	0.17	0.08	0.58	3.72	0.44	2.15
四　川	Sichuan	4.18	0.23	0.11	0.76	4.74	0.58	2.26
贵　州	Guizhou	3.65	0.26	0.19	0.52	5.00	0.51	2.92
云　南	Yunnan	4.61	0.12	0.07	0.49	6.41	0.41	4.64
西　藏	Tibet	5.73	0.39	0.06	0.49	9.86	1.05	5.59
陕　西	Shaanxi	3.28	0.16	0.12	0.55	3.74	0.34	1.91
甘　肃	Gansu	3.67	0.14	0.06	0.54	4.41	0.34	2.02
青　海	Qinghai	3.27	0.09	0.10	0.46	4.31	0.40	1.76
宁　夏	Ningxia	3.14	0.09	0.06	0.46	4.12	0.41	2.11
新　疆	Xinjiang	2.89	0.13	0.08	0.37	3.06	0.51	1.17

1－4－6 续表 3　Continued 3

单位：%　　　　Unit：%

地　区	Region	3. 酒类 Liquor	4. 饮料 Beverages	(六)干鲜瓜果类 Dried and Fresh Melons and Fruits	1. 鲜果 Fruits	2. 鲜瓜 Melons	3. 其它干鲜瓜果类及制品 Dried Fruits	(七)糕点、奶及奶制品 Cake, Milk and Its Products
全　国	**National Average**	**0.97**	**0.75**	**2.72**	**1.75**	**0.35**	**0.62**	**2.35**
北　京	Beijing	0.94	1.43	3.19	1.85	0.41	0.93	2.96
天　津	Tianjin	1.17	0.82	3.01	1.83	0.37	0.81	2.50
河　北	Hebei	1.66	1.00	2.77	1.80	0.45	0.53	2.65
山　西	Shanxi	0.79	0.72	2.42	1.50	0.34	0.58	2.94
内蒙古	Inner Mongolia	1.26	0.62	2.36	1.58	0.29	0.49	1.89
辽　宁	Liaoning	1.29	0.89	3.24	2.23	0.49	0.52	2.43
吉　林	Jilin	0.91	0.74	3.69	2.52	0.60	0.57	2.07
黑龙江	Heilongjiang	0.89	0.68	3.40	2.21	0.51	0.68	2.11
上　海	Shanghai	0.74	0.87	2.61	1.39	0.45	0.77	2.80
江　苏	Jiangsu	1.00	0.60	2.32	1.31	0.36	0.65	2.33
浙　江	Zhejiang	0.86	0.61	2.57	1.52	0.39	0.66	1.79
安　徽	Anhui	2.05	0.90	2.43	1.38	0.53	0.53	3.19
福　建	Fujian	0.67	0.89	2.51	1.78	0.16	0.57	2.07
江　西	Jiangxi	0.94	0.46	3.26	2.17	0.41	0.69	2.76
山　东	Shandong	1.21	0.72	3.08	1.89	0.47	0.72	2.92
河　南	Henan	1.22	0.76	2.72	1.64	0.36	0.73	2.66
湖　北	Hubei	1.20	0.60	2.51	1.54	0.38	0.60	2.49
湖　南	Hunan	0.79	0.49	2.73	1.82	0.36	0.55	1.74
广　东	Guangdong	0.35	0.78	2.13	1.63	0.12	0.39	1.66
广　西	Guangxi	0.69	0.52	2.88	2.03	0.33	0.52	2.14
海　南	Hainan	0.36	0.52	2.45	2.06	0.18	0.22	1.86
重　庆	Chongqing	0.73	0.40	2.31	1.59	0.16	0.57	2.42
四　川	Sichuan	1.13	0.77	2.84	1.96	0.19	0.69	2.50
贵　州	Guizhou	0.86	0.71	3.05	2.31	0.15	0.58	2.20
云　南	Yunnan	0.53	0.83	2.83	2.30	0.11	0.42	1.53
西　藏	Tibet	2.22	1.00	2.49	2.15	0.18	0.16	4.25
陕　西	Shaanxi	0.81	0.68	2.79	1.69	0.35	0.75	2.79
甘　肃	Gansu	1.32	0.74	3.14	1.94	0.38	0.82	2.34
青　海	Qinghai	1.47	0.69	2.73	1.68	0.26	0.80	2.53
宁　夏	Ningxia	0.89	0.71	3.28	2.03	0.45	0.80	2.55
新　疆	Xinjiang	0.79	0.59	3.39	1.85	0.37	1.17	2.45

1－4－6 续表 4　Continued 4

单位：%　　Unit：%

地 区	Region	1. 糕点 Cake	2. 奶及奶制品 Milk and Its Products	(八)其他食品 Other Food	(九)饮食服务 Bite and Sup Service	1. 食品加工服务费 Food Processing Service Fees	2. 在外饮食 Dining Out	二、衣着 Clothing	(一)服装 Garments
全 国	**National Average**	**0.74**	**1.61**	**0.70**	**7.63**	**0.02**	**7.61**	**10.42**	**7.48**
北 京	Beijing	1.13	1.82	0.47	7.67	0.01	7.66	9.87	6.80
天 津	Tianjin	0.99	1.51	0.75	9.41	0.00	9.41	8.51	5.97
河 北	Hebei	0.82	1.82	0.42	5.37	0.02	5.35	11.85	8.07
山 西	Shanxi	0.66	2.27	0.48	5.92	0.01	5.91	13.14	9.45
内蒙古	Inner Mongolia	0.45	1.44	1.82	6.71	0.01	6.70	15.05	10.73
辽 宁	Liaoning	0.81	1.62	0.54	7.25	0.03	7.22	10.79	6.92
吉 林	Jilin	0.67	1.40	0.62	5.26	0.05	5.21	13.17	9.05
黑龙江	Heilongjiang	0.62	1.50	0.64	6.79	0.01	6.78	13.58	9.11
上 海	Shanghai	0.99	1.81	0.47	9.98	0.00	9.98	7.71	5.70
江 苏	Jiangsu	0.63	1.70	0.91	7.93	0.03	7.90	9.24	6.73
浙 江	Zhejiang	0.59	1.20	0.51	9.64	0.02	9.62	9.98	7.59
安 徽	Anhui	0.93	2.26	0.72	6.95	0.05	6.91	10.62	7.26
福 建	Fujian	0.58	1.49	0.36	5.48	0.02	5.46	8.51	6.52
江 西	Jiangxi	0.74	2.02	1.32	5.24	0.02	5.23	11.72	8.79
山 东	Shandong	0.88	2.04	0.88	5.72	0.02	5.70	12.81	9.15
河 南	Henan	0.81	1.85	0.81	6.29	0.01	6.28	13.46	9.86
湖 北	Hubei	0.84	1.65	0.55	7.40	0.03	7.38	12.03	8.75
湖 南	Hunan	0.55	1.19	1.09	6.58	0.01	6.57	11.32	8.24
广 东	Guangdong	0.63	1.03	0.40	9.18	0.00	9.18	5.68	4.22
广 西	Guangxi	0.69	1.45	0.82	7.63	0.02	7.60	8.06	6.01
海 南	Hainan	0.60	1.25	0.32	8.46	0.01	8.45	5.46	4.16
重 庆	Chongqing	0.58	1.84	0.47	8.38	0.05	8.33	11.84	8.63
四 川	Sichuan	0.64	1.86	0.77	7.12	0.04	7.08	10.93	7.84
贵 州	Guizhou	0.68	1.52	1.23	7.67	0.02	7.65	11.73	8.29
云 南	Yunnan	0.82	0.71	0.80	12.96	0.01	12.95	10.85	7.89
西 藏	Tibet	0.47	3.78	1.04	4.75	0.02	4.72	11.68	8.18
陕 西	Shaanxi	0.99	1.80	1.06	9.51	0.01	9.50	10.80	7.83
甘 肃	Gansu	0.55	1.79	1.60	7.68	0.01	7.67	11.93	8.50
青 海	Qinghai	0.69	1.85	1.83	7.96	0.00	7.95	11.96	8.72
宁 夏	Ningxia	0.57	1.98	1.24	7.47	0.01	7.45	12.72	9.36
新 疆	Xinjiang	0.76	1.69	0.65	7.90	0.01	7.89	15.03	10.58

1—4—6 续表 5　Continued 5

单位：%　　Unit：%

地　区	Region	(二)衣着材料 Clothing Materials	(三)鞋类 Shoes	(四)其他衣着用品 Other Clothing	(五)衣着加工服务费 Tailoring and Laundering Services	三、居住 Residence	(一)住房 House	(二)水电燃料及其他 Water, Electricity and Fuels
全　国	**National Average**	**0.10**	**2.43**	**0.34**	**0.07**	**9.83**	**3.02**	**6.21**
北　京	Beijing	0.10	2.53	0.34	0.09	8.13	3.95	3.74
天　津	Tianjin	0.11	2.02	0.33	0.08	11.78	4.16	7.14
河　北	Hebei	0.16	3.11	0.42	0.09	11.14	2.14	8.61
山　西	Shanxi	0.13	3.00	0.51	0.05	12.24	4.28	7.24
内蒙古	Inner Mongolia	0.07	3.36	0.72	0.17	10.15	3.46	5.83
辽　宁	Liaoning	0.19	3.04	0.54	0.10	11.10	2.66	8.06
吉　林	Jilin	0.15	3.30	0.52	0.14	12.41	2.37	9.36
黑龙江	Heilongjiang	0.09	3.74	0.53	0.12	10.43	2.26	7.72
上　海	Shanghai	0.08	1.66	0.19	0.07	8.18	3.40	3.80
江　苏	Jiangsu	0.09	2.03	0.32	0.07	9.52	4.56	4.61
浙　江	Zhejiang	0.08	2.02	0.23	0.06	8.29	2.85	5.06
安　徽	Anhui	0.20	2.73	0.33	0.10	9.97	3.37	5.94
福　建	Fujian	0.04	1.74	0.18	0.03	11.41	4.11	6.79
江　西	Jiangxi	0.13	2.47	0.27	0.06	9.33	2.11	6.86
山　东	Shandong	0.10	2.93	0.55	0.08	10.63	3.34	6.75
河　南	Henan	0.12	3.02	0.38	0.07	10.16	2.75	6.69
湖　北	Hubei	0.12	2.75	0.31	0.09	9.85	2.81	6.60
湖　南	Hunan	0.10	2.61	0.29	0.07	9.67	2.89	6.38
广　东	Guangdong	0.01	1.25	0.17	0.03	10.08	2.52	6.44
广　西	Guangxi	0.09	1.72	0.18	0.05	9.85	2.67	6.72
海　南	Hainan	0.01	1.13	0.14	0.02	9.88	3.13	6.04
重　庆	Chongqing	0.06	2.73	0.35	0.07	9.79	3.51	5.55
四　川	Sichuan	0.10	2.59	0.33	0.07	7.94	1.50	5.73
贵　州	Guizhou	0.15	2.87	0.37	0.05	9.26	2.21	6.72
云　南	Yunnan	0.10	2.61	0.23	0.02	8.50	3.03	5.19
西　藏	Tibet	0.12	3.18	0.18	0.02	8.34	1.02	7.13
陕　西	Shaanxi	0.13	2.43	0.32	0.09	9.86	3.46	5.95
甘　肃	Gansu	0.18	2.69	0.46	0.10	9.75	2.96	6.24
青　海	Qinghai	0.08	2.56	0.52	0.09	8.54	2.06	5.78
宁　夏	Ningxia	0.19	2.71	0.38	0.10	11.65	3.69	7.18
新　疆	Xinjiang	0.22	3.47	0.58	0.18	9.36	2.85	6.06

1－4－6续表6 Continued 6

单位:% Unit:%

地区	Region	1. 水 Water	2. 电 Electricity	3. 燃料 Fuels	4. 取暖费	5. 其他 Other	(三)居住服务费 Housing Services	1. 物业管理费 Realty Management
全 国	**National Average**	**0.71**	**2.79**	**1.66**	**0.90**	**0.14**	**0.59**	**0.34**
北 京	Beijing	0.49	1.68	0.89	0.66	0.03	0.43	0.36
天 津	Tianjin	0.62	2.82	0.89	2.33	0.47	0.49	0.31
河 北	Hebei	0.66	2.57	1.77	3.45	0.16	0.39	0.20
山 西	Shanxi	0.50	2.29	1.90	2.42	0.13	0.72	0.18
内蒙古	Inner Mongolia	0.34	1.84	1.14	2.41	0.10	0.86	0.34
辽 宁	Liaoning	0.57	2.58	1.58	3.28	0.05	0.38	0.18
吉 林	Jilin	0.62	2.64	1.55	4.37	0.18	0.68	0.36
黑龙江	Heilongjiang	0.61	2.80	1.50	2.73	0.08	0.45	0.23
上 海	Shanghai	0.58	2.20	1.00	0.00	0.02	0.98	0.90
江 苏	Jiangsu	0.66	2.52	1.28	0.03	0.12	0.35	0.20
浙 江	Zhejiang	0.73	2.82	1.41	0.00	0.10	0.38	0.30
安 徽	Anhui	0.64	3.07	2.08	0.03	0.12	0.65	0.33
福 建	Fujian	1.02	3.79	1.93	0.00	0.05	0.50	0.25
江 西	Jiangxi	0.79	3.70	2.23	0.00	0.13	0.36	0.10
山 东	Shandong	0.54	2.26	1.41	2.17	0.36	0.54	0.22
河 南	Henan	0.83	3.15	1.77	0.70	0.24	0.72	0.20
湖 北	Hubei	0.85	3.59	1.96	0.03	0.17	0.44	0.13
湖 南	Hunan	0.79	3.21	2.21	0.02	0.14	0.41	0.25
广 东	Guangdong	0.84	3.28	2.24	0.00	0.08	1.12	0.88
广 西	Guangxi	0.95	3.20	2.50	0.00	0.06	0.47	0.18
海 南	Hainan	0.98	2.77	2.16	0.01	0.12	0.71	0.50
重 庆	Chongqing	1.03	2.96	1.53	0.00	0.02	0.74	0.49
四 川	Sichuan	0.84	2.94	1.83	0.00	0.12	0.70	0.28
贵 州	Guizhou	0.92	3.78	1.94	0.00	0.08	0.33	0.08
云 南	Yunnan	1.07	2.57	1.53	0.00	0.03	0.27	0.16
西 藏	Tibet	0.50	1.94	3.81	0.15	0.72	0.20	0.07
陕 西	Shaanxi	0.59	2.38	1.57	1.12	0.29	0.45	0.15
甘 肃	Gansu	0.39	2.04	0.99	2.70	0.12	0.56	0.25
青 海	Qinghai	0.37	2.24	0.89	2.13	0.15	0.71	0.38
宁 夏	Ningxia	0.43	2.06	1.41	2.76	0.51	0.78	0.43
新 疆	Xinjiang	0.38	1.58	1.47	2.20	0.43	0.46	0.17

1-4-6 续表 7　Continued 7

单位:%　　Unit:%

地　区	Region	2. 维修服务费 Fitment Service Fees	3. 其它 Other	四、家庭设备用品及服务 Household Appliances and Services	(一)耐用消费品 Durable Consumer Goods	1. 家具 Furniture	2. 家庭设备 Household Appliances	(二)室内装饰品 Room Decorations
全　国	**National Average**	**0.11**	**0.14**	**6.02**	**2.86**	**0.77**	**1.95**	**0.18**
北　京	Beijing	0.04	0.04	6.40	3.12	1.15	1.98	0.18
天　津	Tianjin	0.04	0.14	6.32	3.52	1.36	2.16	0.34
河　北	Hebei	0.09	0.10	6.64	3.89	1.24	2.64	0.23
山　西	Shanxi	0.22	0.32	5.90	3.34	0.90	2.17	0.19
内蒙古	Inner Mongolia	0.15	0.38	6.05	2.67	0.99	1.68	0.29
辽　宁	Liaoning	0.10	0.10	4.66	2.17	0.48	1.67	0.24
吉　林	Jilin	0.14	0.19	4.76	1.76	0.39	1.02	0.24
黑龙江	Heilongjiang	0.09	0.14	4.73	1.85	0.47	1.38	0.10
上　海	Shanghai	0.03	0.06	5.56	2.54	0.71	1.82	0.19
江　苏	Jiangsu	0.10	0.05	6.60	3.14	0.99	2.16	0.11
浙　江	Zhejiang	0.06	0.02	4.73	2.24	0.54	1.70	0.16
安　徽	Anhui	0.23	0.09	5.46	2.40	0.60	1.65	0.20
福　建	Fujian	0.14	0.11	5.84	2.79	0.76	2.04	0.10
江　西	Jiangxi	0.17	0.10	7.52	3.73	0.28	2.87	0.12
山　东	Shandong	0.17	0.15	6.84	3.71	1.19	2.48	0.30
河　南	Henan	0.18	0.35	7.02	3.68	1.08	2.21	0.19
湖　北	Hubei	0.10	0.21	6.32	2.69	0.40	2.09	0.14
湖　南	Hunan	0.07	0.08	6.71	2.76	0.45	2.32	0.19
广　东	Guangdong	0.07	0.17	5.95	2.48	0.60	1.43	0.11
广　西	Guangxi	0.15	0.14	6.02	2.82	0.81	1.97	0.08
海　南	Hainan	0.07	0.13	6.27	2.91	1.11	1.60	0.13
重　庆	Chongqing	0.07	0.18	7.15	3.90	1.25	2.49	0.16
四　川	Sichuan	0.15	0.27	6.47	2.98	0.50	2.18	0.12
贵　州	Guizhou	0.09	0.17	5.97	2.10	0.52	1.57	0.12
云　南	Yunnan	0.06	0.06	3.54	1.85	0.76	1.09	0.06
西　藏	Tibet	0.03	0.10	3.60	0.56	0.09	0.47	0.24
陕　西	Shaanxi	0.13	0.17	6.09	3.07	0.56	2.19	0.17
甘　肃	Gansu	0.10	0.21	6.41	3.18	1.10	1.88	0.29
青　海	Qinghai	0.13	0.20	6.45	3.07	0.98	1.64	0.38
宁　夏	Ningxia	0.14	0.20	6.15	2.93	1.06	1.79	0.38
新　疆	Xinjiang	0.09	0.20	6.04	2.55	1.09	1.47	0.54

1—4—6 续表 8 Continued 8

单位：% Unit：%

地 区	Region	(三)床上用品 Bed Articles	(四)家庭日用杂品 Household Articles for Daily Use	(五)家具材料 Furniture Materials	(六)家庭服务 Household Services	1. 家政服务 Housekeeping Services	2. 加工维修服务费 Manufacturing Upkeep	五、医疗保健 Health Care and Medical Services
全 国	**National Average**	**0.52**	**1.96**	**0.11**	**0.40**	**0.25**	**0.15**	**6.99**
北 京	Beijing	0.45	2.19	0.05	0.40	0.24	0.15	8.44
天 津	Tianjin	0.45	1.60	0.04	0.38	0.25	0.13	9.68
河 北	Hebei	0.70	1.38	0.18	0.26	0.15	0.11	10.12
山 西	Shanxi	0.35	1.61	0.16	0.24	0.12	0.11	7.90
内蒙古	Inner Mongolia	0.57	2.13	0.16	0.24	0.12	0.11	7.75
辽 宁	Liaoning	0.65	1.25	0.13	0.22	0.15	0.07	9.32
吉 林	Jilin	0.59	1.83	0.08	0.25	0.14	0.11	9.99
黑龙江	Heilongjiang	0.50	1.90	0.09	0.29	0.17	0.12	9.70
上 海	Shanghai	0.50	1.63	0.02	0.69	0.51	0.18	4.97
江 苏	Jiangsu	0.57	2.12	0.06	0.60	0.41	0.19	6.43
浙 江	Zhejiang	0.54	1.24	0.08	0.46	0.31	0.15	6.10
安 徽	Anhui	0.59	1.88	0.19	0.20	0.07	0.11	6.50
福 建	Fujian	0.43	2.03	0.05	0.43	0.33	0.11	4.54
江 西	Jiangxi	0.57	2.65	0.14	0.32	0.12	0.17	4.94
山 东	Shandong	0.48	2.02	0.11	0.21	0.09	0.12	7.33
河 南	Henan	0.64	2.10	0.17	0.25	0.05	0.17	8.01
湖 北	Hubei	0.37	2.58	0.25	0.29	0.12	0.15	6.04
湖 南	Hunan	0.64	2.52	0.11	0.49	0.29	0.20	7.44
广 东	Guangdong	0.44	2.11	0.07	0.74	0.59	0.15	5.25
广 西	Guangxi	0.47	2.17	0.17	0.32	0.08	0.23	6.65
海 南	Hainan	0.34	2.50	0.08	0.30	0.17	0.11	6.07
重 庆	Chongqing	0.71	1.91	0.05	0.42	0.25	0.17	7.58
四 川	Sichuan	0.51	2.41	0.12	0.33	0.13	0.19	5.89
贵 州	Guizhou	0.51	2.87	0.12	0.26	0.09	0.17	4.57
云 南	Yunnan	0.33	1.11	0.02	0.17	0.10	0.07	7.97
西 藏	Tibet	0.98	1.65	0.06	0.11	0.04	0.07	3.62
陕 西	Shaanxi	0.46	2.05	0.05	0.29	0.07	0.20	8.05
甘 肃	Gansu	0.53	1.92	0.25	0.24	0.09	0.15	7.16
青 海	Qinghai	0.43	2.14	0.20	0.24	0.10	0.11	8.16
宁 夏	Ningxia	0.41	2.05	0.13	0.26	0.09	0.17	8.26
新 疆	Xinjiang	0.35	2.20	0.08	0.31	0.22	0.09	7.60

1—4—6 续表 9　Continued 9

单位:%　　　　Unit:%

地　区	Region	(一)医疗器具 Medical Appliances	(二)保健器具 Health Care Appliances	(三)药品费 Medicine	(四)滋补保健品 Health Products	(五)医疗费 Health Care Services	(六)其他 Other	六、交通和通讯 Transport and Communi-cations
全　国	**National Average**	**0.07**	**0.13**	**3.64**	**0.82**	**2.23**	**0.10**	**13.58**
北　京	Beijing	0.07	0.19	4.42	1.02	2.61	0.13	15.19
天　津	Tianjin	0.04	0.30	5.34	0.61	3.32	0.06	10.89
河　北	Hebei	0.13	0.23	5.52	1.12	2.99	0.14	12.27
山　西	Shanxi	0.08	0.14	4.22	0.26	2.97	0.22	12.69
内蒙古	Inner Mongolia	0.06	0.09	4.31	0.46	2.77	0.06	12.11
辽　宁	Liaoning	0.13	0.19	3.98	1.31	3.44	0.27	10.96
吉　林	Jilin	0.10	0.26	4.54	1.21	3.77	0.10	10.21
黑龙江	Heilongjiang	0.07	0.21	5.21	0.86	3.28	0.07	9.92
上　海	Shanghai	0.04	0.23	1.99	1.32	1.34	0.04	18.28
江　苏	Jiangsu	0.05	0.19	3.07	1.21	1.83	0.08	12.16
浙　江	Zhejiang	0.04	0.05	2.81	1.67	1.45	0.08	17.55
安　徽	Anhui	0.05	0.11	3.15	0.69	2.38	0.11	10.45
福　建	Fujian	0.01	0.06	2.05	0.59	1.77	0.06	14.54
江　西	Jiangxi	0.09	0.03	2.83	0.43	1.52	0.04	9.38
山　东	Shandong	0.14	0.14	3.43	0.93	2.55	0.13	13.80
河　南	Henan	0.11	0.14	4.88	0.36	2.43	0.07	10.97
湖　北	Hubei	0.03	0.08	3.07	0.37	2.36	0.12	10.38
湖　南	Hunan	0.03	0.16	4.30	0.79	2.06	0.09	10.98
广　东	Guangdong	0.06	0.10	2.89	0.69	1.44	0.07	20.69
广　西	Guangxi	0.04	0.06	3.74	0.40	2.35	0.07	11.44
海　南	Hainan	0.01	0.02	3.39	0.36	2.24	0.06	16.90
重　庆	Chongqing	0.06	0.06	4.24	0.71	2.38	0.12	11.31
四　川	Sichuan	0.02	0.08	3.62	0.37	1.66	0.14	12.37
贵　州	Guizhou	0.04	0.03	2.72	0.17	1.56	0.06	11.54
云　南	Yunnan	0.09	0.12	4.68	0.41	2.62	0.06	13.06
西　藏	Tibet	0.01	0.02	2.01	0.31	1.23	0.04	11.50
陕　西	Shaanxi	0.05	0.10	5.12	0.28	2.47	0.04	10.29
甘　肃	Gansu	0.04	0.10	4.11	0.49	2.34	0.08	10.94
青　海	Qinghai	0.06	0.31	3.41	0.14	4.16	0.08	10.45
宁　夏	Ningxia	0.03	0.03	5.47	0.33	2.31	0.08	10.99
新　疆	Xinjiang	0.01	0.05	3.66	0.49	3.32	0.08	11.31

1—4—6 续表 10　Continued 10

单位:%　　Unit:%

地　区	Region	(一)交通 Transport	1. 家庭交通工具 Transportation Facility	2. 车辆用燃料及零配件 Fuels and Parts	3. 交通工具服务支出 Using and Upkeep Fare	4. 交通费 Traffic Fare	(二)通信 Communication	1. 通信工具 Communication Facility
全　国	**National Average**	**7.59**	**3.49**	**1.08**	**0.84**	**2.19**	**5.98**	**1.05**
北　京	Beijing	9.14	4.04	1.66	1.24	2.21	6.05	1.38
天　津	Tianjin	5.73	2.41	0.64	0.84	1.84	5.16	1.01
河　北	Hebei	6.34	3.76	0.81	0.45	1.32	5.93	1.06
山　西	Shanxi	6.72	4.07	0.71	0.50	1.44	5.97	0.92
内蒙古	Inner Mongolia	6.61	2.72	0.97	0.65	2.26	5.50	1.45
辽　宁	Liaoning	5.16	1.67	0.34	0.25	2.90	5.80	0.84
吉　林	Jilin	4.84	1.11	0.43	0.27	3.03	5.37	1.12
黑龙江	Heilongjiang	4.28	0.74	0.30	0.42	2.81	5.65	1.12
上　海	Shanghai	12.05	5.01	1.06	2.07	3.91	6.23	1.27
江　苏	Jiangsu	7.58	4.12	1.11	0.87	1.49	4.58	1.06
浙　江	Zhejiang	10.87	6.33	1.71	1.32	1.52	6.69	0.98
安　徽	Anhui	4.65	1.49	0.45	0.27	2.43	5.80	1.23
福　建	Fujian	7.58	4.42	0.91	0.49	1.76	6.96	0.94
江　西	Jiangxi	3.10	0.93	0.26	0.18	1.74	6.28	1.07
山　东	Shandong	8.56	4.80	1.13	0.80	1.82	5.24	1.18
河　南	Henan	4.10	1.88	0.54	0.32	1.36	6.87	1.23
湖　北	Hubei	4.75	1.45	0.50	0.26	2.54	5.62	1.01
湖　南	Hunan	5.02	1.29	0.62	0.60	2.50	5.96	1.14
广　东	Guangdong	14.04	7.04	2.99	2.05	1.96	6.65	0.77
广　西	Guangxi	6.28	2.41	1.09	0.90	1.89	5.16	1.01
海　南	Hainan	11.31	6.22	1.93	0.47	2.69	5.60	0.61
重　庆	Chongqing	5.26	1.29	0.45	0.35	3.17	6.05	1.00
四　川	Sichuan	6.13	2.48	0.66	0.53	2.47	6.24	0.90
贵　州	Guizhou	4.98	1.63	0.37	0.19	2.78	6.56	1.04
云　南	Yunnan	6.04	2.52	1.12	0.81	1.58	7.02	0.96
西　藏	Tibet	3.79	0.44	0.31	0.26	2.78	7.71	0.32
陕　西	Shaanxi	4.87	1.50	0.39	0.30	2.68	5.41	1.11
甘　肃	Gansu	5.07	1.59	0.30	0.21	2.97	5.87	1.23
青　海	Qinghai	4.66	0.03	0.12	0.10	4.41	5.79	1.34
宁　夏	Ningxia	5.36	1.55	0.52	0.31	2.98	5.63	1.22
新　疆	Xinjiang	5.71	1.16	0.38	0.20	3.98	5.60	0.93

1—4—6 续表 11 Continued 11

单位:% Unit:%

地 区	Region	2. 通信服务 Communication Service	七、教育文化娱乐服务 Recreation, Education and Culture	(一)文化娱乐用品 Cultural and Recreational Articles	(二)文化娱乐服务 Expenditure of Culture and Recreation	1. 参观游览 Touring and Outgoing	2. 健身活动 Body Moves	3. 团体旅游 Team Travel
全 国	**National Average**	**4.94**	**13.29**	**3.43**	**3.48**	**0.47**	**0.10**	**1.85**
北 京	Beijing	4.67	15.55	5.15	4.68	0.76	0.32	2.81
天 津	Tianjin	4.15	13.63	4.15	3.06	0.40	0.09	1.54
河 北	Hebei	4.87	10.87	3.80	2.26	0.32	0.06	1.42
山 西	Shanxi	5.05	13.01	3.06	2.76	0.55	0.03	1.24
内蒙古	Inner Mongolia	4.06	13.41	3.79	3.66	0.73	0.02	1.68
辽 宁	Liaoning	4.95	11.17	3.08	1.62	0.28	0.12	0.87
吉 林	Jilin	4.24	11.66	2.84	2.04	0.28	0.10	0.55
黑龙江	Heilongjiang	4.52	12.48	2.96	2.10	0.54	0.07	0.61
上 海	Shanghai	4.96	15.38	4.29	4.11	0.25	0.22	2.51
江 苏	Jiangsu	3.52	15.86	4.43	4.65	0.63	0.12	2.90
浙 江	Zhejiang	5.71	15.32	3.30	3.52	0.44	0.09	2.34
安 徽	Anhui	4.57	13.71	3.05	2.84	1.12	0.06	0.59
福 建	Fujian	6.02	12.90	3.35	3.86	0.27	0.07	2.95
江 西	Jiangxi	5.21	12.46	2.76	3.64	0.69	0.07	1.07
山 东	Shandong	4.05	12.32	3.97	2.39	0.50	0.12	1.07
河 南	Henan	5.64	11.97	3.01	3.14	0.29	0.07	1.35
湖 北	Hubei	4.62	12.88	2.80	3.27	0.37	0.07	1.55
湖 南	Hunan	4.82	14.30	3.20	4.17	0.41	0.07	2.33
广 东	Guangdong	5.88	13.91	3.27	4.98	0.53	0.14	3.01
广 西	Guangxi	4.15	12.88	3.70	3.67	0.33	0.04	1.95
海 南	Hainan	4.99	10.10	2.61	2.27	0.19	0.05	0.88
重 庆	Chongqing	5.05	12.51	3.25	3.24	0.35	0.06	1.90
四 川	Sichuan	5.34	11.87	2.55	3.41	0.45	0.08	1.15
贵 州	Guizhou	5.51	13.35	3.04	4.00	0.58	0.09	1.80
云 南	Yunnan	6.06	8.91	2.06	3.03	0.41	0.03	1.85
西 藏	Tibet	7.39	5.86	1.18	1.18	0.05	0.26	0.01
陕 西	Shaanxi	4.30	14.60	3.38	3.09	0.45	0.05	1.03
甘 肃	Gansu	4.64	13.44	3.03	3.77	0.96	0.02	1.55
青 海	Qinghai	4.46	12.70	3.64	3.47	0.90	0.00	0.75
宁 夏	Ningxia	4.41	11.04	3.38	2.86	0.41	0.05	0.72
新 疆	Xinjiang	4.66	11.39	3.06	2.12	0.34	0.06	0.97

1—4—6 续表 12 Continued 12

单位:% Unit:%

地 区	Region	4. 其它文娱活动 Other Entertainment	5. 文娱用品修理服务费 Fixing Service Fees for Recreation Expense	(三)教育 Education	1. 教材 Teaching Material	2. 教育费用 Tuition	八、其它商品和服务 Miscellaneous Goods and Services	(一)其它商品 Miscellaneous Goods	(二)服务 Services
全 国	**National Average**	**0.96**	**0.09**	**6.39**	**0.80**	**5.59**	**3.58**	**2.27**	**1.30**
北 京	Beijing	0.72	0.07	5.72	0.70	5.02	4.24	2.86	1.38
天 津	Tianjin	0.93	0.09	6.43	0.90	5.53	3.85	2.53	1.33
河 北	Hebei	0.40	0.06	4.80	0.49	4.32	3.23	1.91	1.33
山 西	Shanxi	0.83	0.09	7.19	1.31	5.88	3.02	1.69	1.33
内蒙古	Inner Mongolia	1.14	0.08	5.96	0.19	5.77	5.04	3.36	1.68
辽 宁	Liaoning	0.31	0.03	6.46	0.56	5.90	4.24	2.31	1.93
吉 林	Jilin	1.05	0.05	6.78	1.48	5.30	4.61	2.61	2.00
黑龙江	Heilongjiang	0.84	0.04	7.41	0.47	6.94	4.13	2.74	1.39
上 海	Shanghai	1.01	0.12	6.98	0.69	6.28	4.43	3.20	1.23
江 苏	Jiangsu	0.94	0.07	6.78	0.24	6.54	3.52	2.16	1.36
浙 江	Zhejiang	0.59	0.06	8.50	0.51	7.99	3.32	2.17	1.15
安 徽	Anhui	0.83	0.10	7.83	3.77	4.06	3.63	2.09	1.54
福 建	Fujian	0.51	0.06	5.69	0.30	5.39	3.40	1.92	1.48
江 西	Jiangxi	1.58	0.20	6.06	1.17	4.90	3.77	2.37	1.41
山 东	Shandong	0.58	0.12	5.96	0.72	5.24	3.37	2.34	1.02
河 南	Henan	1.32	0.08	5.82	1.19	4.63	3.84	2.39	1.45
湖 北	Hubei	1.08	0.21	6.80	1.32	5.48	2.79	1.89	0.90
湖 南	Hunan	1.26	0.10	6.92	0.18	6.74	3.51	2.23	1.28
广 东	Guangdong	1.23	0.07	5.66	0.62	5.04	3.17	2.03	1.14
广 西	Guangxi	1.21	0.14	5.51	0.76	4.75	3.40	2.10	1.30
海 南	Hainan	0.98	0.12	5.22	0.73	4.49	2.54	1.87	0.68
重 庆	Chongqing	0.89	0.04	6.03	0.47	5.56	2.67	1.95	0.72
四 川	Sichuan	1.63	0.10	5.91	1.08	4.83	3.35	2.02	1.33
贵 州	Guizhou	1.43	0.09	6.32	0.67	5.65	3.33	2.22	1.11
云 南	Yunnan	0.65	0.08	3.81	0.28	3.53	2.20	1.36	0.84
西 藏	Tibet	0.81	0.04	3.50	0.55	2.95	4.46	1.80	2.66
陕 西	Shaanxi	1.35	0.18	8.14	1.67	6.47	3.95	2.34	1.61
甘 肃	Gansu	1.11	0.12	6.64	0.96	5.68	4.49	2.90	1.59
青 海	Qinghai	1.76	0.04	5.58	1.29	4.29	4.41	3.03	1.38
宁 夏	Ningxia	1.62	0.06	4.81	1.34	3.47	3.87	2.63	1.24
新 疆	Xinjiang	0.71	0.03	6.21	0.56	5.65	4.21	3.19	1.03

1—5 大中城市居民家庭基本情况(2007 年)

Basic Condition of Urban Households of Major Cities (2007)

城　市	City	调查户数(户) Number of Households Surveyed (number)	平均每户家庭人口(人) Average Household Size (person)	平均每户就业人口(人) Average Number of Employed Persons Per Household (person)	平均每户就业面(%) Proportion of Employment per Household (%)	平均每一就业者负担人数(人) Number of Dependents per Employee (person)	平均每人全部年收入(元) Per Capita Annual Income (yuan)
北　京	Beijing	2000	2.86	1.66	58.04	1.72	25898.65
天　津	Tianjin	1500	2.89	1.46	50.52	1.98	17828.15
石家庄	Shijiazhuang	300	2.79	1.48	53.05	1.89	13808.88
太　原	Taiyuan	300	2.72	1.28	47.06	2.13	15117.69
呼和浩特	Hohhot	400	2.71	1.42	52.40	1.91	17843.19
沈　阳	Shenyang	500	2.70	1.43	52.96	1.89	15997.96
大　连	Dalian	500	2.87	1.61	56.10	1.78	17160.3
长　春	Changchun	300	3.02	1.80	59.60	1.68	13515.38
哈尔滨	Harbin	500	2.79	1.43	51.25	1.95	13379.92
上　海	Shanghai	1000	3.01	1.64	54.49	1.84	26101.54
南　京	Nanjing	800	2.74	1.35	49.27	2.03	22086.6
杭　州	Hangzhou	600	2.72	1.45	53.31	1.88	24474.89
宁　波	Ningbo	400	2.73	1.48	54.21	1.84	25011.11
合　肥	Hefei	400	2.85	1.74	61.05	1.64	14683.34
福　州	Fuzhou	300	3.10	1.69	54.52	1.83	18209.3
厦　门	Xiamen	200	2.88	1.47	51.04	1.96	24326.64
南　昌	Nanchang	300	2.66	1.62	60.90	1.64	13908.46
济　南	Jinan	398	2.85	1.66	58.25	1.72	19689.47
青　岛	Qingdao	400	2.84	1.59	55.99	1.79	19251.11
郑　州	Zhengzhou	400	2.95	1.48	50.17	1.99	14822.41
武　汉	Wuhan	500	2.88	1.50	52.08	1.92	15575.27
长　沙	Changsha	400	2.82	1.43	50.71	1.97	17254.55
广　州	Guangzhou	300	3.14	1.82	57.96	1.73	26670.99
深　圳	Shenzhen	100	3.22	1.73	53.73	1.86	36320.82
南　宁	Nanning	200	2.93	1.58	53.92	1.85	14299.59
海　口	Haikou	300	3.30	1.48	44.85	2.23	13111.86
重　庆	Chongqing	950	2.98	1.70	57.05	1.75	14754.32
成　都	Chengdu	400	2.90	1.54	53.10	1.88	15939.29
贵　阳	Guiyang	300	2.97	1.64	55.22	1.81	13334.17
昆　明	Kunming	800	2.82	1.32	46.81	2.14	12846.93
拉　萨	Lhasa	200	3.32	1.69	50.90	1.96	13836.32
西　安	Xi'an	350	2.91	1.39	47.77	2.09	13421.45
兰　州	Lanzhou	300	2.74	1.39	50.73	1.97	11066.84
西　宁	Xining	300	2.95	1.30	44.07	2.27	11636.04
银　川	Yinchuan	300	2.71	1.26	46.49	2.15	13246.13
乌鲁木齐	Urumchi	400	2.80	1.73	61.79	1.62	12682.63

* 平均每一就业者负担人数包括就业者本人

Number of Dependents per Employee including the employee himself or herself.

1—5 续表1　Continued 1

城　市　City		工薪收入（元）Income of Wages and Salaries (yuan)	经营净收入（元）Net Business Income (yuan)	财产性收入（元）Income from Porperties (yuan)	转移性收入（元）Income from Transfer (yuan)	可支配收入（元）Disposable Income (yuan)	平均每人消费性支出（元）Per Capita Annual Consumption Expenditures (yuan)
北　京	Beijing	18402.67	248.18	511.22	6736.57	23029.35	16317.28
天　津	Tianjin	10882.24	800.82	233.01	5912.08	16357.35	12028.88
石家庄	Shijiazhuang	8476.35	977.85	179.50	4175.18	13204.92	9188.86
太　原	Taiyuan	10393.71	31.69	137.73	4554.56	13745.47	10940.90
呼和浩特	Hohhot	11306.45	729.15	877.38	4930.21	17024.25	11770.41
沈　阳	Shenyang	9967.63	741.55	297.44	4991.33	14606.54	11255.78
大　连	Dalian	11136.42	837.93	666.16	4519.79	15108.63	12134.97
长　春	Changchun	9029.45	1134.12	207.40	3144.41	12810.91	10216.65
哈尔滨	Harbin	7788.22	1092.26	214.19	4285.25	12772.02	9293.50
上　海	Shanghai	18996.58	1157.55	368.79	5578.63	23622.73	17255.38
南　京	Nanjing	14112.52	737.48	364.15	6872.46	20317.17	13278.44
杭　州	Hangzhou	16293.94	1286.18	1324.46	5570.31	21689.36	14895.75
宁　波	Ningbo	16526.25	1958.36	1469.38	5057.12	22306.66	13921.20
合　肥	Hefei	10922.66	713.26	281.91	2765.50	13426.47	9936.42
福　州	Fuzhou	11685.18	1204.40	859.94	4459.77	16764.98	11891.70
厦　门	Xiamen	16462.88	616.55	916.06	6331.16	21502.76	16379.61
南　昌	Nanchang	9920.46	478.36	36.01	3473.62	13253.35	10064.24
济　南	Jinan	16135.72	282.09	140.19	3131.48	18005.10	12389.69
青　岛	Qingdao	13679.33	893.53	281.54	4396.70	17855.83	13375.84
郑　州	Zhengzhou	9039.44	729.25	185.27	4868.45	14084.20	8756.73
武　汉	Wuhan	10559.18	439.41	143.41	4433.27	14357.64	10600.00
长　沙	Changsha	11250.44	905.02	483.39	4615.70	16153.19	12287.83
广　州	Guangzhou	20646.18	1300.31	664.00	4060.50	22469.22	18951.32
深　圳	Shenzhen	28224.51	2601.70	2506.44	2988.17	33592.78	24365.21
南　宁	Nanning	10553.91	406.83	319.83	3019.02	12955.19	9459.05
海　口	Haikou	8752.89	543.60	379.93	3435.43	12288.96	10203.00
重　庆	Chongqing	10907.23	599.23	248.72	2999.13	13715.25	10876.12
成　都	Chengdu	9734.33	811.44	668.71	4724.81	14849.23	11702.77
贵　阳	Guiyang	9368.01	1122.13	256.45	2587.58	12780.51	10182.77
昆　明	Kunming	6962.77	1082.64	1059.28	3742.24	12020.85	8726.11
拉　萨	Lhasa	13185.60	34.27	40.01	576.43	12375.56	9744.14
西　安	Xi'an	8897.26	375.68	208.83	3939.67	12662.03	10097.95
兰　州	Lanzhou	7376.07	355.39	59.55	3275.82	10271.18	8049.75
西　宁	Xining	6970.76	632.97	79.81	3952.49	10636.30	7635.50
银　川	Yinchuan	7892.42	1480.28	106.53	3766.92	12185.47	9176.42
乌鲁木齐	Urumchi	10227.39	716.27	47.35	1691.62	11372.86	8123.36

1－5－1续表 2 Continued 2

城市	City	食品（元）Food (yuan)	衣着（元）Clothing (yuan)	居住（元）Housing (yuan)	家庭设备用品及服务（元）Household Appliances and Service (yuan)	医疗保健（元）Health Care and Medical Services (yuan)	交通通信（元）Transport and Communications (yuan)
北京	Beijing	5219.31	1611.26	1253.52	1040.58	1340.78	2491.06
天津	Tianjin	4249.31	1024.15	1417.45	760.56	1163.98	1309.94
石家庄	Shijiazhuang	3108.27	977.97	1046.38	568.25	1174.96	1129.08
太原	Taiyuan	3172.15	1124.75	1196.51	695.76	1079.10	1694.10
呼和浩特	Hohhot	3701.01	1495.98	1085.44	601.19	906.26	1873.67
沈阳	Shenyang	3974.75	1216.40	1129.28	524.67	1074.67	1470.84
大连	Dalian	4565.56	1076.02	1437.43	581.91	1154.32	1347.89
长春	Changchun	3360.47	1018.48	1287.73	400.56	876.35	1270.87
哈尔滨	Harbin	3279.02	1124.22	820.37	467.35	873.30	990.98
上海	Shanghai	6125.45	1330.05	1412.10	959.49	857.11	3153.72
南京	Nanjing	4683.00	1078.31	1052.40	846.58	1048.95	1635.49
杭州	Hangzhou	5526.10	1512.81	1508.88	678.22	955.53	2549.38
宁波	Ningbo	5150.16	1280.61	1303.98	707.77	745.01	2038.92
合肥	Hefei	4232.84	1136.21	869.44	614.85	530.32	1009.06
福州	Fuzhou	4699.37	832.80	1337.57	663.60	751.32	1747.35
厦门	Xiamen	5687.28	1240.47	1796.01	1137.71	456.07	3150.33
南昌	Nanchang	4017.50	1164.14	874.11	811.78	582.64	1049.08
济南	Jinan	3900.91	1222.90	1320.47	916.29	934.98	2111.21
青岛	Qingdao	4947.10	1708.80	1282.23	976.33	788.47	1623.68
郑州	Zhengzhou	3069.26	1158.39	815.21	602.83	809.12	910.33
武汉	Wuhan	4366.28	1141.55	1119.53	691.50	770.89	1007.54
长沙	Changsha	4286.48	1249.64	1074.84	732.62	973.67	1925.14
广州	Guangzhou	6234.90	1183.48	1878.54	1092.72	1127.15	3499.51
深圳	Shenzhen	7267.32	1706.30	2073.19	1659.84	1038.89	6090.08
南宁	Nanning	3741.35	689.33	863.03	598.87	616.85	1252.88
海口	Haikou	3982.01	524.35	1094.83	637.23	650.90	2067.58
重庆	Chongqing	4024.76	1317.93	981.38	723.50	812.32	1271.44
成都	Chengdu	4571.65	1112.53	1009.27	750.69	686.83	1724.55
贵阳	Guiyang	3896.71	1216.26	895.97	583.87	433.28	1402.05
昆明	Kunming	3919.88	869.54	780.20	294.99	799.11	1137.19
拉萨	Lhasa	4401.51	1292.28	645.88	495.42	395.88	1367.49
西安	Xi'an	3696.57	950.50	1027.90	597.11	847.80	1145.90
兰州	Lanzhou	3013.61	778.68	737.58	543.19	663.18	888.59
西宁	Xining	2942.15	833.95	674.38	485.19	662.88	786.94
银川	Yinchuan	3329.29	1130.37	955.58	540.79	790.00	925.39
乌鲁木齐	Urumchi	3125.87	1150.54	521.52	395.30	536.99	950.60

1—5—1续表3 Continued 3

城市	City	教育文化娱乐服务（元）Education, Cultural and Recreation Services (yuan)	其它商品与服务（元）Miscellaneous Goods and Services (yuan)	平均每人消费性支出构成（人均消费性支出=100）Composition of Per Capita Annual Consumption Expenditures (%)	食品 Food (%)	衣着 Clothing (%)	居住 Housing (%)
北京	Beijing	2643.8	716.97	100.00	31.99	9.87	7.68
天津	Tianjin	1639.83	463.64	100.00	35.33	8.51	11.78
石家庄	Shijiazhuang	926.49	257.45	100.00	33.83	10.64	11.39
太原	Taiyuan	1645.71	332.83	100.00	28.99	10.28	10.94
呼和浩特	Hohhot	1599.82	507.04	100.00	31.44	12.71	9.22
沈阳	Shenyang	1431.55	433.62	100.00	35.31	10.81	10.03
大连	Dalian	1428.46	543.38	100.00	37.62	8.87	11.85
长春	Changchun	1382.02	620.17	100.00	32.89	9.97	12.60
哈尔滨	Harbin	1379.97	358.30	100.00	35.28	12.10	8.83
上海	Shanghai	2653.67	763.80	100.00	35.50	7.71	8.18
南京	Nanjing	2527.85	405.86	100.00	35.27	8.12	7.93
杭州	Hangzhou	1689.63	475.20	100.00	37.10	10.16	10.13
宁波	Ningbo	2299.25	395.50	100.00	37.00	9.20	9.37
合肥	Hefei	1176.30	367.39	100.00	42.60	11.43	8.75
福州	Fuzhou	1500.29	359.39	100.00	39.52	7.00	11.25
厦门	Xiamen	2291.48	620.27	100.00	34.72	7.57	10.96
南昌	Nanchang	1150.42	414.58	100.00	39.92	11.57	8.69
济南	Jinan	1604.69	378.22	100.00	31.49	9.87	10.66
青岛	Qingdao	1566.65	482.58	100.00	36.99	12.78	9.59
郑州	Zhengzhou	1114.75	276.84	100.00	35.05	13.23	9.31
武汉	Wuhan	1258.37	244.34	100.00	41.19	10.77	10.56
长沙	Changsha	1739.61	305.83	100.00	34.88	10.17	8.75
广州	Guangzhou	3268.39	666.64	100.00	32.90	6.24	9.91
深圳	Shenzhen	3513.82	1015.77	100.00	29.83	7.00	8.51
南宁	Nanning	1354.33	342.40	100.00	39.55	7.29	9.12
海口	Haikou	1009.54	236.58	100.00	39.03	5.14	10.73
重庆	Chongqing	1439.32	305.47	100.00	37.01	12.12	9.02
成都	Chengdu	1443.13	404.14	100.00	39.06	9.51	8.62
贵阳	Guiyang	1355.47	399.17	100.00	38.27	11.94	8.80
昆明	Kunming	740.94	184.27	100.00	44.92	9.96	8.94
拉萨	Lhasa	676.43	469.25	100.00	45.17	13.26	6.63
西安	Xi'an	1466.55	365.62	100.00	36.61	9.41	10.18
兰州	Lanzhou	1053.93	371.00	100.00	37.44	9.67	9.16
西宁	Xining	888.87	361.14	100.00	38.53	10.92	8.83
银川	Yinchuan	1109.64	395.36	100.00	36.28	12.32	10.41
乌鲁木齐	Urumchi	1085.07	357.47	100.00	38.48	14.16	6.42

1—5—1 续表 4 Continued 4

城　市	City	家庭设备用品及服务 Household Appliances and Service	医疗保健 Health Care and Medical Services	交通通信 Transport and Communications	教育文化娱乐服务 Education, Cultural and Recreation Services	其它商品与服务 Miscellaneous Goods and Services
北　京	Beijing	6.38	8.22	15.27	16.20	4.39
天　津	Tianjin	6.32	9.68	10.89	13.63	3.85
石家庄	Shijiazhuang	6.18	12.79	12.29	10.08	2.80
太　原	Taiyuan	6.36	9.86	15.48	15.04	3.04
呼和浩特	Hohhot	5.11	7.70	15.92	13.59	4.31
沈　阳	Shenyang	4.66	9.55	13.07	12.72	3.85
大　连	Dalian	4.80	9.51	11.11	11.77	4.48
长　春	Changchun	3.92	8.58	12.44	13.53	6.07
哈尔滨	Harbin	5.03	9.40	10.66	14.85	3.86
上　海	Shanghai	5.56	4.97	18.28	15.38	4.43
南　京	Nanjing	6.38	7.90	12.32	19.04	3.06
杭　州	Hangzhou	4.55	6.41	17.11	11.34	3.19
宁　波	Ningbo	5.08	5.35	14.65	16.52	2.84
合　肥	Hefei	6.19	5.34	10.16	11.84	3.70
福　州	Fuzhou	5.58	6.32	14.69	12.62	3.02
厦　门	Xiamen	6.95	2.78	19.23	13.99	3.79
南　昌	Nanchang	8.07	5.79	10.42	11.43	4.12
济　南	Jinan	7.40	7.55	17.04	12.95	3.05
青　岛	Qingdao	7.30	5.89	12.14	11.71	3.61
郑　州	Zhengzhou	6.88	9.24	10.40	12.73	3.16
武　汉	Wuhan	6.52	7.27	9.51	11.87	2.31
长　沙	Changsha	5.96	7.92	15.67	14.16	2.49
广　州	Guangzhou	5.77	5.95	18.47	17.25	3.52
深　圳	Shenzhen	6.81	4.26	24.99	14.42	4.17
南　宁	Nanning	6.33	6.52	13.25	14.32	3.62
海　口	Haikou	6.25	6.38	20.26	9.89	2.32
重　庆	Chongqing	6.65	7.47	11.69	13.23	2.81
成　都	Chengdu	6.41	5.87	14.74	12.33	3.45
贵　阳	Guiyang	5.73	4.26	13.77	13.31	3.92
昆　明	Kunming	3.38	9.16	13.03	8.49	2.11
拉　萨	Lhasa	5.08	4.06	14.03	6.94	4.82
西　安	Xi'an	5.91	8.40	11.35	14.52	3.62
兰　州	Lanzhou	6.75	8.24	11.04	13.09	4.61
西　宁	Xining	6.35	8.68	10.31	11.64	4.73
银　川	Yinchuan	5.89	8.61	10.08	12.09	4.31
乌鲁木齐	Urumchi	4.87	6.61	11.70	13.36	4.40

城市资源与经济

Urban Resources and Economy

第*2*篇

2—1 城市人口资源分布(2007年)*
Distribution of Urban Population Resources(2007)

城 市	City	年末总人口(万人) Total population (10000 persons)		#非农业人口(万人) Nonagricultural Population (10000 persons)		年末总户数(万户) Total Household (year end) (10000 households)	
		全市 Total Area of City	市辖区 Districts under City	全市 Total Area of City	市辖区 Districts under City	全市 Total Area of City	市辖区 Districts under City
城市合计	**Total**	**121217.21**	**37155.71**	**37251.10**	**22132.48**	**36891.61**	**11912.72**
北 京	Beijing	1213.26	1142.48	928.90	901.96	473.02	440.68
天 津	Tianjin	959.10	786.35	580.34	548.10	333.42	278.61
石家庄	Shijiazhuang	955.05	237.73	390.97	237.73	263.36	59.67
唐 山	Tangshan	724.66	303.60	236.23	170.32	224.31	94.57
秦皇岛	Qinhuangdao	283.31	80.60	119.62	80.60	94.18	27.54
邯 郸	Handan	896.36	145.64	296.37	124.57	235.91	40.65
邢 台	Xingtai	694.68	58.18	176.66	53.16	193.68	18.29
保 定	Baoding	1123.43	106.08	301.63	93.69	315.78	29.99
张家口	Zhanjiakou	457.18	88.50	143.85	73.61	163.15	31.26
承 德	Chengde	366.89	51.71	97.50	37.65	118.80	18.78
沧 州	Cangzhou	700.20	51.02	207.70	48.35	206.62	14.97
廊 坊	Langfang	401.86	79.10	114.10	46.54	113.44	20.77
衡 水	Hengshui	427.18	46.89	99.79	30.71	125.14	13.73
太 原	Taiyuan	355.31	276.79	256.39	232.15	98.11	71.36
大 同	Datong	309.42	151.41	144.01	117.33	110.95	52.67
阳 泉	Yangquan	128.24	67.21	66.15	53.44	46.12	22.92
长 治	Changzhi	323.80	68.20	94.42	54.81	97.41	19.70
晋 城	Jincheng	222.33	32.80	52.13	26.60	70.00	11.71
朔 州	Shuozhou	152.90	62.46	38.36	18.58	54.49	22.44
晋 中	Jinzhong	313.88	56.80	87.10	30.10	107.09	17.63
运 城	Yuncheng	497.21	65.18	87.12	23.05	146.00	24.00
忻 州	Xinzhou	299.81	51.82	65.75	19.02	108.61	19.35
临 汾	Linfen	426.91	80.90	105.93	36.22	139.42	36.12
吕 梁	Luliang	370.12	26.61	80.82	14.99	116.53	9.90
呼和浩特	Huhehaote	220.84	114.42	103.16	86.67	71.80	36.87
包 头	Baotou	214.60	139.11	134.73	115.78	69.15	44.57
乌 海	Wuhai	47.70	47.70	44.85	44.85	16.90	16.90
赤 峰	Chifeng	452.77	118.98	105.99	53.84	144.54	39.30
通 辽	Tongliao	316.20	82.21	118.67	44.26	93.39	26.90
鄂尔多斯	Eerduosi	143.99	24.34	46.34	16.86	52.14	7.51
呼伦贝尔	Hulunbeier	270.56	26.30	178.49	24.54	90.53	7.95
巴彦淖尔	Bayanzhuoer	182.30	55.05	62.13	24.82	55.39	16.24
乌兰察布	Wulanchabu	284.26	29.89	69.93	25.46	102.62	10.89
沈 阳	Shenyang	709.77	504.86	455.76	415.17	240.57	173.93
大 连	Dalian	578.19	293.43	336.83	254.61	201.27	106.42
鞍 山	Anshan	350.25	147.35	176.94	130.03	114.89	51.33
抚 顺	Fushun	223.72	140.07	147.96	125.76	81.53	53.53
本 溪	Benxi	155.97	95.88	104.51	84.22	55.50	35.14
丹 东	Dandong	242.80	76.48	101.49	59.99	80.29	27.91
锦 州	Jinzhou	309.41	91.75	120.01	73.76	102.44	33.04

注:1.武汉市区统计数据未包含黄陂、新洲、江夏、蔡甸等四个市辖区。

2.城市统计资料为初步数。

2—1续表1　Continued 1

城　市	City	年末总人口(万人) Total population (10000 persons)		#非农业人口(万人) Nonagricultural Population (10000 persons)		年末总户数(万户) Total Household (year end) (10000 households)	
		全市 Total Area of City	市辖区 Districts under City	全市 Total Area of City	市辖区 Districts under City	全市 Total Area of City	市辖区 Districts under City
营　口	Yingkou	232.49	87.32	106.45	68.22	81.87	33.94
阜　新	Fuxin	193.07	78.04	86.39	69.15	64.26	29.03
辽　阳	Liaoyang	183.38	72.51	80.06	60.60	66.18	27.62
盘　锦	Panjin	128.24	59.44	83.59	53.94	45.06	21.29
铁　岭	Tieling	305.40	44.50	97.87	36.17	102.55	16.00
朝　阳	Chaoyang	340.16	58.61	93.08	34.44	108.46	18.98
葫芦岛	Huludao	278.70	97.59	84.95	53.09	94.42	36.99
长　春	Changchun	745.95	358.13	328.96	254.17	231.74	112.74
吉　林	Jinlin	432.67	182.30	211.69	128.33	143.71	61.19
四　平	Siping	334.95	60.59	127.37	54.93	110.45	24.05
辽　源	Liaoyang	123.40	47.75	55.77	38.64	41.84	17.68
通　化	Tonghua	226.91	45.43	104.84	39.64	74.33	15.02
白　山	Baishan	129.92	59.28	87.55	46.19	50.99	23.99
松　原	Songyuan	281.30	53.31	75.46	33.11	84.66	19.58
白　城	Baicheng	202.93	51.26	80.67	28.87	72.67	19.49
哈尔滨	Haerbin	987.32	475.48	476.92	344.37	320.74	158.40
齐齐哈尔	Qiqihaer	567.80	142.72	204.20	111.63	187.40	53.50
鸡　西	Jixi	191.10	90.87	120.33	73.62	69.07	33.29
鹤　岗	Hegang	109.33	67.94	88.12	60.96	44.95	29.96
双鸭山	Shuangyashan	150.44	49.95	93.28	45.50	56.37	20.87
大　庆	Daqing	273.36	128.19	133.95	102.54	93.61	45.30
伊　春	Yichun	127.60	81.26	109.15	77.94	48.32	31.13
佳木斯	Jiamusi	250.53	82.51	123.64	60.60	84.73	30.38
七台河	Qitaihe	89.51	52.75	50.21	36.58	30.17	18.32
牡丹江	Mudanjiang	269.83	80.10	147.71	66.11	93.14	28.05
黑　河	Heihe	173.97	19.14	97.71	13.44	61.21	6.86
绥　化	Suihua	575.90	89.20	150.40	28.90	178.40	28.40
上　海	Shanghai	1378.86	1309.15	1196.94	1174.05	503.29	474.14
南　京	Nanjing	617.17	534.39	481.34	456.34	199.62	171.71
无　锡	Wuxi	461.74	235.92	334.45	222.04	153.10	78.70
徐　州	Xuzhou	940.95	182.93	323.46	156.06	279.33	56.84
常　州	Changzhou	357.38	224.72	180.03	117.75	122.21	74.62
苏　州	Suzhou	624.43	235.31	330.77	155.30	208.70	77.73
南　通	Nantong	766.13	87.25	291.93	87.24	279.47	30.82
连云港	Lianyungang	482.23	71.56	229.74	57.72	137.94	22.54
淮　安	Huaian	534.00	276.52	166.26	108.99	159.91	84.32
盐　城	Yancheng	809.79	158.65	283.29	76.58	277.16	55.38
扬　州	Yangzhou	459.25	118.06	181.02	85.59	155.52	39.33
镇　江	Zhenjiang	268.78	102.82	119.45	65.95	100.04	38.65
泰　州	Taizhou	500.70	64.75	151.28	33.86	170.95	23.05
宿　迁	Suqian	531.53	156.73	230.76	116.94	148.06	42.44

2—1 续表 2　Continued 2

城　市	City	年末总人口(万人) Total population (10000 persons)		＃非农业人口(万人) Nonagricultural Population (10000 persons)		年末总户数(万户) Total Household (year end) (10000 households)	
		全市 Total Area of City	市辖区 Districts under City	全市 Total Area of City	市辖区 Districts under City	全市 Total Area of City	市辖区 Districts under City
杭　州	Hangzhou	672.35	419.50	323.75	269.30	211.99	124.40
宁　波	Ningbuo	564.56	218.19	194.21	129.20	218.77	87.19
温　州	Wenzhou	764.57	142.36	161.06	65.83	225.75	42.52
嘉　兴	Jiaxing	336.81	81.98	120.36	38.59	101.75	26.56
湖　州	Huzhou	257.80	108.41	79.61	42.00	83.97	33.93
绍　兴	Shaoxing	436.24	64.99	136.32	46.81	161.08	23.48
金　华	Jinhua	459.19	92.25	103.31	31.35	177.79	36.63
衢　州	Quzhou	247.74	81.46	51.24	26.75	82.79	28.42
舟　山	Zhoushan	96.69	69.45	35.48	27.23	36.55	25.36
台　州	Taizhou	569.39	151.56	101.88	30.17	191.99	49.84
丽　水	Lishui	253.99	38.00	43.93	12.70	86.42	14.74
合　肥	Hefei	478.90	198.39	203.73	166.38	146.21	58.80
芜　湖	Wuhu	230.46	105.28	113.36	91.53	77.02	36.14
蚌　埠	Bengbu	355.27	92.11	96.77	64.89	98.69	27.99
淮　南	Huainan	239.42	165.88	110.70	97.01	72.39	53.83
马鞍山	Maanshan	127.32	62.43	61.09	51.17	38.95	19.67
淮　北	Huaibei	213.67	107.53	91.92	78.58	62.59	33.55
铜　陵	Tongling	73.65	43.91	43.30	38.84	23.92	13.89
安　庆	Anqing	610.99	74.10	107.20	46.68	172.30	24.92
黄　山	Huangshan	147.98	43.19	35.28	19.56	49.37	14.35
滁　州	Chuzhou	443.96	52.74	96.11	24.52	134.90	18.11
阜　阳	Fuyang	974.29	197.87	119.07	46.98	265.87	55.93
宿　州	Suzhou	617.17	178.49	79.09	40.04	162.56	50.35
巢　湖	Chaohu	455.03	87.36	73.23	21.32	138.87	29.12
六　安	Liuan	695.51	182.76	96.81	33.13	212.99	57.44
亳　州	Buozhou	576.38	151.51	63.51	19.82	154.55	42.08
池　州	Chizhou	158.02	65.00	27.45	13.93	50.53	21.12
宣　城	Xuancheng	275.20	84.62	48.75	16.50	87.70	26.43
福　州	Fuzhou	630.30	185.92	244.97	155.32	191.73	58.18
厦　门	Xiamen	167.24	167.24	114.16	114.16	52.11	52.11
莆　田	Putian	310.26	207.04	60.11	40.71	79.16	49.80
三　明	Sanming	269.50	28.31	91.01	20.78	77.05	9.10
泉　州	Quanhzou	674.29	102.43	193.85	62.80	179.48	27.18
漳　州	Zhangzhou	463.10	55.53	134.44	36.57	125.79	16.86
南　平	Nanping	306.33	48.84	106.59	26.16	89.40	14.22
龙　岩	Longyan	289.20	47.37	85.76	31.09	80.95	14.72
宁　德	Ningde	330.44	43.17	97.65	13.45	95.19	12.76
南　昌	Nanchang	491.31	224.25	232.76	176.59	134.87	58.64
景德镇	Jingdezhen	156.18	44.97	64.65	36.54	49.69	15.91
萍　乡	Pingxiang	184.65	84.32	57.01	43.96	53.90	26.49
九　江	Jiujiang	479.58	60.30	129.06	47.43	144.68	20.35

2—1 续表 3 Continued 3

城市	City	年末总人口(万人) Total population (10000 persons) 全市 Total Area of City	市辖区 Districts under City	#非农业人口(万人) Nonagricultural Population (10000 persons) 全市 Total Area of City	市辖区 Districts under City	年末总户数(万户) Total Household (year end) (10000 households) 全市 Total Area of City	市辖区 Districts under City
新余	Xinyu	113.85	82.19	40.43	32.31	36.31	26.04
鹰潭	Yingtan	114.90	20.60	33.90	14.00	32.90	7.50
赣州	Ganzhou	877.04	58.97	181.01	37.46	248.08	15.27
吉安	Jian	479.72	53.49	106.48	23.25	142.80	15.38
宜春	Yichun	539.09	102.14	143.01	26.54	164.49	29.03
抚州	Fuzhou	385.10	106.20	93.40	31.30	116.70	33.90
上饶	Shangrao	704.16	38.45	129.77	20.75	193.82	11.25
济南	Jinan	604.85	352.71			181.88	107.55
青岛	Qingdao	757.99	275.55			241.55	90.21
淄博	Zibuo	419.59	277.45			138.82	92.98
枣庄	Zaozhuang	380.19	215.45			115.40	66.02
东营	Dongying	183.09	82.76			59.17	28.19
烟台	Yantai	651.47	180.01			228.51	63.89
潍坊	Weifang	859.13	153.63			261.50	47.39
济宁	Jining	818.27	109.06			231.36	30.71
泰安	Taian	552.60	160.30			169.85	50.03
威海	Weihai	251.06	63.19			90.07	19.27
日照	Rizhao	283.38	122.02			94.70	39.22
莱芜	Laiwu	125.35	125.35			43.71	43.71
临沂	Linyi	1027.50	195.86			315.91	58.89
德州	Dezhou	561.67	59.39			159.56	18.75
聊城	Liaocheng	580.75	104.36			169.66	28.14
滨州	Binzhou	374.48	63.11			109.88	19.21
菏泽	Heze	914.20	146.05			248.82	41.40
郑州	Zhengzhou	707.01	269.59	297.86	202.17	186.81	75.43
开封	Kaifeng	505.63	84.23	97.34	59.54	134.21	27.49
洛阳	Luoyang	676.05	155.16	184.88	111.09	189.55	49.39
平顶山	Pingdingshan	516.70	99.26	127.61	76.62	143.37	27.57
安阳	Anyang	559.90	105.83	123.01	70.36	157.13	32.51
鹤壁	Hebi	154.10	54.92	49.83	36.76	44.72	18.05
新乡	Xinxiang	584.04	100.17	162.76	72.12	158.03	29.73
焦作	Jiaozuo	357.97	82.46	105.44	64.56	94.34	22.16
濮阳	Puyang	386.45	64.27	72.59	41.10	94.40	20.71
许昌	Xuchang	475.15	40.45	121.51	40.45	129.63	12.92
漯河	Luohe	269.35	134.90	64.57	45.27	72.74	37.87
三门峡	Sanmenxi	226.57	28.78	67.11	22.30	68.85	8.47
南阳	Nanyang	1126.71	179.66	176.20	55.57	344.98	56.07
商丘	Shangqiu	889.71	167.04	162.03	89.48	248.16	43.37
信阳	Xinyang	834.96	141.82	149.02	45.03	245.09	44.90
周口	Zhoukou	1166.72	50.81	139.87	24.52	299.96	14.89
驻马店	Zhumadian	858.79	62.93	119.29	26.58	220.66	19.17

2—1 续表 4 Continued 4

城市	City	年末总人口(万人) Total population (10000 persons)		#非农业人口(万人) Nonagricultural Population (10000 persons)		年末总户数(万户) Total Household (year end) (10000 households)	
		全市 Total Area of City	市辖区 Districts under City	全市 Total Area of City	市辖区 Districts under City	全市 Total Area of City	市辖区 Districts under City
武汉	Wuhan	828.21	510.34	528.62	451.61	260.46	157.09
黄石	Huangshi	255.39	63.68	92.81	60.33	73.15	19.68
十堰	Shiyan	348.86	52.22	104.16	47.54	112.79	18.84
宜昌	Yichang	401.46	123.97	131.57	71.26	144.11	43.95
襄樊	Xiangfan	582.00	218.29	193.35	89.48	196.46	71.41
鄂州	Ezhou	107.01	107.01	41.12	41.12	35.47	35.47
荆门	Jingmen	298.57	66.29	80.69	34.59	96.81	24.78
孝感	Xiaogan	516.76	93.42	97.31	30.58	156.20	15.08
荆州	Jingzhou	651.77	112.54	162.03	64.85	199.29	37.86
黄冈	Huanggang	730.98	36.87	165.33	23.95	232.67	14.87
咸宁	Xianning	286.08	59.42	77.40	25.14	83.81	19.18
随州	Suizhou	254.23	161.34	49.92	32.74	73.17	44.82
长沙	Changsha	637.36	218.75	230.56	183.56	191.59	64.91
株洲	Zhuzhou	380.34	79.53	102.01	59.66	108.45	25.63
湘潭	Xiangtan	292.70	86.40	82.24	58.40	89.95	22.76
衡阳	Hengyang	728.88	101.25	300.43	101.25	205.93	31.04
邵阳	Haoyang	749.60	65.34	119.72	40.16	212.39	20.88
岳阳	Yueyang	542.94	79.59	244.87	72.10	179.81	42.30
常德	Changde	611.99	140.54	144.03	50.57	218.74	49.42
张家界	Zhangjiajie	162.39	48.37	29.08	15.05	54.38	17.34
益阳	Yiyang	465.25	131.13	93.50	34.10	141.77	39.18
郴州	Chenzhou	466.39	66.00	186.65	44.64	143.88	22.97
永州	Yongzhou	580.16	108.38	93.12	32.74	169.96	35.01
怀化	Huaihua	502.01	33.82	94.09	23.78	154.01	13.21
娄底	Loudi	416.12	43.68	87.11	27.19	135.09	17.74
广州	Guangzhou	773.48	636.76	693.55	636.76	238.25	199.80
韶关	Shaoguan	321.19	91.20	125.87	60.53	94.22	29.84
深圳	Shenzhen	212.38	212.38	212.38	212.38	66.25	66.25
珠海	Zhuhai	95.69	95.69	95.69	95.69	26.63	26.63
汕头	Shantou	500.82	493.58	496.30	493.58	110.80	108.28
佛山	Fuoshan	361.08	361.08	361.08	361.08	106.93	106.93
江门	Jiangmen	388.38	135.58	219.46	135.58	119.01	43.47
湛江	Zhanjiang	744.99	147.83	275.93	147.83	190.09	42.90
茂名	Maoming	716.44	126.45	269.54	126.45	185.64	32.56
肇庆	Zhaoqing	407.71	52.24	117.47	52.24	112.25	16.88
惠州	Huizhou	312.89	122.28	183.35	122.28	84.36	38.02
梅州	Meizhou	503.36	31.08	123.79	23.82	130.07	10.35
汕尾	Shanwei	329.86	50.96	166.01	50.96	69.05	10.83
河源	Heyuan	335.43	29.06	81.07	29.06	90.93	10.22
阳江	Yangjiang	271.03	65.38	113.08	65.38	74.59	19.47
清远	Qingyuan	403.01	55.49	116.26	55.49	108.21	16.30

2—1 续表 5　Continued 5

城　市	City	年末总人口(万人) Total population (10000 persons)		#非农业人口(万人) Nonagricultural Population (10000 persons)		年末总户数(万户) Total Household (year end) (10000 households)	
		全市 Total Area of City	市辖区 Districts under City	全市 Total Area of City	市辖区 Districts under City	全市 Total Area of City	市辖区 Districts under City
东　莞	Dongguan	171.26	171.26	73.67	73.67	49.25	49.25
中　山	Zhongshan	145.15	145.15	76.30	76.30	40.58	40.58
潮　州	Chaozhou	254.06	34.71	73.95	34.71	60.86	9.47
揭　阳	Jieyang	634.78	68.30	247.55	68.30	142.54	16.41
云　浮	Yunfu	268.62	28.72	99.57	28.72	75.43	8.36
南　宁	Nanning	683.51	259.77	185.95	133.47	195.87	76.50
柳　州	Liuzhou	362.50	101.84	126.39	90.07	104.46	31.72
桂　林	Guilin	504.62	75.69	119.26	61.20	154.25	23.01
梧　州	Wuzhou	310.15	49.23	61.89	28.46	90.23	15.12
北　海	Beihai	156.32	58.14	46.53	27.83	42.00	17.36
防城港	Fangchenggang	83.32	49.85	24.61	15.31	24.07	14.33
钦　州	Qinzhou	355.99	128.02	40.36	20.60	90.75	32.02
贵　港	Guigang	491.59	182.27	52.33	24.41	142.72	54.08
玉　林	Yulin	625.01	93.46	71.97	21.58	171.43	25.60
百　色	Baise	385.90	33.70	48.50	12.62	95.96	8.49
贺　州	Hezhou	218.41	96.72	30.71	15.50	56.30	26.89
河　池	Hechi	396.99	32.17	57.29	11.63	112.26	10.47
来　宾	Laibin	250.15	102.31	38.03	16.71	70.60	26.46
崇　左	Chongzuo	236.89	34.53	40.33	8.84	64.64	9.64
海　口	Haikou	152.94	152.94	91.48	91.48	45.09	45.09
三　亚	Sanya	53.52	53.52	26.84	26.84	13.06	13.06
重　庆	Chongqing	3235.32	1526.02	876.97	617.66	1056.97	531.80
成　都	Chengdu	1112.28	502.71	595.56	395.80	391.58	178.23
自　贡	Zigong	322.45	148.42	99.15	61.24	100.66	47.52
攀枝花	Panzhihua	110.08	68.65	59.08	53.37	33.37	21.20
泸　州	Luzhou	489.15	143.90	84.94	45.90	140.38	44.32
德　阳	Deyang	385.31	64.97	85.77	32.48	128.80	22.80
绵　阳	Mianyang	537.95	118.95	133.18	63.35	178.45	41.70
广　元	Guangyuan	307.41	91.83	62.75	30.88	98.29	30.63
遂　宁	Suining	383.44	150.22	77.33	37.79	120.56	45.84
内　江	Neijiang	423.83	140.63	82.12	34.64	142.82	46.16
乐　山	Leshan	352.45	115.15	92.20	45.89	115.03	39.53
南　充	Nanchong	742.11	191.33	146.36	58.34	237.99	60.58
眉　山	Meishan	348.66	84.09	80.31	29.09	108.75	28.50
宜　宾	Yibin	526.98	79.11	94.48	35.85	157.19	25.23
广　安	Guangan	462.53	125.21	71.18	23.63	141.30	38.21
达　州	Dazhou	650.11	40.83	116.47	25.08	209.52	14.98
雅　安	Yaan	153.67	35.10	34.26	14.65	51.07	11.36
巴　中	Bazhong	374.22	133.29	61.46	24.43	114.16	40.07
资　阳	Ziyang	493.22	107.26	68.88	20.17	151.17	34.09
贵　阳	Guiyang	359.82	214.08	179.12	154.98	101.13	58.76

2－1续表6　Continued 6

城　市	City	年末总人口(万人) Total population (10000 persons) 全市 Total Area of City	市辖区 Districts under City	＃非农业人口(万人) Nonagricultural Population (10000 persons) 全市 Total Area of City	市辖区 Districts under City	年末总户数(万户) Total Household (year end) (10000 households) 全市 Total Area of City	市辖区 Districts under City
六盘水	Liupanshui	308.96	48.63	68.12	30.29	83.75	12.32
遵　义	Zunyi	739.40	83.68	113.78	42.51	201.28	26.35
安　顺	Anshun	267.36	83.11	40.93	22.05	72.00	22.59
昆　明	Kunming	517.70	233.43	215.17	173.43	168.40	81.41
曲　靖	Qujing	603.04	67.95	75.33	25.09	171.41	21.87
玉　溪	Yuxi	212.25	41.16	37.78	13.71	66.87	13.98
保　山	Baoshan	246.42	87.25	26.83	12.72	63.63	23.57
昭　通	Shaotong	545.97	80.27	45.12	12.04	146.93	23.29
丽　江	Lijiang	118.02	15.30	17.20	6.90	33.81	4.38
思　茅	Simao	244.81	21.30	32.21	9.08	66.11	7.93
临　沧	Lincang	222.77	28.83	24.32	5.69	55.97	8.06
拉　萨	Lhasa	62.23		18.46		12.74	
西　安	Xian	764.25	549.19	353.85	326.92	211.12	152.73
铜　川	Tongchuan	84.86	75.39	40.06	38.66	26.11	23.19
宝　鸡	Baoji	376.97	86.91	94.48	62.76	108.16	28.72
咸　阳	Xanyang	506.84	87.97	109.66	54.89	141.50	25.21
渭　南	Weinan	546.87	94.39	158.40	38.68	161.56	28.63
延　安	Yanan	219.55	43.21	58.88	21.60	71.42	16.24
汉　中	Hanzhong	379.25	54.44	74.81	25.30	117.87	18.32
榆　林	Yulin	356.58	48.56	61.91	17.00	107.36	16.59
安　康	Ankang	300.07	97.92	46.69	21.24	99.26	30.34
商　洛	Shangluo	243.23	55.06	37.60	15.73	69.30	14.42
兰　州	Lanzhou	319.28	208.03	198.53	184.62	94.33	64.20
嘉峪关	Jiayuguan	18.14	18.14	16.11	16.11	5.71	5.71
金　昌	Jinchang	47.30	21.39	22.55	16.40	14.23	6.91
白　银	Baiyin	176.34	48.60	44.05	30.91	48.50	15.11
天　水	Tianshui	354.76	124.41	94.66	51.84	82.00	32.60
武　威	Wuwei	188.60	99.85	31.81	21.64	50.59	27.69
张　掖	Zhangye	128.72	51.25	32.93	18.84	39.24	15.51
平　凉	Pingliang	226.83	49.30	35.21	16.00	62.00	14.80
酒　泉	Jiuquan	93.57	35.97	32.25	13.29	29.50	10.60
庆　阳	Qingyang	255.95	34.10	31.00	10.12	67.88	9.74
定　西	Dingxi	296.12	46.50	30.45	8.67	76.70	12.69
陇　南	Longnan	275.75	54.41	40.43	12.03	71.43	15.12
西　宁	Xining	215.36	107.17	87.70	72.21	53.68	26.30
银　川	Yinchuan	148.79	86.08	94.91	73.96	49.58	28.69
石嘴山	Shizuishan	73.41	44.81	43.25	35.67	24.00	15.00
吴　忠	Wuzhong	130.82	36.40	40.28	17.29	37.75	10.82
固　原	Guyuan	153.84	50.22	19.64	10.59	40.00	13.78
中　卫	Zhongwei	106.04	35.83	26.69	13.37	29.39	10.81
乌鲁木齐	Urumchi	231.30	222.31	173.07	171.94	74.19	71.37
克拉玛依	Kelamayi	35.34	35.34	26.23	26.23	9.76	9.76

2—2 城市土地资源分布(2007 年)
Distribution of Urban Land Resources(2007)

城 市	City	行政区域土地面积(平方公里) Land of Administrative Area (sq. km)		#建成区面积(平方公里) Area of the Established District (sq. km)	人口密度(人/平方公里) Density of Population (person/sq. km)	
		全市 Total Area of City	市辖区 Districts under City	市辖区 Districts under City	全市 Total Area of City	市辖区 Districts under City
城市合计	**Total**	**4730044**	**621728**	**27587**	**256.27**	**597.62**
北 京	Beijing	16411	12187	1289	739.30	937.46
天 津	Tianjin	11760	7399	572	815.56	1062.78
石家庄	Shijiazhuang	15848	456	187	602.63	5213.38
唐 山	Tangshan	13472	1230	209	537.90	2468.29
秦皇岛	Qinhuangdao	7523	363	87	376.59	2220.39
邯 郸	Handan	12062	434	104	743.13	3355.76
邢 台	Xingtai	12486	132	70	556.37	4407.58
保 定	Baoding	20584	312	103	545.78	3400.00
张家口	Zhanjiakou	36873	376	77	123.99	2353.72
承 德	Chengde	39548	525	81	92.77	984.95
沧 州	Cangzhou	14053	183	43	498.26	2787.98
廊 坊	Langfang	6429	292	54	625.07	2708.90
衡 水	Hengshui	8815	273	44	484.61	1717.58
太 原	Taiyuan	6963	1460	238	510.28	1895.82
大 同	Datong	14127	2080	91	219.03	727.93
阳 泉	Yangquan	4570	686	43	280.61	979.74
长 治	Changzhi	13896	334	45	233.02	2041.92
晋 城	Jincheng	9421	147	31	235.99	2231.29
朔 州	Shuozhou	11066	4499	29	138.17	138.83
晋 中	Jinzhong	16404	1311	38	191.34	433.26
运 城	Yuncheng	13964	1203	30	356.07	541.81
忻 州	Xinzhou	25117	1982	20	119.37	261.45
临 汾	Linfen	20275	1316	37	210.56	614.74
吕 梁	Luliang	21241	1339	15	174.25	198.73
呼和浩特	Huhehaote	17224	2054	150	128.22	557.06
包 头	Baotou	27768	2591	180	77.28	536.90
乌 海	Wuhai	1754	1754	73	271.95	271.95
赤 峰	Chifeng	90659	7077	75	49.94	168.12
通 辽	Tongliao	59535	3212	35	53.11	255.95
鄂尔多斯	Eerduosi	86752	2530	100	16.60	96.21
呼伦贝尔	Hulunbeier	253356	1440	28	10.68	182.64
巴彦淖尔	Bayanzhuoer	64413	2354	32	28.30	233.86
乌兰察布	Wulanchabu	54492	114	35	52.17	2621.93
沈 阳	Shenyang	12980	3495	347	546.82	1444.52
大 连	Dalian	12574	2415	258	459.83	1215.03
鞍 山	Anshan	9252	624	144	378.57	2361.38
抚 顺	Fushun	11272	714	122	198.47	1961.76
本 溪	Benxi	8411	1518	107	185.44	631.62
丹 东	Dandong	15030	835	53	161.54	915.93
锦 州	Jinzhou	10111	436	65	306.01	2104.36

2－2 续表 1　Continued 1

城　市	City	行政区域土地面积(平方公里) Land of Administrative Area (sq. km)		#建成区面积(平方公里) Area of the Established District (sq. km)	人口密度(人/平方公里) Density of Population (person/sq. km)	
		全市 Total Area of City	市辖区 Districts under City	市辖区 Districts under City	全市 Total Area of City	市辖区 Districts under City
营　口	Yingkou	5402	701	93	430.38	1245.65
阜　新	Fuxin	10355	448	67	186.45	1741.96
辽　阳	Liaoyang	4743	574	92	386.63	1263.24
盘　锦	Panjin	4071	266	58	315.01	2234.59
铁　岭	Tieling	12980	659	44	235.29	675.27
朝　阳	Chaoyang	19699	1096	42	172.68	534.76
葫芦岛	Huludao	10415	2301	67	267.59	424.12
长　春	Changchun	20571	4789	285	362.62	747.82
吉　林	Jinlin	27120	3636	166	159.54	501.38
四　平	Siping	14080	740	39	237.89	818.78
辽　源	Liaoyang	5139	437	42	240.12	1092.68
通　化	Tonghua	15195	761	49	149.33	596.98
白　山	Baishan	17485	2736	151	74.30	216.67
松　原	Songyuan	21090	1100	37	133.38	484.64
白　城	Baicheng	25745	2525	38	78.82	203.01
哈尔滨	Haerbin	53068	7086	336	186.05	671.01
齐齐哈尔	Qiqihaer	42469	4365	135	133.70	326.96
鸡　西	Jixi	22531	2300	79	84.82	395.09
鹤　岗	Hegang	14648	4551	43	74.64	149.29
双鸭山	Shuangyashan	23202	1760	62	64.84	283.81
大　庆	Daqing	21219	5107	169	128.83	251.01
伊　春	Yichun	32759	19567	159	38.95	41.53
佳木斯	Jiamusi	32704	1074	60	76.61	768.25
七台河	Qitaihe	6221	1767	62	143.88	298.53
牡丹江	Mudanjiang	40583	1351	64	66.49	592.89
黑　河	Heihe	68726	14448	19	25.31	13.25
绥　化	Suihua	34964	2756	28	164.71	323.66
上　海	Shanghai	6340	5155	886	2174.86	2539.57
南　京	Nanjing	6582	4723	577	937.66	1131.46
无　锡	Wuxi	4788	1623	203	964.37	1453.60
徐　州	Xuzhou	11258	1160	160	835.81	1576.98
常　州	Changzhou	4385	1872	113	815.01	1200.43
苏　州	Suzhou	8488	1650	228	735.66	1426.12
南　通	Nantong	8001	355	61	957.54	2457.75
连云港	Lianyungang	7500	943	90	642.97	758.85
淮　安	Huaian	10072	3171	95	530.18	872.03
盐　城	Yancheng	16972	1862	100	477.13	852.04
扬　州	Yangzhou	6634	980	72	692.27	1204.69
镇　江	Zhenjiang	3847	1082	94	698.67	950.28
泰　州	Taizhou	5797	444	56	863.72	1458.33
宿　迁	Suqian	8555	2108	50	621.31	743.50

2—2 续表 2　Continued 2

城　市	City	行政区域土地面积(平方公里) Land of Administrative Area (sq. km)		#建成区面积(平方公里) Area of the Established District (sq. km)	人口密度(人/平方公里) Density of Population (person/sq. km)	
		全市 Total Area of City	市辖区 Districts under City	市辖区 Districts under City	全市 Total Area of City	市辖区 Districts under City
杭　州	Hangzhou	16596	3068	345	405.13	1367.34
宁　波	Ningbuo	9816	2462	221	575.14	886.23
温　州	Wenzhou	11784	1187	164	648.82	1199.33
嘉　兴	Jiaxing	3915	968	72	860.31	846.90
湖　州	Huzhou	5818	1566	72	443.11	692.27
绍　兴	Shaoxing	8256	362	90	528.39	1795.30
金　华	Jinhua	10941	2044	69	419.70	451.32
衢　州	Quzhou	8841	2354	45	280.21	345.99
舟　山	Zhoushan	1440	1028	49	671.46	675.58
台　州	Taizhou	9411	1536	114	605.03	986.72
丽　水	Lishui	17298	1502	26	146.83	253.00
合　肥	Hefei	7029	839	225	681.32	2364.60
芜　湖	Wuhu	3317	720	118	694.78	1462.22
蚌　埠	Bengbu	5952	601	93	596.89	1532.61
淮　南	Huainan	2585	1691	95	926.19	980.96
马鞍山	Maanshan	1686	340	70	755.16	1836.18
淮　北	Huaibei	2741	754	61	779.53	1426.13
铜　陵	Tongling	1113	350	45	661.73	1254.57
安　庆	Anqing	15318	821	63	398.87	902.56
黄　山	Huangshan	9807	2342	34	150.89	184.42
滁　州	Chuzhou	13523	1404	43	328.30	375.64
阜　阳	Fuyang	9775	1844	61	996.72	1073.05
宿　州	Suzhou	9787	2868	42	630.60	622.35
巢　湖	Chaohu	9394	2031	36	484.38	430.13
六　安	Liuan	17976	3583	44	386.91	510.08
亳　州	Buozhou	8374	2226	32	688.30	680.64
池　州	Chizhou	8272	2432	25	191.03	267.27
宣　城	Xuancheng	12323	2621	27	223.32	322.85
福　州	Fuzhou	12188	1043	170	517.15	1782.55
厦　门	Xiamen	1573	1573	180	1063.19	1063.19
莆　田	Putian	4119	2284	49	753.24	906.48
三　明	Sanming	23061	1178	24	116.86	240.32
泉　州	Quanhzou	11015	850	85	612.16	1205.06
漳　州	Zhangzhou	12873	401	47	359.75	1384.79
南　平	Nanping	26281	2660	20	116.56	183.61
龙　岩	Longyan	19050	2678	33	151.81	176.89
宁　德	Ningde	13256	1537	17	249.28	280.87
南　昌	Nanchang	7402	617	109	663.75	3634.52
景德镇	Jingdezhen	5656	422	72	276.13	1065.64
萍　乡	Pingxiang	3824	1080	41	482.87	780.74
九　江	Jiujiang	18823	598	80	254.78	1008.36

2—2 续表 3 Continued 3

城 市	City	行政区域土地面积(平方公里) Land of Administrative Area (sq. km)		#建成区面积(平方公里) Area of the Established District (sq. km)	人口密度(人/平方公里) Density of Population (person/sq. km)	
		全市 Total Area of City	市辖区 Districts under City	市辖区 Districts under City	全市 Total Area of City	市辖区 Districts under City
新 余	Xinyu	3181	1789	44	357.91	459.42
鹰 潭	Yingtan	3554	137	24	323.30	1503.65
赣 州	Ganzhou	39380	479	50	222.71	1231.11
吉 安	Jian	24922	1381	38	192.49	387.33
宜 春	Yichun	18669	2532	32	288.76	403.40
抚 州	Fuzhou	18820	2122	42	204.62	500.47
上 饶	Shangrao	22791	339	26	308.96	1134.22
济 南	Jinan	8177	3257	315	739.70	1082.93
青 岛	Qingdao	10975	1403	251	690.65	1964.01
淄 博	Zibuo	5965	2970	203	703.42	934.18
枣 庄	Zaozhuang	4563	3069	104	833.20	702.02
东 营	Dongying	7923	3294	93	231.09	251.24
烟 台	Yantai	13746	2726	195	473.93	660.34
潍 坊	Weifang	16005	1993	128	536.79	770.85
济 宁	Jining	11194	1043	60	730.99	1045.64
泰 安	Taian	7762	2087	97	711.93	768.09
威 海	Weihai	5698	769	109	440.61	821.72
日 照	Rizhao	5310	1915	65	533.67	637.18
莱 芜	Laiwu	2246	2246	57	558.10	558.10
临 沂	Linyi	17182	1761	119	598.01	1112.21
德 州	Dezhou	10356	539	46	542.36	1101.86
聊 城	Liaocheng	8703	1254	60	667.30	832.22
滨 州	Binzhou	9453	1042	74	396.15	605.66
菏 泽	Heze	12194	1435	57	749.71	1017.77
郑 州	Zhengzhou	7446	1010	321	949.52	2669.21
开 封	Kaifeng	6444	362	86	784.65	2326.80
洛 阳	Luoyang	15200	544	145	444.77	2852.21
平顶山	Pingdingshan	7882	459	61	655.54	2162.53
安 阳	Anyang	7413	544	73	755.29	1945.40
鹤 壁	Hebi	2182	609	45	706.23	901.81
新 乡	Xinxiang	8169	346	91	714.95	2895.09
焦 作	Jiaozuo	4071	424	78	879.32	1944.81
濮 阳	Puyang	4266	260	36	905.88	2471.92
许 昌	Xuchang	4996	97	63	951.06	4170.10
漯 河	Luohe	2617	1020	51	1029.23	1322.55
三门峡	Sanmenxi	10496	198	28	215.86	1453.54
南 阳	Nanyang	26400	1981	81	426.78	906.92
商 丘	Shangqiu	10704	1600	59	831.19	1044.00
信 阳	Xinyang	19541	3604	52	427.29	393.51
周 口	Zhoukou	11959	148	42	975.60	3433.11
驻马店	Zhumadian	15083	772	48	569.38	815.16

2—2 续表 4　Continued 4

城　市	City	行政区域土地面积(平方公里) Land of Administrative Area (sq. km)		#建成区面积(平方公里) Area of the Established District (sq. km)	人口密度(人/平方公里) Density of Population (person/sq. km)	
		全市 Total Area of City	市辖区 Districts under City	市辖区 Districts under City	全市 Total Area of City	市辖区 Districts under City
武　汉	Wuhan	8494	2718	451	975.05	1877.63
黄　石	Huangshi	4583	237	62	557.26	2686.92
十　堰	Shiyan	23680	1193	67	147.32	437.72
宜　昌	Yichang	21048	4248	73	190.74	291.83
襄　樊	Xiangfan	19724	3672	93	295.07	594.47
鄂　州	Ezhou	1504	1504	46	711.50	711.50
荆　门	Jingmen	12404	2171	45	240.70	305.34
孝　感	Xiaogan	8910	946	32	579.98	987.53
荆　州	Jingzhou	14205	1576	63	458.83	714.09
黄　冈	Huanggang	17446	353	27	419.00	1044.48
咸　宁	Xianning	9861	1500	31	290.11	396.13
随　州	Suizhou	9636	6989	86	263.83	230.85
长　沙	Changsha	11819	556	181	539.27	3934.35
株　洲	Zhuzhou	11276	537	90	337.30	1481.01
湘　潭	Xiangtan	5015	279	67	583.65	3096.77
衡　阳	Hengyang	15303	557	95	476.30	1817.77
邵　阳	Haoyang	20830	436	45	359.87	1498.62
岳　阳	Yueyang	15087	1246	79	359.87	638.76
常　德	Changde	18190	2749	72	336.44	511.24
张家界	Zhangjiajie	9516	2736	21	170.65	176.79
益　阳	Yiyang	12144	1935	49	383.11	677.67
郴　州	Chenzhou	19388	2246	41	240.56	293.86
永　州	Yongzhou	22441	3177	53	258.53	341.14
怀　化	Huaihua	27624	773	33	181.73	437.52
娄　底	Loudi	8117	426	44	512.65	1025.35
广　州	Guangzhou	7434	3843	844	1040.46	1656.93
韶　关	Shaoguan	18385	2870	78	174.70	317.77
深　圳	Shenzhen	1953	1953	764	1087.46	1087.46
珠　海	Zhuhai	1687	1687	118	567.22	567.22
汕　头	Shantou	2064	1956	168	2426.45	2523.42
佛　山	Fuoshan	3848	3848	145	938.36	938.36
江　门	Jiangmen	9541	1818	109	407.06	745.76
湛　江	Zhanjiang	13225	1720	73	563.32	859.48
茂　名	Maoming	11458	874	66	625.27	1446.80
肇　庆	Zhaoqing	15285	761	68	266.74	686.47
惠　州	Huizhou	11158	2672	101	280.42	457.63
梅　州	Meizhou	15870	322	33	317.18	965.22
汕　尾	Shanwei	5271	415	13	625.80	1227.95
河　源	Heyuan	15826	450	26	211.95	645.78
阳　江	Yangjiang	7813	658	37	346.90	993.62
清　远	Qingyuan	19153	927	41	210.42	598.60

2—2 续表 5 Continued 5

城 市 City	行政区域土地面积(平方公里) Land of Administrative Area (sq. km)		#建成区面积(平方公里) Area of the Established District (sq. km)	人口密度(人/平方公里) Density of Population (person/sq. km)	
	全市 Total Area of City	市辖区 Districts under City	市辖区 Districts under City	全市 Total Area of City	市辖区 Districts under City
东 莞 Dongguan	2465	2465	75	694.77	694.77
中 山 Zhongshan	1800	1800	86	806.39	806.39
潮 州 Chaozhou	3110	152	44	816.91	2283.55
揭 阳 Jieyang	5240	181	58	1211.41	3773.48
云 浮 Yunfu	7779	762	18	345.31	376.90
南 宁 Nanning	22112	6479	179	309.11	400.94
柳 州 Liuzhou	18616	658	112	194.72	1547.72
桂 林 Guilin	27809	565	59	181.46	1339.65
梧 州 Wuzhou	12588	1097	36	246.39	448.77
北 海 Beihai	3337	957	41	468.44	607.52
防城港 Fangchenggang	6181	2822	19	134.80	176.65
钦 州 Qinzhou	10843	4767	85	328.31	268.55
贵 港 Guigang	10606	3542	52	463.50	514.60
玉 林 Yulin	12838	1251	50	486.84	747.08
百 色 Baise	36352	3702	31	106.16	91.03
贺 州 Hezhou	11855	5152	29	184.23	187.73
河 池 Hechi	33508	2340	17	118.48	137.48
来 宾 Laibin	13409	4363	20	186.55	234.49
崇 左 Chongzuo	17351	2951	13	136.53	117.01
海 口 Haikou	2305	2305	91	663.51	663.51
三 亚 Sanya	1915	1915	60	279.48	279.48
重 庆 Chongqing	82010	26041	667	394.50	586.01
成 都 Chengdu	12390	2176	408	897.72	2310.25
自 贡 Zigong	4373	1438	50	737.37	1032.13
攀枝花 Panzhihua	7440	2018	54	147.96	340.19
泸 州 Luzhou	12247	2132	48	399.40	674.95
德 阳 Deyang	5954	648	40	647.14	1002.62
绵 阳 Mianyang	20286	1570	80	265.18	757.64
广 元 Guangyuan	16314	4588	61	188.43	200.15
遂 宁 Suining	5325	1875	49	720.08	801.17
内 江 Neijiang	5386	1569	33	786.91	896.30
乐 山 Leshan	12826	2514	48	274.79	458.04
南 充 Nanchong	12479	2527	61	594.69	757.14
眉 山 Meishan	7186	1331	39	485.19	631.78
宜 宾 Yibin	13283	1123	45	396.73	704.45
广 安 Guangan	6344	1536	20	729.08	815.17
达 州 Dazhou	16591	451	20	391.84	905.32
雅 安 Yaan	15302	1070	20	100.42	328.04
巴 中 Bazhong	12301	2566	16	304.22	519.45
资 阳 Ziyang	7962	1633	26	619.47	656.83
贵 阳 Guiyang	8034	2404	132	447.87	890.52

2－2续表6　Continued 6

城　市	City	行政区域土地面积(平方公里) Land of Administrative Area (sq. km)		#建成区面积(平方公里) Area of the Established District (sq. km)	人口密度(人/平方公里) Density of Population (person/sq. km)	
		全市 Total Area of City	市辖区 Districts under City	市辖区 Districts under City	全市 Total Area of City	市辖区 Districts under City
六盘水	Liupanshui	9974	480	100	309.77	1013.13
遵　义	Zunyi	30762	1316	45	240.36	635.87
安　顺	Anshun	9267	1710	29	288.51	486.02
昆　明	Kunming	21011	4104	253	246.39	568.79
曲　靖	Qujing	28906	1553	34	208.62	437.54
玉　溪	Yuxi	15285	1004	22	138.86	409.96
保　山	Baoshan	19637	5011	19	125.49	174.12
昭　通	Shaotong	22430	2167	22	243.41	370.42
丽　江	Lijiang	21219	1255	18	55.62	121.91
思　茅	Simao	45385	3928	19	53.94	54.23
临　沧	Lincang	24469	2652	12	91.04	108.71
拉　萨	Lhasa	29517			21.08	
西　安	Xian	10108	3582	268	756.08	1533.19
铜　川	Tongchuan	3882	2406	36	218.60	313.34
宝　鸡	Baoji	18172	3574	64	207.45	243.17
咸　阳	Xanyang	10196	527	62	497.10	1669.26
渭　南	Weinan	13269	1221	37	412.14	773.05
延　安	Yanan	37037	3556	24	59.28	121.51
汉　中	Hanzhong	27246	556	27	139.19	979.14
榆　林	Yulin	43578	7053	36	81.83	68.85
安　康	Ankang	23529	3644	27	127.53	268.72
商　洛	Shangluo	19292	2672	24	126.08	206.06
兰　州	Lanzhou	13085	1647	176	244.00	1263.08
嘉峪关	Jiayuguan	2935	2935	41	61.81	61.81
金　昌	Jinchang	8896	3019	32	53.17	70.85
白　银	Baiyin	21158	3478	51	83.34	139.74
天　水	Tianshui	14359	5861	61	247.06	212.27
武　威	Wuwei	33238	5081	25	56.74	196.52
张　掖	Zhangye	41924	4240	27	30.70	120.87
平　凉	Pingliang	11170	1936	48	203.07	254.65
酒　泉	Jiuquan	193974	3386	29	4.82	106.23
庆　阳	Qingyang	27119	996	14	94.38	342.37
定　西	Dingxi	20330	4225	22	145.66	110.06
陇　南	Longnan	27915	4683	7	98.78	116.19
西　宁	Xining	7665	380	65	280.97	2820.26
银　川	Yinchuan	9555	2311	107	155.72	372.48
石嘴山	Shizuishan	5213	2564	87	140.82	174.77
吴　忠	Wuzhong	20394	1316	21	64.15	276.60
固　原	Guyuan	11286	3506	32	136.31	143.24
中　卫	Zhongwei	16824	5924	22	63.03	60.48
乌鲁木齐	Urumchi	14216	9955	202	162.70	223.31
克拉玛依	Kelamayi	9608	9608	49	36.78	36.78

2－3 城市劳动力与就业(2007年)
Labor Force and Employees(2007)

城市	City	年末单位从业人员数(万人) Quantity of Employees in Units(year－end) (10000 person)		城镇私营和个体从业人员(人) Private and Individual Workers in Cities and Towns (person)		城镇失业人员(人) Quantity of Registered Unemployment in Cities and Towns (person)	
		全市 Total Area of City	市辖区 Districts under City	全市 Total Area of City	市辖区 Districts under City	全市 Total Area of City	市辖区 Districts under City
城市合计	**Total**	**11404.23**	**7056.40**	**90808541**	**54764854**	**6630067**	**3926341**
北京	Beijing	544.38	530.77	3230710	3094411	106275	103173
天津	Tianjin	200.22	190.15	1376600	1376600	104619	99401
石家庄	Shijiazhuang	86.28	55.49	312980	117671	31256	23518
唐山	Tangshan	77.11	51.96	326966	138903	54282	43871
秦皇岛	Qinhuangdao	28.09	19.56	178191	135076	17807	13392
邯郸	Handan	57.45	31.83	483832	244905	40920	35739
邢台	Xingtai	32.94	13.97	289314	60643	20800	10400
保定	Baoding	65.58	21.93	344244	23909	39269	9681
张家口	Zhanjiakou	33.37	16.05	256696	43638	31000	15452
承德	Chengde	24.18	9.72	105838	58474	20857	12816
沧州	Cangzhou	45.51	12.05	277580	21538	18200	5370
廊坊	Langfang	25.71	10.45	308710	62428	10751	3793
衡水	Hengshui	21.17	8.66	327500	56568	9496	4368
太原	Taiyuan	80.49	74.25	252570	228389	42824	40334
大同	Datong	46.19	38.80	137282	85697	47800	43900
阳泉	Yangquan	22.42	17.72	92323	50219	9188	7330
长治	Changzhi	35.65	14.47	177194	74858	12520	10028
晋城	Jincheng	24.75	12.08	64786	15001	6112	1383
朔州	Shuozhou	13.63	6.91	59567	33614	4010	1191
晋中	Jinzhong	31.99	8.62	139509	38565	6493	2100
运城	Yuncheng	31.23	6.72	283956	62714	6788	340
忻州	Xinzhou	22.94	6.78	88150	23700	7500	850
临汾	Linfen	36.03	9.44	89773	27004	9500	5458
吕梁	Luliang	27.75	4.80	233113	15829	4537	1383
呼和浩特	Huhehaote	29.93	23.40	298963	228012	24254	16740
包头	Baotou	32.89	28.39	597644	515867	33116	29088
乌海	Wuhai	10.55	10.55	68000	68000	7000	7000
赤峰	Chifeng	31.45	12.88	162481	93318	22450	11580
通辽	Tongliao	22.43	8.61	104477	29245	14854	5525
鄂尔多斯	Eerduosi	16.06	5.69	115288	41400	10527	4417
呼伦贝尔	Hulunbeier	37.64	4.46	153000	18100	25255	3710
巴彦淖尔	Bayanzhuoer	14.90	6.45	128171	48239	11660	2678
乌兰察布	Wulanchabu	14.28	5.67	179683	29486	14856	5687
沈阳	Shenyang	100.26	92.87	734413	689588	80897	71595
大连	Dalian	90.77	75.11	1306726	1130183	49612	33282
鞍山	Anshan	38.79	31.08	240398	149363	43762	30295
抚顺	Fushun	27.69	24.25	445203	335921	41403	28244
本溪	Benxi	24.12	21.56	217200	137461	33903	28709
丹东	Dandong	18.45	12.31	138559	140036	24275	8110
锦州	Jinzhou	25.72	15.57	295752	216913	34750	22313

2—3 续表 1　Continued 1

城　市　City		年末单位从业人员数(万人) Quantity of Employees in Units(year—end) (10000 person)		城镇私营和个体从业人员(人) Private and Individual Workers in Cities and Towns (person)		城镇失业人员(人) Quantity of Registered Unemployment in Cities and Towns (person)	
		全市 Total Area of City	市辖区 Districts under City	全市 Total Area of City	市辖区 Districts under City	全市 Total Area of City	市辖区 Districts under City
营　口	Yingkou	16.47	12.97	310448	211901	18415	15515
阜　新	Fuxin	16.61	12.71	166958	139359	20831	17314
辽　阳	Liaoyang	17.71	13.80	260214	117151	20186	13020
盘　锦	Panjin	45.10	25.47	90941	53544	13075	6120
铁　岭	Tieling	22.55	7.27	156886	47444	18555	6538
朝　阳	Chaoyang	21.71	8.41	137856	33915	21078	5408
葫芦岛	Huludao	23.66	18.82	195967	113109	26440	21024
长　春	Changchun	85.89	70.79	426938	317674	74477	55329
吉　林	Jinlin	34.09	20.26	187102	122950	17786	10283
四　平	Siping	20.15	7.69	154141	55039	36800	29280
辽　源	Liaoyang	9.18	6.07	109787	83892	13300	10076
通　化	Tonghua	20.39	7.95	146695	42652	9501	2502
白　山	Baishan	14.36	7.91	64204	24011	9644	4958
松　原	Songyuan	23.64	12.29	83997	28687	15386	5920
白　城	Baicheng	17.66	8.33	96100	38700	11589	4475
哈尔滨	Haerbin	148.34	122.22	691472	562047	77000	54391
齐齐哈尔	Qiqihaer	45.83	23.96	222437	132888	34657	23401
鸡　西	Jixi	29.79	15.10	120510	71501	14832	8732
鹤　岗	Hegang	28.94	13.70	114527	98007	12608	8095
双鸭山	Shuangyashan	33.77	10.02	87627	36497	8916	6748
大　庆	Daqing	55.03	48.15	277743	222253	21000	16981
伊　春	Yichun	21.32	16.19	106854	80310	20106	17234
佳木斯	Jiamusi	31.66	12.64	169825	67081	20135	10161
七台河	Qitaihe	15.93	12.80	63150	49247	6472	4649
牡丹江	Mudanjiang	26.43	10.54	235217	155403	18394	8986
黑　河	Heihe	26.84	2.74	97624	11485	97206	1996
绥　化	Suihua	24.20	2.00	160368	22450	16300	1795
上　海	Shanghai	367.26	364.77	2665600	2546000	267800	260900
南　京	Nanjing	97.49	92.76	1063822	964617	62784	58732
无　锡	Wuxi	62.76	44.22	1038416	759202	49884	40793
徐　州	Xuzhou	60.27	32.14	536147	297381	33488	20134
常　州	Changzhou	36.63	26.54	1005515	798300	31060	24640
苏　州	Suzhou	126.02	61.16	1518885	638060	45316	27037
南　通	Nantong	59.96	21.25	491038	99105	33266	11430
连云港	Lianyungang	31.65	15.31	244346	126467	17861	10534
淮　安	Huaian	35.08	20.75	382159	209043	21851	11286
盐　城	Yancheng	50.22	15.76	549174	171039	24455	8159
扬　州	Yangzhou	36.47	16.25	523069	204654	25699	11477
镇　江	Zhenjiang	34.80	18.89	258998	137848	14556	8299
泰　州	Taizhou	33.94	10.49	406123	106606	19425	5050
宿　迁	Suqian	19.66	5.85	346633	134376	12986	4524

2—3 续表 2 Continued 2

城市	City	年末单位从业人员数(万人) Quantity of Employees in Units(year—end) (10000 person)		城镇私营和个体从业人员(人) Private and Individual Workers in Cities and Towns (person)		城镇失业人员(人) Quantity of Registered Unemployment in Cities and Towns (person)	
		全市 Total Area of City	市辖区 Districts under City	全市 Total Area of City	市辖区 Districts under City	全市 Total Area of City	市辖区 Districts under City
杭州	Hangzhou	152.82	129.43	1195325	1050837	59636	45877
宁波	Ningbuo	104.73	64.39	903173	315073	47291	35812
温州	Wenzhou	101.73	38.66	787900	393800	30487	9431
嘉兴	Jiaxing	72.21	20.96	328100	103600	28108	11613
湖州	Huzhou	29.21	13.26	269611	162596	11564	6413
绍兴	Shaoxing	70.79	22.57	411816	49082	26837	8213
金华	Jinhua	40.29	12.06	952600	166700	24405	6859
衢州	Quzhou	14.49	7.57	173785	93044	9562	4482
舟山	Zhoushan	11.50	9.68	90956	67100	7464	5371
台州	Taizhou	50.01	22.45	408417	171327	23648	8006
丽水	Lishui	14.73	4.66	480300	366200	7002	1940
合肥	Hefei	48.07	38.96	755645	551929	45262	40768
芜湖	Wuhu	23.79	19.86	115186	55251	21391	17576
蚌埠	Bengbu	17.89	11.58	194800	120700	23098	19110
淮南	Huainan	28.27	24.50	173939	140466	19207	17087
马鞍山	Maanshan	15.21	13.60	73100	51200	7486	6431
淮北	Huaibei	20.77	18.34	171588	123844	17412	13903
铜陵	Tongling	11.56	10.20	84249	61977	10448	9553
安庆	Anqing	24.19	9.83	195475	115229	26483	14765
黄山	Huangshan	8.84	5.19	78726	43939	6019	3701
滁州	Chuzhou	19.16	6.38	308532	70162	12639	2416
阜阳	Fuyang	27.19	12.71	197448	120432	8206	1226
宿州	Suzhou	23.59	12.05	83511	28753	13304	6280
巢湖	Chaohu	17.72	5.61	98443	36400	14506	2500
六安	Liuan	21.99	8.62	176422	83811	38500	2370
亳州	Buozhou	15.63	5.33	90967	39547	6860	2490
池州	Chizhou	7.00	3.50	139254	71688	7691	4119
宣城	Xuancheng	11.74	1.64	144400	39191	9995	3419
福州	Fuzhou	92.30	55.25	541360	411931	35832	29062
厦门	Xiamen	82.84	82.84	473447	473447	22900	22900
莆田	Putian	28.93	24.18	123038	94933	7553	4535
三明	Sanming	21.42	7.06	201832	39647	14793	4372
泉州	Quanhzou	118.63	33.18	470261	187540	11284	3953
漳州	Zhangzhou	38.54	11.26	115804	53035	13562	3670
南平	Nanping	23.45	6.87	118770	31378	21332	5423
龙岩	Longyan	24.91	10.94	119240	55980	11444	4916
宁德	Ningde	15.99	4.80	115412	19931	11709	2537
南昌	Nanchang	62.60	48.92	561030	522571	41464	41464
景德镇	Jingdezhen	16.44	10.15	119300	63249	12547	9000
萍乡	Pingxiang	13.56	10.15	269688	132030	4434	1494
九江	Jiujiang	33.71	13.32	195051	69423	26183	15241

2—3 续表 3 Continued 3

城市 City		年末单位从业人员数(万人) Quantity of Employees in Units(year—end) (10000 person)		城镇私营和个体从业人员(人) Private and Individual Workers in Cities and Towns (person)		城镇失业人员(人) Quantity of Registered Unemployment in Cities and Towns (person)	
		全市 Total Area of City	市辖区 Districts under City	全市 Total Area of City	市辖区 Districts under City	全市 Total Area of City	市辖区 Districts under City
新余	Xinyu	66.32	27.69	60498	40300	15340	13415
鹰潭	Yingtan	7.64	2.13	71436	36581	10565	4012
赣州	Ganzhou	38.99	7.99	618969	66425	22919	3005
吉安	Jian	20.28	4.84	300008	46820	21146	5491
宜春	Yichun	26.25	7.68	355817	56727	21360	10156
抚州	Fuzhou	20.82	7.05	295000	66157	19228	4617
上饶	Shangrao	32.24	4.85	518612	22257	32156	4019
济南	Jinan	118.22	91.98	897227	744659	54318	42234
青岛	Qingdao	129.85	75.67	856679	621208	56016	45230
淄博	Zibuo	58.08	45.44	286157	229374	25709	19799
枣庄	Zaozhuang	34.47	24.89	231796	130393	18731	10001
东营	Dongying	35.93	26.17	130978	110375	9654	8150
烟台	Yantai	91.41	48.52	562464	309593	42041	32572
潍坊	Weifang	69.64	26.20	439893	154097	36476	8128
济宁	Jining	60.00	16.38	311079	136139	34496	13961
泰安	Taian	50.10	15.49	185271	91246	24122	12758
威海	Weihai	37.85	19.25	366344	183530	7323	4024
日照	Rizhao	17.92	12.06	211477	107258	13233	9601
莱芜	Laiwu	13.73	13.73	113414	113414	6922	6922
临沂	Linyi	54.25	22.17	434788	278896	29136	9880
德州	Dezhou	37.41	11.03	388822	87566	20973	7871
聊城	Liaocheng	33.29	10.99	120494	72810	24197	6800
滨州	Binzhou	34.78	9.58	75185	37510	12675	5476
菏泽	Heze	34.90	13.22	245819	103691	18003	3673
郑州	Zhengzhou	100.19	68.41	554000	316335	48061	37440
开封	Kaifeng	28.31	15.64	70929	54617	20444	9744
洛阳	Luoyang	51.90	29.68	301234	213550	35729	27912
平顶山	Pingdingshan	47.06	28.58	174866	51442	15163	6943
安阳	Anyang	43.60	21.43	183924	75653	15121	7607
鹤壁	Hebi	16.06	11.61	46733	24832	5978	3201
新乡	Xinxiang	43.51	18.49	114707	68824	20991	9260
焦作	Jiaozuo	32.48	16.62	266747	86872	22670	8870
濮阳	Puyang	31.77	20.74	112600	51473	9090	5652
许昌	Xuchang	27.97	7.98	109866	27727	9700	3593
漯河	Luohe	21.50	14.72	61093	51322	4420	3246
三门峡	Sanmenxi	23.67	7.18	61452	19078	10061	4824
南阳	Nanyang	69.79	29.83	384729	92617	38328	12287
商丘	Shangqiu	37.51	12.64	110608	41875	20025	10739
信阳	Xinyang	42.60	13.27	109354	37921	14635	5765
周口	Zhoukou	44.11	9.99	293875	26225	26343	9546
驻马店	Zhumadian	35.52	10.48	202713	33085	13608	3219

2—3 续表 4　Continued 4

城　市	City	年末单位从业人员数(万人) Quantity of Employees in Units(year—end) (10000 person)		城镇私营和个体从业人员(人) Private and Individual Workers in Cities and Towns (person)		城镇失业人员(人) Quantity of Registered Unemployment in Cities and Towns (person)	
		全市 Total Area of City	市辖区 Districts under City	全市 Total Area of City	市辖区 Districts under City	全市 Total Area of City	市辖区 Districts under City
武　汉	Wuhan	159.58	130.53	991723	991723	111900	95100
黄　石	Huangshi	31.10	18.29	242413	121247	32900	19096
十　堰	Shiyan	32.96	17.73	223464	113966	24834	13559
宜　昌	Yichang	33.85	19.21	284730	141319	28173	12994
襄　樊	Xiangfan	42.81	21.76	296988	203560	40221	21614
鄂　州	Ezhou	14.80	14.80	80285	80285	19000	19000
荆　门	Jingmen	24.57	10.46	183596	47013	13333	7999
孝　感	Xiaogan	45.88	10.93	458831	72452	28467	3912
荆　州	Jingzhou	36.89	15.11	328300	106100	44015	15653
黄　冈	Huanggang	35.91	5.17	324437	30157	25000	2400
咸　宁	Xianning	20.15	6.08	140273	41610	28661	6128
随　州	Suizhou	10.35	6.77	146489	99144	4215	2800
长　沙	Changsha	81.62	57.32	485838	405049	38129	20222
株　洲	Zhuzhou	30.90	19.41	426725	161360	25706	13441
湘　潭	Xiangtan	28.17	14.58	188545	156101	20361	16488
衡　阳	Hengyang	43.53	16.66	413489	260141	36249	16672
邵　阳	Haoyang	31.62	10.42	269800	40700	29294	7446
岳　阳	Yueyang	38.60	17.73	283829	164399	19645	9419
常　德	Changde	31.92	13.04	238495	27398	23684	8865
张家界	Zhangjiajie	7.35	3.36	37322	27160	5248	3028
益　阳	Yiyang	22.72	10.56	97285	37853	20807	8334
郴　州	Chenzhou	23.98	7.87	301345	49255	23279	7154
永　州	Yongzhou	28.60	9.64	188421	34417	26086	5551
怀　化	Huaihua	24.35	5.27	152096	42029	25300	3230
娄　底	Loudi	22.97	9.20	245000	81200	22340	9200
广　州	Guangzhou	223.69	208.33	1753552	1573064	67539	65800
韶　关	Shaoguan	28.72	14.39	117257	54158	63868	39150
深　圳	Shenzhen	195.08	195.08	2837400	2837400	25959	25959
珠　海	Zhuhai	53.52	53.52	394324	394324	12323	12323
汕　头	Shantou	30.53	30.00	483272	480624	17821	10135
佛　山	Fuoshan	54.65	54.65	1499981	1499981	22673	22673
江　门	Jiangmen	41.78	22.70	442960	220749	56473	34676
湛　江	Zhanjiang	38.79	16.46	309974	116518	23628	7126
茂　名	Maoming	30.31	9.77	289757	110107	24283	8887
肇　庆	Zhaoqing	26.41	13.21	168070	52730	10240	4179
惠　州	Huizhou	76.18	55.42	780500		11732	5933
梅　州	Meizhou	23.16	4.68	437446	32172	14315	3883
汕　尾	Shanwei	13.85	4.88	102655		10304	1589
河　源	Heyuan	22.29	9.48	82253	47482	14683	3233
阳　江	Yangjiang	17.09	6.96	128402	65073	43429	16038
清　远	Qingyuan	26.68	6.97	237954	90306	10128	2503

2—3 续表5 Continued 5

城市	City	年末单位从业人员数(万人) Quantity of Employees in Units(year—end) (10000 person)		城镇私营和个体从业人员(人) Private and Individual Workers in Cities and Towns (person)		城镇失业人员(人) Quantity of Registered Unemployment in Cities and Towns (person)	
		全市 Total Area of City	市辖区 Districts under City	全市 Total Area of City	市辖区 Districts under City	全市 Total Area of City	市辖区 Districts under City
东莞	Dongguan	21.47	21.47	619456	619456	7999	7999
中山	Zhongshan	26.12	26.12	930052	930052	6998	6998
潮州	Chaozhou	12.37	5.64	113148	76166	8351	4215
揭阳	Jieyang	20.46	5.01	366600	116100	11000	4012
云浮	Yunfu	16.46	4.13			7563	1334
南宁	Nanning	63.60	48.13	351009	291300	29851	20879
柳州	Liuzhou	33.86	23.50	266260	161390	34891	27713
桂林	Guilin	31.30	16.16	230036	88845	23560	14393
梧州	Wuzhou	14.93	7.19	90634	44843	11918	6838
北海	Beihai	9.70	6.08	149139	94845	7920	5600
防城港	Fangchenggang	7.04	4.75	42236	17712	3155	2311
钦州	Qinzhou	12.15	6.21	181935	128560	8092	3742
贵港	Guigang	14.58	6.97	115251	58262	8806	3253
玉林	Yulin	24.72	8.39	201315	82620	16230	4051
百色	Baise	18.04	4.97	111659	18000	7560	895
贺州	Hezhou	8.09	3.89	124631	53083	6243	1274
河池	Hechi	17.44	3.97	118016	24816	13790	1820
来宾	Laibin	10.87	4.95	119785	51043	5397	1523
崇左	Chongzuo	13.03	2.51	62960	11704	4537	1069
海口	Haikou	28.25	28.25	298983	298983	16334	16334
三亚	Sanya	5.49	5.49	60590	60590	1716	1716
重庆	Chongqing	229.67	174.57	3340800	1931900	141256	86597
成都	Chengdu	146.38	104.33	1403873	1066034	63388	40931
自贡	Zigong	20.96	15.46	86400	75000	17189	12890
攀枝花	Panzhihua	17.80	16.04	119354	108297	14557	13694
泸州	Luzhou	25.54	15.47	93466	68663	18041	12807
德阳	Deyang	22.23	9.83	164526	77300	11707	4708
绵阳	Mianyang	33.44	17.34	214986	141671	28945	17261
广元	Guangyuan	14.63	8.01	87200	44885	13599	9116
遂宁	Suining	18.67	7.59	141009	68412	13186	4954
内江	Neijiang	23.12	10.95	78535	26300	14564	6303
乐山	Leshan	29.08	14.47	405410	143232	20578	10555
南充	Nanchong	25.40	10.64	216532	84447	20445	7461
眉山	Meishan	12.79	4.04	84923	32144	11195	3823
宜宾	Yibin	31.38	12.16	407433	151856	19453	7945
广安	Guangan	11.01	3.79	126176	25991	15168	2339
达州	Dazhou	25.37	6.15	227624	30045	16468	1963
雅安	Yaan	9.25	4.21	113562	37412	14989	5520
巴中	Bazhong	13.15	5.57	118144	50648	17214	3355
资阳	Ziyang	14.20	4.60	79317	45281	12330	4035
贵阳	Guiyang	66.22	57.25	269526	227792	31680	24343

2—3 续表 6　Continued 6

城　市	City	年末单位从业人员数（万人） Quantity of Employees in Units(year—end) (10000 person)		城镇私营和个体从业人员（人） Private and Individual Workers in Cities and Towns (person)		城镇失业人员（人） Quantity of Registered Unemployment in Cities and Towns (person)	
		全市 Total Area of City	市辖区 Districts under City	全市 Total Area of City	市辖区 Districts under City	全市 Total Area of City	市辖区 Districts under City
六盘水	Liupanshui	18.77	8.58	71739	60968	10600	7000
遵　义	Zunyi	30.99	11.04	259862	119124	22263	6198
安　顺	Anshun	11.47	6.17	69541	22224	8536	3521
昆　明	Kunming	87.71	67.39	1051168	668386	34328	22261
曲　靖	Qujing	29.34	6.68	306700	63600	10318	4628
玉　溪	Yuxi	16.99	6.22	350206	148951	4881	1872
保　山	Baoshan	15.46	5.87	25858	20700	7484	2756
昭　通	Shaotong	16.09	4.28	134076	18639	15252	3968
丽　江	Lijiang	7.36	2.74	43032	25465	3166	621
思　茅	Simao	13.83	4.53	162763	27490	9440	2895
临　沧	Lincang	10.94	2.67	55819	11631	7097	1610
拉　萨	Lhasa	8.83		85153			
西　安	Xian	129.40	119.66	730400	650113	87655	74883
铜　川	Tongchuan	9.07	8.45	17573	17051	7410	6610
宝　鸡	Baoji	31.45	19.36	160000	97752	18635	2935
咸　阳	Xanyang	36.76	15.52	137977	33402	21269	3487
渭　南	Weinan	34.51	9.26	201962	37960	21000	1843
延　安	Yanan	21.43	5.48	105410	33737	10701	1844
汉　中	Hanzhong	23.49	7.26	348630	51955	29381	6988
榆　林	Yulin	20.93	5.12	90483	32368	15478	2700
安　康	Ankang	11.85	5.07	77731	27581	8787	3755
商　洛	Shangluo	11.98	3.65	72157	13828	5474	1008
兰　州	Lanzhou	56.46	46.68	269800	163600	22350	20870
嘉峪关	Jiayuguan	4.37	4.37	15911	15911	2968	2968
金　昌	Jinchang	7.51	5.39	34517	22976	5312	3861
白　银	Baiyin	15.59	10.30	40925	24795	6912	4524
天　水	Tianshui	18.01	11.70	72412	18005	8092	3589
武　威	Wuwei	9.27	6.40	88602	65240	7302	5108
张　掖	Zhangye	9.31	4.59	52316	19210	4925	2895
平　凉	Pingliang	12.95	4.85	49490	21000	7320	3500
酒　泉	Jiuquan	9.93	3.58	49199	37256	4800	1869
庆　阳	Qingyang	9.34	2.75	45254	26731	7925	4184
定　西	Dingxi	10.28	2.57	67129	11722	5887	523
陇　南	Longnan	10.92	1.85	39400	12300	10000	800
西　宁	Xining	23.48	17.05	307608	232860	21653	17887
银　川	Yinchuan	29.22	24.35	553338	401933	19081	15768
石嘴山	Shizuishan	8.01	6.06	69541	41525	7660	7097
吴　忠	Wuzhong	8.18	3.05	62734	21965	6528	2024
固　原	Guyuan	5.80	2.41	57385	22173	3796	1298
中　卫	Zhongwei	4.99	2.47	23583	10905	9188	4168
乌鲁木齐	Urumchi	47.03	46.61	542442	526653	25189	25189
克拉玛依	Kelamayi	15.95	15.95	46335	46335	2764	2764

2—4 城市经济主要指标(市辖区,2007年)
Main Indicators of Urban Economic(Districts under City,2007)

城 市	City	地区生产总值 (万元) GDP (10000 yuan)	地方财政预算内收入 (万元) Local Financial Revenue (10000 yuan)	地方财政预算内支出 (万元) Local Financial Expenditures (10000 yuan)	城乡居民储蓄年末余额 (万元) Outstanding of Deposits of Urban and Rural Residents (10000 yuan)	社会消费品零售总额 (万元) Total Retail Sales of Consumer Goods (10000 yuan)	职工平均工资 (元) Average Wage of Staff and Workers (yuan)
城市合计	**Total**	**1570114805**	**140656948**	**174610938**	**1099230175**	**563850819**	
北 京	Beijing	92076012	14777593	15941795	89714011	37233692	47132.47
天 津	Tianjin	46931800	5255828	6447703	31651700	14592590	35355.91
石家庄	Shijiazhuang	9473325	518866	784824	9115834	3518397	22852.89
唐 山	Tangshan	13508982	715019	1045078	7472540	3015250	25427.62
秦皇岛	Qinhuangdao	3974295	326078	456852	3015950	1405721	25347.95
邯 郸	Handan	4203932	358905	434367	3772716	1261291	20825.78
邢 台	Xingtai	1680462	163542	215082	2676994	496088	22003.90
保 定	Baoding	2998549	251052	336737	3570533	1455516	19872.29
张家口	Zhanjiakou	2360271	218294	392459	2156404	840054	31480.60
承 德	Chengde	1473611	169352	224588	1355200	481097	21438.88
沧 州	Cangzhou	1997080	207275	271127	1437171	449455	17385.45
廊 坊	Langfang	1975189	212266	323007	1847449	499218	26077.19
衡 水	Hengshui	1261244	83506	159370	1076013	548585	18753.73
太 原	Taiyuan	11146379	761055	1312284	11812044	4788808	24951.52
大 同	Datong	3913502	290254	456484	1973066	1264500	23706.59
阳 泉	Yangquan	1882174	154047	221737	1636808	721953	26416.81
长 治	Changzhi	1754649	222053	268452	2052594	993970	18907.06
晋 城	Jincheng	778225	175360	220673	2052908	265893	32129.74
朔 州	Shuozhou	1666127	199011	227144	1227418	330624	27809.85
晋 中	Jinzhong	935435	46525	83041	1362936	443769	16829.75
运 城	Yuncheng	756099	22491	61388	1047823	761455	19566.02
忻 州	Xinzhou	394402	14043	58080	1100851	249568	14800.00
临 汾	Linfen	1498760	70936	105323	2203263	686204	19568.11
吕 梁	Luliang	372016	94716	142766	539285	200050	18959.23
呼和浩特	Huhehaote	7667315	424328	691186	4593321	3845819	30279.39
包 头	Baotou	10644419	630106	887265	4097415	3824515	27526.51
乌 海	Wuhai	1900400	206100	277200	1036200	405400	22378.73
赤 峰	Chifeng	2438752	158794	464586	1690523	1055131	22062.73
通 辽	Tongliao	1985278	53691	118415	669054	591402	17485.93
鄂尔多斯	Eerduosi	2900100	217333	204710	1201617	1046471	34571.25
呼伦贝尔	Hulunbeier	789263	19010	47795	599173	358195	21564.55
巴彦淖尔	Bayanzhuoer	1077553	43518	87624	755389	305807	16478.16
乌兰察布	Wulanchabu	608686	22034	59104	644371	216205	19050.09
沈 阳	Shenyang	28752888	2188083	3106685	19009485	11200020	28387.68
大 连	Dalian	22587858	2316929	2938747	14964703	8054951	30113.28
鞍 山	Anshan	9448580	605120	904684	5030406	1729415	27596.66
抚 顺	Fushun	4296407	306020	559775	3613883	2030220	24876.63
本 溪	Benxi	3671809	287504	488830	2301515	876742	22569.12
丹 东	Dandong	2011328	156888	309703	2054068	708286	19153.72
锦 州	Jinzhou	2935870	186546	345913	2615084	1092777	22329.54
营 口	Yingkou	3441216	210271	389470	2095161	780322	20963.46

2—4 续表 1 Continued 1

城　市	City	地区生产总值（万元）GDP（10000 yuan）	地方财政预算内收入（万元）Local Financial Revenue（10000 yuan）	地方财政预算内支出（万元）Local Financial Expenditures（10000 yuan）	城乡居民储蓄年末余额（万元）Outstanding of Deposits of Urban and Rural Residents（10000 yuan）	社会消费品零售总额（万元）Total Retail Sales of Consumer Goods（10000 yuan）	职工平均工资（元）Average Wage of Staff and Workers（yuan）
阜　新	Fuxin	1261151	84308	322950	1350542	716432	19847. 20
辽　阳	Liaoyang	2877122	203772	344257	2266828	659387	22766. 42
盘　锦	Panjin	4073935	247344	328121	2538461	1059983	25491. 32
铁　岭	Tieling	1007206	110695	273686	1285806	425670	22604. 76
朝　阳	Chaoyang	1121314	82912	287121	1233722	296323	20710. 45
葫芦岛	Huludao	2733979	188763	373792	2013536	860061	19725. 70
长　春	Changchun	15436785	822791	1322419	10214788	6234968	26591. 30
吉　林	Jinlin	5661847	279827	560001	4295809	2650498	26875. 23
四　平	Siping	1048197	151689	157643	1118295	505565	18015. 56
辽　源	Liaoyang	1314033	62477	171545	746654	401631	18711. 22
通　化	Tonghua	1346214	64377	160604	836137	477508	20684. 38
白　山	Baishan	1249657	62882	158784	921781	438355	18699. 48
松　原	Songyuan	2300620	97103	174888	308855	448675	28425. 98
白　城	Baicheng	674797	26276	144768	505128	518663	13139. 53
哈尔滨	Haerbin	17566537	1185778	1665267	12794869	8412945	23900. 81
齐齐哈尔	Qiqihaer	2486825	159201	414276	2289227	1425146	20757. 60
鸡　西	Jixi	1051999	77608	143042	1411420	464187	18200. 34
鹤　岗	Hegang	1032159	67806	171833	814463	361757	19527. 62
双鸭山	Shuangyashan	904687	57214	141963	832595	239112	20433. 98
大　庆	Daqing	17209046	559264	721301	5500535	2748019	31989. 01
伊　春	Yichun	1045860	27731	203076	1156464	239405	9520. 28
佳木斯	Jiamusi	1706595	37454	161009	1605483	884894	16654. 60
七台河	Qitaihe	1026123	73870	139807	821213	233707	17884. 36
牡丹江	Mudanjiang	1263547	81084	218464	1935034	822395	20395. 49
黑　河	Heihe	289765	18458	98868	440602	40475	23623. 65
绥　化	Suihua	429967	8832	85388	655470	258182	11644. 29
上　海	Shanghai	120660571	20559632	21222170	93264500	38177325	49439. 06
南　京	Nanjing	30157200	3160700	3231999	18753761	12964068	36673. 39
无　锡	Wuxi	21629200	1882336	1689690	10809851	7284327	35577. 64
徐　州	Xuzhou	8976000	606137	623115	3488669	2965333	30648. 04
常　州	Changzhou	14199100	1305365	1250226	8514000	4554551	32667. 59
苏　州	Suzhou	22952900	2258640	2156109	10552093	5805889	33292. 66
南　通	Nantong	5519400	584963	520565	3473107	1709076	30151. 37
连云港	Lianyungang	2746400	275120	326875	1488947	1015066	25695. 53
淮　安	Huaian	4765600	382604	520058	1934488	1712951	21626. 32
盐　城	Yancheng	3878929	255914	337679	1946164	1429903	23114. 92
扬　州	Yangzhou	6033200	496159	474233	2849831	1936651	29266. 83
镇　江	Zhenjiang	5349567	480327	458351	2317994	1590948	30438. 98
泰　州	Taizhou	3253900	330185	366508	1438899	905527	24159. 04
宿　迁	Suqian	2051600	162714	297078	674899	601402	21638. 42
杭　州	Hangzhou	32578837	3421403	2747160	22588900	11144273	37990. 19

2—4续表2 Continued 2

城　市	City	地区生产总值（万元）GDP（10000 yuan）	地方财政预算内收入（万元）Local Financial Revenue（10000 yuan）	地方财政预算内支出（万元）Local Financial Expenditures（10000 yuan）	城乡居民储蓄年末余额（万元）Outstanding of Deposits of Urban and Rural Residents（10000 yuan）	社会消费品零售总额（万元）Total Retail Sales of Consumer Goods（10000 yuan）	职工平均工资（元）Average Wage of Staff and Workers（yuan）
宁　波	Ningbuo	19265032	2281784	2548327	11390872	5476753	34644.38
温　州	Wenzhou	9162980	824026	717800	8901572	4757479	29519.77
嘉　兴	Jiaxing	4044932	361196	373603	2658418	1429570	27216.42
湖　州	Huzhou	4135835	289302	316600	2303118	1638950	28550.75
绍　兴	Shaoxing	3450631	338583	298188	3270549	1278474	27064.56
金　华	Jinhua	2832713	238792	301384	1759212	1354856	30453.27
衢　州	Quzhou	1968631	144233	251282	1010479	692611	35187.33
舟　山	Zhoushan	2942104	289827	420386	1730484	1016672	32967.20
台　州	Taizhou	6336470	472813	476345	3983341	2525066	33131.97
丽　水	Lishui	1163000	118449	188623	642967	515756	33150.69
合　肥	Hefei	10244046	1334060	1284359	5585174	4152137	26695.28
芜　湖	Wuhu	4218234	334253	459426	1730686	1202283	22723.37
蚌　埠	Bengbu	2030339	73905	87989	1494769	157392	21445.88
淮　南	Huainan	2477228	179570	319799	2268614	893810	32688.97
马鞍山	Maanshan	4419500	500090	509262	1671375	667639	33014.23
淮　北	Huaibei	2064927	126092	198026	1183799	523685	26597.00
铜　陵	Tongling	2505538	151524	205275	877710	489855	23623.25
安　庆	Anqing	1861771	130500	233489	1202171	809243	19210.19
黄　山	Huangshan	955608	80712	164917	690808	379334	23096.13
滁　州	Chuzhou	1166705	88822	174998	625255	295613	20171.11
阜　阳	Fuyang	1512523	90743	259950	1462748	708842	16724.28
宿　州	Suzhou	1608353	73155	200207	1197168	516762	32604.57
巢　湖	Chaohu	957847	21602	84363	699881	267623	18748.57
六　安	Liuan	923443	96727	261654	984460	553314	18022.24
亳　州	Buozhou	1166785	41873	147950	664833	487732	17149.70
池　州	Chizhou	814284	75423	141099	526673	287540	19265.09
宣　城	Xuancheng	1010070	40101	82657	569560	390200	22553.08
福　州	Fuzhou	9571330	1020567	839360	8653196	6832866	32500.74
厦　门	Xiamen	13878520	1865262	1986559	7399980	3620462	28959.18
莆　田	Putian	4175395	210133	256234	2209612	1436123	18604.10
三　明	Sanming	1277814	98660	111800	533176	413845	24237.91
泉　州	Quanhzou	4880454	381262	369883	2767868	2007903	20399.29
漳　州	Zhangzhou	2200003	192930	213079	1187762	961926	20958.45
南　平	Nanping	1205285	84225	109659	653735	450376	21269.43
龙　岩	Longyan	2282402	215940	216300	980351	684124	22662.36
宁　德	Ningde	768887	19021	108602	265780	281872	21594.76
南　昌	Nanchang	9693371	706996	816887	5737941	3444628	20285.67
景德镇	Jingdezhen	1491909	70552	145642	823663	534581	18003.25
萍　乡	Pingxiang	1928776	129270	217068	833484	592578	19417.62
九　江	Jiujiang	2376803	141890	218555	1156498	752318	18637.53
新　余	Xinyu	2347584	152216	252196	1134769	504484	23527.35

2—4 续表 3　Continued 3

城　市	City	地区生产总值（万元）GDP (10000 yuan)	地方财政预算内收入（万元）Local Financial Revenue (10000 yuan)	地方财政预算内支出（万元）Local Financial Expenditures (10000 yuan)	城乡居民储蓄年末余额（万元）Outstanding of Deposits of Urban and Rural Residents (10000 yuan)	社会消费品零售总额（万元）Total Retail Sales of Consumer Goods (10000 yuan)	职工平均工资（元）Average Wage of Staff and Workers (yuan)
鹰　潭	Yingtan	445713	37153	89976	466557	228969	21388.12
赣　州	Ganzhou	1185081	54897	89427	1113822	545235	23398.31
吉　安	Jian	669774	23677	69009	643609	226631	16874.37
宜　春	Yichun	798143	19926	96147	688003	461060	15246.60
抚　州	Fuzhou	1180329	25135	89128	918233	511294	13806.30
上　饶	Shangrao	708573	24670	43386	671786	419260	17048.57
济　南	Jinan	19539373	1327758	1393399	10853281	8906454	29165.01
青　岛	Qingdao	21385149	2196177	2278596	11865733	6829932	31767.98
淄　博	Zibuo	15603823	801581	908736	6732754	4740744	24325.79
枣　庄	Zaozhuang	5215038	292239	461127	1798300	1285106	22356.96
东　营	Dongying	11929215	433018	505185	3133664	1538324	32639.26
烟　台	Yantai	11896316	661828	836251	5166606	3302025	27577.20
潍　坊	Weifang	5195764	390494	511425	3062125	1972363	20527.75
济　宁	Jining	4023400	402040	502740	2060446	1775032	23239.48
泰　安	Taian	4459988	283824	377460	2163436	1348440	19137.55
威　海	Weihai	4405906	328373	426054	2326422	1365472	21012.07
日　照	Rizhao	3953600	240763	377260	1495576	1060854	22557.04
莱　芜	Laiwu	3672700	260688	345318	1721919	1118491	25929.76
临　沂	Linyi	6084400	404797	520286	3376232	2785830	23374.46
德　州	Dezhou	2828639	180883	198345	1489724	992342	17970.95
聊　城	Liaocheng	1686289	168730	216165	1372460	715396	19365.77
滨　州	Binzhou	2169972	202445	264368	851470	689034	19312.92
菏　泽	Heze	1311109	107978	247583	1170372	766185	15463.38
郑　州	Zhengzhou	10254831	1660438	1630364	12400018	6091623	24130.24
开　封	Kaifeng	1349252	117073	258152	1560675	1172853	15336.75
洛　阳	Luoyang	5515152	515718	633129	4203364	2121562	21561.20
平顶山	Pingdingshan	2845470	269347	346001	2163493	876773	22261.17
安　阳	Anyang	2444054	263558	381608	1590235	935021	22015.10
鹤　壁	Hebi	1370022	109474	169293	613850	262990	18119.56
新　乡	Xinxiang	2457331	211459	311336	1696561	908853	16167.61
焦　作	Jiaozuo	1677741	218532	321071	1411006	582585	19444.72
濮　阳	Puyang	2229405	162828	233417	1490066	361851	22865.17
许　昌	Xuchang	1038636	110025	175007	862707	507300	17760.49
漯　河	Luohe	2715459	145942	268833	1106648	785990	15510.59
三门峡	Sanmenxi	890334	93228	160226	717183	264301	19906.64
南　阳	Nanyang	2851186	187157	497765	2118565	1424487	18432.38
商　丘	Shangqiu	1762974	129957	303770	1367665	776493	14306.05
信　阳	Xinyang	1901394	91492	288738	1376204	733552	14273.93
周　口	Zhoukou	755203	57419	169733	795281	392942	12923.12
驻马店	Zhumadian	1201752	98448	213953	1000110	433106	14713.99
武　汉	Wuhan	27090300	2029755	2714941	17643913	13433135	26870.46

2－4 续表 4 Continued 4

城市	City	地区生产总值（万元）GDP (10000 yuan)	地方财政预算内收入（万元）Local Financial Revenue (10000 yuan)	地方财政预算内支出（万元）Local Financial Expenditures (10000 yuan)	城乡居民储蓄年末余额（万元）Outstanding of Deposits of Urban and Rural Residents (10000 yuan)	社会消费品零售总额（万元）Total Retail Sales of Consumer Goods (10000 yuan)	职工平均工资（元）Average Wage of Staff and Workers (yuan)
黄　石	Huangshi	2543200	122865	204329	1346417	1042600	16200.00
十　堰	Shiyan	2557776	89856	174241	1405655	864094	23049.28
宜　昌	Yichang	4372774	208336	357236	2113263	1669577	19997.11
襄　樊	Xiangfan	4740200	152625	345554	2551478	1876670	17167.95
鄂　州	Ezhou	2087073	85088	178440	802500	845791	19148.98
荆　门	Jingmen	1657710	64181	190035	1074762	553512	19889.14
孝　感	Xiaogan	938800	45756	140275	832027	383737	14865.06
荆　州	Jingzhou	1705482	71930	169576	1697800	1079822	14998.88
黄　冈	Huanggang	564845	38988	123759	425000	326415	19460.67
咸　宁	Xianning	789200	40334	116401	456093	305955	15494.83
随　州	Suizhou	1714700	33577	147773	1240179	701865	14703.99
长　沙	Changsha	12990284	1393546	1522786	9827268	8029842	28948.09
株　洲	Zhuzhou	3801111	231493	394308	2399288	1201986	25681.39
湘　潭	Xiangtan	2960225	166618	302618	1748956	919548	21493.90
衡　阳	Hengyang	1985806	134317	317222	2352857	988749	19642.20
邵　阳	Haoyang	908336	56110	223501	958684	261823	18360.18
岳　阳	Yueyang	4181608	215369	365966	1390820	817294	22440.58
常　德	Changde	4037787	230812	391872	1452765	1041195	23472.64
张家界	Zhangjiajie	800195	55865	131586	405478	162356	21852.10
益　阳	Yiyang	1656149	85290	284433	1026624	537749	20283.75
郴　州	Chenzhou	1795157	164084	303318	1489067	1098328	21285.90
永　州	Yongzhou	1477895	52190	116160	973810	528965	21238.68
怀　化	Huaihua	885057	241281	228758	887141	372011	24392.02
娄　底	Loudi	1280367	60298	125634	759830	258655	32637.66
广　州	Guangzhou	65704920	4939354	5830521	55143284	24626538	41734.16
韶　关	Shaoguan	2510447	208526	283931	1970900	1254048	27842.63
深　圳	Shenzhen	68015706	6580554	7279563	37925900	19150276	38797.36
珠　海	Zhuhai	8959010	758242	828160	5918643	3014747	26611.52
汕　头	Shantou	8441181	421567	708209	8384813	4661460	21708.11
佛　山	Fuoshan	36051142	1945430	2066701	28366734	9467953	28331.38
江　门	Jiangmen	5818700	375844	429697	4949500	1730300	23225.21
湛　江	Zhanjiang	5025942	285856	491399	3110527	1980237	27956.42
茂　名	Maoming	3733844	195509	269672	1527882	1521271	28491.44
肇　庆	Zhaoqing	2106695	149783	221278	1607636	700514	23475.37
惠　州	Huizhou	7152343	481964	568293	4135767	2181096	20397.38
梅　州	Meizhou	885764	101375	172008	668172	317957	26917.60
汕　尾	Shanwei	837579	43906	96224	394938	362862	23176.44
河　源	Heyuan	877827	61472	137421	633415	366259	22375.88
阳　江	Yangjiang	1549908	64700	138782	1035684	1016824	18996.12
清　远	Qingyuan	2020884	116895	176576	1471202	706915	26960.24
东　莞	Dongguan	31519126	1864468	1930968	21207413	6958942	35279.79

2—4 续表 5　Continued 5

城　市	City	地区生产总值（万元）GDP (10000 yuan)	地方财政预算内收入（万元）Local Financial Revenue (10000 yuan)	地方财政预算内支出（万元）Local Financial Expenditures (10000 yuan)	城乡居民储蓄年末余额（万元）Outstanding of Deposits of Urban and Rural Residents (10000 yuan)	社会消费品零售总额（万元）Total Retail Sales of Consumer Goods (10000 yuan)	职工平均工资（元）Average Wage of Staff and Workers (yuan)
中　山	Zhongshan	12380456	861171	877559	8755364	3956605	27502.50
潮　州	Chaozhou	881166	68489	116493	1352160	418770	23592.87
揭　阳	Jieyang	1361410	72379	143166	1222090	607936	15041.76
云　浮	Yunfu		53944	101431	571363	183404	23741.19
南　宁	Nanning	7685058	603801	809147	5560735	4234525	27633.71
柳　州	Liuzhou	5105027	325724	468113	2804255	2202338	29414.27
桂　林	Guilin	2422182	196765	329539	2156549	1264556	
梧　州	Wuzhou	1219036	84998	181496	755582	532306	22901.60
北　海	Beihai	1529371	176391	264550	936637	393666	20592.42
防城港	Fangchenggang	1115039	48962	119969	424464	191017	23524.33
钦　州	Qinzhou	1585334	75508	170436	720849	476023	19530.33
贵　港	Guigang	1691804	68573	172502	888450	676094	19401.79
玉　林	Yulin	1671959	95137	185331	1348759	798514	24769.12
百　色	Baise	867567	17418	40482	383060	163945	23887.42
贺　州	Hezhou	1045381	26546	66183	466991	219143	18810.33
河　池	Hechi	627948	12271	35941	405286	174868	23794.20
来　宾	Laibin	1228416	20586	60801	323321	200830	32998.24
崇　左	Chongzuo	495145	22292	39716	184424	74616	20202.35
海　口	Haikou	3936858	448495	432058	4309529	1893831	25722.53
三　亚	Sanya	1223161	154160	187761	947284	294038	21795.82
重　庆	Chongqing	29409900	1872611	3339321	22703014	12542162	24467.73
成　都	Chengdu	20919436	1330278	1598632	17838257	10783861	28454.17
自　贡	Zigong	2571145	112195	324449	1225391	936547	20211.58
攀枝花	Panzhihua	2709541	216072	369445	1610084	704404	24935.84
泸　州	Luzhou	2089884	128696	278146	1512255	766671	19835.49
德　阳	Deyang	1579167	113997	193421	1084549	409747	31028.38
绵　阳	Mianyang	3021501	192308	346825	2014037	895722	21994.38
广　元	Guangyuan	933880	12036	103691	797877	443656	17173.91
遂　宁	Suining	1233506	48023	200687	1059338	479874	19057.80
内　江	Neijiang	1414739	54298	222675	954188	497529	18151.54
乐　山	Leshan	2084510	143191	277246	1317595	729115	15560.43
南　充	Nanchong	1838656	82700	318277	1871515	827164	16278.14
眉　山	Meishan	1093314	23813	85353	816696	301769	17725.75
宜　宾	Yibin	2287208	174894	278565	1219169	624798	22011.09
广　安	Guangan	982402	53697	164585	962213	338339	18030.03
达　州	Dazhou	721894	14274	47709	728012	364827	22486.70
雅　安	Yaan	516955	5082	38559	449894	219140	18900.48
巴　中	Bazhong	684023	8113	111836	544057	257058	15738.64
资　阳	Ziyang	1193985	62023	170088	670191	304746	19553.23
贵　阳	Guiyang	5457794	662825	855682	5596579	2484629	22602.61
六盘水	Liupanshui	1136836	95233	162460	671617	419833	24019.57

2—4 续表 6　Continued 6

城　市	City	地区生产总值（万元）GDP（10000 yuan）	地方财政预算内收入（万元）Local Financial Revenue（10000 yuan）	地方财政预算内支出（万元）Local Financial Expenditures（10000 yuan）	城乡居民储蓄年末余额（万元）Outstanding of Deposits of Urban and Rural Residents（10000 yuan）	社会消费品零售总额（万元）Total Retail Sales of Consumer Goods（10000 yuan）	职工平均工资（元）Average Wage of Staff and Workers（yuan）
遵　义	Zunyi	1934943	69260	116525	1211737	758746	21330.16
安　顺	Anshun	600514	42812	79340	536529	207764	20354.43
昆　明	Kunming	10487260	1086867	1133033	9943165	4904714	23167.15
曲　靖	Qujing	2058424	49976	84704	989276	323991	22961.96
玉　溪	Yuxi	2898516	48906	87055	1008954	362912	24124.55
保　山	Baoshan	715168	42607	91204	431773	245212	18895.86
昭　通	Shaotong	752107	22166	80270	356874	235067	21693.95
丽　江	Lijiang	292506	28109	46726	427276	104817	20988.24
思　茅	Simao	331699	23866	59815	314790	137872	19908.65
临　沧	Lincang	200977	9660	45218	159833	101362	20873.17
拉　萨	Lhasa						
西　安	Xian	13295300	1080175	1427993	18657686	8652200	27919.99
铜　川	Tongchuan	962573	57016	149299	709996	280617	19175.63
宝　鸡	Baoji	3414500	139149	278827	2136008	1255286	19597.96
咸　阳	Xanyang	2308720	113731	192383	1734656	674310	17863.81
渭　南	Weinan	925300	11530	62413	772983	297863	16780.77
延　安	Yanan	1173370	65595	72612	863677	262754	18179.13
汉　中	Hanzhong	638380	25808	45615	887000	323324	20748.26
榆　林	Yulin	853740	31280	65950	739670	170484	25136.33
安　康	Ankang	703427	12650	73516	531586	277727	18758.32
商　洛	Shangluo	295560	8236	44798	422964	121502	15959.54
兰　州	Lanzhou	6342844	428336	682000	6001408	3203985	21220.10
嘉峪关	Jiayuguan	1201845	55814	78549	445561	154200	30743.25
金　昌	Jinchang	1868353	75469	120032	404475	162263	34129.31
白　银	Baiyin	1369541	59874	158485	655820	340038	21620.65
天　水	Tianshui	1149520	30954	136652	967397	488235	15579.49
武　威	Wuwei	1262831	13388	97386	875400	271756	14777.46
张　掖	Zhangye	666326	13009	60450	462168	211308	16637.13
平　凉	Pingliang	532169	17103	42866	385800	228781	14682.93
酒　泉	Jiuquan	514671	7715	49056	545550	218045	19577.66
庆　阳	Qingyang	511397	65599	157358	375175	155702	18275.18
定　西	Dingxi	205069	6530	62995	219576	110196	21235.80
陇　南	Longnan	208903	4150	63009	195410	32410	18095.65
西　宁	Xining	2303222	148758	283253	2649113	1264166	24079.44
银　川	Yinchuan	2841303	217706	327780	2754018	1117471	30388.12
石嘴山	Shizuishan	1287139	88028	150285	859105	267785	24526.23
吴　忠	Wuzhong	419295	77314	146327	410654	158533	21922.37
固　原	Guyuan	271123	4078	63339	178582	94795	21161.83
中　卫	Zhongwei	413656	41678	102845	295000	103430	20643.03
乌鲁木齐	Urumchi	8096503	720935	653985	6759631	3279360	29141.68
克拉玛依	Kelamayi	5151297	364826	428248	1202763	230656	30884.00

城市生活质量与环境

Urban Life Quality and Environment

第3篇

3—1 居住情况(市辖区,2007年)
Urban Residen(Districts under City,2007)

城　市	City	人均住房使用面积(平方米) Per Capita Applied Space Areas (sq. m)*	居住支出占消费支出比重 Percentage of Residence to Expenditure for Consumption (%)	住宅销售面积(万平方米) Sold Area of Cmmercial Houses (10000sq. m)	别墅 Villa	住宅销售额(万元) Sales Volume of Cmmercial Houses (10000yuan)
城市合计	**Total**		**10.11**	**48109.35**	**3553**	**207553711**
北　京	Beijing	20.30	8.10	1674.35	308	18211494
天　津	Tianjin	27.09	11.78	1332.24	74	7584961
石家庄	Shijiazhuang	20.89	11.38	274.00	1	748850
唐　山	Tangshan	16.87	10.27	86.47		302433
秦皇岛	Qinhuangdao	20.12	11.89	164.98	11	613347
邯　郸	Handan	20.48	10.29	44.20	2	98972
邢　台	Xingtai	22.77	9.69	75.81	2	18048
保　定	Baoding	23.38	12.91	77.08	5	200725
张家口	Zhanjiakou	18.26	9.75	105.52		189318
承　德	Chengde	17.44	10.68	35.89	2	113010
沧　州	Cangzhou	23.14	11.65	52.68	3	114311
廊　坊	Langfang	22.92	12.28	152.53	9	487095
衡　水	Hengshui	23.03	11.56	49.14	1	97703
太　原	Taiyuan	20.03	10.94	133.82	6	500824
大　同	Datong	17.94	9.75	89.02		186660
阳　泉	Yangquan	24.14	12.14	67.10		105300
长　治	Changzhi	30.00	12.24	46.97		114221
晋　城	Jincheng	29.43	13.97	6.13		19583
朔　州	Shuozhou	26.93	11.37	59.10		87777
晋　中	Jinzhong	27.30	9.96	74.68		138425
运　城	Yuncheng	24.96	13.52	74.76	2	116118
忻　州	Xinzhou	21.00	12.98	23.10		39317
临　汾	Linfen	26.37	12.61	25.55		66861
吕　梁	Luliang	27.42	10.74	15.75		26597
呼和浩特	Huhehaote	21.00	9.45	196.10	27	504358
包　头	Baotou	28.40	8.48	237.48	9	667358
乌　海	Wuhai	29.14	8.23	148.60		288100
赤　峰	Chifeng	20.86	13.92	106.29		202800
通　辽	Tongliao	20.47	9.37	78.57	1	131499
鄂尔多斯	Eerduosi	26.10	11.18	210.36	78	594214
呼伦贝尔	Hulunbeier	20.80	11.61	70.30		137642
巴彦淖尔	Bayanzhuoer	21.07	10.35	51.75		107522
乌兰察布	Wulanchabu	19.93	12.34	66.77		94810
沈　阳	Shenyang	18.53	10.03	1292.70	33	4664349
大　连	Dalian	18.48	11.84	679.79	58	2652828
鞍　山	Anshan	15.14	13.16	72.76	6	240314
抚　顺	Fushun	16.43	10.30	83.00	5	195168
本　溪	Benxi	13.30	9.62	76.00		186430
丹　东	Dandong	14.60	12.44	116.43	2	278609
锦　州	Jinzhou	17.82	10.85	126.30	1	244720
营　口	Yingkou	18.12	12.38	129.93	1	245499

*人均住房使用面积系住户调查数据仅供参考。

3－1续表1　Continued 1

城　市	City	人均住房使用面积（平方米）Per Capita Applied Space Areas (sq. m)*	居住支出占消费支出比重 Percentage of Residence to Expenditure for Consumption (%)	住宅销售面积（万平方米）Sold Area of Cmmercial Houses (10000sq. m)	别墅 Villa	住宅销售额（万元）Sales Volume of Cmmercial Houses (10000yuan)
阜　新	Fuxin	17.48	9.77	39.20		75586
辽　阳	Liaoyang	18.54	10.88	81.25	4	189915
盘　锦	Panjin	20.61	7.28	23.70		45421
铁　岭	Tieling	18.00	15.99	49.40		94685
朝　阳	Chaoyang	17.78	12.56	47.71		78467
葫芦岛	Huludao	18.54	9.34	79.69		171605
长　春	Changchun	25.97	12.61	445.60	38	1432300
吉　林	Jinlin	21.58	14.91	123.37	4	294042
四　平	Siping	20.19	10.42	15.43		29806
辽　源	Liaoyang	17.80	9.05	35.38		60869
通　化	Tonghua	18.67	13.19	38.11		63584
白　山	Baishan	23.99	9.31	18.60		36248
松　原	Songyuan	26.31	10.17	23.16		35326
白　城	Baicheng	21.28	15.84	10.74		14135
哈尔滨	Haerbin	18.85	8.82	631.50	47	1928541
齐齐哈尔	Qiqihaer	16.16	13.25	105.68		187207
鸡　西	Jixi	21.50	11.49	22.88		40097
鹤　岗	Hegang	16.44	10.25	40.46		63680
双鸭山	Shuangyashan	18.17	9.68	23.69		35141
大　庆	Daqing	24.10	6.77	172.50	11	452417
伊　春	Yichun	24.02	8.59	9.46		9061
佳木斯	Jiamusi	25.54	12.17	31.95		51816
七台河	Qitaihe	19.49	10.70	40.59		73427
牡丹江	Mudanjiang	18.17	12.55	33.50		62087
黑　河	Heihe	21.80	5.45	3.75		5369
绥　化	Suihua	17.80	12.86			
上　海	Shanghai	24.16	8.18	3235.29	500	26814343
南　京	Nanjing	26.08	7.92	999.98	63	5167963
无　锡	Wuxi	27.40	8.89	443.29	30	2171879
徐　州	Xuzhou	26.20	10.16	93.49	2	272520
常　州	Changzhou	30.20	9.35	400.29	11	1627744
苏　州	Suzhou	31.20	9.41	702.67	95	4341964
南　通	Nantong	29.95	9.31	216.83	10	848983
连云港	Lianyungang	31.25	9.11	126.45		382276
淮　安	Huaian	30.32	10.42	175.88	9	468602
盐　城	Yancheng	26.00	10.20	144.73	6	335667
扬　州	Yangzhou	35.40	8.65	185.85	9	723830
镇　江	Zhenjiang	32.67	8.18	152.81	10	481403
泰　州	Taizhou	31.97	7.15	98.25	5	310002
宿　迁	Suqian	35.14	8.92	97.75	1	182515
杭　州	Hangzhou	28.78	10.13	855.14	60	6898354

3—1 续表 2　Continued 2

城　市　City		人均住房使用面积（平方米）Per Capita Applied Space Areas (sq. m) *	居住支出占消费支出比重 Percentage of Residence to Expenditure for Consumption (%)	住宅销售面积（万平方米）Sold Area of Cmmercial Houses (10000sq. m)	别墅 Villa	住宅销售额（万元）Sales Volume of Cmmercial Houses (10000yuan)
宁　波	Ningbuo	26.09	9.37	471.32	14	3154667
温　州	Wenzhou	25.00	9.30	144.32	3	1377941
嘉　兴	Jiaxing	27.51	8.27	143.56	7	601949
湖　州	Huzhou	33.45	11.46	114.43	2	455217
绍　兴	Shaoxing	28.17	8.44	89.26	6	624953
金　华	Jinhua	33.80	8.76	132.31	18	427734
衢　州	Quzhou	37.40	8.37	76.21	5	210487
舟　山	Zhoushan	28.28	10.45	100.31	1	525864
台　州	Taizhou	28.10	6.58	113.77	9	613334
丽　水	Lishui	24.10	7.42	41.51		275379
合　肥	Hefei	19.36	8.75	798.06	5	2665757
芜　湖	Wuhu	19.80	11.27	146.04	2	483567
蚌　埠	Bengbu	17.51	10.88	81.40		221412
淮　南	Huainan	17.68	9.82	97.20		235391
马鞍山	Maanshan	17.91	14.15	186.67	2	477933
淮　北	Huaibei	20.04	6.25	78.39		150287
铜　陵	Tongling	18.96	7.89	38.32	1	130084
安　庆	Anqing	19.17	10.33	48.91		123585
黄　山	Huangshan	23.86	11.49	66.29	8	137912
滁　州	Chuzhou	21.85	11.96	41.33	1	106928
阜　阳	Fuyang	22.12	7.77	90.40	6	199606
宿　州	Suzhou	30.18	10.28	52.77	1	114615
巢　湖	Chaohu	20.71	8.87	1.87		3534
六　安	Liuan	26.38	8.58	73.70	4	164177
亳　州	Buozhou	33.00	16.49	19.07		29765
池　州	Chizhou	26.83	14.30	27.03	1	59886
宣　城	Xuancheng	29.16	8.68	20.60		52569
福　州	Fuzhou	19.58	11.25	320.35	22	1954181
厦　门	Xiamen	23.95	10.96	369.56	46	3291651
莆　田	Putian	28.99	17.55	88.06	2	250227
三　明	Sanming	21.00	13.59	50.82	2	130631
泉　州	Quanhzou	27.67	9.29	83.39	17	319031
漳　州	Zhangzhou	24.53	9.89	115.39	2	373582
南　平	Nanping	26.48	10.30	50.64		181640
龙　岩	Longyan	32.00	15.72	54.05	6	183007
宁　德	Ningde	41.87	9.93	32.70	1	97959
南　昌	Nanchang	20.46	8.68	313.58	16	1232140
景德镇	Jingdezhen	21.68	8.07	55.91	1	90317
萍　乡	Pingxiang	35.00	10.87	49.15	2	77882
九　江	Jiujiang	31.25	11.41	99.90		263582
新　余	Xinyu	29.53	8.53	102.12	1	164256

3—1 续表 3　Continued 3

城市	City	人均住房使用面积（平方米）Per Capita Applied Space Areas (sq. m) *	居住支出占消费支出比重 Percentage of Residence to Expenditure for Consumption (%)	住宅销售面积（万平方米）Sold Area of Cmmercial Houses (10000sq. m)	别墅 Villa	住宅销售额（万元）Sales Volume of Cmmercial Houses (10000yuan)
鹰潭	Yingtan	22.18	10.92	17.58	1	36190
赣州	Ganzhou	25.81	9.12	98.32	15	243515
吉安	Jian	31.23	13.62	92.19	3	144621
宜春	Yichun	28.49	6.20	81.48	9	132691
抚州	Fuzhou	24.59	8.55	109.05		201063
上饶	Shangrao	21.80	8.31	10.37	2	24394
济南	Jinan	20.20	10.65	234.17	1	966467
青岛	Qingdao	19.48	9.58	436.36	46	3019461
淄博	Zibuo	23.09	11.04	376.16	4	849252
枣庄	Zaozhuang	22.41	9.42	63.68	1	124997
东营	Dongying	24.89	8.99	150.50	12	379220
烟台	Yantai	19.83	9.00	230.01		900105
潍坊	Weifang	24.25	8.96	211.27	5	471297
济宁	Jining	22.14	7.48	87.90	4	257556
泰安	Taian	23.53	10.16	70.97	2	193350
威海	Weihai	25.28	9.29	134.62	1	487826
日照	Rizhao	22.12	7.97	119.20		328024
莱芜	Laiwu	24.25	10.02	71.30	1	140823
临沂	Linyi	24.91	9.52	119.21	2	284348
德州	Dezhou	23.04	8.57	55.47		71401
聊城	Liaocheng	23.94	10.88	57.37	3	146042
滨州	Binzhou	23.07	8.98	64.70		84345
菏泽	Heze	25.30	8.18	137.55	1	259522
郑州	Zhengzhou	19.87	9.31	769.80	46	3000448
开封	Kaifeng	21.60	8.78	60.43	7	131356
洛阳	Luoyang	22.20	10.23	361.99	14	827340
平顶山	Pingdingshan	23.09	7.01	50.21	2	84980
安阳	Anyang	25.05	7.65	159.73	1	270712
鹤壁	Hebi	24.47	13.64	39.20		60558
新乡	Xinxiang	23.01	11.70	107.74	3	173146
焦作	Jiaozuo	21.53	11.98	72.91	7	151280
濮阳	Puyang	21.72	13.91	68.41	1	119221
许昌	Xuchang	26.69	10.96	86.82	9	159015
漯河	Luohe	25.55	11.66	98.62		157429
三门峡	Sanmenxi	19.42	15.37	16.96	2	24128
南阳	Nanyang	25.26	10.24	104.18	6	180842
商丘	Shangqiu	32.66	9.08	60.15	11	95377
信阳	Xinyang	24.65	8.57	101.98	1	169970
周口	Zhoukou	29.14	11.31	45.71	6	61157
驻马店	Zhumadian	23.32	9.28	40.67	17	76528
武汉	Wuhan	27.54	10.56	815.46	58	4456201

3—1续表4 Continued 4

城市	City	人均住房使用面积（平方米）Per Capita Applied Space Areas (sq. m) *	居住支出占消费支出比重 Percentage of Residence to Expenditure for Consumption (%)	住宅销售面积（万平方米）Sold Area of Cmmercial Houses (10000sq. m)	别墅 Villa	住宅销售额（万元）Sales Volume of Cmmercial Houses (10000yuan)
黄石	Huangshi	25.21	7.25	78.78		165350
十堰	Shiyan	25.03	10.52	101.37		197915
宜昌	Yichang	27.40	7.10	170.28	5	461799
襄樊	Xiangfan	29.18	7.47	89.92	4	183154
鄂州	Ezhou	32.30	8.02	56.54	5	100427
荆门	Jinmen	27.10	7.93	75.51		109300
孝感	Xiaogan	26.45	6.72	29.12		38548
荆州	Jinmen	22.54	7.80	78.45	1	153781
黄冈	Huanggang	41.00	10.89	39.94		57800
咸宁	Xianning	34.30	13.01	33.26		44078
随州	Suizhou	32.10	11.41	25.14		34625
长沙	Changsha	21.64	8.75	652.90	54	2217050
株洲	Zhuzhou	20.80	10.59	222.65	21	447491
湘潭	Xiangtan	20.51	14.69	134.04	14	225741
衡阳	Hengyang	27.00	8.37	69.71	4	50231
邵阳	Haoyang	21.11	7.90	19.59		27253
岳阳	Yueyang	22.63	8.99	75.03		118025
常德	Changde	24.76	13.06	98.19	6	187912
张家界	Zhangjiajie	43.29	11.14	17.46		21956
益阳	Yiyang	28.90	8.44	77.55	1	106917
郴州	Chenzhou	22.41	12.84	47.50	17	85458
永州	Yongzhou	34.53	7.12	42.81		51604
怀化	Huaihua	30.35	7.22	45.61	2	57050
娄底	Loudi	25.23	6.30	31.25		42135
广州	Guangzhou	20.00	9.92	939.99	101	8685026
韶关	Shaoguan	27.98	13.91	85.56	6	208051
深圳	Shenzhen	18.35	13.92	500.35	118	6689474
珠海	Zhuhai	26.10	8.06	316.33	12	2041495
汕头	Shantou	21.60	10.20	150.82	21	461662
佛山	Fuoshan	28.23	10.67	687.15	148	3630500
江门	Jiangmen	26.93	11.42	155.61	38	478107
湛江	Zhanjiang	28.00	9.91	61.40		182253
茂名	Maoming	31.11	12.81	85.85		168466
肇庆	Zhaoqing	28.20	12.27	86.05	5	270588
惠州	Huizhou	23.28	18.71	304.01	68	1238669
梅州	Meizhou	27.80	12.39	21.84		39176
汕尾	Shanwei	19.51	11.99	31.95		49158
河源	Heyuan	32.23	13.78	62.62	9	175899
阳江	Yangjiang	36.67	9.21	36.58	2	69320
清远	Qingyuan	28.55	10.75	114.36	39	429699
东莞	Dongguan	57.38	8.83	541.07	129	2736729

3—1续表5　Continued 5

城　市	City	人均住房使用面积（平方米）Per Capita Applied Space Areas (sq. m) *	居住支出占消费支出比重 Percentage of Residence to Expenditure for Consumption (%)	住宅销售面积（万平方米）Sold Area of Cmmercial Houses (10000sq. m)	别　墅 Villa	住宅销售额（万元）Sales Volume of Cmmercial Houses (10000yuan)
中　山	Zhongshan	32.99	9.16	465.37	57	1833485
潮　州	Chaozhou	28.02	10.38	34.23		65042
揭　阳	Jieyang	27.97	11.33	27.42		43512
云　浮	Yunfu	30.60	13.26	11.43		18355
南　宁	Nanning	21.25	8.89	541.38	66	1855437
柳　州	Liuzhou	21.08	11.68	191.64		560633
桂　林	Guilin	20.40	10.55	110.19	4	340049
梧　州	Wuzhou	27.16	8.62	52.40	1	100143
北　海	Beihai	39.47	11.28	71.22		172059
防城港	Fangchenggang	30.56	17.49	11.07		18504
钦　州	Qinzhou	29.52	3.94	48.45	2	94267
贵　港	Guigang	27.17	18.46	57.94		104278
玉　林	Yulin	33.33	15.82	59.93		115761
百　色	Baise	29.46	10.77	26.37		46404
贺　州	Hezhou	62.60	9.50	16.02	1	24846
河　池	Hechi	26.98	11.24	15.88		21992
来　宾	Laibin	23.00	14.75	26.91		42421
崇　左	Chongzuo	26.00	8.54	21.52		35940
海　口	Haikou	28.55	10.73	162.39	30	552569
三　亚	Sanya	24.20	10.11	88.58	14	608454
重　庆	Chongqing	21.01	9.02	2793.99	171	7944736
成　都	Chengdu	18.41	8.62	1519.16	59	6843203
自　贡	Zigong	22.03	8.57	83.02		143345
攀枝花	Panzhihua	23.37	8.86	92.53		182351
泸　州	Luzhou	28.00	6.87	95.89		170258
德　阳	Deyang	24.56	7.42	98.21	2	219899
绵　阳	Mianyang	24.00	8.38	111.10	1	260036
广　元	Guangyuan	23.66	10.88	43.35		73426
遂　宁	Suining	27.22	7.33	131.88		193433
内　江	Neijiang	27.99	9.32	31.93	1	53704
乐　山	Leshan	22.60	6.63	97.72	6	205199
南　充	Nanchong	24.84	7.51	140.09	1	260944
眉　山	Meishan	23.70	8.28	68.26	1	100200
宜　宾	Yibin	27.81	8.58	101.15		193098
广　安	Guangan	30.32	7.44	82.17		97093
达　州	Dazhou	35.44	8.84	44.81		75888
雅　安	Yaan	17.40	9.88	18.58	1	30674
巴　中	Bazhong			44.92		52916
资　阳	Ziyang	38.31	10.70	30.80		43888
贵　阳	Guiyang	16.28	8.80	354.95	10	1006007
六盘水	Liupanshui	31.65	8.22	64.07		123108

3—1 续表 6 Continued 6

城市	City	人均住房使用面积（平方米） Per Capita Applied Space Areas (sq. m) *	居住支出占消费支出比重 Percentage of Residence to Expenditure for Consumption (%)	住宅销售面积（万平方米） Sold Area of Cmmercial Houses (10000sq. m)	别墅 Villa	住宅销售额（万元） Sales Volume of Cmmercial Houses (10000yuan)
遵义	Zunyi	23.33	9.11	68.61	3	105867
安顺	Anshun	21.72	10.28	18.63		29135
昆明	Kunming	22.72	8.96	757.32	69	2398182
曲靖	Qujing	25.20	9.88	153.67	28	289778
玉溪	Yuxi	34.20	5.50	71.96	9	114036
保山	Baoshan	29.80	5.96	21.00	11	36663
昭通	Shaotong	20.55	7.26	7.99		10987
丽江	Lijiang	48.77	18.33	29.82		62421
思茅	Simao	23.25	3.67	44.12	3	68989
临沧	Lincang	25.23	7.31	9.00	8	15667
拉萨		26.40	6.63			
西安	Xian	23.63	10.18	771.23	28	2497114
铜川	Tongchuan	18.14	6.25	40.71		45284
宝鸡	Baoji	24.50	5.44	57.90		128860
咸阳	Xanyang	18.89	8.04	79.77		177535
渭南	Weinan	19.70	7.77	29.07		42624
延安	Yanan	26.75	6.75	39.92		73323
汉中	Hanzhong	25.94	7.05	43.74		76259
榆林	Yulin	20.00	13.65	16.50		50790
安康	Ankang	22.68	5.39	45.61		76745
商洛	Shangluo	28.70	8.17	12.06		16540
兰州	Lanzhou	22.56	9.17	195.20		538398
嘉峪关	Jiayuguan	34.00	6.50	41.74	1	41447
金昌	Jinchang	25.80	12.64	27.32		28286
白银	Baiyin	21.72	6.91	19.89		21663
天水	Tianshui	18.22	7.66	29.49		67992
武威	Wuwei	22.90	10.17	22.90		26830
张掖	Zhangye	33.52	11.86	25.09		37084
平凉	Pingliang	28.71	6.72	34.50		19379
酒泉	Jiuquan	23.19	10.80	22.53		33449
庆阳	Qingyang	25.75	8.88	15.10		23120
定西	Dingxi	21.63	10.59	6.93		6480
陇南	Longnan	29.86	11.01	1.58		3052
西宁	Xining	22.50	8.83	133.05	19	307748
银川	Yinchuan	27.05	10.42	264.50	6	617359
石嘴山	Shizuishan	26.69	10.60	44.98		76752
吴忠	Wuzhong	28.14	16.92	33.30		50518
固原	Guyuan	24.52	11.56	13.20		14919
中卫	Zhongwei	24.94	11.35	21.78		29464
乌鲁木齐	Urumchi	18.58	6.43	465.98	25	1179690
克拉玛依	Kelamayi	18.70	10.23	57.53	4	87989

3－2 城市生活用水、电、气（市辖区，2007年）

Urban Consumption of Water and Power and Gas for Residential Use (Districts under City，2007)

城市	City	生活用水量（万吨） Volume of Water For Residential Use (10000 tons)	人均生活用水（吨/人） Per Capita Consumption of Water for Residential Use (ton/person)	生活用电量（万千瓦时） Volume of Power For Residential Use (Mil. kw/hour)	人均生活用电（千瓦时/人） Per Capita Consumption of Power for Residential Use (kwh/person)	家庭用煤气量（万立方米） Volume of Coal Gas For Residential Use (10000 m^3)	人均家庭煤气用量（立方米/人） Per Capita Consumption of Coal Gas for Residential Use (m^3/person)
城市合计	**Total**	**1430736**	**48.68**	**19471347**	**524.05**	**963029**	**73.31**
北京	Beijing	52426	32.17	1043181	913.08	70339	70.28
天津	Tianjin	16920	25.99	475000	604.06	21304	34.90
石家庄	Shijiazhuang	6473	28.12	124655	524.36	7343	50.71
唐山	Tangshan	9724	50.26	65406	215.43	8457	76.09
秦皇岛	Qinhuangdao	2399	27.14	56081	695.79	310	4.34
邯郸	Handan	4226	27.69	41622	285.79	10900	102.61
邢台	Xingtai	1730	26.16	33260	571.67	1099	31.41
保定	Baoding	3183	28.25	57034	537.65	1176	28.00
张家口	Zhanjiakou	2197	26.63	25145	284.12	3852	72.95
承德	Chengde	2331	50.00	20155	389.77	685	101.93
沧州	Cangzhou	1480	29.01	20790	407.49	432	16.17
廊坊	Langfang	1940	41.99	34032	430.24	2212	61.44
衡水	Hengshui	1265	33.87	32409	691.17	40	114.29
太原	Taiyuan	13793	47.27	125564	453.64	18197	73.46
大同	Datong	4435	31.91	37765	249.42	7781	111.09
阳泉	Yangquan	2087	39.06	14792	220.09	12075	304.31
长治	Changzhi	2610	45.08	15969	234.15	4319	114.44
晋城	Jincheng	622	19.44	8173	249.18	2750	180.66
朔州	Shuozhou	1895	70.45	8482	135.80	3879	199.54
晋中	Jinzhong	1355	35.10	13522	238.06	1980	79.83
运城	Yuncheng	1018	28.28	22040	338.14	351	21.94
忻州	Xinzhou	695	37.98	9510	183.52	600	62.50
临汾	Linfen	998	24.24	30656	378.94	8760	307.37
吕梁	Luliang	415	21.50	5884	221.12	922	129.86
呼和浩特	Huhehaote	1945	15.36	73700	644.12	1342	24.83
包头	Baotou	27		61914	445.07	17273	151.97
乌海	Wuhai	3000	69.77	12765	267.61	268	52.55
赤峰	Chifeng	668	16.11	33304	279.91		
通辽	Tongliao	705	18.08	20206	245.79	72	
鄂尔多斯	Eerduosi	899	21.40	10498	431.31	435	78.66
呼伦贝尔	Hulunbeier	518	27.83	7862	298.94		
巴彦淖尔	Bayanzhuoer	493	17.54	9687	175.97		
乌兰察布	Wulanchabu	500	17.86	7611	254.63		
沈阳	Shenyang	14396	31.86	286647	567.78	14075	37.59
大连	Dalian	6087	21.92	230561	785.74	16295	87.14
鞍山	Anshan	4178	28.81	58541	397.29	7640	57.20
抚顺	Fushun	1703	13.15	47680	340.40	11350	171.45
本溪	Benxi	1111	12.32	43899	457.85	3875	70.45
丹东	Dandong	1469	24.35	32857	429.62	3300	71.75
锦州	Jinzhou	3488	36.85	39173	426.95	4937	69.46
营口	Yingkou	2015	23.65	63765	730.25	582	22.73

3－2 续表 1　Continued 1

城　市	City	生活用水量（万吨）Volume of Water For Residential Use（10000 tons）	人均生活用水（吨/人）Per Capita Consumption of Water for Residential Use（ton/person）	生活用电量（万千瓦时）Volume of Power For Residential Use（Mil. kw/hour）	人均生活用电（千瓦时/人）Per Capita Consumption of Power for Residential Use（kwh/person）	家庭用煤气量（万立方米）Volume of Coal Gas For Residential Use（10000 m^3）	人均家庭煤气用量（立方米/人）Per Capita Consumption of Coal Gas for Residential Use（m^3/person）
阜　新	Fuxin	2176	29.01	27356	350.54	1351	50.04
辽　阳	Liaoyang	2044	28.19	35720	492.62	772	30.16
盘　锦	Panjin	2895	47.51	31500	529.95	686	34.30
铁　岭	Tieling	1064	24.13	19228	432.09	1567	48.97
朝　阳	Chaoyang	1542	47.89	22039	376.03	1352	48.81
葫芦岛	Huludao	1607	39.00	41146	421.62	648	23.73
长　春	Changchun	6120	24.02	159002	443.98	9813	51.30
吉　林	Jinlin	4077	32.83	52656	288.84	2027	37.65
四　平	Siping	377	9.67	29391	485.08	760	27.19
辽　源	Liaoyang	341	16.24	11772	246.53		
通　化	Tonghua	583	18.22	17536	386.00	1159	66.99
白　山	Baishan	1247	40.89	14637	246.91	2	1.33
松　原	Songyuan	2667	69.27	42284	793.17	1250	208.33
白　城	Baicheng	1495	64.14	13416	261.72		
哈尔滨	Haerbin	15842	49.35	205700	432.62	17328	66.22
齐齐哈尔	Qiqihaer	2173	20.89	67633	473.89	2772	37.87
鸡　西	Jixi	2830	38.77	19467	214.23	400	8.89
鹤　岗	Hegang	962	22.74	13109	192.95	1390	110.32
双鸭山	Shuangyashan	1090	24.01	17552	351.39	337	59.12
大　庆	Daqing	6900	69.35	61412	479.07	3966	152.01
伊　春	Yichun	1204	24.69	19345	238.06		
佳木斯	Jiamusi	2612	36.07	45180	547.57	342	30.81
七台河	Qitaihe	2111	60.31	21367	405.06	3116	283.27
牡丹江	Mudanjiang	1833	30.00	44587	556.64		
黑　河	Heihe	143	13.62	7393	386.26	650	100.00
绥　化	Suihua	720	17.84	24448	274.08		
上　海	Shanghai	89832	48.35	1311200	1001.57	149090	117.21
南　京	Nanjing	33060	70.83	348427	652.01	11115	59.68
无　锡	Wuxi	12273	52.39	184174	780.66	3975	37.43
徐　州	Xuzhou	4733	37.75	68739	375.77	4188	69.80
常　州	Changzhou	7835	64.02	143729	639.59	3516	51.13
苏　州	Suzhou	17649	90.32	209064	888.46	9175	66.56
南　通	Nantong	4911	67.49	54451	624.08	3762	102.26
连云港	Lianyungang	2418	17.89	34410	480.86	796	33.84
淮　安	Huaian	2600	27.66	60044	217.14	452	31.19
盐　城	Yancheng	2937	50.26	43312	273.00	560	41.48
扬　州	Yangzhou	2495	36.76	58897	498.87	806	23.64
镇　江	Zhenjiang	3733	43.60	51747	503.28	2753	61.18
泰　州	Taizhou	1566	27.17	27314	421.84		
宿　迁	Suqian	1018	25.90	22498	143.55	30	100.00
杭　州	Hangzhou	25466	88.27	368619	878.71	4010	29.91

3－2 续表 2　Continued 2

城　市	City	生活用水量（万吨）Volume of Water For Residential Use (10000 tons)	人均生活用水（吨/人）Per Capita Consumption of Water for Residential Use (ton/person)	生活用电量（万千瓦时）Volume of Power For Residential Use (Mil. kw/hour)	人均生活用电（千瓦时/人）Per Capita Consumption of Power for Residential Use (kwh/person)	家庭用煤气量（万立方米）Volume of Coal Gas For Residential Use (10000 m^3)	人均家庭煤气用量（立方米/人）Per Capita Consumption of Coal Gas for Residential Use (m^3/person)
宁　波	Ningbuo	13019	81.89	171570	786.33	839	15.93
温　州	Wenzhou	9380	69.92	157458	1106.06		
嘉　兴	Jiaxing	2190	43.47	43786	534.11	284	25.92
湖　州	Huzhou	3159	41.84	51170	472.00	472	62.19
绍　兴	Shaoxing	2179	32.50	38211	587.95	2758	104.99
金　华	Jinhua	1798	32.07	40695	441.14	142	27.84
衢　州	Quzhou	1395	48.10	23578	289.44	685	86.06
舟　山	Zhoushan	1543	36.34	31799	457.87	510	17.76
台　州	Taizhou	4739	41.65	87146	574.99		
丽　水	Lishui	1250	36.79	16378	431.00		
合　肥	Hefei	11471	59.24	170686	860.36	3610	35.23
芜　湖	Wuhu	5184	54.55	34180	324.66	1850	40.62
蚌　埠	Bengbu	2010	25.45	37707	409.37	590	36.09
淮　南	Huainan	3891	38.52	41830	252.17	3127	85.09
马鞍山	Maanshan	3894	78.51	25367	406.33	1942	42.79
淮　北	Huaibei	2249	30.44	15181	141.18	1669	59.48
铜　陵	Tongling	1621	39.54	15607	355.43	1787	49.05
安　庆	Anqing	2231	39.51	28710	387.45	884	61.30
黄　山	Huangshan	861	35.20	13204	305.72		
滁　州	Chuzhou	1034	34.06	17037	323.04	403	36.64
阜　阳	Fuyang	1242	20.03	17695	89.43	580	138.10
宿　州	Suzhou	1934	45.94	23954	134.20	152	30.40
巢　湖	Chaohu	776	28.74	9470	108.40	117	18.57
六　安	Liuan	2044	60.06	26605	145.57	121	16.13
亳　州	Buozhou	930	40.95			200	62.50
池　州	Chizhou	1107	52.74	11748	180.74	72	32.73
宣　城	Xuancheng	854	39.35	17400	205.63	15	31.25
福　州	Fuzhou	12811	55.58	272800	1467.30		
厦　门	Xiamen	11220	98.28	218633	1307.30		
莆　田	Putian	3319	66.29	64989	313.90	22	4.31
三　明	Sanming	1364	58.89	16235	573.47	1687	126.46
泉　州	Quanhzou	4139	56.68	94069	918.37	28	8.24
漳　州	Zhangzhou	2170	68.45	60465	1088.87		
南　平	Nanping	1063	52.89	26473	542.04		
龙　岩	Longyan	2046	71.92	36506	770.66		
宁　德	Ningde	886	40.92	15295	354.30		
南　昌	Nanchang	11295	53.77	135392	603.75	3722	58.15
景德镇	Jingdezhen	1964	45.67	21020	467.42	867	72.67
萍　乡	Pingxiang	2600	74.93	38039	451.13	3150	242.31
九　江	Jiujiang	7309	122.92	48142	798.37	121	30.10
新　余	Xinyu	2286	65.88	12938	157.42	1965	71.27

3－2续表3 Continued 3

城市	City	生活用水量（万吨）Volume of Water For Residential Use (10000 tons)	人均生活用水（吨/人）Per Capita Consumption of Water for Residential Use (ton/person)	生活用电量（万千瓦时）Volume of Power For Residential Use (Mil. kw/hour)	人均生活用电（千瓦时/人）Per Capita Consumption of Power for Residential Use (kwh/person)	家庭用煤气量（万立方米）Volume of Coal Gas For Residential Use (10000 m^3)	人均家庭煤气用量（立方米/人）Per Capita Consumption of Coal Gas for Residential Use (m^3/person)
鹰潭	Yingtan	621	44.68	7023	340.92	2	5.56
赣州	Ganzhou	2761	54.14	23049	390.86	625	24.36
吉安	Jian	1027	44.27	10074	188.33	312	26.00
宜春	Yichun	1655	62.93	17635	172.66	1087	107.62
抚州	Fuzhou	3882	111.10	22094	208.04	1	1.85
上饶	Shangrao	1201	53.45	23750	617.69	155	17.69
济南	Jinan	18037	53.08	222042	629.53	8448	58.83
青岛	Qingdao	11408	41.40	227160	824.39	8885	51.82
淄博	Zibuo	4382	30.62	85200	307.08	3115	48.18
枣庄	Zaozhuang	3005	37.35	41520	192.71	2284	52.07
东营	Dongying	2598	42.49	20696	250.07	6632	153.55
烟台	Yantai	2801	22.01	83438	463.52	1557	30.76
潍坊	Weifang	2306	16.92	50437	328.30	2277	28.18
济宁	Jining	2938	27.05	33184	304.27	2504	47.70
泰安	Taian	3796	30.61	42206	263.29	1098	23.36
威海	Weihai	1815	32.78	47320	748.85	649	24.04
日照	Rizhao	1282	21.86	29320	240.29	365	47.71
莱芜	Laiwu	2650	54.84	25211	201.12	1266	62.21
临沂	Linyi	3646	25.42	78329	399.92	610	20.74
德州	Dezhou	2132	35.90	27141	457.00	749	24.80
聊城	Liaocheng	2294	37.13	35920	344.19	804	40.20
滨州	Binzhou	1753	33.45	26295	416.65	860	54.43
菏泽	Heze	1909	18.90	27517	188.41	1605	197.66
郑州	Zhengzhou	10857	40.27	201798	748.54	11613	56.58
开封	Kaifeng	1563	18.56	28003	332.46	1798	50.51
洛阳	Luoyang	7873	58.75	79119	509.92	1144	43.17
平顶山	Pingdingshan	3602	45.65	25848	260.41	4257	52.19
安阳	Anyang	1752	25.39	41090	388.26	2349	42.32
鹤壁	Hebi	1580	39.90	9836	179.10	302	43.14
新乡	Xinxiang	1914	27.34	48990	489.07	1350	34.87
焦作	Jiaozuo	1508	20.13	26629	322.93	3130	68.61
濮阳	Puyang	1371	37.49	15405	239.69	1389	69.80
许昌	Xuchang	1083	24.73	19438	480.54	443	74.58
漯河	Luohe	1645	37.86	23796	176.40	550	70.06
三门峡	Sanmenxi	727	27.85	16627	577.73	11	7.75
南阳	Nanyang	1645	17.25	30368	169.03	1108	52.17
商丘	Shangqiu	2083	28.07	31186	186.70	180	60.00
信阳	Xinyang	1054	24.01	30194	212.90	180	62.28
周口	Zhoukou	624	26.55	11765	231.55	50	20.16
驻马店	Zhumadian	880	37.82	15428	245.16	345	34.99
武汉	Wuhan	37100	62.97	406123	795.79	14596	53.08

3－2 续表 4　Continued 4

城　市	City	生活用水量（万吨）Volume of Water For Residential Use (10000 tons)	人均生活用水（吨/人）Per Capita Consumption of Water for Residential Use (ton/person)	生活用电量（万千瓦时）Volume of Power For Residential Use (Mil. kw/hour)	人均生活用电（千瓦时/人）Per Capita Consumption of Power for Residential Use (kwh/person)	家庭用煤气量（万立方米）Volume of Coal Gas For Residential Use (10000 m³)	人均家庭煤气用量（立方米/人）Per Capita Consumption of Coal Gas for Residential Use (m³/person)
黄　石	Huangshi	7392	108.87	33561	527.03	886	106.75
十　堰	Shiyan	4313	91.57	43933	841.31	1658	116.68
宜　昌	Yichang	5856	79.29	48985	395.14	1183	30.31
襄　樊	Xiangfan	15625	120.19	53284	244.10	1970	131.33
鄂　州	Ezhou	4316	109.18	26601	248.58	600	81.41
荆　门	Jinmen	2452	52.62	17635	266.03	452	108.92
孝　感	Xiaogan	1650	66.96	25546	273.45	410	91.82
荆　州	Jinmen	3163	37.83	38576	342.78	538	38.71
黄　冈	Huanggang	1859	68.10	16065	435.72	132	33.85
咸　宁	Xianning	1410	53.21	13894	233.83		
随　州	Suizhou	1928	34.68	25490	157.99	32	5.00
长　沙	Changsha	24630	112.60	247099	1129.60	7942	88.15
株　洲	Zhuzhou	5939	93.88	46789	588.32	2152	57.33
湘　潭	Xiangtan	1800	24.32	44015	509.43	1771	63.67
衡　阳	Hengyang	4579	50.60	55496	548.11	6005	180.29
邵　阳	Haoyang	4000	66.89	19762	302.45	990	70.06
岳　阳	Yueyang	4632	78.55	61206	769.02	587	76.23
常　德	Changde	3218	55.87	35514	252.70	731	48.86
张家界	Zhangjiajie	1055	53.28	14244	294.48		
益　阳	Yiyang	1871	51.97	34513	263.20	58	36.25
郴　州	Chenzhou	2453	74.56	43222	654.88	70	44.03
永　州	Yongzhou	3831	82.87	44688	412.33		
怀　化	Huaihua	3565	107.35	24898	736.19		
娄　底	Loudi	3023	94.47	18965	434.18	1432	84.77
广　州	Guangzhou	73933	71.05	826977	1298.73		
韶　关	Shaoguan	2802	37.26	46497	509.84	397	33.08
深　圳	Shenzhen	62008	48.67	717521	3378.48	5194	28.38
珠　海	Zhuhai	9199	63.25	102862	1074.95		
汕　头	Shantou	13639	61.85	227183	460.28	19	14.50
佛　山	Fuoshan	15061	77.31	337962	935.98	1265	61.77
江　门	Jiangmen	6777	59.45	71949	530.68		
湛　江	Zhanjiang	3716	29.26	41342	279.66	312	2.40
茂　名	Maoming	2570	55.21	26733	211.41		
肇　庆	Zhaoqing	3065	59.50	27137	519.47	3607	70.44
惠　州	Huizhou	5685	53.89	91588	749.00		
梅　州	Meizhou	2085	67.08	23263	748.49	100	142.86
汕　尾	Shanwei	1229	54.31	33603	659.40		
河　源	Heyuan	1824	72.29	30919	1063.97		
阳　江	Yangjiang	3420	97.71	25250	386.20		
清　远	Qingyuan	1631	36.24	28623	515.82		
东　莞	Dongguan	60967	87.76	435689	2544.02	332	47.90

3—2 续表 5　Continued 5

城　市	City	生活用水量（万吨）Volume of Water For Residential Use (10000 tons)	人均生活用水（吨/人）Per Capita Consumption of Water for Residential Use (ton/person)	生活用电量（万千瓦时）Volume of Power For Residential Use (Mil. kw/hour)	人均生活用电（千瓦时/人）Per Capita Consumption of Power for Residential Use (kwh/person)	家庭用煤气量（万立方米）Volume of Coal Gas For Residential Use ($10000\ m^3$)	人均家庭煤气用量（立方米/人）Per Capita Consumption of Coal Gas for Residential Use (m^3/person)
中　山	Zhongshan	5877	188.12	180549	1243.88	514	32.39
潮　州	Chaozhou	3607	104.43	63391	1826.30		
揭　阳	Jieyang	2015	27.60	28355	415.15		
云　浮	Yunfu	991	47.71	13022	453.41		
南　宁	Nanning	13389	70.82	116078	446.85	147	7.11
柳　州	Liuzhou	11325	74.41	67400	661.82	3922	142.41
桂　林	Guilin	5106	83.30	46615	615.87	83	14.90
梧　州	Wuzhou	3352	51.93	20768	421.86		
北　海	Beihai	2547	53.64	23219	399.36	101	20.20
防城港	Fangchenggang	863	61.64	8516	170.83		
钦　州	Qinzhou	1351	52.75	27846	217.51	20	20.00
贵　港	Guigang	2024	52.85	29251	160.48	32	21.62
玉　林	Yulin	1665	36.83	26712	285.81	2	0.05
百　色	Baise	1753	109.56				
贺　州	Hezhou	867	54.19	18324	189.45		
河　池	Hechi	1607	80.51	11604	360.71	107	157.35
来　宾	Laibin	1633	81.65	17830	174.27	10	28.57
崇　左	Chongzuo	636	54.45	5805	168.11		
海　口	Haikou	8102	100.15	35388	231.38	1030	44.78
三　亚	Sanya	1670	83.50	25976	485.35	159	23.04
重　庆	Chongqing	32841	42.16	637490	417.75	54973	85.86
成　都	Chengdu	36713	99.96	207188	412.14	77228	226.34
自　贡	Zigong	2229	37.81	48982	330.02	4424	86.61
攀枝花	Panzhihua	3184	55.29	22991	334.90	4960	144.23
泸　州	Luzhou	2584	52.68	32483	225.73	4761	113.06
德　阳	Deyang	1664	42.78	24341	374.65	2360	80.71
绵　阳	Mianyang	3759	50.12	42939	360.98	6055	88.56
广　元	Guangyuan	1292	26.95	23850	259.72	7980	453.67
遂　宁	Suining	1536	40.94	18658	124.20	2450	73.97
内　江	Neijiang	1383	43.84	28323	201.40	1957	65.32
乐　山	Leshan	2228	31.16	22967	199.45	2773	89.08
南　充	Nanchong	3110	46.42	85796	448.42	4536	73.64
眉　山	Meishan	1516	59.22	29925	355.87	1580	114.49
宜　宾	Yibin	1407	50.02	19630	248.14	2701	89.35
广　安	Guangan	1000	47.62	5046	40.30	1023	56.58
达　州	Dazhou	1823	61.38	22030	539.55	2711	96.24
雅　安	Yaan	1445	61.38	15421	439.34	1198	111.55
巴　中	Bazhong	1095	48.67	11463	86.00	1100	88.00
资　阳	Ziyang	1068	47.26	14945	139.33	1382	105.34
贵　阳	Guiyang	12420	69.39	205272	958.86	8319	68.19
六盘水	Liupanshui	2251	43.90	51540	1059.84	900	50.00

3—2 续表 6　Continued 6

城　市	City	生活用水量（万吨）Volume of Water For Residential Use (10000 tons)	人均生活用水（吨/人）Per Capita Consumption of Water for Residential Use (ton/person)	生活用电量（万千瓦时）Volume of Power For Residential Use (Mil. kw/hour)	人均生活用电（千瓦时/人）Per Capita Consumption of Power for Residential Use (kwh/person)	家庭用煤气量（万立方米）Volume of Coal Gas For Residential Use (10000 m³)	人均家庭煤气用量（立方米/人）Per Capita Consumption of Coal Gas for Residential Use (m³/person)
遵　义	Zunyi	7100	80.51	59849	715.21	8	7.27
安　顺	Anshun	941	27.55	12433	149.60		
昆　明	Kunming	10024	32.70	162379	695.62	12358	59.99
曲　靖	Qujing	1568	47.26	11608	170.83		
玉　溪	Yuxi	1229	30.88	12324	299.42		
保　山	Baoshan	1642	78.34	8443	96.77	210	80.77
昭　通	Shaotong	665	29.85	8038	100.14	104	173.33
丽　江	Lijiang	340	34.34	4608	301.18		
思　茅	Simao	518	39.85	6518	306.01		
临　沧	Lincang	640	57.66				
拉　萨	Lhasa	2812	127.82			101	4.83
西　安	Xian	13931	42.05	221693	403.67	9854	42.18
铜　川	Tongchuan	70	1.78	12806	169.86	598	37.54
宝　鸡	Baoji	2685	36.89	37871	435.75	8016	146.65
咸　阳	Xanyang	4290	49.08	20567	233.80	1685	37.44
渭　南	Weinan	1221	31.57	11700	123.95	686	54.70
延　安	Yanan	629	26.77	11963	276.86	957	85.45
汉　中	Hanzhong	749	35.67	17709	325.29		
榆　林	Yulin	285	12.39	2110	43.45	1289	117.61
安　康	Ankang	1009	38.81	16852	172.10		
商　洛	Shangluo	732	55.45	7290	132.40		
兰　州	Lanzhou	8209	42.53	88044	423.23	3748	24.03
嘉峪关	Jiayuguan	386	21.41	9983	550.33	4930	295.92
金　昌	Jinchang	699	35.85	12444	581.77		
白　银	Baiyin	3515	73.41	13625	280.35	833	107.73
天　水	Tianshui	1684	32.37	18834	151.39	33	23.61
武　威	Wuwei	854	39.72	12230	122.48		
张　掖	Zhangye	773	51.53	8484	165.54		
平　凉	Pingliang	189	10.50	6357	128.95	10	189.75
酒　泉	Jiuquan	530	19.27	8071	224.38		
庆　阳	Qingyang	720	40.45	5726	167.92		
定　西	Dingxi	126	8.11	4892	105.20		
陇　南	Longnan	82	11.97	4407	81.00		
西　宁	Xining	4853	58.01	58761	548.30	4498	71.40
银　川	Yinchuan	3413	38.78	53321	619.44	10073	125.04
石嘴山	Shizuishan	1440	40.37	12265	273.71	762	40.51
吴　忠	Wuzhong	700	46.98	7846	215.55	2590	431.67
固　原	Guyuan	203	12.83	4916	97.89		
中　卫	Zhongwei	105	15.00	2623	73.21		
乌鲁木齐	Urumchi	11250	51.02	103079	463.67	15149	68.90
克拉玛依	Kelamayi	1008	29.88	11000	311.26	34	31.49

3—3 城市教育与文化(市辖区,2007年)
Urban Education and Culture (Districts under City,2007)

城市	City	每万人在校大学生数(人) University and College Students Per 10000 Population (person)	每万人在校高中生数(人) High School Students Per 10000 Population (person)	每万人在校中等职业学生数(人) Specialized Secondary School Students Per 10000 Population (person)	中学生数(万人) Secondary School Students (10000 person)	小学生数(万人) Primary School Students (10000 person)	每百人图书馆藏书(册) Quantity of Books Cllected Public Libraries Per Hundred Population (pieces)	每十万人体育场馆数(座) Quantity of Gymnasinms Per 100000 Population (unit)	每百万人影剧院数(座) Quantity of Theaters and Movie Houses Per Million Population (unit)
城市合计	**Total**	**487.57**	**454.92**	**282.48**	**2357.26**	**2837.61**	**107.08**	**8.90**	**5.96**
北京	Beijing	496.29	442.29	225.25	53.90	62.63	340.57	50.35	12.87
天津	Tianjin	471.97	445.87	233.59	22.09	19.13	126.93	95.02	3.18
石家庄	Shijiazhuang	1323.01	936.46	642.04	15.39	15.00	132.92	0.84	2.52
唐山	Tangshan	272.20	361.94	185.55	15.42	16.62	32.31	0.59	1.65
秦皇岛	Qinhuangdao	1009.47	258.50	207.48	5.36	5.40	62.41	0.99	1.24
邯郸	Handan	375.75	621.40	346.91	9.90	10.95	22.66	0.76	1.37
邢台	Xingtai	665.81	1384.86	694.36	5.20	4.18	35.41	0.86	5.16
保定	Baoding	1329.20	265.05	534.16	5.81	6.44	70.61	0.09	2.83
张家口	Zhanjiakou	259.71	601.03	332.86	6.19	6.18	82.37	1.81	3.39
承德	Chengde	597.78	754.88	441.52	3.17	2.76	82.00	1.55	3.87
沧州	Cangzhou	487.50	1021.95	441.98	6.06	5.78	44.88	0.39	5.88
廊坊	Langfang	720.76	523.07	326.50	4.44	4.96	90.39	1.52	
衡水	Hengshui	324.99	1074.90	665.02	4.09	3.34	16.63	1.28	4.27
太原	Taiyuan	1077.31	245.01	534.84	10.20	22.66	121.36	0.98	4.70
大同	Datong	198.36	685.66	125.35	10.86	15.65	18.62	0.33	3.30
阳泉	Yangquan	94.69	475.66	247.91	4.20	5.51	59.37	0.89	2.98
长治	Changzhi	361.39	487.80	351.79	7.59	6.28	55.57	0.15	4.40
晋城	Jincheng	191.28	444.51	273.23	2.13	4.32	23.17	2.13	12.20
朔州	Shuozhou		380.37	132.72	6.11	8.54	16.81	0.80	4.80
晋中	Jinzhong	294.72	196.43	351.88	3.20	3.92	167.25	1.76	3.52
运城	Yuncheng	276.83	371.51	491.64	6.37	5.59	30.07	0.77	4.60
忻州	Xinzhou	136.67	482.65	213.84	3.31	4.68	29.33	0.58	3.86
临汾	Linfen	421.22	646.22	349.39	8.11	7.24	406.06	1.36	4.94
吕梁	Luliang	354.64	860.80	527.73	2.87	3.42	30.82	0.75	3.76
呼和浩特	Huhehaote	1442.04	616.07	421.50	11.52	11.86	196.12	1.31	5.24
包头	Baotou	433.25	384.98	249.23	12.35	12.71	212.64	1.15	7.19
乌海	Wuhai	63.46	192.33	79.66	1.70	3.60	33.54	0.42	4.19
赤峰	Chifeng	96.19	623.26	184.87	10.35	8.57	47.91	1.09	2.52
通辽	Tongliao	194.44	321.14	117.49	4.30	6.13	36.49	0.49	1.22
鄂尔多斯	Eerduosi		572.84	305.75	1.40	2.72	102.71	5.34	8.22
呼伦贝尔	Hulunbeier	491.86	778.14	129.05	2.20	1.67	104.94	1.52	11.41
巴彦淖尔	Bayanzhuoer	102.62	350.48	165.21	3.77	4.10	44.69	0.36	3.63
乌兰察布	Wulanchabu	650.08	695.75	178.19	1.50	2.40	92.34		6.69
沈阳	Shenyang	628.79	492.73	249.22	27.66	23.99	170.34	0.34	11.49
大连	Dalian	749.69	571.82	338.02	16.91	19.07	201.92	1.67	1.70
鞍山	Anshan	215.07	395.94	186.42	7.90	5.70	113.88	0.27	7.47
抚顺	Fushun	227.54	337.56	143.57	6.73	5.62	60.26	0.79	9.28
本溪	Benxi	129.83	395.73	229.15	4.63	4.41	74.16	0.42	6.26
丹东	Dandong	275.37	185.83	121.72	2.25	3.05	125.00	0.26	3.92
锦州	Jinzhou	772.39	423.32	236.49	5.10	5.10	90.46	0.98	5.45
营口	Yingkou	144.32	539.83	284.49	5.31	5.41	63.44	0.57	3.44

3—3 续表 1 Continued 1

城市	City	每万人在校大学生数（人）University and College Students Per 10000 Population (person)	每万人在校高中生数（人）High School Students Per 10000 Population (person)	每万人在校中等职业学生数（人）Specialized Secondary School Students Per 10000 Population (person)	中学生数（万人）Secondary School Students (10000 person)	小学生数（万人）Primary School Students (10000 person)	每百人图书馆藏书（册）Quantity of Books Cllected Public Libraries Per Hundred Population (pieces)	每十万人体育场馆数（座）Quantity of Gymnasinms Per 100000 Population (unit)	每百万人影剧院数（座）Quantity of Theaters and Movie Houses Per Million Population (unit)
阜新	Fuxin	479.24	185.96	193.00	4.09	3.62	38.70	0.64	2.56
辽阳	Liaoyang	184.00	415.16	225.78	3.81	3.98	92.95	1.65	5.52
盘锦	Panjin	84.32	268.00	221.92	4.31	3.98	40.38	0.50	33.65
铁岭	Tieling	135.98	506.56	265.98	2.60	2.58	65.39	1.12	2.25
朝阳	Chaoyang	71.68	461.95	247.18	3.51	4.20	67.91	0.34	3.41
葫芦岛	Huludao	70.26	275.60	109.56	4.73	5.92	26.44	0.10	1.02
长春	Changchun	924.30	346.53	143.33	16.72	18.94	69.53	1.12	3.63
吉林	Jinlin	380.86	463.31	272.35	9.57	9.73	77.62	0.88	2.19
四平	Siping	350.75	265.16	303.76	3.45	3.23	39.61	0.33	3.30
辽源	Liaoyang	44.71	325.36	158.49	2.27	2.26	206.07	0.63	
通化	Tonghua	188.25	365.55	154.57	2.46	2.45	79.24	0.44	6.60
白山	Baishan		274.68	112.31	2.83	2.76	30.87	0.51	3.37
松原	Songyuan	30.58	411.91	49.92	4.44	3.83	14.44		1.88
白城	Baicheng	102.32	340.07	114.49	3.01	3.02	45.06	0.20	5.85
哈尔滨	Haerbin	799.44	339.57	193.28	25.42	20.68	116.18	1.72	9.04
齐齐哈尔	Qiqihaer	253.77	422.50	83.38	7.98	7.10	87.09	0.49	2.10
鸡西	Jixi	114.22	188.25	167.98	5.37	3.32	17.17	0.11	1.10
鹤岗	Hegang	44.14	274.08	35.09	4.33	3.09	26.49	0.44	2.94
双鸭山	Shuangyashan	35.68	267.51	77.50	3.10	2.71	36.84	0.80	2.00
大庆	Daqing	447.39	286.91	46.02	10.01	8.11	140.34	2.03	14.04
伊春	Yichun	23.69	266.31	93.54	3.89	3.42	59.32	0.25	7.38
佳木斯	Jiamusi	332.72	214.76	67.11	5.09	6.07	53.21	0.85	4.85
七台河	Qitaihe	49.29	202.75	26.05	2.65	2.67	24.08	0.38	1.90
牡丹江	Mudanjiang	571.59	213.73	46.92	4.33	4.31	44.44	0.62	2.50
黑河	Heihe	374.61	160.97	110.40	0.91	0.87	21.94		5.22
绥化	Suihua	106.37	40.77	2.69	3.70	3.70	14.01	1.46	2.24
上海	Shanghai	370.37	343.67	149.15	62.27	51.47	474.37	4.97	10.69
南京	Nanjing	1272.34	462.31	263.23	23.59	25.00	219.41	57.54	2.06
无锡	Wuxi	376.91	656.12	477.57	12.15	16.12	75.19	0.21	16.11
徐州	Xuzhou	621.95	785.18	467.26	10.52	10.76	42.04	0.16	4.92
常州	Changzhou	455.92	504.07	302.34	13.19	15.69	77.07	0.53	59.18
苏州	Suzhou	495.99	548.17	363.81	11.78	12.61	65.32	0.93	6.37
南通	Nantong	838.11	680.42	491.60	4.81	5.34	114.96	0.57	3.44
连云港	Lianyungang	429.22	1042.05	658.41	4.74	5.26	90.69	1.40	1.40
淮安	Huaian	227.03	439.39	227.99	18.17	18.56	27.85	0.36	1.08
盐城	Yancheng	291.27	817.97	570.43	8.75	8.21	41.16	0.32	1.89
扬州	Yangzhou	644.75	561.94	345.94	6.82	6.83	107.15	1.19	0.85
镇江	Zhenjiang	770.78	511.82	353.66	4.98	5.40	98.81	0.97	19.45
泰州	Taizhou	532.53	541.36	273.19	4.22	3.46	69.50	1.24	1.54
宿迁	Suqian	98.19	488.28	279.51	12.62	12.40	13.78	0.19	0.64
杭州	Hangzhou	830.24	395.84	167.98	21.38	29.43	205.79	1.72	13.83

3－3 续表 2　Continued 2

城　市	City	每万人在校大学生数（人） University and College Students Per 10000 Population (person)	每万人在校高中生数（人） High School Students Per 10000 Population (person)	每万人在校中等职业学生数（人） Specialized Secondary School Students Per 10000 Population (person)	中学生数（万人） Secondary School Students (10000 person)	小学生数（万人） Primary School Students (10000 person)	每百人图书馆藏书（册） Quantity of Books Cllected Public Libraries Per Hundred Population (pieces)	每十万人体育场馆数（座） Quantity of Gymnasinms Per 100000 Population (unit)	每百万人影剧院数（座） Quantity of Theaters and Movie Houses Per Million Population (unit)
宁　波	Ningbuo	577.91	447.18	212.92	13.99	20.12	94.50	2.43	5.04
温　州	Wenzhou	449.82	455.39	188.94	10.44	14.22	98.69	0.91	7.02
嘉　兴	Jiaxing	368.05	419.26	180.35	5.65	6.34	117.03	0.73	10.98
湖　州	Huzhou	194.59	317.11	134.76	6.12	7.46	61.89	1.11	6.46
绍　兴	Shaoxing	678.61	480.81	283.60	3.88	5.27	109.56	1.85	7.69
金　华	Jinhua	471.64	599.98	407.44	5.08	5.97	145.58	1.52	1.08
衢　州	Quzhou	118.11	520.96	308.89	4.89	5.31	61.04	1.72	6.14
舟　山	Zhoushan	299.63	187.07	161.45	3.24	3.64	52.12	1.15	7.20
台　州	Taizhou	101.55	279.71	103.08	8.18	11.99	25.34	0.99	10.56
丽　水	Lishui	872.97	323.84	247.26	2.29	2.97	51.05	2.37	5.26
合　肥	Hefei	1491.10	1015.08	809.59	12.03	14.43	167.10	1.01	7.06
芜　湖	Wuhu	1067.63	228.06	189.67	6.22	5.44	37.42	0.95	0.95
蚌　埠	Bengbu	472.91	511.32	322.49	5.26	5.73	29.64	0.65	7.60
淮　南	Huainan	314.15	479.52	235.27	12.23	13.20	15.13	0.36	0.60
马鞍山	Maanshan	476.87	226.49	428.51	3.89	4.25	67.28	1.12	1.60
淮　北	Huaibei	251.76	550.88	262.38	7.99	8.86	14.23	0.56	2.79
铜　陵	Tongling	527.10	432.07	197.31	2.91	2.93	82.67	0.91	2.28
安　庆	Anqing	311.63	775.05	450.61	5.87	5.27	28.07	0.13	4.05
黄　山	Huangshan	307.39	486.18	291.32	2.91	2.38	34.04	0.46	6.95
滁　州	Chuzhou	327.85	956.54	259.39	3.68	3.82	15.36	0.19	3.79
阜　阳	Fuyang	93.46	394.40	192.03	16.00	20.65	5.10		2.02
宿　州	Suzhou	113.06	397.97	177.11	12.59	13.65	1.34	0.34	2.24
巢　湖	Chaohu		374.38	136.68	5.87	6.12		0.34	3.43
六　安	Liuan	136.25	421.86	124.71	12.78	14.18	2.79		1.09
亳　州	Buozhou	40.04	248.02	77.72	9.84	15.63	7.92	0.13	0.66
池　州	Chizhou	118.86	401.63	180.83	4.76	4.82	13.38		4.62
宣　城	Xuancheng	35.65	232.05	182.11	5.16	5.52	8.63	0.35	1.18
福　州	Fuzhou	1035.28	228.07	478.39	11.14	15.11	252.31	2.90	17.75
厦　门	Xiamen	631.10	1126.76	246.65	12.42	17.04	147.63	7.18	40.06
莆　田	Putian	68.91	409.37	150.39	14.30	15.72	4.78	1.50	5.80
三　明	Sanming	437.16	293.75	372.62	2.01	2.25	147.30	0.71	10.60
泉　州	Quanhzou	713.82	703.07	357.95	8.91	8.41	71.27	0.88	14.64
漳　州	Zhangzhou	809.83	512.53	214.05	3.95	4.40	43.22	0.90	5.40
南　平	Nanping	86.28	506.20	171.85	2.56	3.38	69.41	0.20	4.10
龙　岩	Longyan	266.29	272.37	342.09	2.97	3.27	56.15	1.48	6.33
宁　德	Ningde	100.97	192.26	259.21	3.05	2.54	22.93	0.69	4.63
南　昌	Nanchang	2145.40	253.93	809.61	12.25	17.71	150.64	0.18	3.12
景德镇	Jingdezhen	858.64	386.52	160.24	3.02	4.08	103.40	0.67	8.89
萍　乡	Pingxiang	100.88	543.07	299.70	4.45	5.58	49.57	0.24	11.86
九　江	Jiujiang	1044.16	439.80	155.42	3.46	4.28	159.70	1.49	1.66
新　余	Xinyu	138.17	812.79	655.80	4.36	4.85	44.41	3.41	

3－3 续表 3　Continued 3

城　市	City	每万人在校大学生数（人）University and College Students Per 10000 Population (person)	每万人在校高中生数（人）High School Students Per 10000 Population (person)	每万人在校中等职业学生数（人）Specialized Secondary School Students Per 10000 Population (person)	中学生数（万人）Secondary School Students (10000 person)	小学生数（万人）Primary School Students (10000 person)	每百人图书馆藏书（册）Quantity of Books Cllected Public Libraries Per Hundred Population (pieces)	每十万人体育场馆数（座）Quantity of Gymnasinms Per 100000 Population (unit)	每百万人影剧院数（座）Quantity of Theaters and Movie Houses Per Million Population (unit)
鹰　潭	Yingtan	211.65	1020.19	711.80	1.27	1.64	91.26	0.49	19.42
赣　州	Ganzhou	1258.95	186.89	953.52	2.44	4.42	48.84	0.85	1.70
吉　安	Jian	353.19	212.60	96.84	2.62	3.84	48.61	0.37	5.61
宜　春	Yichun	239.08	432.24	297.69	4.27	9.35	13.41	0.20	2.94
抚　州	Fuzhou	303.23	94.52	92.24	4.56	11.80	12.43	0.66	4.71
上　饶	Shangrao	415.58	1173.50	858.05	2.03	3.33	39.79	0.78	2.60
济　南	Jinan	1602.27	612.10	416.06	15.65	21.35	218.48	2.38	3.12
青　岛	Qingdao	961.41	601.49	451.89	11.79	16.60	98.60	1.27	7.26
淄　博	Zibuo	268.73	446.84	240.62	18.32	16.48	61.20	1.26	3.24
枣　庄	Zaozhuang	52.35	448.51	235.22	14.57	16.94	33.42	0.56	1.39
东　营	Dongying	530.61	368.09	149.96	5.67	6.74	228.49	3.02	16.92
烟　台	Yantai	529.32	679.00	535.82	10.69	8.37	117.94	1.17	2.78
潍　坊	Weifang	543.99	331.49	242.42	7.00	10.00	38.40	1.11	5.86
济　宁	Jining	299.78	580.81	359.55	6.52	6.78	84.36	0.73	11.92
泰　安	Taian	512.64	509.93	232.15	8.74	9.21	328.38	0.25	4.37
威　海	Weihai	636.45	580.87	679.92	4.22	3.91	46.05	1.58	1.58
日　照	Rizhao	138.31	366.73	164.18	6.81	9.06	8.03	1.56	1.64
莱　芜	Laiwu	59.55	309.49	91.99	7.58	8.12	12.29	0.56	7.98
临　沂	Linyi	226.28	379.44	325.13	11.41	16.41	170.73	0.41	3.06
德　州	Dezhou	459.10	317.75	852.65	3.86	4.48	12.63	0.17	3.37
聊　城	Liaocheng	366.59	315.03	356.81	5.21	7.70	391.34	0.38	7.67
滨　州	Binzhou	673.49	560.93	328.46	3.23	4.35	57.84	0.95	3.17
菏　泽	Heze	164.07	513.43	538.03	9.62	13.11	91.95	0.27	15.75
郑　州	Zhengzhou	1723.09	1288.46	999.58	19.90	24.01	132.16	0.74	4.08
开　封	Kaifeng	762.34	849.41	609.07	5.17	5.84	63.87	1.19	3.56
洛　阳	Luoyang	463.81	975.68	708.56	11.11	12.27	41.57	0.64	10.96
平顶山	Pingdingshan	467.34	663.78	445.18	5.80	7.09	27.71	0.30	2.01
安　阳	Anyang	321.94	463.31	278.33	6.27	9.35	49.32	0.28	5.67
鹤　壁	Hebi	127.66	639.29	396.87	3.93	4.92	53.90	0.18	1.82
新　乡	Xinxiang	890.43	747.62	517.18	5.73	7.88	65.19	0.30	3.99
焦　作	Jiaozuo	619.97	714.31	512.93	5.11	6.86	34.44	0.12	4.85
濮　阳	Puyang	141.84	786.48	285.25	8.45	6.45	47.61	0.31	3.11
许　昌	Xuchang	612.71	1194.93	840.89	3.18	2.83	44.75	0.99	7.42
漯　河	Luohe	128.01	533.23	290.13	9.27	11.41	2.15	0.15	1.48
三门峡	Sanmenxi	296.80	1083.81	787.56	1.95	2.63	101.46	0.35	3.47
南　阳	Nanyang	256.67	667.98	449.62	10.91	14.87	40.91	0.28	1.11
商　丘	Shangqiu	276.26	449.71	176.38	15.09	20.13	13.65	0.12	2.39
信　阳	Xinyang	261.20	539.20	257.91	10.12	10.25	16.50	0.07	0.71
周　口	Zhoukou	401.44	872.74	581.38	4.47	6.31	14.37		1.97
驻马店	Zhumadian	239.28	1174.99	802.32	5.96	6.76	17.96		3.18
武　汉	Wuhan	1320.82	590.19	451.03	28.28	28.98	79.79	1.69	10.78

3－3 续表 4　Continued 4

城　市	City	每万人在校大学生数（人）University and College Students Per 10000 Population (person)	每万人在校高中生数（人）High School Students Per 10000 Population (person)	每万人在校中等职业学生数（人）Specialized Secondary School Students Per 10000 Population (person)	中学生数（万人）Secondary School Students (10000 person)	小学生数（万人）Primary School Students (10000 person)	每百人图书馆藏书（册）Quantity of Books Cllected Public Libraries Per Hundred Population (pieces)	每十万人体育场馆数（座）Quantity of Gymnasinms Per 100000 Population (unit)	每百万人影剧院数（座）Quantity of Theaters and Movie Houses Per Million Population (unit)
黄　石	Huangshi	479.82	769.76	442.89	5.22	4.41	127.20	1.73	6.28
十　堰	Shiyan	388.55	432.78	540.18	4.85	4.50	190.54	0.57	5.74
宜　昌	Yichang	367.30	555.28	260.43	7.27	6.65	47.67	1.29	3.23
襄　樊	Xiangfan	107.18	464.74	205.70	15.31	14.12	31.88	0.55	1.37
鄂　州	Ezhou	87.22	227.31	90.72	7.81	7.23	31.59	0.09	22.43
荆　门	Jinmen	310.15	598.13	237.92	4.95	3.78	30.92	1.21	4.53
孝　感	Xiaogan	301.72	727.90	492.40	7.50	5.70	35.00	0.21	1.07
荆　州	Jinmen	994.63	888.18	580.91	6.57	5.48	55.71	0.27	1.78
黄　冈	Huanggang	778.41	347.17	328.18	3.50	3.90	119.34	0.54	5.42
咸　宁	Xianning	475.66	710.30	420.45	4.82	3.78	31.47	0.84	
随　州	Suizhou	49.99	531.33	265.98	11.46	7.63	72.27	0.06	1.86
长　沙	Changsha	1650.63	602.42	303.62	11.61	13.07	219.93	6.77	2.74
株　洲	Zhuzhou	695.15	917.94	412.72	4.48	5.62	56.58		
湘　潭	Xiangtan	1335.30	491.02	308.26	3.19	3.94	62.27	1.97	4.63
衡　阳	Hengyang	377.09	391.70	72.22	5.65	7.50	61.53	0.99	1.98
邵　阳	Haoyang	318.87	300.41	349.56	4.26	5.07	65.04	0.61	3.06
岳　阳	Yueyang	524.25	814.84	453.68	7.31	7.77	44.10	4.02	1.26
常　德	Changde	183.57	584.64	348.29	8.53	7.20	34.65	76.35	2.13
张家界	Zhangjiajie	312.78	175.05	90.06	2.55	3.72	7.24		6.20
益　阳	Yiyang	174.12	585.95	291.50	7.94	7.07	26.92	1.53	1.53
郴　州	Chenzhou	313.08	657.08	310.44	4.94	5.60	23.18	2.27	1.52
永　州	Yongzhou	200.29	214.99	280.54	6.04	7.15	18.45	0.37	1.85
怀　化	Huaihua	810.91	373.68	915.41	2.95	3.81	40.21	1.77	8.87
娄　底	Loudi	594.14	1030.22	657.78	3.60	3.71	28.39	2.06	4.58
广　州	Guangzhou	989.58	231.55	366.37	46.34	72.34	192.93		
韶　关	Shaoguan	261.17	990.79	219.88	6.11	7.30	36.07	0.33	3.29
深　圳	Shenzhen	277.38	361.55	122.32	27.92	57.52	576.89		26.37
珠　海	Zhuhai	826.76	289.06	161.34	8.76	13.28	50.16	0.63	10.45
汕　头	Shantou	17.16	277.38	71.05	40.72	71.71	50.00	0.22	3.65
佛　山	Fuoshan	102.91	314.15	214.34	32.23	44.85	56.19	1.41	11.91
江　门	Jiangmen	128.57	243.94	360.95	10.12	13.47	69.33	1.48	5.90
湛　江	Zhanjiang	390.26	299.90	573.36	13.79	18.59	45.80	0.20	2.03
茂　名	Maoming	152.19	474.16	258.05	10.22	15.05	19.77	0.71	1.58
肇　庆	Zhaoqing	656.22	277.81	828.10	3.99	5.34	59.72	1.15	9.57
惠　州	Huizhou	66.07	281.10		13.22	20.14	42.93	0.25	2.45
梅　州	Meizhou	456.89	956.95	705.05	3.73	3.31	10.30	80.44	6.44
汕　尾	Shanwei	70.25	284.28	92.07	3.59	5.33		0.98	1.96
河　源	Heyuan	230.70	264.11	307.19	2.77	3.98	36.48	0.34	3.44
阳　江	Yangjiang	105.81	361.93	96.16	5.09	5.88	61.95	0.15	1.53
清　远	Qingyuan	140.57	263.24	201.66	4.51	5.69	62.71	0.54	5.41
东　莞	Dongguan	147.02	593.13	236.07	23.46	52.07	523.30	0.88	19.85

3—3 续表 5　Continued 5

城　市	City	每万人在校大学生数（人）University and College Students Per 10000 Population（person）	每万人在校高中生数（人）High School Students Per 10000 Population（person）	每万人在校中等职业学生数（人）Specialized Secondary School Students Per 10000 Population（person）	中学生数（万人）Secondary School Students（10000 person）	小学生数（万人）Primary School Students（10000 person）	每百人图书馆藏书（册）Quantity of Books Cllected Public Libraries Per Hundred Population（pieces）	每十万人体育场馆数（座）Quantity of Gymnasinms Per 100000 Population（unit）	每百万人影剧院数（座）Quantity of Theaters and Movie Houses Per Million Population（unit）
中　山	Zhongshan	221.65	280.81	228.58	13.94	23.80	49.26	1.45	19.29
潮　州	Chaozhou	376.43	719.45	255.95	3.69	4.30	63.38	0.58	5.76
揭　阳	Jieyang	147.63	232.47	91.20	7.12	9.17	40.41	0.15	
云　浮	Yunfu		287.08	74.86	2.45	3.35	33.43	0.70	6.96
南　宁	Nanning	917.64	833.03	629.70	16.07	23.09	128.00	0.62	3.08
柳　州	Liuzhou	470.78	1084.47	805.02	7.37	8.50	70.90	0.98	3.93
桂　林	Guilin	1165.81	224.64	434.31	3.85	4.00	294.89	1.06	13.21
梧　州	Wuzhou	185.78	403.64	550.74	2.89	3.86	99.53	0.41	4.06
北　海	Beihai	158.77	427.57	239.22	4.67	5.52	42.66	1.55	6.88
防城港	Fangchenggang		170.77	35.13	2.72	4.65	28.69		2.01
钦　州	Qinzhou	110.58	160.05	153.55	16.80	13.81	16.17	0.70	0.78
贵　港	Guigang		223.77	67.21	12.93	18.94	7.13	0.05	1.65
玉　林	Yulin	120.14	934.50	661.41	6.71	8.44	44.51	1.07	12.84
百　色	Baise	598.66	444.45		2.73	2.44	48.07		
贺　州	Hezhou	88.56	102.50	67.20	6.30	10.52	9.20	0.31	2.07
河　池	Hechi	95.49	302.27	24.31	2.26	2.09	30.46	0.93	6.22
来　宾	Laibin	50.32	225.21	125.29	8.07	8.94	13.29	0.20	
崇　左	Chongzuo	39.27	74.43	121.05	1.25	2.04	30.12	1.45	2.90
海　口	Haikou	596.00	305.32	342.64	12.93	19.21	25.70	0.20	3.92
三　亚	Sanya	258.15	201.70	75.45	4.49	7.70	28.03		9.34
重　庆	Chongqing	271.07	353.25	246.70	82.50	95.14	48.45	1.24	4.00
成　都	Chengdu	987.21	325.89	202.18	29.26	38.17	157.82	57.33	1.99
自　贡	Zigong	208.33	115.38	138.16	6.58	8.83	17.45	0.67	1.35
攀枝花	Panzhihua	242.97	377.36	178.34	4.15	5.85	49.38	0.58	4.37
泸　州	Luzhou	230.22	196.65	154.37	7.89	9.95	29.33	0.14	1.39
德　阳	Deyang	476.27	207.60	266.69	3.83	4.10	23.09	0.31	3.08
绵　阳	Mianyang	629.65	327.17	532.14	9.40	8.14	35.81	1.43	2.52
广　元	Guangyuan	76.23	567.33	375.69	5.24	7.40	32.67	0.33	8.71
遂　宁	Suining	57.71	652.32	234.77	9.80	11.69	16.04	0.13	1.33
内　江	Neijiang	116.62	405.20	195.10	7.35	9.63	16.07	0.28	3.56
乐　山	Leshan	101.75	455.93	279.64	6.25	6.45	15.72	0.69	0.87
南　充	Nanchong	335.48	419.02	240.76	13.02	16.12	27.33	1.15	2.61
眉　山	Meishan	58.03	184.71	242.53	5.28	5.45	2.85	0.12	2.38
宜　宾	Yibin	232.06	682.10	263.18	5.40	6.54	57.14	0.38	2.53
广　安	Guangan	32.48	236.56	23.26	8.31	11.12	7.03	18.05	0.80
达　州	Dazhou	99.68	341.98	461.35	3.54	4.04	47.76	0.49	7.35
雅　安	Yaan	1252.05	113.76	203.99	1.73	2.36	87.18	0.28	2.85
巴　中	Bazhong		202.83	146.67	9.64	12.29	8.18		1.50
资　阳	Ziyang		238.60	81.32	5.28	6.76	8.95	0.09	2.80
贵　阳	Guiyang	969.74	794.21	488.04	13.58	23.64	90.67	0.93	0.93
六盘水	Liupanshui	129.82	409.27	55.75	4.41	7.39	26.12	0.41	2.06

3－3 续表 6　Continued 6

城　市	City	每万人在校大学生数（人）University and College Students Per 10000 Population（person）	每万人在校高中生数（人）High School Students Per 10000 Population（person）	每万人在校中等职业学生数（人）Specialized Secondary School Students Per 10000 Population（person）	中学生数（万人）Secondary School Students（10000 person）	小学生数（万人）Primary School Students（10000 person）	每百人图书馆藏书（册）Quantity of Books Cllected Public Libraries Per Hundred Population（pieces）	每十万人体育场馆数（座）Quantity of Gymnasinms Per 100000 Population（unit）	每百万人影剧院数（座）Quantity of Theaters and Movie Houses Per Million Population（unit）
遵　义	Zunyi	394.99	269.77	99.63	7.06	10.59	51.39	0.24	4.78
安　顺	Anshun	93.61	129.02	49.36	5.92	9.28	16.85	10.47	1.20
昆　明	Kunming	950.07	593.36	386.15	13.16	25.46	158.59	1.84	3.43
曲　靖	Qujing	187.90	284.24	254.07	5.52	7.57	7.80	0.29	1.47
玉　溪	Yuxi	238.63	219.53	320.46	2.56	3.67	141.89	0.73	14.58
保　山	Baoshan	61.17	131.27	22.42	5.79	8.70	31.86	0.34	1.15
昭　通	Shaotong	51.40	236.08	102.74	5.14	10.24	18.81	0.50	1.25
丽　江	Lijiang	780.65	331.37	112.48	1.23	1.40	54.25	3.92	26.14
思　茅	Simao	241.55	311.88	263.15	1.76	2.38	70.42	0.94	9.39
临　沧	Lincang	169.72	210.65	159.14	1.64	2.48	21.16		3.47
拉　萨	Lhasa								
西　安	Xian	1080.11	648.52	395.58	37.30	40.40	58.32	34.01	5.64
铜　川	Tongchuan	30.10	265.07	98.18	6.10	5.24	48.95	0.40	5.31
宝　鸡	Baoji	265.62	477.87	246.00	10.48	10.06	82.15	0.23	27.61
咸　阳	Xanyang	954.22	573.74	198.23	7.48	6.36	42.86	0.91	4.55
渭　南	Weinan		332.12	206.75	7.78	6.74	13.24	0.21	3.18
延　安	Yanan	363.02	485.95	91.37	5.27	4.66	60.87	0.23	4.63
汉　中	Hanzhong	336.63	207.79	95.92	3.09	3.83	35.27	0.92	11.02
榆　林	Yulin	204.02	460.79	128.75	6.35	5.60	24.71	1.44	6.18
安　康	Ankang	62.57	187.93	127.83	7.05	9.09	8.88	0.10	1.02
商　洛	Shangluo	98.18	180.29	64.22	4.01	4.96	43.41	0.18	3.63
兰　州	Lanzhou	823.85	242.91	33.41	10.98	14.77	214.68	0.34	3.36
嘉峪关	Jiayuguan		376.41	143.38	0.85	1.53	55.13	19.85	55.13
金　昌	Jinchang		328.33	22.81	1.65	1.77	35.06	0.94	14.03
白　银	Baiyin		355.33	197.37	4.79	4.47	76.75	0.62	4.12
天　水	Tianshui	201.91	171.09	201.60	8.86	12.84	33.84	0.16	3.22
武　威	Wuwei	26.54	270.10	23.84	8.38	9.85	18.03	0.20	
张　掖	Zhangye	316.31	408.96	149.74	3.77	4.58	25.56	3.12	3.90
平　凉	Pingliang	54.71	207.04	57.81	3.80	4.88	26.37	0.20	4.06
酒　泉	Jiuquan	97.58	291.55	119.46	2.78	3.12	33.36	0.28	5.56
庆　阳	Qingyang	284.66	673.14	278.89	3.45	4.00	38.71	0.88	73.31
定　西	Dingxi	81.14	405.68	62.11	4.02	3.78	35.27	0.22	2.15
陇　南	Longnan		170.48	21.83	3.65	7.30	2.39	0.37	1.84
西　宁	Xining	351.45	336.38	143.36	4.97	6.85	170.10	0.19	3.73
银　川	Yinchuan	579.66	873.69	533.74	7.12	8.76	219.33	1.51	4.65
石嘴山	Shizuishan	193.06	286.03	134.43	3.94	3.86	58.92	3.35	2.23
吴　忠	Wuzhong	39.59	251.98		2.48	3.60	82.42	0.27	2.75
固　原	Guyuan	106.05	214.56	71.84	2.47	6.61	52.57	0.20	3.98
中　卫	Zhongwei		195.37	52.78	2.54	3.41	61.40	0.56	
乌鲁木齐	Urumchi	472.62	283.86	180.93	15.62	18.58	78.54	0.09	5.40
克拉玛依	Kelamayi	143.60	245.98	38.20	2.39	2.65	73.85	12.73	22.64

3－4 城市卫生(2007 年)
Urban Health(2007)

城市 City		医院、卫生院数(个) Quantity of Hospital and Public Health Centers (unit)		医院、卫生院床位数(张) Quantity of Beds at Hospitals and Public Health Centers (unit)		医生数(执业医师＋执业助理医师)(人) Quantity of Ddctors (person)		每万人拥有医生(人) Number of Doctors per 10000 population (person)	
		全市 Total Area of City	市辖区 Districts under City	全市 Total Area of City	市辖区 Districts under City	全市 Total Area of City	市辖区 Districts under City	全市 Total Area of City	市辖区 Districts under City
城市合计	**Total**	**61145**	**21310**	**3324763**	**1858607**	**1937744**	**1048242**	**15.99**	**28.21**
北京	Beijing	686	663	80158	78474	54989	53213	45.32	46.58
天津	Tianjin	411	267	39708	38708	26228	24836	27.35	31.58
石家庄	Shijiazhuang	394	157	28330	14912	18773	10628	19.66	44.71
唐山	Tangshan	294	128	25509	15553	13815	8202	19.06	27.02
秦皇岛	Qinhuangdao	159	76	9302	5720	6116	3493	21.59	43.34
邯郸	Handan	355	140	21686	13381	10817	5215	12.07	35.81
邢台	Xingtai	304	66	16571	5807	8918	2955	12.84	50.79
保定	Baoding	437	42	22130	7073	14373	4100	12.79	38.65
张家口	Zhanjiakou	279	49	11838	5094	6197	2697	13.55	30.47
承德	Chengde	250	35	10319	3956	6803	2212	18.54	42.78
沧州	Cangzhou	247	18	14849	3629	9734	2211	13.90	43.34
廊坊	Langfang	167	63	10437	3033	6410	2160	15.95	27.31
衡水	Hengshui	196	54	9300	3151	6235	2277	14.60	48.56
太原	Taiyuan	273	206	21715	18413	13646	12357	38.41	44.64
大同	Datong	254	114	11485	8536	16347	12238	52.83	80.83
阳泉	Yangquan	81	51	6082	4678	3577	2461	27.89	36.62
长治	Changzhi	241	69	9407	4943	4607	2342	14.23	34.34
晋城	Jincheng	181	30	7232	2242	6200	2187	27.89	66.68
朔州	Shuozhou	141	86	3773	2021	5524	2172	36.13	34.77
晋中	Jinzhong	227	34	9971	2580	5936	1075	18.91	18.93
运城	Yuncheng	386	25	15000	2310	16000	545	32.18	8.36
忻州	Xinzhou	620	90	9373	3800	6250	2188	20.85	42.22
临汾	Linfen	360	70	13136	4019	7761	1926	18.18	23.81
吕梁	Luliang	304	20	8932	375	11432	413	30.89	15.52
呼和浩特	Huhehaote	146	66	8230	7565	6160	5050	27.89	44.14
包头	Baotou	119	56	9727	8708	6511	6242	30.34	44.87
乌海	Wuhai	303	303	2190	2190	1151	1151	24.13	24.13
赤峰	Chifeng	852	371	12324	5599	7180	3152	15.86	26.49
通辽	Tongliao	251	39	6019	2933	5143	3565	16.27	43.36
鄂尔多斯	Eerduosi	155	25	4778	1848	2655	953	18.44	39.15
呼伦贝尔	Hulunbeier	242	17	10454	1791	6799	964	25.13	36.65
巴彦淖尔	Bayanzhuoer	130	39	4819	2569	3519	1646	19.30	29.90
乌兰察布	Wulanchabu	212	10	3647	1133	7740	1652	27.23	55.27
沈阳	Shenyang	314	238	33620	29936	19700	17396	27.76	34.46
大连	Dalian	236	128	27180	19895	14119	10401	24.42	35.45
鞍山	Anshan	157	62	14893	9278	6909	4483	19.73	30.42
抚顺	Fushun	161	95	10319	8132	4004	2979	17.90	21.27
本溪	Benxi	113	67	8911	6625	3781	2935	24.24	30.61
丹东	Dandong	126	51	10821	5253	4251	2121	17.51	27.73
锦州	Jinzhou	137	33	10804	6941	5340	2460	17.26	26.81
营口	Yingkou	124	62	8095	4897	4891	3123	21.04	35.77

3—4 续表1 Continued 1

城 市 City	医院、卫生院数(个) Quantity of Hospital and Public Health Centers (unit)		医院、卫生院床位数(张) Quantity of Beds at Hospitals and Public Health Centers (unit)		医生数(执业医师+执业助理医师)(人) Quantity of Ddctors (person)		每万人拥有医生(人) Number of Doctors per 10000 population (person)	
	全市 Total Area of City	市辖区 Districts under City	全市 Total Area of City	市辖区 Districts under City	全市 Total Area of City	市辖区 Districts under City	全市 Total Area of City	市辖区 Districts under City
阜 新 Fuxin	103	35	6124	4378	3465	2292	17.95	29.37
辽 阳 Liaoyang	116	90	8699	7603	3677	3104	20.05	42.81
盘 锦 Panjin	68	35	5949	4778	2901	2226	22.62	37.45
铁 岭 Tieling	108	18	8066	2971	5225	1685	17.11	37.87
朝 阳 Chaoyang	183	21	8843	2308	3830	1118	11.26	19.08
葫芦岛 Huludao	164	52	8826	3275	4662	2095	16.73	21.47
长 春 Changchun	320	183	27053	21473	15670	11232	21.01	31.36
吉 林 Jinlin	260	130	16732	10122	10674	6439	24.67	35.32
四 平 Siping	141	34	8396	4079	6365	1969	19.00	32.50
辽 源 Liaoyang	177	127	4384	2707	2470	1395	20.02	29.21
通 化 Tonghua	129	24	8150	3033	3604	1125	15.88	24.76
白 山 Baishan	104	39	6798	3350	3991	2163	30.72	36.49
松 原 Songyuan	115	9	4822	1811	3954	1175	14.06	22.04
白 城 Baicheng	124	34	5846	2388	4329	1519	21.33	29.63
哈尔滨 Haerbin	472	282	37000	30268	18000	13300	18.23	27.97
齐齐哈尔 Qiqihaer	251	82	14576	8898	7467	3956	13.15	27.72
鸡 西 Jixi	117	61	6290	3608	2563	2274	13.41	25.02
鹤 岗 Hegang	69	36	5240	3693	2940	1803	26.89	26.54
双鸭山 Shuangyashan	108	29	7498	2999	4630	1298	30.78	25.99
大 庆 Daqing	134	72	9814	8194	6388	5047	23.37	39.37
伊 春 Yichun	49	28	4886	3754	2088	1629	16.36	20.05
佳木斯 Jiamusi	218	75	9452	5638	4153	2042	16.58	24.75
七台河 Qitaihe	45	27	3091	2446	1415	1066	15.81	20.21
牡丹江 Mudanjiang	115	38	9522	6238	5537	2373	20.52	29.63
黑 河 Heihe	301	55	6806	851	3269	573	18.79	29.94
绥 化 Suihua	213	29	9208	791	5984	658	10.39	7.38
上 海 Shanghai	534	503	95614	91995	48825	47473	35.41	36.26
南 京 Nanjing	167	145	21091	19457	15705	14795	25.45	27.69
无 锡 Wuxi	142	54	18714	11011	10995	6683	23.81	28.33
徐 州 Xuzhou	238	90	20238	11462	11137	5019	11.84	27.44
常 州 Changzhou	111	60	13794	10281	7106	5069	19.88	22.56
苏 州 Suzhou	214	59	29315	11354	15533	6382	24.88	27.12
南 通 Nantong	333	35	22394	6378	12919	3635	16.86	41.66
连云港 Lianyungang	155	50	8863	3944	5481	2404	11.37	33.59
淮 安 Huaian	183	90	11308	7608	6044	3741	11.32	13.53
盐 城 Yancheng	259	57	16091	4891	9243	2776	11.41	17.50
扬 州 Yangzhou	208	60	13646	5756	7640	3069	16.64	26.00
镇 江 Zhenjiang	102	44	8095	4786	5617	2763	20.90	26.87
泰 州 Taizhou	172	21	12376	2988	7771	1747	15.52	26.98
宿 迁 Suqian	302	92	9134	3102	4250	1580	8.00	10.08
杭 州 Hangzhou	1162	827	34856	28345	20701	16290	30.79	38.83

3—4 续表 2　Continued 2

城　市　City		医院、卫生院数（个）Quantity of Hospital and Public Health Centers (unit)		医院、卫生院床位数（张）Quantity of Beds at Hospitals and Public Health Centers (unit)		医生数(执业医师+执业助理医师)（人）Quantity of Ddctors (person)		每万人拥有医生(人) Number of Doctors per 10000 population (person)	
		全市 Total Area of City	市辖区 Districts under City	全市 Total Area of City	市辖区 Districts under City	全市 Total Area of City	市辖区 Districts under City	全市 Total Area of City	市辖区 Districts under City
宁　波	Ningbuo	266	115	20618	12251	15418	8287	27.31	37.98
温　州	Wenzhou	445	85	18324	9611	15643	5718	20.46	40.17
嘉　兴	Jiaxing	147	38	11794	4637	6827	2375	20.27	28.97
湖　州	Huzhou	128	39	8985	4269	5057	2457	19.62	22.66
绍　兴	Shaoxing	337	28	13454	3258	8769	1917	20.10	29.50
金　华	Jinhua	274	60	12570	3896	9646	2795	21.01	30.30
衢　州	Quzhou	167	58	6663	3059	5688	2401	22.96	29.47
舟　山	Zhoushan	76	49	3683	2777	2406	1890	24.88	27.21
台　州	Taizhou	232	60	14025	4695	9828	3157	17.26	20.83
丽　水	Lishui	289	28	6009	2297	5914	1198	23.28	31.53
合　肥	Hefei	225	99	18405	12968	8539	6478	17.83	32.65
芜　湖	Wuhu	131	66	7689	5592	4153	3082	18.02	29.27
蚌　埠	Bengbu	135	62	9279	5319	4347	2630	12.24	28.55
淮　南	Huainan	107	81	7799	6703	2890	2421	12.07	14.59
马鞍山	Maanshan	54	23	3320	2413	2307	1782	18.12	28.54
淮　北	Huaibei	93	82	7366	6108	3826	2629	17.91	24.45
铜　陵	Tongling	39	23	3058	2597	1590	1288	21.59	29.33
安　庆	Anqing	287	48	12248	3336	5610	1709	9.18	23.06
黄　山	Huangshan	138	43	4084	1750	2327	1090	15.73	25.24
滁　州	Chuzhou	268	25	8443	2270	4020	1073	9.05	20.35
阜　阳	Fuyang	224	58	11926	4681	6046	1959	6.21	9.90
宿　州	Suzhou	127	37	6755	2526	4320	1746	7.00	9.78
巢　湖	Chaohu	180	30	7557	1961	4843	1697	10.64	19.43
六　安	Liuan	196	44	10026	3077	5791	1620	8.33	8.86
亳　州	Buozhou	121	36	5844	1740	2603	606	4.52	4.00
池　州	Chizhou	99	33	3261	1488	1928	898	12.20	13.82
宣　城	Xuancheng	133	32	6614	1847	3287	744	11.94	8.79
福　州	Fuzhou	221	61	18595	11713	11601	7454	18.41	40.09
厦　门	Xiamen	53	53	8513	8513	5950	5950	35.58	35.58
莆　田	Putian	62	42	4640	3692	2468	2090	7.95	10.09
三　明	Sanming	168	19	7579	1742	2788	612	10.35	21.62
泉　州	Quanhzou	206	51	14173	5449	6851	2849	10.16	27.81
漳　州	Zhangzhou	169	22	8460	2200	5205	1250	11.24	22.51
南　平	Nanping	168	30	7223	1967	3593	883	11.73	18.08
龙　岩	Longyan	157	34	8118	2898	4763	1858	16.47	39.22
宁　德	Ningde	143	21	6454	1513	3937	501	11.91	11.61
南　昌	Nanchang	166	68	14422	10849	6363	4789	12.95	21.36
景德镇	Jingdezhen	70	20	3767	2182	2055	1328	13.16	29.53
萍　乡	Pingxiang	76	35	5382	3890	2744	1998	14.86	23.70
九　江	Jiujiang	275	38	9004	3436	4774	1231	9.95	20.41
新　余	Xinyu	66	45	3491	2798	1528	1257	13.42	15.29

3—4 续表 3 Continued 3

城　市 City	医院、卫生院数（个）Quantity of Hospital and Public Health Centers (unit)		医院、卫生院床位数（张）Quantity of Beds at Hospitals and Public Health Centers (unit)		医生数（执业医师＋执业助理医师）（人）Quantity of Ddctors (person)		每万人拥有医生（人）Number of Doctors per 10000 population (person)	
	全市 Total Area of City	市辖区 Districts under City	全市 Total Area of City	市辖区 Districts under City	全市 Total Area of City	市辖区 Districts under City	全市 Total Area of City	市辖区 Districts under City
鹰　潭 Yingtan	65	15	2700	1166	1063	361	9.25	17.52
赣　州 Ganzhou	487	34	14242	3441	7385	1663	8.42	28.20
吉　安 Jian	267	23	8880	1961	5196	1249	10.83	23.35
宜　春 Yichun	221	41	12168	3894	6138	1267	11.39	12.40
抚　州 Fuzhou	448	78	6560	2240	4054	1431	10.53	13.47
上　饶 Shangrao	265	22	10046	1049	6454	457	9.17	11.89
济　南 Jinan	243	169	27331	20529	15800	12192	26.12	34.57
青　岛 Qingdao	251	106	28107	15587	15018	9261	19.81	33.61
淄　博 Zibuo	197	146	15256	12136	9861	7827	23.50	28.21
枣　庄 Zaozhuang	124	82	10135	6945	6812	4200	17.92	19.49
东　营 Dongying	109	68	9539	6160	5275	3455	28.81	41.75
烟　台 Yantai	286	88	20923	8139	11590	4782	17.79	26.57
潍　坊 Weifang	261	60	24227	7354	15029	3678	17.49	23.94
济　宁 Jining	262	52	20987	6677	13210	3764	16.14	34.51
泰　安 Taian	158	45	14280	5187	6634	2186	12.01	13.64
威　海 Weihai	92	21	12104	3177	6447	1286	25.68	20.35
日　照 Rizhao	75	32	6037	3341	3612	2016	12.75	16.52
莱　芜 Laiwu	42	42	4104	4104	2808	2808	22.40	22.40
临　沂 Linyi	283	74	27140	9254	8581	2982	8.35	15.23
德　州 Dezhou	155	16	11162	2652	5898	1200	10.50	20.21
聊　城 Liaocheng	189	40	12812	4916	5352	1582	9.22	15.16
滨　州 Binzhou	111	21	8718	3067	4522	1428	12.08	22.63
菏　泽 Heze	250	50	15519	4048	7854	1735	8.59	11.88
郑　州 Zhengzhou	307	139	37339	22286	16002	11246	22.63	41.72
开　封 Kaifeng	162	59	11406	5072	5819	3114	11.51	36.97
洛　阳 Luoyang	252	80	19429	11238	8845	5176	13.08	33.36
平顶山 Pingdingshan	174	48	13659	6017	6085	2847	11.78	28.68
安　阳 Anyang	179	84	14043	6097	7130	3639	12.73	34.39
鹤　壁 Hebi	52	28	4851	2728	2368	1490	15.37	27.13
新　乡 Xinxiang	274	72	17585	6674	8127	3227	13.92	32.22
焦　作 Jiaozuo	166	63	10723	4738	5427	2321	15.16	28.15
濮　阳 Puyang	128	39	8453	4137	4247	2285	10.99	35.55
许　昌 Xuchang	175	40	9639	2923	5041	1381	10.61	34.14
漯　河 Luohe	86	49	6399	4310	3512	1582	13.04	11.73
三门峡 Sanmenxi	122	16	6587	2004	3320	893	14.65	31.03
南　阳 Nanyang	306	103	18533	7783	9793	3595	8.69	20.01
商　丘 Shangqiu	277	41	13924	3459	7154	1929	8.04	11.55
信　阳 Xinyang	263	70	10709	3737	5727	1706	6.86	12.03
周　口 Zhoukou	258	28	13785	2214	9223	1580	7.91	31.10
驻马店 Zhumadian	235	19	15690	2733	7033	1374	8.19	21.83
武　汉 Wuhan	227	161	35671	31757	21541	17113	26.01	33.53

3—4 续表 4　Continued 4

城　市　City	医院、卫生院数（个）Quantity of Hospital and Public Health Centers (unit)		医院、卫生院床位数（张）Quantity of Beds at Hospitals and Public Health Centers (unit)		医生数(执业医师＋执业助理医师)（人）Quantity of Ddctors (person)		每万人拥有医生(人) Number of Doctors per 10000 population (person)	
	全市 Total Area of City	市辖区 Districts under City	全市 Total Area of City	市辖区 Districts under City	全市 Total Area of City	市辖区 Districts under City	全市 Total Area of City	市辖区 Districts under City
黄　石　Huangshi	80	31	7709	4702	4509	2331	17.66	36.60
十　堰　Shiyan	151	35	10634	5470	6691	2653	19.18	50.80
宜　昌　Yichang	151	54	11403	5705	7633	3728	19.01	30.07
襄　樊　Xiangfan	191	73	12777	6500	8630	4400	14.83	20.16
鄂　州　Ezhou	37	37	2926	2926	1721	1721	16.08	16.08
荆　门　Jinmen	104	30	7758	3202	4852	1346	16.25	20.30
孝　感　Xiaogan	149	26	7369	2056	5925	1683	11.47	18.02
荆　州　Jinmen	148	25	10265	4503	6753	2300	10.36	20.44
黄　冈　Huanggang	203	19	11817	2683	9033	1120	12.36	30.38
咸　宁　Xianning	85	17	4415	1346	3986	1187	13.93	19.98
随　州　Suizhou	62	42	4109	2779	2937	1375	11.55	8.52
长　沙　Changsha	265	118	30046	21724	14683	10548	23.04	48.22
株　洲　Zhuzhou	181	86	11745	8478	6788	3626	17.85	45.59
湘　潭　Xiangtan	115	54	8196	4823	8603	2665	29.39	30.84
衡　阳　Hengyang	327	178	14942	9423	10200	5601	13.99	55.32
邵　阳　Haoyang	316	43	14070	3041	6120	1135	8.16	17.37
岳　阳　Yueyang	287	69	11297	4561	5746	2901	10.58	36.45
常　德　Changde	276	70	12721	4417	7864	2564	12.85	18.24
张家界　Zhangjiajie	113	45	4205	1738	1940	1429	11.95	29.54
益　阳　Yiyang	141	37	6974	2664	4458	1467	9.58	11.19
郴　州　Chenzhou	317	26	11770	3883	6245	1444	13.39	21.88
永　州　Yongzhou	258	55	10816	3993	6709	1927	11.56	17.78
怀　化　Huaihua	401	35	12347	2546	7591	2108	15.12	62.33
娄　底　Loudi	138	28	8653	2763	5898	1235	14.17	28.27
广　州　Guangzhou	265	230	46515	43747	29056	26924	37.57	42.28
韶　关　Shaoguan	699	353	9728	4986	3830	2044	11.92	22.41
深　圳　Shenzhen	101	101	16766	16766	18785	18785	88.45	88.45
珠　海　Zhuhai	48	48	5727	5727	3173	3173	33.16	33.16
汕　头　Shantou	278	260	8754	8633	4895	4800	9.77	9.72
佛　山　Fuoshan	202	202	19476	19476	10066	10066	27.88	27.88
江　门　Jiangmen	125	44	10397	5465	6073	3065	15.64	22.61
湛　江　Zhanjiang	169	56	13769	6835	6911	2922	9.28	19.77
茂　名　Maoming	146	21	10275	3282	4995	1398	6.97	11.06
肇　庆　Zhaoqing	150	25	8112	3523	7109	2042	17.44	39.09
惠　州　Huizhou	123	56	9015	5384	5854	3638	18.71	29.75
梅　州　Meizhou	204	19	8459	2308	5728	1075	11.38	34.59
汕　尾　Shanwei	81	16	4265	948	2663	690	8.07	13.54
河　源　Heyuan	120	10	4664	1091	3126	748	9.32	25.74
阳　江　Yangjiang								
清　远　Qingyuan	158	23	7566	1979	3690	1294	9.16	23.32
东　莞　Dongguan	56	56	14878	14878	10446	10446	60.99	60.99

3—4 续表 5　Continued 5

城　市　City		医院、卫生院数（个）Quantity of Hospital and Public Health Centers (unit)		医院、卫生院床位数（张）Quantity of Beds at Hospitals and Public Health Centers (unit)		医生数(执业医师＋执业助理医师)（人）Quantity of Ddctors (person)		每万人拥有医生(人) Number of Doctors per 10000 population (person)	
		全市 Total Area of City	市辖区 Districts under City	全市 Total Area of City	市辖区 Districts under City	全市 Total Area of City	市辖区 Districts under City	全市 Total Area of City	市辖区 Districts under City
中　山	Zhongshan	38	38	7251	7251	3996	3996	27.53	27.53
潮　州	Chaozhou	72	18	2788	1111	3156	2195	12.42	63.24
揭　阳	Jieyang	106	11	6204	1474	3646	916	5.74	13.41
云　浮	Yunfu	87	12	3964	910	1267	388	4.72	13.51
南　宁	Nanning	201	99	19271	13943	11879	8296	17.38	31.94
柳　州	Liuzhou	168	64	11893	8015	6447	4203	17.78	41.27
桂　林	Guilin	195	33	11725	5032	7581	3128	15.02	41.33
梧　州	Wuzhou	86	20	5631	3917	3486	1917	11.24	38.94
北　海	Beihai	44	22	3008	1584	2359	1415	15.09	24.34
防城港	Fangchenggang	39	21	1636	1033	785	503	9.42	10.09
钦　州	Qinzhou	97	45	5510	2595	7142	6061	20.06	47.34
贵　港	Guigang	110	45	5073	2446	2604	1151	5.30	6.31
玉　林	Yulin	145	25	9844	3685	5390	1836	8.62	19.64
百　色	Baise	211	20	7538	2028	4013	1103	10.40	32.73
贺　州	Hezhou	81	25	2275	790	1868	752	8.55	7.78
河　池	Hechi	181	22	7331	1611	3906	770	9.84	23.94
来　宾	Laibin	93	34	4210	1357	2518	991	10.07	9.69
崇　左	Chongzuo	124	20	3885	456	1927	297	8.13	8.60
海　口	Haikou	75	75	6301	6301	4368	4368	28.56	28.56
三　亚	Sanya	39	39	1710	1710	1099	1099	20.53	20.53
重　庆	Chongqing	1447	633	70965	42497	38739	24633	11.97	16.14
成　都	Chengdu	595	272	46406	30930	28673	19399	25.78	38.59
自　贡	Zigong	145	81	7460	5095	3102	2002	9.62	13.49
攀枝花	Panzhihua	68	34	5700	4756	3260	2685	29.61	39.11
泸　州	Luzhou	186	65	7669	3852	4333	2335	8.86	16.23
德　阳	Deyang	207	41	9982	2724	4041	969	10.49	14.91
绵　阳	Mianyang	399	87	14980	6250	5907	2460	10.98	20.68
广　元	Guangyuan	317	94	8802	5986	2426	1513	7.89	16.48
遂　宁	Suining	137	49	6545	3546	4022	1315	10.49	8.75
内　江	Neijiang	152	62	8037	3731	3874	1744	9.14	12.40
乐　山	Leshan	288	98	9987	4908	5195	2245	14.74	19.50
南　充	Nanchong	566	147	13299	5193	12583	4677	16.96	24.44
眉　山	Meishan	192	50	6406	2459	3994	1086	11.46	12.91
宜　宾	Yibin	271	57	10949	4722	5798	2129	11.00	26.91
广　安	Guangan	198	49	5254	1440	5089	736	11.00	5.88
达　州	Dazhou	380	24	10343	2198	10675	1685	16.42	41.27
雅　安	Yaan	188	36	5543	2229	2290	729	14.90	20.77
巴　中	Bazhong	311	105	4959	1481	3152	992	8.42	7.44
资　阳	Ziyang	210	37	7305	2281	4403	1122	8.93	10.46
贵　阳	Guiyang	268	192	16720	14009	10035	8340	27.89	38.96
六盘水	Liupanshui	137	30	6624	3149	2521	1253	8.16	25.77

3－4 续表 6　Continued 6

城　市　City	医院、卫生院数（个）Quantity of Hospital and Public Health Centers (unit)		医院、卫生院床位数（张）Quantity of Beds at Hospitals and Public Health Centers (unit)		医生数（执业医师＋执业助理医师）（人）Quantity of Ddctors (person)		每万人拥有医生（人）Number of Doctors per 10000 population (person)	
	全市 Total Area of City	市辖区 Districts under City	全市 Total Area of City	市辖区 Districts under City	全市 Total Area of City	市辖区 Districts under City	全市 Total Area of City	市辖区 Districts under City
遵　义　Zunyi	279	28	11873	4902	6836	2291	9.25	27.38
安　顺　Anshun	158	51	5071	2291	1585	893	5.93	10.74
昆　明　Kunming	324	171	27104	18791	16017	12751	30.94	54.62
曲　靖　Qujing	576	96	13157	3509	5047	1402	8.37	20.63
玉　溪　Yuxi	125	34	7016	2764	3839	1464	18.09	35.57
保　山　Baoshan	419	35	4915	1852	2693	861	10.93	9.87
昭　通　Shaotong	180	28	6655	1738	2186	632	4.00	7.87
丽　江　Lijiang	67	12	2441	761	1374	415	11.64	27.12
思　茅　Simao	166	13	4426	1014	2568	659	10.49	30.94
临　沧　Lincang	140	21	3843	988	1947	474	8.74	16.44
拉　萨　Lhasa	462		1564		1050		16.87	
西　安　Xian	459	344	30823	27418	12895	11212	16.87	20.42
铜　川　Tongchuan	92	78	4042	3772	1673	1603	19.71	21.26
宝　鸡　Baoji	267	54	12920	5047	6140	4880	16.29	56.15
咸　阳　Xanyang	314	68	15740	6271	7116	2521	14.04	28.66
渭　南　Weinan	270	53	11401	3288	5900	1395	10.79	14.78
延　安　Yanan	211	34	6841	2849	2854	1016	13.00	23.51
汉　中　Hanzhong	299	35	11111	3951	6144	1580	16.20	29.02
榆　林　Yulin	300	49	9502	2473	6080	1347	17.05	27.74
安　康　Ankang	231	64	6084	2644	3691	2086	12.30	21.30
商　洛　Shangluo	175	37	4433	1449	3208	759	13.19	13.78
兰　州　Lanzhou	236	236	17045	15181	8890	8532	27.84	41.01
嘉峪关　Jiayuguan	7	7	1055	1055	549	549	30.26	30.26
金　昌　Jinchang	32	14	1941	1320	1344	987	28.41	46.14
白　银　Baiyin	94	31	5090	3185	2455	1422	13.92	29.26
天　水　Tianshui	167	66	7317	4275	2869	1549	8.09	12.45
武　威　Wuwei	185	94	5650	3494	2617	1357	13.88	13.59
张　掖　Zhangye	1382	429	4495	1870	1819	1530	14.13	29.85
平　凉　Pingliang	165	27	5333	1480	1867	479	8.23	9.72
酒　泉　Jiuquan	113	34	3801	1968	1893	1050	20.23	29.19
庆　阳　Qingyang	147	13	4550	1393	2360	761	9.22	22.32
定　西　Dingxi	160	22	5123	1114	2705	723	9.13	15.55
陇　南　Longnan	243	39	4031	1139	2073	601	7.52	11.05
西　宁　Xining	108	47	8514	7913	3410	2655	15.83	24.77
银　川　Yinchuan	590	374	7975	6681	4541	3727	30.52	43.30
石嘴山　Shizuishan	50	36	3382	2559	1722	1083	23.46	24.17
吴　忠　Wuzhong	280	132	2945	1423	1738	742	13.29	20.38
固　原　Guyuan	254	107	2531	1473	1835	831	11.93	16.55
中　卫　Zhongwei	52	15	2029	1146	1349	660	12.72	18.42
乌鲁木齐　Urumchi	170	158	19213	19143	10348	10298	44.74	46.32
克拉玛依　Kelamayi	8	8	1772	1772	1064	1064	30.11	30.11

3—5 城市社会保障(2007年)

Urban Social Security(2007)

城市	City	基本养老保险参保人数（人） Quantity of People Applied for Basic Eendowment Insurance (person)		基本医疗保险参保人数（人） Quantity of People Applied for Basic Medical Insuance (person)		失业保险参保人数（人） Quantity of People Applied for Unemployment Insurance (person)		城镇居民最低生活保障人数（人） Quantity of Urban Residents Granted with Subsistence Allowances (person)	
		全市 Total Area of City	市辖区 Districts under City	全市 Total Area of City	市辖区 Districts under City	全市 Total Area of City	市辖区 Districts under City	全市 Total Area of City	市辖区 Districts under City
城市合计	**Total**	**144353739**	**96754218**	**157054709**	**106704284**	**107317115**	**73528862**	**21622160**	**10264207**
北京	Beijing	6717479	6609985	7829875	7695089	5352500	5257814	147576	144363
天津	Tianjin	1942800	1828600	2048600	1901000	1903500	1783900	148669	144193
石家庄	Shijiazhuang	1207990	626392	1092323	737791	871800	606600	70689	59104
唐山	Tangshan	1189722	743152	1677880	966777	722047	523014	59829	30293
秦皇岛	Qinhuangdao	414349	294316	442471	339151	281925	221459	64088	26254
邯郸	Handan	556642	286842	807838	303473	655175	419802	140122	61042
邢台	Xingtai	395337	198894	405109	196696	323164	153400	77787	21396
保定	Baoding	698450	338000	781015	381353	514130	286725	102814	15458
张家口	Zhanjiakou	566108	254749	405500	270667	374003	239853	127988	61085
承德	Chengde	319077	166770	298259	112413	252056	124795	85309	28894
沧州	Cangzhou	494000	120072	441008	185321	312949	130529	60113	16034
廊坊	Langfang	379230	150164	321984	134271	180050	72514	42580	17440
衡水	Hengshui	300610	120547	253735	96394	182018	83783	55090	19842
太原	Taiyuan	632256	612864	1089380	1046433	730000	683773	86715	59619
大同	Datong	332200	231800	490000	310000	458800	379000	175369	142469
阳泉	Yangquan	122100	100163	260106	225739	190946	148900	43464	29424
长治	Changzhi	290400	162977	355219	152992	234100	159221	54274	15987
晋城	Jincheng	169873	87004	239315	128277	190686	108676	31919	10544
朔州	Shuozhou	81102	47336	95365	53535	101182	54742	57162	25071
晋中	Jinzhong	282036	76850	275709	45074	227572	68960	60237	13134
运城	Yuncheng	170000	8786	330000	20627	250000	9367	83000	8785
忻州	Xinzhou	129300	48400	202700	56000	180000	50000	103254	21146
临汾	Linfen	357031	118503	340511	27205	273612	24511	100601	20324
吕梁	Luliang	94204	9007	186100	11230	164400	23500	102976	14906
呼和浩特	Huhehaote	408381	354294	448275	375739	337000	246500	63924	42380
包头	Baotou	477322	431086	627988	588551	414082	367884	71059	37691
乌海	Wuhai	81195	81195	158000	158000	92518	92518	31304	31304
赤峰	Chifeng	236166	101381	408883	187311	285308	118643	82710	33365
通辽	Tongliao	176600	89210	276800	96424	180000	88914	83955	32916
鄂尔多斯	Eerduosi	126495	49349	210255	86803	127000	43014	24332	5783
呼伦贝尔	Hulunbeier	265163	35868	499000	93819	370626	20192	193000	6397
巴彦淖尔	Bayanzhuoer	193626	84294	168991	61442	98806	39920	49590	14096
乌兰察布	Wulanchabu	177602	21543	216247	24238	131662	16186	96869	28371
沈阳	Shenyang	1705422	1616872	2492040	2291341	1235304	1168793	159107	128641
大连	Dalian	1390573	1118545	2360122	2031873	964224	856544	96768	64172
鞍山	Anshan	791972	606587	922476	778954	647755	509519	94192	75753
抚顺	Fushun	592296	523318	588240	518685	550064	506452	160389	138425
本溪	Benxi	501648	431257	485308	415983	400920	360920	131225	86442
丹东	Dandong	397812	234771	487730	326997	258500	150035	60151	35924
锦州	Jinzhou	409950	266067	574000	422200	393027	275995	80182	54842
营口	Yingkou	365235	250129	491504	351395	223848	172002	80138	45681

3—5 续表 1 Continued 1

城市	City	基本养老保险参保人数（人） Quantity of People Applied for Basic Eendowment Insurance (person)		基本医疗保险参保人数（人） Quantity of People Applied for Basic Medical Insuance (person)		失业保险参保人数（人） Quantity of People Applied for Unemployment Insurance (person)		城镇居民最低生活保障人数（人） Quantity of Urban Residents Granted with Subsistence Allowances (person)	
		全市 Total Area of City	市辖区 Districts under City	全市 Total Area of City	市辖区 Districts under City	全市 Total Area of City	市辖区 Districts under City	全市 Total Area of City	市辖区 Districts under City
阜新	Fuxin	339327	276781	401300	271851	228244	183242	167387	159825
辽阳	Liaoyang	430447	326775	474975	372745	207165	173378	50725	34574
盘锦	Panjin	453111	246000	336283	281488	251007	234290	24401	15663
铁岭	Tieling	292670	128525	380693	220617	284434	258576	76153	23789
朝阳	Chaoyang	268527	99355	403303	163760	192600	80300	167310	60659
葫芦岛	Huludao	247133	179653	357577	266286	256128	237403	72386	41859
长春	Changchun	1325000	1112000	1131795	888528	717000	577000	206867	119154
吉林	Jinlin	588035	426463	616621	433181	382736	277729	183581	87543
四平	Siping	317580	142305	551668	178626	201008	91314	129636	46012
辽源	Liaoyang	127376	91396	143166	103324	96327	69167	98452	63202
通化	Tonghua	256625	115603	685810	284627	203137	96741	110273	30103
白山	Baishan	192220	82797	490800	186000	133901	67454	186349	94399
松原	Songyuan	157423	107774	386509	131305	128705	77321	68536	18706
白城	Baicheng	157423	63183	202136	61138	128705	57805	97642	32697
哈尔滨	Haerbin	1165000	772156	1865000	1286434	1360000	1251605	201874	109830
齐齐哈尔	Qiqihaer	496316	296505	820648	365854	479835	365003	158497	84166
鸡西	Jixi	198447	132736	451447	192447	238974	202347	137965	102406
鹤岗	Hegang	108457	97214	347313	316805	95683	86019	90241	82032
双鸭山	Shuangyashan	71072	39378	261000	171000	115500	72811	77049	57829
大庆	Daqing	401092	236579	837803	784464	192950	151452	65047	12170
伊春	Yichun	272709	248995	280011	265385	117000	109000	130953	98327
佳木斯	Jiamusi	263631	139401	356897	209187	217851	132242	115976	67082
七台河	Qitaihe	127103	106449	141625	110090	79571	68571	51261	40533
牡丹江	Mudanjiang	254917	171263	400096	267803	177570	140747	122900	65080
黑河	Heihe	73227	20401	180545	37112	62011	11900	123146	10723
绥化	Suihua	350520	15143	320000	35802	300634	46105	131584	20875
上海	Shanghai	7938200	7938200	7497500	7497500	4915400	4915400	339420	325598
南京	Nanjing	1674500	1601400	1921200	1819892	1502937	1450991	76076	74284
无锡	Wuxi	1730400	1181500	1921500	1212200	1181100	790700	27629	17930
徐州	Xuzhou	1028702	676422	986632	639333	694515	398702	51416	24434
常州	Changzhou	860348	667146	998765	801989	652526	506052	23758	19608
苏州	Suzhou	2447836	813491	3006877	1097222	2074037	748966	28858	15232
南通	Nantong	829541	309391	1141800	438300	695497	266713	19152	5732
连云港	Lianyungang	320565	206288	435958	293218	389305	199983	22541	13986
淮安	Huaian	406787	260251	479025	305624	407900	255100	45237	31909
盐城	Yancheng	630889	223070	952600	358200	543449	179489	55139	14156
扬州	Yangzhou	595920	281067	749894	384832	510000	279600	20090	7602
镇江	Zhenjiang	545989	292530	663000	397746	417710	260258	12302	9399
泰州	Taizhou	524393	123919	847671	211039	379921	103725	22716	2629
宿迁	Suqian	200371	84686	258525	97886	246852	94363	42241	12276
杭州	Hangzhou	2804945	2285741	2377435	2039996	1700886	1475753	16472	12762

3－5 续表 2　Continued 2

城　市　City	基本养老保险参保人数（人）Quantity of People Applied for Basic Eendowment Insurance (person)		基本医疗保险参保人数（人）Quantity of People Applied for Basic Medical Insuance (person)		失业保险参保人数（人）Quantity of People Applied for Unemployment Insurance (person)		城镇居民最低生活保障人数(人) Quantity of Urban Residents Granted with Subsistence Allowances (person)	
	全市 Total Area of City	市辖区 Districts under City	全市 Total Area of City	市辖区 Districts under City	全市 Total Area of City	市辖区 Districts under City	全市 Total Area of City	市辖区 Districts under City
宁　波　Ningbuo	1970408	1241110	1517470	1094966	957585	629203	14653	10262
温　州　Wenzhou	1374557	604366	757055	378356	557242	272101	12192	7913
嘉　兴　Jiaxing	895100	262600	914000	319000	525000	149600	7642	2217
湖　州　Huzhou	539866	256902	376306	193572	272100	135700	10462	4064
绍　兴　Shaoxing	1076788	295435	716992	197421	529166	137846	8303	2933
金　华　Jinhua	794721	193134	554392	185127	450890	122040	5209	1994
衢　州　Quzhou	304605	164492	252700	141048	154394	77263	4800	970
舟　山　Zhoushan	228353	180418	227466	179853	126202	103635	2399	1842
台　州　Taizhou	817298	318046	487703	198209	443716	183638	4019	1106
丽　水　Lishui	244178	66861	197002	61848	103780	34955	4105	1155
合　肥　Hefei	611405	549743	673785	587693	477266	451601	105737	81168
芜　湖　Wuhu	303187	235029	331731	270596	220200	156551	58718	36356
蚌　埠　Bengbu	267960	209000	582000	478000	258108	183000	54664	37878
淮　南　Huainan	205100	164523	408493	383609	313164	285145	74449	66178
马 鞍 山　Maanshan	240556	219281	306917	274801	211365	197561	28863	21672
淮　北　Huaibei	267306	232077	360314	333890	270079	253282	62747	51508
铜　陵　Tongling	126674	117412	221626	203297	133127	127600	36275	32742
安　庆　Anqing	367000	218881	341605	182983	298550	145930	1029434	513740
黄　山　Huangshan	95717	51895	138681	75655	97979	47069	25902	12917
滁　州　Chuzhou	199125	49263	302568	75370	225962	50248	73039	13617
阜　阳　Fuyang	184070	113618	297715	113559	230758	145198	106612	49796
宿　州　Suzhou	124140	62944	217364	89391	197983	81503	48987	16301
巢　湖　Chaohu	151824	24000	195964	28000	174203	21500	71089	29361
六　安　Liuan	166392	75664	252675	111506	212000	84000	72509	23331
亳　州　Buozhou	74033	25256	150317	32000	133013	38410	37812	11943
池　州　Chizhou	70291	36663	100767	52239	69064	34510	23830	12740
宣　城　Xuancheng	141423	27792	186848	36405	123423	22510	38212	11842
福　州　Fuzhou	928167	617174	675849	443841	794656	557938	25017	13694
厦　门　Xiamen	991400	991400	1188600	1188600	848300	848300	23053	23053
莆　田　Putian	173339	148308	190681	158080	137518	120395	13079	6804
三　明　Sanming	400300	127346	338800	127485	208700	60337	21698	5668
泉　州　Quanhzou	512200	204200	510532	203647	455500	209374	25303	6912
漳　州　Zhangzhou	427753	139684	269926	97115	212917	92924	27264	6541
南　平　Nanping	281201	95422	341016	105503	241781	98562	26513	5033
龙　岩　Longyan	262825	90332	255467	112191	174021	78725	17390	4019
宁　德　Ningde	182300	24660	176050	21878	108158	14232	21251	2870
南　昌　Nanchang	895007	765119	514414	467341	515558	414252	110626	53926
景 德 镇　Jingdezhen	259894	152928	200078	136005	129700	72000	56256	34244
萍　乡　Pingxiang	174997	127369	165336	136732	135823	117455	59641	42666
九　江　Jiujiang	495023	206383	447707	180552	311453	156919	87198	17535
新　余　Xinyu	141000	121219	186000	164704	105800	94135	33800	25011

3－5 续表 3　Continued 3

城　市	City	基本养老保险参保人数（人） Quantity of People Applied for Basic Eendowment Insurance (person)		基本医疗保险参保人数（人） Quantity of People Applied for Basic Medical Insuance (person)		失业保险参保人数（人） Quantity of People Applied for Unemployment Insurance (person)		城镇居民最低生活保障人数（人） Quantity of Urban Residents Granted with Subsistence Allowances (person)	
		全市 Total Area of City	市辖区 Districts under City	全市 Total Area of City	市辖区 Districts under City	全市 Total Area of City	市辖区 Districts under City	全市 Total Area of City	市辖区 Districts under City
鹰　潭	Yingtan	102603	26099	87049	15134	78013	29505	28210	8925
赣　州	Ganzhou	354598	52895	475789	151797	323900	18900	122097	20703
吉　安	Jian	365204	49627	389124	34690	199950	46043	117065	22098
宜　春	Yichun	429927	105351	486027	79520	249581	56295	116525	20050
抚　州	Fuzhou	241800	32610	314879	44130	188500	33600	120329	33795
上　饶	Shangrao	446700	36486	432400	30786	276000	19800	117517	13077
济　南	Jinan	1459126	1168331	1001097	872021	698102	578884	64030	51599
青　岛	Qingdao	2313888	1590813	2081979	1501776	1164801	756952	42102	36542
淄　博	Zibuo	745328	621995	871632	750883	447339	364360	32688	27336
枣　庄	Zaozhuang	375236	232115	416947	301607	312319	229378	62556	50546
东　营	Dongying	182130	97564	468878	374164	94492	53621	9614	5179
烟　台	Yantai	1081244	529555	1077863	506046	764988	367702	17344	7694
潍　坊	Weifang	1178687	446854	985513	403402	655054	248023	36793	18894
济　宁	Jining	730034	245576	696806	235413	591805	169242	48033	14400
泰　安	Taian	614121	493000	538000	353058	457000	147000	28578	13242
威　海	Weihai	600131	249395	547023	247654	334482	133743	1592	684
日　照	Rizhao	274708	161844	210028	125671	135170	87940	13118	7191
莱　芜	Laiwu	226443	226443	160315	160315	138828	138828	7900	7900
临　沂	Linyi	836760	300159	601869	240682	421751	141728	69959	25922
德　州	Dezhou	395857	126716	410885	172983	250256	111102	44781	11257
聊　城	Liaocheng	495677	146050	394199	140828	281239	105695	52713	9159
滨　州	Binzhou	297915	98760	286480	111263	176106	66006	26990	3549
菏　泽	Heze	443677	126110	409489	105711	268267	81169	52168	12914
郑　州	Zhengzhou	1189000	912439	650000	495148	862000	684465	39650	17472
开　封	Kaifeng	300512	190990	318940	203663	362000	225200	81430	59162
洛　阳	Luoyang	878789	659219	791071	579843	635126	460121	123518	57976
平顶山	Pingdingshan	344027	239818	556231	200294	455500	300100	86550	35405
安　阳	Anyang	524671	366862	525077	341650	396569	240175	91730	55362
鹤　壁	Hebi	103342	67867	184472	133284	152181	106571	55420	40961
新　乡	Xinxiang	536917	309436	541716	277826	453825	214201	118763	35008
焦　作	Jiaozuo	325312	171030	351858	202878	352426	209195	48790	16433
濮　阳	Puyang	178563	63406	394754	263013	295054	192104	59384	30916
许　昌	Xuchang	299163	147127	316932	144087	276396	104290	56511	16766
漯　河	Luohe	156189	112456	163831	119024	165537	108337	45036	30786
三门峡	Sanmenxi	219889	90455	273744	87871	223182	78220	38928	16659
南　阳	Nanyang	525346	234957	630091	268646	614878	357599	121434	17127
商　丘	Shangqiu	266758	109993	390992	126913	348600	164500	101164	48579
信　阳	Xinyang	419684	156380	413054	114516	393500	132800	110642	31296
周　口	Zhoukou	283182	60588	366514	86896	386000	64600	113330	20650
驻马店	Zhumadian	218000	81905	382400	108242	318000	53950	108343	18607
武　汉	Wuhan	1930200	1734300	2389300	2218300	922000	886700	246246	190369

3－5 续表 4　Continued 4

城　市	City	基本养老保险参保人数（人）Quantity of People Applied for Basic Eendowment Insurance (person)		基本医疗保险参保人数（人）Quantity of People Applied for Basic Medical Insuance (person)		失业保险参保人数（人）Quantity of People Applied for Unemployment Insurance (person)		城镇居民最低生活保障人数(人) Quantity of Urban Residents Granted with Subsistence Allowances (person)	
		全市 Total Area of City	市辖区 Districts under City	全市 Total Area of City	市辖区 Districts under City	全市 Total Area of City	市辖区 Districts under City	全市 Total Area of City	市辖区 Districts under City
黄　石	Huangshi	444679	312219	368886	250101	283223	234269	68046	37570
十　堰	Shiyan	282310	160857	414820	262382	296621	187266	87219	26140
宜　昌	Yichang	460743	262260	543732	339992	368051	248032	109134	49712
襄　樊	Xiangfan	704836	395142	606929	438763	417059	290000	152471	87074
鄂　州	Ezhou	136547	136547	119626	119626	68031	68031	25624	25624
荆　门	Jinmen	311300	137500	285200	149500	158100	77000	85069	26116
孝　感	Xiaogan	298245	45408	348102	70215	208217	34231	97942	30570
荆　州	Jinmen	386725	170029	400757	224955	298559	146971	140862	55281
黄　冈	Huanggang	371562	92325	351374	49559	217703	34501	145000	23000
咸　宁	Xianning	136385	52609	215741	66459	110330	41461	86746	23060
随　州	Suizhou	177416	137059	131198	94186	103270	79485	56278	42418
长　沙	Changsha	715028	537155	758211	637885	590714	479619	117562	63568
株　洲	Zhuzhou	370282	226863	450631	332874	260974	190060	89178	33508
湘　潭	Xiangtan	334664	238899	358163	255136	322470	237562	72350	45739
衡　阳	Hengyang	461553	200981	508714	253910	430393	256506	123768	68806
邵　阳	Haoyang	415300	160300	381300	140300	245700	88600	126380	39821
岳　阳	Yueyang	490928	230674	493222	289633	331855	161584	116721	49831
常　德	Changde	417187	209749	436421	169056	255030	100153	125062	39655
张家界	Zhangjiajie	83639	43042	99193	48967	82323	40693	31142	12320
益　阳	Yiyang	222135	103849	322197	137822	214764	87205	104682	39174
郴　州	Chenzhou	337140	141745	387363	184265	224815	99345	119157	25042
永　州	Yongzhou	321143	50668	329411	55875	200270	26559	94324	34698
怀　化	Huaihua	297086	88955	332406	107356	207688	80838	100323	24470
娄　底	Loudi	250313	90256	262621	84047	268397	188579	96931	31379
广　州	Guangzhou	2298405	2042111	3325624	3172040	2564598	2413940	48045	41232
韶　关	Shaoguan	327856	183952	397860	267422	242452	150505	101495	18990
深　圳	Shenzhen	4939714	4939714	2805465	2805465	1796182	1796182	14833	14833
珠　海	Zhuhai	668435	668435	728789	728789	588631	588631	12854	12854
汕　头	Shantou	520708	509181	270333	266403	352800	348121	85292	83892
佛　山	Fuoshan	1550823	1550823	1570887	1570887	1231289	1231289	22153	22153
江　门	Jiangmen	523222	179356	523903	231329	432762	154164	13711	7059
湛　江	Zhanjiang	747000	313067	432000	278112	300000	166645	43383	12691
茂　名	Maoming	384653	161324	238958	148429	216864	92114	35879	3334
肇　庆	Zhaoqing	445594	198181	347150	182832	282224	127956	58303	5646
惠　州	Huizhou	886354	659300	613160	458951	504421	377260	9627	4548
梅　州	Meizhou	291700	70200	198000	69400	218100	56100	180000	6401
汕　尾	Shanwei	169258	64638	70667	31778	108494	36270	17008	3727
河　源	Heyuan	277441	101683	125167	37076	188926	84511	21676	4218
阳　江	Yangjiang	238526	101378	149709	69529	171313	71668	14384	6757
清　远	Qingyuan	348426	93016	221856	78004	140369	45617	11966	1537
东　莞	Dongguan	2279806	2279806	2363194	2363194	2223556	2223556	7574	7574

3—5 续表 5 Continued 5

城市	City	基本养老保险参保人数（人） Quantity of People Applied for Basic Eendowment Insurance (person)		基本医疗保险参保人数（人） Quantity of People Applied for Basic Medical Insuance (person)		失业保险参保人数（人） Quantity of People Applied for Unemployment Insurance (person)		城镇居民最低生活保障人数（人） Quantity of Urban Residents Granted with Subsistence Allowances (person)	
		全市 Total Area of City	市辖区 Districts under City	全市 Total Area of City	市辖区 Districts under City	全市 Total Area of City	市辖区 Districts under City	全市 Total Area of City	市辖区 Districts under City
中山	Zhongshan	1066433	1066433	1084796	1084796	980024	980024	7374	7374
潮州	Chaozhou	289964	128074	121512	63587	241440	109880	50187	9012
揭阳	Jieyang	273723	76738	117987	33934	153218	59288	22629	2999
云浮	Yunfu	141074	31997	127081	31997	120541	32445	6814	1354
南宁	Nanning	510678	427114	512093	375855	318092	229787	55111	28582
柳州	Liuzhou	418793	357558	382168	304585	256592	192433	40294	19381
桂林	Guilin	305493	207309	400837	204684	251655	143178	67581	8991
梧州	Wuzhou	128284	82678	210437	123164	105215	50819	24865	4635
北海	Beihai	69920	41030	111502	58484	77535	44635	33931	14061
防城港	Fangchenggang	39818	26325	55609	37878	45229	29964	16390	14888
钦州	Qinzhou	65326	31484	110311	56103	71050	28749	35441	16641
贵港	Guigang	70311	37786	170674	82605	110863	49596	45833	22600
玉林	Yulin	180996	21152	228500	33746	145490	16919	49862	6900
百色	Baise	118975	15200	165276	14400	117208	12000	41528	8495
贺州	Hezhou	41598	19678	62296	24250	50924	16981	37332	11023
河池	Hechi	91048	8075	176981	18680	126430	12606	38502	1909
来宾	Laibin	63624	28509	120311	52063	63621	29593	29964	11135
崇左	Chongzuo	58868	19156	108742	14855	82132	11454	30272	3793
海口	Haikou	182210	182210	172308	172308	115774	115774	22179	22179
三亚	Sanya	80612	80612	81542	81542	76231	76231	15514	15514
重庆	Chongqing	3291700	2236981	2846740	2083309	1966500	1386835	833177	493813
成都	Chengdu	1694100	1357642	1813100	1451940	1172116	993794	105959	53100
自贡	Zigong	218500	161544	356432	268985	57671	23180	97226	62978
攀枝花	Panzhihua	230653	216355	336207	314235	153957	143805	34374	26868
泸州	Luzhou	240364	148555	262084	172161	128718	81404	69860	31613
德阳	Deyang	289200	151200	398700	227700	185100	121200	80968	26618
绵阳	Mianyang	476718	228149	445809	210822	202000	101394	113318	32351
广元	Guangyuan	229911	32088	244300	29898	119501	13942	100448	41387
遂宁	Suining	186327	84739	190013	90674	102082	43918	84664	48602
内江	Neijiang	373584	167163	188637	83115	131959	56751	88595	34279
乐山	Leshan	281631	179499	441669	293248	142818	105346	84991	40205
南充	Nanchong	197071	100407	363119	180982	195138	83687	178190	78023
眉山	Meishan	167803	37001	174755	37679	95477	13000	61164	26923
宜宾	Yibin	384393	228491	390077	231005	245678	128068	96090	27808
广安	Guangan	109355	37827	181512	52816	70027	29874	83468	16445
达州	Dazhou	180037	28907	173601	13752	155252	17238	134478	24203
雅安	Yaan	94713	51051	154200	693773	76331	12135	41408	14942
巴中	Bazhong	106363	23824	115924	47552	80600	35522	81115	33232
资阳	Ziyang	190900	53319	239559	71516	119402	44605	70299	26688
贵阳	Guiyang	432158	391483	719750	658827	341786	294249	82887	68174
六盘水	Liupanshui	37947	18645	229222	37274	84733	44570	73345	7518

3—5 续表 6 Continued 6

城市 City		基本养老保险参保人数（人）Quantity of People Applied for Basic Eendowment Insurance (person)		基本医疗保险参保人数（人）Quantity of People Applied for Basic Medical Insuance (person)		失业保险参保人数（人）Quantity of People Applied for Unemployment Insurance (person)		城镇居民最低生活保障人数（人）Quantity of Urban Residents Granted with Subsistence Allowances (person)	
		全市 Total Area of City	市辖区 Districts under City	全市 Total Area of City	市辖区 Districts under City	全市 Total Area of City	市辖区 Districts under City	全市 Total Area of City	市辖区 Districts under City
遵义	Zunyi	166000	15476	342118	193800	146000	22200	72109	18277
安顺	Anshun	98800	12400	125200	18100	56400	11900	35829	20954
昆明	Kunming	818900	717464	1139300	927203	684500	458488	83657	51646
曲靖	Qujing	183542	18532	341015	24860	205424	13916	66438	16046
玉溪	Yuxi	151136	55547	192734	69647	121488	46083	34570	6105
保山	Baoshan	67600	29500	104100	41433	63000	25457	34151	16323
昭通	Shaotong	67473	28559	134479	34558	96052	28079	80379	21496
丽江	Lijiang	52571	13997	81431	15618	24201	5417	39886	7999
思茅	Simao	90123	30923	153436	43441	72800	19405	42693	6185
临沧	Lincang	50620	13740	115663	13376	58274	14725	44560	7997
拉萨	Lhasa	7870		24419		5077		9536	
西安	Xian	1451968	1379876	1675700	1590700	1241143	1178153	156500	129629
铜川	Tongchuan	103000	96932	183000	176900	136995	133314	74950	72450
宝鸡	Baoji	418000	285277	427900	255230	337000	295265	86800	31360
咸阳	Xanyang	281833	119212	419400	227700	399091	206668	90705	39635
渭南	Weinan	257462	73756	415712	107258	277833	65232	95859	21523
延安	Yanan	117018	66451	192043	90763	171134	89372	64554	15142
汉中	Hanzhong	237970	142200	302932	128400	191778	102400	71763	22658
榆林	Yulin	127052	45566	200543	61700	134112	30504	96672	17560
安康	Ankang	94076	33197	153324	65697	85911	44887	64627	14803
商洛	Shangluo	120961	47105	113790	36707	106211	32590	36550	13572
兰州	Lanzhou	201900	181700	620800	597800	581400	522600	126500	112100
嘉峪关	Jiayuguan	57691	57691	63174	63174	40567	40567	3556	3556
金昌	Jinchang	19531	6960	88312	62706	76325	65726	14787	9016
白银	Baiyin	57168	38154	180518	137087	130170	93230	71293	50872
天水	Tianshui	105000	13005	185340	34953	151671	21649	99890	68841
武威	Wuwei	54175	24502	92867	33006	52421	20729	40680	25840
张掖	Zhangye	45600	12764	91000	47698	59000	12569	45981	22998
平凉	Pingliang	53812	23000	93825	27000	87021	30802	52100	28680
酒泉	Jiuquan	45200	31400	103400	38000	61300	17300	38810	15500
庆阳	Qingyang	27588	15701	86278	27161	77002	39068	48621	19895
定西	Dingxi	46404	7265	77042	12181	75498	11927	53798	15208
陇南	Longnan	32625	5368	73278	12776	46012	6800	47127	12210
西宁	Xining	244055	216017	161670	124665	145210	115314	75083	46354
银川	Yinchuan	238896	209482	403566	340000	173716	153142	63796	39346
石嘴山	Shizuishan	65077	52513	163328	142647	102077	87891	41202	30474
吴忠	Wuzhong	56102	29377	94000	42000	57884	20010	36239	11522
固原	Guyuan	20999	11512	64398	14094	36672	15348	45724	16928
中卫	Zhongwei	39218	18326	54663	23588	30000	10000	30337	15274
乌鲁木齐	Urumchi	444506	444506	609857	547162	467389	467389	22819	22331
克拉玛依	Kelamayi	124625	124625	168417	168417	122817	122817	3167	3167

3—6 城市道路与交通(市辖区,2007 年)

Urban Roads and Public Transportation (Districts under City,(2007)

城　市	City	年末实有道路面积（万平方米）Area of Roads (year-end) (10000 sq. m)	人均实有道路面积（平方米）Per Capita Area of Roads (sq. m)	年末实有公共汽电车（辆）Number of Public Vehicles of Bus and Trolley Bus (year-end) (unit)	每万人拥有公共汽电车（辆）Number of Public Vehicles of Bus and Trolley Bus Per 10000 Population (unit)	公共汽电车客运量（万人次）Number of Passengers Carried of Bus and Trolley Bus (10000 person-time)	平均每辆公共汽电车运载力（万人次）Number of Passengers Carried of Per Bus and Trolley Bus (10000 Perscn-time)	年末实有出租车（辆）Number of Taxi (unit)
城市合计	**Total**	**334721**	**9.01**	**299087**	**8.05**	**4983557**	**16.66**	**819091**
北　京	Beijing	7734	6.77	19395	16.98	422645	21.79	66646
天　津	Tianjin	7775	9.89	7489	9.52	102415	13.68	31940
石家庄	Shijiazhuang	2657	11.18	2024	8.51	33298	16.45	6790
唐　山	Tangshan	2552	8.41	2458	8.10	24013	9.77	4592
秦皇岛	Qinhuangdao	1322	16.40	893	11.08	12125	13.58	4474
邯　郸	Handan	1935	13.29	1658	11.38	17255	10.41	4805
邢　台	Xingtai	999	17.17	834	14.33	6859	8.22	3148
保　定	Baoding	1307	12.32	661	6.23	11199	16.94	3036
张家口	Zhanjiakou	910	10.28	635	7.18	8865	13.96	3585
承　德	Chengde	464	8.97	429	8.30	9237	21.53	2312
沧　州	Cangzhou	768	15.05	475	9.31	5725	12.05	3018
廊　坊	Langfang	723	9.14	373	4.72	5212	13.97	1800
衡　水	Hengshui	595	12.69	436	9.30	2370	5.44	1310
太　原	Taiyuan	2324	8.40	1769	6.39	34021	19.23	8292
大　同	Datong	1230	8.12	606	4.00	9855	16.26	4625
阳　泉	Yangquan	452	6.73	454	6.75	9459	20.83	1196
长　治	Changzhi	541	7.93	328	4.81	7179	21.89	1800
晋　城	Jincheng	280	8.54	281	8.57	2300	8.19	1453
朔　州	Shuozhou	414	6.63	203	3.25	1463	7.21	1420
晋　中	Jinzhong	521	9.17	416	7.32	2387	5.74	903
运　城	Yuncheng	214	3.28	360	5.52	3200	8.89	1573
忻　州	Xinzhou	166	3.20	112	2.16	600	5.36	713
临　汾	Linfen	398	4.92	373	4.61	3625	9.72	1803
吕　梁	Luliang	211	7.93	55	2.07	1450	26.36	450
呼和浩特	Huhehaote	1356	11.85	1353	11.82	23691	17.51	4666
包　头	Baotou	1817	13.06	1174	8.44	19056	16.23	5850
乌　海	Wuhai	503	10.55	320	6.71	2930	9.16	953
赤　峰	Chifeng	488	4.10	286	2.40	5196	18.17	3304
通　辽	Tongliao	555	6.75	192	2.34	1631	8.49	4256
鄂尔多斯	Eerduosi	1302	53.49	470	19.31	3102	6.60	2200
呼伦贝尔	Hulunbeier	269	10.23	212	8.06	915	4.32	2200
巴彦淖尔	Bayanzhuoer	414	7.52	112	2.03	1001	8.94	936
乌兰察布	Wulanchabu	340	11.38	89	2.98	810	9.10	2800
沈　阳	Shenyang	4418	8.75	5096	10.09	102489	20.11	19318
大　连	Dalian	3459	11.79	4784	16.30	107666	22.51	9643
鞍　山	Anshan	1317	8.94	1350	9.16	20084	14.88	5375
抚　顺	Fushun	679	4.85	1246	8.90	31700	25.44	4541
本　溪	Benxi	562	5.86	592	6.17	18711	31.61	2594
丹　东	Dandong	629	8.22	415	5.43	7466	17.99	1914
锦　州	Jinzhou	804	8.76	537	5.85	8109	15.10	3904
营　口	Yingkou	567	6.49	579	6.63	8303	14.34	4900

3－6 续表 1　Continued 1

城　市　City		年末实有道路面积（万平方米）Area of Roads (year-end) (10000 sq. m)	人均实有道路面积（平方米）Per Capita Area of Roads (sq. m)	年末实有公共汽电车（辆）Number of Public Vehicles of Bus and Trolley Bus (year-end) (unit)	每万人拥有公共汽电车（辆）Number of Public Vehicles of Bus and Trolley Bus Per 10000 Population (unit)	公共汽电车客运量（万人次）Number of Passengers Carried of Bus and Trolley Bus (10000 person-time)	平均每辆公共汽电车运载力（万人次）Number of Passengers Carried of Per Bus and Trolley Bus (10000 Perscn-time)	年末实有出租车（辆）Number of Taxi (unit)
阜　新	Fuxin	426	5.46	361	4.63	4811	13.33	2978
辽　阳	Liaoyang	797	10.99	380	5.24	5183	13.64	3579
盘　锦	Panjin	688	11.57	429	7.22	10613	24.74	3226
铁　岭	Tieling	667	14.99	252	5.66	3200	12.70	2112
朝　阳	Chaoyang	302	5.15	156	2.66	1451	9.30	3010
葫芦岛	Huludao	468	4.80	490	5.02	6462	13.19	4159
长　春	Changchun	3385	9.45	3788	10.58	52504	13.86	16244
吉　林	Jinlin	1265	6.94	866	4.75	19719	22.77	4452
四　平	Siping	339	5.59	330	5.45	2538	7.69	2766
辽　源	Liaoyang	477	9.99	331	6.93	590	1.78	1820
通　化	Tonghua	214	4.71	265	5.83	5812	21.93	1403
白　山	Baishan	272	4.59	238	4.01	2431	10.21	1453
松　原	Songyuan	453	8.50	456	8.55	6077	13.33	2177
白　城	Baicheng	233	4.55	233	4.55	1200	5.15	1774
哈尔滨	Haerbin	2784	5.86	4705	9.90	90918	19.32	13224
齐齐哈尔	Qiqihaer	839	5.88	946	6.63	8200	8.67	4000
鸡　西	Jixi	320	3.52	667	7.34	7337	11.00	2950
鹤　岗	Hegang	303	4.46	398	5.86	10200	25.63	1774
双鸭山	Shuangyashan	298	5.97	347	6.95	3700	10.66	1100
大　庆	Daqing	2564	20.00	2045	15.95	17512	8.56	3965
伊　春	Yichun	628	7.73	210	2.58	1600	7.62	3000
佳木斯	Jiamusi	345	4.18	475	5.76	10402	21.90	5200
七台河	Qitaihe	392	7.43	371	7.03	4000	10.78	1620
牡丹江	Mudanjiang	872	10.89	505	6.30	9155	18.13	2705
黑　河	Heihe	181	9.46	95	4.96	230	2.42	1043
绥　化	Suihua	1015	11.38	183	2.05	1890	10.33	2364
上　海	Shanghai	8363	6.39	16944	12.94	265000	15.64	48614
南　京	Nanjing	7992	14.96	6709	12.55	106481	15.87	9997
无　锡	Wuxi	5086	21.56	2855	12.10	27784	9.73	3840
徐　州	Xuzhou	1623	8.87	1741	9.52	27430	15.76	3479
常　州	Changzhou	2247	10.00	1779	7.92	25973	14.60	2142
苏　州	Suzhou	5342	22.70	2475	10.52	42955	17.36	3203
南　通	Nantong	1128	12.93	707	8.10	8717	12.33	1277
连云港	Lianyungang	2617	36.57	870	12.16	15416	17.72	2625
淮　安	Huaian	1320	4.77	741	2.68	11812	15.94	903
盐　城	Yancheng	1022	6.44	370	2.33	3014	8.15	810
扬　州	Yangzhou	1140	9.66	798	6.76	11483	14.39	1967
镇　江	Zhenjiang	1432	13.93	680	6.61	9317	13.70	1254
泰　州	Taizhou	1125	17.37	262	4.05	2100	8.02	740
宿　迁	Suqian	1083	6.91	426	2.72	320	0.75	713
杭　州	Hangzhou	4185	9.98	5435	12.96	95413	17.56	8583

3－6 续表 2　Continued 2

城　市	City	年末实有道路面积（万平方米）Area of Roads (year-end) (10000 sq. m)	人均实有道路面积（平方米）Per Capita Area of Roads (sq. m)	年末实有公共汽电车（辆）Number of Public Vehicles of Bus and Trolley Bus (year-end) (unit)	每万人拥有公共汽电车（辆）Number of Public Vehicles of Bus and Trolley Bus Per 10000 Population (unit)	公共汽电车客运量（万人次）Number of Passengers Carried of Bus and Trolley Bus (10000 person-time)	平均每辆公共汽电车运载力（万人次）Number of Passengers Carried of Per Bus and Trolley Bus (10000 Perscn-time)	年末实有出租车（辆）Number of Taxi (unit)
宁　波	Ningbuo	1866	8.55	2777	12.73	40382	14.54	5001
温　州	Wenzhou	1592	11.18	1874	13.16	26477	14.13	3328
嘉　兴	Jiaxing	783	9.55	792	9.66	7349	9.28	823
湖　州	Huzhou	1567	14.45	655	6.04	7099	10.84	962
绍　兴	Shaoxing	1108	17.05	753	11.59	9283	12.33	895
金　华	Jinhua	1320	14.31	725	7.86	6600	9.10	862
衢　州	Quzhou	658	8.08	547	6.71	6264	11.45	401
舟　山	Zhoushan	390	5.62	402	5.79	3786	9.42	995
台　州	Taizhou	2137	14.10	409	2.70	4012	9.81	1383
丽　水	Lishui	358	9.42	120	3.16	1861	15.51	409
合　肥	Hefei	3552	17.90	2409	12.14	55802	23.16	6500
芜　湖	Wuhu	1586	15.06	854	8.11	15044	17.62	2545
蚌　埠	Bengbu	1000	10.86	693	7.52	17522	25.28	2291
淮　南	Huainan	947	5.71	968	5.84	15012	15.51	2844
马鞍山	Maanshan	812	13.01	456	7.30	12947	28.39	2298
淮　北	Huaibei	754	7.01	990	9.21	5102	5.15	1626
铜　陵	Tongling	459	10.45	393	8.95	3600	9.16	1584
安　庆	Anqing	684	9.23	308	4.16	3955	12.84	1780
黄　山	Huangshan	414	9.59	226	5.23	1618	7.16	407
滁　州	Chuzhou	467	8.85	235	4.46	1519	6.46	1257
阜　阳	Fuyang	854	4.32	457	2.31	6470	14.16	1610
宿　州	Suzhou	666	3.73	249	1.40	3650	14.66	1298
巢　湖	Chaohu	420	4.81	206	2.36	3500	16.99	1620
六　安	Liuan	262	1.43	240	1.31	5530	23.04	1849
亳　州	Buozhou	523	3.45	260	1.72	1400	5.38	1000
池　州	Chizhou	402	6.18	136	2.09	1456	10.71	600
宣　城	Xuancheng	242	2.86	122	1.44	1010	8.28	733
福　州	Fuzhou	1858	9.99	2270	12.21	42274	18.62	3745
厦　门	Xiamen	2455	14.68	2543	15.21	58000	22.81	4137
莆　田	Putian	599	2.89	620	2.99	5864	9.46	626
三　明	Sanming	319	11.27	218	7.70	5282	24.23	339
泉　州	Quanhzou	965	9.42	771	7.53	9357	12.14	1737
漳　州	Zhangzhou	625	11.26	197	3.55	2215	11.24	1052
南　平	Nanping	194	3.97	211	4.32	4665	22.11	241
龙　岩	Longyan	340	7.18	305	6.44	4094	13.42	527
宁　德	Ningde	236	5.47	187	4.33	2759	14.75	372
南　昌	Nanchang	1696	7.56	2448	10.92	51104	20.88	3629
景德镇	Jingdezhen	373	8.29	398	8.85	8560	21.51	595
萍　乡	Pingxiang	351	4.16	377	4.47	6012	15.95	600
九　江	Jiujiang	775	12.85	644	10.68	11487	17.84	1535
新　余	Xinyu	563	6.85	380	4.62	6112	16.08	531

3－6 续表 3　Continued 3

城　市	City	年末实有道路面积（万平方米）Area of Roads (year-end) (10000 sq. m)	人均实有道路面积（平方米）Per Capita Area of Roads (sq. m)	年末实有公共汽电车（辆）Number of Public Vehicles of Bus and Trolley Bus (year-end) (unit)	每万人拥有公共汽电车（辆）Number of Public Vehicles of Bus and Trolley Bus Per 10000 Population (unit)	公共汽电车客运量（万人次）Number of Passengers Carried of Bus and Trolley Bus (10000 person-time)	平均每辆公共汽电车运载力（万人次）Number of Passengers Carried of Per Bus and Trolley Bus (10000 Perscn-time)	年末实有出租车（辆）Number of Taxi (unit)
鹰　潭	Yingtan	152	7.38	95	4.61	1400	14.74	271
赣　州	Ganzhou	595	10.09	372	6.31	4474	12.03	592
吉　安	Jian	281	5.25	220	4.11	4975	22.61	397
宜　春	Yichun	332	3.25	248	2.43	5300	21.37	404
抚　州	Fuzhou	1328	12.50	205	1.93	3488	17.01	360
上　饶	Shangrao	368	9.57	150	3.90	2070	13.80	511
济　南	Jinan	5120	14.52	4003	11.35	68100	17.01	8100
青　岛	Qingdao	5411	19.64	4524	16.42	78702	17.40	8221
淄　博	Zibuo	2364	8.52	2813	10.14	13956	4.96	5967
枣　庄	Zaozhuang	1131	5.25	1246	5.78	6235	5.00	716
东　营	Dongying	1679	20.29	629	7.60	4618	7.34	3301
烟　台	Yantai	2137	11.87	1823	10.13	23049	12.64	2122
潍　坊	Weifang	2583	16.81	980	6.38	9511	9.71	2116
济　宁	Jining	1650	15.13	967	8.87	10618	10.98	1499
泰　安	Taian	1981	12.36	648	4.04	6800	10.49	1292
威　海	Weihai	1668	26.40	734	11.62	8096	11.03	1425
日　照	Rizhao	1291	10.58	751	6.15	7088	9.44	1041
莱　芜	Laiwu	1361	10.86	718	5.73	3220	4.48	1600
临　沂	Linyi	2788	14.23	1993	10.18	22085	11.08	2750
德　州	Dezhou	1019	17.16	700	11.79	4250	6.07	2405
聊　城	Liaocheng	1350	12.94	486	4.66	5240	10.78	1436
滨　州	Binzhou	897	14.21	346	5.48	1830	5.29	703
菏　泽	Heze	2802	19.19	146	1.00	1272	8.71	1256
郑　州	Zhengzhou	2838	10.53	3518	13.05	64553	18.35	10862
开　封	Kaifeng	739	8.77	455	5.40	4028	8.85	2969
洛　阳	Luoyang	1405	9.06	993	6.40	23845	24.01	4226
平顶山	Pingdingshan	689	6.94	581	5.85	5088	8.76	2000
安　阳	Anyang	828	7.82	631	5.96	6800	10.78	1357
鹤　壁	Hebi	477	8.69	335	6.10	2408	7.19	726
新　乡	Xinxiang	907	9.05	685	6.84	8808	12.86	5000
焦　作	Jiaozuo	997	12.09	581	7.05	6754	11.62	1395
濮　阳	Puyang	383	5.96	560	8.71	1100	1.96	2000
许　昌	Xuchang	512	12.66	549	13.57	3160	5.76	1403
漯　河	Luohe	699	5.18	756	5.60	5841	7.73	1231
三门峡	Sanmenxi	186	6.46	164	5.70	3619	22.07	590
南　阳	Nanyang	953	5.30	411	2.29	5705	13.88	1198
商　丘	Shangqiu	704	4.21	400	2.39	4100	10.25	3889
信　阳	Xinyang	620	4.37	199	1.40	1896	9.53	1873
周　口	Zhoukou	539	10.61	213	4.19	2420	11.36	928
驻马店	Zhumadian	775	12.32	208	3.31	2300	11.06	1548
武　汉	Wuhan	4528	8.87	6600	12.93	138495	20.98	12137

3-6续表4 Continued 4

城 市 City		年末实有道路面积（万平方米）Area of Roads (year-end) (10000 sq. m)	人均实有道路面积（平方米）Per Capita Area of Roads (sq. m)	年末实有公共汽电车（辆）Number of Public Vehicles of Bus and Trolley Bus (year-end) (unit)	每万人拥有公共汽电车（辆）Number of Public Vehicles of Bus and Trolley Bus Per 10000 Population (unit)	公共汽电车客运量（万人次）Number of Passengers Carried of Bus and Trolley Bus (10000 person-time)	平均每辆公共汽电车运载力（万人次）Number of Passengers Carried of Per Bus and Trolley Bus (10000 Perscn-time)	年末实有出租车（辆）Number of Taxi (unit)
黄石	Huangshi	867	13.61	855	13.43	11810	13.81	818
十堰	Shiyan	702	13.44	587	11.24	14250	24.28	745
宜昌	Yichang	1184	9.55	1253	10.11	11862	9.47	1463
襄樊	Xiangfan	1353	6.20	1276	5.85	14363	11.26	1700
鄂州	Ezhou	602	5.63	480	4.49	4060	8.46	400
荆门	Jinmen	628	9.47	399	6.02	9980	25.01	500
孝感	Xiaogan	530	5.67	406	4.35	2898	7.14	687
荆州	Jinmen	755	6.71	614	5.46	9488	15.45	1588
黄冈	Huanggang	678	18.39	340	9.22	2330	6.85	593
咸宁	Xianning	361	6.08	148	2.49	2200	14.86	456
随州	Suizhou	1121	6.95	720	4.46	1675	2.33	930
长沙	Changsha	3131	14.31	3252	14.87	91967	28.28	7344
株洲	Zhuzhou	828	10.41	734	9.23	17200	23.43	1961
湘潭	Xiangtan	1003	11.61	654	7.57	9340	14.28	1150
衡阳	Hengyang	1016	10.03	888	8.77	15336	17.27	1398
邵阳	Haoyang	594	9.09	369	5.65	5060	13.71	630
岳阳	Yueyang	708	8.90	831	10.44	6181	7.44	1304
常德	Changde	816	5.81	550	3.91	9300	16.91	1132
张家界	Zhangjiajie	230	4.76	171	3.54	3039	17.77	550
益阳	Yiyang	497	3.79	346	2.64	3331	9.63	860
郴州	Chenzhou	336	5.09	443	6.71	9756	22.02	1100
永州	Yongzhou	545	5.03	837	7.72	15100	18.04	600
怀化	Huaihua	245	7.24	522	15.43	7991	15.31	800
娄底	Loudi	462	10.58	321	7.35	3498	10.90	960
广州	Guangzhou	9000	14.13	9314	14.63	235629	25.30	17758
韶关	Shaoguan	622	6.82	226	2.48	4165	18.43	782
深圳	Shenzhen	8322	39.18	10734	50.54	181629	16.92	11205
珠海	Zhuhai	2649	27.68	1194	12.48	27279	22.85	1852
汕头	Shantou	2423	4.91	599	1.21	8959	14.96	1441
佛山	Fuoshan	2100	5.82	2123	5.88	14070	6.63	2083
江门	Jiangmen	1646	12.14	667	4.92	10536	15.80	373
湛江	Zhanjiang	1393	9.42	340	2.30	4860	14.29	1234
茂名	Maoming	360	2.85	133	1.05	1215	9.14	435
肇庆	Zhaoqing	692	13.25	244	4.67	4280	17.54	1047
惠州	Huizhou	1218	9.96	653	5.34	12511	19.16	983
梅州	Meizhou	500	16.09	163	5.24	1000	6.13	408
汕尾	Shanwei	198	3.89	100	1.96	875	8.75	360
河源	Heyuan	260	8.95	326	11.22	1236	3.79	345
阳江	Yangjiang	259	3.96	135	2.06	1441	10.67	234
清远	Qingyuan	689	12.42	230	4.14	3092	13.44	230
东莞	Dongguan	7459	43.55	1343	7.84	22873	17.03	6381

3－6 续表 5　Continued 5

城　市	City	年末实有道路面积（万平方米）Area of Roads (year-end) (10000 sq. m)	人均实有道路面积（平方米）Per Capita Area of Roads (sq. m)	年末实有公共汽电车（辆）Number of Public Vehicles of Bus and Trolley Bus (year-end) (unit)	每万人拥有公共汽电车（辆）Number of Public Vehicles of Bus and Trolley Bus Per 10000 Population (unit)	公共汽电车客运量（万人次）Number of Passengers Carried of Bus and Trolley Bus (10000 person-time)	平均每辆公共汽电车运载力（万人次）Number of Passengers Carried of Per Bus and Trolley Bus (10000 Perscn-time)	年末实有出租车（辆）Number of Taxi (unit)
中　山	Zhongshan	1126	7.76	830	5.72	11349	13.67	1350
潮　州	Chaozhou	380	10.95	220	6.34	2960	13.45	923
揭　阳	Jieyang	301	4.41	56	0.82	409	7.30	728
云　浮	Yunfu	65	2.26	69	2.40	1275	18.48	98
南　宁	Nanning	2347	9.03	2817	10.84	48564	17.24	3359
柳　州	Liuzhou	1234	12.12	921	9.04	26445	28.71	1396
桂　林	Guilin	576	7.61	648	8.56	19661	30.34	3002
梧　州	Wuzhou	672	13.65	346	7.03	4922	14.23	840
北　海	Beihai	824	14.17	211	3.63	2250	10.66	660
防城港	Fangchenggang	268	5.38	87	1.75	500	5.75	99
钦　州	Qinzhou	534	4.17	186	1.45	2128	11.44	200
贵　港	Guigang	618	3.39	150	0.82	2905	19.37	365
玉　林	Yulin	589	6.30	176	1.88	3656	20.77	599
百　色	Baise	225	6.68	87	2.58	1280	14.71	500
贺　州	Hezhou	255	2.64	65	0.67	1070	16.46	314
河　池	Hechi	143	4.45	137	4.26	3080	22.48	196
来　宾	Laibin	150	1.47	126	1.23	1100	8.73	365
崇　左	Chongzuo	189	5.47	24	0.70	282	11.75	152
海　口	Haikou	1212	7.92	865	5.66	19000	21.97	1963
三　亚	Sanya	282	5.27	356	6.65	906	2.54	1082
重　庆	Chongqing	6233	4.08	8411	5.51	146766	17.45	17208
成　都	Chengdu	4919	9.78	5158	10.26	119469	23.16	9488
自　贡	Zigong	484	3.26	755	5.09	17823	23.61	1544
攀枝花	Panzhihua	522	7.60	560	8.16	7668	13.69	1455
泸　州	Luzhou	636	4.42	583	4.05	14075	24.14	1117
德　阳	Deyang	421	6.48	220	3.39	5746	26.12	550
绵　阳	Mianyang	928	7.80	771	6.48	15770	20.45	1077
广　元	Guangyuan	318	3.46	129	1.40	2800	21.71	395
遂　宁	Suining	523	3.48	204	1.36	4000	19.61	434
内　江	Neijiang	294	2.09	502	3.57	9446	18.82	700
乐　山	Leshan	633	5.50	321	2.79	3635	11.32	810
南　充	Nanchong	848	4.43	452	2.36	11297	24.99	1020
眉　山	Meishan	401	4.77	232	2.76	1738	7.49	418
宜　宾	Yibin	251	3.17	396	5.01	9562	24.15	527
广　安	Guangan	186	1.49	40	0.32	1200	30.00	327
达　州	Dazhou	147	3.60	116	2.84	3500	30.17	1053
雅　安	Yaan	198	5.64	48	1.37	900	18.75	472
巴　中	Bazhong	257	1.93	101	0.76	1200	11.88	324
资　阳	Ziyang	222	2.07	139	1.30	1532	11.02	556
贵　阳	Guiyang	1141	5.33	2372	11.08	55233	23.29	3069
六盘水	Liupanshui	429	8.82	472	9.71	4244	8.99	1424

3－6 续表 6　Continued 6

城　市	City	年末实有道路面积（万平方米）Area of Roads (year-end) (10000 sq. m)	人均实有道路面积（平方米）Per Capita Area of Roads (sq. m)	年末实有公共汽电车（辆）Number of Public Vehicles of Bus and Trolley Bus (year-end) (unit)	每万人拥有公共汽电车（辆）Number of Public Vehicles of Bus and Trolley Bus Per 10000 Population (unit)	公共汽电车客运量（万人次）Number of Passengers Carried of Bus and Trolley Bus (10000 person-time)	平均每辆公共汽电车运载力（万人次）Number of Passengers Carried of Per Bus and Trolley Bus (10000 Perscn-time)	年末实有出租车（辆）Number of Taxi (unit)
遵　义	Zunyi	1015	12.13	505	6.03	15263	30.22	1040
安　顺	Anshun	228	2.74	255	3.07	4052	15.89	480
昆　明	Kunming	2127	9.11	4514	19.34	63357	14.04	7742
曲　靖	Qujing	633	9.32	338	4.97	6034	17.85	1589
玉　溪	Yuxi	321	7.80	150	3.64	1953	13.02	317
保　山	Baoshan	236	2.70	137	1.57	768	5.61	450
昭　通	Shaotong	116	1.45	54	0.67	1100	20.37	531
丽　江	Lijiang	200	13.07	113	7.39	2360	20.88	777
思　茅	Simao	68	3.19	98	4.60	659	6.72	260
临　沧	Lincang	107	3.71	58	2.01	58	1.00	207
拉　萨	Lhasa	428		782		312	0.40	1160
西　安	Xian	4190	7.63	5836	10.63	114859	19.68	11879
铜　川	Tongchuan	348	4.62	185	2.45	2574	13.91	905
宝　鸡	Baoji	1123	12.92	825	9.49	14853	18.00	3000
咸　阳	Xanyang	740	8.41	383	4.35	7800	20.37	1305
渭　南	Weinan	680	7.20	170	1.80	1780	10.47	795
延　安	Yanan	166	3.84	283	6.55	7516	26.56	535
汉　中	Hanzhong	161	2.96	170	3.12	2450	14.41	760
榆　林	Yulin	176	3.62	142	2.92	3460	24.37	464
安　康	Ankang	450	4.60	80	0.82	706	8.83	2649
商　洛	Shangluo	159	2.89	72	1.31	860	11.94	316
兰　州	Lanzhou	2318	11.14	2016	9.69	47334	23.48	6718
嘉峪关	Jiayuguan	282	15.55	80	4.41	1200	15.00	581
金　昌	Jinchang	385	18.00	110	5.14	848	7.71	640
白　银	Baiyin	512	10.53	202	4.16	2727	13.50	2782
天　水	Tianshui	591	4.75	210	1.69	3264	15.54	1850
武　威	Wuwei	253	2.53	165	1.65	2250	13.64	2870
张　掖	Zhangye	226	4.41	148	2.89	639	4.32	1629
平　凉	Pingliang	399	8.09	150	3.04	1020	6.80	1176
酒　泉	Jiuquan	340	9.45	132	3.67	1780	13.48	920
庆　阳	Qingyang	144	4.22	144	4.22	864	6.00	1200
定　西	Dingxi	109	2.34	45	0.97	653	14.51	457
陇　南	Longnan	1	0.02	23	0.42	320	13.91	270
西　宁	Xining	588	5.49	1710	15.96	55432	32.42	5116
银　川	Yinchuan	1259	14.63	992	11.52	11081	11.17	4887
石嘴山	Shizuishan	903	20.15	97	2.16	483	4.98	2267
吴　忠	Wuzhong	312	8.57	163	4.48	576	3.53	1042
固　原	Guyuan	345	6.87	109	2.17	1300	11.93	2832
中　卫	Zhongwei	320	8.93	120	3.35	317	2.64	620
乌鲁木齐	Urumchi	1657	7.45	4704	21.16	72139	15.34	7922
克拉玛依	Kelamayi	700	19.81	439	12.42	3646	8.31	1505

3－7 城市绿化(市辖区,2007年)

Urban Green Areas(Districts under City,(2007)

城 市	City	绿地面积(公顷) Green Areas (hectare)	公园绿地面积(公顷) Public Green Areas (hectare)	建成区绿化覆盖面积(公顷) Green Space In the Established District (hectare)	人均绿地面积 Per Capita Green Areas (sq. m)	建成区绿化覆盖率 Percentage of Green Space In the Established District (%)
城市合计	**Total**	**1479145**	**286005**	**1019992**	**7.70**	**36.97**
北 京	Beijing	46320	12101	48170	10.59	37.37
天 津	Tianjin	15658	3739	19979	4.75	34.93
石家庄	Shijiazhuang	7039	1867	6920	7.85	37.01
唐 山	Tangshan	7850	1883	9057	6.20	43.33
秦皇岛	Qinhuangdao	3965	792	3735	9.83	42.93
邯 郸	Handan	3817	1709	4563	11.73	43.88
邢 台	Xingtai	3502	589	2590	10.12	37.00
保 定	Baoding	3276	849	3811	8.00	37.00
张家口	Zhanjiakou	2268	415	2711	4.69	35.21
承 德	Chengde	2143	930	2395	17.98	29.57
沧 州	Cangzhou	1140	212	1398	4.16	32.51
廊 坊	Langfang	3969	533	2493	6.74	46.17
衡 水	Hengshui	824	240	1102	5.12	25.05
太 原	Taiyuan	7214	1961	7615	7.08	32.00
大 同	Datong	2876	577	2876	3.81	31.60
阳 泉	Yangquan	957	354	1491	5.27	34.67
长 治	Changzhi	1934	417	2074	6.11	46.09
晋 城	Jincheng	1385	371	1406	11.31	45.35
朔 州	Shuozhou	1109	471	1223	7.54	42.17
晋 中	Jinzhong	986	306	1159	5.39	30.50
运 城	Yuncheng	617	183	795	2.81	26.50
忻 州	Xinzhou	160	105	268	2.03	13.40
临 汾	Linfen	995	483	1062	5.97	28.70
吕 梁	Luliang	406	321	485	12.06	32.33
呼和浩特	Huhehaote	4791	1854	5067	16.20	33.78
包 头	Baotou	6673	1834	6583	13.18	36.57
乌 海	Wuhai	1154	420	1164	8.81	15.95
赤 峰	Chifeng	1515	371	1722	3.12	22.96
通 辽	Tongliao	1380	445	1334	5.41	38.11
鄂尔多斯	Eerduosi	1755	303	1704	12.45	17.04
呼伦贝尔	Hulunbeier	889	544	878	20.68	31.36
巴彦淖尔	Bayanzhuoer	795	125	734	2.27	22.94
乌兰察布	Wulanchabu	986	825	988	27.60	28.23
沈 阳	Shenyang	22549	5255	14451	10.41	41.65
大 连	Dalian	11819	2781	11173	9.48	43.31
鞍 山	Anshan	5097	1277	5197	8.67	36.09
抚 顺	Fushun	4221	1009	4891	7.20	40.09
本 溪	Benxi	4436	742	4586	7.74	42.86
丹 东	Dandong	1914	393	1994	5.14	37.62
锦 州	Jinzhou	2794	698	2460	7.61	37.85
营 口	Yingkou	3113	915	3411	10.48	36.68

3—7 续表 1　Continued 1

城　市	City	绿地面积（公顷）Green Areas (hectare)	公园绿地面积（公顷）Public Green Areas (hectare)	建成区绿化覆盖面积（公顷）Green Space In the Established District (hectare)	人均绿地面积 Per Capita Green Areas (sq. m)	建成区绿化覆盖率 Percentage of Green Space In the Established District (%)
阜　新	Fuxin	1991	547	2307	7.01	34.43
辽　阳	Liaoyang	2821	583	3087	8.04	33.55
盘　锦	Panjin	1922	409	2178	6.88	37.55
铁　岭	Tieling	1485	388	1677	8.72	38.11
朝　阳	Chaoyang	2299	400	955	6.82	22.74
葫芦岛	Huludao	2663	512	2727	5.25	40.70
长　春	Changchun	9891	3027	11468	8.45	40.24
吉　林	Jinlin	6100	1323	6990	7.26	42.11
四　平	Siping	788	153	733	2.53	18.79
辽　源	Liaoyang	1069	207	1069	4.34	25.45
通　化	Tonghua	1439	425	1439	9.36	29.37
白　山	Baishan	567	264	636	4.45	4.21
松　原	Songyuan	1306	474	1429	8.89	38.62
白　城	Baicheng	1061	198	1137	3.86	29.92
哈尔滨	Haerbin	9066	2768	10289	5.82	30.62
齐齐哈尔	Qiqihaer	167403	755	3219	5.29	23.84
鸡　西	Jixi	2307	581	3204	6.39	40.56
鹤　岗	Hegang	1950	702	1651	10.33	38.40
双鸭山	Shuangyashan	2003	594	1900	11.89	30.65
大　庆	Daqing	17530	931	6268	7.26	37.09
伊　春	Yichun	3812	1299	3798	15.99	23.89
佳木斯	Jiamusi	2298	532	2394	6.45	39.90
七台河	Qitaihe	1850	564	2047	10.69	33.02
牡丹江	Mudanjiang	6212	429	2865	5.36	44.77
黑　河	Heihe	346	67	346	3.50	18.21
绥　化	Suihua	594	105	937	1.18	33.46
上　海	Shanghai	31795	13899	33300	10.62	37.58
南　京	Nanjing	75612	6064	26517	11.35	45.96
无　锡	Wuxi	15176	2814	8567	11.93	42.20
徐　州	Xuzhou	8125	1521	6210	8.31	38.81
常　州	Changzhou	6057	1389	4680	6.18	41.42
苏　州	Suzhou	8676	3294	10091	14.00	44.26
南　通	Nantong	2770	750	2565	8.60	42.05
连云港	Lianyungang	5028	1054	5885	14.73	65.39
淮　安	Huaian	3430	931	3724	3.37	39.20
盐　城	Yancheng	2666	685	3040	4.32	30.40
扬　州	Yangzhou	2903	1268	3107	10.74	43.15
镇　江	Zhenjiang	5839	1220	3871	11.87	41.18
泰　州	Taizhou	4766	472	2247	7.29	40.13
宿　迁	Suqian	6448	420	2016	2.68	40.32
杭　州	Hangzhou	12141	3486	13284	8.31	38.50

3—7 续表 2　Continued 2

城　市	City	绿地面积（公顷）Green Areas (hectare)	公园绿地面积（公顷）Public Green Areas (hectare)	建成区绿化覆盖面积（公顷）Green Space In the Established District (hectare)	人均绿地面积 Per Capita Green Areas (sq. m)	建成区绿化覆盖率 Percentage of Green Space In the Established District (%)
宁　波	Ningbuo	7520	1638	8304	7.51	37.57
温　州	Wenzhou	3246	842	3523	5.91	21.48
嘉　兴	Jiaxing	3440	513	2995	6.26	41.60
湖　州	Huzhou	2830	764	3056	7.05	42.44
绍　兴	Shaoxing	3324	980	3881	15.08	43.12
金　华	Jinhua	2491	647	2681	7.01	38.97
衢　州	Quzhou	1684	378	1968	4.64	44.03
舟　山	Zhoushan	1742	601	1980	8.65	40.27
台　州	Taizhou	2388	577	2691	3.81	23.61
丽　水	Lishui	762	207	891	5.45	34.27
合　肥	Hefei	7728	1923	8848	9.69	39.32
芜　湖	Wuhu	4475	830	4469	7.88	37.87
蚌　埠	Bengbu	2626	739	2688	8.02	28.90
淮　南	Huainan	3591	1165	3760	7.02	39.58
马鞍山	Maanshan	3973	656	2825	10.51	40.36
淮　北	Huaibei	3667	992	2589	9.23	42.44
铜　陵	Tongling	2164	444	1840	10.11	40.89
安　庆	Anqing	2302	520	2424	7.02	38.48
黄　山	Huangshan	12334	339	1671	7.85	49.15
滁　州	Chuzhou	2129	142	1362	2.69	31.67
阜　阳	Fuyang	1499	315	1587	1.59	26.02
宿　州	Suzhou	1048	240	1397	1.34	33.26
巢　湖	Chaohu	1342	152	1298	1.74	36.06
六　安	Liuan	1665	272	1585	1.49	36.02
亳　州	Buozhou	643	170	1150	1.12	35.94
池　州	Chizhou	890	330	1018	5.08	40.72
宣　城	Xuancheng	2622	169	1021	2.00	37.81
福　州	Fuzhou	5978	1491	6064	8.02	35.67
厦　门	Xiamen	6349	1783	6541	10.66	36.34
莆　田	Putian	2305	586	1825	2.83	37.24
三　明	Sanming	899	224	1010	7.91	42.08
泉　州	Quanhzou	3901	770	3131	7.52	36.84
漳　州	Zhangzhou	1890	398	1937	7.17	41.21
南　平	Nanping	728	203	788	4.16	39.40
龙　岩	Longyan	1164	251	1209	5.30	36.64
宁　德	Ningde	602	285	669	6.60	39.35
南　昌	Nanchang	6840	1712	7272	7.63	66.72
景德镇	Jingdezhen	3462	445	3084	9.90	42.83
萍　乡	Pingxiang	1390	315	1595	3.74	38.90
九　江	Jiujiang	3380	624	3562	10.35	44.53
新　余	Xinyu	1907	336	1838	4.09	41.77

3—7 续表 3　Continued 3

城　市	City	绿地面积（公顷）Green Areas (hectare)	公园绿地面积（公顷）Public Green Areas (hectare)	建成区绿化覆盖面积（公顷）Green Space In the Established District (hectare)	人均绿地面积 Per Capita Green Areas (sq. m)	建成区绿化覆盖率 Percentage of Green Space In the Established District (%)
鹰　潭	Yingtan	785	158	785	7.67	32.71
赣　州	Ganzhou	2514	464	2001	7.87	40.02
吉　安	Jian	1681	206	1350	3.85	35.53
宜　春	Yichun	1315	344	1310	3.37	40.94
抚　州	Fuzhou	994	189	834	1.78	19.86
上　饶	Shangrao	1170	209	990	5.44	38.08
济　南	Jinan	10151	3255	11592	9.23	36.80
青　岛	Qingdao	15369	3661	9479	13.29	37.76
淄　博	Zibuo	13729	2063	8137	7.44	40.08
枣　庄	Zaozhuang	3191	707	3567	3.28	34.30
东　营	Dongying	5100	978	3616	11.82	38.88
烟　台	Yantai	7407	1956	7839	10.87	40.20
潍　坊	Weifang	6205	1707	4820	11.11	37.66
济　宁	Jining	2378	659	2470	6.04	41.17
泰　安	Taian	3465	1712	4032	10.68	41.57
威　海	Weihai	4670	1315	5045	20.81	46.28
日　照	Rizhao	2496	1107	2732	9.07	42.03
莱　芜	Laiwu	2417	744	2464	5.94	43.23
临　沂	Linyi	4217	2157	4490	11.01	37.73
德　州	Dezhou	1753	1120	1806	18.86	39.26
聊　城	Liaocheng	1821	882	2225	8.45	37.08
滨　州	Binzhou	2245	890	2593	14.10	35.04
菏　泽	Heze	2637	660	3312	4.52	58.11
郑　州	Zhengzhou	9287	2487	10836	9.23	33.76
开　封	Kaifeng	1813	412	2156	4.89	25.07
洛　阳	Luoyang	4774	1532	5543	9.87	38.23
平顶山	Pingdingshan	1707	699	2074	7.04	34.00
安　阳	Anyang	2264	555	2630	5.24	36.03
鹤　壁	Hebi	1453	414	1670	7.54	37.11
新　乡	Xinxiang	3073	794	3535	7.93	38.85
焦　作	Jiaozuo	2660	709	3025	8.60	38.78
濮　阳	Puyang	1330	500	1482	7.78	41.17
许　昌	Xuchang	2436	501	2682	12.39	42.57
漯　河	Luohe	1814	799	2258	5.92	44.27
三门峡	Sanmenxi	1113	404	1189	14.04	42.46
南　阳	Nanyang	2339	1242	2737	6.91	33.79
商　丘	Shangqiu	1774	437	1774	2.62	30.07
信　阳	Xinyang	1159	324	1423	2.28	27.37
周　口	Zhoukou	1754	251	1550	4.94	36.90
驻马店	Zhumadian	1302	272	1486	4.32	30.96
武　汉	Wuhan	14443	5418	16838	10.62	37.35

3－7 续表 4　Continued 4

城　市	City	绿地面积（公顷）Green Areas (hectare)	公园绿地面积（公顷）Public Green Areas (hectare)	建成区绿化覆盖面积（公顷）Green Space In the Established District (hectare)	人均绿地面积 Per Capita Green Areas (sq. m)	建成区绿化覆盖率 Percentage of Green Space In the Established District (%)
黄　石	Huangshi	2267	801	2434	12.58	39.26
十　堰	Shiyan	12394	428	3268	8.20	48.78
宜　昌	Yichang	2565	771	2944	6.22	40.33
襄　樊	Xiangfan	4643	900	4000	4.12	43.01
鄂　州	Ezhou	1155	362	1521	3.38	33.07
荆　门	Jinmen	1976	376	2158	5.67	47.96
孝　感	Xiaogan	1491	253	1415	2.71	44.22
荆　州	Jinmen	1843	414	2245	3.68	35.63
黄　冈	Huanggang	873	281	911	7.62	33.74
咸　宁	Xianning	546	280	847	4.71	27.32
随　州	Suizhou	15875	476	2791	2.95	32.45
长　沙	Changsha	5656	1892	6571	8.65	36.30
株　洲	Zhuzhou	3227	564	3359	7.09	37.32
湘　潭	Xiangtan	4532	608	2812	7.04	41.97
衡　阳	Hengyang	3483	757	3581	7.48	37.69
邵　阳	Haoyang	1505	420	958	6.43	21.29
岳　阳	Yueyang	2849	569	3021	7.15	38.24
常　德	Changde	2607	525	2514	3.74	34.92
张家界	Zhangjiajie	969	145	1468	3.00	68.44
益　阳	Yiyang	1625	272	1685	2.07	34.39
郴　州	Chenzhou	1281	245	1478	3.71	36.05
永　州	Yongzhou	1373	600	1510	5.54	28.49
怀　化	Huaihua	1658	326	1115	9.64	33.79
娄　底	Loudi	1895	320	1575	7.33	35.80
广　州	Guangzhou	116516	8035	31337	12.62	37.13
韶　关	Shaoguan	2787	546	2993	5.99	38.37
深　圳	Shenzhen	96384	13871	34380	65.31	45.00
珠　海	Zhuhai	5105	1254	4720	13.10	40.00
汕　头	Shantou	5759	2611	6118	5.29	36.42
佛　山	Fuoshan	4655	1522	6386	4.22	44.04
江　门	Jiangmen	4150	1025	4402	7.56	40.39
湛　江	Zhanjiang	3039	740	3419	5.01	46.84
茂　名	Maoming	2552	386	2794	3.05	42.33
肇　庆	Zhaoqing	4636	1014	6190	19.41	91.03
惠　州	Huizhou	3651	921.39	4086	7.54	40.46
梅　州	Meizhou	1201	369	1389	11.87	42.09
汕　尾	Shanwei	369	89	384	1.75	29.54
河　源	Heyuan	964	232	1060	7.98	40.77
阳　江	Yangjiang	1137	362	1164	5.54	31.46
清　远	Qingyuan	1299	92	1321	1.66	32.22
东　莞	Dongguan		8355	5188	48.79	69.17

3—7 续表 5 Continued 5

城 市	City	绿地面积（公顷）Green Areas (hectare)	公园绿地面积（公顷）Public Green Areas (hectare)	建成区绿化覆盖面积（公顷）Green Space In the Established District (hectare)	人均绿地面积 Per Capita Green Areas (sq. m)	建成区绿化覆盖率 Percentage of Green Space In the Established District (%)
中 山	Zhongshan	1315	295	1438	2.03	16.72
潮 州	Chaozhou	1543	396	1726	11.42	39.22
揭 阳	Jieyang	2715	918	2715	13.44	46.81
云 浮	Yunfu	854	213	733	7.42	40.72
南 宁	Nanning	33962	2053	7137	7.90	39.87
柳 州	Liuzhou	5182	1565	4200	15.37	37.50
桂 林	Guilin	2185	516	2372	6.82	40.20
梧 州	Wuzhou	2832	574	1775	11.66	49.31
北 海	Beihai	2024	298	2854	5.13	69.61
防城港	Fangchenggang	395	71	353	1.42	18.58
钦 州	Qinzhou	1396	145	1934	1.13	22.75
贵 港	Guigang	1001	385	1258	2.11	24.19
玉 林	Yulin	1250	486	1114	5.20	22.28
百 色	Baise	1007	159	1223	4.72	39.45
贺 州	Hezhou	589	91	500	0.94	17.24
河 池	Hechi	438	82	476	2.55	28.00
来 宾	Laibin	316	71	448	0.69	22.40
崇 左	Chongzuo	587	73	613	2.11	47.15
海 口	Haikou	3285	834	3661	5.45	40.23
三 亚	Sanya	826	323	1150	6.04	19.17
重 庆	Chongqing	24185	6479	21229	4.25	31.83
成 都	Chengdu	14495	4111	15540	8.18	38.09
自 贡	Zigong	1448	348	1694	2.34	33.82
攀枝花	Panzhihua	1954	497	2129	7.24	39.43
泸 州	Luzhou	1623	452	1671	3.14	34.81
德 阳	Deyang	1221	290	1080	4.46	27.00
绵 阳	Mianyang	3449	632	2629	5.31	32.86
广 元	Guangyuan	2413	246	2472	2.68	40.52
遂 宁	Suining	1480	295	1562	1.96	31.88
内 江	Neijiang	650	138	583	0.98	17.67
乐 山	Leshan	1583	441	1583	3.83	32.98
南 充	Nanchong	2168	595	2330	3.11	38.20
眉 山	Meishan	936	359	1220	4.27	31.28
宜 宾	Yibin	1308	419	1439	5.30	31.98
广 安	Guangan	773	330	889	2.64	44.45
达 州	Dazhou	828	278	728	6.81	36.40
雅 安	Yaan	850	195	455	5.56	22.75
巴 中	Bazhong	437	225	569	1.69	35.56
资 阳	Ziyang	603	250	588	2.33	22.62
贵 阳	Guiyang	5177	1913	5337	8.94	40.43
六盘水	Liupanshui	496	88	436	1.81	4.36

3—7 续表 6 Continued 6

城市	City	绿地面积（公顷）Green Areas (hectare)	公园绿地面积（公顷）Public Green Areas (hectare)	建成区绿化覆盖面积（公顷）Green Space In the Established District (hectare)	人均绿地面积 Per Capita Green Areas (sq. m)	建成区绿化覆盖率 Percentage of Green Space In the Established District (%)
遵义	Zunyi	2875	597	2875	7.13	63.89
安顺	Anshun	1945		434		14.91
昆明	Kunming	7672	2059	8827	8.82	34.89
曲靖	Qujing	1191	279	1202	4.11	35.35
玉溪	Yuxi	878	193	740	4.69	33.64
保山	Baoshan	225	129	190	1.48	10.00
昭通	Shaotong	282	84	675	1.05	30.68
丽江	Lijiang	571	310	523	20.26	29.06
思茅	Simao	581	37	581	1.74	30.58
临沧	Lincang	80	28	80	0.97	6.67
拉萨	Lhasa	1803	738	1873		
西安	Xian	11087	8670	10639	15.79	39.70
铜川	Tongchuan	998	287	1234	3.81	34.28
宝鸡	Baoji	2384	768	2944	8.84	46.00
咸阳	Xanyang	1722	560	2105	6.37	33.95
渭南	Weinan	1154	295	1347	3.13	36.41
延安	Yanan	734	281	797	6.50	33.21
汉中	Hanzhong	488	164	672	3.01	24.89
榆林	Yulin	48	1	36	0.02	1.00
安康	Ankang	875	337	1038	3.44	38.44
商洛	Shangluo	514	120	514	2.18	21.42
兰州	Lanzhou	3920	1626	6145	7.82	34.91
嘉峪关	Jiayuguan	1351	258	1429	14.22	34.85
金昌	Jinchang	947	244	843	11.41	26.69
白银	Baiyin	982	283	1099	5.82	21.55
天水	Tianshui	1081	359	1272	2.89	20.85
武威	Wuwei	608	280	608	2.80	24.32
张掖	Zhangye	497	134	559	2.61	20.70
平凉	Pingliang	480	180	662	3.65	13.79
酒泉	Jiuquan	940	146	928	4.06	32.00
庆阳	Qingyang	216	16	230	0.47	16.43
定西	Dingxi	252	186	186	4.00	8.45
陇南	Longnan	23	19	26	0.35	3.71
西宁	Xining	2225	781	2278	7.29	35.05
银川	Yinchuan	4859	767	3854	8.91	36.02
石嘴山	Shizuishan	4177	526	3014	11.74	34.64
吴忠	Wuzhong	797	215	536	5.91	25.52
固原	Guyuan	859	167	780	3.33	24.38
中卫	Zhongwei	775	366	432	10.21	19.64
乌鲁木齐	Urumchi	5575	1534	6343	6.90	31.40
克拉玛依	Kelamayi	1905	278	2114	7.87	42.83

价格指数

Price Indices

第 **4** 篇

4—1 各种价格总指数(1951～2007年)

Price Indices (1951～2007)

(上年价格=100) (Preceding year=100)

年份 Year	居民消费价格指数 Consumer Price Index	城市居民消费价格指数 Urban Areas	农村居民消费价格指数 Rural Areas	商品零售价格指数 Retail Price Index	城市商品零售价格指数 Urban Areas	农村商品零售价格指数 Rural Areas	农业生产资料价格指数 Price Indices of Agricultural Production	工业品出厂价格指数 Ex-Factory Price Indices of Industrial Products	原材料、燃料、动力购进价格指数 Purchasing Price Indices of Raw Material, Fuel and Power	固定资产投资价格指数 Investment in Fixed Assets Price Index
1951		112.5		112.2						
1952		102.7		99.6						
1953		105.1		103.4						
1954		101.4		102.3						
1955		100.3		101.0						
1956		99.9		100.0						
1957		102.6		101.5						
1958		98.9		100.2						
1959		100.3		100.9						
1960		102.5		103.1						
1961		116.1		116.2						
1962		103.8		103.8						
1963		94.1		94.1						
1964		96.3		96.3						
1965		98.8		97.3						
1966		98.8		99.7						
1967		99.4		99.3						
1968		100.1		100.1						
1969		101.0		98.9						
1970		100.0		99.8						
1971		99.9		99.3						
1972		100.2		99.8						
1973		100.1		100.6						
1974		100.7		100.5						
1975		100.4		100.2						
1976		100.3		100.3						
1977		102.7		102.0						
1978		100.7		100.7	102.5	100.1	99.9			
1979		101.9		102.0	101.9	102.0	100.4			
1980		107.5		106.0	108.1	104.4	101.0			
1981		102.5		102.4	102.7	102.1	101.7			
1982		102.0		101.9	102.1	101.7	101.9			
1983		102.0		101.5	101.9	101.2	103.0			
1984		102.7		102.8	102.5	103.0	108.9			
1985	109.3	111.9	107.6	108.8	112.2	107.0	104.8	108.7		
1986	106.5	107.0	106.1	106.0	107.0	105.0	101.1	103.8	109.5	
1987	107.3	108.8	106.2	107.3	109.1	106.3	107.0	107.9	111.0	
1988	118.8	120.7	117.5	118.5	121.3	117.1	116.2	115.0	120.2	
1989	118.0	116.3	119.3	117.8	116.0	118.8	118.9	118.6	126.4	
1990	103.1	101.3	104.5	102.1	100.2	103.2	105.5	104.1	105.6	
1991	103.4	105.1	102.3	102.9	104.5	102.0	102.9	106.2	109.1	109.5
1992	106.4	108.6	104.7	105.4	107.7	103.9	103.7	106.8	111.0	115.3
1993	114.7	116.1	113.7	113.2	114.2	112.6	114.1	124.0	135.1	126.6
1994	124.1	125.0	123.4	121.7	120.9	122.9	121.6	119.5	118.2	110.4
1995	117.1	116.8	117.5	114.8	113.5	116.4	127.4	114.9	115.3	105.9
1996	108.3	108.8	107.9	106.1	105.8	106.4	108.4	102.9	103.9	104.0
1997	102.8	103.1	102.5	100.8	100.8	100.7	99.5	99.7	101.3	101.7
1998	99.2	99.4	99.0	97.4	97.4	97.6	94.5	95.9	95.8	99.8
1999	98.6	98.7	98.5	97.0	97.0	97.1	95.8	97.6	96.7	99.6
2000	100.4	100.8	99.9	98.5	98.5	98.5	99.1	102.8	105.1	101.1
2001	100.7	100.7	100.8	99.2	98.9	99.6	99.1	98.7	99.8	100.4
2002	99.2	99.0	99.6	98.7	98.5	99.1	100.5	97.8	97.7	100.2
2003	101.2	100.9	101.6	99.9	99.6	100.5	101.4	102.3	104.8	102.2
2004	103.9	103.3	104.8	102.8	102.1	104.2	110.6	106.1	111.4	105.6
2005	101.8	101.6	102.2	100.8	100.5	101.4	108.3	104.9	108.3	101.6
2006	101.5	101.5	101.5	101.0	100.9	101.4	101.5	103.0	106.0	101.5
2007	104.8	104.5	105.4	103.8	103.3	104.9	107.7	103.1	104.4	103.9

注:本表1985年前城市居民消费价格指数为职工生活费用价格总指数。

a. Urban areas consumer price indices remain with price indices of cost of living of workers and employees before 1985.

4－2－1 各种价格定基指数(1978～2007 年)

Fixed-base Price Indices(1978～2007)

年份 Year	居民消费价格指数 Consumer Price Index (1985＝100)	城市居民消费价格指数 Urban Areas (1978＝100)	农村居民消费价格指数 Rural Areas (1985＝100)	商品零售价格指数 Retail Price Index (1978＝100)	城市商品零售价格指数 Urban Areas (1978＝100)	农村商品零售价格指数 Rural Areas (1978＝100)	农业生产资料价格指数 Price Indices of Agricultural Production (1978＝100)	工业品出厂价格指数 Ex-Factory Price Indices of Industrial Products (1985＝100)	原材料、燃料、动力购进价格指数 Purchasing Price Indices of Raw Material, Fuel and Power (1990＝100)	固定资产投资价格指数 Investment in Fixed Assets Price Index (1991＝100)
1978		100.0		100.0	100.0	100.0	100.0			
1979		101.9		102.0	101.9	102.0	100.4			
1980		109.5		108.1	110.2	106.5	101.4			
1981		112.2		110.7	113.2	108.7	103.1			
1982		114.4		112.8	115.6	110.5	105.1			
1983		116.7		114.5	117.8	111.8	108.3			
1984		119.9		117.7	120.7	115.2	117.9			
1985	100.0	134.2	100.0	128.1	135.4	123.3	123.6	100.0		
1986	106.5	143.6	106.1	135.8	144.9	129.5	125.0	103.8		
1987	114.3	156.2	112.7	145.7	158.1	137.7	133.8	112.0		
1988	135.8	188.5	132.4	172.7	191.8	161.2	155.5	128.8		
1989	160.2	219.2	157.9	203.4	222.5	191.5	184.9	152.8		
1990	165.2	222.0	165.1	207.7	222.9	197.6	195.1	159.0	100.0	
1991	170.8	233.3	168.9	213.7	232.9	201.6	200.8	168.9	109.1	100.0
1992	181.7	253.4	176.8	225.2	250.8	209.5	208.2	180.4	121.1	115.3
1993	208.4	294.2	201.0	254.9	286.4	235.9	237.6	223.7	163.6	145.9
1994	258.6	367.8	248.0	310.2	346.3	289.9	288.9	267.3	193.4	161.1
1995	302.8	429.6	291.4	356.1	393.1	337.4	368.1	307.1	222.9	170.6
1996	327.9	467.4	314.4	377.8	415.9	359.0	399.0	316.0	231.6	177.4
1997	337.1	481.9	322.3	380.8	419.2	361.5	397.0	315.0	234.6	180.4
1998	334.4	479.0	319.1	370.9	408.3	352.8	375.2	302.1	224.7	180.0
1999	329.7	472.8	314.3	359.8	396.1	342.6	359.4	294.8	217.3	179.3
2000	331.0	476.6	314.0	354.4	390.2	337.5	356.2	303.1	228.4	181.3
2001	333.3	479.9	316.5	351.6	385.9	336.2	353.0	299.2	227.9	182.0
2002	330.6	475.1	315.2	347.0	380.1	333.2	354.8	292.6	222.7	182.4
2003	334.6	479.4	320.2	346.7	378.6	334.9	359.8	299.3	233.4	186.4
2004	347.7	495.2	335.6	356.4	386.6	349.0	397.9	317.6	260.0	196.8
2005	354.0	503.1	343.0	359.3	388.5	353.9	430.9	333.2	281.6	199.9
2006	359.3	510.6	348.1	362.9	392	358.9	442.6	343.2	298.5	202.9
2007	376.5	533.6	366.9	376.7	404.9	376.5	476.7	353.8	311.6	210.8

4－3－1 全国工业品出厂价格分类指数(1985～2007年)
Ex-Factory Price Indices of Industrial Products(1985～2007)

年份 Year	全部工业品 Total Industry	轻工业 Light Industry Products	重工业 Heavy Industry	一、生产资料 Means of Production	01 采掘 Mining & Quarrying Industry	02 原料 Raw Materials Industry
1985	108.7	104.2	106.8			
1986	103.8	102.3	104.8	104.8	100.6	107.5
1987	107.9	108.0	107.5	107.8	114.1	106.9
1988	115.0	115.1	112.0	113.7	109.3	113.5
1989	118.6	118.8	118.5	118.9	114.2	116.4
1990	104.1	103.8	104.3	104.4	107.9	105.9
1991	106.2	102.3	108.2	108.0	112.8	111.8
1992	106.8	103.2	110.6	109.3	112.6	110.2
1993	124.0	109.7	136.9	133.7	146.5	140.4
1994	119.5	122.5	116.9	116.7	133.1	117.9
1995	114.9	119.1	111.3	113.6	119.7	113.6
1996	102.9	101.9	103.9	103.5	108.9	101.7
1997	99.7	98.6	100.4	99.7	105.5	100.0
1998	95.9	96.1	95.8	95.4	98.4	93.4
1999	97.6	96.1	98.7	98.3	104.5	98.2
2000	102.8	98.8	105.4	105.1	124.9	108.4
2001	98.7	98.4	98.9	98.8	100.1	99.7
2002	97.8	97.6	97.9	97.7	101.9	98.0
2003	102.3	99.3	105.4	103.6	113.3	106.7
2004	106.1	102.2	109.8	107.8	118.8	110.2
2005	104.9	100.7	109.1	106.8	125.8	109.8
2006	103	100.6	105.2	103.9	114.1	106.6
2007	103.1	102.2	104.0	103.2	103.8	105.6

年份 Year	03 加工 Manufacturing Industry	二、生活资料 Consumer Goods	01 食品 Food	02 衣着 Clothing	03 一般日用品 Articles for Daily Use	04 耐用消费品 Durable Consumer Goods
1985						
1986	103.6	102.2	102.5	102.0	103.5	100.1
1987	107.2	108.1	109.3	107.9	111.9	100.5
1988	114.7	117.2	116.2	120.5	120.4	106.0
1989	121.8	118.2	114.1	121.4	121.5	131.8
1990	102.5	103.6	101.3	107.3	103.0	99.3
1991	103.8	103.2	103.6	105.4	103.3	96.5
1992	107.4	103.2	106.4	100.8	102.8	101.7
1993	122.7	109.6	113.9	106.2	108.9	108.8
1994	111.1	123.8	123.4	136.4	112.3	108.4
1995	112.0	116.9	123.2	115.6	115.1	105.2
1996	104.1	102.1	104.7	100.5	102.9	97.7
1997	98.1	99.6	100.8	101.1	98.3	94.9
1998	96.8	96.9	98.9	96.2	96.7	94.0
1999	97.1	96.4	97.4	96.1	96.0	95.6
2000	98.6	97.8	96.0	100.6	98.0	96.4
2001	98.1	98.5	100.5	99.0	98.3	95.3
2002	96.9	97.9	99.7	98.8	97.9	94.7
2003	100.2	98.9	100.9	99.8	99.5	95.6
2004	104.8	101.2	105.2	100.9	101.9	96.2
2005	102.2	99.8	100.9	100.8	101.9	98.8
2006	101.1	100.2	100.5	101.3	100.8	98.0
2007	102.0	102.8	107.0	101.2	101.5	99.0

4—3—2 全国按部门分工业品出厂价格指数(1985～2007 年)
Ex-Factory Price Indices of Industrial Products by Branch(1985～2007)

年份 Year	01 冶金工业 Metallurgical Industry	02 电力工业 Power Industry	03 煤炭及炼焦工业 Coal Industry	04 石油工业 Petroleum Industry	05 化学工业 Chemical Industry	06 机械工业 Machine Building Industry	07 建筑材料工业 Building Materials Industry	08 森林工业 Timber Industry
1985	114.3	103.4	117.6	107.2	102.9	111.8	115.4	114.9
1986	107.4	102.4	96.8	104.6	102.9	102.8	113.7	107.1
1987	107.0	103.1	102.8	104.0	112.2	104.9	105.6	144.9
1988	115.4	101.7	110.6	106.8	120.4	111.8	113.4	119.6
1989	121.0	105.9	112.2	108.4	119.4	121.2	123.6	115.7
1990	110.3	107.4	106.2	107.1	101.6	102.8	99.6	94.6
1991	114.2	116.9	113.1	118.8	102.4	102.8	106.1	100.4
1992	114.2	108.8	116.1	115.3	102.7	106.6	111.1	105.9
1993	157.7	135.9	139.7	171.3	108.3	119.7	142.8	131.8
1994	106.8	139.5	122.2	148.7	115.4	109.5	107.6	106.9
1995	105.5	109.5	111.3	121.2	126.2	106.3	106.4	99.5
1996	97.7	113.1	113.7	104.6	103.4	101.6	104.3	98.2
1997	97.3	114.0	108.0	107.4	95.5	98.1	99.6	99.3
1998	93.1	105.5	96.6	93.0	92.9	97.0	96.6	95.4
1999	95.8	100.9	94.8	109.6	96.5	97.0	97.7	100.1
2000	103.3	102.4	98.1	144.3	101.0	97.4	99.6	99.2
2001	98.6	102.3	106.5	99.1	97.1	96.8	99.0	99.6
2002	97.6	100.8	111.6	95.2	97.6	96.2	97.8	98.6
2003	106.8	100.9	107.0	115.6	102.3	97.0	99.6	99.3
2004	116.9	102.4	115.9	114.2	107.7	99.4	103.5	102.1
2005	106.8	104.2	118.2	122.4	106.8	99.3	100.7	101.9
2006	103.3	102.8	105.8	120.3	100.7	100.4	101.9	102.0
2007	108.4	102.2	105.4	103.4	103.2	100.3	101.7	103.0

年份 Year	09 食品工业 Food Industry	10 纺织工业 Textile Industry	11 缝纫工业 Tailoring Industry	12 皮革工业 Leather Industry	13 造纸工业 Paper Industry	14 文教艺术用品工业 Cultural, Educational & Handicrafts Articles	15 其它工业 Other Industry
1985	105.5	104.3	105.1	112.1	113.7	103.2	
1986	102.5	102.6	100.0	101.7	105.7	99.6	109.1
1987	109.4	108.3	109.6	102.9	112.1	119.9	110.0
1988	116.3	122.3	116.2	114.4	120.7	112.1	122.3
1989	114.3	122.4	118.9	118.3	123.0	111.0	118.8
1990	101.0	107.2	109.1	106.3	102.3	107.3	104.7
1991	103.3	104.1	109.0	109.0	102.9	105.8	102.1
1992	106.2	99.3	100.8	112.8	102.7	102.3	109.6
1993	113.5	103.8	117.9	111.8	108.9	110.6	119.1
1994	123.4	136.8	116.1	121.9	106.6	109.1	119.1
1995	123.4	117.3	116.5	121.7	144.5	111.4	124.8
1996	104.2	96.0	108.2	111.3	116.1	101.5	108.5
1997	99.6	98.0	103.9	98.3	94.5	100.0	108.8
1998	98.6	94.1	97.7	98.3	94.1	94.4	102.8
1999	96.7	96.0	98.0	96.8	95.9	93.6	99.9
2000	95.8	104.7	99.4	100.2	99.9	99.2	102.1
2001	100.5	98.7	99.2	100.8	99.7	97.9	104.5
2002	99.6	94.7	98.7	99.3	97.9	97.4	101.7
2003	101.1	102.2	99.9	99.8	98.7	98.6	101.9
2004	106.5	104.7	101.1	101.0	101.3	99.8	103.9
2005	100.9	100.3	100.5	102.5	101.4	100.3	103.4
2006	100.4	102.2	101.2	101.1	100.7	99.7	102.4
2007	107.5	100.7	100.8	102.6	101.0	99.7	103.0

4—3—3 全国按行业分工业品出厂价格指数(1985～2007 年)

Ex-Factory Price Indices of Industrial Products by Sector(1985～2007)

年份 Year	01 煤炭开采和洗选业 Mining and Washing of Coal	02 石油和天然气开采业 Extraction of Petroleum and Natural Gas	03 黑色金属矿采选业 Mining and Processing of Ferrous Metal Ores	04 有色金属矿采选业 Mining and Processing of Non-Ferrous Metal Ores	05 非金属矿采选业 Mining and Processing of Nonmetal Ores
1985	114.2	133.3	123.2	114.3	105.6
1986	96.9	104.9	99.3	115.8	112.3
1987	100.8	102.2	99.8	146.4	104.1
1988	106.6	104.3	102.9	102.9	106.4
1989	110.9	112.5	112.2	118.2	121.0
1990	105.6	115.2	118.1	111.4	123.0
1991	113.3	121.9	129.0	103.3	102.1
1992	113.9	110.4	111.1	101.5	107.1
1993	140.2	183.9	128.6	108.1	124.0
1994	121.9	173.4	114.2	111.6	111.3
1995	111.5	136.5	103.2	146.0	110.3
1996	113.9	110.2	100.6	91.8	111.1
1997	107.2	106.1	100.4	96.0	102.1
1998	95.9	100.5	98.4	90.2	102.3
1999	94.3	118.1	101.1	94.9	97.0
2000	97.6	160.0	93.5	104.8	97.4
2001	106.9	95.4	101.6	99.5	99.1
2002	113.0	94.6	100.9	100.8	100.5
2003	103.8	119.1	110.4	107.2	100.2
2004	116.8	119.6	145.3	117.6	105.8
2005	123.2	129.9	112.3	119.6	109.4
2006	105.0	122.0	96.8	123.4	102.5
2007	103.8	102.0	110.3	112.6	103.1

年份 Year	06 其他采 矿业 Mining of Other Ores	07 农副食品加工业 Processing of Food from Agricultural Products	08 食品制造业 Manufacture of Foods	09 饮料制造业 Manufacture of Beverages	10 烟草制品业 Manufacture of Tobacco
1985			113.9	115.0	125.1
1986			104.3	94.5	97.3
1987			107.3	129.3	105.4
1988			110.6	108.6	107.5
1989			118.3	116.6	102.4
1990			100.2	102.1	100.6
1991			102.8	100.8	102.1
1992			107.6	100.4	105.0
1993			115.1	110.6	110.6
1994			131.6	117.7	103.1
1995			128.9	118.5	109.2
1996			103.1	100.0	108.0
1997			98.7	102.3	101.0
1998			98.2	98.9	101.1
1999			95.1	98.3	104.4
2000			93.6	98.7	101.9
2001			100.4	99.3	102.1
2002			98.6	99.2	103.5
2003		103.1	99.7	99.2	100.6
2004		113.9	102.9	100.6	101.1
2005		101.1	101.5	100.6	100.9
2006	100.2	100.1	101.1	100.5	100.5
2007	100.0	113.3	102.6	101.2	100.4

注:其他采矿业的基础数据收集不到。

Be short of essential data of mining of other ores.

4－3－3续表1　Continued 1

年份 Rear	11 纺织业 Manufacture of Textile	12 纺织服装、鞋、帽制造业 Manufacture of Textile Wearing Apparel, Footwear, and Caps	13 皮革、毛皮、羽毛(绒)及其制品业 Manufacture of Leather, Fur, Feather and Related Products	14 木材加工及木、竹、藤、棕、草制品业 Processing of Timber, Manufacture of Wood, Bamboo, Rattan, Palm, and Straw Products	15 家具制造业 Manufacture of Furniture
1985	93. 7	92. 3	111. 5	119. 4	102. 0
1986	102. 6	100. 0	101. 7	99. 1	120. 2
1987	107. 2	106. 6	104. 0	130. 2	113. 9
1988	121. 0	112. 6	112. 4	128. 3	109. 5
1989	122. 2	118. 9	118. 3	114. 9	118. 2
1990	107. 9	102. 8	106. 3	95. 1	106. 1
1991	104. 6	106. 9	109. 0	120. 7	99. 4
1992	100. 3	104. 9	109. 7	104. 6	103. 3
1993	103. 9	117. 9	111. 8	142. 0	123. 6
1994	139. 9	116. 1	121. 9	95. 4	115. 7
1995	114. 7	116. 5	121. 7	98. 4	108. 1
1996	98. 1	108. 2	111. 3	94. 5	106. 2
1997	99. 8	103. 9	101. 2	95. 4	100. 1
1998	95. 8	97. 7	98. 3	89. 6	100. 1
1999	95. 3	97. 9	96. 8	99. 1	95. 2
2000	103. 2	99. 4	100. 2	98. 6	99. 1
2001	98. 7	99. 2	100. 8	98. 7	99. 8
2002	94. 7	98. 7	99. 4	96. 8	98. 9
2003	101. 8	99. 8	99. 7	99. 1	99. 6
2004	104. 3	100. 7	100. 9	102. 2	101. 8
2005	100. 5	99. 8	102. 5	101. 8	102. 7
2006	102. 1	100. 9	101. 2	102. 3	100. 3
2007	100. 8	100. 7	102. 4	103. 6	101. 5

年份 Rear	16 造纸及纸制品业 Manufacture of Paper and Paper Products	17 印刷业和记录媒介的复制 Printing, Reproduction of Recording Media	18 文教体育用品制造业 Manufacture of Articles For Culture, Education and Sport Activity	19 石油加工、炼焦及核燃料加工业 Processing of Petroleum, Coking, Processing of Nuclear Fuel	20 化学原料及化学制品制造业 Manufacture of Raw Chemical Materials and Chemical Products
1985	104. 8		99. 4	121. 2	105. 2
1986	105. 7		92. 6	197. 4	110. 7
1987	110. 7		116. 1	102. 3	111. 5
1988	120. 6		107. 8	103. 4	121. 8
1989	123. 0		111. 0	105. 9	120. 3
1990	104. 6		107. 3	102. 1	104. 1
1991	101. 6		103. 7	116. 9	101. 2
1992	103. 6		105. 3	121. 4	104. 3
1993	108. 9		110. 3	163. 9	110. 9
1994	106. 6		109. 0	134. 4	116. 4
1995	144. 5		120. 9	112. 4	129. 7
1996	116. 1		103. 3	101. 3	104. 8
1997	94. 5		102. 4	108. 2	95. 7
1998	94. 1		97. 6	88. 7	92. 2
1999	95. 5		92. 8	104. 6	97. 3
2000	99. 9		98. 6	134. 6	102. 9
2001	99. 7		98. 5	102. 2	97. 6
2002	97. 9		95. 7	95. 8	98. 9
2003	98. 7	97. 6	100. 2	114. 7	103. 4
2004	101. 3	98. 1	102. 2	112. 2	110. 2
2005	101. 4	99. 6	102. 0	118. 4	108. 5
2006	100. 7	99. 8	101. 4	118. 0	100. 4
2007	101. 0	100. 5	101. 5	105. 0	103. 8

4—3—3 续表 2 Continued 2

年份 Rear	21 医药制造业 Manufacture of Medicines	22 化学纤维制造业 Manufacture of Chemical Fibers	23 橡胶制品业 Manufacture of Rubber	24 塑料制品业 Manufacture of Plastics	25 非金属矿物制品业 Manufacture of Non-metallic Mineral Products
1985	90.1	83.2	96.3	92.5	120.5
1986	109.4	111.8	98.5	101.6	113.7
1987	113.5	101.0	103.5	110.5	104.0
1988	116.9	109.3	111.0	130.7	113.6
1989	117.5	125.7	124.4	110.5	124.1
1990	97.4	99.9	108.8	92.0	97.9
1991	96.0	99.7	106.3	106.2	103.5
1992	101.0	96.0	101.5	101.6	112.2
1993	103.5	103.4	102.1	105.1	143.8
1994	116.5	115.5	112.7	111.6	107..2
1995	122.1	135.1	122.5	131.0	106.3
1996	99.0	81.4	105.1	98.9	104.0
1997	93.2	88.1	98.9	96.2	99.3
1998	96.1	84.8	94.1	93.8	96.1
1999	95.9	99.4	94.4	96.5	97.8
2000	93.7	115.3	97.1	102.0	99.8
2001	97.9	91.2	97.9	98.9	99.2
2002	98.3	93.3	97.7	96.1	97.8
2003	98.8	104.5	100.0	99.8	99.6
2004	97.8	108.1	101.0	106.5	103.3
2005	101.6	104.7	104.5	105.5	100.6
2006	98.6	101.2	104.7	101.0	101.5
2007	102.1	103.3	103.3	102.0	101.3

年份 Rear	26 黑色金属冶炼及压延加工业 Smelting and Pressing of Ferrous Metals	27 有色金属冶炼及压延加工业 Smelting and Pressing of Non-ferrous Metals	28 金属制品业 Manufacture of Metal Products	29 通用设备制造业 Manufacture of General Purpose Machinery	30 专用设备制造业 Manufacture of Special Purpose Machinery
1985	124.8	105.2	103.5		104.6
1986	100.3	110.7	114.3		108.6
1987	105.8	112.6	108.0		103.7
1988	112.7	117.8	114.1		108.9
1989	119.5	127.8	121.6		117.2
1990	111.3	105.6	102.6		105.4
1991	117.8	102.5	106.1		102.5
1992	117.5	113.1	108.4		108.3
1993	173.8	118.5	134.8		123.8
1994	104.6	112.2	109.1		111.7
1995	95.1	129.9	102.4		106.3
1996	100.1	91.2	100.1		102.5
1997	97.4	95.1	100.0		99.0
1998	94.8	89.2	96.5		98.2
1999	93.9	99.7	94.6		97.6
2000	101.2	111.6	98.7		98.4
2001	100.3	93.6	98.2		98.8
2002	98.5	95.4	97.4		98.5
2003	110.1	105.1	100.4	99.8	99.6
2004	118.9	118.9	107.4	103.1	101.8
2005	104.7	111.7	104.0	101.8	101.8
2006	96.0	122.5	101.0	100.2	101.2
2007	107.9	113.9	102.6	101.3	101.5

4—3—3 续表 3　Continued 3

年份 Rear	31 交通运输设备制造业 Manufacture of Transport Equipment	32 电气机械及器材制造业 Manufacture of Electrical Machinery and Equipment	33 通信设备、计算机及其他电子设备制造业 Manufacture of Communication Equipment, Computers and Other Electronic Equipment	34 仪器仪表及文化、办公用机械制造业 Manufacture of Measuring Instruments and Machinery for Cultural Activity and Office Work
1985	109.3	98.4	86.1	93.9
1986	88.4	108.0	96.0	106.1
1987	108.8	103.8	99.4	123.3
1988	105.9	122.9	104.5	115.9
1989	114.6	139.2	109.2	126.3
1990	102.5	99.2	98.5	103.8
1991	109.7	94.1	96.9	100.1
1992	108.7	103.8	100.1	101.3
1993	121.0	111.3	103.5	108.9
1994	106.4	108.8	108.9	105.3
1995	104.8	108.3	108.7	109.4
1996	103.2	103.3	95.9	100.6
1997	99.1	99.2	92.4	98.6
1998	98.8	98.8	90.4	100.1
1999	99.4	95.9	95.3	100.1
2000	98.7	97.2	95.2	99.0
2001	97.4	97.3	94.2	98.7
2002	96.8	96.5	93.1	97.9
2003	97.9	97.9	93.7	97.3
2004	98.2	103.7	95.1	98.5
2005	98.9	103.2	95.3	98.7
2006	99.5	107.4	96.6	99.2
2007	100.1	103.7	97.5	98.9

年份 Rear	35 工艺品及其他制造业 Manufacture of Artwork and Other Manufacturing	36 废弃资源和废旧材料回收加工业 Recycling and Disposal of Waste	37 电力、热力的生产和供应业 Production and Distribution of Electric Power and Heat Power	38 燃气生产和供应业 Production and Distribution of Gas	39、水的生产和供应业 Production and Distribution of Water
1985	102.3		107.4	126.8	110.2
1986	98.9		100.4	128.8	107.7
1987	102.7		108.3	106.1	102.7
1988	108.2		101.6	118.0	114.3
1989	117.6		105.9	124.2	104.0
1990	97.7		107.4	111.1	112.8
1991	102.3		116.9	111.3	116.2
1992	99.4		107.4	107.1	117.7
1993	110.8		136.0	136.7	132.4
1994	109.2		139.5	124.2	124.3
1995	106.3		109.5	110.5	118.1
1996	100.6		113.1	112.3	125.1
1997	97.9		114.0	113.6	131.8
1998	91.7		105.5	101.5	106.5
1999	94.3		100.9	98.0	115.8
2000	100.0		102.4	100.9	108.5
2001	96.5		102.3	104.6	107.6
2002	101.2		100.8	104.4	106.2
2003	102.1	111.5	100.9	103.3	105.3
2004	105.7	116.9	102.4	102.5	104.1
2005	103.9	105.3	104.2	105.2	104.0
2006	102.5	103.4	102.8	106.8	106.4
2007	104.3	104.4	102.2	104.8	104.8

4－3－4 全国主要产品工业品出厂价格指数(1993～2007年)
Main Ex-Factory Price Indices of Industrial Products(1993～2007)

(以上年价格＝100) (Preceding year＝100)

年份 Year	原煤(无烟煤) Coal	原油 Crude Oil	木材(普通锯材) Wood	水泥〔普通硅酸盐水泥(回转窑)〕 Cement	钢材(普通大型钢材) Rolled Steel	生铁 Pig Iron	汽油 Gasoline	重油 Heavy Oil
1993	136.8	184.9	136.9	151.3	252.2	210.3	165.4	157.2
1994	123.1	168.6	99.2	106.9	114.8	108.4	125.9	128.1
1995	113.7	129.9	106.6	100.2	83.9	93.6	113.1	112.8
1996	112.9	110.3	97.2	104.3	91.8	97.1	100.1	106.2
1997	108.6	104.9	99.2	94.4	95.2	96.3	104.8	112.3
1998	100.8	96.5	118.2	99.5	96.5	99.6	99.5	97.7
1999	91.3	120.3	98.5	99.2	94.2	93.3	103.0	108.9
2000	97.3	174.8	99.3	98.2	92.4	98.8	130.5	136.3
2001	102.7	89.9	99.3	99.8	97.4	99.5	89.6	92.9
2002	119.2	94.1	100.1	99.5	95.1	101.2	96.3	96.2
2003	103.9	119.8	101.0	100.1	113.0	122.9	117.1	120.7
2004	118.5	120.3	101.6	104.6	119.3	131.7	111.0	102.5
2005	129.9	131.1	104.5	99.9	101.5	103.7	121.2	120.0
2006	104.6	122.3	103.2	103.6	94.8	94.5	120.8	128.7
2007	103.6	101.9	105.2	102.7	106.2	112.9	101.4	99.6

4－3－5　各地区工业品出厂价格总指数(1987～2006年)

Ex-factory Price Indices of Industrial Products by Region

(上年价格＝100)　　(Preceding year＝100)

地　区　Region	1987	1988	1989	1990	1991	1992	1993	1994	1995	1996
全　国　National	**107.9**	**115.0**	**118.6**	**104.1**	**106.2**	**106.8**	**124.0**	**119.5**	**114.9**	**102.9**
北　京　Beijing				107.9	105.8	107.8	128.3	111.8	116.7	103.2
天　津　Tianjin						105.2	126.3	120.4	110.2	102.8
河　北　Hebei						108.6	129.1	119.1	111.4	101.1
山　西　Shanxi				106.4	106.8	114.2	132.5	120.1	113.5	106.4
内蒙古　Inner Mongolia	107.9	110.7	121.5	105.2	108.7	109.8	133.2	112.1	109.1	101.7
辽　宁　Liaoning		122.4	121.2	103.8	119.2	111.8	138.4	119.9	109.9	102.1
吉　林　Jilin		112.9	121.5	104.5	106.4	111.4	127.9	115.7	115.0	103.8
黑龙江　Heilongjiang						111.6	141.3	127.7	116.0	104.6
上　海　Shanghai						111.4	128.1	118.1	111.5	98.6
江　苏　Jiangsu					103.2	103.6	118.5	121.4	114.1	100.7
浙　江　Zhejiang				100.4	101.8	104.8	117.3	117.5	112.3	99.5
安　徽　Anhui						108.7	125.3	120.9	117.1	101.6
福　建　Fujian						102.7	117.1	116.9	115.7	101.8
江　西　Jiangxi							115.3	124.7	114.8	104.1
山　东　Shandong			123.8	104.7	103.0	109.5	123.0	124.2	117.0	104.2
河　南　Henan			119.7	105.5	104.3	106.2	118.1	124.1	115.0	104.1
湖　北　Hubei			116.7	109.0	108.1	111.0	126.3	126.2	113.1	102.7
湖　南　Hunan			118.1	100.6	104.7	111.1	128.9	117.6	121.4	105.7
广　东　Guangdong							124.1	126.0	112.3	101.8
广　西　Guangxi	106.4			101.5	103.3	112.5	121.1	118.8	117.2	102.6
海　南　Hainan										
重　庆　Chongqing				103.4	105.1	117.2	118.4	113.4	112.4	104.1
四　川　Sichuan			117.9	103.5	105.9	106.1	127.4	114.7	112.2	102.2
贵　州　Guizhou						101.6	118.1	113.3	113.1	104.9
云　南　Yunnan					106.3	105.3	125.0	116.7	110.2	101.4
西　藏　Tibet										
陕　西　Shaanxi						107.9	119.8	119.9	112.6	104.2
甘　肃　Gansu			122.0	110.7	104.2	112.1	125.3	121.2	114.9	104.4
青　海　Qinghai			112.7	109.5	108.7	102.6	124.4	124.9	114.6	106.7
宁　夏　Ningxia										
新　疆　Xinjiang						107.5	126.2	118.4	117.2	104.9

4－3－5 续表 Continued

(上年价格＝100) (Preceding year＝100)

地　区　Region	1997	1998	1999	2000	2001	2002	2003	2004	2005	2006	2007
全　国 National	**99.7**	**95.9**	**97.6**	**102.8**	**98.7**	**97.8**	**102.3**	**106.1**	**104.9**	**103.0**	**103.1**
北　京 Beijing	100.6	95.1	97.8	102.5	99.4	96.6	101.5	103.0	101.3	99.1	99.7
天　津 Tianjin	98.3	94.7	96.4	102.8	95.9	95.9	102.5	104.1	100.1	100.6	101.5
河　北 Hebei	98.8	94.4	95.9	105.3	99.9	99.4	107.1	111.6	104.4	100.8	106.9
山　西 Shanxi	102.2	97.5	95.3	100.9	100.3	103.6	112.2	116.1	110.2	101.0	107.4
内蒙古 Inner Mongolia	101.5	98.0	100.4	102.8	100.1	99.3	103.2	105.1	105.1	103.0	105.7
辽　宁 Liaoning	100.1	95.8	102.0	108.8	98.6	97.8	103.6	107.1	105.1	104.1	104.4
吉　林 Jilin	101.4	96.9	100.1	105.1	100.3	98.6	102.5	105.0	104.3	101.7	102.7
黑龙江 Heilongjiang	102.3	97.7	107.4	122.9	95.9	97.8	111.9	113.1	116.7	109.9	105.3
上　海 Shanghai	98.9	93.9	97.6	102.5	96.7	96.4	101.4	103.6	101.7	100.6	101.2
江　苏 Jiangsu	97.9	94.5	96.1	101.1	99.1	97.6	102.3	106.5	102.6	101.5	102.6
浙　江 Zhejiang	99.2	96.0	96.8	101.1	98.3	96.9	100.6	105.0	102.3	103.8	102.4
安　徽 Anhui	99.4	96.4	92.9	98.9	98.6	99.8	103.5	108.2	103.3	103.1	103.6
福　建 Fujian	100.3	95.7	96.6	100.5	98.1	97.2	100.7	102.6	100.2	99.2	100.8
江　西 Jiangxi	101.7	98.4	96.1	101.0	98.1	98.5	104.0	109.7	108.8	109.7	106.2
山　东 Shandong	101.1	96.0	97.2	105.9	99.1	98.8	103.5	106.4	103.7	102.3	103.3
河　南 Henan	100.6	95.3	95.4	104.0	100.5	98.6	105.0	110.2	106.1	104.3	105.2
湖　北 Hubei	98.6	96.2	97.8	101.7	99.0	98.2	103.5	105.7	104.5	102.9	103.9
湖　南 Hunan	99.2	95.9	98.5	102.9	99.8	99.2	102.6	108.0	106.0	104.3	106.1
广　东 Guangdong	100.1	94.8	97.7	103.4	98.5	96.5	99.3	101.7	101.5	101.4	101.3
广　西 Guangxi	97.7	95.4	95.6	105.5	106.3	95.6	102.8	109.7	104.9	109.6	104.5
海　南 Hainan						98.7	99.5	100.0	99.5	100.8	102.7
重　庆 Chongqing	98.0	94.6	97.7	98.6	98.1	97.6	100.6	103.3	103.0	102.2	103.5
四　川 Sichuan	101.2	97.3	97.0	98.1	100.4	97.7	100.5	105.4	104.0	101.9	103.9
贵　州 Guizhou	101.2	98.2	99.7	100.4	102.2	98.9	103.4	108.0	107.2	104.3	105.0
云　南 Yunnan	100.7	97.2	98.2	101.2	99.9	98.2	101.4	108.8	104.5	104.6	105.7
西　藏 Tibet										106.0	101.1
陕　西 Shaanxi	103.7	96.6	97.9	101.5	100.4	100.7	105.7	107.3	110.4	109.6	102.9
甘　肃 Gansu	104.9	95.2	98.1	107.2	98.5	97.9	110.0	114.3	109.6	109.8	105.5
青　海 Qinghai	104.3	100.7	102.8	108.1	93.7	97.6	105.5	111.2	110.2	109.5	104.2
宁　夏 Ningxia	100.3	97.7	98.4	103.6	100.3	99.7	103.9	110.0	106.2	106.2	103.7
新　疆 Xinjiang	104.9	95.8	100.2	129.4	96.3	97.3	115.1	116.4	116.6	114.4	106.3

4—3—6 各地区工业品出厂价格分类指数(2007 年)

Ex-factory Price Indices of Industrial Products by Region (2007)

(以上年价格为 100) (Preceding year=100)

地 区 Region	全部工业品 Total Industry Products	轻工业 Light Industry	1. 以农产品为原料 Processing of Agricultural Products	2. 以非农产品为原料 Processing of Nonagricultural Products	重工业 Heavy Industry	1. 采掘 Mining & Quarrying Industry	2. 原料 Raw Materials Industry	3. 加工 Manufacturing Industry	生产资料 Means of Production
全 国 National									
北 京 Beijing	99.7	100.7	107.4	98.5	99.2	107.5	103.7	96.1	99.3
天 津 Tianjin	101.5	100.3	106.2	98.2	102.2	106.6	108.1	98.2	101.5
河 北 Hebei	106.9	104.9	104.7	105.0	107.9	111.3	108.5	106.1	106.9
山 西 Shanxi	107.4	104.7	106.8	103.1	107.7	104.2	107.2	111.2	107.5
内蒙古 Inner Mongolia	105.7	104.7	105.0	104.2	106.2	107.7	105.6	105.6	105.9
辽 宁 Liaoning	104.4	102.9	104.9	100.8	104.9	100.4	106.2	103.8	104.5
吉 林 Jilin	102.7	105.0	105.4	104.3	102.1	104.8	108.0	99.4	104.8
黑龙江 Heilongjiang	105.3	110.2	113.1	102.3	103.9	104.7	104.3	100.8	103.9
上 海 Shanghai	101.2	100.0	103.1	99.1	102.3	101.5	104.0	101.7	101.4
江 苏 Jiangsu	102.6	100.7	103.1	99.2	104.9	104.2	105.1	104.8	102.8
浙 江 Zhejiang	102.4	102.0	101.5	102.5	102.9	105.8	103.0	102.8	102.7
安 徽 Anhui	103.6	103.4	103.8	103.0	103.8	104.2	102.9	104.3	103.7
福 建 Fujian	100.8	99.9	102.2	98.0	102.8	108.0	102.3	102.6	100.7
江 西 Jiangxi	106.2	105.0	104.0	106.3	106.8	106.6	106.5	107.1	106.6
山 东 Shandong	103.3	103.2	105.6	100.4	103.4	102.0	104.7	102.9	102.9
河 南 Henan	105.2	105.7	107.0	103.9	104.9	105.1	105.1	104.5	104.5
湖 北 Hubei	103.9	104.5	104.8	103.9	103.5	105.9	105.7	102.0	104.0
湖 南 Hunan	106.1	103.2	103.6	102.7	107.8	106.2	110.2	105.6	106.6
广 东 Guangdong	101.3	100.6	102.6	100.0	102.8	104.8	104.0	101.8	101.6
广 西 Guangxi	104.5	97.7	95.6	102.9	108.3	117.8	106.9	109.1	107.3
海 南 Hainan	102.7	103.1	103.6	102.6	102.4	112.8	101.9	100.4	105.7
重 庆 Chongqing	103.5	103.4	105.1	102.7	103.6	107.5	105.8	102.3	103.7
四 川 Sichuan	103.9	104.6	106.6	102.3	103.4	107.0	103.7	102.5	103.3
贵 州 Guizhou	105.0	103.8	104.0	103.5	105.4	106.0	101.6	110.9	105.4
云 南 Yunnan	105.7	100.1	100.3	99.4	109.9	113.0	112.3	104.2	108.6
西 藏 Tibet	101.1	99.9	100.3	99.2	104.3	106.3	98.9	108.0	101.9
陕 西 Shaanxi	102.9	104.1	105.0	103.0	102.5	101.5	104.2	101.1	102.5
甘 肃 Gansu	105.5	102.3	102.5	102.1	106.4	103.3	107.8	105.2	105.9
青 海 Qinghai	104.2	104.2	108.0	102.4	104.2	106.4	102.9	105.0	104.1
宁 夏 Ningxia	103.7	103.5	102.8	104.1	103.8	105.9	103.7	103.5	103.6
新 疆 Xinjiang	106.3	105.6	105.8	105.2	106.4	104.4	106.3	115.1	106.1

4－3－6 续表　Continued

(以上年价格为 100)　　(Preceding year＝100)

地　区　Region	(01)采掘 Mining & Quarrying Industry	(02)原料 Raw Materials Industry	(03)加工 Manufact-uring Industry	生活资料 Consumer Goods	(01)食品 Food	(02)衣着 Clothing	(03)一般日用品 Articles for Daily Use	(04)耐用消费品 Durable Consumer Goods
全　国　National								
北　京　Beijing	107.5	103.7	97.0	101.3	108.3	100.9	100.5	96.2
天　津　Tianjin	107.0	107.6	98.6	101.4	108.7	104.0	102.0	96.7
河　北　Hebei	109.7	108.6	104.9	107.3	108.6	100.8	109.3	101.2
山　西　Shanxi	105.1	107.6	109.6	106.6	108.1	101.0	103.6	101.7
内蒙古　Inner Mongolia	107.6	105.1	105.5	104.8	106.0	102.1	104.8	98.6
辽　宁　Liaoning	100.8	106.2	103.3	104.0	107.1	100.8	100.2	97.5
吉　林　Jilin	104.9	108.0	102.6	99.8	106.0	101.4	99.7	97.3
黑龙江　Heilongjiang	104.8	104.3	101.5	112.2	114.2	102.5	101.7	101.8
上　海　Shanghai	101.5	103.9	100.9	100.2	104.8	101.7	101.0	95.6
江　苏　Jiangsu	105.0	104.8	102.1	102.1	108.7	101.1	101.4	97.3
浙　江　Zhejiang	105.8	102.9	102.5	101.7	104.9	100.5	101.4	101.7
安　徽　Anhui	104.2	103.0	104.1	103.3	105.6	100.9	101.6	101.0
福　建　Fujian	108.0	102.6	99.8	101.1	103.8	101.3	101.6	95.3
江　西　Jiangxi	107.2	106.2	106.8	104.1	103.3	106.6	102.3	105.4
山　东　Shandong	102.5	104.5	102.3	104.7	109.9	101.3	99.8	97.9
河　南　Henan	105.4	105.0	103.9	107.7	109.8	100.8	101.9	102.8
湖　北　Hubei	105.9	107.3	102.4	103.3	106.1	100.8	101.8	96.1
湖　南　Hunan	106.0	110.3	104.3	103.9	104.5	102.8	101.3	102.7
广　东　Guangdong	104.8	103.9	100.8	100.8	103.5	102.6	101.5	98.8
广　西　Guangxi	117.8	106.6	107.3	94.5	93.6	100.7	98.8	100.7
海　南　Hainan	112.8	103.3	107.2	97.6	98.1	101.7	101.2	95.9
重　庆　Chongqing	107.1	106.0	102.8	102.8	107.8	100.6	101.4	100.4
四　川　Sichuan	106.9	103.7	102.6	105.9	109.0	101.5	101.2	98.5
贵　州　Guizhou	106.0	101.6	109.3	103.3	104.2	104.0	100.6	97.6
云　南　Yunnan	112.9	112.1	102.8	100.1	100.3	99.6	98.2	104.0
西　藏　Tibet	106.3	99.1	99.5	100.3	100.2	108.2	101.5	100.2
陕　西　Shaanxi	101.7	104.1	101.4	104.9	106.8	104.7	100.9	99.8
甘　肃　Gansu	103.3	107.9	104.4	102.4	102.6	98.1	100.4	105.5
青　海　Qinghai	106.4	102.9	104.7	106.5	111.1	99.8	101.5	99.9
宁　夏　Ningxia	107.0	103.1	103.3	104.5	106.2	100.8	102.9	99.8
新　疆　Xinjiang	104.4	106.1	109.0	108.4	109.4	100.3	104.8	100.3

4-3-7 各地区按部门分工业品出厂价格指数（2007年）
Ex-factory Price Indices of Industrial Products by Branch and Region (2007)

（上年价格=100） (Preceding year=100)

地 区 Region	01 冶金工业 Metallurgical Industry	02 电力工业 Power Industry	03 煤炭及炼焦工业 Coal Industry	04 石油工业 Petroleum Industry	05 化学工业 Chemical Industry	06 机械工业 Machine Building Industry	07 建筑材料工业 Building Materials	08 森林工业 Timber Industry
全 国 National	**108.4**	**102.2**	**105.4**	**103.4**	**103.2**	**100.3**	**101.7**	**103.0**
北 京 Beijing	109.3	102.4	107.2	102.8	104.9	94.0	100.8	102.6
天 津 Tianjin	111.8	104.3	116.1	105.2	102.5	94.1	102.5	99.6
河 北 Hebei	111.4	101.9	107.7	103.5	108.1	101.9	102.4	102.4
山 西 Shanxi	112.0	103.3	106.7	100.9	105.9	101.7	102.9	101.9
内蒙古 Inner Mongolia	109.0	102.3	105.6	105.2	104.4	100.5	107.7	102.4
辽 宁 Liaoning	108.3	103.6	102.4	104.3	103.4	100.6	101.4	102.0
吉 林 Jilin	113.1	104.6	103.0	104.5	107.2	98.5	105.7	101.5
黑龙江 Heilongjiang	107.5	103.3	103.5	104.7	104.0	99.9	101.9	103.9
上 海 Shanghai	108.1	100.5	112.8	103.6	103.0	97.8	101.6	102.6
江 苏 Jiangsu	108.2	102.2	105.1	102.6	104.2	99.4	103.4	106.5
浙 江 Zhejiang	108.1	100.6	105.1	102.1	103.1	101.2	104.7	102.1
安 徽 Anhui	108.0	99.4	103.4	104.3	103.9	101.1	105.9	103.6
福 建 Fujian	108.1	100.4	101.1	103.9	103.3	96.0	101.7	103.4
江 西 Jiangxi	110.7	102.3	108.6	103.8	102.9	103.5	106.7	103.5
山 东 Shandong	108.3	101.1	106.4	100.2	103.5	100.0	101.0	102.0
河 南 Henan	108.4	101.7	106.3	100.9	105.1	103.0	104.5	106.5
湖 北 Hubei	109.9	102.5	104.3	101.4	107.0	101.5	106.2	105.2
湖 南 Hunan	115.6	104.1	107.0	104.1	104.1	101.1	105.3	103.3
广 东 Guangdong	107.9	101.1	103.4	104.3	102.3	99.0	102.0	101.5
广 西 Guangxi	116.5	102.7	99.9	104.4	102.6	101.5	105.1	108.5
海 南 Hainan	110.8	100.2	100.8	100.5	100.7	98.8	117.1	105.0
重 庆 Chongqing	108.9	103.7	104.8	107.4	105.1	100.9	106.0	104.7
四 川 Sichuan	104.2	102.3	106.5	105.6	103.4	101.3	104.8	102.5
贵 州 Guizhou	108.0	103.0	109.8	102.8	105.9	99.7	104.8	101.4
云 南 Yunnan	115.7	103.5	113.5	120.7	101.1	101.7	98.5	102.6
西 藏 Tibet	108.4	98.7	104.1	0.0	100.5	105.1	99.0	101.1
陕 西 Shaanxi	107.9	102.2	102.4	102.7	101.8	100.6	105.2	101.3
甘 肃 Gansu	112.6	101.3	105.6	103.5	103.5	102.2	101.0	99.5
青 海 Qinghai	105.5	100.8	104.0	104.9	102.6	111.6	101.3	99.9
宁 夏 Ningxia	103.8	102.9	107.1	103.5	103.4	102.0	102.5	101.1
新 疆 Xinjiang	115.5	101.2	112.5	104.9	106.2	120.7	103.3	100.7

4－3－7 续表　Continued

（上年价格＝100）　　　　(Preceding year＝100)

地　区　Region	09 食品工业 Food Industry	10 纺织工业 Textile Industry	11 缝纫工业 Tailoring Industry	12 皮革工业 Leather Industry	13 造纸工业 Paper Industry	14 文教艺术用品工业 Cultural，Educational & Handicrafts Articles	15 其它工业 Other Industry
全　国　National	**107.5**	**100.7**	**100.8**	**102.6**	**101.0**	**99.7**	**103.0**
北　京　Beijing	111.4	101.7	101.0	99.9	101.6	98.7	104.6
天　津　Tianjin	111.7	100.5	101.6	112.2	101.4	96.5	104.5
河　北　Hebei	109.0	99.7	100.2	100.6	100.2	99.9	102.9
山　西　Shanxi	108.8	99.1	100.7	95.9	102.2	102.3	105.8
内蒙古　Inner Mongolia	106.1	103.0	102.1	101.5	102.6	102.2	103.5
辽　宁　Liaoning	107.6	101.0	100.2	102.5	100.9	99.7	100.7
吉　林　Jilin	107.2	102.3	101.4	102.1	100.4	100.1	101.7
黑龙江　Heilongjiang	116.0	99.8	102.6	101.5	104.2	99.8	102.8
上　海　Shanghai	105.7	100.5	101.9	100.1	100.2	99.1	102.2
江　苏　Jiangsu	110.1	101.3	101.0	100.6	101.6	99.3	102.1
浙　江　Zhejiang	105.4	100.5	100.5	101.4	101.8	101.2	103.8
安　徽　Anhui	105.7	99.0	101.5	100.5	102.2	100.1	102.6
福　建　Fujian	104.4	102.3	101.1	101.5	100.1	100.0	102.6
江　西　Jiangxi	104.3	100.5	107.2	103.6	101.4	99.6	101.8
山　东　Shandong	110.2	101.1	100.6	103.7	101.5	100.5	100.2
河　南　Henan	109.5	101.0	100.5	102.1	102.8	101.8	104.1
湖　北　Hubei	106.4	99.4	100.8	101.8	99.5	99.1	100.7
湖　南　Hunan	104.6	100.1	102.6	107.3	100.7	99.1	102.0
广　东　Guangdong	103.8	101.7	101.3	105.4	101.3	100.8	102.5
广　西　Guangxi	94.3	91.3	100.2	103.7	102.2	98.3	100.3
海　南　Hainan	101.7	95.7	101.7	112.7	106.7	100.9	110.2
重　庆　Chongqing	108.6	96.5	99.0	100.4	101.2	99.7	103.0
四　川　Sichuan	109.0	99.6	99.0	103.8	101.2	101.9	100.7
贵　州　Guizhou	103.0	103.6	100.9	100.2	105.1	101.9	107.4
云　南　Yunnan	100.2	96.8	98.9	103.9	101.3	96.5	102.3
西　藏　Tibet	100.6	100.0	118.1	107.8	100.4	100.0	102.9
陕　西　Shaanxi	106.8	99.4	104.8	98.9	100.0	100.8	119.9
甘　肃　Gansu	102.3	107.0	96.8	103.8	103.8	100.5	103.0
青　海　Qinghai	113.4	97.9	99.8	100.3	101.1	94.4	107.4
宁　夏　Ningxia	105.3	101.0	100.3	101.7	101.3	110.3	108.2
新　疆　Xinjiang	109.7	99.4	100.3	108.6	104.6	100.6	106.5

4—3—8 各地区按行业分工业品出厂价格指数（2007年）

Ex-factory Price Indices of Industrial Products by Sector and Region (2007)

（上年价格=100） (Preceding year=100)

地 区 Region	1 煤炭开采和洗选业 Mining and Washing of Coal	2 石油和天然气开采业 Extraction of Petroleum and Natural Gas	3 黑色金属矿采选业 Mining and Processing of Ferrous Metal Ores	4 有色金属矿采选业 Mining and Processing of Non-Ferrous Metal Ores	5 非金属矿采选业 Mining and Processing of Nonmetal Ores
全 国 National	**103.8**	**102.0**	**110.3**	**112.6**	**103.1**
北 京 Beijing	106.0		123.6		97.8
天 津 Tianjin	113.0	106.9		109.2	80.3
河 北 Hebei	104.7	105.1	120.6	106.7	98.4
山 西 Shanxi	105.0	100.0	107.9	110.0	103.6
内蒙古 Inner Mongolia	105.8	101.5	105.1	123.9	105.7
辽 宁 Liaoning	102.4	98.6	104.0	109.1	104.5
吉 林 Jilin	102.8	105.0	119.8	108.9	101.7
黑龙江 Heilongjiang	102.7	105.0	107.6	159.2	100.0
上 海 Shanghai		101.5			
江 苏 Jiangsu	104.0	101.2	115.9	143.6	101.3
浙 江 Zhejiang	105.1		115.0	149.3	101.2
安 徽 Anhui	102.8		109.9	124.2	106.0
福 建 Fujian	99.7		109.5	127.5	108.1
江 西 Jiangxi	105.1		102.6	111.1	112.5
山 东 Shandong	105.3	96.8	108.7	113.3	97.3
河 南 Henan	106.4	98.5	105.0	113.8	105.5
湖 北 Hubei	101.3	98.7	120.9	113.7	105.8
湖 南 Hunan	105.8		104.8	108.0	102.7
广 东 Guangdong		103.4	103.9	118.8	103.3
广 西 Guangxi	99.9		105.9	133.7	117.0
海 南 Hainan		97.0	129.9	102.5	100.8
重 庆 Chongqing	104.6	111.3	130.9	102.5	103.2
四 川 Sichuan	106.4	105.8	104.4	119.9	104.1
贵 州 Guizhou	109.1		133.0	106.6	94.9
云 南 Yunnan	113.8	129.7	110.1	117.6	99.9
西 藏 Tibet	102.0		113.3	104.4	102.5
陕 西 Shaanxi	102.3	100.7	113.5	110.6	98.7
甘 肃 Gansu	105.8	100.7	115.7	117.6	102.6
青 海 Qinghai	104.0	105.5	101.0	114.7	100.5
宁 夏 Ningxia	107.1				100.0
新 疆 Xinjiang	113.8	103.4	112.8	131.4	103.9

4－3－8 续表 1　Continued 1

（上年价格＝100）　　(Preceding year＝100)

地　区　　Region	6 其他采矿业 Mining of Other Ores	7 农副食品加工业 Processing of Food from Agricultural Products	8 食品制造业 Manufacture of Foods	9 饮料制造业 Manufacture of Beverages	10 烟草制品业 Manufacture of Tobacco
全　国　National	**100.0**	**113.3**	**102.6**	**101.2**	**100.4**
北　京　Beijing		128.4	103.8	98.9	100.0
天　津　Tianjin		120.9	103.1	101.1	100.2
河　北　Hebei		114.4	102.1	103.5	99.5
山　西　Shanxi		118.0	102.9	105.5	100.0
内蒙古　Inner Mongolia		110.3	103.4	101.0	100.4
辽　宁　Liaoning	100.0	110.5	99.7	101.6	100.0
吉　林　Jilin		110.5	100.9	100.6	100.8
黑龙江　Heilongjiang		125.2	105.3	100.0	100.0
上　海　Shanghai		120.6	102.7	100.4	100.9
江　苏　Jiangsu		118.0	102.4	100.0	100.2
浙　江　Zhejiang		111.0	101.3	99.2	101.1
安　徽　Anhui		114.2	102.7	98.2	100.5
福　建　Fujian		107.6	103.4	101.8	99.6
江　西　Jiangxi		107.9	103.0	102.1	99.1
山　东　Shandong		113.0	101.2	101.6	101.9
河　南　Henan		114.2	105.1	100.2	101.0
湖　北　Hubei		114.0	103.1	99.9	100.2
湖　南　Hunan		111.3	102.8	102.1	100.4
广　东　Guangdong		107.7	101.8	100.1	100.2
广　西　Guangxi		92.0	103.6	99.4	100.8
海　南　Hainan		103.0	98.9	100.6	99.9
重　庆　Chongqing		118.1	104.6	102.5	100.3
四　川　Sichuan		117.3	101.0	101.8	96.1
贵　州　Guizhou		117.8	104.0	100.8	100.5
云　南　Yunnan		97.1	103.8	105.3	100.5
西　藏　Tibet		101.7	100.0	101.0	
陕　西　Shaanxi		120.7	102.0	100.2	101.3
甘　肃　Gansu		103.8	102.4	101.7	100.5
青　海　Qinghai		125.5	103.6	105.0	
宁　夏　Ningxia		110.9	101.9	101.9	100.1
新　疆　Xinjiang		114.1	105.9	101.5	106.0

4－3－8 续表 2　Continued 2

(上年价格＝100)　　(Preceding year＝100)

地　区　　Region	11 纺织业 Manufacture of Textile	12 纺织服装、鞋、帽制造业 Manufacture of Textile Wearing Apparel,	13 皮革、毛皮、羽毛(绒)及其制品业 Manufacture of Leather, Fur, Feather and Related Products	14 木材加工及木、竹、藤、棕、草制品业 Processing of Timber, Manufacture of Wood,	15 家具制造业 Manufacture of Furniture
全　国　National	**100.8**	**100.7**	**102.4**	**103.6**	**101.5**
北　京　Beijing	102.0	100.5	99.5	105.1	102.2
天　津　Tianjin	100.6	101.8	110.7	103.9	97.6
河　北　Hebei	99.8	100.0	100.7	102.6	102.1
山　西　Shanxi	99.1	100.7	95.9	111.0	100.5
内蒙古　Inner Mongolia	102.4	103.9	101.4	102.1	103.3
辽　宁　Liaoning	101.0	100.1	102.8	103.1	99.4
吉　林　Jilin	102.4	100.8	102.9	102.5	100.3
黑龙江　Heilongjiang	99.8	100.7	104.6	104.3	102.1
上　海　Shanghai	100.7	102.3	100.2	104.6	101.0
江　苏　Jiangsu	101.2	100.9	101.2	106.8	103.0
浙　江　Zhejiang	100.5	100.4	101.2	103.2	99.8
安　徽　Anhui	99.0	101.2	101.2	103.7	103.0
福　建　Fujian	102.1	101.1	101.5	104.7	100.1
江　西　Jiangxi	100.6	110.2	103.5	103.6	102.0
山　东　Shandong	101.1	100.4	103.7	102.7	100.8
河　南　Henan	101.0	100.2	101.9	109.1	99.9
湖　北　Hubei	99.4	100.8	101.8	105.7	100.0
湖　南　Hunan	100.2	102.9	107.4	103.5	102.2
广　东　Guangdong	101.4	101.4	105.4	101.5	101.8
广　西　Guangxi	91.4	100.2	100.3	108.9	100.0
海　南　Hainan	99.7	101.3	112.7	104.5	105.7
重　庆　Chongqing	96.6	97.6	100.4	105.6	102.9
四　川　Sichuan	99.7	98.7	103.1	103.1	101.8
贵　州　Guizhou	104.1	100.1	100.2	101.2	103.1
云　南　Yunnan	97.1	97.1	103.9	102.3	108.7
西　藏　Tibet	100.0	118.1	107.8	101.2	100.2
陕　西　Shaanxi	99.6	103.7	99.6	102.6	102.6
甘　肃　Gansu	105.8	96.3	103.8	96.5	102.4
青　海　Qinghai	98.4	100.0	100.3		99.9
宁　夏　Ningxia	100.7	100.1	101.7	102.5	99.8
新　疆　Xinjiang	99.4	100.2	106.8	102.7	100.2

4－3－8续表3 Continued 3

(上年价格＝100) (Preceding year＝100)

地 区 Region	16 造纸及纸制品业 Manufacture of Paper and Paper Products	17 印刷业和记录媒介的复制 Printing, Reproduction of Recording Media	18 文教体育用品制造业 Manufacture of Articles For Culture, Education and	19 石油加工、炼焦及核燃料加工业 Processing of Petroleum, Coking, Processing of Nuclear Fuel	20 化学原料及化学制品制造业 Manufacture of Raw Chemical Materials and Chemical Products
全 国 National	**101.0**	**100.5**	**101.5**	**105.0**	**103.8**
北 京 Beijing	101.6	99.0	100.9	103.0	108.7
天 津 Tianjin	101.4	106.8	101.3	103.5	103.5
河 北 Hebei	100.2	99.6	102.1	105.8	106.4
山 西 Shanxi	102.2	100.0	104.5	110.3	106.1
内蒙古 Inner Mongolia	102.6	102.2	100.4	111.0	104.9
辽 宁 Liaoning	100.9	100.2	98.8	105.5	104.3
吉 林 Jilin	100.4	100.0	100.1	103.8	110.3
黑龙江 Heilongjiang	104.2	99.6	100.5	104.0	105.1
上 海 Shanghai	100.2	97.6	100.3	104.9	104.0
江 苏 Jiangsu	101.6	100.3	101.1	102.7	105.2
浙 江 Zhejiang	101.8	100.0	102.8	101.9	106.5
安 徽 Anhui	102.2	99.8	100.7	105.6	105.1
福 建 Fujian	100.1	99.7	100.6	103.8	104.5
江 西 Jiangxi	101.4	99.4	100.6	106.2	100.5
山 东 Shandong	101.5	101.5	99.7	104.4	104.9
河 南 Henan	102.8	100.6	126.7	103.9	103.9
湖 北 Hubei	99.5	101.6	100.9	102.4	103.4
湖 南 Hunan	100.7	99.1	100.8	104.8	104.3
广 东 Guangdong	101.3	100.3	103.1	104.7	105.0
广 西 Guangxi	102.2	98.3	100.7	104.4	103.0
海 南 Hainan	106.7	100.9	111.7	93.3	104.5
重 庆 Chongqing	101.2	99.7	100.0	105.0	105.3
四 川 Sichuan	101.2	101.9	106.3	106.7	103.5
贵 州 Guizhou	105.1	101.8	104.4	107.8	107.1
云 南 Yunnan	101.3	96.5	100.1	114.8	101.1
西 藏 Tibet	100.4	100.0			130.7
陕 西 Shaanxi	100.0	100.8	100.0	105.7	101.9
甘 肃 Gansu	103.8	100.1	101.8	105.4	103.5
青 海 Qinghai	101.1	94.4		103.8	102.8
宁 夏 Ningxia	101.3	110.3		103.8	102.9
新 疆 Xinjiang	104.6	100.6	100.0	106.8	105.5

4－3－8 续表 4　Continued 4

（上年价格＝100）　　　　(Preceding year＝100)

地　区　Region	21 医药制造业 Manufacture of Medicines	22 化学纤维制造业 Manufacture of Chemical Fibers	23 橡胶制品业 Manufacture of Rubber	24 塑料制品业 Manufacture of Plastics	25 非金属矿物制品业 Manufacture of Non-metallic Mineral Products
全　国　National	**102.1**	**103.3**	**103.3**	**102.0**	**101.3**
北　京　Beijing	100.1	101.4	100.0	101.9	100.8
天　津　Tianjin	99.8	103.3	104.6	101.4	102.1
河　北　Hebei	116.0	132.0	101.6	102.4	102.5
山　西　Shanxi	101.8	134.8	104.2	102.2	103.3
内蒙古　Inner Mongolia	100.7	100.5	103.9	104.1	107.1
辽　宁　Liaoning	100.4	103.1	103.4	101.7	100.7
吉　林　Jilin	101.4	112.8	100.3	106.8	104.9
黑龙江　Heilongjiang	101.4	104.0	102.6	101.7	102.3
上　海　Shanghai	103.1	101.7	100.9	101.6	101.9
江　苏　Jiangsu	100.2	102.8	101.9	104.1	103.3
浙　江　Zhejiang	97.4	102.0	103.5	102.2	104.8
安　徽　Anhui	101.9	107.1	102.3	101.9	105.6
福　建　Fujian	102.2	103.6	102.8	102.4	101.5
江　西　Jiangxi	104.1	111.1	106.1	101.7	106.1
山　东　Shandong	100.4	100.0	104.9	101.8	100.5
河　南　Henan	110.8	111.2	103.3	101.5	104.6
湖　北　Hubei	97.0	142.6	104.1	104.4	105.5
湖　南　Hunan	103.5	106.1	105.2	102.1	104.7
广　东　Guangdong	102.9	101.6	100.7	101.5	102.2
广　西　Guangxi	101.5		104.8	99.7	104.7
海　南　Hainan	93.7	101.7	98.9	99.8	116.9
重　庆　Chongqing	105.4	109.9	103.9	102.8	106.1
四　川　Sichuan	103.6	106.9	104.0	101.9	104.3
贵　州　Guizhou	108.5	105.3	108.0	106.1	105.1
云　南　Yunnan	101.1	101.8	101.5	101.8	98.6
西　藏　Tibet	99.7				99.0
陕　西　Shaanxi	102.1	98.9	98.6	100.1	105.1
甘　肃　Gansu	103.6	101.9	101.9	103.8	101.5
青　海　Qinghai	100.0			104.9	103.5
宁　夏　Ningxia	106.3	101.7	104.4	102.1	103.2
新　疆　Xinjiang	102.2	111.4	115.8	105.9	103.4

4—3—8续表 5 Continued 5

(上年价格=100) (Preceding year=100)

地 区 Region	26 黑色金属冶炼及压延加工业 Smelting and Pressing of Ferrous Metals	27 有色金属冶炼及压延加工业 Smelting and Pressing of Non-ferrous Metals	28 金属制品业 Manufacture of Metal Products	29 通用设备制造业 Manufacture of General Purpose Machinery	30 专用设备制造业 Manufacture of Special Purpose Machinery
全 国 National	**107.9**	**113.9**	**102.6**	**101.3**	**101.5**
北 京 Beijing	110.5	113.0	101.8	100.3	101.7
天 津 Tianjin	114.3	104.0	107.4	100.2	99.7
河 北 Hebei	111.1	113.4	105.0	102.4	100.3
山 西 Shanxi	114.4	102.5	103.1	101.4	99.4
内蒙古 Inner Mongolia	106.7	110.6	102.6	101.3	100.9
辽 宁 Liaoning	108.8	110.3	102.1	101.1	101.6
吉 林 Jilin	108.2	162.9	101.7	100.4	102.0
黑龙江 Heilongjiang	108.2	102.1	105.3	100.1	97.4
上 海 Shanghai	108.7	106.7	107.6	100.5	99.7
江 苏 Jiangsu	109.5	106.1	105.7	101.4	100.3
浙 江 Zhejiang	112.4	106.3	105.3	102.7	100.5
安 徽 Anhui	111.9	102.7	102.5	101.5	101.7
福 建 Fujian	110.4	103.7	104.3	100.2	98.9
江 西 Jiangxi	113.3	109.4	102.2	100.9	101.5
山 东 Shandong	108.6	107.0	106.3	100.4	102.2
河 南 Henan	108.2	108.1	102.9	101.6	103.8
湖 北 Hubei	111.1	107.5	103.0	102.1	102.2
湖 南 Hunan	110.3	127.5	105.9	103.6	100.0
广 东 Guangdong	113.8	108.8	104.7	100.0	99.3
广 西 Guangxi	118.6	112.9	102.2	100.4	101.3
海 南 Hainan	104.4	112.6	101.8	101.2	102.8
重 庆 Chongqing	109.9	108.3	100.7	102.6	100.6
四 川 Sichuan	103.3	105.4	102.8	100.5	100.8
贵 州 Guizhou	118.8	92.6	101.7	100.7	102.4
云 南 Yunnan	110.5	121.2	101.3	101.5	100.2
西 藏 Tibet			100.1		
陕 西 Shaanxi	108.8	105.8	100.7	101.7	103.4
甘 肃 Gansu	106.6	122.2	103.7	100.3	101.0
青 海 Qinghai	104.9	104.7	101.2	114.9	135.1
宁 夏 Ningxia	109.1	100.6	105.5	101.2	104.8
新 疆 Xinjiang	115.4	116.2	103.5	100.8	104.6

4-3-8续表6 Continued 6

(上年价格=100) (Preceding year=100)

地 区 Region	31交通运输设备制造业 Manufacture of Transport Equipment	32电气机械及器材制造业 Manufacture of Electrical Machinery and Equipment	33通信设备、计算机及其他电子设备制造业 Manufacture of Communication Equipment, Computers and	34仪器仪表及文化、办公用机械制造业 Manufacture of Measuring Instruments and Machinery for
全 国 National	**100.1**	**103.7**	**97.5**	**98.9**
北 京 Beijing	97.0	98.4	90.2	100.4
天 津 Tianjin	97.0	103.5	89.4	94.2
河 北 Hebei	100.2	105.3	100.1	99.4
山 西 Shanxi	105.3	105.0	100.0	101.9
内蒙古 Inner Mongolia	101.5	103.2	97.7	100.0
辽 宁 Liaoning	99.7	103.0	98.4	98.6
吉 林 Jilin	98.3	105.9	101.9	104.0
黑龙江 Heilongjiang	99.7	105.1	96.6	107.1
上 海 Shanghai	96.6	102.3	96.2	99.2
江 苏 Jiangsu	102.7	105.3	95.4	98.6
浙 江 Zhejiang	100.2	103.7	96.0	103.4
安 徽 Anhui	98.9	103.7	97.4	99.2
福 建 Fujian	101.6	102.4	92.0	101.9
江 西 Jiangxi	99.5	110.1	103.9	104.7
山 东 Shandong	101.0	101.8	93.2	101.4
河 南 Henan	101.4	107.5	97.4	101.8
湖 北 Hubei	101.3	108.3	100.0	91.9
湖 南 Hunan	100.6	104.7	96.8	98.7
广 东 Guangdong	97.3	103.7	97.4	100.1
广 西 Guangxi	102.1	103.1	94.6	98.1
海 南 Hainan	95.0	120.1	108.1	100.0
重 庆 Chongqing	100.2	106.7	96.4	98.7
四 川 Sichuan	101.3	107.3	98.1	102.3
贵 州 Guizhou	99.3	105.3	92.6	99.5
云 南 Yunnan	103.0	103.0	94.9	100.0
西 藏 Tibet	105.1			
陕 西 Shaanxi	99.7	103.5	100.6	101.3
甘 肃 Gansu	99.8	104.6	99.1	100.4
青 海 Qinghai	107.8	107.5		100.7
宁 夏 Ningxia	103.0	102.0	95.5	100.7
新 疆 Xinjiang	100.4	139.3	100.0	100.0

4－3－8 续表 7　Continued 7

(上年价格＝100)　　(Preceding year＝100)

地　区　Region	35 工艺品及其他制造业 Manufacture of Artwork and Other Manufacturing	36 废弃资源和废旧材料回收加工业 Recycling and Disposal of Waste	37 电力、热力的生产和供应业 Production and Distribution of Electric Power and Heat Power	38 燃气生产和供应业 Production and Distribution of Gas	39 水的生产和供应业 Production and Distribution of Water
全　国　National	**104.3**	**104.4**	**102.2**	**104.8**	**104.8**
北　京　Beijing	111.1		102.4	105.2	100.0
天　津　Tianjin	103.5	101.9	104.3	107.7	108.2
河　北　Hebei	101.5		101.9	102.4	105.8
山　西　Shanxi	106.4		103.3	100.1	108.5
内蒙古　Inner Mongolia	101.2	101.1	102.3	100.1	107.1
辽　宁　Liaoning	102.6	107.2	103.6	101.0	102.4
吉　林　Jilin	104.1		104.5	105.9	102.9
黑龙江　Heilongjiang	100.6		103.3	104.1	102.6
上　海　Shanghai	102.0	109.1	100.7	103.8	100.0
江　苏　Jiangsu	100.4	108.2	102.3	107.7	109.0
浙　江　Zhejiang	102.9	111.2	100.7	105.3	107.4
安　徽　Anhui	100.6	105.2	99.4	101.0	106.5
福　建　Fujian	102.7	105.5	100.4	113.7	103.4
江　西　Jiangxi	96.8	115.9	102.3	101.9	102.5
山　东　Shandong	101.3	100.0	101.1	101.2	102.4
河　南　Henan	102.2		101.7	101.7	104.6
湖　北　Hubei	97.2	102.8	102.7	100.5	105.8
湖　南　Hunan	108.8		104.1	102.8	106.7
广　东　Guangdong	102.3	103.2	101.2	102.2	104.1
广　西　Guangxi	102.5		102.7	104.9	104.7
海　南　Hainan	108.5		100.2	110.6	111.5
重　庆　Chongqing	104.6	102.7	103.7	106.7	102.6
四　川　Sichuan	102.5	100.0	102.5	104.8	103.1
贵　州　Guizhou	100.0	106.8	103.0	116.3	108.3
云　南　Yunnan	107.1	100.0	103.6	109.2	101.5
西　藏　Tibet	107.5		98.7		100.0
陕　西　Shaanxi	99.3	100.0	102.2	108.0	125.9
甘　肃　Gansu	99.3		101.3	100.7	110.0
青　海　Qinghai	105.3		100.8	100.0	104.0
宁　夏　Ningxia	100.0		102.9	105.1	111.8
新　疆　Xinjiang	125.8	100.0	101.2	103.4	102.2

4－4－1　全国原材料、燃料、动力购进价格分类指数（1986～2007年）

Indices of Purchasing Prices of Raw Materials，Fuels and Power（1986～2007）

（上年价格＝100）　　　　(Preceding year＝100)

年份 Year	总指数 General Index	燃料、动力类 Fuel and Power	黑色金属材料类 Ferrous Metals	有色金属材料类 Nonferrous Metals	化工原料类 Raw Chemical Materials	木材及纸浆类 Timber and Paper Pulp	建材类 Building Materials	其它工业原料类 Other Materials	农副产品类 Agricultural Products	纺织原料类 Textile Materials
1986	109.5	109.1	110.6	107.6	105.1	110.9	126.7		107.5	
1987	111.0	109.2	110.4	108.4	115.7	138.2	111.6		107.3	107.8
1988	120.2	112.9	118.3	130.7	133.4	143.1	114.2		122.6	115.7
1989	126.4	124.7	130.3	127.6	124.4	111.4	122.7		128.9	128.5
1990	105.6	110.7	103.9	97.2	95.6	99.4	115.2		107.8	107.4
1991	109.1	112.9	112.5	101.2	99.8	105.6	101.2		106.8	108.9
1992	111.0	116.4	114.5	112.4	102.6	102.0	118.8		103.4	100.5
1993	135.1	136.7	174.1	115.8	114.3	128.6	140.9		112.2	107.1
1994	118.2	118.0	103.8	110.7	111.7	115.1	114.3		148.3	139.6
1995	115.3	108.7	98.2	128.3	127.2	115.8	102.6		143.1	123.6
1996	103.9	110.2	99.3	92.4	98.0	101.9	102.5		114.7	94.5
1997	101.3	109.3	97.4	96.2	97.1	100.9	99.7		102.0	94.7
1998	95.8	99.1	95.1	88.3	93.6	96.7	98.6	93.5	94.5	94.3
1999	96.7	100.9	94.7	98.9	97.6	100.4	98.8	97.5	89.8	96.8
2000	105.1	115.4	100.9	110.3	105.6	99.8	101.5	103.9	99.9	102.4
2001	99.8	100.2	100.5	95.6	98.4	100.4	98.6	98.8	101.2	99.7
2002	97.7	100.1	98.2	96.5	97.5	98.7	98.2	97.5	95.7	97.1
2003	104.8	107.4	107.9	105.3	102.9	100.3	99.7	100.2	106.7	101.4
2004	111.4	109.7	120.4	120.1	108.9	102.8	105.1	105.6	114.2	104.7
2005	108.3	115.0	107.5	114.0	108.3	103.5	103.1	102.5	101.7	102.4
2006	106.0	111.9	98.3	130.8	102.1	102.6	101.9	102.1	104.3	102.9
2007	104.4	104.3	105.4	111.6	103.6	102.7	103.0	102.7	106.1	101.4

4-4-2 各地区原材料、燃料、动力购进价格总指数(1986～2007年)

Indices of Purchasing Prices of Raw Materials, Fuels and Power by Region (1986～2007)

(上年价格=100) (Preceding year=100)

地 区 Region	1986	1987	1988	1989	1990	1991	1992	1993	1994	1995	1996
全 国 National	**109.5**	**111.0**	**120.2**	**126.4**	**105.6**	**109.1**	**111.0**	**135.1**	**118.2**	**115.3**	**103.9**
北 京 Beijing					114.8	111.7	114.2	142.7	123.8	119.8	104.2
天 津 Tianjin							108.4	139.1	121.7	112.8	101.9
河 北 Hebei							111.4	134.9	119.9	110.9	106.3
山 西 Shanxi					107.4	108.0	111.9	135.9	115.1	113.1	104.8
内蒙古 Inner Mongolia		114.9	118.2	124.4	108.3	111.2	112.1	132.6	116.8	112.8	100.8
辽 宁 Liaoning			133.9	133.3	117.6	108.1	121.2	149.9	118.2	114.2	104.8
吉 林 Jilin			115.7	131.5	102.8	114.1	127.1	173.9	113.9	113.8	102.4
黑龙江 Heilongjiang							112.9	139.6	117.6	112.7	104.2
上 海 Shanghai							113.1	129.2	121.4	114.8	101.6
江 苏 Jiangsu						107.0	110.3	125.8	120.1	117.6	104.3
浙 江 Zhejiang					104.7	102.7	106.3	126.4	124.8	119.2	101.5
安 徽 Anhui							113.9	128.8	122.3	117.9	109.9
福 建 Fujian							109.3	129.6	115.2	119.6	104.3
江 西 Jiangxi								129.4	123.4	114.7	105.8
山 东 Shandong				136.7	105.4	107.0	111.0	134.7	120.1	113.2	105.7
河 南 Henan				130.0	105.5	104.4	110.0	133.0	122.0	114.1	105.3
湖 北 Hubei				126.1	108.4	113.1	110.2	135.5	116.6	118.2	108.4
湖 南 Hunan				122.5	103.3	110.4	116.2	139.7	119.6	117.6	105.9
广 东 Guangdong								134.3	121.1	118.7	104.6
广 西 Guangxi	121.0	112.0			102.2	107.8	105.2	141.7	117.8	112.9	103.4
海 南 Hainan											
重 庆 Chongqing					103.7	109.2	123.8	124.5	124.6	111.6	106.3
四 川 Sichuan				129.4	106.4	108.6	112.5	137.2	119.1	113.5	106.1
贵 州 Guizhou							113.5	144.6	115.0	114.9	108.1
云 南 Yunnan						108.2	115.2	138.1	110.3	113.2	110.3
西 藏 Tibet											
陕 西 Shaanxi							111.5	138.4	115.6	114.3	109.1
甘 肃 Gansu				129.8	114.1	112.4	122.2	139.4	118.3	113.7	107.4
青 海 Qinghai				123.8	113.9	112.8	105.3	138.9	112.3	110.2	108.3
宁 夏 Ningxia											
新 疆 Xinjiang							121.1	136.4	110.9	116.8	107.0

4－4－2 续表 Continued

(上年价格＝100) (Preceding year＝100)

地　区 Region	1997	1998	1999	2000	2001	2002	2003	2004	2005	2006	2007
全　国 National	**101.3**	**95.8**	**96.7**	**105.1**	**99.8**	**97.7**	**104.8**	**111.4**	**108.3**	**106.0**	**104.4**
北　京 Beijing	103.4	98.1	95.8	100.0	100.5	97.1	104.7	114.2	111.4	105.5	105.0
天　津 Tianjin	99.0	95.9	96.3	104.5	98.8	95.9	108.7	115.4	104.9	104.7	105.7
河　北 Hebei	102.0	96.2	95.4	103.3	101.0	97.3	109.4	118.4	107.0	105.0	107.8
山　西 Shanxi	102.0	97.3	97.0	102.0	101.8	102.6	107.8	114.5	108.2	102.6	105.3
内蒙古 Inner Mongolia	100.9	98.1	96.8	106.5	101.3	99.9	102.9	109.2	109.9	105.9	104.8
辽　宁 Liaoning	103.1	99.3	99.1	103.9	99.9	98.3	105.1	112.1	108.1	104.2	104.8
吉　林 Jilin	103.9	96.6	100.5	106.8	101.8	97.8	104.8	110.5	107.0	103.8	105.2
黑龙江 Heilongjiang	104.4	98.6	98.2	108.6	99.5	99.3	107.6	115.2	111.8	105.6	105.0
上　海 Shanghai	97.8	94.1	97.1	107.1	98.7	97.7	106.4	116.4	106.8	104.8	104.1
江　苏 Jiangsu	98.0	91.5	94.4	107.1	99.5	98.6	106.5	116.3	107.6	106.4	105.0
浙　江 Zhejiang	96.5	92.6	96.2	107.2	99.6	97.5	105.8	113.4	105.4	105.6	105.3
安　徽 Anhui	101.7	96.0	94.5	102.6	101.2	98.2	106.7	115.0	107.1	103.9	105.1
福　建 Fujian	98.6	92.5	97.9	112.4	96.7	97.6	106.3	113.3	108.1	103.9	104.3
江　西 Jiangxi	100.4	95.4	96.9	101.2	99.3	98.6	106.5	114.5	110.0	108.6	107.9
山　东 Shandong	100.6	93.4	93.4	104.7	100.0	98.7	105.7	113.4	105.9	104.3	104.8
河　南 Henan	100.7	94.8	94.3	105.1	101.9	97.6	107.8	115.7	108.3	105.3	106.4
湖　北 Hubei	101.5	95.2	95.6	105.6	100.2	97.7	108.2	113.1	107.0	104.9	104.5
湖　南 Hunan	100.1	94.8	96.2	106.7	101.1	99.3	106.7	114.4	109.4	106.5	106.1
广　东 Guangdong	97.3	91.4	97.8	110.9	99.1	96.3	104.1	110.7	105.0	103.6	103.3
广　西 Guangxi	99.3	95.3	93.6	100.9	103.7	95.6	101.2	116.3	108.2	111.4	106.1
海　南 Hainan						101.5	102.2	105.9	104.2	101.5	105.0
重　庆 Chongqing	100.1	95.1	96.9	105.6	99.5	99.2	104.9	110.3	108.2	104.8	106.2
四　川 Sichuan	101.6	95.3	96.8	101.7	98.5	97.6	101.7	112.0	109.3	104.3	105.7
贵　州 Guizhou	101.9	95.7	97.0	102.9	100.2	97.6	106.0	109.6	107.4	107.3	107.5
云　南 Yunnan	102.9	100.7	98.8	101.5	99.4	99.1	102.7	113.0	106.5	107.6	108.2
西　藏 Tibet											
陕　西 Shaanxi	106.8	97.1	95.5	100.0	100.5	98.8	104.8	110.4	107.5	106.7	106.3
甘　肃 Gansu	102.2	96.4	98.3	111.8	101.4	98.4	105.6	112.5	109.9	108.8	104.3
青　海 Qinghai	110.7	101.3	99.1	98.9	99.1	102.8	101.8	108.5	105.3	102.8	104.4
宁　夏 Ningxia	103.5	101.1	97.0	105.8	102.5	97.8	106.8	117.3	109.7	108.5	107.1
新　疆 Xinjiang	104.5	95.6	98.2	115.2	98.9	94.9	114.8	118.2	110.7	111.1	103.8

4—4—3 各地区原材料、燃料、动力购进价格分类指数(2007 年)

Indices of Purchasing Prices of Raw Materials, Fuels and Power by Category and Region (2007)

(上年价格=100) (Preceding year=100)

地 区 Region	总指数 General Index	燃料、动力类 Fuel and	黑色金属材料类 Ferrous Metals	有色金属材料类 Nonferrous Metals	化工原料类 Raw Chemical Materials	木材及纸浆类 Timber and Paper Pulp	建材类 Building Materials	其它工业原料类 Other Materials	农副产品类 Agricultural Products	纺织原料类 Textile Materials
全 国 National	**104.4**	**104.3**	**105.4**	**111.6**	**103.6**	**102.7**	**103.0**	**102.7**	**106.1**	**101.4**
北 京 Beijing	105.0	105.1	115.6	112.2	106.7	101.7	103.5	95.3	138.6	99.2
天 津 Tianjin	105.7	106.2	110.6	110.8	103.8	106.3	93.8	105.5	104.4	100.8
河 北 Hebei	107.8	105.3	109.5	110.0	109.0	102.9	105.1	107.7	114.3	101.5
山 西 Shanxi	105.3	105.3	108.4	109.0	104.2	101.0	101.3	105.5	108.6	115.1
内蒙古 Inner Mongolia	104.8	105.3	105.3	99.4	105.0	102.6	102.8	104.7	106.7	102.0
辽 宁 Liaoning	104.8	103.9	105.5	111.3	103.7	104.0	103.7	105.3	105.9	101.8
吉 林 Jilin	105.2	103.9	103.7	111.6	109.1	103.1	102.8	105.1	108.0	101.5
黑龙江 Heilongjiang	105.0	104.2	108.8	120.3	106.8	104.5	100.8	105.5	103.3	97.6
上 海 Shanghai	104.1	104.3	106.6	107.2	105.2	102.0	102.7	102.2	106.7	101.8
江 苏 Jiangsu	105.0	103.2	109.0	110.3	105.0	103.1	102.7	104.5	106.7	101.3
浙 江 Zhejiang	105.3	103.9	108.7	112.9	106.0	102.9	104.4	106.8	104.3	101.9
安 徽 Anhui	105.1	102.4	105.8	106.2	104.4	104.3	103.3	106.4	110.6	100.1
福 建 Fujian	104.3	102.3	110.2	107.9	106.3	102.7	102.7	102.3	111.5	102.0
江 西 Jiangxi	107.9	103.8	110.7	118.9	106.7	106.2	106.0	108.4	105.8	102.3
山 东 Shandong	104.8	103.6	106.8	115.7	103.6	105.3	100.8	105.9	105.1	101.0
河 南 Henan	106.4	107.5	111.7	114.8	111.8	104.7	101.0	105.7	103.6	103.7
湖 北 Hubei	104.5	103.8	105.7	108.9	105.0	106.2	102.3	112.0	98.8	101.5
湖 南 Hunan	106.1	103.0	105.9	116.9	108.1	103.9	106.0	103.1	106.6	104.1
广 东 Guangdong	103.3	102.8	107.0	110.8	103.4	103.4	103.9	102.6	103.2	101.6
广 西 Guangxi	106.1	105.4	108.9	124.0	105.3	110.9	101.5	105.8	98.9	101.6
海 南 Hainan	105.0	103.6	109.2	108.3	110.3	106.4	103.6	101.9	104.8	97.1
重 庆 Chongqing	106.2	104.9	106.1	109.3	104.3	103.7	105.3	107.8	109.3	105.2
四 川 Sichuan	105.7	104.9	104.1	111.4	103.5	102.9	103.7	104.0	109.9	101.3
贵 州 Guizhou	107.5	105.0	106.5	109.4	106.3	103.5	105.2	107.4	115.2	104.1
云 南 Yunnan	108.2	106.6	110.3	120.9	103.2	105.3	105.7	105.4	108.4	100.7
西 藏 Tibet										
陕 西 Shaanxi	106.3	105.0	106.9	108.5	104.6	102.0	102.8	108.4	109.3	101.6
甘 肃 Gansu	104.3	102.8	102.2	108.5	103.9	105.3	99.6	121.1	109.4	95.6
青 海 Qinghai	104.4	104.1	102.1	97.1	109.7	109.2	101.4	104.7	108.8	96.6
宁 夏 Ningxia	107.1	107.5	108.4	108.4	104.3	103.0	104.6	106.3	108.7	100.9
新 疆 Xinjiang	103.8	102.4	105.7	103.8	104.1	102.2	103.7	108.4	104.6	103.4

4－5－1 全国固定资产投资价格分类指数(1991～2007年)
Price Indices of Investment in Fixed Assets(1991～2007)

(上年价格＝100) (Preceding year＝100)

年份 Year	总指数 Investment in Fixed Assets	建筑安装工程 Construction and Installation	人工费 Labour Cost	材料费 Material Expenses	机械使用费 Machine	设备工、器具 Purchase of Equipment, Tools and Instruments	其他费用 Others
1991	109.5	109.7	112.2	110.9		106.1	116.8
1992	115.3	116.8	116.5	117.2		109.4	120.9
1993	126.6	131.3	137.8	134.7		119.7	123.4
1994	110.4	110.4	123.3	107.9		109.5	112.1
1995	105.9	104.7	121.5	100.6		106.3	112.4
1996	104.0	105.1	116.2	101.6	115.3	101.6	104.3
1997	101.7	102.9	113.6	100.8	105.9	98.1	102.9
1998	99.8	100.5	104.8	98.9	100.4	97.5	100.4
1999	99.6	100.3	103.0	98.9	101.2	97.5	99.9
2000	101.1	102.4	107.0	102.1	100.8	97.4	101.0
2001	100.4	101.4	104.2	100.5	101.9	97.0	101.0
2002	100.2	101.0	104.1	100.2	101.0	97.0	101.2
2003	102.2	104.2	103.8	105.0	100.9	97.0	101.6
2004	105.6	108.2	104.6	110.7	101.6	99.4	103.5
2005	101.6	101.8	105.6	100.9	101.9	99.4	103.2
2006	101.5	101.3	106.7	99.8	102.6	100.7	103.3
2007	103.9	105.1	108.9	104.5	103.3	100.2	104.2

4-5-2 各地区固定资产投资价格总指数(1991～2007年)
Price Indices of Investment in Fixed Assets by Region(1991～2007)

(上年价格=100) (Preceding year=100)

地区 Region	1995	1996	1997	1998	1999	2000
全国 National	**105.9**	**104.0**	**101.7**	**99.8**	**99.6**	**101.1**
北京 Beijing	113.9	108.2	102.7	100.8	99.9	101.0
天津 Tianjin	107.6	102.5	100.8	98.9	99.2	99.9
河北 Hebei	106.9	103.9	101.5	97.8	99.4	101.1
山西 Shanxi	106.8	104.9	101.5	98.8	99.7	101.8
内蒙古 Inner Mongolia	103.9	105.3	99.7	101.7	101.9	101.9
辽宁 Liaoning	104.9	102.2	102.3	99.8	100.0	101.1
吉林 Jilin	109.6	102.9	104.4	100.8	102.2	102.0
黑龙江 Heilongjiang	106.5	103.4	102.7	100.8	99.7	101.5
上海 Shanghai	103.1	106.9	100.5	98.4	98.1	100.0
江苏 Jiangsu	107.4	103.2	99.2	98.4	98.3	101.1
浙江 Zhejiang	107.2	101.3	99.5	97.6	98.2	100.3
安徽 Anhui	106.5	103.4	101.3	100.0	99.3	101.6
福建 Fujian	104.8	104.7	101.1	98.0	98.5	100.2
江西 Jiangxi	107.2	105.8	101.4	102.1	98.6	101.4
山东 Shandong	106.6	103.1	100.4	99.2	99.6	102.4
河南 Henan	105.9	103.9	102.9	98.7	98.0	102.9
湖北 Hubei	105.0	104.0	102.1	100.5	99.5	101.7
湖南 Hunan	109.5	104.9	101.8	102.7	100.5	102.3
广东 Guangdong						
广西 Guangxi	103.4	103.6	100.3	99.9	96.1	101.4
海南 Hainan						101.8
重庆 Chongqing			101.7	98.7	100.5	102.5
四川 Sichuan	101.2	104.8	102.2	97.5	100.5	100.9
贵州 Guizhou	107.6	105.4	101.4	100.0	99.4	102.2
云南 Yunnan	104.0	104.3	105.4	101.8	100.7	101.6
西藏 Tibet						
陕西 Shaanxi	107.9	107.8	105.3	101.8	101.2	103.6
甘肃 Gansu	109.4	104.9	102.7	100.3	101.0	103.3
青海 Qinghai	105.3	103.5	103.0	98.5	100.1	101.6
宁夏 Ningxia	109.3	107.4	102.2	102.1	99.7	104.5
新疆 Xinjiang	106.2	105.6	103.2	102.0	99.0	103.6

4－5－2续表　Continued

(上年价格＝100)　　　　(Preceding year＝100)

地　区　Region	2001	2002	2003	2004	2005	2006	2007
全　国　National	**100.4**	**100.2**	**102.2**	**105.6**	**101.6**	**101.5**	**103.9**
北　京　Beijing	100.6	100.4	102.2	104.3	100.7	100.4	102.8
天　津　Tianjin	99.7	99.5	102.6	107.3	101.2	100.7	102.6
河　北　Hebei	99.9	99.5	102.3	107.0	101.9	101.7	103.8
山　西　Shanxi	101.7	100.5	102.9	105.2	103.0	101.5	104.1
内蒙古　Inner Mongolia	100.8	101.0	102.6	105.0	103.7	103.3	103.8
辽　宁　Liaoning	100.4	100.7	102.5	104.8	102.8	102.1	104.3
吉　林　Jilin	101.1	101.2	101.1	104.1	102.0	102.2	103.9
黑龙江　Heilongjiang	100.1	100.2	102.3	105.0	102.2	102.1	104.5
上　海　Shanghai	100.7	100.3	102.4	106.7	100.8	100.1	103.5
江　苏　Jiangsu	100.8	101.7	104.3	109.4	100.9	101.2	104.9
浙　江　Zhejiang	100.4	100.5	103.5	105.9	100.3	101.5	104.4
安　徽　Anhui	99.5	101.1	103.5	106.1	101.0	101.9	105.4
福　建　Fujian	99.5	99.7	101.4	103.4	100.7	102.0	105.9
江　西　Jiangxi	98.9	100.0	105.1	107.4	100.5	103.2	105.4
山　东　Shandong	101.4	101.1	102.9	107.4	102.9	101.8	104.0
河　南　Henan	100.4	98.7	103.8	110.1	101.4	101.6	104.6
湖　北　Hubei	100.1	99.8	103.3	106.0	102.2	101.8	104.1
湖　南　Hunan	101.3	100.3	102.8	105.5	103.6	103.1	105.8
广　东　Guangdong	100.2	99.7	102.2	106.4	101.6	100.7	102.4
广　西　Guangxi	102.0	100.3	101.8	104.6	101.4	101.2	102.3
海　南　Hainan	100.3	98.2	103.2	105.6	101.2	101.0	106.1
重　庆　Chongqing	100.8	100.7	102.9	105.1	102.3	101.7	105.5
四　川　Sichuan	101.5	100.5	102.2	106.8	103.9	102.9	104.7
贵　州　Guizhou	100.4	100.2	102.3	104.9	101.4	101.1	103.5
云　南　Yunnan	101.0	100.0	102.2	108.0	104.6	101.8	104.2
西　藏　Tibet							
陕　西　Shaanxi	103.6	102.0	101.7	104.5	103.7	102.6	104.0
甘　肃　Gansu	102.0	100.2	101.7	105.5	102.2	104.1	102.8
青　海　Qinghai	100.3	103.2	102.0	102.8	102.1	102.4	104.2
宁　夏　Ningxia	101.5	100.7	102.3	104.9	102.1	101.3	103.2
新　疆　Xinjiang	102.5	100.2	103.4	104.5	102.8	102.2	104.4

4—5—3 各地区固定资产投资价格分类指数(2006～2007年)

Price Indices of Investment in Fixed Assets by Region and Category(2006～2007)

(上年价格＝100) (Preceding year＝100)

地区 Region	2006				2007			
	投资 Investment in Fixed Assets	建筑安装工程 Construction and Installation	设备工、器具 Purchase of Equipment, Tools and Instruments	其他费用 Others	投资 Investment in Fixed Assets	建筑安装工程 Construction and Installation	设备工、器具 Purchase of Equipment, Tools and Instruments	其他费用 Others
全　国 National Total	**101.5**	**101.3**	**100.7**	**103.3**	**103.9**	**105.1**	**100.2**	**104.2**
北　京 Beijing	100.4	99.7	99.6	101.8	102.8	104.1	98.9	102.1
天　津 Tianjin	100.7	100.3	99.9	102.9	102.6	103.5	99.1	103.6
河　北 Hebei	101.7	101.6	101.6	102.6	103.8	105.4	100.7	102.4
山　西 Shanxi	101.5	101.2	101.8	102.6	104.1	106.0	100.6	102.4
内蒙古 Inner Mongolia	103.3	104.1	100.7	103.9	103.8	104.6	100.3	105.2
辽　宁 Liaoning	102.1	102.8	100.8	101.5	104.3	106.1	100.2	104.2
吉　林 Jilin	102.2	103.0	100.5	102.0	103.9	105.2	99.9	105.9
黑龙江 Heilongjiang	102.1	102.2	101.3	103.4	104.5	105.5	99.9	109.1
上　海 Shanghai	100.1	100.1	97.3	102.0	103.5	104.6	99.4	104.1
江　苏 Jiangsu	101.2	100.8	100.8	103.5	104.9	107.8	99.7	104.5
浙　江 Zhejiang	101.5	100.3	101.7	104.5	104.4	105.6	100.5	105.2
安　徽 Anhui	101.9	100.9	101.3	105.9	105.4	107.4	100.4	103.7
福　建 Fujian	102.0	102.4	99.6	103.7	105.9	107.1	99.6	109.2
江　西 Jiangxi	103.2	103.1	100.9	107.7	105.4	106.9	100.5	106.2
山　东 Shandong	101.8	102.1	100.6	103.4	104.0	105.5	100.8	104.6
河　南 Henan	101.6	101.5	101.5	101.7	104.6	106.3	101.4	101.9
湖　北 Hubei	101.8	101.2	102.0	103.6	104.1	104.9	101.5	104.2
湖　南 Hunan	103.1	103.4	100.4	105.2	105.8	107.6	101.4	103.4
广　东 Guangdong	100.7	100.7	100.3	101.7	102.4	103.8	99.5	100.5
广　西 Guangxi	101.2	101.1	100.7	101.9	102.3	103.0	101.0	101.1
海　南 Hainan	101.0	100.7	100.7	102.5	106.1	109.9	100.2	102.2
重　庆 Chongqing	101.7	101.1	100.7	104.3	105.5	106.0	100.2	107.8
四　川 Sichuan	102.9	103.4	101.4	103.0	104.7	106.4	101.0	103.4
贵　州 Guizhou	101.1	101.5	100.3	100.6	103.5	105.4	100.2	100.9
云　南 Yunnan	101.8	101.2	101.3	104.1	104.2	104.5	100.5	107.0
西　藏 Tibet								
陕　西 Shaanxi	102.6	103.5	101.0	100.5	104.0	105.6	100.6	100.6
甘　肃 Gansu	104.1	104.4	104.6	100.8	102.8	103.9	101.8	102.3
青　海 Qinghai	102.4	102.6	101.8	102.0	104.2	104.6	102.9	102.6
宁　夏 Ningxia	101.3	101.2	102.4	99.9	103.2	104.1	100.4	101.0
新　疆 Xinjiang	102.2	102.2	102.0	102.0	104.4	105.5	101.6	102.8

4—6—1 全国房地产价格分类指数(1998～2007年)

(上年价格＝100) (Preceding year＝100)

项　目	Item	1998	1999
房屋销售价格指数	**Selling Price Indices of Real Estate**	**101.4**	**100.0**
一、商品房	Commercial Houses	99.9	100.3
1.住宅	Residential Buildings	99.9	100.4
(1)经济适用房	Economically Affordable Housing	102.9	102.0
(2)普通住宅	General Residential Buildings	99.9	100.2
多层住宅	Multilayer Buildings	101.4	100.6
高层住宅	High-layer Buildings	99.2	99.4
其他住宅	Other Buildings		
(3)高档住宅	Luxury Residential Buildings	98.9	98.9
别墅	Villas	102.6	99.2
高档公寓	High-grade Apartment	97.6	98.6
2.非住宅	Non-Residential Buildings	99.7	99.9
(1)办公楼	Office Buildings	99.5	97.6
写字楼	High-grade Office Buildings		
普通办公用房	General Office Buildings		
(2)商业娱乐用房	Houses for Business and Entertainment	100.5	101.0
(3)工业仓储用房	Workshops and Storehouses		
(4)其他用房	others	103.2	100.6
二、二手房	Private-owned Houses		
1.住宅	Residential Buildings		
高层住宅	High-layer Buildings		
多层住宅	Multilayer Buildings		
其他住宅	Other Buildings		
2.非住宅	Non-Residential Buildings		
土地交易价格指数	**Transactions Price Indices of Land**	**102.0**	**100.0**
一、居民住宅用地	Land for Residential Building Use	100.6	99.9
高档住宅用地	Luxury Residential Buildings	103.1	100.1
普通住宅用地	General Residential Buildings	100.4	99.6
经济适用房用地	Economically Affordable Housing		
二、工业仓储用地	Land for Industry Use	101.2	100.0
三、商业、旅游、娱乐用地	Land for Business Tour and Entertainment	104.0	100.0
四、其他用地	Land for Other	103.6	100.2
房屋租赁价格指数	**Renting Price Indices of Houses**	**102.4**	**98.5**
一、住宅	Residential Buildings	109.4	102.4
普通住宅	State-owned Houses		
高档住宅	Private-owned Houses		
经济适用房	Economically Affordable Housing		
廉租房	Low-rented Buildings		
二、办公楼	Office Buildings	97.9	95.2
写字楼	High-grade Office Buildings	92.8	89.2
普通办公用房	General Office Buildings	99.9	99.3
三、商业娱乐用房	Houses for Business and Entertainment	100.1	99.0
四、工业仓储用房	Workshops and Storehouses	100.7	99.0
工业厂房	Industry Workshops	100.6	97.1
仓库	Storehouses	100.6	101.5
五、其他用房	Others		
物业管理价格指数	**Price Indices of Real Estate Management**		
一、住宅	Residential Buildings		
二、办公楼	Office Buildings		
三、商业娱乐用房	Houses for Business and Entertainment		
四、工业仓储用房	Workshops and Storehouses		

Price Indices for Real Estate(1998～2007)

(Preceding year=100)

2000	2001	2002	2003	2004	2005	2006	2007
101.1	**102.2**	**103.7**	**104.8**	**109.7**	**107.6**	**105.5**	**107.6**
100.8	101.8	103.4	105.0	109.0	107.7	105.8	107.7
101.4	101.9	104.0	105.7	109.4	108.4	106.4	108.2
101.4	102.1	101.8	102.6	103.2	103.7	103.7	102.5
101.5	102.0	104.3	106.2	109.8	108.2	105.9	108.6
102.4	102.8	105.5	106.8	109.9	108.5	105.7	108.0
100.2	101.5	103.0	106.1	109.7	107.6	106.4	108.8
					115.6	99.4	107.2
101.3	101.0	101.7	104.0	110.0	109.5	107.7	109.2
101.4	101.8	102.1	104.3	109.6	109.0	106.7	108.3
101.1	100.6	101.5	103.8	110.3	109.7	108.4	109.7
98.7	101.2	101.3	102.7	107.1	105.6	104.0	105.8
98.1	100.8	99.8	103.4	108.1	107.2	104.6	107.6
					107.3	105.1	107.7
					107.1	101.4	105.7
99.6	102.0	102.4	102.3	107.0	104.6	104.6	106.0
					103.9	101.9	103.6
96.9	100.3	102.1	103.7	103.9	103.8	103.9	103.8
					107.5	104.7	107.1
					108.4	105.2	107.4
					107.2	104.6	107.6
					109.6	104.8	105.7
					107.5	109.3	111.6
					105.5	104.3	105.4
100.2	**101.7**	**106.9**	**108.3**	**110.1**	**109.1**	**105.8**	**112.3**
101.0	102.2	107.7	112.4	111.6	110.3	106.0	113.7
101.6	102.4	101.9	105.9	107.6	120.5	107.4	117.0
100.9	102.1	108.4	113.0	111.8	108.9	105.7	113.2
					105.3	108.2	105.1
98.6	100.8	100.4	101.3	104.3	103.6	104.7	105.9
100.4	101.2	107.0	104.9	110.4	107.9	106.4	113.0
99.8	101.7	106.9	104.4	105.5	106.7	103.5	103.8
102.4	**102.8**	**100.8**	**101.9**	**101.4**	**101.9**	**101.4**	**102.6**
114.2	108.1	102.0	107.5	102.2	100.5	101.4	102.6
					100.6	102.3	103.6
					100.1	100.2	101.2
					101.2	100.1	100.3
					100.0	100.2	100.4
96.2	100.6	99.5	99.9	100.2	102.9	100.9	102.9
95.2	99.3	101.1	100.2	99.9	103.4	101.0	103.3
96.9	101.4	98.6	99.7	100.8	100.8	100.5	101.2
99.0	100.2	100.2	99.6	102.0	101.7	101.8	102.7
99.6	99.2	100.7	100.5	100.9	99.9	100.0	101.2
98.8	101.9	101.3	102.0	102.2	103.4	102.3	102.6
100.5	96.7	100.2	98.7	99.9	96.8	97.8	100.0
					104.5	101.9	100.9
					100.0	**100.3**	**100.5**
					100.1	100.2	100.3
					99.9	100.2	100.4
					99.8	100.6	100.7
					100.4	100.1	100.1

4－6－2 35个大中城市房地产价格指数(1998～2007年)
Price Indices of Real Estate in 35 Large-scale and Medium-scale Cities(1998～2007)

(上年价格＝100) (Preceding year＝100)

地 区 Region	房屋销售价格指数 Selling Price Indices of Houses									
	1998	1999	2000	2001	2002	2003	2004	2005	2006	2007
全 国 Total	**101.4**	**100.0**	**101.1**	**102.2**	**103.7**	**104.8**	**109.7**	**107.6**	**105.5**	**107.6**
北 京 Beijing	100.9	100.1	99.5	101.3	100.3	100.3	103.7	106.7	108.8	111.4
天 津 Tianjin	100.6	100.0	100.0	101.2	101.6	104.1	113.5	106.0	106.7	106.9
石家庄 Shijiazhuang	100.7	103.7	101.8	103.9	101.4	100.3	103.6	105.6	104.3	107.6
太 原 Taiyuan	103.4	97.8	101.1	100.2	103.3	102.8	106.4	105.6	103.9	104.4
呼和浩特 Hohhot	103.3	98.2	102.0	102.4	102.3	100.7	105.2	111.8	109.5	104.4
沈 阳 Shenyang	102.3	101.8	103.0	102.6	100.1	107.6	115.9	107.5	106.6	106.1
大 连 Dalian	99.5	102.4	100.2	99.6	98.4	100.7	104.6	109.2	110.9	107.2
长 春 Changchun	100.4	104.6	106.6	102.6	97.2	100.2	100.2	101.9	101.6	106.4
哈尔滨 Harbin	99.3	100.2	101.8	101.9	101.1	100.2	104.7	104.6	103.3	106.8
上 海 Shanghai	95.7	96.2	98.6	104.4	107.3	120.1	115.9	109.7	98.7	103.4
南 京 Nanjing	105.2	101.6	101.6	100.5	103.0	109.8	115.3	108.1	104.3	106.6
杭 州 Hangzhou	102.6	103.0	104.9	105.8	106.9	106.1	111.7	109.7	102.6	107.3
宁 波 Ningbo	99.7	100.6	105.5	107.2	116.4	116.6	113.9	106.4	102.2	108.6
合 肥 Hefei	101.7	99.4	100.0	100.5	104.0	104.1	105.6	106.2	101.3	101.8
福 州 Fuzhou	101.1	99.9	100.3	101.0	101.1	101.1	103.6	104.4	106.7	106.8
厦 门 Xiamen	100.6	100.5	100.1	102.2	103.0	102.8	107.3	108.0	107.0	107.0
南 昌 Nanchang	100.5	101.6	103.2	104.0	111.6	104.8	107.3	108.3	106.2	106.8
济 南 Jinan	101.5	101.5	102.8	101.8	102.5	103.1	110.3	107.6	104.3	105.2
青 岛 Qingdao	100.1	103.7	102.3	104.1	107.6	114.6	115.3	110.9	106.9	106.5
郑 州 Zhengzhou	106.6	101.1	99.5	100.6	101.9	102.0	104.0	107.0	105.7	106.3
武 汉 Wuhan	102.7	98.6	101.5	106.1	101.9	103.8	108.4	106.8	103.0	105.2
长 沙 Changsha	102.9	98.5	99.6	102.1	101.1	100.5	103.3	102.8	105.3	108.4
广 州 Guangzhou	97.9	95.1	97.3	100.3	99.6	99.3	102.7	104.7	106.2	106.6
深 圳 Shenzhen	99.6	97.8	99.2	101.0	100.4	102.2	104.6	107.2	112.3	116.3
南 宁 Nanning	98.5	97.9	99.3	101.6	102.5	102.1	105.7	104.9	104.1	107.6
海 口 Haikou	101.5	95.9	99.4	99.8	101.9	102.7	105.9	102.5	102.8	106.6
重 庆 Chongqing	106.4	103.3	101.8	101.4	102.1	106.1	113.9	107.2	103.0	106.9
成 都 Chengdu	104.6	103.3	101.3	100.3	101.3	102.9	107.9	109.8	107.1	107.6
贵 阳 Guiyang	108.1	103.3	103.9	100.8	101.6	101.3	102.6	102.6	104.4	106.9
昆 明 Kunming	101.4	102.3	100.2	99.7	100.0	99.1	102.3	102.9	101.3	103.5
西 安 Xi'an	100.5	100.4	101.3	101.9	101.1	101.4	105.0	104.3	103.6	106.4
兰 州 Lanzhou	98.5	101.5	100.5	102.6	104.3	101.8	108.7	105.6	104.7	106.0
西 宁 Xining	101.5	101.0	101.1	100.5	102.2	101.9	104.0	103.4	102.8	103.8
银 川 Yinchuan	111.2	106.1	102.2	104.2	103.6	102.1	104.4	102.7	102.3	103.9
乌鲁木齐 Urumchi	103.1	101.4	102.4	101.0	99.2	99.9	100.7	100.9	101.2	109.0

4－6－2 续表 1　Continued 1

(上年价格＝100)　　(Preceding year＝100)

地　区　Region	土地交易价格指数　Transactions Price Indices of Land									
	1998	1999	2000	2001	2002	2003	2004	2005	2006	2007
全　国　Total	**102.0**	**100.0**	**100.2**	**101.7**	**106.9**	**108.3**	**110.1**	**109.1**	**105.8**	**112.3**
北　京　Beijing	101.1	100.2	100.0	100.0	100.0	100.6	102.5	103.8	105.2	109.4
天　津　Tianjin	102.0	101.3	100.5	76.2	102.2	103.0	116.3	103.9	103.9	122.1
石家庄　Shijiazhuang	115.0	103.9	107.7	97.3	99.7	99.4	100.3	100.2	100.3	101.6
太　原　Taiyuan	100.0	100.0	100.0	113.2	126.7	121.9	100.7	102.8	102.6	102.2
呼和浩特　Hohhot	104.1	104.3	102.5	102.8	103.4	102.4	104.1	114.7	112.8	108.7
沈　阳　Shenyang	100.0	99.0	101.8	101.7	83.1	116.1	116.2	111.4	107.3	106.6
大　连　Dalian	100.0	100.0	100.0	99.9	100.0	103.5	112.9	124.7	103.8	105.9
长　春　Changchun	100.0	100.0	100.2	115.5	113.7	103.7	104.6	103.9	112.1	100.7
哈尔滨　Harbin	100.0	101.0	101.1	100.0	100.0	101.6	100.0	107.8	106.7	108.2
上　海　Shanghai	95.5	93.3	91.9	97.2	106.3	115.1	120.3	106.9	101.2	107.9
南　京　Nanjing	104.4	103.5	101.9	102.6	103.9	104.7	103.0	102.8	103.0	103.9
杭　州　Hangzhou	99.7	100.0	103.2	105.4	125.0	138.1	139.4	124.8	107.1	155.2
宁　波　Ningbo	99.2	100.0	100.4	100.8	109.2	113.2	108.3	115.9	109.2	138.3
合　肥　Hefei	102.2	100.7	100.3	100.4	103.7	107.0	105.4	110.6	101.4	104.1
福　州　Fuzhou	100.2	100.6	100.0	107.3	106.0	107.7	108.8	118.6	107.9	117.1
厦　门　Xiamen	100.0	100.0	100.0	101.1	101.7	102.3	110.2	108.5	108.3	111.3
南　昌　Nanchang	103.6	102.0	103.0	108.0	125.2	110.1	118.8	104.2	105.1	103.9
济　南　Jinan	103.3	101.8	102.3	101.9	102.1	103.5	104.4	105.9	104.9	105.0
青　岛　Qingdao	101.0	100.0	100.4	102.2	104.3	101.8	101.8	103.4	103.2	101.8
郑　州　Zhengzhou	101.2	103.9	102.1	101.1	101.4	101.0	103.9	110.9	104.0	105.3
武　汉　Wuhan	100.8	99.9	100.1	99.8	100.7	103.7	102.9	102.6	101.5	100.9
长　沙　Changsha	103.2	102.4	102.7	103.8	101.4	100.9	102.1	105.4	118.6	122.1
广　州　Guangzhou	100.0	99.7	99.9	100.0	100.0	100.0	100.0	100.0	100.0	100.0
深　圳　Shenzhen	100.0	99.8	101.5	99.7	100.0	102.0	103.9	118.1	100.3	100.1
南　宁　Nanning	105.5	99.7	66.7	101.6	106.0	101.4	100.0	103.6	102.6	121.5
海　口　Haikou	90.7	90.6	97.1	101.4	100.5	100.4	102.7	110.0	115.1	118.5
重　庆　Chongqing	100.0	101.1	100.0	100.9	101.7	115.5	105.3	102.9	100.6	109.7
成　都　Chengdu	107.7	103.8	101.9	104.6	106.4	109.1	116.3	107.8	106.2	110.2
贵　阳　Guiyang	99.8	99.4	100.3	100.4	100.6	100.3	100.6	101.5	101.6	109.9
昆　明　Kunming	104.5	100.1	100.0	100.0	100.0	100.0	100.0	103.7	100.6	101.3
西　安　Xi'an	100.1	100.3	100.0	100.0	100.5	100.7	102.8	105.9	104.5	106.8
兰　州　Lanzhou	100.0	100.0	100.0	100.0	100.0	100.0	100.0	100.0	100.0	100.0
西　宁　Xining	99.4	94.4	100.4	99.7	102.7	106.2	106.1	102.9	102.5	103.2
银　川　Yinchuan	125.7	108.0	103.6	103.2	102.9	103.4	105.8	103.4	103.1	105.7
乌鲁木齐　Urumchi	103.8	101.3	99.4	102.6	102.3	101.0	102.1	101.4	100.2	102.6

4—6—2 续表 2 Continued 2

(上年价格=100) (Preceding year=100)

地 区 Region	房屋租赁价格指数 Renting Price Indices of Houses									
	1998	1999	2000	2001	2002	2003	2004	2005	2006	2007
全 国 Total	**102.4**	**98.5**	**102.4**	**102.8**	**100.8**	**101.9**	**101.4**	**101.9**	**101.4**	**102.6**
北 京 Beijing	99.8	98.5	166.6	125.5	107.6	108.5	103.4	102.4	102.9	102.7
天 津 Tianjin	102.4	99.0	100.1	110.1	106.0	100.7	101.2	101.3	100.2	100.3
石家庄 Shijiazhuang	100.9	108.6	102.2	104.8	100.4	99.3	100.1	100.6	100.5	100.6
太 原 Taiyuan	104.0	99.5	105.6	115.5	106.1	102.3	99.6	107.5	105.4	105.6
呼和浩特 Hohhot	100.0	99.0	97.1	102.0	102.7	98.5	101.5	104.7	105.6	105.4
沈 阳 Shenyang	105.2	102.6	102.3	100.1	99.5	101.4	99.0	101.5	102.3	101.8
大 连 Dalian	101.7	96.8	105.4	101.9	98.1	100.0	98.2	99.0	99.7	99.8
长 春 Changchun	106.7	106.2	106.4	111.2	104.6	104.0	100.9	100.5	100.3	100.0
哈尔滨 Harbin	99.3	99.9	101.0	100.2	100.0	98.6	100.6	103.6	102.7	100.2
上 海 Shanghai	92.2	89.9	95.8	104.9	99.0	102.2	105.5	103.6	104.0	105.1
南 京 Nanjing	99.1	101.3	101.1	104.7	100.6	104.4	105.0	100.0	100.4	101.8
杭 州 Hangzhou	97.2	95.5	103.3	103.1	103.0	106.7	107.6	102.4	101.1	102.7
宁 波 Ningbo	95.4	96.6	92.5	99.0	102.8	106.0	104.3	104.1	103.4	103.8
合 肥 Hefei	109.2	104.3	99.1	98.6	102.0	102.3	100.7	100.3	101.7	100.6
福 州 Fuzhou	107.6	102.8	99.5	101.7	98.6	98.7	99.6	101.4	101.7	102.6
厦 门 Xiamen	102.6	98.6	96.2	94.0	98.0	100.3	102.3	104.2	102.5	103.8
南 昌 Nanchang	99.5	111.2	113.2	102.7	104.2	103.3	101.4	102.5	101.3	101.3
济 南 Jinan	100.8	100.8	101.6	101.8	103.2	100.0	103.4	101.0	101.2	101.2
青 岛 Qingdao	94.0	104.3	95.8	107.0	94.4	99.4	98.6	103.3	110.1	108.3
郑 州 Zhengzhou	106.1	98.7	103.7	107.2	103.0	99.1	99.7	100.1	100.5	100.9
武 汉 Wuhan	98.7	95.8	97.3	98.2	98.6	98.5	100.7	100.2	100.3	100.3
长 沙 Changsha	103.3	94.8	99.1	102.5	101.6	101.0	103.1	101.7	102.8	102.5
广 州 Guangzhou	99.6	94.9	98.0	99.6	102.0	99.9	101.6	103.0	102.2	102.8
深 圳 Shenzhen	94.7	91.3	95.7	99.6	100.2	100.0	100.0	101.0	102.5	104.8
南 宁 Nanning	106.7	97.8	102.1	102.5	99.5	102.3	100.6	101.6	103.6	99.6
海 口 Haikou	92.6	89.8	92.7	99.3	94.6	92.6	96.1	101.9	100.7	100.6
重 庆 Chongqing	106.9	106.4	95.1	95.4	97.5	100.3	105.9	103.6	102.8	104.2
成 都 Chengdu	99.8	100.0	99.3	96.6	100.9	100.3	102.4	100.4	101.1	100.9
贵 阳 Guiyang	106.0	99.0	104.1	97.1	98.0	101.6	99.9	102.5	101.7	101.1
昆 明 Kunming	103.0	111.1	97.8	101.9	98.4	100.4	104.2	101.4	100.1	100.4
西 安 Xi'an	102.5	100.6	101.2	100.3	100.6	98.9	103.2	100.7	101.2	106.4
兰 州 Lanzhou	99.7	98.3	100.0	101.0	100.3	97.8	97.8	100.0	99.7	100.3
西 宁 Xining	117.9	100.5	114.3	112.2	107.3	103.1	100.4	99.8	101.1	104.2
银 川 Yinchuan	110.0	117.7	118.0	105.1	106.4	99.8	106.1	104.3	101.7	101.3
乌鲁木齐 Urumchi	98.9	97.9	99.2	98.8	100.1	99.9	104.2	100.4	100.3	100.8

4－6－2 续表 3　Continued 3

（上年价格＝100）　　(Preceding year＝100)

地　区　Region	物业管理价格指数　Price Indices of Real Estate Management									
	1998	1999	2000	2001	2002	2003	2004	2005	2006	2007
全　国　Total								**100.0**	**100.3**	**100.5**
北　京　Beijing								100.5	100.8	100.1
天　津　Tianjin								100.2	100.0	100.0
石家庄　Shijiazhuang								100.2	100.0	100.0
太　原　Taiyuan								100.0	101.6	102.6
呼和浩特　Hohhot								100.0	100.0	100.0
沈　阳　Shenyang								100.5	100.5	100.2
大　连　Dalian								98.4	100.9	100.3
长　春　Changchun								100.0	100.0	99.5
哈尔滨　Harbin								100.0	100.0	100.0
上　海　Shanghai								100.5	100.0	100.0
南　京　Nanjing								101.0	100.3	101.4
杭　州　Hangzhou								100.4	100.1	100.4
宁　波　Ningbo								100.5	102.3	102.3
合　肥　Hefei								102.5	100.0	100.0
福　州　Fuzhou								100.3	100.0	100.1
厦　门　Xiamen								100.4	100.1	100.0
南　昌　Nanchang								100.3	100.4	101.8
济　南　Jinan								100.0	100.1	100.1
青　岛　Qingdao								100.2	99.8	100.4
郑　州　Zhengzhou								100.2	100.1	100.6
武　汉　Wuhan								98.9	100.0	100.1
长　沙　Changsha								99.9	100.0	100.1
广　州　Guangzhou								102.1	100.5	100.5
深　圳　Shenzhen								99.2	100.0	100.2
南　宁　Nanning								100.2	100.1	100.0
海　口　Haikou								100.0	100.0	100.0
重　庆　Chongqing								100.1	100.7	99.7
成　都　Chengdu								101.2	100.4	100.2
贵　阳　Guiyang								99.5	103.1	100.2
昆　明　Kunming								100.0	100.0	100.0
西　安　Xi'an								100.4	100.2	100.7
兰　州　Lanzhou								101.4	100.2	102.0
西　宁　Xining								100.0	100.0	100.8
银　川　Yinchuan								100.0	100.0	99.8
乌鲁木齐　Urumchi								99.8	100.1	100.1

4－6－3 全国70个大中城市房屋销售价格指数(2007年)

Selling Price Indices of Estate Stouse in 70 Major Cities (2007)

(上年价格＝100) (Preceding year＝100)

地 区	Region	房屋销售指数 Selling Price Indices of Real Estate	一、商品房 Commercial House	(一)住宅 Residential Buildings	1. 经济适用房 Economically Affordable Housing	2. 普通住宅 General Residential Buildings	(1)多层住宅 Multilayer Buildings
全 国	**Total**	**107.6**	**107.7**	**108.2**	**102.5**	**108.6**	**108.0**
北 京	Beijing	111.4	111.8	112.8	100.0	114.4	112.8
天 津	Tianjin	106.9	107.0	107.3	104.3	108.3	108.1
石家庄	Shijiazhuang	107.6	108.5	109.2	100.5	110.0	111.1
太 原	Taiyuan	104.4	104.6	104.8	100.0	105.9	107.6
呼和浩特	Hohhot	104.4	104.3	104.3	104.0	104.3	104.5
沈 阳	Shenyang	106.1	106.1	106.6	100.0	106.7	107.0
大 连	Dalian	107.2	106.9	107.6	100.0	108.4	109.0
长 春	Changchun	106.4	106.9	107.6	101.5	109.8	109.8
哈尔滨	Harbin	106.8	106.0	105.0	101.5	109.1	106.9
上 海	Shanghai	103.4	103.1	103.4	100.0	105.2	104.7
南 京	Nanjing	106.6	107.7	108.3	100.6	109.9	109.0
杭 州	Hangzhou	107.3	107.8	108.3	100.0	108.3	106.1
宁 波	Ningbo	108.6	109.5	110.5	102.0	110.8	108.8
合 肥	Hefei	101.8	102.0	102.2		102.3	101.7
福 州	Fuzhou	106.8	107.6	108.1	100.6	109.1	107.7
厦 门	Xiamen	107.0	107.1	107.3	101.3	109.7	110.1
南 昌	Nanchang	106.8	107.0	107.8	103.3	108.3	108.8
济 南	Jinan	105.2	105.4	105.7	102.8	105.8	106.0
青 岛	Qingdao	106.5	106.8	106.9	101.4	106.3	105.2
郑 州	Zhengzhou	106.3	105.9	105.8	101.3	105.9	105.1
武 汉	Wuhan	105.2	105.7	106.5	101.3	107.0	106.4
长 沙	Changsha	108.4	108.7	109.6	103.5	111.7	110.1
广 州	Guangzhou	106.6	107.0	107.8	100.0	107.8	106.9
深 圳	Shenzhen	116.3	115.3	113.9		113.6	113.6
南 宁	Nanning	107.6	108.5	109.8	105.6	110.0	111.7
海 口	Haikou	106.6	107.4	107.7		107.5	104.4
重 庆	Chongqing	106.9	107.6	108.0	103.6	108.3	109.0
成 都	Chengdu	107.6	108.6	109.1	96.7	108.9	109.9
贵 阳	Guiyang	106.9	107.3	107.7	105.3	110.1	110.1
昆 明	Kunming	103.5	102.7	102.8	102.6	103.0	103.9
西 安	Xi'an	106.4	106.5	107.2	103.3	107.5	108.4
兰 州	Lanzhou	106.0	106.5	107.7	115.7	107.5	107.0
西 宁	Xining	103.8	104.1	104.9	100.0	106.1	110.5
银 川	Yinchuan	103.9	103.9	104.3	100.0	105.0	105.4
乌鲁木齐	Urumchi	109.0	109.9	111.1	110.1	112.4	112.8

4－6－3 续表 1　Continued 1

（上年价格＝100）　　　　（Preceding year＝100）

地　区	Region	房屋销售指数 Selling Price Indices of Real Estate	一、商品房 Commercial House	（一）住宅 Residential Buildings	1. 经济适用房 Economically Affordable Housing	2. 普通住宅 General Residential Buildings	（1）多层住宅 Multilayer Buildings
唐　山	Tangshan	106.4	106.2	107.1		107.1	107.5
秦皇岛	Qinhuadao	105.8	106.6	107.0	105.2	107.8	113.3
包　头	Baotou	105.5	105.2	105.2	103.1	105.8	106.1
丹　东	Dandong	102.5	101.9	102.0	100.2	102.0	102.3
锦　州	Jinzhou	103.6	104.4	105.4		106.9	108.8
吉　林	Jilin	104.9	105.3	105.4	100.0	105.5	105.2
牡丹江	Mudanjiang	105.4	104.6	105.2	102.2	106.5	106.9
无　锡	Wuxi	105.9	105.5	105.3	100.0	105.7	106.6
扬　州	Yangzhou	105.5	106.2	106.2	102.7	106.2	106.0
徐　州	Xuzhou	106.2	107.5	108.0		108.0	108.3
温　州	Wenzhou	107.0	107.9	108.5	100.0	108.9	107.1
金　华	Jinhua	101.1	101.2	101.3		101.3	101.4
蚌　埠	Bengbu	108.9	109.3	109.5		110.4	113.4
安　庆	Anqing	104.8	104.7	104.8		104.8	104.8
泉　州	Quanzhou	106.7	106.7	107.1		107.2	105.0
九　江	Jiujiang	106.0	105.6	106.0	105.3	106.7	106.6
赣　州	Ganzhou	105.9	105.8	106.3		106.6	106.3
烟　台	Yantai	106.2	106.5	106.7	108.5	106.8	107.4
济　宁	Jining	105.0	105.3	105.5	105.2	105.6	105.7
洛　阳	Luoyang	103.5	103.8	104.2	100.4	104.5	105.4
平顶山	Pindingshan	105.1	105.2	105.3	106.1	105.3	105.3
宜　昌	Yichang	106.4	106.2	106.4	105.6	106.0	110.0
襄　樊	Xiangfan	107.4	106.7	106.6		106.6	106.5
岳　阳	Yueyang	107.1	107.3	108.6	105.1	109.4	110.2
常　德	Changde	106.7	107.0	108.1	100.0	108.5	109.3
惠　州	Huizhou	108.1	108.5	108.7		108.4	108.8
湛　江	zhanjiang	105.3	105.5	105.5		105.5	106.7
韶　关	Shaoguan	106.5	106.6	106.9		106.9	106.2
桂　林	Guilin	104.4	104.7	104.8		104.8	104.4
北　海	Beihai	113.3	114.9	117.6		117.4	119.7
三　亚	Sanya	103.4	104.3	104.3		104.6	104.4
泸　州	Luzhou	106.7	107.0	107.2	105.8	107.3	107.2
南　充	Nanchong	107.0	107.0	107.1		107.2	107.2
遵　义	Zunyi	103.1	103.0	103.1		103.0	103.4
大　理	Dali	107.0	106.7	106.3	100.0	106.5	109.8

4－6－3 续表 2－1　Continued 2－1

(上年价格＝100)　　　　(Preceding year＝100)

地　区	Region	(2)高层住宅 High-layer Buildings	(3)其他住宅 Other Buildings	3. 高档住宅 Luxury Residential Buildings	(1)别墅 Villas	(2)高档公寓 High-grade Apartment	(二)非住宅 Non-Residential Buildings
全　国	**Total**	**108.8**	**107.2**	**109.2**	**108.3**	**109.7**	**105.8**
北　京	Beijing	114.9		110.3	110.8	109.5	106.5
天　津	Tianjin	108.4		106.0	104.8	106.7	105.4
石家庄	Shijiazhuang	109.7		101.9	104.3	100.2	103.7
太　原	Taiyuan	105.9	103.1	105.5	105.1	105.3	104.2
呼和浩特	Hohhot	104.0					104.2
沈　阳	Shenyang	106.4	103.1	105.6	108.8	102.0	102.9
大　连	Dalian	108.0		103.7	102.3	104.4	104.3
长　春	Changchun	109.9		105.9	106.0	106.0	101.5
哈尔滨	Harbin	110.7		100.0		100.0	108.1
上　海	Shanghai	105.7	104.9	103.2	104.3	99.9	102.1
南　京	Nanjing	110.5		110.8	110.2	111.0	105.4
杭　州	Hangzhou	108.3	105.6	114.0		114.0	105.9
宁　波	Ningbo	111.7	109.3	108.9	117.4	106.4	106.5
合　肥	Hefei	102.7		100.1		100.1	100.7
福　州	Fuzhou	109.3		107.8	107.8	108.2	105.7
厦　门	Xiamen	109.7		109.0	107.1	109.5	106.3
南　昌	Nanchang	108.1	104.2	106.4	107.0	105.7	103.5
济　南	Jinan	105.7		105.2	110.0	105.0	103.8
青　岛	Qingdao	106.6		110.5	111.8	110.5	106.4
郑　州	Zhengzhou	106.3		107.4	106.8	108.0	106.4
武　汉	Wuhan	107.2		104.7	105.6	103.8	101.7
长　沙	Changsha	112.1		108.2	106.6	109.3	106.2
广　州	Guangzhou	108.0		106.9	107.4	106.6	104.1
深　圳	Shenzhen	113.7		115.3	117.2	115.1	121.9
南　宁	Nanning	109.0	101.4	111.5	116.6	110.6	106.1
海　口	Haikou	107.5		108.6	107.9	108.8	102.5
重　庆	Chongqing	108.3		107.4	109.5	106.7	105.6
成　都	Chengdu	108.8		109.9	110.2	109.7	105.7
贵　阳	Guiyang	110.6		106.5	105.9	106.5	105.2
昆　明	Kunming	102.6		102.5	101.9	103.0	101.8
西　安	Xi'an	107.3		107.8	108.6	106.2	103.3
兰　州	Lanzhou	107.5					103.3
西　宁	Xining	104.3					102.0
银　川	Yinchuan	102.9	100.0	100.9	100.0	101.9	101.2
乌鲁木齐	Urumchi	111.0		110.3	110.5	110.9	105.1

4－6－3 续表 2－2　Continued 2－2

（上年价格＝100）　　　　　　　　　　　　　　　　(Preceding year＝100)

地　区	Region	(2)高层住宅 High-layer Buildings	(3)其他住宅 Other Buildings	3.高档住宅 Luxury Residential Buildings	(1)别墅 Villas	(2)高档公寓 High-grade Apartment	(二)非住宅 Non-Residential Buildings
唐　山	Tangshan	106.8		109.8		109.8	103.6
秦皇岛	Qinhuadao	106.5		104.5	102.9	105.3	104.7
包　头	Baotou	104.4		102.1	101.9	103.3	105.0
丹　东	Dandong	102.0	101.0	102.4	102.1	102.3	101.6
锦　州	Jinzhou	103.2		104.3	105.7	101.3	100.4
吉　林	Jilin	105.6					104.9
牡丹江	Mudanjiang	105.6		103.0		103.0	103.2
无　锡	Wuxi	105.6	101.1	106.2	105.8	107.1	106.2
扬　州	Yangzhou	106.2		106.5	106.6	106.2	106.3
徐　州	Xuzhou	107.8		107.5	107.5	108.1	105.8
温　州	Wenzhou	109.0	106.3				104.0
金　华	Jinhua	101.1	101.2	101.3		101.3	100.8
蚌　埠	Bengbu	107.5		104.5	101.7	106.5	108.1
安　庆	Anqing	104.9		105.9	105.9		104.5
泉　州	Quanzhou	107.4		107.1	107.1	106.9	105.1
九　江	Jiujiang	106.4	107.0	104.6	105.7	104.5	104.6
赣　州	Ganzhou	106.7		104.3	104.4	103.9	104.7
烟　台	Yantai	106.5		106.3		106.3	105.7
济　宁	Jining	105.3		105.6	105.6		104.8
洛　阳	Luoyang	104.1	101.3	106.0	106.0		102.3
平顶山	Pingdingshan	105.1		106.3	105.8	106.3	105.0
宜　昌	Yichang	105.2	104.9	107.2	118.6	106.4	104.8
襄　樊	Xiangfan	105.1	109.0				107.7
岳　阳	Yueyang	109.0					100.6
常　德	Changde	108.0		106.1	106.0	109.1	104.1
惠　州	Huizhou	108.3		109.4	109.7	108.3	106.9
湛　江	zhanjiang	105.2					104.2
韶　关	Shaoguan	107.0		107.2	107.2		105.1
桂　林	Guilin	105.0	105.4	106.0	105.1	106.9	103.9
北　海	Beihai	114.7	117.6	117.7	117.5	125.7	110.8
三　亚	Sanya	104.5		103.6	102.3	103.9	105.3
泸　州	Luzhou	107.5		107.3		107.3	106.3
南　充	Nanchong	106.9		106.5	106.7	105.8	106.5
遵　义	Zunyi	102.8		104.6	104.3	104.7	102.4
大　理	Dali	103.6		109.9	109.9		109.9

4—6—3 续表 3—1　Continued 3—1

(上年价格=100)　　(Preceding year=100)

地　区	Region	1.办公楼 Office Buildings	(1)写字楼 High-grade Office Buildings	(2)普通办公用房 General Office Buildings	2.商业娱乐用房 Houses for Business Use and Entertainment	3.工业仓储用房 Workshops and Storehouses	4.其他用房 Others
全　国	**Total**	**107.6**	**107.7**	**105.7**	**106.0**	**103.6**	**103.8**
北　京	Beijing	107.1	107.2	104.9	106.2	102.8	102.4
天　津	Tianjin	104.4	104.4		106.4	104.1	
石家庄	Shijiazhuang	105.6	105.6		103.7		
太　原	Taiyuan	102.9	102.8	104.0	105.9		
呼和浩特	Hohhot	104.0	104.0		104.2		
沈　阳	Shenyang	104.7	107.5	103.1	102.9	105.1	102.1
大　连	Dalian	102.9	102.9	100.3	104.9	100.0	104.6
长　春	Changchun	100.8	100.0	101.1	101.4		104.4
哈尔滨	Harbin	111.7	111.7		107.6	104.0	113.5
上　海	Shanghai	102.8	103.3	99.3	101.2		
南　京	Nanjing	107.2	107.7	108.1	103.3		107.6
杭　州	Hangzhou	106.5	106.6	100.0	105.4		101.3
宁　波	Ningbo	106.8	107.0	101.6	106.4		103.7
合　肥	Hefei	100.4	100.4	100.4	100.8		101.0
福　州	Fuzhou	105.6	105.9	103.6	105.7		105.3
厦　门	Xiamen	105.8	105.8	104.1	106.3		106.9
南　昌	Nanchang	102.0	101.7	103.6	103.9	107.2	105.0
济　南	Jinan	103.8	103.8	102.5	103.8		99.5
青　岛	Qingdao	105.1	104.9	109.1	107.7		
郑　州	Zhengzhou	106.4	106.4		106.5		103.7
武　汉	Wuhan	103.3	103.3	100.0	101.1	102.1	100.5
长　沙	Changsha	109.9	109.9	107.3	105.9		104.4
广　州	Guangzhou	104.2	104.2		104.0		104.3
深　圳	Shenzhen	126.5	127.1	107.5	118.3		109.2
南　宁	Nanning	109.4	109.4		106.9		104.8
海　口	Haikou	107.1	107.1		102.7		100.4
重　庆	Chongqing	104.2	104.3	98.7	106.1	100.0	101.8
成　都	Chengdu	106.3	106.3		105.4		103.7
贵　阳	Guiyang	108.3	108.3		103.8		101.8
昆　明	Kunming	102.5	102.5		101.6	100.0	101.8
西　安	Xi'an	103.4	103.4		103.2		
兰　州	Lanzhou	97.7		97.7	104.8		104.4
西　宁	Xining	101.3	101.3	101.9	102.2		
银　川	Yinchuan	100.5	100.5		101.3		
乌鲁木齐	Urumchi	105.4	105.5	103.7	104.9	103.3	101.8

4－6－3 续表 3－2　Continued 3－2

（上年价格＝100）　　　　　　　　　　　　　　　　　　　　　　　　　　　　　　　　　(Preceding year＝100)

地　区　Region	1. 办公楼 Office Buildings	(1)写字楼 High-grade Office Buildings	(2)普通办公用房 General Office Buildings	2. 商业娱乐用房 Houses for Business Use and Entertainment	3. 工业仓储用房 Workshops and Storehouses	4. 其他用房 Others
唐　山　Tangshan	107. 0	107. 0		103. 6		
秦皇岛　Qinhuadao	104. 0	103. 7	108. 6	105. 4		
包　头　Baotou	102. 9	102. 9		105. 0		100. 3
丹　东　Dandong	101. 3	101. 4	102. 2	101. 7	102. 3	100. 0
锦　州　Jinzhou				101. 5		100. 0
吉　林　Jilin				104. 5		104. 9
牡丹江　Mudanjiang				102. 9	106. 6	105. 9
无　锡　Wuxi	106. 5	106. 7	101. 7	106. 1		
扬　州　Yangzhou	106. 1	106. 1		106. 4		
徐　州　Xuzhou	106. 3	106. 3		105. 3		99. 9
温　州　Wenzhou	103. 7	103. 6	105. 6	104. 2		103. 7
金　华　Jinhua	100. 8	100. 8		100. 9		
蚌　埠　Bengbu	109. 6	112. 5	106. 7	108. 0		
安　庆　Anqing	103. 6		103. 6	104. 6		104. 1
泉　州　Quanzhou	105. 0	104. 5	105. 7	105. 1		105. 2
九　江　Jiujiang	103. 4	103. 4	106. 5	105. 1		103. 5
赣　州　Ganzhou	104. 4	103. 2	104. 4	104. 6		105. 7
烟　台　Yantai	106. 0	106. 0	100. 0	105. 7		101. 2
济　宁　Jining	104. 2	104. 2		105. 1		106. 0
洛　阳　Luoyang	101. 4	101. 7	101. 4	102. 4		104. 8
平顶山　Pindingshan				105. 0		104. 7
宜　昌　Yichang	106. 1	106. 1		105. 0		102. 9
襄　樊　Xiangfan				108. 4		104. 5
岳　阳　Yueyang				100. 3		102. 9
常　德　Changde				103. 9		108. 0
惠　州　Huizhou	105. 5	105. 5		106. 8		
湛　江　zhanjiang	101. 6		101. 6	105. 4		103. 1
韶　关　Shaoguan	106. 4		106. 4	104. 8		
桂　林　Guilin	105. 2		105. 2	104. 1		106. 3
北　海　Beihai	111. 5		111. 5	111. 3		121. 5
三　亚　Sanya				105. 3		
泸　州　Luzhou	105. 9	105. 9	106. 3	106. 5		106. 4
南　充　Nanchong				106. 7		105. 5
遵　义　Zunyi	101. 8	101. 8		102. 3	104. 0	101. 1
大　理　Dali	100. 0		100. 0	109. 9		100. 0

4－6－3 续表 4－1　Continued 4－1

(上年价格＝100)　　　　(Preceding year＝100)

地　区	Region	二、二手房 Private-owned Houses	(一)住宅 Residential Buildings	1. 高层住宅 High-layer Buildings	2. 多层住宅 Multilayer Buildings	3. 其他住宅 Other Buildings	(二)非住宅 Non-Residential Buildings
全　国	**Total**	**107.1**	**107.4**	**107.6**	**105.7**	**111.6**	**105.4**
北　京	Beijing	110.2	110.2	109.9	111.1	107.7	
天　津	Tianjin	106.7	106.7	106.1	106.9		
石家庄	Shijiazhuang	106.0	106.0		106.0		
太　原	Taiyuan	103.8	104.2	103.9	104.6	102.6	102.1
呼和浩特	Hohhot	104.5	104.5		104.5		104.5
沈　阳	Shenyang	106.2	106.5		106.5		105.1
大　连	Dalian	108.5	108.4	107.9	108.8		108.5
长　春	Changchun	105.9	106.6	106.8	106.5	105.3	105.4
哈尔滨	Harbin	108.5	107.3	106.6	108.3	111.1	113.1
上　海	Shanghai	103.9	103.9	108.3	103.5	107.2	
南　京	Nanjing	105.0	105.0	105.2	105.0		
杭　州	Hangzhou	106.0	105.8	105.2	106.2	106.5	106.9
宁　波	Ningbo	107.0	108.0	107.5	108.3	110.2	104.7
合　肥	Hefei	100.8	100.8	100.3	100.9		
福　州	Fuzhou	103.8	104.0	104.1	104.1		102.3
厦　门	Xiamen	106.7	106.7	106.4	107.1		104.8
南　昌	Nanchang	106.1	106.8	106.8	107.0	108.2	104.1
济　南	Jinan	104.6	104.6	104.7	104.6		104.5
青　岛	Qingdao	106.1	106.2	106.4	106.1		105.6
郑　州	Zhengzhou	109.6	109.6		109.6		
武　汉	Wuhan	103.4	103.5	101.5	103.5		100.0
长　沙	Changsha	107.4	107.4	106.6	107.6	107.9	110.1
广　州	Guangzhou	105.8	105.2	105.3	105.3		107.0
深　圳	Shenzhen	117.6	116.7	117.7	115.4	117.3	119.9
南　宁	Nanning	102.9	103.3	103.7	103.3		102.3
海　口	Haikou	103.4	103.8	103.4	104.3		103.6
重　庆	Chongqing	104.2	104.5	104.3	104.9	104.0	101.8
成　都	Chengdu	104.2	104.3	104.4	104.1	105.6	104.0
贵　阳	Guiyang	105.0	105.8	106.6	105.3		103.0
昆　明	Kunming	104.6	104.7	105.2	104.4		104.5
西　安	Xi'an	105.9	106.2	106.8	105.6	107.8	105.5
兰　州	Lanzhou	103.5	103.6		103.8	101.3	103.2
西　宁	Xining	103.3	103.3		103.3		
银　川	Yinchuan	104.0	103.8	103.6	103.8		104.6
乌鲁木齐	Urumchi	106.4	108.0	107.5	108.2		104.0

4—6—3 续表 4—2　Continued 4—2

(上年价格=100)　　(Preceding year=100)

地　区　Region	二、二手房 Private-owned Houses	(一)住宅 Residential Buildings	1. 高层住宅 High-layer Buildings	2. 多层住宅 Multilayer Buildings	3. 其他住宅 Other Buildings	(二)非住宅 Non-Residential Buildings
唐　山　Tangshan	106. 8	106. 8	106. 0	106. 9		106. 3
秦皇岛　Qinhuadao	104. 6	105. 0	107. 7	105. 7		
包　头　Baotou	106. 6	106. 6		106. 8	103. 6	106. 8
丹　东　Dandong	104. 1	104. 0	105. 4	102. 4	103. 2	104. 6
锦　州　Jinzhou	102. 3	102. 9		103. 5		
吉　林　Jilin	104. 4	104. 5	104. 4	104. 5		104. 3
牡丹江　Mudanjiang	107. 2	107. 7		107. 7		106. 0
无　锡　Wuxi	106. 8	106. 8	106. 8	106. 9		101. 8
扬　州　Yangzhou	103. 9	103. 9		103. 9		
徐　州　Xuzhou	103. 8	104. 0		104. 0		103. 5
温　州　Wenzhou	105. 9	106. 1	106. 3	105. 6		103. 9
金　华　Jinhua	101. 1	101. 1	100. 4	101. 1		100. 1
蚌　埠　Bengbu	107. 5	107. 5		107. 5		104. 2
安　庆　Anqing	105. 2	105. 2		105. 2		107. 2
泉　州　Quanzhou	106. 8	106. 9	107. 0	106. 8		105. 4
九　江　Jiujiang	106. 6	106. 8	107. 6	106. 7	105. 3	106. 1
赣　州　Ganzhou	106. 3	106. 3	107. 7	106. 2		105. 0
烟　台　Yantai	104. 8	104. 8		104. 8		
济　宁　Jining	103. 8	103. 8		104. 1	103. 2	
洛　阳　Luoyang	101. 9	102. 1		102. 1		100. 9
平顶山　Pindingshan	104. 2	104. 2		104. 2		104. 5
宜　昌　Yichang	107. 0	106. 9	106. 3	107. 1		112. 8
襄　樊　Xiangfan	108. 6	108. 6	107. 0	108. 8		
岳　阳　Yueyang	106. 6	106. 7	104. 9	106. 7		101. 7
常　德　Changde	105. 5	105. 5	116. 5	105. 3		
惠　州　Huizhou	105. 4	105. 4	107. 0	105. 4		
湛　江　zhanjiang	104. 7	104. 6	105. 3	104. 6		108. 0
韶　关　Shaoguan	106. 5	106. 5	106. 6	106. 3		105. 6
桂　林　Guilin	103. 3	103. 4		103. 6		103. 2
北　海　Beihai	106. 8	106. 8		108. 4		
三　亚　Sanya	101. 6	101. 7	101. 7	101. 7	101. 6	100. 6
泸　州　Luzhou	106. 2	106. 3	106. 5	106. 3	104. 9	105. 6
南　充　Nanchong	107. 1	107. 6		107. 6		106. 0
遵　义　Zunyi	104. 3	104. 3		104. 3	101. 2	
大　理　Dali	108. 1	108. 1		108. 1		

4—6—4 全国70个大中城市土地交易价格指数(2007年)
Transactions Price Indices of Land in 70 Major Cities(2007)

(上年价格=100) (Preceding year=100)

地 区 Region	土地交易价格指数 Transactions Price Indices of Land	一、居住用地 Land for Residential Building Use	(一)高档住宅用地 Luxury Residential Buildings	(二)普通住宅用地 General Residential Buildings	(三)经济适用房用地 Economically Affordable Housing	二、工业仓储用地 Land for Industry Use	三、商业、旅游、娱乐用地 Land for Business Tour and Entertainment	四、其他用地 Land for Other
全 国 Total	**112.3**	**113.7**	**117.0**	**113.2**	**105.1**	**105.9**	**113.0**	**103.8**
北 京 Beijing	109.4	105.9		105.9		110.7	112.7	104.1
天 津 Tianjin	122.1	121.2		121.2		108.7	126.2	
石家庄 Shijiazhuang	101.6	101.5		101.5		101.8	101.0	
太 原 Taiyuan	102.2	102.2		102.2		100.8	100.2	101.5
呼和浩特 Hohhot	108.7	108.7		108.8	108.3	108.6	108.4	
沈 阳 Shenyang	106.6	106.7	105.4	106.9			105.5	
大 连 Dalian	105.9	108.5				111.9	100.8	
长 春 Changchun	100.7	101.3		101.3	100.0	100.0	100.4	100.0
哈尔滨 Harbin	108.2	108.2		110.9	100.0	108.2	111.2	108.7
上 海 Shanghai	107.9	104.4		104.6	101.7	113.8	113.6	
南 京 Nanjing	103.9			104.0		104.6	103.4	106.1
杭 州 Hangzhou	155.2	153.7		153.7		100.0	160.5	
宁 波 Ningbo	138.3	150.8	127.4	153.0	109.1	113.0	120.0	108.9
合 肥 Hefei	104.1	104.1		104.1		103.5	104.5	105.2
福 州 Fuzhou	117.1	118.6		118.6			111.7	110.7
厦 门 Xiamen	111.3	114.1	115.5	112.3		106.8	107.6	105.8
南 昌 Nanchang	103.9	104.2		104.2	101.9	100.9	103.2	106.7
济 南 Jinan	105.0	105.1		105.1		104.9	105.0	104.7
青 岛 Qingdao	101.8	101.9		101.9		101.7	101.7	101.7
郑 州 Zhengzhou	105.3	104.9		104.9	100.0		110.0	115.2
武 汉 Wuhan	100.9	100.9		100.9		100.0	100.8	102.5
长 沙 Changsha	122.1	119.2	119.2	120.1	102.7	120.8	134.5	113.9
广 州 Guangzhou	100.0	100.0	100.0	100.0		100.0	100.0	100.0
深 圳 Shenzhen	100.1					100.1		
南 宁 Nanning	121.5	125.3	127.9	118.3		100.0	114.7	125.6
海 口 Haikou	118.5	121.4	125.8	121.2		113.5	111.9	106.3
重 庆 Chongqing	109.7	112.7		112.6	107.1	100.0	100.0	
成 都 Chengdu	110.2	110.8		110.8		107.6	109.4	108.3
贵 阳 Guiyang	109.9	109.9	109.9					
昆 明 Kunming	101.3	101.5		101.5		100.1	101.5	102.8
西 安 Xi'an	106.8	106.5		106.5		106.4	107.7	107.1
兰 州 Lanzhou	100.0	100.0		100.0		100.0	100.0	100.0
西 宁 Xining	103.2	104.6		104.6		103.7	103.4	103.8
银 川 Yinchuan	105.7	105.8		105.8		102.1	106.2	
乌鲁木齐 Urumchi	102.6	103.5	103.0	103.5		103.8	101.9	

4—6—4续表 Continued

(上年价格=100) (Preceding year=100)

地区	Region	土地交易价格指数 Transactions Price Indices of Land	一、居住用地 Land for Residential Building Use	(一)高档住宅用地 Luxury Residential Buildings	(二)普通住宅用地 General Residential Buildings	(三)经济适用房用地 Economically Affordable Housing	二、工业仓储用地 Land for Industry Use	三、商业、旅游、娱乐用地 Land for Business Tour and Entertainment	四、其他用地 Land for Other
唐山	Tangshan	107.8	108.2		108.2		108.4	106.6	
秦皇岛	Qinhuadao	111.1	112.0		112.0		107.3	109.4	
包头	Baotou	106.0	104.4		104.4		109.6	106.5	103.4
丹东	Dandong	104.5	104.3	106.0	104.3			107.5	
锦州	Jinzhou	104.5	107.2		107.2		100.6	103.0	100.8
吉林	Jilin	131.0	136.5		136.5		102.4	132.6	
牡丹江	Mudanjiang	117.0	110.7		110.7		117.6		124.9
无锡	Wuxi	117.3	114.5		114.5		121.3	115.6	
扬州	Yangzhou	102.9	103.6		103.6		102.4	103.8	
徐州	Xuzhou	105.7	105.7		105.7		104.0	105.5	
温州	Wenzhou	145.3	147.8		147.8		100.2	140.8	192.7
金华	Jinhua	108.6	109.4		109.4		108.0	106.0	106.4
蚌埠	Bengbu	106.8	107.2		107.2		100.1	104.6	100.0
安庆	Anqing	106.0	105.7		105.7		106.1	107.5	
泉州	Quanzhou	117.1	117.6	115.5	120.0		114.8	112.8	
九江	Jiujiang	106.1	106.0	105.8	105.9	108.0	105.6	106.5	106.9
赣州	Ganzhou	105.3	105.4		105.4		104.7	105.5	104.7
烟台	Yantai	104.6	105.0	105.3	104.1		104.5	104.3	
济宁	Jining	103.9	104.1		104.1		104.0	103.3	
洛阳	Luoyang	109.6	109.5	108.9	109.6	103.3	105.5	111.5	124.4
平顶山	Pindingshan	110.8	111.1	111.5	110.3		108.2	108.8	
宜昌	Yichang	104.3	105.9		105.9		101.9	102.5	107.9
襄樊	Xiangfan	110.6	110.0	111.5	108.4		117.6	107.7	112.3
岳阳	Yueyang	109.7	109.4		109.8	110.0	110.6	109.9	109.6
常德	Changde	122.6	125.0		125.0		118.5	108.7	112.1
惠州	Huizhou	100.0	100.0		100.0		100.0	100.0	100.0
湛江	zhanjiang	100.0	100.0		100.0		100.0	100.0	100.0
韶关	Shaoguan	113.3	112.5	112.5	112.5		116.9	112.1	
桂林	Guilin	112.2	113.9		113.9		104.2	115.1	
北海	Beihai	139.5	136.6	141.4	125.3		115.1	143.1	
三亚	Sanya	100.8	100.6	100.5	100.8			101.0	100.6
泸州	Luzhou	115.8	116.1	116.6	114.4	117.6	110.9	115.0	112.6
南充	Nanchong	126.9	126.7	115.3	127.4		121.2	128.4	
遵义	Zunyi	104.7	104.7		104.7				
大理	Dali	102.7	102.7		102.7		101.8	103.4	

4—6—5 全国70个大中城市房屋租赁价格指数(2007年)

Renting Price Indices of Houses in 70 Major Cities (2007)

(上年价格=100) (Preceding year=100)

地 区	Region	房屋租赁价格指数 Renting Price Indices of Houses	一、住宅 Residential Buildings	(一)普通住宅 General Residential Buildings	(二)高档住宅 Luxury Residential Buildings	1.别墅 Villas
全 国	**Total**	**102.6**	**102.6**	**103.6**	**101.2**	**101.1**
北 京	Beijing	102.7	103.4	103.9	99.5	100.0
天 津	Tianjin	100.3	100.5	100.0	102.4	
石家庄	Shijiazhuang	100.6	101.2	101.5	100.0	100.0
太 原	Taiyuan	105.6	107.9	108.0	104.9	104.4
呼和浩特	Hohhot	105.4	104.7	104.7		
沈 阳	Shenyang	101.8	101.1	100.7	103.1	
大 连	Dalian	99.8	100.3	100.0	101.0	
长 春	Changchun	100.0	100.0	100.0	100.0	
哈尔滨	Harbin	100.2	100.5	100.6		
上 海	Shanghai	105.1	106.3	106.6	103.9	
南 京	Nanjing	101.8	104.2	104.2		100.0
杭 州	Hangzhou	102.7	102.2	101.1	105.2	
宁 波	Ningbo	103.8	101.7	101.6	102.3	106.7
合 肥	Hefei	100.6	101.0	101.0		
福 州	Fuzhou	102.6	103.0	102.9	103.4	
厦 门	Xiamen	103.8	104.5	105.8	105.6	
南 昌	Nanchang	101.3	100.1	100.1		
济 南	Jinan	101.2	100.7	100.7		
青 岛	Qingdao	108.3	113.0	114.1	110.3	107.0
郑 州	Zhengzhou	100.9	100.0	100.0		
武 汉	Wuhan	100.3	100.0	100.0	100.0	
长 沙	Changsha	102.5	103.5	103.3	104.2	105.9
广 州	Guangzhou	102.8	103.5	105.4	101.2	101.7
深 圳	Shenzhen	104.8	104.2	105.2	102.0	101.0
南 宁	Nanning	99.6	104.6	102.9	108.9	119.3
海 口	Haikou	100.6	101.6	101.4	101.1	100.0
重 庆	Chongqing	104.2	103.0	103.6	101.9	103.1
成 都	Chengdu	100.9	103.5	102.5	105.5	
贵 阳	Guiyang	101.1	101.3	101.0	111.1	
昆 明	Kunming	100.4	100.0	100.0		
西 安	Xi'an	106.4	106.3	106.2	108.6	
兰 州	Lanzhou	100.3	100.5	100.5		
西 宁	Xining	104.2	104.6	104.6	100.0	100.0
银 川	Yinchuan	101.3	101.7	101.9		
乌鲁木齐	Urumchi	100.8	100.2	100.3	100.3	100.0

4－6－5 续表 1 Continued 1

（上年价格＝100） (Preceding year＝100)

地区	Region	房屋租赁价格指数 Renting Price Indices of Houses	一、住宅 Residential Buildings	（一）普通住宅 General Residential Buildings	（二）高档住宅 Luxury Residential Buildings	1. 别墅 Villas
唐山	Tangshan	102.3	107.0	107.0		
秦皇岛	Qinhuadao	101.0	101.8	101.9		
包头	Baotou	103.2	109.6	109.7		
丹东	Dandong	100.5	100.3	100.0	100.9	
锦州	Jinzhou	101.6	100.0	100.0	100.0	
吉林	Jilin	100.3	100.5	100.5		
牡丹江	Mudanjiang	102.5	102.5	102.5		
无锡	Wuxi	105.5	106.6	106.2	100.2	
扬州	Yangzhou	101.4	101.3	101.4	101.3	101.3
徐州	Xuzhou	101.3	101.6	101.7	100.4	
温州	Wenzhou	109.9	112.7	112.6	117.6	
金华	Jinhua	100.1	100.3	100.5	100.9	
蚌埠	Bengbu	100.5	100.0	100.0		
安庆	Anqing	102.8	100.5	100.6		
泉州	Quanzhou	106.3	104.4	104.2	108.8	108.8
九江	Jiujiang	102.2	104.3	106.5	103.4	105.1
赣州	Ganzhou	100.9	101.2	101.6		
烟台	Yantai	101.4	100.0	100.0		
济宁	Jining	101.9	102.6	102.6		
洛阳	Luoyang	100.1	100.2	100.2		
平顶山	Pindingshan	104.5	100.8	100.8		
宜昌	Yichang	101.8	106.6	107.3		
襄樊	Xiangfan	100.0				
岳阳	Yueyang	104.4	102.0	102.3		
常德	Changde	100.3	101.7	101.8		
惠州	Huizhou	102.3	102.3	102.3		
湛江	Zhanjiang	103.4	101.2	101.2	100.0	100.0
韶关	Shaoguan	103.5	104.5	104.8	105.0	
桂林	Guilin	102.6	103.3	103.7		
北海	Beihai	102.2				
三亚	Sanya	103.9	105.9	106.9	100.1	100.0
泸州	Luzhou	100.8	101.6	100.6	105.2	
南充	Nanchong	103.1	107.4	107.5		
遵义	Zunyi	101.8	101.8	102.4		
大理	Dali	100.4	100.7	100.1		

4-6-5续表2-1 Continued 2-1

(上年价格=100) (Preceding year=100)

地区	Region	2.高档公寓 High-grade Apartment	(三)经济适用房 Economically Affordable Housing	(四)廉租房 Low-rented Buildings	二、办公楼 Office Buildings	(一)写字楼 High-grade Office Buildings
全国	**Total**	**101.3**	**100.3**	**100.4**	**102.9**	**103.3**
北京	Beijing	99.5		100.0	100.4	100.9
天津	Tianjin	102.4	100.0	100.0	99.2	98.2
石家庄	Shijiazhuang	100.0	100.0		100.5	100.0
太原	Taiyuan	104.5			103.3	100.4
呼和浩特	Hohhot				110.6	108.3
沈阳	Shenyang	103.1		100.0	101.3	101.9
大连	Dalian	101.0			99.8	100.1
长春	Changchun	100.0		100.0	100.0	
哈尔滨	Harbin				99.6	99.1
上海	Shanghai	103.9			104.5	107.9
南京	Nanjing	99.6	100.0		99.2	98.3
杭州	Hangzhou	105.2		100.0	104.2	105.8
宁波	Ningbo	102.1		100.0	102.6	101.4
合肥	Hefei				100.0	100.0
福州	Fuzhou	103.4			101.9	104.8
厦门	Xiamen	105.6	100.0	100.0	106.3	106.3
南昌	Nanchang		100.0	100.0	103.5	100.0
济南	Jinan				100.0	100.1
青岛	Qingdao	112.0	100.0		102.2	102.2
郑州	Zhengzhou			100.0	100.3	99.6
武汉	Wuhan	100.0		100.0	101.2	101.3
长沙	Changsha	103.5		100.0	103.5	99.6
广州	Guangzhou	101.2	100.0	100.0	101.9	101.9
深圳	Shenzhen	106.1	100.0	100.0	105.1	105.8
南宁	Nanning	108.6			95.1	94.0
海口	Haikou	102.8	109.2	100.2	102.9	112.3
重庆	Chongqing	101.5	100.5	100.0	103.9	104.9
成都	Chengdu	105.5		100.0	99.9	100.1
贵阳	Guiyang	111.1		100.0	101.2	102.1
昆明	Kunming		100.0		100.0	100.0
西安	Xi'an	108.6			100.8	100.4
兰州	Lanzhou				100.0	
西宁	Xining				102.2	104.0
银川	Yinchuan			100.0	100.3	100.0
乌鲁木齐	Urumchi	100.3	100.1	100.0	100.4	100.4

4—6—5续表2—2 Continued 2—2

(上年价格=100) (Preceding year=100)

地 区 Region	2.高档公寓 High-grade Apartment	(三)经济适用房 Economically Affordable Housing	(四)廉租房 Low-rented Buildings	二、办公楼 Office Buildings	(一)写字楼 High-grade Office Buildings
唐 山 Tangshan			100.0	101.6	107.4
秦皇岛 Qinhuadao				100.0	
包 头 Baotou			100.0	100.0	100.0
丹 东 Dandong	100.9	100.9		101.5	101.7
锦 州 Jinzhou	100.0		100.0	105.2	
吉 林 Jilin			100.0	106.7	
牡丹江 Mudanjiang				99.9	99.8
无 锡 Wuxi	100.2	112.3		101.9	101.9
扬 州 Yangzhou	101.3			101.3	101.3
徐 州 Xuzhou	100.4	100.7	104.5	100.4	98.4
温 州 Wenzhou	117.6			113.5	114.7
金 华 Jinhua	100.9		100.0		
蚌 埠 Bengbu				100.1	100.2
安 庆 Anqing			100.0	100.4	100.3
泉 州 Quanzhou		106.7		113.3	116.7
九 江 Jiujiang	100.0		100.0	100.6	100.6
赣 州 Ganzhou		100.0	100.0	100.2	100.6
烟 台 Yantai			100.0	103.8	103.8
济 宁 Jining					
洛 阳 Luoyang				100.6	
平顶山 Pindingshan		100.0		100.3	100.7
宜 昌 Yichang			102.1	102.7	119.3
襄 樊 Xiangfan				100.0	100.0
岳 阳 Yueyang			100.7	101.1	100.9
常 德 Changde			100.0		
惠 州 Huizhou		101.1	100.0		
湛 江 Zhanjiang					
韶 关 Shaoguan	105.0		100.0	103.0	
桂 林 Guilin				100.6	
北 海 Beihai					
三 亚 Sanya	100.1			106.1	
泸 州 Luzhou	105.2		100.8	99.3	97.9
南 充 Nanchong			100.0	100.0	100.0
遵 义 Zunyi			100.0	100.1	
大 理 Dali			101.6	100.0	100.0

4－6－5 续表 3－1　Continued 3－1

(上年价格＝100)　　　　(Preceding year＝100)

地　区	Region	(二)普通办公用房 General Office Buildings	三、商业娱乐用房 Houses for Business and Entertainment	四、工业仓储用房 Workshops and Storehouses	(一)工业厂房 Industry Workshops	(二)仓库 Storehouses	五、其他 Others
全　国	**Total**	**101.2**	**102.7**	**101.2**	**102.6**	**100.0**	**100.9**
北　京	Beijing	100.0	101.6	100.3	100.4	100.0	100.1
天　津	Tianjin	99.8	100.9	100.0	100.0	100.0	
石家庄	Shijiazhuang	100.8	100.0	101.0	101.5	100.0	100.0
太　原	Taiyuan	104.9	103.2	100.7	102.3	100.0	109.0
呼和浩特	Hohhot	111.3	105.6	100.0	100.0	100.0	100.0
沈　阳	Shenyang	100.3	102.3	100.0	100.0	100.0	104.8
大　连	Dalian	99.5	96.4	104.1	95.7	105.0	
长　春	Changchun	100.0	100.0	100.0	100.0	100.0	
哈尔滨	Harbin	100.2	100.3	100.1	100.0	101.3	
上　海	Shanghai	101.8	105.8	101.5	101.5		
南　京	Nanjing	100.1	101.0	100.1	100.4	100.0	
杭　州	Hangzhou	101.6	102.5	100.0	100.0	100.0	
宁　波	Ningbo	105.5	106.1	102.1	102.5	101.5	
合　肥	Hefei	100.0	101.7	100.0	100.0		100.0
福　州	Fuzhou	100.1	102.7	101.1		101.1	100.0
厦　门	Xiamen	106.3	104.3	100.5	100.6	100.0	101.8
南　昌	Nanchang	107.5	101.8	100.0	100.0	100.0	
济　南	Jinan	99.9	102.6	100.8	100.0	100.9	
青　岛	Qingdao	101.8	99.9	100.7	100.9	100.0	
郑　州	Zhengzhou	103.2	101.3	100.0	100.0	100.0	
武　汉	Wuhan	101.1	100.4	100.0	100.0	100.0	
长　沙	Changsha	106.1	101.5	103.2	101.0	103.6	
广　州	Guangzhou	101.8	103.3	101.0	101.4	100.4	104.5
深　圳	Shenzhen	104.0	101.3	107.7	108.3	97.9	100.0
南　宁	Nanning	99.7	103.9	100.0	100.0		120.0
海　口	Haikou	98.1	98.4	102.0	100.0	106.6	97.6
重　庆	Chongqing	98.3	104.9	103.5	103.1	103.9	98.6
成　都	Chengdu	99.7	100.3	100.0	100.0	100.0	100.0
贵　阳	Guiyang	100.0	101.0	100.0	100.0	100.0	
昆　明	Kunming	100.0	100.0	102.6	103.3	102.0	95.6
西　安	Xi'an	101.5	110.1	101.5	101.3	101.6	
兰　州	Lanzhou	100.0	100.4	100.0	100.0	100.1	
西　宁	Xining	100.0	105.4	100.0		100.0	
银　川	Yinchuan	100.6	101.2	100.0	100.0	100.0	
乌鲁木齐	Urumchi	100.5	101.3	100.4	100.8	100.0	100.1

4－6－5 续表 3－2　Continued 3－2

(上年价格＝100)　　　　(Preceding year＝100)

地　区　Region	(二)普通办公用房 General Office Buildings	三、商业娱乐用房 Houses for Business and Entertainment	四、工业仓储用房 Workshops and Storehouses	(一)工业厂房 Industry Workshops	(二)仓库 Storehouses	五、其他 Others
唐　山　Tangshan	101.1	100.1	100.3	100.0	100.3	100.0
秦皇岛　Qinhuadao	100.0	101.4	99.9	99.8	100.0	
包　头　Baotou	100.0	101.1	100.5	102.3	100.0	
丹　东　Dandong	101.1	100.0	100.0	100.0	100.0	
锦　州　Jinzhou	107.4	101.9	100.0	100.0	100.0	
吉　林　Jilin	106.7	100.0	100.0		100.0	
牡丹江　Mudanjiang	100.0	104.0	106.7	100.0	107.7	
无　锡　Wuxi						
扬　州　Yangzhou	101.1	101.4				
徐　州　Xuzhou	100.7	100.6	100.3	100.3	100.0	100.0
温　州　Wenzhou	108.3	105.8	103.7	105.2	100.0	
金　华　Jinhua		100.1	100.0	100.0	100.0	
蚌　埠　Bengbu	100.0	101.8	100.0	100.0	100.0	
安　庆　Anqing	100.7	103.6	100.2	100.0	100.6	
泉　州　Quanzhou	100.0	111.3	100.0	100.0	100.0	106.2
九　江　Jiujiang		100.2	105.2	105.3	105.1	100.7
赣　州　Ganzhou	100.0	101.2	100.0	100.0	100.0	100.0
烟　台　Yantai	103.8	101.0	100.6	100.9	100.0	
济　宁　Jining		101.9				
洛　阳　Luoyang	100.6	99.8	100.8		100.8	
平顶山　Pingdingshan	100.0	106.6	100.0	100.0	100.0	100.0
宜　昌　Yichang	100.0	100.3	100.3		100.3	
襄　樊　Xiangfan		100.0				
岳　阳　Yueyang	101.4	105.1	103.3		103.3	
常　德　Changde		100.0				
惠　州　Huizhou						
湛　江　Zhanjiang		104.3	100.0	100.0		
韶　关　Shaoguan	103.0	101.6	100.4	101.5	100.0	
桂　林　Guilin	100.8	102.5	100.0		100.0	
北　海　Beihai		101.7				
三　亚　Sanya	106.1	102.6	107.9	100.7	115.1	119.5
泸　州　Luzhou	100.0	100.8	101.8	103.0	100.0	
南　充　Nanchong		100.8	100.4	100.1	100.6	111.4
遵　义　Zunyi	100.1	102.0	100.0		100.0	
大　理　Dali		100.0				

4－6－6 全国 70 个大中城市物业管理价格指数(2007 年)
Price Indices of Real Estate Management in 70 Major Cities (2007)

(上年价格＝100) (Preceding year＝100)

地 区	Region	物业管理价格指数 Price Indices of Real Estate Management	一、住宅 Residential Buildings	(一)普通住宅 General Residential Buildings	(二)高档住宅 Luxury Residential Buildings	(三)经济适用房 Economically Affordable Housing	二、办公楼 Office Buildings
全 国	**Total**	**100.5**	**100.3**	**100.3**	**100.4**	**100.2**	**100.4**
北 京	Beijing	100.1	100.1	100.0	100.0	100.6	100.7
天 津	Tianjin	100.0	100.0	100.0	100.0	100.0	100.0
石家庄	Shijiazhuang	100.0	100.0	100.0	100.0	100.0	100.0
太 原	Taiyuan	102.6	103.7	104.8	100.0	100.0	100.0
呼和浩特	Hohhot	100.0	100.0	100.0	100.0	100.0	100.0
沈 阳	Shenyang	100.2	100.0	100.0	100.0	100.0	100.5
大 连	Dalian	100.3	100.1	100.1	100.0		100.0
长 春	Changchun	99.5	99.3	99.3		100.0	100.0
哈尔滨	Harbin	100.0	100.0	100.0	100.0	100.0	100.0
上 海	Shanghai	100.0	100.0	100.0	100.0		100.0
南 京	Nanjing	101.4	103.1	103.7	101.7	100.0	100.6
杭 州	Hangzhou	100.4	100.0	100.0	100.0	100.0	101.6
宁 波	Ningbo	102.3	101.5	101.8	100.0	100.0	105.0
合 肥	Hefei	100.0	100.0	100.0	100.0		100.0
福 州	Fuzhou	100.1	100.0	100.0	100.0	100.0	100.3
厦 门	Xiamen	100.0	100.0	100.1	100.0	100.0	100.0
南 昌	Nanchang	101.8	101.7	102.2	102.0	100.0	100.1
济 南	Jinan	100.1	100.0	100.0	100.0		100.0
青 岛	Qingdao	100.4	100.0	100.0	100.0	100.0	100.0
郑 州	Zhengzhou	100.6	100.7	100.8	100.5	100.0	100.0
武 汉	Wuhan	100.1	100.0	100.0	100.0	100.0	100.8
长 沙	Changsha	100.1	100.0	100.0	100.0	100.0	99.1
广 州	Guangzhou	100.5	100.5	100.5	100.7		100.7
深 圳	Shenzhen	100.2	100.2	99.9	101.1	100.0	100.6
南 宁	Nanning	100.0	100.0	100.0	100.0	100.0	100.0
海 口	Haikou	100.0	100.0	100.0	100.0	100.0	100.0
重 庆	Chongqing	99.7	99.5	99.2	101.0	100.0	98.7
成 都	Chengdu	100.2	100.1	100.0	100.3		100.3
贵 阳	Guiyang	100.2	100.2	100.2	100.8	100.0	100.3
昆 明	Kunming	100.0	100.0	100.1	100.0	100.0	100.0
西 安	Xi'an	100.7	101.1	101.8	100.0	100.0	100.1
兰 州	Lanzhou	102.0	103.6	104.9		100.0	100.0
西 宁	Xining	100.8	100.9	101.2	103.3	100.0	100.0
银 川	Yinchuan	99.8	99.7	99.6	100.0	100.0	100.0
乌鲁木齐	Urumchi	100.1	100.1	100.0	100.0	100.2	100.0

4－6－6 续表 1　Continued 1

(上年价格＝100)　　　　　　　　　　　　　　　　　　　　　　　　　　　　(Preceding year＝100)

地　区	Region	物业管理价格指数 Price Indices of Real Estate Management	一、住宅 Residential Buildings	(一)普通住宅 General Residential Buildings	(二)高档住宅 Luxury Residential Buildings	(三)经济适用房 Economically Affordable Housing	二、办公楼 Office Buildings
唐　山	Tangshan	100.0	100.0	100.0	100.0	100.0	100.0
秦皇岛	Qinhuadao	100.3	100.3	100.4		100.0	100.0
包　头	Baotou	100.3	100.4	100.5	100.0	100.0	100.0
丹　东	Dandong	100.0	100.0	100.0	100.0		100.0
锦　州	Jinzhou	103.2	104.0	104.4	100.0	200.0	100.0
吉　林	Jilin	100.0	100.0	100.0	100.0		100.0
牡丹江	Mudanjiang	96.9	93.1	92.2	100.0		100.0
无　锡	Wuxi	100.0	100.0	100.0	100.0	100.0	100.0
扬　州	Yangzhou	100.0	100.0	100.0	100.0		100.0
徐　州	Xuzhou	101.3	102.0	102.6	100.0	100.0	99.9
温　州	Wenzhou	99.9	99.8	99.8	100.0	100.0	100.0
金　华	Jinhua	100.0	100.0	100.0	100.0	100.0	
蚌　埠	Bengbu	100.0	100.0	100.0	100.0	100.0	100.0
安　庆	Anqing	100.0	100.0	100.0	100.0	100.0	100.0
泉　州	Quanzhou	100.2	100.1	100.2	100.0	100.0	100.0
九　江	Jiujiang	100.1	100.1	100.0	100.6	100.0	100.0
赣　州	Ganzhou	103.3	100.6	100.8	100.0	100.0	105.1
烟　台	Yantai	100.2	100.0	100.0	100.0	100.0	101.0
济　宁	Jining	100.1	100.1	100.2	100.0		
洛　阳	Luoyang	100.0	100.0	100.0	100.0	100.0	99.8
平顶山	Pingdingshan	102.0	102.3	102.4	100.2	103.1	100.9
宜　昌	Yichang	103.3	103.2	104.3	100.0	100.0	107.9
襄　樊	Xiangfan	103.0	102.6	102.6			
岳　阳	Yueyang	99.9	99.8	99.6	100.7		100.0
常　德	Changde	100.1	100.0	100.0	100.0		100.7
惠　州	Huizhou	103.8	103.8	103.8	100.0		
湛　江	zhanjiang	100.2	100.0	100.0			100.0
韶　关	Shaoguan	100.0	100.0	100.0	100.0		100.0
桂　林	Guilin	100.6	100.8	100.6	101.9		100.2
北　海	Beihai	108.8	110.7	110.3	112.3		100.0
三　亚	Sanya	100.0	100.0	100.0	100.1		100.0
泸　州	Luzhou	100.2	100.2	100.2	100.0	100.0	100.0
南　充	Nanchong	100.2	100.1	100.1	100.0		100.0
遵　义	Zunyi	99.8	99.6	99.6	100.0		100.0
大　理	Dali	100.0	100.0	100.0	100.0		100.0

4－6－6 续表 2－1　Continued 2－1

（上年价格＝100）　　(Preceding year＝100)

地　区	Region	(一)写字楼 High-grade Office Buildings	(二)普通办公用房 General Office Buildings	三、商业娱乐用房 Houses for Business and Entertainment	四、工业仓储用房 Workshops and Storehouses	(一)工业厂房 Industry Workshops	(二)仓库 Storehouses
全　国	**Total**	**100.3**	**100.4**	**100.7**	**100.1**	**100.1**	**100.0**
北　京	Beijing	101.3	100.0	100.0			
天　津	Tianjin	100.0	100.0	100.0	100.0	100.0	
石家庄	Shijiazhuang	100.0		100.0			
太　原	Taiyuan	100.0	100.0	100.0			
呼和浩特	Hohhot	100.0	100.0	100.0	100.0	100.0	100.0
沈　阳	Shenyang	100.3	100.0	100.0			
大　连	Dalian	100.0	100.1	101.1			
长　春	Changchun	100.0		100.0			
哈尔滨	Harbin		100.0	100.0	100.0	100.0	
上　海	Shanghai	100.0	100.0	100.0			
南　京	Nanjing	101.1	100.0	100.0	100.0	100.0	
杭　州	Hangzhou	101.8	100.0	100.0			
宁　波	Ningbo	105.4	100.0	101.6			
合　肥	Hefei	100.0	100.0	100.0			
福　州	Fuzhou	100.2	100.4	100.0	100.0	100.0	
厦　门	Xiamen	100.0	100.0	100.0	100.0	100.0	
南　昌	Nanchang	100.2	100.0	105.5	100.0	100.0	100.0
济　南	Jinan	100.0	100.0		103.0	103.0	
青　岛	Qingdao	100.0	100.0	103.2	100.0	100.0	
郑　州	Zhengzhou	100.0	100.0	100.3			
武　汉	Wuhan	101.9	100.0	100.0	100.0	100.0	100.0
长　沙	Changsha	98.1	99.2	101.6	100.0	100.0	100.0
广　州	Guangzhou	101.0	100.0	100.0	100.0	100.0	
深　圳	Shenzhen	100.0	101.5	100.1	100.0	100.0	100.0
南　宁	Nanning	100.0	100.0	100.0	100.0		100.0
海　口	Haikou	100.0	100.0	100.0	100.0	100.0	
重　庆	Chongqing	98.6	99.9	100.6	99.6	99.5	100.0
成　都	Chengdu	100.0	100.7	100.1			
贵　阳	Guiyang	100.3	100.1	100.0			
昆　明	Kunming	100.0					
西　安	Xi'an	100.2	100.0	100.3	100.0	100.0	
兰　州	Lanzhou	100.0	100.0	100.1			
西　宁	Xining	100.0	100.0	100.3			
银　川	Yinchuan	100.0	100.0	100.0	100.0	100.0	
乌鲁木齐	Urumchi	100.0	100.0	100.0	100.0		100.0

4－6－6 续表 2－2 Continued 2－2

(上年价格＝100) (Preceding year＝100)

地区 Region		(一)写字楼 High-grade Office Buildings	(二)普通办公用房 General Office Buildings	三、商业娱乐用房 Houses for Business and Entertainment	四、工业仓储用房 Workshops and Storehouses	(一)工业厂房 Industry Workshops	(二)仓库 Storehouses
唐山	Tangshan	100.0		100.0			
秦皇岛	Qinhuadao	100.0		100.0			
包头	Baotou	100.0	100.0	100.0			100.0
丹东	Dandong	100.0	100.0	100.0			
锦州	Jinzhou		100.0	100.0			
吉林	Jilin	100.0	100.0	100.0			
牡丹江	Mudanjiang	100.0		125.0			100.0
无锡	Wuxi	100.0	100.0	100.0	100.0	100.0	
扬州	Yangzhou		100.0	100.0			
徐州	Xuzhou	100.9	99.7	102.4	101.5	101.5	
温州	Wenzhou	100.0	100.0	99.9	100.0	100.0	100.0
金华	Jinhua				100.0	100.0	
蚌埠	Bengbu	100.0		100.0			
安庆	Anqing		100.0	100.0			
泉州	Quanzhou	100.0	100.0	100.8	100.0	100.0	
九江	Jiujiang	100.0	100.0	100.0	100.0	100.0	100.0
赣州	Ganzhou	100.0	106.4	111.4			
烟台	Yantai	102.0	100.0	100.0			
济宁	Jining						
洛阳	Luoyang	99.5	100.0	100.0			
平顶山	Pindingshan	101.4	100.8	100.0	100.2	100.0	100.7
宜昌	Yichang	109.6	100.0	100.0	100.0		100.0
襄樊	Xiangfan				107.4		107.4
岳阳	Yueyang	100.0	100.0	100.2			
常德	Changde		100.7	100.0			
惠州	Huizhou						
湛江	zhanjiang		100.0	100.3			
韶关	Shaoguan	100.0	100.0	100.0			
桂林	Guilin	100.0	102.4	100.0			
北海	Beihai		100.0				
三亚	Sanya	100.0		100.0			
泸州	Luzhou	100.0		100.0			
南充	Nanchong		100.0	100.5			
遵义	Zunyi	100.0		100.8			
大理	Dali	100.0	100.0	100.1			

4—7—1 全国居民消费价格分类指数(1994～2007年)

(上年价格=100)

项　　目	Item	1994	1995	1996
总指数	**Consumer Price Index**	**124.1**	**117.1**	**108.3**
一、食品	**Food**	**131.8**	**122.9**	**107.6**
1.粮食	Grain	150.7	136.8	106.5
2.淀粉	Starches	132.3	140.1	107.8
3.豆类及豆制品	Bean and Its Products	117.1	111.9	120.6
4.油脂	Oil or Fat	161.3	116.0	92.1
5.肉禽及其制品	Meal, Poultry and Their Products	141.6	126.4	104.5
6.蛋	Eggs	115.0	114.6	116.5
7.水产品	Aquatic Products	120.3	114.4	106.0
8.菜	Vegetables	133.3	127.3	119.1
#鲜菜	Fresh Vegetables	138.2	127.6	119.7
9.调味品	Flavoring	118.4	116.7	114.9
10.糖	Carbohydrate	132.8	127.1	102.1
11.茶及饮料	Tea and Beverages			
茶	Tea			
饮料	Beverages			
12.干鲜瓜果	Dried and Fresh Melons and Fruits	120.6	121.2	104.5
#鲜果	Fresh Fruits	119.4	120.4	103.1
13.糕点饼干面包	Cake, Biscuit and Bread	128.0	123.6	110.0
14.液体乳及乳制品	Milk and Its Products	133.5	126.0	110.8
15.在外用膳食品	Outward Dinner	129.8	124.6	109.4
16.其它食品及加工服务费	Other Foods and Manufacturing Services	114.4	115.2	107.9
二、烟酒及用品	Tobacco, Liquor and Articles			
1.烟草	**Tobacco**	**108.2**	**102.8**	**104.9**
2.酒	**Liquor**			
3.吸烟、饮酒用品	**Articles for Smoking and Drinking**			
三、衣着	**Clothing**	**117.1**	**114.5**	**107.4**
1.服装	Garments	117.7	113.3	107.1
2.衣着材料	Clothing Material	112.5	112.7	105.6
3.鞋袜帽	Footgear and Hats	119.6	118.5	109.6
4.衣着加工服务费	Clothing Manufacturing Services			
四、家庭设备用品及服务	**Household Facilities, Articles and Services**	**112.0**	**107.0**	**103.8**
1.耐用消费品	Durable Consumer Goods	108.8	102.5	100.8
家具	Furniture	110.4	105.0	102.7
家庭设备	Household Facilities	108.1	101.5	99.9
2.室内装饰品	Interior Decorations	106.2	105.9	103.4
3.床上用品	Bed Articles	114.7	113.8	106.2

Consumer Price Indices by Category (1994～2007)

(Preceding year=100)

1997	1998	1999	2000	2001	2002	2003	2004	2005	2006	2007
102.8	**99.2**	**98.6**	**100.4**	**100.7**	**99.2**	**101.2**	**103.9**	**101.8**	**101.5**	**104.8**
99.9	**96.8**	**95.8**	**97.4**	**100.0**	**99.4**	**103.4**	**109.9**	**102.9**	**102.3**	**112.3**
91.1	96.9	96.9	88.6	99.3	98.3	102.3	126.4	101.4	102.7	106.3
96.3	105.4	96.7	98.6	99.5	100.4	100.6	106.8	105.5	101.8	106.2
106.0	97.3	91.3	102.0	99.0	98.0	106.5	120.5	102.4	100.8	108.0
101.5	100.0	94.5	86.8	91.7	98.7	112.6	118.2	94.3	98.6	126.7
105.5	90.9	90.7	98.5	101.6	99.5	103.3	117.6	102.5	97.1	131.7
79.3	100.9	91.6	84.5	106.0	102.6	98.6	120.2	104.6	96.0	121.8
100.2	93.9	93.3	101.7	97.1	96.7	100.3	112.7	105.9	101.2	105.1
100.0	99.6	101.0	104.7	100.9	98.2	117.7	95.1	109.1	108.2	107.9
100.0	99.9	100.7	105.5	101.4	98.1	120.5	93.9	110.4	108.2	107.3
103.1	99.5	100.6	101.5	102.2	101.2	100.1	101.5	101.4	102.3	104.1
100.4	96.2	91.5	103.7	104.6	97.3	97.5	102.2	104.0	111.2	101.6
				99.1	99.0	99.2	100.0	100.1	101.0	101.5
				101.0	100.9	99.7	101.1	100.8	101.2	103.3
				98.3	98.2	98.9	99.5	99.8	100.9	100.7
94.4	96.2	97.8	96.6	99.9	103.1	103.0	104.0	102.2	117.9	102.2
91.7	96.6	99.4	96.0	100.3	103.6	101.8	102.2	101.6	121.5	100.1
103.8	100.8	100.3	99.7	98.9	98.8	99.3	101.6	100.9	101.3	103.6
104.1	100.3	99.3	100.0	99.1	99.0	99.2	100.5	100.9	100.9	102.7
104.7	101.1	99.9	99.7	100.2	99.9	100.1	104.1	102.4	101.6	107.3
103.9	101.7	99.5	98.5	98.9	99.0	99.1	101.2	101.3	101.2	104.2
				99.7	**99.9**	**99.8**	**101.2**	**100.4**	**100.6**	**101.7**
99.2	98.9	96.3	97.0	99.6	99.9	99.8	100.9	100.4	100.2	100.8
				99.9	100.1	100.1	102.2	100.6	101.2	103.5
				99.7	99.6	99.3	99.3	99.6	100.7	100.1
103.0	**99.2**	**97.3**	**99.1**	**98.1**	**97.6**	**97.8**	**98.5**	**98.3**	**99.4**	**99.4**
103.1	98.9	96.6	99.1	97.6	97.4	97.6	98.3	98.1	99.0	99.4
101.4	98.8	97.6	98.3	98.8	98.9	99.2	100.2	100.0	100.5	101.6
104.0	100.0	98.6	99.8	99.0	98.0	97.7	98.3	98.3	100.2	99.0
				100.3	99.9	100.1	100.7	101.1	101.5	102.3
100.7	**98.4**	**97.7**	**97.7**	**97.7**	**97.5**	**97.4**	**98.6**	**99.9**	**101.2**	**101.9**
98.5	97.3	97.0	96.6	96.1	95.9	95.8	97.1	98.8	100.8	101.6
101.0	98.2	97.5	97.4	98.0	97.7	97.9	98.9	99.2	100.2	101.9
97.4	96.8	96.8	96.2	95.1	95.0	94.6	96.1	98.5	101.2	101.4
101.6	99.5	98.0	98.6	98.3	98.8	98.8	99.2	99.5	100.0	100.3
102.3	100.3	98.2	98.7	99.3	98.7	98.4	99.3	99.4	99.6	99.4

4—7—1 续表

(上年价格=100)

项　　目	Item	1994	1995
4. 家庭日用杂品	**Daily Use Household Articles**	**117.4**	**114.6**
5. 家庭服务及加工维修服务费	**Household Service and Manufacturing Upkeep**	**117.6**	**117.2**
五、医疗保健和个人用品	**Health Care and Personal Articles**		
1. 医疗保健	Health Care	111.7	111.3
医疗器具及用品	Medical Instrument and Articles	116.2	115.7
中药材及中成药	Traditional Chinese Medicine	119.3	111.2
西药	Western Medicine	113.0	111.0
保健器具及用品	Health Care Appliances and Articles		
医疗保健服务	Health Care Services	120.2	111.1
2. 个人用品及服务	Personal Articles and Services		
化妆美容用品	Cosmetics		
清洁化妆用品	Sanitation Articles		
个人饰品	Personal Decorations		
个人服务	Personal Services	130.1	122.3
六、交通和通信	**Transportation and Communication**	**107.8**	**99.9**
1. 交通	Transportation	112.2	111.9
交通工具	Transportation Facility	109.3	101.3
车用燃料及零配件	Fuels and Parts		
车辆使用及维修费	Using and Upkeep Fare		
市内公共交通费	Incity Traffic Fare		
城市间交通费	Intercity Traffic Fare		
2. 通信	Communication		
通信工具	Communication Facility	100.2	95.3
通信服务	Communication Service		
七、娱乐、教育、文化用品及服务	**Recreation, Education and Culture Articles**	**112.5**	**106.4**
1. 文娱用耐用消费品及服务	Durable Consumer Goods for Cultural and Recreational Use and Services	106.1	100.2
2. 教育	Education		
教材及参考书	Teaching Materials and Reference Books	121.5	122.4
学杂托幼费	Tuition and Child Care	135.2	129.6
3. 文化娱乐用品	Cultural and Recreational Articles	119.8	108.8
文化用品	Cultural Articles	110.0	107.7
书报杂志	Newspapers and Magazines	134.3	110.8
文娱费	Expenditure of Culture and Recreation	136.1	125.5
4. 旅游及外出	Touring and Outgoing		
八、居住	**Residence**	**121.3**	**110.6**
1. 建房及装修材料	Building and Building Decoration Materials	112.9	100.9
2. 租房	Rent	137.1	131.8
3. 自有住房	Private Housing	122.4	110.1
4. 水电燃料	Water, Electricity and Fuels	121.9	111.2

4-7-1 Continued

(Preceding year=100)

1996	1997	1998	1999	2000	2001	2002	2003	2004	2005	2006	2007
108.3	103.5	99.9	98.1	98.2	98.6	98.0	98.3	99.8	100.4	101.1	101.7
109.7	108.1	103.8	102.2	100.5	101.5	101.2	101.1	101.9	104.4	105.8	107.2
109.3	104.7	102.8	100.9	100.3	100.0	98.8	100.9	99.7	99.9	101.1	102.1
					100.3	98.5	101.2	99.1	99.5	100.2	102.1
108.6	103.9	101.3	100.7	99.5	98.3	97.2	101.0	102.3	97.4	97.2	98.2
112.7	108.7	107.5	105.2	105.2	101.4	96.6	105.0	98.9	96.5	99.9	107.9
106.9	101.8	99.5	97.9	97.0	94.8	94.5	94.5	94.9	97.7	98.4	99.1
					97.3	97.1	98.2	98.6	100.0	100.3	101.1
112.4	122.9	117.2	111.7	111.1	110.5	108.2	108.9	105.2	105.2	103.0	102.2
					99.5	99.5	100.2	101.2	100.8	103.2	102.1
					99.8	99.7	99.5	98.8	99.4	99.7	100.1
					97.9	97.3	97.1	98.4	99.4	99.9	100.3
					97.8	99.3	102.9	104.5	101.6	110.8	104.5
115.6	110.6	106.5	103.4	101.7	101.7	101.2	100.8	101.8	101.9	102.5	103.1
98.8	97.4	95.8	94.5	93.8	99.0	98.1	97.8	98.5	99.0	99.9	99.1
117.0	106.5	102.9	104.1	105.6	101.0	99.1	99.5	100.4	101.5	103.2	100.8
99.0	97.8	96.5	95.8	95.9	96.4	95.0	95.9	96.5	97.3	97.8	97.7
					99.0	98.5	108.3	107.7	100.3	112.8	103.5
					100.4	100.0	98.9	101.0	102.0	102.4	102.4
					105.8	101.9	100.6	101.0	102.2	104.8	101.3
					104.0	101.8	101.4	102.5	103.3	105.6	103.0
					96.8	97.2	96.1	96.8	96.6	96.4	97.1
98.2	96.3	93.9	91.9	89.9	80.5	83.5	82.1	84.3	84.1	82.2	81.8
					101.1	100.3	99.4	99.8	99.6	100.0	100.6
110.4	100.9	96.6	96.8	97.4	106.6	100.6	101.3	101.3	102.2	99.5	99.0
97.7	93.8	91.7	92.0	92.0	91.2	90.5	92.7	93.3	93.8	94.2	93.1
					113.6	103.7	104.3	103.4	105.1	100.0	99.6
134.8	117.1	102.9	103.3	107.5	106.1	99.0	101.7	102.8	100.9	100.3	99.1
120.0	119.0	116.4	119.2	128.8	114.1	104.0	104.5	103.4	105.4	100.0	99.6
119.8	104.5	102.4	102.3	101.7	101.7	101.2	101.3	101.1	101.2	101.0	101.0
106.0	102.7	100.5	100.3	99.5	99.4	98.9	98.7	99.4	99.8	99.6	99.5
139.4	106.9	105.2	104.9	104.6	101.9	101.0	100.4	100.6	100.8	100.7	100.7
122.8	113.8	110.5	108.0	108.2	104.4	104.2	104.6	103.2	102.9	102.6	102.7
					100.3	95.9	95.4	100.6	99.6	103.1	102.3
111.4	108.3	101.7	101.7	104.8	101.2	99.9	102.1	104.9	105.4	104.6	104.5
100.5	98.3	94.9	96.9	98.5	98.8	98.4	99.5	104.3	102.6	103.9	105.1
134.2	121.5	115.5	110.7	109.2	108.6	104.4	103.5	103.0	101.9	102.7	104.2
108.7	104.3	100.8	101.2	101.9	100.0	95.4	99.1	100.9	105.6	103.7	107.0
114.2	112.2	102.6	102.3	107.7	102.5	102.9	105.7	107.5	108.6	105.9	103.0

4—7—2 全国居民消费价格分类指数(2007年)
Consumer Price Indices by Category (2007)

(上年价格=100) (Preceding year=100)

项 目	Item	全 国 National Indices	城市 Urban Indices	农村 Rural Indices	36个大中城市 36 Major Cities Indices
居民消费价格总指数	**Consumer Price Index**	**104.8**	**104.5**	**105.4**	**103.9**
一、食品	**Food**	**112.3**	**111.7**	**113.6**	**110.8**
1.粮食	Grain	106.3	106.4	106.2	106.0
2.淀粉	Starches	106.2	106.0	106.3	105.4
3.干豆类及豆制品	Bean and Its Products	108.0	107.6	108.8	107.6
4.油脂	Oil or Fat	126.7	125.5	128.3	125.7
5.肉禽及其制品	Meal, Poultry and Their Products	131.7	131.6	131.8	129.3
(1)食用畜肉及副产品	Meal and Their Products	139.7	139.8	139.5	137.5
(2)禽	Poultry	122.7	122.0	123.8	121.2
(3)加工肉禽	Meal and Poultry Products	114.2	113.8	114.8	113.3
6.蛋	Eggs	121.8	122.2	121.1	122.3
7.水产品	Aquatic Products	105.1	104.5	106.5	103.7
(1)鱼	Fish	105.4	104.9	106.5	105.2
(2)其它水产品	Others	104.5	103.9	106.3	102.3
8.菜	Vegetables	107.9	107.3	109.5	107.2
9.调味品	Flavoring	104.1	104.4	103.7	104.0
10.糖	Carbohydrate	101.6	102.1	100.7	102.5
11.茶及饮料	Tea and Beverages	101.5	101.6	101.3	101.5
(1)茶 叶	Tea	103.3	103.5	102.9	103.0
(2)饮 料	Beverages	100.7	100.7	100.5	100.9
12.干鲜瓜果	Dried and Fresh Melons and Fruits	102.2	102.0	102.6	103.1
13.糕点饼干面包	Cake, Biscuit and Bread	103.6	103.8	102.8	103.9
14.液体乳及乳制品	Milk and Its Products	102.7	102.8	102.1	103.1
15.在外用膳食品	Outward Dinner	107.3	107.3	107.5	107.6
16.其它食品	Other Foods and Manufacturing Services	104.2	104.7	103.3	105.4
二、烟酒及用品	**Tobacco, Liquor and Articles**	**101.7**	**101.8**	**101.6**	**101.8**
1.烟草	Tobacco	100.8	100.6	101.0	100.5
2.酒	Liquor	103.5	104.3	102.6	104.7
3.吸烟饮酒用品	Articles for Smoking and Drinking	100.1	100.1	100.1	99.8
三、衣着	**Clothing**	**99.4**	**99.1**	**100.2**	**99.5**
1.服装	Garments	99.4	99.3	99.8	100.2
(1)男式服装	Men's Clothing	99.2	99.2	99.4	99.7
(2)女式服装	Women's Clothing	99.5	99.4	99.9	100.7
(3)儿童服装	Children's Clothing	99.8	99.1	100.6	99.0
2.衣着材料	Clothing Material	101.6	101.3	101.9	101.6
3.鞋袜帽	Footgear and Hats	99.0	98.4	100.5	97.5
(1)鞋	Shoes	98.8	98.1	100.5	97.1
(2)袜子	Socks	100.4	100.4	100.4	100.5
(3)帽子	Hats	101.0	101.5	100.4	102.2
4.衣着加工服务	Clothing Manufacturing Services	102.3	102.2	102.3	101.6

4—7—2 续表 Continued

项 目	Item	全国 National Indices	城市 Urban Indices	农 村 Rural Indices	36 个大中城市 36 Major Cities Indices
四、家庭设备用品及维修服务	**Household Facilities, Articles and Services**	**101.9**	**101.9**	**102.1**	**102.0**
1. 耐用消费品	Durable Consumer Goods	101.6	101.5	101.9	101.6
(1)家具	Furniture	101.9	101.4	102.8	101.5
(2)家庭设备	Household Facilities	101.4	101.5	101.3	101.6
2. 室内装饰品	Interior Decorations	100.3	100.2	100.5	99.5
3. 床上用品	Bed Articles	99.4	99.1	100.1	99.1
4. 家庭日用杂品	Daily Use Household Articles	101.7	101.6	102.0	101.8
5. 家庭服务及加工维修服务	Household Service and Manufacturing Upkeep	107.2	107.3	106.8	107.4
五、医疗保健和个人用品	**Health Care and Personal Articles**	**102.1**	**101.7**	**102.8**	**101.3**
1. 医疗保健	Health Care	102.1	101.7	102.9	101.0
(1)医疗器具及用品	Medical Instrument and Articles	98.2	98.4	98.0	98.1
(2)中药材及中成药	Traditional Chinese Medicine	107.9	107.5	108.8	106.4
(3)西药	Western Medicine	99.1	98.9	99.6	98.8
(4)保健器具及用品	Health Care Appliances and Articles	101.1	101.1	100.9	100.9
(5)医疗保健服务	Health Care Services	102.2	101.4	103.2	100.6
2. 个人用品及服务	Personal Articles and Services	102.1	101.8	102.6	101.9
(1)化妆美容用品	Cosmetics	100.1	100.0	100.3	100.0
(2)清洁化妆用品	Sanitation Articles	100.3	100.2	100.5	100.4
(3)个人饰品	Personal Decorations	104.5	104.8	103.8	105.0
(4)个人服务	Personal Services	103.1	102.3	104.4	101.2
六、交通和通信	**Transportation and Communication**	**99.1**	**98.4**	**100.6**	**97.8**
1. 交通	Transportation	100.8	100.2	102.1	99.6
(1)交通工具	Transportation Facility	97.7	96.9	99.2	96.4
(2)车用燃料及零配件	Fuels and Parts	103.5	103.3	103.9	103.5
(3)车辆使用及维修	Using and Upkeep Fare	102.4	102.4	102.6	101.6
(4)市区公共交通	Incity Traffic Fare	101.3	100.7	104.0	99.6
(5)城市间交通	Intercity Traffic Fare	103.0	102.0	104.4	101.6
2. 通信	Communication	97.1	96.5	98.7	95.8
(1)通信工具	Communication Facility	81.8	78.6	87.6	73.3
(2)通信服务	Communication Service	100.6	100.1	102.0	99.9
七、娱乐教育文化用品及服务	**Recreation, Education and Culture Articles**	**99.0**	**99.3**	**98.4**	**98.7**
1. 文娱用耐用消费品及服务	Durable Consumer Goods for Cultural and Recreational Use and Services	93.1	91.8	95.8	89.4
2. 教育	Education	99.6	100.4	98.2	100.3
(1)教材及参考书	Teaching Materials and Reference Books	99.1	99.6	98.2	100.5
(2)学杂托幼费	Tuition and Child Care	99.6	100.5	98.2	100.3
3. 文化娱乐	Cultural and Recreational Articles	101.0	101.1	100.9	100.4
(1)文化娱乐用品	Cultural Articles	99.5	99.2	100.2	98.3
(2)书报杂志	Newspapers and Magazines	100.7	100.7	100.7	100.6
(3)文娱费	Expenditure of Culture and Recreation	102.7	102.7	102.3	102.0
4. 旅游	Touring and Outgoing	102.3	102.1	103.4	101.7
八、居住	**Residence**	**104.5**	**104.5**	**104.4**	**104.3**
1. 建房及装修材料	Building and Building Decoration Materials	105.1	105.3	105.1	105.3
2. 租房	Rent	104.2	103.8	106.1	104.0
3. 自有住房	Private Housing	107.0	107.4	105.7	105.7
4. 水、电、燃料	Water, Electricity and Fuels	103.0	103.0	103.0	102.9

4—7—3 各地区居民消费价格总指数(1981～2007 年)

(上年价格=100)

地　区	Region	1981	1982	1983	1984	1985	1986	1987	1988	1989	1990	1991	1992
全国平均	**National**	**102.5**	**102.0**	**102.0**	**102.7**	**109.3**	**106.5**	**107.3**	**118.8**	**118.0**	**103.1**	**103.4**	**106.4**
北　京	Beijing	101.3	101.8	100.5	102.2	117.6	106.8	108.6	120.4	117.2	105.4	111.9	109.9
天　津	Tianjin	101.3	100.5	100.5	101.8	113.1	106.8	106.8	116.9	114.7	103.0	110.2	111.4
河　北	Hebei	103.2	100.9	102.0	103.1	108.1	105.7	107.8	118.0	118.7	100.6	103.4	106.1
山　西	Shanxi		102.3	101.5	103.0	108.5	105.6	107.4	120.9	119.5	102.2	104.8	107.3
内蒙古	Inner Mongolia	101.9	101.7	101.2	104.9	109.3	105.2	107.8	116.3	115.3	102.3	104.6	107.4
辽　宁	Liaoning	102.0	101.4	101.7	103.6			108.8	119.3	118.2	103.3	105.6	106.7
吉　林	Jilin	101.6	104.2	104.5	103.6			107.6	120.3	117.2	104.9	106.8	108.0
黑龙江	Heilongjiang	102.1	103.0	102.5	104.4	111.8	106.2	109.4	118.0	114.6	105.7	107.4	109.2
上　海	Shanghai	101.4	100.3	100.2	102.2	115.2	106.3	108.1	120.1	115.9	106.3	110.5	110.0
江　苏	Jiangsu	101.0	100.9	100.5	104.1	109.5	107.1	109.2	121.9	117.1	103.2	104.9	106.6
浙　江	Zhejiang	101.7	101.9	102.8	103.7	114.8	106.2	108.8	121.5	118.2	102.1	103.5	107.5
安　徽	Anhui	103.2	100.1	102.2	102.1	107.1	106.2	109.1	120.9	117.2	102.7	106.1	108.2
福　建	Fujian	103.8	103.1	102.0	102.8	111.3	106.5	109.4	126.5	118.9	99.3	103.5	105.9
江　西	Jiangxi	103.8	103.1	101.9	102.6	109.0	106.6	106.6	121.8	118.5	102.1	102.8	105.7
山　东	Shandong	101.8	100.9	102.4	101.6	108.7	104.8	108.3	118.7	117.3	103.4	104.9	106.8
河　南	Henan	102.4	101.8	102.9	102.2		105.3	106.3	119.4	118.7	100.7	102.3	105.4
湖　北	Hubei	102.1	100.9	101.7	102.9	108.4	105.5	107.5	119.0	116.3	104.2	104.9	109.6
湖　南	Hunan	101.8	101.6	102.7	103.4	110.9	105.3	109.8	125.6	118.2	100.4	104.4	110.7
广　东	Guangdong	106.3	102.6	102.8	101.9	114.8	104.9	111.1	129.4	122.1	97.5	101.2	107.3
广　西	Guangxi	102.7	104.1	103.0	104.6	113.0	106.2	108.2	120.8	121.1	101.1	102.8	105.9
海　南	Hainan								128.1	128.4	102.1	103.9	108.7
重　庆	Chongqing												
四　川	Sichuan	102.7	102.2	101.2	102.2	107.3	104.7	107.6	119.9	119.8	103.8	103.0	107.4
贵　州	Guizhou	103.1	103.6	101.6	102.8	107.7	105.4	107.1	119.8	118.3	101.8	104.4	107.8
云　南	Yunnan	100.8	101.7	100.6	101.9	108.2	106.1	107.0	119.8	118.6	102.8	103.1	108.9
西　藏	Tibet												
陕　西	Shaanxi	103.6	100.4	102.2	103.4	107.4	106.1	108.2	118.8	118.5	102.4	106.6	110.3
甘　肃	Gansu	102.7	102.2	100.6	103.3	109.2	106.6	107.6	119.1	117.9	103.2	104.9	107.2
青　海	Qinghai	101.3	101.8	100.7	103.4	110.7	106.2	107.2	118.0	117.5	105.1	107.6	108.0
宁　夏	Ningxia	102.1	102.8	101.6	103.3	108.6	105.8	107.3	117.1	117.2	107.1	106.3	108.3
新　疆	Xinjiang	102.4	100.1	102.2	102.4		107.3	107.2	114.7	116.0	105.0	108.6	108.6

Consumer Price Indices by Region(1981～2007)

(Preceding year=100)

1993	1994	1995	1996	1997	1998	1999	2000	2001	2002	2003	2004	2005	2006	2007
114.7	**124.1**	**117.1**	**108.3**	**102.8**	**99.2**	**98.6**	**100.4**	**100.7**	**99.2**	**101.2**	**103.9**	**101.8**	**101.5**	**104.8**
119.0	124.9	117.3	111.6	105.3	102.4	100.6	103.5	103.1	98.2	100.2	101.0	101.5	100.9	102.4
117.6	124.0	115.3	109.0	103.1	99.5	98.9	99.6	101.2	99.6	101.0	102.3	101.5	101.5	104.2
113.8	122.6	115.2	107.1	103.5	98.4	98.1	99.7	100.5	99.0	102.2	104.3	101.8	101.7	104.7
115.1	125.2	116.9	107.9	103.1	98.6	99.6	103.9	99.8	98.4	101.8	104.1	102.3	102.0	104.6
114.1	122.9	117.5	107.6	104.5	99.3	99.8	101.3	100.6	100.2	102.2	102.9	102.4	101.5	104.6
115.2	124.3	116.1	107.9	103.1	99.3	98.6	99.9	100.0	98.9	101.7	103.5	101.4	101.2	105.1
112.6	120.6	115.2	107.2	103.7	99.2	98.0	98.6	101.3	99.5	101.2	104.1	101.5	101.4	104.8
114.8	121.9	116.1	107.1	104.4	100.4	96.8	98.3	100.8	99.3	100.9	103.8	101.2	101.9	105.4
120.2	123.9	118.7	109.2	102.8	100.0	101.5	102.5	100.0	100.5	100.1	102.2	101.0	101.2	103.2
118.2	123.2	115.8	109.3	101.7	99.4	98.7	100.1	100.8	99.2	101.0	104.1	102.1	101.6	104.3
119.8	124.8	116.6	107.9	102.8	99.7	98.8	101.0	99.8	99.1	101.9	103.9	101.3	101.1	104.2
114.7	126.9	114.8	109.9	101.3	100.0	97.8	100.7	100.5	99.0	101.7	104.5	101.4	101.2	105.3
115.4	125.3	115.2	105.9	101.7	99.7	99.1	102.1	98.7	99.5	100.8	104.0	102.2	100.8	105.2
114.6	126.9	116.9	108.4	102.0	101.0	98.6	100.3	99.5	100.1	100.8	103.5	101.7	101.2	104.8
112.7	123.4	117.6	109.6	102.8	99.4	99.3	100.2	101.8	99.3	101.1	103.6	101.7	101.0	104.4
110.4	125.2	116.5	110.5	103.5	97.5	96.9	99.2	100.7	100.1	101.6	105.4	102.1	101.3	105.4
118.4	125.3	120.0	109.4	103.2	98.4	97.8	99.0	100.3	99.6	102.2	104.9	102.9	101.6	104.8
116.8	125.3	119.0	107.7	102.8	100.2	100.5	101.4	99.1	99.5	102.4	105.1	102.3	101.4	105.6
121.6	121.7	114.0	107.0	101.9	98.2	98.2	101.4	99.3	98.6	100.6	103.0	102.3	101.8	103.7
122.0	126.0	118.4	106.5	100.8	97.0	97.7	99.7	100.6	99.1	101.1	104.4	102.4	101.3	106.1
123.3	126.7	113.5	104.3	100.8	97.3	98.3	101.1	98.5	99.5	100.1	104.4	101.5	101.5	105.0
				103.1	96.4	99.3	96.7	101.7	99.6	100.6	103.7	100.8	102.4	104.7
116.8	124.6	118.5	109.3	105.1	99.6	98.5	100.1	102.1	99.7	101.7	104.9	101.7	102.3	105.9
116.0	122.8	121.4	109.1	103.4	100.1	99.2	99.5	101.8	99.0	101.2	104.0	101.0	101.7	106.4
121.3	119.2	121.3	108.7	104.3	101.7	99.7	97.9	99.1	99.8	101.2	106.0	101.4	101.9	105.9
						100.0	99.9	100.1	100.4	100.9	102.7	101.5	102.0	103.4
113.1	126.7	119.0	109.7	104.8	98.4	97.8	99.5	101.0	98.9	101.7	103.1	101.2	101.5	105.1
115.4	123.7	119.8	110.2	102.9	99.0	97.6	99.5	104.0	100.0	101.1	102.3	101.7	101.3	105.5
113.2	121.8	118.0	110.8	104.8	100.7	99.5	99.5	102.6	102.3	102.0	103.2	100.8	101.6	106.6
114.3	123.1	117.1	106.8	103.8	100.0	98.7	99.6	101.6	99.4	101.7	103.7	101.5	101.9	105.4
113.0	126.7	119.7	110.5	103.7	100.2	97.4	99.4	104.0	99.4	100.4	102.7	100.7	101.3	105.5

4－7－4 各地区居民消费价格指数(2007年)
Consumer Price Indices by Category and Region (2007)

(上年价格＝100) (Preceding year＝100)

地 区 Region	居民消费价格指数 Consumer Price Index	一、食品 Food	1.粮食 Grain	2.淀粉 Starches	3.干豆类及豆制品 Bean and Its Products	4.油脂 Oil or Fat	5.肉禽及其制品 Meal, Poultry and Their Products	(1)食用畜肉及副产品 Meal and Their Products
全国平均 National	**104.8**	**112.3**	**106.3**	**106.2**	**108.0**	**126.7**	**131.7**	**139.7**
北 京 Beijing	102.4	109.2	107.4	108.6	108.5	117.3	128.7	134.6
天 津 Tianjin	104.2	111.6	106.3	111.1	109.9	126.8	129.8	136.5
河 北 Hebei	104.7	112.8	109.0	105.8	108.0	122.2	135.4	144.6
山 西 Shanxi	104.6	113.1	106.9	116.0	107.3	120.5	138.1	148.4
内蒙古 Inner Mongolia	104.6	113.3	107.1	113.3	106.4	126.1	134.7	142.5
辽 宁 Liaoning	105.1	112.8	106.0	105.5	111.0	129.5	137.7	143.9
吉 林 Jilin	104.8	112.1	105.6	109.4	110.2	124.8	142.0	150.9
黑龙江 Heilongjiang	105.4	113.7	105.0	107.8	111.3	141.2	137.0	144.6
上 海 Shanghai	103.2	109.4	101.6	101.8	108.7	129.8	123.0	132.7
江 苏 Jiangsu	104.3	111.4	103.0	103.5	105.9	128.6	127.6	135.5
浙 江 Zhejiang	104.2	111.0	103.9	102.5	109.4	131.4	131.2	140.0
安 徽 Anhui	105.3	112.5	105.8	106.4	107.1	127.3	133.4	140.9
福 建 Fujian	105.2	112.2	106.7	106.5	109.5	122.1	128.4	132.8
江 西 Jiangxi	104.8	111.9	108.2	103.5	105.9	125.9	130.6	137.4
山 东 Shandong	104.4	113.6	108.1	109.6	108.5	121.9	134.7	144.3
河 南 Henan	105.4	114.8	108.6	108.6	109.2	124.7	137.7	147.8
湖 北 Hubei	104.8	112.6	108.6	102.3	107.4	130.8	132.1	142.1
湖 南 Hunan	105.6	113.7	109.2	100.6	108.3	128.6	133.4	141.9
广 东 Guangdong	103.7	109.1	104.4	103.9	103.5	119.7	122.4	128.2
广 西 Guangxi	106.1	114.1	106.4	104.6	109.2	122.3	132.7	137.9
海 南 Hainan	105.0	110.9	102.4	101.9	99.8	118.5	124.7	129.6
重 庆 Chongqing	104.7	114.1	107.9	107.1	103.4	132.3	136.7	143.5
四 川 Sichuan	105.9	114.5	107.7	101.5	107.1	127.4	133.8	143.6
贵 州 Guizhou	106.4	116.7	106.9	104.2	107.2	147.5	134.8	144.3
云 南 Yunnan	105.9	114.1	105.7	97.3	109.6	131.2	132.0	140.6
西 藏 Tibet	103.4	106.5	108.5	99.6	102.7	108.5	119.5	127.0
陕 西 Shaanxi	105.1	112.9	107.7	102.1	109.5	124.6	139.5	150.8
甘 肃 Gansu	105.5	112.1	106.8	110.3	108.3	126.2	133.2	138.3
青 海 Qinghai	106.6	114.8	108.1	109.1	110.3	124.8	137.9	142.5
宁 夏 Ningxia	105.4	113.9	105.4	111.4	108.6	127.4	138.1	145.0
新 疆 Xinjiang	105.5	112.6	108.5	106.6	109.2	134.9	125.7	129.1

4－7－4 续表 1　Continued 1

（上年价格＝100）　　　　(Preceding year＝100)

地　区　Region	(2)禽 Poultry	(3)加工肉禽 Meat and Poultry Products	6.蛋 Eggs	7.水产品 Aquatic Products	(1)鱼 Fish	(2)其它水产品 Other Aquatic Products	8.菜 Vegetables	9.调味品 Flavoring
全国平均 National	**122.7**	**114.2**	**121.8**	**105.1**	**105.4**	**104.5**	**107.9**	**104.1**
北　京 Beijing	117.5	121.1	118.6	108.8	107.8	109.8	109.8	102.5
天　津 Tianjin	110.4	115.6	122.4	108.6	112.8	106.6	101.5	102.1
河　北 Hebei	127.3	114.4	123.3	104.0	106.4	99.8	107.7	100.8
山　西 Shanxi	118.5	118.7	124.4	103.4	103.8	102.3	107.9	107.2
内蒙古 Inner Mongolia	125.2	113.0	124.8	108.1	107.7	107.8	106.7	107.2
辽　宁 Liaoning	127.2	118.0	126.8	102.0	104.7	98.9	108.0	101.8
吉　林 Jilin	127.6	117.6	128.9	105.9	106.5	104.3	101.9	100.3
黑龙江 Heilongjiang	126.0	121.1	127.7	102.3	105.0	95.7	99.2	105.9
上　海 Shanghai	121.2	106.1	121.8	101.4	103.7	99.7	113.5	104.6
江　苏 Jiangsu	121.1	112.8	122.5	105.2	104.2	106.4	112.6	101.0
浙　江 Zhejiang	123.6	110.7	124.5	104.9	105.3	104.5	106.5	101.3
安　徽 Anhui	125.3	109.2	120.5	105.9	104.5	108.9	107.4	102.2
福　建 Fujian	124.4	111.0	123.2	106.0	108.1	104.3	110.2	102.2
江　西 Jiangxi	122.9	108.6	119.5	103.5	101.4	110.0	102.8	103.0
山　东 Shandong	120.6	116.3	120.8	104.9	106.5	102.7	113.1	103.1
河　南 Henan	128.4	117.0	121.3	107.9	108.6	105.7	107.6	107.6
湖　北 Hubei	126.4	111.8	122.4	106.0	106.4	104.8	107.5	103.1
湖　南 Hunan	124.9	111.9	121.3	108.0	105.9	114.1	105.1	101.3
广　东 Guangdong	116.3	112.9	116.6	104.1	104.1	104.1	103.5	104.4
广　西 Guangxi	128.6	121.0	123.8	105.7	106.3	103.8	106.1	107.4
海　南 Hainan	119.5	112.8	117.8	109.5	110.3	107.0	108.6	114.8
重　庆 Chongqing	134.3	112.1	120.5	109.8	108.5	113.6	110.5	103.5
四　川 Sichuan	121.5	113.6	118.9	107.9	106.4	108.7	108.7	101.8
贵　州 Guizhou	124.4	116.1	114.2	110.5	110.4	110.2	107.8	109.9
云　南 Yunnan	116.0	118.2	112.9	103.7	103.4	104.9	117.3	109.7
西　藏 Tibet	114.5	104.0	105.1	104.1	105.1	101.2	99.1	98.9
陕　西 Shaanxi	131.4	111.5	121.3	107.0	107.5	105.5	107.5	109.8
甘　肃 Gansu	130.1	120.7	127.1	105.0	106.5	101.4	104.7	108.9
青　海 Qinghai	123.2	118.6	120.1	102.7	103.8	101.1	104.7	107.1
宁　夏 Ningxia	120.6	119.6	126.0	109.1	106.7	114.8	101.5	105.4
新　疆 Xinjiang	118.2	109.9	124.8	109.0	111.0	104.7	101.4	111.9

4-7-4 续表 2 Continued 2

(上年价格=100) (Preceding year=100)

地 区 Region	10. 糖 Carbohy-drate	11. 茶及饮料 Tea and Beverages	(1)茶叶 Tea	(2)饮料 Beverages	12. 干鲜瓜果 Dried and Fresh Melons and Fruits	13. 糕点饼干面包 Cake, Biscuit and Bread	14. 液体乳及乳制品 Milk and Its Products	15. 在外用膳食品 Outward Dinner
全国平均 National	**101.6**	**101.5**	**103.3**	**100.7**	**102.2**	**103.6**	**102.7**	**107.3**
北 京 Beijing	103.4	100.9	100.8	101.0	102.0	104.6	102.4	105.0
天 津 Tianjin	103.0	101.4	98.6	102.4	97.8	105.5	102.0	113.1
河 北 Hebei	105.1	101.0	101.2	100.9	100.1	102.3	101.9	106.9
山 西 Shanxi	101.9	101.8	102.4	101.7	101.9	105.8	103.8	110.0
内蒙古 Inner Mongolia	98.5	100.4	101.3	100.0	103.7	104.2	102.3	106.8
辽 宁 Liaoning	101.9	100.5	101.4	100.1	103.2	103.5	101.6	105.2
吉 林 Jilin	100.0	100.2	105.3	98.7	97.4	101.3	100.3	105.3
黑龙江 Heilongjiang	102.8	100.8	99.8	101.1	105.4	104.5	100.2	108.1
上 海 Shanghai	99.8	101.8	104.5	101.5	111.8	101.5	106.2	107.6
江 苏 Jiangsu	101.9	100.8	103.1	100.1	104.8	102.5	105.9	106.8
浙 江 Zhejiang	101.2	100.9	99.7	101.2	100.1	103.4	103.4	107.9
安 徽 Anhui	100.3	101.0	100.9	101.2	99.0	101.9	102.4	106.7
福 建 Fujian	102.3	99.3	100.6	98.3	101.2	102.4	100.5	108.5
江 西 Jiangxi	100.0	99.7	100.7	99.2	98.5	103.1	101.3	105.7
山 东 Shandong	103.4	101.6	101.3	101.8	108.5	102.5	103.2	107.0
河 南 Henan	101.4	101.2	104.2	100.4	103.0	103.5	101.7	107.6
湖 北 Hubei	102.8	102.2	102.0	102.2	105.1	108.8	101.4	105.2
湖 南 Hunan	99.9	99.9	100.6	99.6	103.3	104.1	102.3	107.1
广 东 Guangdong	101.1	103.5	107.3	101.0	100.7	102.3	102.4	105.8
广 西 Guangxi	99.4	104.2	104.2	104.2	99.4	103.8	102.5	105.4
海 南 Hainan	95.2	104.5	110.6	102.9	95.4	100.2	101.7	100.8
重 庆 Chongqing	104.9	103.2	109.6	99.7	99.3	107.4	101.6	107.2
四 川 Sichuan	99.9	100.8	101.5	100.4	95.7	102.8	101.5	109.1
贵 州 Guizhou	102.3	101.0	106.3	98.8	94.3	106.6	100.5	114.3
云 南 Yunnan	101.1	105.3	115.0	98.9	98.4	108.2	101.6	111.7
西 藏 Tibet	102.7	100.9	101.6	100.4	109.4	102.9	102.3	103.6
陕 西 Shaanxi	101.8	100.3	101.7	99.8	97.1	105.5	103.1	108.8
甘 肃 Gansu	103.2	103.6	109.1	101.2	102.0	104.9	102.6	108.1
青 海 Qinghai	103.3	110.3	118.8	102.7	105.4	108.6	103.9	109.0
宁 夏 Ningxia	98.2	102.2	104.2	101.1	107.2	106.6	102.5	112.0
新 疆 Xinjiang	101.5	102.3	104.9	100.9	106.3	104.9	108.2	106.4

4－7－4 续表 3　Continued 3

（上年价格＝100）　　(Preceding year＝100)

地　区　Region	16. 其它食品 Other Foods and Manufacturing Services	二、烟酒及用品 Tobacco, Liquor and Articles	1. 烟草 Tobacco	2. 酒 Liquor	3. 吸烟、饮酒用品 Articles for Smoking and Drinking	三、衣着 Clothing	1. 服装 Garments
全国平均　National	**104.2**	**101.7**	**100.8**	**103.5**	**100.1**	**99.4**	**99.4**
北　京　Beijing	106.5	101.8	100.8	103.2	100.7	100.0	100.7
天　津　Tianjin	112.0	102.7	100.5	109.2	97.4	98.9	99.8
河　北　Hebei	102.5	101.6	100.2	103.5	100.8	98.8	98.8
山　西　Shanxi	103.7	103.8	100.7	110.9	101.5	97.7	97.0
内蒙古　Inner Mongolia	102.0	100.9	101.1	100.7	100.1	99.9	99.9
辽　宁　Liaoning	105.2	100.7	100.0	102.0	100.0	98.5	98.4
吉　林　Jilin	104.5	100.1	98.8	101.6	99.0	98.4	97.8
黑龙江　Heilongjiang	108.4	101.1	100.0	102.8	99.6	100.3	101.2
上　海　Shanghai	100.9	100.7	100.6	101.0	100.5	101.3	103.1
江　苏　Jiangsu	106.7	101.4	100.8	102.7	100.1	101.3	101.3
浙　江　Zhejiang	103.3	101.8	101.1	103.5	100.0	99.8	99.6
安　徽　Anhui	102.8	101.4	99.6	103.9	100.2	100.5	100.6
福　建　Fujian	103.1	101.0	100.2	102.3	99.6	100.6	101.2
江　西　Jiangxi	103.5	100.8	100.7	101.5	100.0	97.9	97.3
山　东　Shandong	103.1	102.7	100.8	104.5	99.6	97.3	97.0
河　南　Henan	106.4	101.7	100.4	104.1	99.8	99.5	99.2
湖　北　Hubei	104.5	101.5	99.8	104.9	100.1	99.8	99.2
湖　南　Hunan	101.2	103.8	105.5	101.0	99.8	100.1	99.1
广　东　Guangdong	103.9	100.7	100.1	102.3	99.5	98.6	98.5
广　西　Guangxi	104.6	101.1	99.3	103.1	101.2	102.7	101.5
海　南　Hainan	101.2	101.1	100.8	101.6	101.4	97.2	96.6
重　庆　Chongqing	102.1	102.4	99.8	109.6	100.3	94.2	95.7
四　川　Sichuan	103.0	101.6	101.1	103.0	99.8	100.4	100.6
贵　州　Guizhou	101.3	102.2	100.0	109.5	99.5	97.8	97.8
云　南　Yunnan	108.0	102.9	103.3	101.6	100.7	97.8	97.0
西　藏　Tibet	99.7	102.5	103.1	101.9	101.2	102.0	101.7
陕　西　Shaanxi	104.8	101.6	101.1	103.2	101.1	101.9	102.8
甘　肃　Gansu	103.0	101.8	100.6	103.4	101.9	98.5	99.3
青　海　Qinghai	99.6	102.6	102.1	103.5	100.8	103.7	104.8
宁　夏　Ningxia	110.4	100.9	100.7	101.1	102.4	102.9	102.2
新　疆　Xinjiang	105.7	102.4	101.1	104.2	100.0	100.8	101.3

4－7－4 续表 4 Continued 4

(上年价格＝100) (Preceding year＝100)

地 区 Region	(1)男式服装 Men's Clothing	(2)女式服装 Women's Clothing	(3)儿童服装 Children's Clothing	2. 衣着材料 Clothing Material	3. 鞋袜帽 Footgear and Hats	(1)鞋 Shoes	(2)袜子 Socks	(3)帽子 Hats
全国平均 National	**99. 2**	**99. 5**	**99. 8**	**101. 6**	**99. 0**	**98. 8**	**100. 4**	**101. 0**
北 京 Beijing	98. 9	101. 7	102. 3	101. 2	98. 1	98. 0	99. 1	101. 7
天 津 Tianjin	99. 3	101. 0	89. 5	102. 1	95. 7	95. 2	100. 0	100. 0
河 北 Hebei	98. 0	99. 3	99. 3	101. 1	98. 1	97. 9	99. 7	99. 1
山 西 Shanxi	96. 3	97. 1	98. 2	100. 1	99. 5	99. 2	99. 5	105. 8
内蒙古 Inner Mongolia	100. 4	99. 0	101. 6	100. 4	99. 6	99. 3	100. 2	101. 0
辽 宁 Liaoning	97. 1	99. 6	96. 1	102. 9	98. 3	97. 8	101. 2	101. 9
吉 林 Jilin	98. 0	97. 3	99. 5	100. 0	99. 4	99. 5	98. 9	98. 3
黑龙江 Heilongjiang	100. 7	101. 2	102. 8	100. 1	98. 2	97. 8	101. 3	103. 9
上 海 Shanghai	100. 6	104. 6	106. 1	100. 7	95. 4	94. 4	102. 2	100. 6
江 苏 Jiangsu	101. 6	101. 2	101. 4	102. 6	101. 0	101. 0	101. 0	101. 1
浙 江 Zhejiang	99. 9	99. 4	98. 9	101. 8	100. 2	100. 2	99. 9	99. 9
安 徽 Anhui	100. 5	100. 3	101. 8	102. 0	100. 1	100. 1	100. 3	100. 4
福 建 Fujian	101. 2	101. 5	99. 4	103. 4	98. 5	98. 3	100. 3	98. 4
江 西 Jiangxi	97. 4	96. 7	99. 5	102. 8	98. 6	98. 4	99. 6	102. 3
山 东 Shandong	96. 8	97. 4	96. 0	103. 1	96. 6	96. 3	98. 8	98. 2
河 南 Henan	98. 8	99. 3	100. 2	101. 2	100. 2	100. 1	100. 2	101. 4
湖 北 Hubei	99. 0	99. 4	98. 7	100. 8	101. 2	101. 2	100. 9	104. 2
湖 南 Hunan	98. 9	99. 3	98. 9	101. 0	102. 7	103. 0	99. 8	101. 9
广 东 Guangdong	99. 5	97. 8	98. 2	101. 8	98. 5	97. 9	101. 6	104. 4
广 西 Guangxi	99. 4	103. 3	100. 7	100. 1	106. 5	106. 8	105. 7	101. 0
海 南 Hainan	98. 3	94. 0	99. 9	99. 8	98. 5	98. 4	100. 1	97. 7
重 庆 Chongqing	93. 4	97. 6	89. 9	100. 0	89. 0	88. 2	98. 7	100. 1
四 川 Sichuan	100. 6	100. 4	100. 6	100. 4	99. 9	99. 8	99. 7	101. 1
贵 州 Guizhou	95. 6	98. 2	101. 6	99. 6	97. 4	96. 7	100. 8	104. 6
云 南 Yunnan	95. 5	97. 8	97. 4	100. 6	99. 2	98. 9	101. 0	98. 4
西 藏 Tibet	101. 7	101. 2	102. 6	100. 1	102. 5	101. 7	104. 0	101. 3
陕 西 Shaanxi	103. 2	101. 2	107. 3	103. 9	98. 9	98. 7	99. 9	103. 1
甘 肃 Gansu	100. 5	97. 1	104. 4	99. 8	95. 6	94. 7	100. 7	100. 9
青 海 Qinghai	104. 2	104. 2	108. 7	99. 4	102. 9	104. 5	99. 7	96. 5
宁 夏 Ningxia	102. 0	101. 8	105. 9	102. 5	104. 8	104. 9	102. 0	107. 6
新 疆 Xinjiang	101. 4	100. 7	102. 9	100. 7	99. 5	99. 1	100. 3	108. 0

4—7—4 续表 5 Continued 5

(上年价格=100) (Preceding year=100)

地 区 Region	4. 衣着加工服务费 Clothing Manufacturing Services	四、家庭设备用品及维修服务 Household Facilities, Articles and Services	1. 耐用消费品 Durable Consumer Goods	(1)家具 Furniture	(2)家庭设备 Household Facilities	2. 室内装饰品 Interior Decorations	3. 床上用品 Bed Articles
全国平均 National	**102.3**	**101.9**	**101.6**	**101.9**	**101.4**	**100.3**	**99.4**
北 京 Beijing	102.0	100.4	100.7	101.0	100.2	99.1	97.2
天 津 Tianjin	102.3	102.1	103.4	105.5	101.7	95.9	90.2
河 北 Hebei	104.1	100.8	100.1	100.2	100.1	100.1	98.3
山 西 Shanxi	102.6	102.5	102.2	101.1	102.9	100.5	97.8
内 蒙 古 Inner Mongolia	100.7	100.7	100.6	99.8	101.3	99.9	102.0
辽 宁 Liaoning	102.3	101.3	100.6	101.4	100.0	100.6	99.4
吉 林 Jilin	100.3	99.3	97.9	96.1	99.0	99.0	97.4
黑 龙 江 Heilongjiang	101.2	102.2	101.9	100.4	102.8	99.2	99.1
上 海 Shanghai	102.0	103.3	102.9	101.7	104.1	100.2	103.1
江 苏 Jiangsu	102.9	102.2	101.7	101.3	101.8	101.3	100.8
浙 江 Zhejiang	101.7	102.1	101.8	102.6	101.5	101.1	100.6
安 徽 Anhui	104.3	101.9	101.4	101.0	101.6	100.8	100.0
福 建 Fujian	104.0	101.6	101.7	103.9	101.0	100.9	97.9
江 西 Jiangxi	106.3	102.2	101.5	101.0	101.8	101.6	98.5
山 东 Shandong	102.2	102.3	102.8	104.1	102.0	100.5	99.5
河 南 Henan	100.6	102.5	103.0	103.0	103.0	99.9	99.8
湖 北 Hubei	103.6	100.5	100.0	100.2	99.9	100.1	99.2
湖 南 Hunan	102.2	101.7	100.6	100.8	100.6	99.7	99.2
广 东 Guangdong	100.1	102.0	100.8	101.8	100.2	100.3	99.8
广 西 Guangxi	102.3	101.4	101.3	100.5	101.7	98.8	97.4
海 南 Hainan	102.5	103.0	102.2	102.4	102.1	99.6	102.7
重 庆 Chongqing	100.3	101.8	102.5	101.0	103.1	97.0	95.0
四 川 Sichuan	101.8	102.3	102.5	101.6	103.1	100.3	100.8
贵 州 Guizhou	100.7	101.8	101.3	100.1	102.2	97.4	97.3
云 南 Yunnan	100.1	101.7	101.1	101.9	100.4	100.2	96.9
西 藏 Tibet	104.7	100.0	99.9	101.9	98.1	100.1	100.0
陕 西 Shaanxi	104.0	102.5	102.5	105.8	100.1	101.0	100.6
甘 肃 Gansu	102.3	102.9	101.5	103.3	99.9	99.7	97.1
青 海 Qinghai	103.1	102.2	100.7	101.4	100.0	103.1	101.9
宁 夏 Ningxia	104.4	102.3	101.8	100.3	103.0	101.5	100.0
新 疆 Xinjiang	105.4	100.8	99.8	99.4	100.1	101.2	100.3

4－7－4 续表 6　Continued 6

（上年价格＝100）　　　　(Preceding year＝100)

地　区　Region	4. 家庭日用杂品 Daily Use Household Articles	5. 家庭服务及加工维修服务 Household Service and Manufacturing Upkeep	五、医疗保健和个人用品 Health Care and Personal Articles	1. 医疗保健 Health Care	(1)医疗器具及用品 Medical Instrument and Articles	(2)中药材及中成药 Traditional Chinese Medicine	(3)西药 Western Medicine
全国平均　National	**101.7**	**107.2**	**102.1**	**102.1**	**98.2**	**107.9**	**99.1**
北　京　Beijing	99.9	105.1	100.3	99.9	99.9	103.7	98.5
天　津　Tianjin	101.3	112.1	100.0	99.5	94.4	100.2	99.3
河　北　Hebei	102.4	103.6	100.8	100.5	98.4	102.8	99.3
山　西　Shanxi	103.3	109.5	100.8	100.6	97.3	107.2	99.1
内蒙古　Inner Mongolia	100.5	101.6	100.8	99.5	94.4	103.7	96.5
辽　宁　Liaoning	102.2	105.1	101.9	101.4	100.1	105.0	101.0
吉　林　Jilin	100.9	102.4	107.1	109.9	97.6	97.4	99.4
黑龙江　Heilongjiang	102.1	107.9	102.0	101.9	97.4	106.0	99.4
上　海　Shanghai	102.1	108.5	100.2	98.4	100.0	98.2	95.6
江　苏　Jiangsu	101.4	107.1	101.4	101.0	99.4	106.9	99.0
浙　江　Zhejiang	100.4	108.2	102.1	102.2	99.5	111.7	96.7
安　徽　Anhui	100.9	109.1	100.8	100.4	98.3	101.8	99.6
福　建　Fujian	99.3	111.3	102.7	102.4	98.1	111.9	99.2
江　西　Jiangxi	102.6	108.7	101.6	101.2	99.0	106.3	99.1
山　东　Shandong	101.8	105.2	101.6	101.5	97.2	107.2	99.4
河　南　Henan	101.6	106.8	101.1	100.6	97.6	104.1	98.2
湖　北　Hubei	101.1	103.5	102.2	102.1	98.7	106.4	98.4
湖　南　Hunan	103.7	104.1	102.2	102.4	98.1	112.0	99.8
广　东　Guangdong	101.5	108.1	104.0	105.1	98.9	117.6	98.7
广　西　Guangxi	102.2	105.8	103.0	103.5	101.1	114.0	97.6
海　南　Hainan	102.1	112.0	99.7	98.6	99.9	103.9	98.8
重　庆　Chongqing	102.3	104.0	99.1	98.8	100.0	98.9	98.5
四　川　Sichuan	101.5	105.3	101.4	101.2	99.8	104.8	99.5
贵　州　Guizhou	102.1	109.8	100.6	99.2	99.6	99.6	98.2
云　南　Yunnan	103.1	109.2	105.9	106.7	96.9	121.9	100.5
西　藏　Tibet	99.4	102.3	100.1	99.2	99.9	99.6	96.1
陕　西　Shaanxi	102.1	105.5	103.0	103.0	95.2	106.6	102.7
甘　肃　Gansu	104.2	115.1	107.0	110.1	97.4	125.7	105.4
青　海　Qinghai	104.1	108.9	104.5	105.1	100.8	113.8	101.7
宁　夏　Ningxia	102.6	108.9	100.3	99.5	100.3	103.5	96.5
新　疆　Xinjiang	101.0	105.5	101.3	100.4	96.4	102.6	99.5

4—7—4 续表 7 Continued 7

(上年价格=100) (Preceding year=100)

地 区 Region		(4)保健器具及用品 Health Care Appliances and Articles	(5)医疗保健服务 Health Care Services	2. 个人用品及服务 Personal Articles and Services	(1)化妆美容用品 Cosmetics	(2)清洁化妆用品 Sanitation Articles	(3)个人饰品 Personal Decorations	(4)个人服务 Personal Services	六、交通和通信 Transportation and Communication
全国平均	**National**	**101.1**	**102.2**	**102.1**	**100.1**	**100.3**	**104.5**	**103.1**	**99.1**
北 京	Beijing	99.3	100.0	101.7	100.0	100.6	104.8	99.8	95.7
天 津	Tianjin	97.2	100.0	101.6	101.5	101.9	100.8	102.0	97.5
河 北	Hebei	100.4	100.6	101.6	100.1	99.4	104.4	101.6	99.8
山 西	Shanxi	99.7	100.2	101.4	97.8	99.6	102.9	104.1	99.8
内蒙古	Inner Mongolia	99.3	100.6	103.4	99.4	100.8	103.5	108.2	99.3
辽 宁	Liaoning	100.3	100.3	103.0	99.7	100.1	105.5	104.8	99.3
吉 林	Jilin	100.2	140.6	99.8	99.4	98.6	100.1	101.1	97.5
黑龙江	Heilongjiang	100.2	102.6	102.3	98.9	99.7	105.8	102.0	100.9
上 海	Shanghai	101.7	97.9	103.0	100.2	101.6	107.3	97.9	96.9
江 苏	Jiangsu	100.6	100.2	102.1	99.9	100.7	105.4	102.2	98.5
浙 江	Zhejiang	103.1	101.9	101.9	100.3	100.4	106.4	101.2	98.8
安 徽	Anhui	101.0	100.1	101.9	100.2	99.5	105.7	102.2	99.1
福 建	Fujian	99.8	99.9	103.3	100.2	98.8	103.9	108.2	100.0
江 西	Jiangxi	99.6	100.2	102.2	100.6	100.1	104.5	103.0	99.1
山 东	Shandong	100.4	101.1	101.8	100.1	100.4	103.8	102.9	98.6
河 南	Henan	99.1	100.8	102.3	99.7	100.2	104.0	104.6	98.9
湖 北	Hubei	100.6	104.5	102.4	100.4	100.1	104.4	104.9	98.9
湖 南	Hunan	101.0	99.0	101.8	99.4	102.0	103.6	102.4	99.6
广 东	Guangdong	102.7	103.6	101.5	100.5	100.5	103.7	101.9	100.0
广 西	Guangxi	99.7	101.7	101.8	100.7	100.8	104.4	102.8	99.9
海 南	Hainan	100.0	96.6	102.8	100.5	103.0	106.9	99.1	99.9
重 庆	Chongqing	100.8	98.2	100.0	99.3	99.5	101.6	100.0	99.0
四 川	Sichuan	100.0	100.5	101.8	100.6	100.3	102.9	103.1	100.0
贵 州	Guizhou	101.0	99.6	102.4	99.8	101.7	102.1	104.7	100.3
云 南	Yunnan	100.7	101.5	103.5	100.3	100.9	102.2	110.1	98.6
西 藏	Tibet	99.1	103.5	100.9	99.8	98.9	103.0	102.4	100.5
陕 西	Shaanxi	100.9	100.2	103.0	100.6	101.7	103.2	105.2	98.4
甘 肃	Gansu	99.9	104.5	100.3	98.7	99.9	101.8	99.9	98.7
青 海	Qinghai	104.4	104.6	103.0	101.5	100.9	105.5	102.0	99.7
宁 夏	Ningxia	103.5	100.4	102.1	100.5	101.2	104.3	103.7	98.0
新 疆	Xinjiang	99.1	100.5	102.8	100.4	100.2	103.5	108.5	100.9

4－7－4 续表 8　Continued 8

（上年价格＝100）　　　　(Preceding year＝100)

地　区　Region	1. 交通 Transportation	(1)交通工具 Transportation Facility	(2)车用燃料及零配件 Fuels and Parts	(3)车辆使用及维修 Using and Upkeep Fare	(4)市区公共交通费 Incity Traffic Fare	(5)城市间交通费 Intercity Traffic Fare	2. 通信 Communication	(1)通信工具 Communication Facility
全国平均　National	**100.8**	**97.7**	**103.5**	**102.4**	**101.3**	**103.0**	**97.1**	**81.8**
北　京　Beijing	96.2	92.1	102.9	100.7	90.6	99.7	95.1	73.0
天　津　Tianjin	100.8	99.5	102.7	103.9	101.5	100.5	94.5	64.9
河　北　Hebei	101.4	99.0	103.8	102.0	100.9	105.2	98.3	87.1
山　西　Shanxi	103.3	99.7	103.1	109.1	104.5	104.8	96.6	74.0
内蒙古　Inner Mongolia	101.0	99.0	102.8	102.0	105.3	101.0	97.3	86.9
辽　宁　Liaoning	102.4	98.9	103.7	101.7	103.2	103.3	96.5	72.2
吉　林　Jilin	102.0	97.8	101.9	104.6	99.9	105.8	94.0	79.5
黑龙江　Heilongjiang	102.5	100.3	102.7	104.6	100.8	107.7	98.4	90.0
上　海　Shanghai	98.8	96.2	102.6	100.1	99.9	100.0	94.3	70.7
江　苏　Jiangsu	99.9	96.7	103.3	101.2	101.6	102.8	96.7	82.3
浙　江　Zhejiang	100.1	96.3	103.9	104.9	103.2	101.4	96.8	79.4
安　徽　Anhui	101.3	99.1	103.6	100.2	101.2	103.2	97.2	80.3
福　建　Fujian	102.2	99.0	103.2	102.9	101.9	106.1	98.3	81.5
江　西　Jiangxi	102.4	98.9	103.1	101.9	104.8	103.6	96.6	77.1
山　东　Shandong	100.7	97.5	104.9	102.0	101.5	103.7	96.0	84.1
河　南　Henan	101.5	98.9	103.6	99.4	104.4	103.5	96.8	77.6
湖　北　Hubei	101.4	100.0	103.2	102.4	101.2	101.9	96.6	84.2
湖　南　Hunan	101.5	99.7	102.6	102.2	102.0	101.4	98.1	88.8
广　东　Guangdong	100.7	97.7	104.1	102.9	100.3	103.6	99.1	86.6
广　西　Guangxi	101.2	96.3	102.8	105.8	100.9	103.2	98.4	79.9
海　南　Hainan	101.0	99.4	103.5	100.3	100.7	99.6	98.5	85.5
重　庆　Chongqing	100.4	98.6	103.7	100.6	100.0	99.6	98.0	72.1
四　川　Sichuan	100.8	98.8	103.2	101.6	101.7	100.7	98.8	87.9
贵　州　Guizhou	102.5	99.7	103.7	99.8	100.8	105.3	98.6	84.3
云　南　Yunnan	100.4	95.7	102.6	102.2	104.0	102.2	96.7	84.5
西　藏　Tibet	101.4	99.2	102.9	100.6	102.1	101.4	99.0	96.7
陕　西　Shaanxi	100.8	99.6	104.0	101.1	101.6	100.8	95.8	80.1
甘　肃　Gansu	102.5	100.1	102.5	103.6	104.3	102.2	95.2	75.0
青　海　Qinghai	101.8	99.4	104.6	103.7	101.7	102.6	96.6	79.1
宁　夏　Ningxia	100.9	99.4	104.4	107.6	101.1	98.8	95.3	76.7
新　疆　Xinjiang	102.9	100.2	103.7	102.3	101.9	106.0	98.8	88.1

4—7—4 续表 9　Continued 9

(上年价格=100)　　　　(Preceding year=100)

地 区　Region	(2)通信服务 Communication Service	七、娱乐教育文化用品及服务 Recreation, Education and Culture Articles	1. 文娱用耐用消费品及服务 Durable Consumer Goods for Cultural and Recreational Use and Services	2. 教育 Education	(1)教材及参考书 Teaching Materials and Reference Books	(2)学杂托幼费 Tuition and Child Care	3. 文化娱乐 Cultural and Recreational Articles
全国平均　National	**100.6**	**99.0**	**93.1**	**99.6**	**99.1**	**99.6**	**101.0**
北　京　Beijing	100.2	99.2	91.7	99.8	96.5	100.0	97.7
天　津　Tianjin	100.1	98.6	88.8	99.9	94.2	100.4	99.6
河　北　Hebei	100.7	100.1	94.8	101.1	98.2	101.4	101.0
山　西　Shanxi	101.0	99.8	94.1	100.5	97.8	100.7	102.3
内蒙古　Inner Mongolia	101.0	100.7	96.2	102.1	100.1	102.2	100.4
辽　宁　Liaoning	100.6	99.9	90.3	101.1	98.4	101.4	101.5
吉　林　Jilin	98.3	97.8	93.0	97.9	101.4	97.4	100.7
黑龙江　Heilongjiang	100.0	97.9	93.4	97.7	99.0	97.6	103.4
上　海　Shanghai	98.9	97.3	83.8	99.8	110.0	98.6	99.8
江　苏　Jiangsu	100.6	97.1	88.6	97.9	96.2	98.0	101.4
浙　江　Zhejiang	100.7	98.1	93.2	96.8	96.1	96.9	101.8
安　徽　Anhui	100.8	100.8	93.2	102.6	114.0	101.2	101.1
福　建　Fujian	101.0	99.1	96.0	98.8	105.3	98.2	101.4
江　西　Jiangxi	100.9	99.7	94.5	100.2	95.3	100.7	100.9
山　东　Shandong	100.8	99.6	95.4	100.5	100.2	100.6	101.2
河　南　Henan	100.5	100.7	96.0	101.8	96.3	102.5	100.6
湖　北　Hubei	99.5	98.0	93.2	98.4	97.5	98.5	100.3
湖　南　Hunan	100.6	100.7	96.1	101.7	97.0	102.1	101.3
广　东　Guangdong	101.3	96.9	94.3	95.3	97.7	95.0	99.8
广　西　Guangxi	104.0	100.1	91.1	101.2	94.9	102.1	104.5
海　南　Hainan	100.9	98.9	97.7	99.3	89.0	100.5	99.3
重　庆　Chongqing	100.6	99.4	93.4	103.6	100.0	103.8	102.0
四　川　Sichuan	101.6	100.3	95.7	100.2	92.2	100.9	100.4
贵　州　Guizhou	101.3	101.3	94.1	101.8	98.2	102.1	107.6
云　南　Yunnan	99.9	100.0	89.1	100.5	97.6	101.2	101.9
西　藏　Tibet	100.0	100.2	97.7	100.4	100.8	100.2	101.6
陕　西　Shaanxi	98.9	98.2	91.9	99.1	99.8	99.0	100.6
甘　肃　Gansu	101.0	99.7	94.3	98.9	96.7	98.5	102.0
青　海　Qinghai	100.5	99.8	92.3	99.3	93.5	99.5	105.0
宁　夏　Ningxia	100.5	99.0	89.4	100.7	94.4	101.7	102.9
新　疆　Xinjiang	101.1	100.1	95.8	101.1	102.0	101.0	100.9

4—7—4 续表 10 Continued 10

(上年价格=100) (Preceding year=100)

地　区　　Region	(1)文化娱乐用品 Cultural Articles	(2)书报杂志 Newspapers and Magazines	(3)文娱费 Expenditure of Culture and Recreation	4. 旅游 Touring and Outgoing	八、居住 Residence	1. 建房及装修材料 Building and Building Decoration Materials	2. 租房 Rent	3. 自有住房 Private Housing	4. 水电燃料 Electricity and Fuel
全国平均 National	**99.5**	**100.7**	**102.7**	**102.3**	**104.5**	**105.1**	**104.2**	**107.0**	**103.0**
北　京 Beijing	95.1	101.0	99.7	108.4	103.5	101.8	100.7	107.8	102.0
天　津 Tianjin	98.6	100.0	100.0	106.9	103.5	103.6	100.0	104.2	103.9
河　北 Hebei	100.7	99.8	102.1	101.1	105.2	104.0	103.2	107.9	105.2
山　西 Shanxi	99.6	99.9	105.9	101.5	104.5	105.5	102.6	108.0	102.4
内蒙古 Inner Mongolia	99.7	100.4	101.4	101.0	104.4	101.5	105.0	105.9	105.7
辽　宁 Liaoning	99.5	100.4	103.3	107.1	104.8	103.7	109.8	105.6	104.9
吉　林 Jilin	99.3	100.3	102.5	101.9	104.9	105.7	104.9	106.7	103.9
黑龙江 Heilongjiang	101.9	99.7	105.6	98.2	104.6	104.4	102.0	105.7	104.8
上　海 Shanghai	96.7	100.0	101.6	103.4	104.5	106.9	108.7	105.6	100.3
江　苏 Jiangsu	99.7	100.5	103.4	98.9	104.3	106.8	103.6	104.4	101.9
浙　江 Zhejiang	99.2	102.0	103.4	107.4	105.3	107.4	102.9	107.8	102.5
安　徽 Anhui	100.4	100.8	102.2	101.8	103.4	103.8	108.2	106.6	101.9
福　建 Fujian	98.3	102.8	103.5	102.3	104.2	105.1	106.3	108.9	102.7
江　西 Jiangxi	100.3	100.2	101.9	101.8	104.6	105.1	107.2	107.9	102.1
山　东 Shandong	99.9	100.2	104.3	101.6	103.8	105.0	106.6	107.2	101.7
河　南 Henan	100.0	100.3	101.7	101.7	104.4	105.6	103.2	110.1	100.7
湖　北 Hubei	99.5	100.3	100.9	100.7	106.2	106.9	101.2	108.3	105.7
湖　南 Hunan	99.9	101.7	102.4	100.0	104.9	105.4	101.8	106.2	104.5
广　东 Guangdong	99.5	101.3	99.2	101.1	103.3	103.9	102.8	106.5	101.8
广　西 Guangxi	99.7	100.8	111.4	103.2	105.6	107.1	110.6	106.8	103.5
海　南 Hainan	99.0	98.6	100.0	98.7	105.4	109.0	101.4	107.4	103.0
重　庆 Chongqing	100.9	99.9	104.4	88.4	105.5	108.2	101.5	105.5	105.1
四　川 Sichuan	100.2	100.5	100.4	106.8	104.2	103.4	103.9	105.1	104.5
贵　州 Guizhou	100.8	101.2	114.4	99.8	104.9	103.9	111.9	101.4	106.4
云　南 Yunnan	100.3	99.7	105.3	111.9	104.2	102.8	109.1	105.6	103.7
西　藏 Tibet	100.5	100.8	103.8	102.5	107.1	100.9	102.5	124.5	106.5
陕　西 Shaanxi	99.8	100.7	101.4	97.0	104.5	104.6	103.0	108.3	103.2
甘　肃 Gansu	100.0	101.8	103.4	113.5	107.0	104.7	103.1	115.9	104.7
青　海 Qinghai	104.4	100.7	107.1	107.4	106.9	109.1	112.1	105.3	104.3
宁　夏 Ningxia	99.1	100.5	107.2	105.6	105.1	108.8	102.7	108.1	102.0
新　疆 Xinjiang	99.2	100.4	102.6	101.5	106.2	108.4	102.5	107.8	104.3

4—7—5 各地区城市居民消费价格指数（2007年）

Urban Consumer Price Indices by Category and Region (2007)

（上年价格=100） (Preceding year=100)

地 区 Region	居民消费价格指数 Consumer Price Index	一、食品 Food	1. 粮食 Grain	2. 淀粉 Starches	3. 干豆类及豆制品 Bean and Its Products	4. 油脂 Oil or Fat	5. 肉禽及其制品 Meal, Poultry and Their Products	(1)食用畜肉及副产品 Meal and Their Products
全国平均 National	**104.5**	**111.7**	**106.4**	**106.0**	**107.6**	**125.5**	**131.6**	**139.8**
北 京 Beijing	102.4	109.2	107.4	108.6	108.5	117.3	128.7	134.6
天 津 Tianjin	104.2	111.6	106.3	111.1	109.9	126.8	129.8	136.5
河 北 Hebei	104.3	112.0	108.0	104.2	108.3	118.7	137.9	147.1
山 西 Shanxi	104.2	112.6	106.9	112.7	107.5	120.0	139.1	148.0
内蒙古 Inner Mongolia	104.3	113.3	108.6	112.7	105.8	124.3	135.2	142.5
辽 宁 Liaoning	104.6	111.9	105.7	106.1	110.5	128.3	136.6	142.7
吉 林 Jilin	104.4	111.9	106.7	111.9	109.8	124.4	140.9	149.8
黑龙江 Heilongjiang	105.4	113.5	106.0	114.3	110.4	140.4	137.3	143.6
上 海 Shanghai	103.2	109.4	101.6	101.8	108.7	129.8	123.0	132.7
江 苏 Jiangsu	104.1	110.7	104.5	103.5	105.4	126.4	126.6	135.6
浙 江 Zhejiang	103.9	110.1	104.2	101.7	110.6	129.7	128.6	137.0
安 徽 Anhui	105.3	112.4	104.6	109.0	107.7	126.7	135.5	144.3
福 建 Fujian	105.1	111.4	106.8	104.7	109.4	121.3	129.3	134.6
江 西 Jiangxi	104.4	111.6	107.6	102.4	104.6	127.2	134.1	140.1
山 东 Shandong	103.8	112.3	108.5	110.1	109.1	119.2	132.5	141.8
河 南 Henan	105.4	114.2	108.7	107.9	107.7	122.6	136.6	148.0
湖 北 Hubei	104.7	112.4	108.7	101.0	106.0	128.7	134.0	146.6
湖 南 Hunan	105.2	113.0	108.9	100.6	105.8	128.9	132.4	140.5
广 东 Guangdong	103.7	108.8	103.6	104.2	102.9	117.0	122.4	129.1
广 西 Guangxi	105.6	113.3	107.9	104.2	107.2	121.8	131.2	137.8
海 南 Hainan	104.6	110.4	102.1	102.2	105.3	123.8	125.1	129.4
重 庆 Chongqing	104.7	114.1	107.9	107.1	103.4	132.3	136.7	143.5
四 川 Sichuan	105.9	113.8	107.2	100.2	106.3	126.9	136.0	145.1
贵 州 Guizhou	105.9	116.1	107.1	101.1	105.7	139.3	138.3	145.6
云 南 Yunnan	105.9	114.7	106.5	92.8	111.3	137.2	133.1	142.3
西 藏 Tibet	102.9	105.7	110.9	97.0	103.0	106.9	119.4	127.8
陕 西 Shaanxi	105.2	113.2	108.2	101.2	109.8	127.3	143.2	150.3
甘 肃 Gansu	105.2	111.5	106.0	110.4	105.9	127.0	132.9	137.1
青 海 Qinghai	106.3	113.5	107.8	112.0	112.0	125.1	135.8	142.7
宁 夏 Ningxia	105.1	113.6	104.5	106.1	109.1	128.6	136.8	144.3
新 疆 Xinjiang	104.6	111.6	108.7	109.0	110.7	135.9	124.8	128.7

4—7—5 续表 1 Continued 1

(上年价格=100) (Preceding year=100)

地 区 Region	(2)禽 Poultry	(3)加工肉禽 Meat and Poultry Products	6.蛋 Eggs	7.水产品 Aquatic Products	(1)鱼 Fish	(2)其它水产品 Other Aquatic Products	8.菜 Vegetables	9.调味品 Flavoring
全国平均 National	**122.0**	**113.8**	**122.2**	**104.5**	**104.9**	**103.9**	**107.3**	**104.4**
北 京 Beijing	117.5	121.1	118.6	108.8	107.8	109.8	109.8	102.5
天 津 Tianjin	110.4	115.6	122.4	108.6	112.8	106.6	101.5	102.1
河 北 Hebei	126.7	113.5	124.4	102.7	105.7	99.2	105.1	102.3
山 西 Shanxi	118.7	120.1	122.9	103.1	103.4	102.3	106.9	108.4
内蒙古 Inner Mongolia	128.6	115.2	125.7	111.1	112.0	109.1	105.1	105.8
辽 宁 Liaoning	124.0	116.9	126.4	101.6	104.4	98.8	107.4	101.9
吉 林 Jilin	126.1	116.7	130.1	105.4	105.7	104.4	101.5	100.5
黑龙江 Heilongjiang	128.7	116.1	128.8	101.4	104.3	95.0	99.2	104.4
上 海 Shanghai	121.2	106.1	121.8	101.4	103.7	99.7	113.5	104.6
江 苏 Jiangsu	119.5	112.7	123.5	103.7	102.9	105.0	110.3	101.3
浙 江 Zhejiang	122.7	112.3	123.2	105.1	105.5	104.7	107.6	101.1
安 徽 Anhui	125.8	111.7	120.7	105.9	103.5	111.0	107.7	102.5
福 建 Fujian	123.6	110.8	124.0	104.9	107.8	102.8	109.1	103.3
江 西 Jiangxi	126.8	109.1	122.4	103.3	101.0	110.8	102.0	103.2
山 东 Shandong	114.6	114.8	119.1	105.0	107.1	102.8	113.1	104.6
河 南 Henan	131.1	117.1	125.4	107.5	108.3	105.4	106.4	108.5
湖 北 Hubei	123.1	111.7	123.1	104.4	105.4	101.7	107.4	103.2
湖 南 Hunan	127.0	110.7	120.3	107.9	105.3	112.9	104.8	101.3
广 东 Guangdong	116.0	111.9	116.6	103.7	103.6	104.1	102.5	104.7
广 西 Guangxi	125.7	118.9	122.8	105.7	106.4	103.4	106.6	106.8
海 南 Hainan	120.0	114.3	121.6	110.9	111.1	110.3	107.6	115.0
重 庆 Chongqing	134.3	112.1	120.5	109.8	108.5	113.6	110.5	103.5
四 川 Sichuan	122.0	117.3	120.0	108.5	106.7	108.0	107.3	103.4
贵 州 Guizhou	124.1	116.8	114.2	110.2	110.3	109.4	107.1	112.8
云 南 Yunnan	115.3	121.5	113.7	102.2	101.7	103.7	118.5	110.5
西 藏 Tibet	117.6	101.0	104.3	103.9	104.8	101.5	96.6	97.1
陕 西 Shaanxi	134.1	114.3	122.1	106.5	106.6	105.9	105.8	111.3
甘 肃 Gansu	128.6	115.8	127.4	104.5	105.8	101.3	105.6	108.6
青 海 Qinghai	119.1	118.6	121.7	102.6	103.7	100.8	106.1	106.2
宁 夏 Ningxia	119.5	118.4	124.0	109.0	105.2	116.3	101.6	104.6
新 疆 Xinjiang	116.3	106.6	125.7	107.4	107.5	106.9	102.6	112.9

4—7—5 续表 2　Continued 2

(上年价格=100)　　(Preceding year=100)

地　区　Region	10.糖 Carbohydrate	11.茶及饮料 Tea and Beverages	(1)茶叶 Tea	(2)饮料 Beverages	12.干鲜瓜果 Dried and Fresh Melons and Fruits	13.糕点饼干面包 Cake, Biscuit and Bread	14.液体乳及乳制品 Milk and Its Products	15.在外用膳食品 Outward Dinner
全国平均 National	**102.1**	**101.6**	**103.5**	**100.7**	**102.0**	**103.8**	**102.8**	**107.3**
北　京 Beijing	103.4	100.9	100.8	101.0	102.0	104.6	102.4	105.0
天　津 Tianjin	103.0	101.4	98.6	102.4	97.8	105.5	102.0	113.1
河　北 Hebei	105.0	101.2	100.9	101.3	100.4	103.1	102.1	107.4
山　西 Shanxi	103.0	101.6	100.8	101.7	101.7	106.8	104.2	111.1
内蒙古 Inner Mongolia	98.0	100.6	102.2	100.1	100.2	104.6	103.3	107.3
辽　宁 Liaoning	102.2	100.4	101.3	99.9	103.0	103.8	101.6	105.1
吉　林 Jilin	99.7	98.7	100.1	98.4	97.1	101.2	100.0	105.4
黑龙江 Heilongjiang	102.7	100.8	99.5	101.1	103.7	104.3	100.2	108.3
上　海 Shanghai	99.8	101.8	104.5	101.5	111.8	101.5	106.2	107.6
江　苏 Jiangsu	102.0	101.5	104.7	100.4	103.5	102.4	106.1	106.2
浙　江 Zhejiang	102.5	100.8	99.2	101.4	102.6	104.5	103.9	107.9
安　徽 Anhui	100.1	101.2	100.6	101.7	95.7	101.9	103.4	106.3
福　建 Fujian	102.9	98.1	98.7	97.8	99.6	102.7	100.4	108.6
江　西 Jiangxi	101.9	99.7	101.2	99.0	96.7	104.0	101.2	105.0
山　东 Shandong	104.4	101.7	101.3	102.0	110.2	101.6	103.2	107.2
河　南 Henan	102.5	101.3	104.0	100.5	104.6	104.1	101.5	109.1
湖　北 Hubei	104.6	103.0	100.9	103.7	106.6	111.3	101.3	103.7
湖　南 Hunan	101.4	99.7	100.9	99.4	103.1	105.1	102.5	107.2
广　东 Guangdong	101.2	104.5	109.3	101.2	101.5	102.4	102.8	106.2
广　西 Guangxi	99.8	105.2	105.3	105.1	100.3	102.7	102.5	104.7
海　南 Hainan	94.4	105.4	113.3	103.3	93.8	99.9	101.3	100.0
重　庆 Chongqing	104.9	103.2	109.6	99.7	99.3	107.4	101.6	107.2
四　川 Sichuan	101.5	101.1	102.1	100.6	92.6	103.6	102.0	109.1
贵　州 Guizhou	103.0	100.9	108.1	98.2	93.6	107.1	100.2	114.9
云　南 Yunnan	99.7	105.2	116.1	98.1	98.0	110.4	101.2	111.0
西　藏 Tibet	102.0	100.9	101.0	100.7	108.9	104.0	102.5	100.6
陕　西 Shaanxi	102.1	100.1	101.0	99.7	96.3	106.0	102.9	109.3
甘　肃 Gansu	103.3	102.9	106.4	101.7	100.0	105.0	102.3	106.4
青　海 Qinghai	105.6	107.0	116.4	103.7	105.2	108.7	103.0	107.5
宁　夏 Ningxia	100.1	102.3	104.8	101.2	107.1	106.8	102.4	111.7
新　疆 Xinjiang	101.8	101.4	101.6	101.3	105.8	102.7	108.5	104.7

4—7—5 续表 3 Continued 3

(上年价格=100) (Preceding year=100)

地 区 Region	16. 其它食品 Other Foods and Manufacturing Services	二、烟酒及用品 Tobacco, Liquor and Articles	1. 烟草 Tobacco	2. 酒 Liquor	3. 吸烟、饮酒用品 Articles for Smoking and Drinking	三、衣着 Clothing	1. 服装 Garments
全国平均 National	**104.7**	**101.8**	**100.6**	**104.3**	**100.1**	**99.1**	**99.3**
北 京 Beijing	106.5	101.8	100.8	103.2	100.7	100.0	100.7
天 津 Tianjin	112.0	102.7	100.5	109.2	97.4	98.9	99.8
河 北 Hebei	103.5	101.3	100.3	103.0	100.2	98.7	99.2
山 西 Shanxi	103.4	104.0	100.1	112.4	100.4	96.8	96.0
内蒙古 Inner Mongolia	102.7	101.0	100.7	101.6	100.2	99.2	99.4
辽 宁 Liaoning	105.5	101.1	100.4	102.5	99.3	97.9	97.9
吉 林 Jilin	105.2	100.3	98.5	102.8	99.8	98.4	97.7
黑龙江 Heilongjiang	108.5	100.6	99.9	102.3	99.6	99.8	100.8
上 海 Shanghai	100.9	100.7	100.6	101.0	100.5	101.3	103.1
江 苏 Jiangsu	107.7	101.7	101.2	103.2	100.3	101.3	101.4
浙 江 Zhejiang	103.4	102.0	101.3	104.1	99.7	100.8	100.4
安 徽 Anhui	103.6	102.1	99.7	105.6	100.2	100.9	100.9
福 建 Fujian	104.1	101.7	100.1	104.1	99.2	102.4	103.1
江 西 Jiangxi	104.4	101.0	100.8	102.4	99.8	96.8	96.3
山 东 Shandong	102.6	102.2	100.5	103.8	99.7	97.5	97.6
河 南 Henan	109.3	102.8	100.0	107.0	100.3	98.7	98.3
湖 北 Hubei	105.9	102.1	99.3	107.4	99.9	100.1	100.0
湖 南 Hunan	101.3	103.2	104.4	101.3	99.7	100.2	99.2
广 东 Guangdong	104.2	100.6	100.1	102.2	99.3	97.8	97.6
广 西 Guangxi	102.7	101.7	99.9	103.9	101.5	101.2	99.8
海 南 Hainan	96.8	101.2	100.9	102.0	100.4	95.8	94.9
重 庆 Chongqing	102.1	102.4	99.8	109.6	100.3	94.2	95.7
四 川 Sichuan	102.4	101.3	100.1	104.3	99.9	100.0	100.2
贵 州 Guizhou	100.8	102.7	100.0	112.9	99.4	95.9	95.5
云 南 Yunnan	112.1	103.3	103.1	103.3	106.1	96.3	95.8
西 藏 Tibet	99.0	102.7	104.1	101.4	100.0	101.4	101.1
陕 西 Shaanxi	101.4	101.2	100.9	102.0	101.2	101.6	102.8
甘 肃 Gansu	102.6	101.3	100.0	102.6	101.9	96.8	98.6
青 海 Qinghai	99.3	103.5	103.5	103.9	100.9	105.7	106.8
宁 夏 Ningxia	112.5	100.8	100.3	101.6	103.4	103.3	102.5
新 疆 Xinjiang	106.9	103.4	101.0	106.5	100.0	100.2	100.8

4—7—5 续表 4 Continued 4

(上年价格=100) (Preceding year=100)

地 区 Region	(1)男式服装 Men's Clothing	(2)女式服装 Women's Clothing	(3)儿童服装 Children's Clothing	2.衣着材料 Clothing Material	3.鞋袜帽 Footgear and Hats	(1)鞋 Shoes	(2)袜子 Socks	(3)帽子 Hats
全国平均 National	**99.2**	**99.4**	**99.1**	**101.3**	**98.4**	**98.1**	**100.4**	**101.5**
北 京 Beijing	98.9	101.7	102.3	101.2	98.1	98.0	99.1	101.7
天 津 Tianjin	99.3	101.0	89.5	102.1	95.7	95.2	100.0	100.0
河 北 Hebei	97.9	100.0	100.5	99.9	97.1	96.9	98.0	100.0
山 西 Shanxi	95.3	96.9	94.4	99.2	98.4	98.0	97.7	109.0
内蒙古 Inner Mongolia	100.0	98.6	101.5	100.4	98.4	98.0	101.0	101.4
辽 宁 Liaoning	96.7	99.1	94.7	100.9	97.7	97.2	100.6	101.1
吉 林 Jilin	97.9	97.2	100.1	100.1	99.7	99.7	100.0	99.4
黑龙江 Heilongjiang	100.4	100.9	102.0	100.0	97.1	96.7	101.9	105.8
上 海 Shanghai	100.6	104.6	106.1	100.7	95.4	94.4	102.2	100.6
江 苏 Jiangsu	102.0	101.1	99.8	102.3	100.8	100.7	101.9	100.2
浙 江 Zhejiang	100.6	100.4	99.8	103.7	101.7	102.0	100.0	98.4
安 徽 Anhui	100.6	100.8	102.6	100.1	100.7	100.7	100.5	101.3
福 建 Fujian	102.8	102.7	106.2	105.7	99.7	99.6	101.0	97.2
江 西 Jiangxi	96.6	95.9	96.4	102.3	97.7	97.2	101.0	108.0
山 东 Shandong	97.5	97.9	97.4	101.0	96.3	95.8	99.0	99.4
河 南 Henan	98.2	98.4	98.4	102.8	99.2	99.1	99.7	100.1
湖 北 Hubei	99.6	100.3	101.0	100.2	100.0	99.8	101.4	106.9
湖 南 Hunan	99.1	99.3	99.2	99.6	102.9	103.2	100.0	102.0
广 东 Guangdong	99.0	97.0	96.2	102.0	97.8	97.3	100.6	104.9
广 西 Guangxi	98.7	99.8	102.1	102.7	105.2	105.2	105.3	104.7
海 南 Hainan	97.9	92.0	96.4	100.0	97.8	97.7	100.0	92.8
重 庆 Chongqing	93.4	97.6	89.9	100.0	89.0	88.2	98.7	100.1
四 川 Sichuan	100.4	100.4	98.3	101.2	99.4	99.4	100.0	100.3
贵 州 Guizhou	94.4	96.1	94.8	99.9	96.8	96.2	101.2	99.9
云 南 Yunnan	93.5	97.3	95.5	100.3	97.7	97.2	101.1	98.1
西 藏 Tibet	101.6	100.4	101.8	100.0	101.3	100.9	102.1	100.0
陕 西 Shaanxi	103.6	101.2	110.7	102.9	97.5	97.3	99.0	103.9
甘 肃 Gansu	101.1	96.4	99.9	100.1	90.4	89.7	99.7	96.3
青 海 Qinghai	105.6	105.5	119.6	101.6	104.8	106.6	99.6	99.4
宁 夏 Ningxia	102.6	101.8	107.9	102.7	105.6	105.7	102.9	108.7
新 疆 Xinjiang	101.0	100.4	101.9	100.3	99.0	98.6	100.3	113.1

4—7—5 续表 5 Continued 5

(上年价格=100) (Preceding year=100)

地 区 Region	4. 衣着加工服务 Clothing Manufacturing Services	四、家庭设备用品及维修服务 Household Facilities, Articles and Services	1. 耐用消费品 Durable Consumer Goods	(1)家具 Furniture	(2)家庭设备 Household Facilities	2. 室内装饰品 Interior Decorations	3. 床上用品 Bed Articles
全国平均 National	**102.2**	**101.9**	**101.5**	**101.4**	**101.5**	**100.2**	**99.1**
北 京 Beijing	102.0	100.4	100.7	101.0	100.2	99.1	97.2
天 津 Tianjin	102.3	102.1	103.4	105.5	101.7	95.9	90.2
河 北 Hebei	105.2	101.0	100.4	100.5	100.4	99.5	98.7
山 西 Shanxi	102.7	102.1	101.6	98.6	103.7	100.4	98.4
内蒙古 Inner Mongolia	101.2	101.1	101.0	100.1	101.9	100.0	103.5
辽 宁 Liaoning	100.8	101.2	100.8	101.4	100.4	100.6	99.0
吉 林 Jilin	100.0	99.5	97.9	94.1	99.7	99.5	97.7
黑龙江 Heilongjiang	101.3	102.3	101.8	100.2	102.7	99.1	98.9
上 海 Shanghai	102.0	103.3	102.9	101.7	104.1	100.2	103.1
江 苏 Jiangsu	103.5	102.5	102.0	101.4	102.2	101.2	101.5
浙 江 Zhejiang	102.5	101.8	100.9	102.0	100.5	101.7	101.4
安 徽 Anhui	103.0	101.7	101.0	100.1	101.2	101.0	100.2
福 建 Fujian	101.0	100.6	101.0	103.9	100.2	100.1	96.3
江 西 Jiangxi	105.0	102.1	101.5	100.5	101.8	101.8	98.3
山 东 Shandong	102.9	102.0	102.2	102.2	102.2	100.6	98.7
河 南 Henan	100.2	102.3	103.1	103.4	102.9	99.7	98.2
湖 北 Hubei	103.8	99.8	98.9	98.7	98.9	99.6	99.1
湖 南 Hunan	102.0	101.0	100.2	99.6	100.5	99.3	99.7
广 东 Guangdong	100.1	102.0	100.4	100.6	100.2	100.4	99.4
广 西 Guangxi	100.3	101.8	101.9	99.9	103.1	98.0	98.6
海 南 Hainan	100.0	102.5	101.2	100.0	102.2	100.0	103.4
重 庆 Chongqing	100.3	101.8	102.5	101.0	103.1	97.0	95.0
四 川 Sichuan	101.4	103.1	103.6	103.0	103.9	100.3	100.5
贵 州 Guizhou	100.4	101.1	101.7	101.0	102.4	97.0	94.3
云 南 Yunnan	99.1	101.2	101.2	100.8	101.4	101.6	94.2
西 藏 Tibet	104.7	99.8	99.8	102.2	97.7	100.0	99.7
陕 西 Shaanxi	105.0	102.5	102.9	108.6	99.7	101.2	100.0
甘 肃 Gansu	101.3	103.1	101.4	103.2	100.0	99.7	92.7
青 海 Qinghai	102.2	102.3	100.5	101.3	99.7	103.6	103.3
宁 夏 Ningxia	104.1	103.0	102.6	100.6	103.9	101.4	100.3
新 疆 Xinjiang	101.5	100.4	99.2	98.6	99.6	100.6	99.9

4－7－5 续表 6　Continued 6

（上年价格＝100）　　　　　　　　　　　　　　　　　　　　　　　　　　　　(Preceding year＝100)

地　区　Region	4. 家庭日用杂品 Daily Use Household Articles	5. 家庭服务及加工维修服务费 Household Service and Manufacturing Upkeep	五、医疗保健和个人用品 Health Care and Personal Articles	1. 医疗保健 Health Care	(1)医疗器具及用品 Medical Instrument and Articles	(2)中药材及中成药 Traditional Chinese Medicine	(3)西药 Western Medicine
全国平均　National	**101.6**	**107.3**	**101.7**	**101.7**	**98.4**	**107.5**	**98.9**
北　京　Beijing	99.9	105.1	100.3	99.9	99.9	103.7	98.5
天　津　Tianjin	101.3	112.1	100.0	99.5	94.4	100.2	99.3
河　北　Hebei	102.6	104.2	100.7	100.5	98.3	103.4	98.8
山　西　Shanxi	102.8	108.8	100.3	100.2	96.8	105.8	98.9
内蒙古　Inner Mongolia	100.7	101.6	99.7	98.6	91.8	102.4	95.7
辽　宁　Liaoning	101.8	104.9	101.7	101.1	99.7	104.7	100.6
吉　林　Jilin	101.2	103.4	103.1	104.5	96.8	96.8	99.3
黑龙江　Heilongjiang	102.5	107.7	101.7	101.4	99.0	105.7	98.8
上　海　Shanghai	102.1	108.5	100.2	98.4	100.0	98.2	95.6
江　苏　Jiangsu	101.5	106.9	101.7	101.4	98.9	108.0	99.2
浙　江　Zhejiang	100.6	107.2	102.2	102.5	100.1	110.8	97.2
安　徽　Anhui	100.1	110.4	100.7	99.9	98.7	100.0	99.7
福　建　Fujian	99.3	106.0	103.1	103.2	98.1	113.8	99.9
江　西　Jiangxi	102.6	108.4	101.1	101.0	96.8	106.3	99.2
山　东　Shandong	101.8	106.4	101.2	100.8	97.9	105.7	98.4
河　南　Henan	100.9	108.6	100.2	99.3	94.5	101.1	97.8
湖　北　Hubei	101.0	102.5	101.1	100.9	100.1	105.1	97.5
湖　南　Hunan	102.2	103.6	102.2	102.7	96.9	113.5	100.2
广　东　Guangdong	101.7	109.2	104.0	105.3	98.7	117.9	98.3
广　西　Guangxi	102.5	104.7	102.2	102.1	101.6	111.0	97.0
海　南　Hainan	101.3	111.8	99.3	98.4	99.9	103.9	98.7
重　庆　Chongqing	102.3	104.0	99.1	98.8	100.0	98.9	98.5
四　川　Sichuan	102.0	105.4	101.4	101.3	97.9	105.0	98.8
贵　州　Guizhou	100.2	111.8	99.3	98.6	99.9	98.0	97.8
云　南　Yunnan	102.2	108.8	107.0	107.9	98.1	125.2	100.5
西　藏　Tibet	99.6	100.3	100.2	100.1	100.0	100.7	97.5
陕　西　Shaanxi	102.1	103.5	103.0	103.3	98.6	105.5	103.2
甘　肃　Gansu	105.2	119.4	108.8	112.9	97.3	129.1	106.4
青　海　Qinghai	104.5	104.9	103.1	103.5	101.2	114.2	101.7
宁　夏　Ningxia	103.1	110.2	100.2	99.4	102.0	103.8	95.4
新　疆　Xinjiang	100.7	105.7	100.6	99.9	97.4	102.9	98.6

4—7—5 续表 7 Continued 7

(上年价格=100) (Preceding year=100)

地 区 Region		(4)保健器具及用品 Health Care Appliances and Articles	(5)医疗保健服务费 Health Care Services	2.个人用品及服务 Personal Articles and Services	(1)化妆美容用品 Cosmetics	(2)清洁化妆用品 Sanitation Articles	(3)个人饰品 Personal Decorations	(4)个人服务 Personal Services	六、交通和通信 Transportation and Communication
全国平均	**National**	**101.1**	**101.4**	**101.8**	**100.0**	**100.2**	**104.8**	**102.3**	**98.4**
北 京	Beijing	99.3	100.0	101.7	100.0	100.6	104.8	99.8	95.7
天 津	Tianjin	97.2	100.0	101.6	101.5	101.9	100.8	102.0	97.5
河 北	Hebei	100.6	100.5	101.1	100.5	99.3	103.9	100.9	99.0
山 西	Shanxi	100.1	100.1	100.4	97.3	99.8	102.4	101.6	98.6
内蒙古	Inner Mongolia	99.5	100.1	102.1	99.2	99.8	101.5	107.6	97.8
辽 宁	Liaoning	100.3	100.0	102.9	99.8	100.0	104.7	105.3	98.7
吉 林	Jilin	100.0	122.9	99.8	99.3	98.3	100.5	101.2	96.7
黑龙江	Heilongjiang	100.3	101.2	102.3	98.4	99.4	106.8	101.5	100.2
上 海	Shanghai	101.7	97.9	103.0	100.2	101.6	107.3	97.9	96.9
江 苏	Jiangsu	100.5	100.3	102.4	100.1	101.2	105.6	102.4	97.6
浙 江	Zhejiang	104.4	102.4	101.5	100.1	101.1	105.8	99.8	98.5
安 徽	Anhui	100.7	100.1	102.2	100.0	99.1	105.9	103.2	99.1
福 建	Fujian	99.8	100.0	102.8	100.1	97.8	102.9	107.9	99.3
江 西	Jiangxi	99.4	100.0	101.5	99.9	99.7	104.9	100.9	97.4
山 东	Shandong	100.3	100.9	101.9	100.0	100.3	105.7	102.4	97.3
河 南	Henan	99.0	100.1	102.2	99.8	100.5	104.7	104.7	98.2
湖 北	Hubei	100.8	103.2	101.5	100.3	100.0	105.0	100.2	97.2
湖 南	Hunan	101.0	98.8	101.2	99.0	101.9	102.9	101.4	99.4
广 东	Guangdong	103.4	104.6	101.2	100.5	100.5	103.8	100.4	99.9
广 西	Guangxi	99.1	100.0	102.6	100.7	99.8	106.3	107.6	99.6
海 南	Hainan	101.4	96.1	102.4	99.0	103.5	106.7	97.9	99.8
重 庆	Chongqing	100.8	98.2	100.0	99.3	99.5	101.6	100.0	99.0
四 川	Sichuan	100.5	100.6	101.9	100.8	100.9	104.4	103.2	98.8
贵 州	Guizhou	101.0	99.4	100.4	99.8	99.1	102.3	101.0	98.5
云 南	Yunnan	101.8	100.1	104.5	100.4	101.4	101.7	113.2	98.0
西 藏	Tibet	99.3	104.2	100.3	98.3	99.5	102.6	101.4	100.2
陕 西	Shaanxi	101.7	100.1	101.9	100.6	102.0	104.0	100.4	97.5
甘 肃	Gansu	101.0	105.7	99.6	98.7	99.9	102.0	97.2	97.1
青 海	Qinghai	104.4	100.3	102.5	101.7	101.2	108.2	101.2	98.7
宁 夏	Ningxia	104.8	101.9	101.6	100.8	101.4	103.8	101.6	96.8
新 疆	Xinjiang	99.0	100.1	101.7	99.8	99.9	103.5	104.3	100.2

4－7－5续表8　Continued 8

（上年价格＝100）　　(Preceding year＝100)

地　区　Region	1. 交通 Transportation	(1)交通工具 Transportation Facility	(2)车用燃料及零配件 Fuels and Parts	(3)车辆使用及维修费 Using and Upkeep Fare	(4)市区公共交通费 Incity Traffic Fare	(5)城市间交通费 Intercity Traffic Fare	2. 通信 Communication	(1)通信工具 Communication Facility
全国平均　National	**100.2**	**96.9**	**103.3**	**102.4**	**100.7**	**102.0**	**96.5**	**78.6**
北　京　Beijing	96.2	92.1	102.9	100.7	90.6	99.7	95.1	73.0
天　津　Tianjin	100.8	99.5	102.7	103.9	101.5	100.5	94.5	64.9
河　北　Hebei	100.4	97.0	103.0	101.5	100.8	103.8	97.8	83.9
山　西　Shanxi	102.4	99.3	103.0	109.3	102.5	103.2	95.8	73.5
内蒙古　Inner Mongolia	100.6	98.7	103.0	101.5	100.8	101.7	95.5	84.4
辽　宁　Liaoning	102.2	97.7	103.3	101.5	102.9	103.0	95.8	67.4
吉　林　Jilin	102.0	97.5	103.6	106.8	100.1	105.2	92.7	70.6
黑龙江　Heilongjiang	101.5	99.5	100.5	105.5	100.7	103.6	98.1	81.1
上　海　Shanghai	98.8	96.2	102.6	100.1	99.9	100.0	94.3	70.7
江　苏　Jiangsu	99.0	96.2	103.1	100.5	100.5	100.3	95.7	77.9
浙　江　Zhejiang	99.4	95.5	103.5	104.9	101.4	101.0	97.1	79.6
安　徽　Anhui	100.7	97.8	103.6	100.0	101.2	101.5	98.0	82.6
福　建　Fujian	101.8	98.6	103.3	102.3	101.3	106.7	97.8	78.8
江　西　Jiangxi	100.8	97.4	103.2	100.0	102.8	101.2	95.5	71.9
山　东　Shandong	99.4	95.2	103.6	101.9	101.4	101.3	94.9	80.8
河　南　Henan	100.9	98.2	103.0	98.8	103.6	101.7	96.5	73.5
湖　北　Hubei	100.1	99.3	102.7	103.2	99.0	100.1	94.9	78.1
湖　南　Hunan	101.2	99.2	102.4	100.2	101.7	100.9	98.3	89.0
广　东　Guangdong	100.7	97.8	104.5	103.4	99.9	103.9	98.7	84.9
广　西　Guangxi	101.4	96.5	102.0	107.7	101.9	101.3	97.6	80.3
海　南　Hainan	100.6	98.0	103.3	100.5	100.0	99.5	98.9	83.5
重　庆　Chongqing	100.4	98.6	103.7	100.6	100.0	99.6	98.0	72.1
四　川　Sichuan	100.4	97.1	102.9	101.9	101.2	101.3	97.2	84.4
贵　州　Guizhou	100.6	97.8	105.1	98.1	100.8	101.4	97.2	76.4
云　南　Yunnan	100.1	94.9	102.6	101.7	105.0	100.8	95.9	79.9
西　藏　Tibet	101.2	99.1	102.8	100.5	103.3	100.4	98.5	95.1
陕　西　Shaanxi	100.5	98.1	102.6	101.1	100.5	101.8	95.3	79.0
甘　肃　Gansu	102.4	100.6	102.4	104.3	102.6	101.2	93.5	71.9
青　海　Qinghai	101.7	98.6	104.7	105.4	101.1	102.5	95.9	71.4
宁　夏　Ningxia	99.4	98.6	103.5	99.8	100.2	98.2	94.8	72.1
新　疆　Xinjiang	102.0	97.5	103.1	102.1	101.5	104.4	98.7	87.5

4-7-5 续表 9 Continued 9

(上年价格=100) (Preceding year=100)

地 区 Region		(2)通信服务 Communication Service	七、娱乐、教育、文化 Recreation, Education and Culture Articles	1. 文娱用耐用消费品及服务 Durable Consumer Goods for Cultural and Recreational Use and Services	2. 教育 Education	(1)教材及参考书 Teaching Materials and Reference Books	(2)学杂托幼费 Tuition and Child Care	3. 文化娱乐 Cultural and Recreational
全国平均	**National**	**100.1**	**99.3**	**91.8**	**100.4**	**99.6**	**100.5**	**101.1**
北 京	Beijing	100.2	99.2	91.7	99.8	96.5	100.0	97.7
天 津	Tianjin	100.1	98.6	88.8	99.9	94.2	100.4	99.6
河 北	Hebei	100.3	99.3	94.0	100.3	98.7	100.5	101.0
山 西	Shanxi	100.2	99.8	94.1	100.6	98.6	100.8	102.9
内 蒙 古	Inner Mongolia	99.1	100.4	95.7	102.2	99.7	102.4	100.5
辽 宁	Liaoning	100.2	99.1	88.9	99.9	98.1	100.0	101.6
吉 林	Jilin	97.7	99.1	90.9	100.7	102.9	100.5	101.2
黑 龙 江	Heilongjiang	100.1	99.0	91.2	99.9	98.2	100.0	104.0
上 海	Shanghai	98.9	97.3	83.8	99.8	110.0	98.6	99.8
江 苏	Jiangsu	100.4	98.0	86.0	100.9	96.2	101.2	101.7
浙 江	Zhejiang	100.3	99.1	93.2	97.7	96.4	97.7	101.4
安 徽	Anhui	100.5	100.3	90.4	102.7	112.8	101.4	101.3
福 建	Fujian	100.6	98.2	95.2	96.7	106.6	95.9	101.7
江 西	Jiangxi	99.9	99.9	94.0	100.5	96.6	100.8	101.0
山 东	Shandong	100.4	99.6	94.6	100.8	100.6	100.9	101.0
河 南	Henan	100.1	101.4	96.0	103.3	97.4	103.9	100.4
湖 北	Hubei	98.2	98.9	90.4	100.3	100.2	100.3	100.2
湖 南	Hunan	100.6	100.8	95.5	102.1	97.7	102.4	101.4
广 东	Guangdong	100.8	98.4	93.5	98.6	98.6	98.6	100.0
广 西	Guangxi	102.6	100.7	92.6	101.0	93.7	102.2	105.2
海 南	Hainan	101.1	98.8	98.0	99.0	87.4	100.5	99.7
重 庆	Chongqing	100.6	99.4	93.4	103.6	100.0	103.8	102.0
四 川	Sichuan	100.2	100.5	94.5	99.9	90.6	100.8	100.2
贵 州	Guizhou	100.5	102.0	92.7	103.2	97.0	103.6	109.4
云 南	Yunnan	99.0	100.3	86.7	99.9	97.0	100.5	101.9
西 藏	Tibet	100.0	99.7	97.1	100.3	101.1	100.0	100.9
陕 西	Shaanxi	98.3	98.5	90.4	100.5	100.2	100.6	100.5
甘 肃	Gansu	100.3	99.9	92.9	100.0	91.7	100.5	101.8
青 海	Qinghai	100.2	102.3	92.6	102.7	92.5	103.3	105.3
宁 夏	Ningxia	100.5	98.7	88.3	100.2	93.3	101.6	103.9
新 疆	Xinjiang	101.2	99.7	95.2	100.9	102.6	100.8	100.9

4—7—5 续表 10 Continued 10

(上年价格=100) (Preceding year=100)

地 区 Region	(1)文化娱乐用品 Cultural Articles	(2)书报杂志 Newspapers and Magazines	(3)文娱费 Expenditure of Culture and Recreation	4. 旅游 Touring and Outgoing	八、居住 Residence	1. 建房及装修材料 Building and Building Decoration Materials	2. 租房 Rent	3. 自有住房 Private Housing	4. 水电燃料 Electricity and Fuel
全国平均 National	**99.2**	**100.7**	**102.7**	**102.1**	**104.5**	**105.3**	**103.8**	**107.4**	**103.0**
北 京 Beijing	95.1	101.0	99.7	108.4	103.5	101.8	100.7	107.8	102.0
天 津 Tianjin	98.6	100.0	100.0	106.9	103.5	103.6	100.0	104.2	103.9
河 北 Hebei	100.3	99.8	102.1	100.9	106.2	103.6	102.1	110.4	105.8
山 西 Shanxi	99.6	100.0	107.1	100.7	104.4	106.0	103.6	108.7	101.6
内蒙古 Inner Mongolia	99.6	100.1	101.9	102.2	105.3	101.9	105.3	107.4	106.3
辽 宁 Liaoning	99.3	100.3	103.3	107.8	105.2	104.8	110.0	105.4	104.7
吉 林 Jilin	99.3	100.9	103.3	102.3	105.6	107.8	104.9	107.4	104.1
黑龙江 Heilongjiang	102.6	99.6	105.8	98.1	105.2	104.7	102.0	108.3	105.2
上 海 Shanghai	96.7	100.0	101.6	103.4	104.5	106.9	108.7	105.6	100.3
江 苏 Jiangsu	99.6	100.5	103.7	97.9	103.6	105.9	102.6	105.6	101.5
浙 江 Zhejiang	100.3	101.5	102.0	108.0	105.4	106.9	103.4	107.8	103.5
安 徽 Anhui	100.1	100.8	102.6	101.6	103.7	105.4	109.9	106.9	101.7
福 建 Fujian	97.4	103.2	104.6	102.5	104.7	104.2	106.8	109.6	103.6
江 西 Jiangxi	100.4	100.1	102.2	101.7	104.3	104.8	105.4	107.2	102.8
山 东 Shandong	99.8	100.1	103.2	101.5	103.4	105.5	106.1	106.1	101.6
河 南 Henan	99.3	100.2	101.5	101.7	105.7	108.7	103.5	111.0	100.9
湖 北 Hubei	99.2	100.0	100.9	100.8	106.0	106.9	101.2	108.9	105.5
湖 南 Hunan	99.5	102.1	102.4	100.0	104.7	103.4	102.5	107.1	105.0
广 东 Guangdong	99.2	101.5	99.7	100.6	103.5	103.9	103.0	106.5	102.0
广 西 Guangxi	99.2	101.0	113.7	104.6	104.2	109.7	103.7	105.6	102.4
海 南 Hainan	100.5	98.1	100.0	98.2	105.3	109.0	100.2	107.8	103.4
重 庆 Chongqing	100.9	99.9	104.4	88.4	105.5	108.2	101.5	105.5	105.1
四 川 Sichuan	100.0	99.8	100.6	107.2	105.1	106.6	104.1	106.0	104.3
贵 州 Guizhou	100.8	102.2	114.6	99.2	105.0	103.2	111.2	101.1	107.2
云 南 Yunnan	100.3	100.0	104.6	113.9	103.1	102.6	107.7	102.5	102.8
西 藏 Tibet	100.1	100.0	102.9	101.5	107.5	99.6	101.2	127.9	107.3
陕 西 Shaanxi	99.3	100.6	101.4	95.5	104.4	103.8	103.0	108.7	102.7
甘 肃 Gansu	99.5	100.3	103.3	109.6	106.8	102.9	101.4	117.5	103.1
青 海 Qinghai	105.2	100.3	106.9	108.7	104.7	104.8	100.0	106.3	104.3
宁 夏 Ningxia	99.2	100.5	108.1	104.8	104.0	106.5	102.8	107.4	102.1
新 疆 Xinjiang	99.2	100.1	102.6	101.6	105.3	107.9	101.8	107.7	103.2

4—7—6 各地区农村居民消费价格指数（2007 年）

Rural Consumer Price Indices by Category and Region (2007)

(上年价格=100) (Preceding year=100)

地 区	Region	居民消费价格指数 Consumer Price Index	一、食品 Food	1. 粮食 Grain	2. 淀粉 Starches	3. 干豆类及豆制品 Bean and Its Products	4. 油脂 Oil or Fat	5. 肉禽及其制品 Meal, Poultry and Their Products	(1)食用畜肉及副产品 Meal and Their Products
全国平均	**National**	**105.4**	**113.6**	**106.2**	**106.3**	**108.8**	**128.3**	**131.8**	**139.5**
北 京	Beijing								
天 津	Tianjin								
河 北	Hebei	105.1	113.8	109.9	107.6	107.6	124.1	132.9	141.7
山 西	Shanxi	105.7	114.1	106.6	118.9	106.7	121.5	136.0	149.3
内蒙古	Inner Mongolia	105.2	113.4	105.7	113.5	107.6	128.1	134.0	143.5
辽 宁	Liaoning	107.0	116.5	106.6	103.7	113.1	132.8	141.3	147.9
吉 林	Jilin	106.1	112.7	104.4	100.1	112.0	124.5	145.8	155.1
黑龙江	Heilongjiang	105.4	114.5	103.8	103.4	114.9	142.5	135.1	149.4
上 海	Shanghai								
江 苏	Jiangsu	104.8	112.5	101.8	102.7	106.8	131.5	129.3	135.6
浙 江	Zhejiang	104.4	111.8	103.7	103.0	108.6	132.5	132.8	141.6
安 徽	Anhui	105.2	112.5	107.8	103.3	106.1	128.2	129.7	135.4
福 建	Fujian	105.4	113.6	106.5	109.3	109.7	123.2	127.2	130.5
江 西	Jiangxi	105.8	112.5	110.3	105.4	108.3	124.5	125.0	132.1
山 东	Shandong	105.3	115.5	107.3	108.9	107.6	123.5	137.0	147.0
河 南	Henan	105.5	115.9	108.2	111.4	112.4	127.3	139.4	147.6
湖 北	Hubei	105.1	112.9	108.6	103.7	109.3	133.2	129.3	135.1
湖 南	Hunan	106.9	116.0	109.6	102.3	113.5	130.8	136.0	143.6
广 东	Guangdong	103.5	109.9	106.4	103.2	105.1	126.1	122.2	125.8
广 西	Guangxi	106.8	115.3	104.2	105.2	112.3	122.9	134.9	138.0
海 南	Hainan	106.2	112.4	103.1	100.8	93.9	111.5	124.2	129.9
重 庆	Chongqing								
四 川	Sichuan	106.0	115.4	108.3	103.6	108.0	127.9	131.3	141.8
贵 州	Guizhou	107.4	118.2	106.7	106.8	110.8	155.3	126.5	138.8
云 南	Yunnan	105.9	113.6	105.3	101.0	106.6	125.9	130.0	137.9
西 藏	Tibet	104.2	108.0	104.1	103.4	101.4	112.4	119.7	126.1
陕 西	Shaanxi	105.1	112.3	107.1	102.5	108.6	121.5	130.1	151.8
甘 肃	Gansu	106.3	113.7	108.2	111.2	111.2	125.7	133.6	143.4
青 海	Qinghai	107.3	117.6	108.6	105.6	110.0	124.9	141.0	141.5
宁 夏	Ningxia	105.9	115.0	106.6	118.7	107.1	127.7	141.9	147.2
新 疆	Xinjiang	107.2	114.7	108.1	103.8	105.1	133.4	127.3	129.8

4—7—6 续表 1 Continued 1

(上年价格=100) (Preceding year=100)

地区 Region	(2)禽 Poultry	(3)加工肉禽 Meat and Poultry Products	6.蛋 Eggs	7.水产品 Aquatic Products	(1)鱼 Fish	(2)其它水产品 Other Aquatic Products	8.菜 Vegetables	9.调味品 Flavoring
全国平均 National	**123.8**	**114.8**	**121.1**	**106.5**	**106.5**	**106.3**	**109.5**	**103.7**
北京 Beijing								
天津 Tianjin								
河北 Hebei	127.7	115.1	122.3	106.5	107.4	103.1	111.7	100.0
山西 Shanxi	118.4	116.4	126.9	104.7	105.2	102.2	111.1	105.6
内蒙古 Inner Mongolia	120.5	108.0	121.9	104.5	104.6	101.6	106.7	107.5
辽宁 Liaoning	133.9	121.2	127.3	104.7	105.8	100.4	111.5	101.7
吉林 Jilin	129.7	120.9	121.1	110.2	110.7	104.9	103.0	99.9
黑龙江 Heilongjiang	122.4	127.6	121.8	107.1	108.7	100.4	98.1	109.1
上海 Shanghai								
江苏 Jiangsu	123.7	111.3	121.0	107.7	105.9	109.2	117.8	100.7
浙江 Zhejiang	123.9	109.3	125.3	104.7	105.2	104.1	105.6	101.4
安徽 Anhui	124.3	104.0	120.0	105.9	106.5	104.0	107.1	101.9
福建 Fujian	125.7	111.4	122.1	108.7	108.5	109.0	112.1	100.6
江西 Jiangxi	119.1	108.0	115.0	104.2	102.7	107.8	106.2	102.9
山东 Shandong	126.0	117.8	122.3	103.8	104.9	101.6	113.7	101.5
河南 Henan	123.2	116.7	117.5	109.4	109.4	109.2	110.4	107.0
湖北 Hubei	128.8	112.1	121.4	108.3	107.6	110.1	107.8	103.0
湖南 Hunan	121.0	114.4	121.5	109.5	108.2	119.5	118.2	101.1
广东 Guangdong	117.3	116.2	116.7	105.2	105.7	104.0	106.7	103.7
广西 Guangxi	133.2	124.6	125.3	105.8	106.0	104.5	104.8	108.1
海南 Hainan	119.4	110.9	112.1	106.7	108.7	101.9	111.8	114.5
重庆 Chongqing								
四川 Sichuan	121.0	110.2	116.2	106.8	106.0	111.0	112.9	101.0
贵州 Guizhou	125.0	115.1	115.9	112.9	110.4	123.0	113.5	108.3
云南 Yunnan	118.1	113.7	111.7	108.0	107.6	108.8	115.2	109.2
西藏 Tibet	108.7	108.7	107.0	104.2	105.4	99.5	103.8	103.3
陕西 Shaanxi	129.0	108.8	120.9	108.6	109.7	103.9	111.2	108.0
甘肃 Gansu	132.7	124.5	125.9	109.4	111.1	102.5	103.2	109.2
青海 Qinghai	135.7	115.7	115.7	103.0	103.0	103.1	102.2	108.5
宁夏 Ningxia	123.6	124.8	132.0	109.8	111.0	103.0	101.7	105.9
新疆 Xinjiang	121.5	115.9	123.5	110.9	115.0	101.8	99.2	110.7

4—7—6 续表 2 Continued 2

(上年价格=100)　　　　(Preceding year=100)

地 区 Region	10.糖 Carbohydrate	11.茶及饮料 Tea and Beverages	(1)茶叶 Tea	(2)饮料 Beverages	12.干鲜瓜果 Dried and Fresh Melons and Fruits	13.糕点饼干面包 Cake, Biscuit and Bread	14.液体乳及乳制品 Milk and Its Products	15.在外用膳食品 Outward Dinner
全国平均 National	**100.7**	**101.3**	**102.9**	**100.5**	**102.6**	**102.8**	**102.1**	**107.5**
北 京 Beijing								
天 津 Tianjin								
河 北 Hebei	105.1	100.6	101.7	100.2	99.9	101.0	101.4	106.1
山 西 Shanxi	98.3	102.6	105.1	101.6	103.2	102.5	102.0	106.3
内蒙古 Inner Mongolia	99.0	99.9	100.1	99.8	107.6	103.6	99.4	105.6
辽 宁 Liaoning	101.0	101.1	101.9	100.7	104.7	102.1	101.6	105.9
吉 林 Jilin	101.0	104.4	111.9	99.7	98.1	101.9	101.7	104.8
黑龙江 Heilongjiang	102.1	100.6	100.3	100.8	111.0	106.0	101.3	106.9
上 海 Shanghai								
江 苏 Jiangsu	101.6	99.7	99.2	99.8	108.3	102.6	104.6	108.8
浙 江 Zhejiang	100.4	100.8	100.3	101.0	97.8	102.3	103.1	107.8
安 徽 Anhui	100.6	100.7	101.3	100.2	105.6	102.1	100.2	107.4
福 建 Fujian	101.5	101.8	104.2	99.7	105.0	101.8	100.7	108.4
江 西 Jiangxi	98.2	99.7	99.4	99.8	102.4	101.1	101.7	107.0
山 东 Shandong	102.2	101.5	101.4	101.6	105.5	103.9	103.8	106.4
河 南 Henan	100.6	100.8	105.5	100.3	98.0	102.8	102.3	105.5
湖 北 Hubei	101.2	101.0	103.0	100.0	102.2	103.2	102.2	107.7
湖 南 Hunan	97.1	100.4	100.7	100.2	97.0	102.5	100.1	107.6
广 东 Guangdong	100.9	100.6	100.7	100.6	97.5	101.7	100.2	103.6
广 西 Guangxi	98.8	102.6	101.9	102.9	98.2	105.8	102.7	106.7
海 南 Hainan	96.3	103.3	105.4	102.6	102.4	101.0	102.2	104.3
重 庆 Chongqing								
四 川 Sichuan	98.9	100.3	100.8	100.0	103.5	100.7	99.6	109.2
贵 州 Guizhou	101.1	101.5	100.3	102.4	108.8	104.6	102.3	112.1
云 南 Yunnan	102.5	105.4	113.7	100.0	100.3	104.0	102.6	113.2
西 藏 Tibet	103.9	101.2	102.6	100.0	110.9	101.2	102.3	108.9
陕 西 Shaanxi	101.3	101.4	103.6	100.0	101.1	104.0	104.2	107.7
甘 肃 Gansu	102.9	105.4	112.8	99.6	109.7	104.5	103.9	113.6
青 海 Qinghai	100.1	113.5	117.9	99.7	106.0	108.1	108.4	113.7
宁 夏 Ningxia	95.6	101.7	102.8	100.7	107.7	105.1	102.8	113.0
新 疆 Xinjiang	100.7	103.8	107.6	100.1	106.6	109.1	107.6	112.8

4－7－6 续表 3　Continued 3

(上年价格＝100)　　(Preceding year＝100)

地　区　Region	16. 其它食品 Other Foods and Manufacturing Services	二、烟酒及用品 Tobacco, Liquor and Articles	1. 烟草 Tobacco	2. 酒 Liquor	3. 吸烟、饮酒用品 Articles for Smoking and Drinking	三、衣着 Clothing	1. 服装 Garments
全国平均　National	**103.3**	**101.6**	**101.0**	**102.6**	**100.1**	**100.2**	**99.8**
北　京　Beijing							
天　津　Tianjin							
河　北　Hebei	102.0	101.9	100.1	103.9	102.5	98.8	98.2
山　西　Shanxi	104.8	103.6	101.6	108.1	105.0	100.9	100.1
内蒙古　Inner Mongolia	100.9	100.7	101.3	100.0	100.0	100.8	100.3
辽　宁　Liaoning	102.6	99.7	99.1	100.5	101.1	100.7	100.2
吉　林　Jilin	101.9	99.6	99.2	100.2	96.9	98.3	98.3
黑龙江　Heilongjiang	106.5	101.7	100.2	103.4	100.0	103.1	102.6
上　海　Shanghai							
江　苏　Jiangsu	104.6	101.0	100.2	102.2	99.6	101.6	101.5
浙　江　Zhejiang	103.2	101.6	101.0	103.1	100.2	98.8	98.7
安　徽　Anhui	102.0	100.3	99.6	101.4	100.2	99.9	100.0
福　建　Fujian	102.3	100.4	100.3	100.6	99.8	97.9	98.1
江　西　Jiangxi	101.2	100.7	100.6	100.8	101.3	100.9	100.4
山　东　Shandong	103.8	103.0	100.9	105.0	99.2	96.9	95.7
河　南　Henan	102.1	101.0	100.6	101.7	98.8	101.0	100.9
湖　北　Hubei	103.0	100.9	100.2	102.1	100.6	99.2	97.4
湖　南　Hunan	100.8	104.5	106.4	101.3	100.1	98.0	96.4
广　东　Guangdong	103.1	100.8	99.9	102.4	100.1	101.2	101.4
广　西　Guangxi	106.4	100.1	98.5	101.9	101.2	104.9	104.0
海　南　Hainan	105.8	101.1	100.7	101.1	104.7	101.8	102.1
重　庆　Chongqing							
四　川　Sichuan	103.3	101.9	101.7	102.2	99.4	100.9	101.2
贵　州　Guizhou	103.2	101.5	100.0	105.7	100.0	103.2	105.5
云　南　Yunnan	103.8	102.5	103.7	100.5	97.1	99.7	99.1
西　藏　Tibet	101.6	102.0	101.1	102.9	103.6	103.3	103.0
陕　西　Shaanxi	109.9	102.2	101.3	105.1	100.1	102.5	102.0
甘　肃　Gansu	103.7	102.6	101.4	104.8	101.6	101.7	101.1
青　海　Qinghai	101.2	101.4	99.9	102.9	100.0	99.4	99.6
宁　夏　Ningxia	102.8	100.9	101.3	99.8	100.0	102.2	101.7
新　疆　Xinjiang	103.3	100.7	101.4	100.2	100.0	102.2	102.5

4—7—6 续表 4　Continued 4

(上年价格=100)　　(Preceding year=100)

地　区　Region	(1)男式服装 Men's Clothing	(2)女式服装 Women's Clothing	(3)儿童服装 Children's Clothing	2. 衣着材料 Clothing Material	3. 鞋袜帽 Footgear and Hats	(1)鞋 Shoes	(2)袜子 Socks	(3)帽子 Hats
全国平均　National	**99.4**	**99.9**	**100.6**	**101.9**	**100.5**	**100.5**	**100.4**	**100.4**
北　京　Beijing								
天　津　Tianjin								
河　北　Hebei	98.2	98.0	98.5	102.1	99.5	99.4	100.8	98.3
山　西　Shanxi	100.2	97.9	104.6	101.4	103.2	103.3	103.4	100.2
内蒙古　Inner Mongolia	100.2	99.8	101.7	100.4	101.6	102.2	99.7	100.8
辽　宁　Liaoning	98.7	102.0	98.3	105.3	100.9	100.3	102.9	105.8
吉　林　Jilin	99.0	97.9	97.8	99.8	97.7	98.5	94.1	92.8
黑龙江　Heilongjiang	102.1	102.1	103.6	100.5	105.2	106.9	100.0	100.0
上　海　Shanghai								
江　苏　Jiangsu	100.7	101.7	103.7	102.7	101.4	101.6	99.5	102.8
浙　江　Zhejiang	99.3	98.4	98.1	101.1	98.7	98.5	99.9	101.1
安　徽　Anhui	100.3	99.5	100.6	103.0	98.9	98.7	100.1	98.9
福　建　Fujian	98.6	99.4	91.4	100.8	96.8	96.0	99.8	99.5
江　西　Jiangxi	100.3	99.4	102.9	103.1	100.8	101.6	97.0	99.5
山　东　Shandong	95.1	96.5	94.7	104.3	96.9	96.7	98.3	95.8
河　南　Henan	100.1	101.4	101.3	99.6	101.6	101.7	100.7	102.4
湖　北　Hubei	97.5	97.6	96.5	101.7	103.2	103.6	100.3	102.9
湖　南　Hunan	96.4	96.9	95.5	106.1	100.3	100.5	99.3	101.2
广　东　Guangdong	101.2	101.0	103.3	101.7	100.8	100.2	103.7	103.4
广　西　Guangxi	100.5	108.5	99.0	98.0	108.6	109.4	106.5	94.7
海　南　Hainan	99.4	101.6	106.2	99.4	100.8	101.0	100.3	100.0
重　庆　Chongqing								
四　川　Sichuan	101.0	100.5	102.3	100.0	100.4	100.6	99.6	101.3
贵　州　Guizhou	100.0	107.8	108.1	99.1	98.9	97.9	100.2	107.7
云　南　Yunnan	99.0	99.0	99.4	100.7	100.7	101.0	101.0	98.5
西　藏　Tibet	101.7	103.0	104.1	100.5	104.6	102.8	108.5	103.3
陕　西　Shaanxi	100.8	100.3	105.6	105.7	103.0	103.7	100.5	102.6
甘　肃　Gansu	98.3	99.2	106.3	99.4	103.5	104.3	101.1	102.1
青　海　Qinghai	99.7	99.8	98.9	99.0	99.3	100.1	100.0	93.7
宁　夏　Ningxia	100.5	101.9	104.4	102.2	103.6	103.8	100.7	105.9
新　疆　Xinjiang	102.2	101.9	104.2	101.2	100.7	100.9	100.2	101.3

4－7－6 续表 5　Continued 5

(上年价格＝100)　　　　(Preceding year＝100)

地　区　Region	4. 衣着加工服务 Clothing Manufacturing Services	四、家庭设备用品及服务 Household Facilities, Articles and Services	1. 耐用消费品 Durable Consumer Goods	(1)家具 Furniture	(2)家庭设备 Household Facilities	2. 室内装饰品 Interior Decorations	3. 床上用品 Bed Articles
全国平均　National	**102.3**	**102.1**	**101.9**	**102.8**	**101.3**	**100.5**	**100.1**
北　京　Beijing							
天　津　Tianjin							
河　北　Hebei	101.6	100.6	99.8	99.9	99.7	100.8	97.9
山　西　Shanxi	102.5	104.0	104.0	107.4	101.6	101.5	99.1
内蒙古　Inner Mongolia	100.7	99.9	99.5	99.2	99.8	99.5	99.8
辽　宁　Liaoning	106.5	101.8	99.8	101.7	99.0	100.5	101.0
吉　林　Jilin	100.9	98.6	97.8	98.9	96.7	97.8	96.7
黑龙江　Heilongjiang	100.1	102.0	102.1	100.7	103.0	100.0	100.2
上　海　Shanghai							
江　苏　Jiangsu	102.2	101.6	101.0	101.1	101.0	101.4	99.2
浙　江　Zhejiang	101.1	102.4	102.7	103.1	102.5	100.7	99.2
安　徽　Anhui	106.9	102.2	102.2	102.2	102.2	100.5	99.6
福　建　Fujian	108.3	103.1	102.8	104.0	102.3	102.2	100.3
江　西　Jiangxi	107.3	102.2	101.6	101.7	101.5	102.0	99.4
山　东　Shandong	100.3	102.8	103.8	106.9	101.4	100.2	100.7
河　南　Henan	101.0	102.7	102.7	102.3	103.1	100.3	103.1
湖　北　Hubei	103.2	101.6	101.9	102.7	101.5	100.7	99.3
湖　南　Hunan	102.0	103.9	102.4	103.4	101.7	101.8	98.6
广　东　Guangdong	100.2	102.0	102.8	105.6	100.5	100.0	101.2
广　西　Guangxi	104.6	100.9	100.3	101.5	99.6	100.5	95.4
海　南　Hainan	105.1	104.3	104.6	106.3	101.7	98.0	101.8
重　庆　Chongqing							
四　川　Sichuan	102.4	101.2	100.5	100.1	101.0	100.5	101.1
贵　州　Guizhou	100.0	103.2	100.3	97.9	102.0	101.1	102.1
云　南　Yunnan	100.8	102.2	100.9	103.2	98.7	99.3	100.5
西　藏　Tibet	104.7	100.6	100.2	101.3	99.0	100.2	100.8
陕　西　Shaanxi	100.6	102.6	101.8	101.8	101.8	100.9	101.2
甘　肃　Gansu	105.6	102.1	102.0	103.7	99.6	99.7	101.8
青　海　Qinghai	104.9	101.8	101.2	101.6	100.8	100.6	100.3
宁　夏　Ningxia	106.3	100.4	99.7	99.9	99.3	102.2	99.2
新　疆　Xinjiang	115.9	101.7	101.0	101.1	100.9	102.4	101.0

4—7—6 续表 6　Continued 6

(上年价格=100)　(Preceding year=100)

地　区　Region	4. 家庭日用杂品 Daily Use Household Articles	5. 家庭服务及加工维修服务 Household Service and Manufacturing Upkeep	五、医疗保健和个人用品 Health Care and Personal Articles	1. 医疗保健 Health Care	(1)医疗器具及用品 Medical Instrument and Articles	(2)中药材及中成药 Traditional Chinese Medicine	(3)西药 Western Medicine
全国平均 National	**102.0**	**106.8**	**102.8**	**102.9**	**98.0**	**108.8**	**99.6**
北　京 Beijing							
天　津 Tianjin							
河　北 Hebei	102.3	102.7	101.1	100.6	98.6	101.9	100.2
山　西 Shanxi	103.8	112.8	102.7	102.0	98.6	111.4	99.9
内蒙古 Inner Mongolia	100.1	102.3	102.6	101.2	100.2	107.2	98.2
辽　宁 Liaoning	104.4	106.3	102.9	102.7	100.9	106.6	102.5
吉　林 Jilin	99.9	100.7	119.9	126.1	98.6	98.8	99.7
黑龙江 Heilongjiang	101.2	110.8	103.0	103.2	96.8	107.3	101.1
上　海 Shanghai							
江　苏 Jiangsu	101.2	107.5	100.7	100.3	101.0	103.8	98.7
浙　江 Zhejiang	100.3	109.6	102.1	102.0	99.0	112.2	96.2
安　徽 Anhui	102.0	105.7	101.1	101.0	96.9	105.0	99.4
福　建 Fujian	99.2	120.3	102.2	101.3	98.0	109.2	98.2
江　西 Jiangxi	102.5	109.5	102.4	101.7	101.4	106.2	99.0
山　东 Shandong	101.6	102.9	102.3	102.6	96.8	109.5	100.7
河　南 Henan	102.6	103.8	102.5	102.6	99.5	109.9	99.3
湖　北 Hubei	101.2	105.2	103.9	104.0	97.8	108.6	99.9
湖　南 Hunan	105.9	109.0	103.0	102.5	98.5	110.0	99.2
广　东 Guangdong	100.6	103.6	104.0	104.6	99.6	116.8	100.0
广　西 Guangxi	101.8	107.5	104.3	106.0	98.8	119.3	98.8
海　南 Hainan	104.5	113.2	100.4	98.9	99.9	103.8	99.1
重　庆 Chongqing							
四　川 Sichuan	101.2	105.0	101.4	101.2	100.2	104.6	100.4
贵　州 Guizhou	105.7	104.8	104.7	101.5	99.5	107.6	100.5
云　南 Yunnan	103.7	109.8	103.7	104.4	95.5	114.2	100.5
西　藏 Tibet	99.2	112.5	99.8	97.4	99.7	98.2	93.3
陕　西 Shaanxi	102.1	112.2	103.1	102.4	94.7	110.4	101.2
甘　肃 Gansu	102.4	104.0	103.5	104.2	96.2	113.4	102.6
青　海 Qinghai	102.5	116.7	106.7	107.7	100.8	112.9	101.6
宁　夏 Ningxia	101.1	103.8	100.6	99.7	98.1	102.6	98.4
新　疆 Xinjiang	102.1	104.8	102.4	101.0	95.3	102.2	100.6

4—7—6 续表 7 Continued 7

(上年价格=100) (Preceding year=100)

地 区 Region	(4)保健器具及用品 Health Care Appliances and Articles	(5)医疗保健服务 Health Care Services	2. 个人用品及服务 Personal Articles and Services	(1)化妆美容用品 Cosmetics	(2)清洁化妆用品 Sanitation Articles	(3)个人饰品 Personal Decorations	(4)个人服务 Personal Services	六、交通和通信 Transportation and Communication
全国平均 National	**100.9**	**103.2**	**102.6**	**100.3**	**100.5**	**103.8**	**104.4**	**100.6**
北 京 Beijing								
天 津 Tianjin								
河 北 Hebei	99.7	100.6	102.3	98.9	99.6	104.8	102.4	100.7
山 西 Shanxi	97.6	100.4	104.2	99.5	99.1	103.8	110.7	101.9
内蒙古 Inner Mongolia	99.8	101.1	105.4	100.3	102.8	105.3	108.6	102.0
辽 宁 Liaoning	100.1	101.4	103.4	99.0	100.4	107.5	102.2	101.3
吉 林 Jilin	101.0	177.8	100.1	100.2	100.0	100.0	100.5	99.8
黑龙江 Heilongjiang	99.7	104.8	102.3	102.2	100.7	101.8	103.5	102.5
上 海 Shanghai								
江 苏 Jiangsu	100.9	100.0	101.5	98.9	99.8	105.0	101.9	100.3
浙 江 Zhejiang	102.0	101.4	102.3	101.0	99.7	106.9	102.2	99.1
安 徽 Anhui	101.7	100.0	101.4	100.6	100.1	105.2	100.4	99.1
福 建 Fujian	99.7	99.8	104.0	100.3	100.2	104.7	108.6	101.0
江 西 Jiangxi	101.0	100.6	103.5	102.2	100.7	103.8	105.8	102.3
山 东 Shandong	100.5	101.4	101.7	100.1	100.5	101.3	103.9	100.5
河 南 Henan	100.0	101.4	102.3	99.7	99.7	103.5	104.3	100.1
湖 北 Hubei	100.1	106.0	103.7	100.5	100.3	103.3	110.7	101.4
湖 南 Hunan	100.3	99.7	103.9	101.4	102.3	105.8	105.5	101.2
广 东 Guangdong	100.4	100.5	102.7	100.8	100.4	103.6	105.9	100.6
广 西 Guangxi	100.9	104.2	100.3	100.6	102.7	101.1	96.2	100.5
海 南 Hainan	96.7	97.8	103.4	103.5	101.2	107.0	100.5	100.1
重 庆 Chongqing								
四 川 Sichuan	99.0	100.5	101.8	100.1	99.8	102.2	103.0	101.7
贵 州 Guizhou	101.5	100.0	107.2	100.0	111.6	101.6	109.0	104.3
云 南 Yunnan	99.4	103.9	102.0	100.3	100.4	103.5	104.4	99.8
西 藏 Tibet	98.8	102.1	102.3	103.1	98.1	104.1	105.0	101.2
陕 西 Shaanxi	99.6	100.4	104.9	100.1	101.0	102.1	109.0	100.5
甘 肃 Gansu	96.8	103.0	101.9	99.3	99.9	101.3	103.4	102.7
青 海 Qinghai	103.6	110.5	103.7	98.7	100.0	104.5	104.3	101.1
宁 夏 Ningxia	99.4	99.7	103.2	99.5	100.5	105.4	107.9	99.9
新 疆 Xinjiang	99.3	101.4	104.8	101.3	101.1	103.3	113.4	102.3

4—7—6 续表 8 Continued 8

(上年价格=100) (Preceding year=100)

地 区 Region	1. 交通 Transportation	(1)交通工具 Transportation Facility	(2)车用燃料及零配件 Fuels and Parts	(3)车辆使用及维修 Using and Upkeep Fare	(4)市区公共交通 Incity Traffic Fare	(5)城市间交通 Intercity Traffic Fare	2. 通信 Communication	(1)通信工具 Communication Facility
全国平均 National	**102.1**	**99.2**	**103.9**	**102.6**	**104.0**	**104.4**	**98.7**	**87.6**
北 京 Beijing								
天 津 Tianjin								
河 北 Hebei	102.4	100.3	104.2	102.6	101.0	106.6	98.9	89.8
山 西 Shanxi	104.5	100.0	103.3	108.4	111.9	107.5	98.6	75.7
内蒙古 Inner Mongolia	101.5	99.2	101.2	102.7	118.1	100.7	103.4	92.7
辽 宁 Liaoning	102.8	100.1	104.3	103.0	107.3	104.2	99.5	86.5
吉 林 Jilin	101.9	98.2	100.1	101.0	99.0	107.2	97.9	93.5
黑龙江 Heilongjiang	104.7	101.4	105.8	100.1	101.8	108.9	99.1	97.2
上 海 Shanghai								
江 苏 Jiangsu	101.9	97.9	103.6	102.3	104.5	107.4	98.4	89.7
浙 江 Zhejiang	100.9	97.2	104.3	104.9	105.6	101.7	96.5	79.1
安 徽 Anhui	102.4	100.7	103.7	100.4	101.1	105.7	95.7	77.5
福 建 Fujian	102.6	99.5	103.2	103.4	102.7	105.6	99.1	85.5
江 西 Jiangxi	104.6	100.7	103.0	103.4	110.0	107.0	99.6	86.4
山 东 Shandong	102.3	99.9	106.1	102.1	101.8	107.2	98.0	89.4
河 南 Henan	102.3	99.6	104.7	99.9	108.4	105.5	97.4	83.3
湖 北 Hubei	102.9	100.5	103.6	101.5	105.4	104.2	99.6	91.7
湖 南 Hunan	103.1	100.0	103.2	103.4	111.6	102.8	97.1	89.3
广 东 Guangdong	100.6	97.5	102.9	101.4	102.0	102.6	100.6	90.4
广 西 Guangxi	100.9	95.9	103.7	102.9	99.1	105.2	99.9	79.6
海 南 Hainan	101.7	100.9	104.1	100.2	103.5	99.8	97.3	88.5
重 庆 Chongqing								
四 川 Sichuan	101.1	100.4	103.4	101.2	102.7	100.4	103.5	95.7
贵 州 Guizhou	105.2	100.8	102.8	102.0	102.7	108.3	103.1	98.1
云 南 Yunnan	101.0	96.8	102.8	103.1	102.1	104.5	98.5	90.1
西 藏 Tibet	101.9	99.3	103.0	100.9	100.0	104.4	99.9	99.7
陕 西 Shaanxi	101.6	100.6	105.1	100.9	107.8	100.3	98.2	84.3
甘 肃 Gansu	102.7	99.9	102.6	101.1	117.0	103.4	102.5	95.4
青 海 Qinghai	101.7	99.5	104.6	102.8	104.2	102.5	99.2	93.3
宁 夏 Ningxia	102.7	100.0	104.8	112.3	104.1	100.0	96.3	85.2
新 疆 Xinjiang	104.0	102.4	104.0	101.5	102.7	109.2	98.8	89.8

4—7—6 续表 9 Continued 9

(上年价格=100) (Preceding year=100)

地 区 Region	(2)通信服务 Communi-cation Service	七、娱乐、教育、文化用品及服务 Recreation, Education and Culture Articles	1. 文娱用耐用消费品及服务 Durable Consumer Goods for Cultural and Recreational Use and Services	2. 教育 Education	(1)教材及参考书 Teaching Materials and Reference Books	(2)学杂托幼费 Tuition and Child Care	3. 文化娱乐 Cultural and Recreational
全国平均 National	**102.0**	**98.4**	**95.8**	**98.2**	**98.2**	**98.2**	**100.9**
北 京 Beijing							
天 津 Tianjin							
河 北 Hebei	101.2	101.1	96.3	101.7	97.7	102.1	100.9
山 西 Shanxi	102.9	99.6	93.9	100.2	94.7	100.4	100.2
内蒙古 Inner Mongolia	108.6	101.0	96.5	101.9	100.3	102.0	100.2
辽 宁 Liaoning	102.4	103.1	96.2	105.0	99.5	105.3	100.8
吉 林 Jilin	100.5	94.1	97.6	89.9	98.1	88.6	99.1
黑龙江 Heilongjiang	99.9	93.7	99.3	91.5	105.0	91.2	100.0
上 海 Shanghai							
江 苏 Jiangsu	101.1	95.6	95.0	93.7	96.1	93.5	100.7
浙 江 Zhejiang	101.2	97.2	93.2	96.1	95.8	96.1	102.2
安 徽 Anhui	101.5	101.6	98.2	102.5	115.8	100.9	100.9
福 建 Fujian	101.7	100.4	97.2	101.3	104.2	101.1	100.8
江 西 Jiangxi	103.6	99.4	95.7	99.8	93.0	100.4	100.6
山 东 Shandong	101.3	99.6	96.3	100.2	99.7	100.3	101.2
河 南 Henan	101.4	99.7	95.9	100.1	95.4	100.8	101.1
湖 北 Hubei	102.0	96.6	95.8	96.1	95.5	96.2	100.4
湖 南 Hunan	100.7	100.3	98.1	100.8	97.6	101.1	100.9
广 东 Guangdong	103.4	91.9	96.6	85.2	96.4	82.2	99.2
广 西 Guangxi	106.5	99.1	88.9	101.4	96.8	102.0	103.0
海 南 Hainan	100.3	99.2	96.7	99.9	94.0	100.4	98.5
重 庆 Chongqing							
四 川 Sichuan	106.1	100.0	96.9	100.5	93.5	101.0	100.8
贵 州 Guizhou	104.7	99.7	96.7	100.1	99.5	100.1	100.6
云 南 Yunnan	102.0	99.7	92.7	101.3	98.1	102.3	101.7
西 藏 Tibet	100.0	101.2	99.1	100.6	100.1	100.8	103.2
陕 西 Shaanxi	101.5	97.6	95.2	96.9	98.9	96.6	101.0
甘 肃 Gansu	103.9	99.7	96.6	102.1	95.2	94.8	102.8
青 海 Qinghai	102.1	92.8	91.9	92.1	99.5	92.0	101.2
宁 夏 Ningxia	100.4	99.4	91.5	101.4	97.9	101.7	99.6
新 疆 Xinjiang	101.1	101.1	97.9	101.6	100.7	101.7	100.7

4—7—6 续表 10 Continued 10

(上年价格=100)

(Preceding year=100)

地 区 Region	(1)文化娱乐用品 Cultural Articles	(2)书报杂志 Newspapers and Magazines	(3)文娱费 Expenditure of Culture and Recreation	4.旅游 Touring and Outgoing	八、居住 Residence	1.建房及装修材料 Building and Building Decoration Materials	2.租房 Rent	3.自有住房 Private Housing	4.水电燃料 Electricity and Fuel
全国平均 National	**100.2**	**100.7**	**102.3**	**103.4**	**104.4**	**105.1**	**106.1**	**105.7**	**103.0**
北 京 Beijing									
天 津 Tianjin									
河 北 Hebei	101.0	99.9	101.9	103.1	104.3	104.2	109.2	102.6	104.7
山 西 Shanxi	99.5	99.8	101.2	103.4	104.5	104.8	101.0	104.3	104.6
内 蒙 古 Inner Mongolia	99.7	100.8	100.6	101.2	103.2	101.3	105.0	103.5	104.3
辽 宁 Liaoning	100.1	100.9	102.9	101.9	103.8	102.0	107.3	106.5	105.5
吉 林 Jilin	99.4	98.4	99.3	100.1	103.0	102.7	103.9	103.0	103.2
黑 龙 江 Heilongjiang	100.0	100.0	100.0	99.0	103.4	104.3	102.8	100.7	103.2
上 海 Shanghai									
江 苏 Jiangsu	100.0	100.5	102.0	101.6	105.4	107.7	104.8	103.2	102.9
浙 江 Zhejiang	98.2	102.4	105.5	106.2	105.2	107.6	102.0	107.9	101.7
安 徽 Anhui	100.6	100.8	101.4	102.6	103.0	102.6	104.3	106.2	102.2
福 建 Fujian	99.8	101.9	101.1	101.9	103.4	105.9	105.6	107.1	101.3
江 西 Jiangxi	100.2	100.5	101.3	101.8	105.0	105.4	111.1	109.4	100.9
山 东 Shandong	100.0	100.4	105.4	100.7	104.2	104.8	109.7	108.9	102.0
河 南 Henan	100.9	100.6	102.4	101.7	103.0	104.4	102.6	104.8	100.4
湖 北 Hubei	100.0	100.7	100.6	100.3	106.3	106.9	100.8	106.1	106.0
湖 南 Hunan	101.9	99.9	100.0	100.0	105.4	106.5	100.0	103.7	104.4
广 东 Guangdong	100.4	100.5	97.3	103.9	102.9	103.9	100.6	106.2	101.4
广 西 Guangxi	100.7	100.2	106.6	100.8	107.7	104.1	121.0	108.6	105.3
海 南 Hainan	97.3	99.9	100.0	101.4	105.8	108.6	106.7	103.5	101.5
重 庆 Chongqing									
四 川 Sichuan	100.7	101.7	99.8	103.7	103.2	102.4	102.4	103.2	104.8
贵 州 Guizhou	101.5	100.1	100.8	111.7	104.5	104.1	111.8	103.0	105.2
云 南 Yunnan	100.1	99.4	107.0	104.2	105.8	103.0	110.5	109.8	105.5
西 藏 Tibet	101.3	102.1	107.0	104.1	105.9	104.2	106.5	114.3	104.4
陕 西 Shaanxi	101.1	100.9	101.2	102.4	104.6	105.0	102.9	106.1	104.0
甘 肃 Gansu	101.0	104.6	105.3	118.6	107.2	106.2	113.5	108.9	107.3
青 海 Qinghai	100.0	104.4	102.5	99.0	110.0	111.9	117.8	104.0	105.1
宁 夏 Ningxia	98.7	100.8	99.8	106.9	106.6	110.1	101.9	110.3	101.8
新 疆 Xinjiang	99.8	101.1	101.3	103.1	107.9	109.0	104.7	108.9	106.5

4-7-7　36个大中城市居民消费价格指数（2007年）
Consumer Price Indices in 36 Major Cities (2007)

（上年价格=100）　　(Preceding year=100)

地　区　Region	居民消费价格指数 Consumer Price Index	一、食品 Food	1.粮食 Grain	2.淀粉 Starches	3.干豆类及豆制品 Bean and Its Products	4.油脂 Oil or Fat	5.肉禽及其制品 Meal, Poultry and Their Products	(1)食用畜肉及副产品 Meal and Their Products
平均指数　Average	**103.9**	**110.8**	**106.0**	**105.4**	**107.6**	**125.7**	**129.3**	**137.5**
北　京　Beijing	102.4	109.2	107.4	108.6	108.5	117.3	128.7	134.6
天　津　Tianjin	104.2	111.6	106.3	111.1	109.9	126.8	129.8	136.5
石家庄　Shijiazhuang	104.3	110.7	103.2	102.5	108.2	125.3	130.4	138.1
太　原　Taiyuan	104.1	112.6	105.9	118.5	104.3	122.1	135.7	148.6
呼和浩特　Hohhot	103.7	109.9	106.1	105.0	101.6	122.5	133.6	138.9
沈　阳　Shenyang	104.5	111.6	104.7	111.5	113.2	131.4	137.0	143.9
大　连　Dalian	104.0	110.2	106.9	107.7	110.3	128.9	136.8	144.7
长　春　Changchun	103.7	111.6	110.3	100.0	106.1	128.5	142.1	150.6
哈尔滨　Harbin	104.1	110.2	101.8	104.0	103.3	128.4	126.5	130.5
上　海　Shanghai	103.2	109.4	101.6	101.8	108.7	129.8	123.0	132.7
南　京　Nanjing	103.7	111.6	107.4	104.3	106.5	129.2	128.0	139.3
杭　州　Hangzhou	103.5	108.0	103.0	97.3	115.2	131.7	125.6	133.3
宁　波　Ningbo	103.9	109.6	106.3	96.0	109.4	131.4	126.2	134.1
合　肥　Hefei	105.6	113.2	103.9	103.6	107.5	124.7	135.9	147.9
福　州　Fuzhou	104.1	109.4	105.8	102.9	107.7	123.6	131.2	140.5
厦　门　Xiamen	104.6	112.1	107.3	104.5	103.8	116.2	134.0	141.3
南　昌　Nanchang	104.3	111.3	106.4	100.1	105.1	128.0	135.6	139.9
济　南　Jinan	103.9	111.6	112.4	107.3	110.6	118.0	130.9	141.1
青　岛　Qingdao	104.5	111.6	105.9	108.7	106.6	119.6	130.5	143.4
郑　州　Zhengzhou	105.6	114.1	110.4	117.6	113.2	120.5	139.2	146.4
武　汉　Wuhan	104.1	111.2	109.5	101.1	105.2	127.6	133.2	144.8
长　沙　Changsha	104.9	111.3	108.6	100.0	105.8	129.1	128.2	138.6
广　州　Guangzhou	103.4	108.9	101.3	100.7	102.5	112.1	119.4	125.0
深　圳　Shenzhen	104.1	108.6	106.8	99.9	101.9	128.4	125.4	131.0
南　宁　Nanning	104.4	111.1	106.8	100.5	110.1	121.9	129.3	132.1
海　口　Haikou	104.4	109.9	102.2	102.2	105.3	125.7	124.4	129.0
重　庆　Chongqing	104.7	114.1	107.9	107.1	103.4	132.3	136.7	143.5
成　都　Chengdu	105.2	112.4	109.0	94.4	105.3	120.2	134.6	144.2
贵　阳　Guiyang	105.1	114.6	103.8	104.0	106.2	143.2	136.6	146.0
昆　明　Kunming	105.8	113.9	105.3	89.4	112.1	143.5	130.7	139.4
拉　萨　Lhasa	103.2	106.9	104.1	100.0	103.7	108.4	117.2	123.3
西　安　Xi'an	104.7	112.6	108.7	100.5	111.0	129.8	136.8	146.5
兰　州　Lanzhou	105.3	112.3	105.8	109.8	102.1	124.5	129.3	132.1
西　宁　Xining	106.4	112.7	107.9	110.6	111.8	125.2	137.1	144.5
银　川　Yinchuan	105.3	113.6	105.6	103.6	105.9	129.3	137.9	145.3
乌鲁木齐　Urumchi	104.6	112.0	105.2	113.1	111.3	134.7	126.2	135.3

4—7—7续表1　Continued 1

(上年价格=100)　　(Preceding year=100)

地区 Region	(2)禽 Poultry	(3)加工肉禽 Meat and Poultry Products	6.蛋 Eggs	7.水产品 Aquatic Products	(1)鱼 Fish	(2)其它水产品 Other Aquatic Products	8.菜 Vegetables	9.调味品 Flavoring
平均指数 Average	**121.2**	**113.3**	**122.3**	**103.7**	**105.2**	**102.3**	**107.2**	**104.0**
北　京 Beijing	117.5	121.1	118.6	108.8	107.8	109.8	109.8	102.5
天　津 Tianjin	110.4	115.6	122.4	108.6	112.8	106.6	101.5	102.1
石家庄 Shijiazhuang	118.6	115.3	124.4	101.7	105.6	97.3	103.6	102.1
太　原 Taiyuan	116.5	120.4	119.7	102.4	105.3	97.6	107.5	107.3
呼和浩特 Hohhot	131.3	114.4	127.5	105.2	105.5	102.7	95.0	104.2
沈　阳 Shenyang	127.4	117.6	130.0	103.3	107.2	99.5	107.3	103.2
大　连 Dalian	128.4	116.8	121.6	101.3	102.4	100.8	105.1	101.9
长　春 Changchun	128.6	120.3	134.0	106.6	106.0	106.8	95.9	100.4
哈尔滨 Harbin	124.2	113.8	121.9	97.7	101.3	92.6	97.9	104.2
上　海 Shanghai	121.2	106.1	121.8	101.4	103.7	99.7	113.5	104.6
南　京 Nanjing	117.8	114.6	123.9	100.9	101.1	100.6	110.2	100.0
杭　州 Hangzhou	120.9	113.9	121.0	100.9	101.2	100.6	102.8	100.5
宁　波 Ningbo	118.3	115.0	121.7	105.8	107.4	104.6	114.7	100.0
合　肥 Hefei	121.8	113.5	119.9	108.8	103.6	115.3	112.5	101.7
福　州 Fuzhou	123.3	107.7	126.4	98.5	103.6	95.8	110.6	107.2
厦　门 Xiamen	124.2	115.0	125.1	110.0	113.2	107.4	105.9	101.3
南　昌 Nanchang	139.9	109.6	122.4	100.9	98.8	104.6	104.0	104.6
济　南 Jinan	123.0	117.6	114.6	105.7	111.5	101.9	106.5	104.5
青　岛 Qingdao	111.4	109.7	113.5	100.1	103.5	98.4	112.1	104.6
郑　州 Zhengzhou	140.0	119.2	124.5	105.6	106.9	103.3	108.3	111.3
武　汉 Wuhan	119.3	112.5	122.4	101.7	102.9	97.9	104.9	102.3
长　沙 Changsha	117.7	106.8	113.6	107.8	105.2	112.4	102.2	100.3
广　州 Guangzhou	114.8	109.9	119.3	103.0	104.6	102.6	103.6	105.3
深　圳 Shenzhen	113.9	115.8	118.9	105.4	106.2	104.4	103.3	103.2
南　宁 Nanning	128.8	118.2	125.6	104.2	106.8	98.2	103.5	105.0
海　口 Haikou	120.3	114.2	121.6	109.9	109.9	109.8	107.5	114.2
重　庆 Chongqing	134.3	112.1	120.5	109.8	108.5	113.6	110.5	103.5
成　都 Chengdu	119.1	119.0	121.1	109.0	105.0	114.6	102.5	105.3
贵　阳 Guiyang	129.6	117.9	113.9	108.7	109.7	104.2	111.1	107.9
昆　明 Kunming	112.6	124.8	112.3	99.8	99.0	101.8	117.0	112.2
拉　萨 Lhasa	116.8	105.1	106.9	105.5	106.6	103.1	100.5	100.2
西　安 Xi'an	141.9	110.8	120.5	106.6	106.1	107.1	106.9	108.3
兰　州 Lanzhou	131.9	118.2	127.1	104.7	106.0	102.4	104.1	104.7
西　宁 Xining	117.0	118.6	120.9	100.3	103.0	96.1	104.9	100.0
银　川 Yinchuan	118.7	116.5	118.0	115.1	106.1	129.7	103.3	104.2
乌鲁木齐 Urumchi	115.6	102.7	127.6	108.8	109.1	107.5	104.1	121.3

4—7—7 续表 2　Continued 2

(上年价格=100)　　(Preceding year=100)

地　区　Region	10. 糖 Carbohydrate	11. 茶及饮料 Tea and Beverages	(1)茶叶 Tea	(2)饮料 Beverages	12. 干鲜瓜果 Dried and Fresh Melons and Fruits	13. 糕点饼干面包 Cake, Biscuit and Bread	14. 液体乳及乳制品 Milk and Its Products	15. 在外用膳食品 Outward Dinner
平均指数　Average	**102.5**	**101.5**	**103.0**	**100.9**	**103.1**	**103.9**	**103.1**	**107.6**
北　京　Beijing	103.4	100.9	100.8	101.0	102.0	104.6	102.4	105.0
天　津　Tianjin	103.0	101.4	98.6	102.4	97.8	105.5	102.0	113.1
石家庄　Shijiazhuang	106.7	101.1	98.7	102.1	98.2	107.2	100.8	105.9
太　原　Taiyuan	106.0	102.5	105.4	101.6	103.8	106.5	103.3	111.4
呼和浩特　Hohhot	93.2	102.4	105.7	101.3	93.2	110.1	103.5	109.5
沈　阳　Shenyang	104.5	99.7	100.6	99.4	100.6	104.6	99.3	104.1
大　连　Dalian	101.7	100.3	100.0	100.3	103.0	102.8	102.9	106.4
长　春　Changchun	99.0	98.1	100.0	97.6	100.2	100.7	98.3	101.3
哈尔滨　Harbin	107.4	102.4	101.4	102.5	105.9	100.2	100.6	116.9
上　海　Shanghai	99.8	101.8	104.5	101.5	111.8	101.5	106.2	107.6
南　京　Nanjing	100.9	105.7	115.3	100.2	105.3	101.4	107.8	107.0
杭　州　Hangzhou	104.3	100.4	97.3	101.7	101.4	105.9	99.8	109.5
宁　波　Ningbo	100.1	102.7	100.0	103.3	104.6	104.9	109.2	103.8
合　肥　Hefei	102.9	103.3	103.4	103.1	99.1	103.0	103.3	107.2
福　州　Fuzhou	102.2	99.1	100.0	98.3	93.2	101.8	100.1	109.6
厦　门　Xiamen	102.6	96.3	97.9	95.5	94.6	101.7	98.1	108.3
南　昌　Nanchang	99.5	99.6	100.9	98.9	93.9	105.9	101.5	108.2
济　南　Jinan	102.7	102.4	100.2	104.1	112.8	103.6	102.1	107.9
青　岛　Qingdao	104.4	101.0	98.2	103.3	121.3	102.4	100.7	107.1
郑　州　Zhengzhou	111.0	102.6	109.0	100.2	101.8	99.6	101.6	107.2
武　汉　Wuhan	105.9	103.4	100.5	104.5	105.3	115.9	99.8	101.8
长　沙　Changsha	102.2	98.9	101.6	97.6	104.4	103.2	105.0	104.9
广　州　Guangzhou	99.0	105.3	112.8	100.9	103.0	103.0	104.0	109.3
深　圳　Shenzhen	103.2	102.2	106.1	101.6	101.1	101.1	104.0	103.0
南　宁　Nanning	103.0	108.4	101.9	110.1	98.6	103.8	104.2	101.4
海　口　Haikou	94.1	106.0	113.3	103.1	94.1	99.7	101.2	100.0
重　庆　Chongqing	104.9	103.2	109.6	99.7	99.3	107.4	101.6	107.2
成　都　Chengdu	103.4	101.3	102.1	100.9	86.8	105.2	101.7	108.1
贵　阳　Guiyang	102.0	97.2	98.8	96.5	92.9	110.4	100.0	114.5
昆　明　Kunming	99.7	104.9	117.9	97.7	97.1	114.3	100.9	111.4
拉　萨　Lhasa	101.9	101.5	101.8	101.3	108.7	105.8	105.5	101.0
西　安　Xi'an	101.7	100.1	104.0	98.8	100.8	105.7	104.7	107.8
兰　州　Lanzhou	103.9	103.1	104.5	102.7	99.7	107.0	103.2	112.9
西　宁　Xining	105.1	108.4	118.7	104.8	103.8	107.5	103.3	106.6
银　川　Yinchuan	99.9	103.6	107.2	101.7	103.4	107.4	103.5	112.3
乌鲁木齐　Urumchi	103.4	101.3	99.8	101.7	106.9	103.4	108.7	103.3

4—7—7 续表 3　Continued 3

(上年价格=100)　　(Preceding year=100)

地　区　Region	16. 其它食品 Other Foods and Manufacturing Services	二、烟酒及用品 Tobacco, Liquor and Articles	1. 烟草 Tobacco	2. 酒 Liquor	3. 吸烟、饮酒用品 Articles for Smoking and Drinking	三、衣着 Clothing	1. 服装 Garments
平均指数　Average	**105.4**	**101.8**	**100.5**	**104.7**	**99.8**	**99.5**	**100.2**
北　京　Beijing	106.5	101.8	100.8	103.2	100.7	100.0	100.7
天　津　Tianjin	112.0	102.7	100.5	109.2	97.4	98.9	99.8
石家庄　Shijiazhuang	103.4	102.1	100.2	104.9	98.4	100.8	100.0
太　原　Taiyuan	103.1	101.6	99.3	108.4	100.1	96.3	96.0
呼和浩特　Hohhot	111.4	101.6	100.0	105.1	100.2	99.3	99.0
沈　阳　Shenyang	106.7	101.8	101.0	103.8	99.4	100.1	101.2
大　连　Dalian	103.7	100.0	100.4	99.7	97.7	97.5	98.4
长　春　Changchun	102.4	101.1	100.0	102.5	100.6	94.8	93.9
哈尔滨　Harbin	111.5	100.9	100.2	101.7	100.0	100.9	103.5
上　海　Shanghai	100.9	100.7	100.6	101.0	100.5	101.3	103.1
南　京　Nanjing	107.8	102.1	100.2	106.1	103.0	105.2	104.3
杭　州　Hangzhou	103.5	102.4	101.5	105.1	99.9	101.4	100.1
宁　波　Ningbo	101.6	101.2	100.5	103.0	100.0	101.4	100.5
合　肥　Hefei	100.8	102.9	98.8	111.1	102.1	99.4	99.9
福　州　Fuzhou	101.1	102.6	100.0	106.1	100.6	95.4	96.6
厦　门　Xiamen	103.8	101.1	100.7	103.4	94.6	106.0	109.2
南　昌　Nanchang	107.6	101.5	100.6	103.8	100.0	96.4	95.7
济　南　Jinan	101.0	103.0	100.7	105.2	98.8	97.5	96.1
青　岛　Qingdao	105.3	104.0	101.0	106.8	97.7	99.4	101.4
郑　州　Zhengzhou	105.3	105.2	100.4	112.3	100.0	100.8	100.2
武　汉　Wuhan	106.5	102.9	98.9	111.5	99.7	100.3	100.3
长　沙　Changsha	102.0	102.0	104.2	97.7	99.8	101.9	99.8
广　州　Guangzhou	104.1	101.2	100.3	102.8	101.2	95.8	96.4
深　圳　Shenzhen	109.3	103.0	103.6	103.0	100.1	102.6	102.7
南　宁　Nanning	99.8	100.5	98.0	103.8	100.0	100.5	99.6
海　口　Haikou	96.8	101.2	100.9	101.9	100.5	96.0	95.0
重　庆　Chongqing	102.1	102.4	99.8	109.6	100.3	94.2	95.7
成　都　Chengdu	101.8	101.3	100.8	102.3	100.0	101.1	101.0
贵　阳　Guiyang	101.7	101.0	99.4	104.1	100.8	93.8	93.2
昆　明　Kunming	114.8	103.4	103.2	103.1	108.5	94.4	93.6
拉　萨　Lhasa	101.5	101.0	100.0	102.5	100.0	100.6	99.8
西　安　Xi'an	111.2	100.5	100.7	100.1	100.0	101.4	103.6
兰　州　Lanzhou	100.2	101.5	100.0	103.5	102.1	93.7	97.4
西　宁　Xining	97.6	103.6	104.1	103.9	100.9	105.7	106.5
银　川　Yinchuan	115.3	100.0	99.6	100.9	102.2	105.2	104.5
乌鲁木齐　Urumchi	110.2	104.3	100.0	111.1	100.0	99.3	101.2

4—7—7 续表 4　Continued 4

(上年价格=100)　　(Preceding year=100)

地区 Region	(1)男式服装 Men's Clothing	(2)女式服装 Women's Clothing	(3)儿童服装 Children's Clothing	2.衣着材料 Clothing Material	3.鞋袜帽 Footgear and Hats	(1)鞋 Shoes	(2)袜子 Socks	(3)帽子 Hats
平均指数 Average	**99.7**	**100.7**	**99.0**	**101.6**	**97.5**	**97.1**	**100.5**	**102.2**
北京 Beijing	98.9	101.7	102.3	101.2	98.1	98.0	99.1	101.7
天津 Tianjin	99.3	101.0	89.5	102.1	95.7	95.2	100.0	100.0
石家庄 Shijiazhuang	97.7	101.3	101.1	100.3	102.6	103.5	94.8	99.9
太原 Taiyuan	95.0	96.4	97.6	98.8	96.6	95.6	97.8	113.2
呼和浩特 Hohhot	98.8	98.8	103.2	100.6	100.1	100.5	100.0	88.7
沈阳 Shenyang	100.3	102.1	98.1	99.8	97.7	97.0	102.2	104.7
大连 Dalian	94.1	102.4	84.1	97.9	94.6	94.4	85.1	101.1
长春 Changchun	93.5	93.2	100.0	100.2	96.4	94.9	100.1	99.6
哈尔滨 Harbin	103.1	103.7	104.1	103.6	96.0	95.8	98.9	104.5
上海 Shanghai	100.6	104.6	106.1	100.7	95.4	94.4	102.2	100.6
南京 Nanjing	103.7	105.1	101.1	108.9	107.7	108.8	103.4	101.9
杭州 Hangzhou	99.1	101.0	98.5	111.7	106.7	107.4	100.0	100.0
宁波 Ningbo	102.0	98.3	108.1	100.9	104.9	105.4	101.0	89.3
合肥 Hefei	99.4	100.7	97.4	100.0	98.0	97.9	101.9	98.9
福州 Fuzhou	93.6	98.8	98.6	104.4	91.0	89.9	98.9	99.0
厦门 Xiamen	116.6	103.5	114.4	101.1	97.2	96.4	107.5	105.6
南昌 Nanchang	95.3	96.2	92.1	107.2	97.0	96.3	101.3	118.9
济南 Jinan	96.4	94.9	103.3	99.3	101.8	101.9	101.0	98.4
青岛 Qingdao	100.5	102.0	101.4	101.7	94.1	93.6	99.0	104.0
郑州 Zhengzhou	100.2	100.3	100.0	110.3	102.5	102.7	100.0	100.0
武汉 Wuhan	99.8	100.7	99.9	99.2	100.4	100.1	102.1	109.6
长沙 Changsha	101.0	99.3	96.5	98.0	107.3	108.5	100.2	104.0
广州 Guangzhou	100.1	94.4	94.5	110.6	94.0	92.8	101.7	105.0
深圳 Shenzhen	105.9	102.5	95.5	108.9	101.6	101.3	101.4	111.6
南宁 Nanning	98.5	99.0	107.3	100.0	102.1	102.2	100.0	96.4
海口 Haikou	98.0	91.9	96.4	100.0	97.8	97.7	100.0	92.8
重庆 Chongqing	93.4	97.6	89.9	100.0	89.0	88.2	98.7	100.1
成都 Chengdu	101.9	100.7	98.7	101.2	101.0	101.0	100.0	101.2
贵阳 Guiyang	91.8	94.8	86.0	99.7	95.1	94.0	100.7	100.0
昆明 Kunming	90.9	95.4	93.4	99.6	96.5	96.0	101.2	92.0
拉萨 Lhasa	99.6	98.5	102.9	100.0	100.6	101.4	100.0	100.0
西安 Xi'an	104.7	102.0	114.7	103.0	95.5	95.2	100.6	108.7
兰州 Lanzhou	101.5	93.9	100.0	100.1	82.5	80.8	100.0	100.0
西宁 Xining	105.9	105.7	119.7	102.1	104.6	105.4	99.3	99.5
银川 Yinchuan	103.5	105.0	107.1	103.1	107.5	107.8	101.4	114.5
乌鲁木齐 Urumchi	100.7	101.4	101.7	98.1	94.8	94.2	101.0	100.0

4－7－7 续表 5　Continued 5

（上年价格＝100）　　　　(Preceding year＝100)

地　区　Region	4. 衣着加工服务 Clothing Manufacturing Services	四、家庭设备用品及维修服务 Household Facilities, Articles and Services	1. 耐用消费品 Durable Consumer Goods	(1)家具 Furniture	(2)家庭设备 Household Facilities	2. 室内装饰品 Interior Decorations	3. 床上用品 Bed Articles
平均指数　Average	**101.6**	**102.0**	**101.6**	**101.5**	**101.6**	**99.5**	**99.1**
北　京　Beijing	102.0	100.4	100.7	101.0	100.2	99.1	97.2
天　津　Tianjin	102.3	102.1	103.4	105.5	101.7	95.9	90.2
石家庄　Shijiazhuang	100.0	102.1	102.8	104.2	102.3	97.7	96.3
太　原　Taiyuan	101.1	103.2	102.5	95.2	107.0	100.8	96.6
呼和浩特　Hohhot	98.5	101.0	100.9	99.3	102.2	99.0	97.3
沈　阳　Shenyang	100.0	100.3	100.4	100.6	100.2	100.0	99.3
大　连　Dalian	99.5	102.3	99.6	99.1	100.0	99.6	104.8
长　春　Changchun	100.0	95.6	90.9	77.6	96.3	99.9	97.8
哈尔滨　Harbin	100.0	104.9	102.3	101.3	102.8	98.4	103.9
上　海　Shanghai	102.0	103.3	102.9	101.7	104.1	100.2	103.1
南　京　Nanjing	111.3	102.1	99.2	100.6	98.6	100.3	103.5
杭　州　Hangzhou	100.8	102.2	101.7	101.8	101.5	102.7	101.1
宁　波　Ningbo	105.6	102.5	102.3	103.6	101.8	100.8	103.1
合　肥　Hefei	100.0	101.8	101.9	97.9	102.7	100.0	101.7
福　州　Fuzhou	100.8	100.4	100.9	102.1	100.5	100.2	91.5
厦　门　Xiamen	100.0	98.3	98.9	96.5	99.7	99.8	102.4
南　昌　Nanchang	104.2	103.6	101.0	99.5	101.3	109.8	99.0
济　南　Jinan	100.0	103.9	104.5	105.1	104.1	100.0	96.9
青　岛　Qingdao	100.0	101.6	100.8	101.9	100.4	101.3	95.2
郑　州　Zhengzhou	100.0	103.4	103.7	107.0	101.9	100.0	100.0
武　汉　Wuhan	100.0	98.7	97.0	96.6	97.2	99.1	98.6
长　沙　Changsha	111.8	101.7	100.3	99.9	100.3	97.6	101.3
广　州　Guangzhou	92.7	102.1	100.1	101.2	99.5	98.1	97.2
深　圳　Shenzhen	108.9	102.4	102.0	100.4	103.0	102.7	101.3
南　宁　Nanning	100.6	102.3	104.1	101.3	105.8	100.0	101.1
海　口　Haikou	100.0	102.3	101.3	100.0	102.0	100.0	103.5
重　庆　Chongqing	100.3	101.8	102.5	101.0	103.1	97.0	95.0
成　都　Chengdu	101.5	102.7	104.6	101.6	106.1	100.0	100.5
贵　阳　Guiyang	105.6	101.6	102.1	100.8	103.2	91.2	93.0
昆　明　Kunming	98.5	101.6	101.9	100.0	103.0	103.7	91.1
拉　萨　Lhasa	106.6	100.1	99.6	102.1	97.8	100.0	102.1
西　安　Xi'an	100.0	104.4	104.1	114.0	97.4	99.5	98.4
兰　州　Lanzhou	100.0	103.9	102.6	104.1	100.6	100.4	90.7
西　宁　Xining	100.8	102.3	101.0	102.2	99.6	102.8	102.8
银　川　Yinchuan	104.4	102.6	102.4	99.4	104.5	102.1	101.5
乌鲁木齐　Urumchi	100.8	100.2	96.8	96.1	97.2	100.0	99.6

4－7－7 续表6　Continued 6

(上年价格＝100)　　　　(Preceding year＝100)

地　区　Region	4. 家庭日用杂品 Daily Use Household Articles	5. 家庭服务及加工维修服务 Household Service and Manufacturing Upkeep	五、医疗保健和个人用品 Health Care and Personal Articles	1. 医疗保健 Health Care	(1)医疗器具及用品 Medical Instrument and Articles	(2)中药材及中成药 Traditional Chinese Medicine	(3)西药 Western Medicine
平均指数　Average	**101.8**	**107.4**	**101.3**	**101.0**	**98.1**	**106.4**	**98.8**
北　京　Beijing	99.9	105.1	100.3	99.9	99.9	103.7	98.5
天　津　Tianjin	101.3	112.1	100.0	99.5	94.4	100.2	99.3
石家庄　Shijiazhuang	103.3	102.7	100.2	101.2	100.0	105.0	98.9
太　原　Taiyuan	102.6	116.4	99.9	99.8	97.8	102.9	98.0
呼和浩特　Hohhot	102.2	102.7	100.3	98.8	90.4	104.5	98.5
沈　阳　Shenyang	99.5	105.9	101.3	101.6	99.7	106.2	102.9
大　连　Dalian	104.8	104.0	102.9	99.7	101.2	106.5	98.6
长　春　Changchun	98.7	101.5	101.9	103.3	100.0	98.3	98.8
哈尔滨　Harbin	102.4	112.7	99.6	98.9	100.0	103.3	95.9
上　海　Shanghai	102.1	108.5	100.2	98.4	100.0	98.2	95.6
南　京　Nanjing	104.2	105.3	101.0	100.7	99.6	102.9	102.0
杭　州　Hangzhou	100.0	107.6	103.3	103.7	99.9	113.0	98.5
宁　波　Ningbo	100.9	105.2	101.2	101.1	100.3	109.2	95.4
合　肥　Hefei	98.3	110.1	101.1	101.3	100.0	102.7	101.6
福　州　Fuzhou	100.0	105.6	103.3	105.1	98.4	121.8	98.9
厦　门　Xiamen	93.7	104.8	102.3	102.1	97.4	109.7	99.9
南　昌　Nanchang	105.2	115.8	103.3	103.5	93.1	110.7	99.6
济　南　Jinan	105.2	100.5	102.2	102.5	85.0	108.4	100.7
青　岛　Qingdao	102.7	110.7	101.6	101.8	100.9	106.0	101.5
郑　州　Zhengzhou	100.5	111.3	97.6	95.9	83.2	90.2	96.2
武　汉　Wuhan	101.0	101.0	100.8	100.6	101.1	105.4	97.1
长　沙　Changsha	104.9	101.3	102.8	103.2	95.6	112.7	99.5
广　州　Guangzhou	102.9	109.8	104.6	108.2	100.4	127.6	98.1
深　圳　Shenzhen	102.7	104.2	103.7	104.6	102.1	107.8	97.4
南　宁　Nanning	100.1	100.1	99.8	99.0	98.8	100.6	96.6
海　口　Haikou	101.1	109.3	99.0	98.2	99.9	104.8	98.7
重　庆　Chongqing	102.3	104.0	99.1	98.8	100.0	98.9	98.5
成　都　Chengdu	100.0	102.1	101.7	101.7	96.6	105.4	100.1
贵　阳　Guiyang	100.4	119.3	99.9	99.9	100.0	106.3	97.0
昆　明　Kunming	103.2	109.5	108.2	109.0	99.4	128.1	100.3
拉　萨　Lhasa	100.1	100.0	100.2	98.8	100.0	101.4	96.0
西　安　Xi'an	103.5	112.1	102.9	103.5	100.0	102.3	107.5
兰　州　Lanzhou	104.4	125.7	109.7	115.9	103.0	138.6	107.2
西　宁　Xining	105.2	104.5	103.4	103.9	101.3	114.3	101.2
银　川　Yinchuan	102.5	106.0	100.5	100.1	101.0	103.3	97.7
乌鲁木齐　Urumchi	103.2	112.7	100.0	100.1	91.8	102.1	99.5

4—7—7 续表 7　Continued 7

(上年价格=100)　　(Preceding year=100)

地　区　Region	(4)保健器具及用品 Health Care Appliances and Articles	(5)医疗保健服务 Health Care Services	2. 个人用品及服务 Personal Articles and Services	(1)化妆美容用品 Cosmetics	(2)清洁化妆用品 Sanitation Articles	(3)个人饰品 Personal Decorations	(4)个人服务 Personal Services	六、交通和通信 Transportation and Communication
平均指数　Average	**100.9**	**100.6**	**101.9**	**100.0**	**100.4**	**105.0**	**101.2**	**97.8**
北　京　Beijing	99.3	100.0	101.7	100.0	100.6	104.8	99.8	95.7
天　津　Tianjin	97.2	100.0	101.6	101.5	101.9	100.8	102.0	97.5
石家庄　Shijiazhuang	99.2	100.0	98.0	100.7	94.0	106.5	94.4	99.0
太　原　Taiyuan	99.8	100.0	100.0	95.3	100.2	102.4	100.9	99.5
呼和浩特　Hohhot	101.6	100.0	104.0	100.0	96.6	104.0	113.6	97.5
沈　阳　Shenyang	100.6	100.0	100.4	98.7	98.7	106.0	100.0	99.2
大　连　Dalian	100.0	100.0	108.6	100.0	99.6	104.5	114.9	98.3
长　春　Changchun	101.0	111.7	97.1	103.2	98.4	85.8	93.8	95.9
哈尔滨　Harbin	101.6	99.4	102.3	98.0	100.4	106.2	102.8	99.1
上　海　Shanghai	101.7	97.9	103.0	100.2	101.6	107.3	97.9	96.9
南　京　Nanjing	97.8	100.0	102.4	101.3	103.7	102.7	101.9	96.1
杭　州　Hangzhou	102.8	108.4	102.2	99.7	100.1	106.6	100.7	98.2
宁　波　Ningbo	103.6	100.2	101.7	100.9	103.6	102.3	99.7	99.0
合　肥　Hefei	99.9	100.0	100.7	96.7	96.4	106.5	101.4	98.8
福　州　Fuzhou	99.8	100.0	99.7	99.1	96.3	104.2	99.6	100.2
厦　门　Xiamen	100.0	100.0	102.5	100.1	96.3	104.8	106.3	98.2
南　昌　Nanchang	100.7	99.8	102.8	101.0	100.3	109.6	100.0	97.4
济　南　Jinan	99.9	100.7	101.3	100.8	101.1	104.4	100.0	97.0
青　岛　Qingdao	98.3	100.1	101.1	97.5	102.3	102.7	101.3	99.5
郑　州　Zhengzhou	97.0	100.6	101.6	100.2	100.6	106.7	101.1	97.1
武　汉　Wuhan	100.7	102.3	101.3	100.0	99.3	105.9	100.0	96.7
长　沙　Changsha	102.0	98.9	101.6	99.3	103.0	100.7	102.8	100.0
广　州　Guangzhou	102.1	107.4	100.2	100.3	101.3	100.4	99.7	99.2
深　圳　Shenzhen	112.8	104.3	102.1	100.9	100.9	105.3	101.1	101.8
南　宁　Nanning	98.3	100.0	101.8	100.5	102.6	103.4	100.8	98.7
海　口　Haikou	101.4	95.0	101.1	99.0	103.1	105.0	97.8	99.7
重　庆　Chongqing	100.8	98.2	100.0	99.3	99.5	101.6	100.0	99.0
成　都　Chengdu	99.8	100.0	101.6	100.1	100.0	105.6	102.6	98.3
贵　阳　Guiyang	101.7	99.6	100.2	99.6	98.7	102.8	101.5	98.0
昆　明　Kunming	102.1	100.2	105.6	100.2	101.4	101.2	117.0	96.8
拉　萨　Lhasa	100.0	100.0	101.7	100.0	100.0	105.8	100.0	99.9
西　安　Xi'an	101.8	99.9	101.3	99.7	101.7	104.2	99.7	95.2
兰　州　Lanzhou	101.3	101.5	103.5	100.9	99.5	104.9	99.4	98.4
西　宁　Xining	105.3	99.7	102.4	100.9	100.9	109.3	100.9	98.1
银　川　Yinchuan	102.3	101.4	101.3	100.9	101.4	103.3	100.4	96.8
乌鲁木齐　Urumchi	98.1	100.0	99.9	99.3	101.4	99.0	100.0	98.5

4—7—7 续表 8　Continued 8

(上年价格=100)　　(Preceding year=100)

地　区　Region	1. 交通 Transportation	(1)交通工具 Transportation Facility	(2)车用燃料及零配件 Fuels and Parts	(3)车辆使用及维修 Using and Upkeep Fare	(4)市区公共交通 Incity Traffic Fare	(5)城市间交通 Intercity Traffic Fare	2. 通信 Communication	(1)通信工具 Communication Facility
平均指数　Average	**99.6**	**96.4**	**103.5**	**101.6**	**99.6**	**101.6**	**95.8**	**73.3**
北　京　Beijing	96.2	92.1	102.9	100.7	90.6	99.7	95.1	73.0
天　津　Tianjin	100.8	99.5	102.7	103.9	101.5	100.5	94.5	64.9
石家庄　Shijiazhuang	99.5	99.0	102.1	89.1	100.0	105.8	98.6	86.0
太　原　Taiyuan	104.5	99.3	102.4	120.0	105.3	106.2	95.8	65.4
呼和浩特　Hohhot	100.7	97.6	103.1	100.5	100.0	103.8	94.8	84.8
沈　阳　Shenyang	101.7	97.8	102.6	102.3	101.9	101.7	97.8	65.5
大　连　Dalian	101.8	96.8	103.0	96.0	102.2	102.8	95.7	61.1
长　春　Changchun	98.5	96.0	103.1	104.6	100.0	98.1	93.9	63.2
哈尔滨　Harbin	101.3	96.6	101.9	102.3	100.0	104.7	97.5	78.2
上　海　Shanghai	98.8	96.2	102.6	100.1	99.9	100.0	94.3	70.7
南　京　Nanjing	98.3	94.5	102.7	102.6	101.8	97.3	92.8	57.9
杭　州　Hangzhou	98.8	96.6	104.3	101.0	100.2	98.1	96.9	76.4
宁　波　Ningbo	101.0	95.3	103.1	111.0	104.9	101.9	96.5	77.1
合　肥　Hefei	100.3	96.4	103.3	97.3	102.0	100.0	97.8	73.0
福　州　Fuzhou	102.5	97.2	102.9	100.8	100.0	117.6	99.1	92.1
厦　门　Xiamen	101.8	100.6	102.6	102.9	100.0	107.2	95.7	65.9
南　昌　Nanchang	102.3	97.4	102.7	99.7	105.1	102.6	94.5	62.6
济　南　Jinan	98.2	92.0	103.0	103.4	101.4	99.1	95.3	65.7
青　岛　Qingdao	100.0	96.8	103.4	103.9	99.8	101.6	99.0	90.1
郑　州　Zhengzhou	99.7	96.9	106.8	90.5	103.3	100.2	96.3	66.5
武　汉　Wuhan	99.7	99.1	102.4	103.0	99.0	99.2	94.2	77.2
长　沙　Changsha	101.3	98.2	102.4	100.2	101.5	101.8	99.1	85.5
广　州　Guangzhou	100.9	101.2	105.9	102.3	98.1	97.6	97.2	78.0
深　圳　Shenzhen	104.6	99.0	105.3	105.1	100.0	114.1	97.8	85.8
南　宁　Nanning	101.8	96.2	105.2	107.0	100.9	102.3	95.3	74.0
海　口　Haikou	100.7	97.3	103.1	100.5	100.0	99.7	98.9	82.0
重　庆　Chongqing	100.4	98.6	103.7	100.6	100.0	99.6	98.0	72.1
成　都　Chengdu	99.6	96.3	102.7	100.8	100.0	100.8	97.0	81.8
贵　阳　Guiyang	100.2	99.2	103.6	99.9	100.0	100.8	96.6	72.0
昆　明　Kunming	98.9	94.6	102.5	101.5	100.0	101.9	94.9	72.9
拉　萨　Lhasa	100.0	95.6	102.3	100.7	100.0	100.2	99.7	95.4
西　安　Xi'an	98.4	98.8	103.3	101.5	96.0	99.8	93.2	69.2
兰　州　Lanzhou	102.9	103.2	100.5	104.4	102.9	102.7	95.2	69.2
西　宁　Xining	101.4	97.4	104.9	109.4	101.1	102.7	95.4	65.4
银　川　Yinchuan	99.5	97.7	103.2	98.3	100.0	98.9	94.9	70.2
乌鲁木齐　Urumchi	100.5	95.8	103.4	104.0	100.0	100.7	96.7	78.0

4—7—7 续表 9 Continued 9

(上年价格=100) (Preceding year=100)

地 区 Region	(2)通信服务 Communication Service	七、娱乐、教育、文化用品及服务 Recreation, Education and Culture Articles	1. 文娱用耐用消费品及服务 Durable Consumer Goods for Cultural and Recreational Use and Services	2. 教育 Education	(1)教材及参考书 Teaching Materials and Reference Books	(2)学杂托幼费 Tuition and Child Care	3. 文化娱乐 Cultural and Recreational
平均指数 Average	**99.9**	**98.7**	**89.4**	**100.3**	**100.5**	**100.3**	**100.4**
北 京 Beijing	100.2	99.2	91.7	99.8	96.5	100.0	97.7
天 津 Tianjin	100.1	98.6	88.8	99.9	94.2	100.4	99.6
石家庄 Shijiazhuang	101.7	97.2	90.7	97.8	100.0	97.5	101.5
太 原 Taiyuan	100.2	100.2	93.9	100.1	97.0	100.3	104.6
呼和浩特 Hohhot	97.2	99.4	90.1	100.3	99.5	100.3	104.1
沈 阳 Shenyang	100.2	99.7	92.1	99.9	98.1	100.0	101.6
大 连 Dalian	100.2	97.6	83.4	99.9	99.1	100.0	101.1
长 春 Changchun	97.6	99.2	88.1	100.3	102.5	100.0	102.4
哈尔滨 Harbin	100.7	99.0	85.7	99.7	97.8	100.0	103.9
上 海 Shanghai	98.9	97.3	83.8	99.8	110.0	98.6	99.8
南 京 Nanjing	100.2	96.1	80.6	99.4	92.6	99.5	101.6
杭 州 Hangzhou	101.1	100.1	91.1	99.4	96.3	99.6	101.0
宁 波 Ningbo	100.2	97.3	95.6	95.7	95.5	95.7	105.1
合 肥 Hefei	100.7	99.5	83.5	101.2	110.6	100.2	102.8
福 州 Fuzhou	100.5	99.9	95.2	100.6	106.6	100.0	100.2
厦 门 Xiamen	100.4	94.3	93.9	88.2	107.8	85.5	105.1
南 昌 Nanchang	99.7	98.9	88.4	99.9	96.9	100.1	101.6
济 南 Jinan	101.2	100.5	91.9	103.7	101.2	104.1	104.6
青 岛 Qingdao	101.1	100.9	96.5	100.5	98.9	100.7	97.6
郑 州 Zhengzhou	100.2	101.2	99.9	101.7	97.1	102.2	100.7
武 汉 Wuhan	97.3	98.0	88.6	100.4	101.8	100.2	99.5
长 沙 Changsha	101.8	101.2	94.9	103.0	94.7	103.9	101.5
广 州 Guangzhou	100.5	98.3	88.8	100.3	101.0	100.3	100.1
深 圳 Shenzhen	100.3	101.3	97.4	101.6	96.2	102.3	100.8
南 宁 Nanning	101.0	99.2	93.4	99.2	91.9	100.0	104.4
海 口 Haikou	100.9	99.2	98.2	99.4	89.3	100.7	99.7
重 庆 Chongqing	100.6	99.4	93.4	103.6	100.0	103.8	102.0
成 都 Chengdu	100.3	100.0	95.4	99.1	90.6	99.9	100.3
贵 阳 Guiyang	100.8	102.1	90.2	102.1	98.0	102.5	115.2
昆 明 Kunming	98.2	101.2	84.7	99.6	97.6	99.9	103.0
拉 萨 Lhasa	100.8	100.1	99.5	100.6	100.0	100.8	99.7
西 安 Xi'an	97.7	99.2	90.1	100.6	100.5	100.6	99.9
兰 州 Lanzhou	100.4	100.0	91.4	101.0	91.2	102.0	101.6
西 宁 Xining	100.3	101.1	91.5	101.1	93.2	101.8	105.1
银 川 Yinchuan	100.5	99.7	88.1	100.8	92.1	102.1	106.4
乌鲁木齐 Urumchi	100.3	99.3	88.9	101.3	104.3	101.1	99.5

4—7—7 续表 10 Continued 10

(上年价格=100) (Preceding year=100)

地 区 Region	(1)文化娱乐用品 Cultural Articles	(2)书报杂志 Newspapers and Magazines	(3)文娱费 Expenditure of Culture and Recreation	4. 旅游 Touring and Outgoing	八、居住 Residence	1. 建房及装修材料 Building and Building Decoration Materials	2. 租房 Rent	3. 自有住房 Private Housing	4. 水电燃料 Electricity and Fuel
平均指数 Average	**98.3**	**100.6**	**102.0**	**101.7**	**104.3**	**105.3**	**104.0**	**105.7**	**102.9**
北 京 Beijing	95.1	101.0	99.7	108.4	103.5	101.8	100.7	107.8	102.0
天 津 Tianjin	98.6	100.0	100.0	106.9	103.5	103.6	100.0	104.2	103.9
石家庄 Shijiazhuang	99.3	100.0	104.6	99.2	105.8	104.7	102.6	105.2	107.3
太 原 Taiyuan	100.9	100.0	108.7	101.0	103.3	106.3	102.5	106.1	100.6
呼和浩特 Hohhot	97.8	100.0	113.8	97.9	107.3	102.1	106.2	107.0	107.3
沈 阳 Shenyang	98.5	100.0	103.5	105.5	104.0	103.2	102.5	105.1	104.2
大 连 Dalian	99.8	100.0	102.9	99.9	104.7	105.0	111.8	103.8	104.2
长 春 Changchun	101.4	100.0	104.6	104.8	103.9	106.9	100.9	104.2	101.4
哈尔滨 Harbin	105.6	100.0	104.9	98.8	106.1	110.5	102.7	105.7	105.7
上 海 Shanghai	96.7	100.0	101.6	103.4	104.5	106.9	108.7	105.6	100.3
南 京 Nanjing	96.9	100.0	106.1	95.9	102.3	103.1	102.3	103.7	100.5
杭 州 Hangzhou	100.3	102.4	101.0	109.2	104.0	108.1	104.9	105.6	100.9
宁 波 Ningbo	102.6	102.1	108.3	98.8	108.5	106.0	101.0	105.8	111.0
合 肥 Hefei	100.7	100.0	105.1	105.8	104.1	104.7	109.3	106.8	102.2
福 州 Fuzhou	99.5	101.5	99.9	103.4	103.8	103.2	100.0	108.0	103.3
厦 门 Xiamen	95.4	104.3	112.6	101.4	104.8	102.6	105.1	109.0	104.3
南 昌 Nanchang	100.9	100.0	103.0	101.9	104.4	102.1	106.8	104.7	104.3
济 南 Jinan	99.9	100.0	113.2	96.4	103.8	105.4	100.7	102.2	104.0
青 岛 Qingdao	96.9	100.2	95.0	113.4	102.6	104.0	120.4	100.9	100.9
郑 州 Zhengzhou	99.9	99.6	103.0	101.4	107.2	114.8	107.1	111.7	100.5
武 汉 Wuhan	98.1	100.0	100.0	95.6	106.2	108.2	100.2	109.6	105.3
长 沙 Changsha	101.0	104.2	101.0	98.4	104.3	100.3	101.5	103.1	106.7
广 州 Guangzhou	98.4	102.9	99.6	100.5	103.1	105.2	103.3	103.9	101.6
深 圳 Shenzhen	101.0	100.3	101.1	104.3	102.3	100.2	104.4	103.4	101.9
南 宁 Nanning	96.8	100.0	113.9	102.1	104.7	113.8	103.2	105.8	102.0
海 口 Haikou	100.8	98.1	100.0	98.2	106.0	109.1	100.2	107.2	105.1
重 庆 Chongqing	100.9	99.9	104.4	88.4	105.5	108.2	101.5	105.5	105.1
成 都 Chengdu	100.9	100.0	99.9	110.7	105.5	109.8	105.4	103.5	103.8
贵 阳 Guiyang	101.4	102.9	122.8	101.5	106.7	103.7	102.5	111.2	108.0
昆 明 Kunming	101.0	100.0	107.1	117.8	102.8	102.6	107.8	102.1	102.4
拉 萨 Lhasa	99.1	100.0	100.0	100.3	108.3	101.8	101.8	139.1	101.3
西 安 Xi'an	98.9	100.0	100.5	94.8	103.6	103.2	100.0	107.1	102.5
兰 州 Lanzhou	99.4	100.0	104.7	111.0	102.9	103.4	100.0	112.6	101.6
西 宁 Xining	103.2	100.0	108.2	108.8	107.0	105.0	100.0	110.2	104.4
银 川 Yinchuan	100.0	100.6	112.6	107.4	102.8	105.5	103.3	103.4	101.8
乌鲁木齐 Urumchi	96.6	100.0	102.9	101.2	106.2	112.9	105.6	106.7	103.9

4－8－1 全国商品零售价格分类指数(1978～2007 年)

Retail Price Indices by Category(1978～2007)

((上年价格＝100) (Preceding year＝100)

年份 Year	总指数＊ Retail Price Index	食品类 Food	粮食 Grain	油脂 Oil or Fat	肉禽及其制品 Meat, Poultry and Their Products	蛋 Eggs	水产品 Aquatic Products	菜 Vegetables	调味品 Flavoring	食糖 Sugar	糖果 Candy
1978	100.7	101.5	101.3					105.0			
1979	102.0	105.5	103.7					107.8			
1980	106.0	110.5	103.5					110.9			
1981	102.4	103.7	103.9					110.6			
1982	101.9	102.8	100.2					101.8			
1983	101.5	102.4	99.9					112.7			
1984	102.8	102.6	99.8	102.6	105.0		111.1	107.5			
1985	108.8	114.4	110.9	112.3	122.0		134.3	134.5			
1986	106.0	107.4	109.3	111.0	110.1		111.7	103.3			
1987	107.3	110.1	106.2	107.7	116.5		117.0	117.7			
1988	118.5	123.0	114.1	117.1	136.8		131.1	131.7			
1989	117.8	116.2	121.3	121.5	114.3		116.3	102.1			
1990	102.1	100.3	95.2	101.6	97.9		99.3	99.6			
1991	102.9	103.3	108.6	109.9	97.7		101.5	106.1			
1992	105.4	107.7	124.3	105.9	104.8		105.4	109.6			
1993	113.2	114.3	127.7	116.2	114.0		116.3	115.7			
1994	121.7	135.2	148.7	161.4	137.2		120.7	138.2	118.3	138.5	127.1
1995	114.8	124.7	134.4	116.3	124.2		114.2	129.3	117.3	130.5	122.5
1996	106.1	107.7	107.5	92.1	106.4		105.6	118.4	114.3	95.8	109.5
1997	100.8	99.8	92.1	101.6	101.3		101.2	99.5	102.9	98.0	102.9
1998	97.4	96.8	96.9	100.7	92.6		94.2	100.3	99.3	92.8	99.7
1999	97.0	95.8	96.4	94.4	91.1		93.6	100.4	99.9	84.8	98.1
2000	98.5	97.5	90.1	86.2	96.1		102.7	105.3	101.2	108.6	99.2
2001	99.2	100.6	101.5	89.3	102.9		96.3	103.3	100.8	115.8	100.6
2002	98.7	99.9	98.6	100.1	100.4	96.2	100.8	99.6	101.2	88.8	102.5
2003	99.9	103.4	102.2	112.5	103	98.5	100.3	116.3	100.3	91.1	103.1
2004	102.8	109.9	126.5	116.8	117.1	119.8	112.5	95.2	101.8	104.1	101.1
2005	100.8	103.1	101.4	94.7	103	104.7	105.8	108.1	101.4	106.9	102.6
2006	101.0	102.6	102.5	98.7	97.3	96.3	101.6	108.1	102.2	130.7	103.4
2007	103.8	112.3	106.4	126.3	131.0	121.8	105.3	107.9	103.9	98.8	102.3

＊自 2003 年起，商品零售价格指数开始编制定基价格指数。

Making of netail price fixd-base index since 2003.

4-8-1续表1

((上年价格=100) (Preceding year=100)

年份 Year	干鲜瓜果 Dried and Fresh Melons and Fruits	糕点 Cake	液体乳及乳制品 Milk and Its Products	在外用膳食品 Outward Dinner Food	主食 Staple Food	炒菜 Fried Dishes	地方小吃 Local Snack	其它食品 Other Foods	饮料、烟酒 Beverages, Tobacco and Liquor	茶及饮料 Tea and Beverages
1978								102.7	100.1	
1979								103.5	100.7	
1980								106.4	100.5	
1981								102.5	103.3	
1982								101.2	116.4	
1983								105.2	98.7	
1984								104.0	99.9	
1985								115.0	100.7	
1986								106.7	101.2	
1987								109.7	103.2	
1988								120.2	113.0	
1989								121.9	110.7	
1990								102.5	100.9	
1991								103.9	100.8	
1992								103.6	104.6	
1993								109.5	105.8	
1994		127.0	133.3	128.2	133.8	124.8	130.8	126.5	111.3	113.8
1995		124.8	126.3	123.5	128.7	120.5	126.3	123.2	107.8	111.3
1996		110.2	110.3	108.6	110.7	107.1	110.5	108.8	105.1	106.2
1997		103.9	104.8	104.7	104.5	104.7	105.2	103.0	101.2	102.1
1998		100.7	100.0	101.1	101.1	100.7	102.5	99.2	98.8	99.1
1999	99.4	100.7	99.1	99.6	100.3	98.9	100.9	97.8	97.3	98.4
2000	95.7	99.5	100.0	99.8	99.0	99.7	101.3	100.9	98.0	98.5
2001	100.1	99.2	99.9	100.4	99.9	100.4	101.1	101.8	99.5	98.9
2002	100.8	99.3	99.4	100	100.1	99.7	101.1	101.2	99.9	99.5
2003	102.2	99.8	99.7	100	100.7	99.7	100.3	99.2	99.9	99.3
2004	104.1	101.5	100.4	103.8	106.8	102.3	104.9	100.8	101.0	99.8
2005	101.7	100.8	100.9	102.8	102.2	103.2	102	101.2	100.5	100.2
2006	117.0	101.1	101.0	101.9	101.4	102.1	101.7	101.3	100.7	101.0
2007	102.5	104.6	102.9	107.1	108.2	105.9	110.2	104.3	101.8	101.4

4－8－1 续表 2

（上年价格＝100） (Preceding year＝100)

年份 Year	烟草 Tobacco	酒 Liquor	服装、鞋帽 Garments, Shoes and Hats	服装 Garments	鞋袜帽 Footgear and Hats	纺织品 Textiles	棉布 Cotton Cloth	混纺布 Blend Cloth	化纤布 Chemical Fiber Cloth	毛织品 Wool
1978			100.2							
1979			99.5				100.0		97.7	99.7
1980			100.0				100.0		99.3	99.8
1981			99.6				100.0		98.6	99.1
1982			97.9				100.0		92.3	98.9
1983			98.8				119.6		80.6	107.7
1984			100.0				100.0		97.2	100.4
1985			100.9				99.1		100.4	100.5
1986			103.2				102.0		100.2	102.2
1987			103.5				103.0		99.9	105.6
1988			112.7				121.7		102.6	120.0
1989			118.1				132.1		108.9	121.8
1990			107.1				111.2		106.0	107.0
1991			104.1				105.4		103.1	104.7
1992			102.8				101.2		101.0	102.9
1993			106.2				103.1		102.1	106.2
1994	110.8	110.8	119.6	117.9	119.0	114.7	130.9	115.4	111.3	107.8
1995	106.8	106.8	116.8	113.4	117.8	115.4	134.4	116.2	112.2	108.7
1996	104.8	104.8	108.5	107.3	109.4	106.4	109.3	105.1	104.9	107.9
1997	100.9	100.9	103.5	103.0	103.7	101.9	102.8	101.7	101.2	102.3
1998	98.7	98.7	99.3	98.5	99.8	99.1	100.2	99.4	97.0	99.5
1999	97.0	97.0	97.3	96.3	98.3	98.0	98.5	97.7	97.5	98.0
2000	97.8	97.8	99.2	98.7	99.8	98.6	98.9	98.5	99.0	98.4
2001	99.7	99.7	98.9	98.3	99.6	99.1	99.7	99.1	99.6	97.4
2002	100	100	97.9	97.5	98.0	99.4	99.3	100.3	99.2	98.7
2003	99.8	100.3	97.5	97.5	97.4	99.3	99.9	99.6	100.2	98.5
2004	100.7	102.2	98.2	98.2	98.0	100.0	103.2	101.4	101.2	98.6
2005	100.3	100.9	97.9	97.9	98.1	99.8	101.0	101.2	101.2	100.3
2006	100.2	101.3	99.8	99.4	100.8	100.0	100.9	101.8	100.6	
2007	100.9	103.4	99.4	99.6	98.9	100.2	102.4	102.0	101.4	

4—8—1续表3

（上年价格=100） (Preceding year=100)

年份 Year	丝织品 Silk	家用电器及音像器材 Household Appliances, Music and Video Equipment	文化办公用品 Cultural and Office Appliances	日用品 Articles for Daily Use	日用百货 General Merchandise for Daily Use	日用杂品 Grocery for Daily Use	体育娱乐用品 Sports and Recreation Articles	交通、通信用品 Transportation and Communication Appliances	家具 Furniture	化妆品 Cosmetics
1978				100.1			100.6			
1979	99.7	100.0	102.3	100.5	99.8	102.2	101.8		100.4	
1980	100.0	93.6	100.8	101.6	100.1	103.0	95.5		101.1	
1981	100.0	97.2	100.4	101.3	100.1	103.2	98.0		107.6	
1982	100.0	96.1	100.2	100.6	100.4	102.2	97.2		107.6	
1983	100.1	95.1	100.3	99.3	100.2	101.8	98.1		101.1	
1984	99.6	99.7	100.3	100.2	100.8	104.6	99.8		101.7	
1985	101.1	100.8	103.9	102.7	103.8	109.5	101.5		103.9	
1986	106.6	99.6	105.1	106.1	105.9	109.8	101.0		103.6	
1987	109.7	100.2	107.9	106.1	106.0	110.4	102.5		105.7	
1988	112.3	115.3	114.8	112.2	121.7	112.8	114.1		109.2	
1989	119.2	114.0	119.2	115.3	124.1	118.0	114.3		111.6	
1990	106.5	93.1	111.4	101.9	107.7	108.3	97.5		102.3	
1991	102.9	93.2	105.0	101.5	103.8	103.7	96.2		100.4	
1992	101.5	93.0	102.7	101.4	101.4	103.6	95.7		100.6	
1993	104.6	99.5	107.3	107.9	107.8	112.2	101.6		107.3	
1994	114.2	106.7	109.4	113.9	114.0	118.0	109.8		111.0	116.4
1995	109.7	100.7	108.6	109.7	110.6	112.5	108.9		106.6	109.9
1996	104.2	98.7	106.2	105.3	105.7	107.1	106.7		103.7	105.0
1997	101.6	95.6	100.9	102.3	102.2	102.7	101.7		102.3	102.3
1998	99.8	93.9	98.4	99.0	99.5	99.8	99.0		97.9	100.5
1999	98.4	94.0	99.5	97.9	97.8	98.6	99.5		97.6	99.6
2000	98.8	93.6	98.9	98.1	97.9	99.4	98.9		97.8	98.9
2001	99.6	93.9	98.4	98.3	98.4	99.6	98.6		97.6	98.8
2002	99.3	94.2	98.6	98.7	98.8	99.0	99.3		98.4	98.4
2003	99.2	94.2	95.8	98.5	98.0	99.7	98.1	91.1	97.8	98.9
2004	98.8	94.7	96.9	99.6	99.7	100.3	98.2	91.8	98.8	98.9
2005	98.6	96.3	96.7	100.2	100.0	100.7	98.4	91.7	99.1	99.3
2006		97.3	97.6	100.8	100.5	101.2	98.5	92.3	100.1	99.8
2007		97.4	97.0	101.1	100.7	101.5	97.4	92.7	101.6	100.2

4-8-1 续表 4

((上年价格=100) (Preceding year=100)

年份 Year	金银珠宝 Gold, Silver and Jewelry	中西药品及医疗保健用品 Traditional Chinese and Western Medicines and Health Care Articles	医疗器具及用品 Medical Apparatus and Article	中药材及中成药 Traditional Chinese Medicinal Materials and Medicines	西药 Western Medicines	书报杂志及电子出版物 Books, Newspapers, Magazines and Electronic Publications	燃料 Fuels	建筑材料及五金电料 Building Materials and Hardware	建筑装璜材料 Building Decoration Materials	五金电料 Hardware
1978		100.5					100.1			
1979		101.7	99.7	105.7	99.7		100.2			
1980		100.9	99.8	102.9	99.8		100.7			
1981		100.2	98.1	102.9	98.1		100.6			
1982		101.3	100.4	102.9	100.4		100.8			
1983		103.9	101.8	107.2	101.8		101.0			
1984		104.9	102.1	109.0	102.1	100.0	102.2			
1985		103.8	102.5	105.8	102.5	132.5	104.0			
1986		102.0	101.9	102.0	101.9	113.9	103.9			
1987		104.6	106.1	102.5	106.1	101.4	103.6			
1988		124.8	117.6	134.8	117.6	115.2	116.1		121.4	
1989		121.2	121.9	120.1	121.9	192.7	127.4		118.7	
1990		102.4	106.8	96.6	106.8	107.6	108.2		97.0	
1991		103.4	101.1	106.3	101.1	100.8	115.6		100.8	
1992		109.1	102.1	118.4	102.1	103.3	114.6		106.5	
1993		109.2	106.2	113.1	106.2	107.1	135.0		128.8	
1994	110.1	111.8	113.4	109.3	113.4	133.5	115.1		112.9	
1995	99.4	111.5	114.9	111.6	111.0	115.2	107.2		105.7	
1996	99.4	108.8	106.8	112.8	106.2	136.9	105.0		101.2	
1997	97.8	104.4	103.5	108.4	101.6	112.8	107.3		99.0	
1998	90.9	102.8	101.0	108.1	99.1	105.1	96.1		97.1	
1999	94.5	101.0	100.1	105.6	97.9	104.9	100.4		98.3	
2000	97.6	100.2	99.6	104.6	97.3	105.4	117.7		98.4	
2001	90.7	98.5	98.8	102.3	95.8	108.1	102.4		100.1	
2002	100.9	96.5	99.0	97.5	95.4	100.8	102.0		100.1	
2003	108.6	98.4	100.6	104.4	94.3	100.3	109.3	99.7	99.7	99.7
2004	111.6	96.7	101.9	98.4	94.5	101.0	112.4	103.7	104.2	102.0
2005	104.4	97.6	98.4	96.5	97.8	100.3	115.4	102.1	102.3	101.5
2006	119.7	99.1	98.3	100.0	98.4	100.2	112.4	103.0	102.8	103.6
2007	107.9	102.0	98.5	108.0	99.0	99.7	104.2	105.1	105.6	103.4

4－8－2 全国商品零售价格分类指数（2007 年）
Retail Price Indices by Category (2007)

（上年价格＝100） (Preceding year＝100)

项目	Item	全国 National Indices	城市 Urban Indices	#36 个大中城市 36 Major Cities Indices	农村 Rural Indices
商品零售价格总指数	**Retail Price Index**	**103.8**	**103.3**	**102.6**	**104.9**
一、食品	**Food**	**112.3**	**111.7**	**110.8**	**113.6**
1.粮食	Grain	106.4	106.1	105.5	107.0
2.淀粉	Starches	106.7	106.8	104.0	106.2
3.干豆类及豆制品	Bean and Its Products	107.9	107.4	107.5	108.7
4.油脂	Oil or Fat	126.3	125.2	125.7	128.1
5.肉禽及其制品	Meat, Poultry and Their Products	131.0	130.8	128.8	131.5
6.蛋	Eggs	121.8	122.1	122.0	121.4
7.水产品	Aquatic Products	105.3	104.7	103.7	106.9
8.菜	Vegetables	107.9	107.5	107.0	109.1
9.调味品	Flavoring	103.9	104.3	104.1	103.4
10.糖	Carbohydrate	101.5	101.9	102.1	100.9
11.干鲜瓜果	Dried and Fresh Melons and Fruits	102.5	102.6	102.6	102.2
12.糕点饼干面包	Cake	103.5	103.7	104.1	103.0
13.液体乳及乳制品	Milk and Its Products	102.9	103.1	103.0	102.3
14.在外用膳食品	Outward Dinner Food	107.1	107.1	107.5	107.0
15.其它食品	Other Foods	104.3	104.8	105.1	103.1
二、饮料、烟酒	**Beverages, Tobacco and Liquor**	**101.8**	**101.8**	**102.0**	**101.7**
1.茶及饮料	Tea and Beverages	101.4	101.6	102.2	101.0
2.烟草	Tobacco	100.9	100.7	100.8	101.2
3.酒	Liquor	103.4	103.7	104.0	102.9
三、服装、鞋帽	**Garments, Shoes and Hats**	**99.4**	**99.2**	**99.9**	**99.8**
1.服装	Garments	99.6	99.6	100.6	99.6
2.鞋袜帽	Footgear and Hats	98.9	98.2	98.0	100.5
3.其它	Others	98.6	98.5	99.1	98.7
四、纺织品	**Textiles**	**100.2**	**100.1**	**100.1**	**100.5**
1.衣着材料	Clothing Material	101.4	101.4	102.5	101.3
2.床上用品	Bed Articles	99.6	99.5	99.4	99.9
五、家用电器及音像器材	**Household Appliances, Music and Video Equipment**	**97.4**	**96.9**	**95.7**	**98.8**
1.家庭设备	Household Facilities	101.4	101.3	101.6	101.5
2.文娱用耐用消费品	Durable Consumer Goods for Cultural and Recreational Use	92.0	90.2	87.3	95.7
3.音像器材	Music and Video Equipment	97.5	97.5	96.5	97.9
六、文化办公用品	**Cultural and Office Appliances**	**97.0**	**96.3**	**95.0**	**98.8**
七、日用品	**Articles for Daily Use**	**101.1**	**101.1**	**101.3**	**101.1**
1.日用百货	General Merchandise for Daily Use	100.7	100.9	101.3	100.5
2.日用杂品	Grocery for Daily Use	101.5	101.3	101.8	101.8
3.洗涤用品	Wash	102.0	102.0	102.2	102.2
4.其它日用品	Other Articles for Daily Use	100.4	100.5	100.5	100.2
八、体育娱乐用品	**Sports and Recreation Articles**	**97.4**	**96.8**	**94.9**	**99.6**
1.体育用品	Sports Articles	100.1	100.0	99.8	100.2
2.娱乐用品	Recreation Articles	95.5	94.8	92.6	99.0
九、交通、通信用品	**Transportation and Communication Appliances**	**92.7**	**91.9**	**91.1**	**94.9**
1.交通运输机械	Transportation Appliances	96.8	96.3	95.7	98.5
2.通讯器材	Communication Appliances	85.0	82.8	77.9	89.9
十、家具	**Furniture**	**101.6**	**101.1**	**101.3**	**102.9**
十一、化妆品	**Cosmetics**	**100.2**	**100.1**	**100.3**	**100.4**
十二、金银珠宝	**Gold, Silver and Jewelry**	**107.9**	**107.7**	**107.5**	**108.2**
十三、中西药品及医疗保健用品	**Traditional Chinese and Western Medicines and Health Care Articles**	**102.0**	**101.7**	**101.7**	**102.6**
1.医疗器具及用品	Medical Apparatus and Article	98.5	98.6	98.9	98.1
2.中药材及中成药	Traditional Chinese Medicinal Materials and Medicines	108.0	107.6	107.5	109.0
3.西药	Western Medicines	99.0	98.8	98.8	99.4
4.保健器具及用品	Health Care Appliances and Articles	101.2	101.5	101.4	100.3
十四、书报杂志及电子出版物	**Books, Newspapers, Magazines and Electronic Publications**	**99.7**	**99.8**	**99.8**	**99.4**
1.教材及参考书	Teaching Materials and Reference Books	98.7	99.1	99.5	98.0
2.书报杂志	Newspapers and Magazines	100.8	100.7	100.7	100.8
3.电子音像制品	Electronic Publications	99.4	99.2	98.8	99.8
十五、燃料	**Fuels**	**104.2**	**104.1**	**104.4**	**104.6**
1.煤炭及制品	Coal and its product	104.9	105.1	107.4	104.8
2.石油及制品	Petroleum and its product	104.1	103.9	104.1	104.5
十六、建筑材料及五金电料	**Building Materials and Hardware**	**105.1**	**105.2**	**105.1**	**105.0**
1.建筑装璜材料	Building Decoration Materials	105.6	105.7	105.6	105.6
2.五金电料	Hardware	103.4	103.7	103.6	102.7

4—8—3 各地区商品零售价格总指数(1981～2007 年)

(上年价格=100)

地 区 Region	1981	1982	1983	1984	1985	1986 年	1987	1988	1989	1990	1991	1992
全 国 National	**102.4**	**101.9**	**101.5**	**102.8**	**108.8**	**106.0**	**107.3**	**118.5**	**117.8**	**102.1**	**102.9**	**105.4**
北 京 Beijing	101.4	102.0	100.6	102.1	118.6	106.7	108.7	121.9	118.5	104.1	108.5	108.3
天 津 Tianjin	101.5	100.5	100.5	101.8	113.9	107.2	106.9	117.7	115.1	102.7	108.0	109.4
河 北 Hebei	102.1	101.5	101.4	103.4	107.8	105.2	108.3	118.1	118.4	99.9	102.8	105.2
山 西 Shanxi	102.3	102.2	101.2	103.0	107.6	105.3	107.5	121.0	119.1	102.1	103.9	106.3
内蒙古 Inner Mongolia	101.8	101.7	101.0	104.4	108.5	105.0	108.1	116.3	115.9	102.9	104.5	106.8
辽 宁 Liaoning	101.6	101.2	101.5	103.9	110.0	106.0	109.0	119.3	118.4	102.7	104.1	106.0
吉 林 Jilin	101.7	103.0	102.6	104.2	109.7	105.4	107.5	119.9	116.9	103.9	105.1	107.1
黑龙江 Heilongjiang	102.1	102.8	102.2	104.4	111.7	105.9	109.6	117.8	114.0	104.9	106.5	108.5
上 海 Shanghai	101.5	100.3	100.1	102.2	116.4	106.7	108.8	121.3	116.7	104.8	109.5	109.7
江 苏 Jiangsu	101.6	101.1	100.8	103.5	109.2	106.5	109.3	121.7	118.0	102.3	104.4	104.8
浙 江 Zhejiang	101.5	100.9	102.0	103.4	114.0	106.0	109.5	122.1	117.8	101.6	103.0	106.6
安 徽 Anhui	101.7	101.0	101.1	102.0	106.4	105.2	109.7	121.8	117.1	101.9	105.7	106.6
福 建 Fujian	103.4	103.6	101.5	101.9	110.6	105.9	109.4	126.5	118.8	98.9	103.6	105.0
江 西 Jiangxi	104.6	102.9	101.4	102.5	108.3	105.8	106.9	121.8	118.6	101.3	102.4	105.6
山 东 Shandong	101.8	100.9	100.5	102.6	107.1	104.2	108.0	118.3	117.1	101.8	104.7	105.9
河 南 Henan	101.6	101.5	102.3	102.1	104.9	105.0	108.1	120.2	118.3	99.7	101.7	104.4
湖 北 Hubei	101.4	100.7	101.4	103.0	107.5	104.2	107.6	119.5	117.0	102.9	104.3	107.0
湖 南 Hunan	100.9	101.7	102.4	103.1	111.1	104.8	110.6	125.9	118.1	99.4	104.1	109.5
广 东 Guangdong	109.3	102.3	100.7	101.2	113.6	104.8	111.7	130.2	121.0	95.6	100.6	105.8
广 西 Guangxi	101.7	103.1	102.8	104.2	111.2	105.1	108.0	121.0	121.3	100.1	102.5	104.6
海 南 Hainan								127.8	126.8	100.6	103.1	108.7
重 庆 Chongqing												
四 川 Sichuan	101.8	102.3	100.7	102.3	106.8	103.9	107.5	120.0	118.3	103.1	102.3	106.4
贵 州 Guizhou	102.3	102.0	100.7	102.5	107.7	105.3	107.3	120.2	117.4	101.4	103.3	107.4
云 南 Yunnan	101.2	101.9	101.0	102.7	108.0	105.0	106.6	199.6	119.3	102.1	103.7	107.7
西 藏 Tibet												
陕 西 Shaanxi	103.0	101.0	101.5	103.9	106.5	105.2	108.6	119.0	118.8	101.6	105.8	109.5
甘 肃 Gansu	102.0	101.4	100.2	103.0	108.5	106.0	107.4	118.6	116.4	103.4	104.6	105.8
青 海 Qinghai	101.4	101.8	100.7	103.8	110.7	106.1	107.3	118.3	117.7	104.5	106.3	106.4
宁 夏 Ningxia	102.0	102.5	101.1	103.2	107.8	104.9	108.0	117.5	117.8	104.2	105.7	107.4
新 疆 Xinjiang	101.6	100.2	101.5	103.1	108.1	106.7	107.1	114.6	116.7	104.1	108.0	108.1

Retail Price Indices by Region(1981～2007)

(Preceding year=100)

1993	1994	1995	1996	1997	1998	1999	2000	2001	2002	2003	2004	2005	2006	2007
113.2	**121.7**	**114.8**	**106.1**	**100.8**	**97.4**	**97.0**	**98.5**	**99.2**	**98.7**	**99.9**	**102.8**	**100.8**	**101.0**	**103.8**
116.9	117.9	112.6	107.3	103.8	98.3	98.8	98.9	98.8	98.4	98.2	99.2	99.7	100.2	100.8
114.3	115.6	110.6	105.1	100.7	96.6	97.5	98.6	98.6	97.4	97.4	100.8	99.9	100.4	103.2
110.5	121.4	115.8	106.2	102.1	97.7	97.8	99.1	99.8	99.2	100.2	103.2	101.1	101.5	104.1
113.1	121.6	115.6	106.2	101.3	97.0	96.8	97.1	99.0	98.6	100.3	103.1	100.3	101.2	104.2
112.5	119.3	116.8	105.8	102.3	98.1	97.7	98.8	100.0	99.4	99.6	102.7	101.5	101.4	103.6
113.5	120.6	114.0	105.4	101.0	97.6	96.1	98.4	99.4	97.4	98.9	101.9	100.1	101.3	104.4
111.3	119.9	114.2	105.1	101.8	97.9	96.7	98.0	100.9	99.0	100.5	103.5	101.1	101.5	103.3
114.6	120.7	114.3	105.1	102.2	98.4	96.1	97.8	100.4	98.5	99.7	102.8	100.4	101.5	105.6
117.5	117.5	113.0	105.0	98.8	95.1	97.3	96.4	98.6	98.7	99.0	100.9	99.4	100.2	102.4
115.4	123.6	114.3	106.8	99.3	98.2	96.9	98.6	98.9	98.4	99.8	102.2	100.3	100.8	102.9
116.7	121.7	113.5	105.8	100.3	98.4	97.7	99.0	98.1	98.7	99.6	102.7	100.9	100.8	103.8
112.9	123.3	112.7	107.1	99.4	98.1	96.6	98.0	99.6	99.2	101.3	102.7	100.6	100.8	104.5
113.4	123.0	114.4	104.5	99.8	98.5	96.5	98.9	98.0	98.3	99.1	102.7	100.6	100.5	104.3
111.1	125.1	115.9	106.6	99.6	98.8	96.8	98.5	98.4	100.2	100.1	103.0	100.9	101.2	104.0
110.7	120.3	114.2	107.0	100.8	97.1	97.1	98.6	100.0	98.8	100.2	102.8	100.6	100.6	103.6
108.4	120.6	114.9	107.9	100.5	96.6	96.2	98.5	99.8	99.2	101.3	105.7	101.7	100.9	104.4
115.0	124.9	116.6	106.5	101.5	97.1	95.9	97.8	97.4	98.8	101.2	104.1	102.1	101.1	104.2
115.1	125.3	115.5	105.2	100.3	97.9	97.6	99.3	98.8	99.2	100.6	103.9	102.3	101.3	104.3
118.2	118.9	111.6	104.4	99.8	97.0	96.7	99.9	98.7	98.5	100.0	102.9	101.8	101.5	103.4
118.9	124.4	116.4	104.5	99.6	96.3	97.2	98.6	97.8	98.1	100.2	103.9	101.1	100.3	104.8
123.9	121.8	111.3	102.3	99.4	96.5	96.6	99.9	97.7	98.4	100.4	103.4	100.9	101.3	103.8
				101.6	94.5	96.5	95.5	99.0	98.9	99.5	101.4	98.7	101.6	103.7
113.9	123.9	117.0	107.7	102.9	97.7	97.3	97.7	100.8	99.4	100.1	103.7	100.6	101.7	105.3
114.8	119.5	117.2	106.9	101.5	98.9	97.9	97.3	98.4	99.3	100.0	103.2	101.3	100.9	104.2
118.9	116.0	118.1	106.6	102.3	99.2	98.3	97.6	98.4	98.1	99.9	104.7	100.1	100.8	104.4
						98.8	99.2	99.6	99.5	99.4	100.7	100.8	100.2	101.7
111.8	125.9	117.0	108.1	101.6	96.2	97.5	98.3	99.1	98.6	100.5	102.5	100.1	101.8	105.0
113.0	122.5	116.5	106.6	101.6	98.1	97.2	99.1	99.6	98.9	100.2	102.1	99.9	101.2	104.4
112.5	123.2	116.3	107.8	103.0	99.6	98.5	99.0	99.9	99.3	100.8	102.6	100.7	102.0	106.0
112.8	120.1	115.3	106.7	102.2	97.5	97.9	97.6	100.0	98.6	99.5	102.8	100.4	101.3	104.1
112.6	125.7	116.7	108.8	101.8	99.7	96.2	98.3	102.5	97.9	99.2	100.7	99.4	101.8	105.1

4—8—4 各地区商品零售价格分类指数（2007年）
Retail Price Indices by Category and Region (2007)

（上年价格=100） (Preceding year=100)

地区 Region	总指数 Retail Price Index	一、食品 Food	1.粮食 Grain	2.淀粉 Starches	3.干豆类及豆制品 Dried Bean and Their Products	4.油脂 Oil or Fat	5.肉禽及其制品 Meat, Poultry and Their Products	6.蛋 Eggs
全国平均 National	**103.8**	**112.3**	**106.4**	**106.7**	**107.9**	**126.3**	**131.0**	**121.8**
北京 Beijing	100.8	109.6	107.4	108.6	108.5	117.3	128.6	118.6
天津 Tianjin	103.2	111.9	106.3	111.1	109.9	126.8	129.9	122.4
河北 Hebei	104.1	113.0	109.2	106.7	107.2	121.0	134.3	123.0
山西 Shanxi	104.2	113.0	105.9	113.2	107.7	122.2	136.8	124.4
内蒙古 Inner Mongolia	103.6	112.6	107.3	113.9	105.5	126.2	134.1	124.1
辽宁 Liaoning	104.4	114.0	105.8	106.4	111.3	130.9	138.9	126.6
吉林 Jilin	103.3	112.4	106.8	109.9	110.4	125.1	140.3	129.3
黑龙江 Heilongjiang	105.6	114.7	105.3	113.4	109.4	142.8	138.2	128.7
上海 Shanghai	102.4	109.6	101.4	101.8	108.6	129.8	123.0	121.8
江苏 Jiangsu	102.9	111.4	103.4	103.5	106.1	129.4	127.2	120.9
浙江 Zhejiang	103.8	110.9	104.0	101.8	110.6	130.2	129.4	124.0
安徽 Anhui	104.5	112.2	106.2	106.4	107.3	128.4	131.6	120.2
福建 Fujian	104.3	111.8	106.6	107.5	108.0	122.3	127.5	123.5
江西 Jiangxi	104.0	111.8	108.4	104.0	106.1	125.3	129.4	119.8
山东 Shandong	103.6	113.7	108.5	107.2	107.9	119.3	132.6	121.2
河南 Henan	104.4	115.4	108.6	109.1	109.1	126.1	137.7	121.4
湖北 Hubei	104.2	113.3	107.5	103.0	107.4	130.9	134.8	121.5
湖南 Hunan	104.3	114.0	109.6	99.8	109.1	128.9	132.8	121.4
广东 Guangdong	103.4	109.1	104.7	104.1	103.2	120.2	121.8	118.0
广西 Guangxi	104.8	114.1	106.1	105.4	110.7	123.0	132.7	123.7
海南 Hainan	103.8	110.4	102.2	101.6	100.9	117.7	124.3	117.3
重庆 Chongqing	103.7	114.4	107.9	107.1	103.4	132.3	136.7	120.5
四川 Sichuan	105.3	114.5	108.1	101.2	106.0	125.6	133.3	118.8
贵州 Guizhou	104.2	117.4	107.0	104.5	107.7	144.6	134.5	114.5
云南 Yunnan	104.4	114.4	105.9	99.2	109.5	130.7	130.6	112.3
西藏 Tibet	101.7	106.7	108.0	99.4	103.0	109.2	118.8	105.2
陕西 Shaanxi	105.0	114.1	107.6	101.9	109.1	126.9	140.5	121.5
甘肃 Gansu	104.4	112.5	106.7	110.1	108.3	126.8	134.0	125.7
青海 Qinghai	106.0	113.6	107.7	107.7	111.7	127.0	135.3	119.4
宁夏 Ningxia	104.1	113.6	105.2	113.4	109.3	126.0	136.9	130.6
新疆 Xinjiang	105.1	112.8	107.7	105.6	109.5	136.8	124.8	123.1

4-8-4 续表 1 Continued 1

(上年=100) (Preceding year=100)

地 区 Region	7. 水产品 Aquatic Products	8. 菜 Vegetables	9. 调味品 Flavoring	10. 糖 Carbohydrate	11. 干鲜瓜果 Dried and Fresh Melons and Fruits	12. 糕点饼干面包 Cake	13. 液体乳及乳制品 Milk and Its Products
全国平均 National	**105.3**	**107.9**	**103.9**	**101.5**	**102.5**	**103.5**	**102.9**
北 京 Beijing	108.8	109.8	102.5	103.4	102.0	104.6	102.4
天 津 Tianjin	108.6	101.5	102.1	103.0	97.8	105.5	102.3
河 北 Hebei	105.1	106.2	100.6	105.3	101.1	102.1	102.5
山 西 Shanxi	103.7	108.2	107.1	101.3	101.7	105.7	104.1
内蒙古 Inner Mongolia	108.3	104.0	105.4	98.9	101.3	104.4	103.1
辽 宁 Liaoning	103.3	107.2	102.2	102.2	102.9	103.8	101.5
吉 林 Jilin	106.9	102.1	100.5	100.0	97.1	101.6	100.4
黑龙江 Heilongjiang	102.5	99.0	105.5	103.5	106.1	103.2	100.4
上 海 Shanghai	101.4	113.5	104.6	99.1	111.8	101.5	106.2
江 苏 Jiangsu	105.8	113.6	101.3	101.9	104.1	103.2	106.2
浙 江 Zhejiang	104.9	106.7	101.4	101.6	101.1	103.6	104.1
安 徽 Anhui	105.3	107.8	101.8	101.0	100.2	102.3	102.1
福 建 Fujian	104.8	110.2	103.3	102.2	99.8	102.6	100.4
江 西 Jiangxi	103.7	103.5	103.1	100.5	98.8	103.5	102.7
山 东 Shandong	105.9	116.9	103.7	103.0	109.8	101.9	103.2
河 南 Henan	109.2	110.1	108.2	101.3	101.6	103.8	102.0
湖 北 Hubei	106.6	107.5	103.2	102.8	105.8	109.0	101.7
湖 南 Hunan	109.6	104.9	101.4	100.6	105.4	103.7	103.4
广 东 Guangdong	104.6	104.4	104.8	100.9	100.9	102.2	102.4
广 西 Guangxi	105.4	105.8	106.5	99.4	98.9	104.2	102.8
海 南 Hainan	109.3	109.6	114.6	96.1	97.9	100.4	101.1
重 庆 Chongqing	109.8	110.5	103.5	104.9	99.3	107.4	101.6
四 川 Sichuan	107.1	107.3	101.6	100.5	95.1	103.0	100.7
贵 州 Guizhou	110.5	108.2	110.2	101.6	103.2	106.4	100.2
云 南 Yunnan	105.0	116.4	110.2	102.3	99.3	107.1	101.2
西 藏 Tibet	104.0	101.2	98.7	102.7	108.2	103.1	103.1
陕 西 Shaanxi	106.8	108.7	109.3	101.3	98.6	104.6	103.8
甘 肃 Gansu	105.8	104.6	110.0	103.0	102.9	104.5	102.4
青 海 Qinghai	102.3	104.5	106.4	103.0	106.0	107.9	106.0
宁 夏 Ningxia	112.8	102.7	104.8	98.6	106.5	106.8	104.0
新 疆 Xinjiang	109.0	101.4	114.0	101.3	105.6	104.7	108.9

4－8－4续表2　Continued 2

（上年＝100）　　(Preceding year＝100)

地　区　Region	14. 在外用膳食品 Outward Dinner Food	15. 其它食品 Other Foods	二、饮料、烟酒 Beverages, Tobacco and Liquor	1. 茶及饮料 Tea and Beverages	2. 烟草 Tobacco	3. 酒 Liquor	三、服装、鞋帽 Garments, Shoes and Hats
全国平均 National	**107.1**	**104.3**	**101.8**	**101.4**	**100.9**	**103.4**	**99.4**
北　京 Beijing	105.0	106.5	101.5	100.9	100.8	103.2	100.0
天　津 Tianjin	113.1	112.0	103.3	101.4	100.5	109.2	98.8
河　北 Hebei	106.8	102.4	101.9	100.9	100.3	104.2	98.9
山　西 Shanxi	108.8	104.0	103.5	101.4	100.8	113.9	98.3
内蒙古 Inner Mongolia	107.4	102.7	100.9	100.8	100.5	101.2	99.1
辽　宁 Liaoning	105.4	104.5	101.1	100.2	100.3	102.7	98.5
吉　林 Jilin	104.6	105.0	100.2	99.9	98.1	102.7	98.4
黑龙江 Heilongjiang	109.2	109.7	101.3	100.2	100.0	103.0	100.0
上　海 Shanghai	107.6	100.9	100.9	101.5	100.6	101.0	101.2
江　苏 Jiangsu	106.5	106.8	101.4	100.6	100.9	103.2	101.1
浙　江 Zhejiang	107.7	103.4	101.7	100.8	101.1	103.5	100.0
安　徽 Anhui	106.6	102.6	101.1	101.0	99.4	103.6	100.4
福　建 Fujian	109.2	103.1	101.2	99.7	100.3	103.2	99.3
江　西 Jiangxi	106.4	102.9	101.0	100.0	100.7	102.0	97.6
山　东 Shandong	106.2	102.3	102.1	101.2	100.8	103.6	96.7
河　南 Henan	107.6	104.2	101.7	101.2	100.4	103.3	99.8
湖　北 Hubei	105.5	105.2	101.4	102.3	99.5	104.0	99.8
湖　南 Hunan	107.0	100.8	103.3	99.5	106.4	100.3	100.2
广　东 Guangdong	105.2	104.5	102.4	103.6	101.1	103.1	99.7
广　西 Guangxi	105.3	104.7	101.3	103.6	98.8	102.4	102.7
海　南 Hainan	101.2	100.6	102.0	104.7	100.9	101.6	97.7
重　庆 Chongqing	107.2	102.1	103.0	103.2	99.8	109.6	94.2
四　川 Sichuan	108.9	102.1	102.0	101.2	101.4	103.1	100.2
贵　州 Guizhou	113.9	101.1	101.0	99.6	99.8	104.9	98.7
云　南 Yunnan	111.4	106.0	103.2	104.7	103.1	101.5	97.3
西　藏 Tibet	103.5	100.1	102.0	101.0	102.9	101.8	101.9
陕　西 Shaanxi	108.4	108.1	101.3	100.4	101.2	102.3	101.6
甘　肃 Gansu	108.0	103.0	102.4	103.3	100.8	103.5	97.9
青　海 Qinghai	109.5	102.6	103.5	105.6	102.0	103.9	103.9
宁　夏 Ningxia	112.6	105.6	101.6	102.8	100.8	101.1	103.4
新　疆 Xinjiang	105.8	106.8	102.6	101.8	100.7	104.9	100.2

4-8-4续表3 Continued 3

(上年=100) (Preceding year=100)

地 区 Region	1. 服装 Garments	2. 鞋袜帽 Footgear and Hats	3. 其它 Others	四、纺织品 Textiles	1. 衣着材料 Clothing Material	2. 床上用品 Bed Articles	五、家用电器及音像器材 Household Appliances, Music and Video Equipment
全国平均 National	**99.6**	**98.9**	**98.6**	**100.2**	**101.4**	**99.6**	**97.4**
北 京 Beijing	100.7	98.1	96.8	97.8	101.2	97.2	96.0
天 津 Tianjin	99.9	95.7	103.0	93.9	102.1	90.1	94.7
河 北 Hebei	98.9	98.8	98.5	99.9	101.9	98.7	97.5
山 西 Shanxi	97.3	101.1	98.4	100.7	100.4	100.9	98.4
内蒙古 Inner Mongolia	99.3	99.2	94.4	101.8	100.4	103.1	97.7
辽 宁 Liaoning	98.3	99.0	98.2	100.1	100.8	99.5	95.3
吉 林 Jilin	98.2	99.2	94.7	99.1	100.6	97.7	96.7
黑龙江 Heilongjiang	101.0	98.1	99.9	99.7	99.5	99.9	98.2
上 海 Shanghai	103.1	95.4	87.6	102.6	100.7	103.1	92.2
江 苏 Jiangsu	101.6	100.9	98.3	101.7	102.7	101.2	96.7
浙 江 Zhejiang	99.7	100.9	100.3	101.7	103.3	100.8	98.2
安 徽 Anhui	100.6	99.8	101.6	100.5	101.2	100.1	98.5
福 建 Fujian	100.2	96.4	99.4	98.7	103.1	97.1	98.0
江 西 Jiangxi	97.2	98.4	98.9	100.0	103.0	97.4	98.5
山 东 Shandong	96.8	96.2	98.5	100.3	101.6	99.1	98.7
河 南 Henan	99.6	100.6	97.7	100.9	101.0	100.8	99.7
湖 北 Hubei	99.2	101.3	99.9	99.7	100.9	99.2	96.5
湖 南 Hunan	99.0	103.6	98.3	99.1	99.6	98.8	99.0
广 东 Guangdong	99.9	99.0	100.9	100.6	104.0	99.3	98.2
广 西 Guangxi	101.6	106.2	98.0	97.7	99.9	96.5	96.7
海 南 Hainan	97.0	98.6	100.1	101.8	99.8	102.8	99.2
重 庆 Chongqing	95.7	89.0	76.0	95.8	100.0	95.0	97.6
四 川 Sichuan	100.7	99.4	99.1	100.0	100.2	99.8	100.2
贵 州 Guizhou	98.5	99.3	97.3	97.4	99.6	96.5	98.0
云 南 Yunnan	96.4	99.6	93.1	98.7	100.4	97.9	95.5
西 藏 Tibet	101.9	102.3	100.7	100.2	100.1	100.2	97.4
陕 西 Shaanxi	103.2	99.0	96.0	100.9	103.1	99.8	95.6
甘 肃 Gansu	99.3	94.5	98.4	97.8	100.2	95.1	96.9
青 海 Qinghai	104.4	103.3	96.4	101.3	101.0	101.6	96.7
宁 夏 Ningxia	102.8	105.3	97.8	101.2	102.3	100.9	97.3
新 疆 Xinjiang	101.2	98.5	96.4	99.8	99.8	99.9	97.6

4—8—4 续表 4 Continued 4

(上年=100) (Preceding year=100)

地 区 Region	1. 家庭设备 Household Facilities	2. 文娱用耐用消费品 Durable Consumer Goods for Cultural and Recreational Use	3. 音像器材 Music and Video Equipment	六、文化办公用品 Cultural and Office Appliances	七、日用品 Articles for Daily Use	1. 日用百货 General Merchandise for Daily Use	2. 日用杂品 Grocery for Daily Use
全国平均 National	**101.4**	**92.0**	**97.5**	**97.0**	**101.1**	**100.7**	**101.5**
北 京 Beijing	100.2	88.9	98.3	96.9	100.9	99.4	102.8
天 津 Tianjin	101.7	85.0	98.0	93.2	102.5	104.6	100.2
河 北 Hebei	100.2	94.3	97.8	98.7	101.1	100.4	100.6
山 西 Shanxi	102.9	92.6	97.0	98.7	101.6	100.3	103.2
内蒙古 Inner Mongolia	100.7	93.4	99.8	98.6	100.4	99.7	100.1
辽 宁 Liaoning	100.2	88.0	99.8	95.9	101.1	100.3	102.3
吉 林 Jilin	99.3	93.2	96.0	94.9	99.5	100.2	100.6
黑龙江 Heilongjiang	102.8	91.8	100.8	102.1	102.1	100.7	100.2
上 海 Shanghai	104.1	78.6	94.1	93.9	101.8	101.1	102.4
江 苏 Jiangsu	102.1	87.6	94.6	94.1	100.6	100.1	99.8
浙 江 Zhejiang	101.0	92.3	99.2	98.0	101.1	100.9	101.1
安 徽 Anhui	101.7	93.7	99.8	96.8	100.6	100.5	100.2
福 建 Fujian	100.8	94.2	96.6	98.0	99.9	99.9	101.6
江 西 Jiangxi	101.5	94.4	99.8	96.9	101.5	101.0	100.7
山 东 Shandong	101.9	94.3	99.2	97.8	100.9	101.8	101.0
河 南 Henan	102.9	95.3	98.8	98.6	101.4	100.7	100.7
湖 北 Hubei	100.3	90.5	99.1	98.3	100.6	100.2	100.5
湖 南 Hunan	100.5	96.9	99.2	97.0	101.1	100.6	103.7
广 东 Guangdong	100.7	95.4	96.6	95.9	100.7	101.0	101.0
广 西 Guangxi	101.6	90.5	98.8	97.7	101.9	100.6	102.5
海 南 Hainan	101.9	95.7	97.0	98.9	101.8	101.3	104.0
重 庆 Chongqing	103.1	89.7	100.0	99.3	101.7	101.7	100.6
四 川 Sichuan	102.9	97.0	95.6	97.9	101.8	99.5	104.9
贵 州 Guizhou	102.0	94.6	98.9	97.1	102.2	101.9	105.5
云 南 Yunnan	100.4	90.5	98.7	93.3	102.4	101.0	100.7
西 藏 Tibet	97.8	96.8	98.3	99.7	99.3	100.0	99.3
陕 西 Shaanxi	100.0	88.1	97.3	97.9	102.1	101.3	101.5
甘 肃 Gansu	100.2	93.7	95.4	98.3	101.9	101.7	103.1
青 海 Qinghai	99.3	92.8	99.9	96.7	102.4	100.9	104.6
宁 夏 Ningxia	103.8	88.6	97.6	95.0	102.4	101.4	101.1
新 疆 Xinjiang	99.4	95.2	100.0	97.8	101.6	102.0	101.4

4－8－4 续表 5　Continued 5

(上年＝100)　　　　(Preceding year＝100)

地　区　　Region	3. 洗涤用品 Wash	4. 其它日用品 Other Articles for Daily Use	八、体育娱乐用品 Sports and Recreation Articles	1. 体育用品 Sports Articles	2. 娱乐用品 Recreation Articles	九、交通、通信用品 Transportation and Communication Appliances	1. 交通运输机械 Transportation Appliances
全国平均　National	**102. 0**	**100. 4**	**97. 4**	**100. 1**	**95. 5**	**92. 7**	**96. 8**
北　京 Beijing	105. 1	100. 0	87. 6	99. 7	84. 1	89. 1	92. 3
天　津 Tianjin	103. 4	100. 7	97. 5	96. 8	97. 8	89. 2	99. 7
河　北 Hebei	102. 6	100. 8	99. 3	100. 7	98. 0	94. 8	98. 0
山　西 Shanxi	102. 6	101. 2	98. 7	99. 9	97. 8	93. 0	97. 9
内蒙古 Inner Mongolia	102. 0	99. 7	99. 1	99. 7	98. 5	93. 1	98. 8
辽　宁 Liaoning	102. 7	100. 4	97. 2	99. 6	95. 7	90. 5	97. 3
吉　林 Jilin	101. 3	96. 6	98. 2	99. 4	97. 5	91. 1	97. 3
黑龙江 Heilongjiang	104. 8	101. 8	100. 2	101. 1	99. 5	90. 9	98. 5
上　海 Shanghai	101. 6	102. 2	92. 9	100. 5	89. 5	90. 8	96. 1
江　苏 Jiangsu	100. 8	101. 5	92. 3	98. 5	90. 5	91. 6	95. 8
浙　江 Zhejiang	101. 5	101. 1	99. 3	101. 0	98. 3	94. 7	97. 2
安　徽 Anhui	101. 0	100. 5	98. 9	100. 8	97. 5	94. 4	98. 2
福　建 Fujian	99. 5	99. 1	98. 4	100. 9	96. 8	94. 4	98. 6
江　西 Jiangxi	103. 2	101. 0	97. 4	100. 0	95. 7	91. 3	97. 5
山　东 Shandong	101. 2	99. 5	98. 5	98. 9	98. 0	93. 8	97. 0
河　南 Henan	102. 9	100. 8	99. 5	100. 4	98. 4	90. 0	96. 0
湖　北 Hubei	101. 8	100. 2	98. 3	100. 2	96. 7	91. 4	98. 5
湖　南 Hunan	101. 6	98. 3	100. 2	100. 4	100. 0	94. 1	98. 5
广　东 Guangdong	101. 6	99. 3	99. 4	101. 0	97. 6	93. 9	97. 5
广　西 Guangxi	103. 9	100. 4	99. 6	99. 7	99. 5	91. 5	96. 7
海　南 Hainan	102. 9	99. 6	99. 3	99. 4	99. 1	90. 8	93. 0
重　庆 Chongqing	102. 9	101. 2	95. 0	90. 7	96. 7	88. 6	98. 4
四　川 Sichuan	102. 0	101. 2	98. 4	100. 0	98. 1	95. 3	97. 2
贵　州 Guizhou	101. 1	100. 6	100. 5	101. 3	100. 1	96. 3	99. 9
云　南 Yunnan	103. 4	103. 7	97. 2	100. 8	94. 5	92. 1	95. 1
西　藏 Tibet	98. 4	99. 2	96. 6	97. 2	95. 9	96. 9	98. 9
陕　西 Shaanxi	104. 7	100. 8	97. 1	100. 8	94. 5	93. 9	97. 6
甘　肃 Gansu	102. 2	100. 0	99. 3	100. 0	98. 6	92. 9	96. 3
青　海 Qinghai	102. 5	101. 7	100. 1	101. 3	99. 3	95. 2	98. 7
宁　夏 Ningxia	103. 0	102. 9	95. 9	100. 3	92. 1	90. 2	97. 7
新　疆 Xinjiang	102. 8	99. 5	99. 7	99. 9	99. 7	94. 0	98. 4

4－8－4 续表 6 Continued 6

(上年＝100) (Preceding year＝100)

地 区 Region	2.通讯器材 Communication Appliances	十、家具 Furniture	十一、化妆品 Cosmetics	十二、金银珠宝 Gold, Silver and Jewelry	十三、中西药品及医疗保健用品 Traditional Chinese and Western Medicines and Health Care Articles	1.医疗器具及用品 Medical Apparatus and Article
全国平均 National	**85.0**	**101.6**	**100.2**	**107.9**	**102.0**	**98.5**
北 京 Beijing	74.8	101.4	100.5	109.0	100.2	99.9
天 津 Tianjin	64.9	105.5	102.1	109.8	99.3	94.4
河 北 Hebei	89.3	100.6	100.3	105.9	100.7	99.0
山 西 Shanxi	82.7	103.0	99.2	105.1	101.2	97.7
内蒙古 Inner Mongolia	87.7	99.6	99.8	108.0	100.1	94.7
辽 宁 Liaoning	79.8	100.7	99.2	108.5	102.4	100.1
吉 林 Jilin	81.7	91.6	100.3	108.4	99.1	101.0
黑龙江 Heilongjiang	85.5	100.9	99.5	108.1	101.7	98.9
上 海 Shanghai	73.0	101.8	101.2	106.2	98.0	100.0
江 苏 Jiangsu	80.2	101.3	100.6	109.1	101.1	99.0
浙 江 Zhejiang	85.0	102.4	100.2	108.5	101.6	99.9
安 徽 Anhui	86.0	101.9	100.1	109.3	101.1	98.1
福 建 Fujian	86.5	103.1	100.2	105.5	103.8	98.3
江 西 Jiangxi	83.2	101.3	99.8	111.8	101.5	97.4
山 东 Shandong	87.5	103.3	99.9	108.3	101.1	96.6
河 南 Henan	81.0	102.4	100.1	107.2	100.6	96.7
湖 北 Hubei	84.3	100.6	99.7	107.2	102.1	98.6
湖 南 Hunan	88.5	99.9	99.5	107.8	103.8	96.8
广 东 Guangdong	89.8	101.6	100.6	107.8	105.5	100.5
广 西 Guangxi	81.1	100.8	100.8	106.9	103.7	99.8
海 南 Hainan	86.7	102.5	100.8	108.1	100.6	99.9
重 庆 Chongqing	81.4	101.0	99.0	106.5	98.9	100.0
四 川 Sichuan	91.7	101.0	100.2	105.4	100.5	97.2
贵 州 Guizhou	88.9	100.3	100.2	108.3	101.4	99.8
云 南 Yunnan	87.5	101.0	99.2	108.9	105.5	95.9
西 藏 Tibet	95.4	102.1	99.3	101.3	98.6	99.8
陕 西 Shaanxi	85.0	108.8	100.2	106.6	104.1	97.6
甘 肃 Gansu	87.8	103.4	99.8	108.7	110.3	100.1
青 海 Qinghai	86.9	101.4	100.3	113.8	106.8	100.4
宁 夏 Ningxia	78.9	100.5	100.5	104.3	100.2	101.3
新 疆 Xinjiang	89.2	99.4	99.9	105.4	100.2	94.3

4—8—4 续表 7　Continued 7

(上年=100)　　(Preceding year=100)

地　区　Region	2. 中药材及中成药 Tradtional Chinese Medicinal Materials and Medicines	3. 西药 Western Medicines	4. 保健器具及用品 Health Care Appliances and Articles	十四、书报杂志及电子出版物 Books, Newspapers, Magazines and Electronic Publications	1. 教材及参考书 Teaching Materials and Reference Books	2. 书报杂志 Newspapers and Magazines
全国平均 National	**108.0**	**99.0**	**101.2**	**99.7**	**98.7**	**100.8**
北　京 Beijing	103.7	98.5	99.3	99.4	96.5	101.0
天　津 Tianjin	100.2	99.3	97.2	97.0	94.2	100.0
河　北 Hebei	103.4	99.3	100.4	99.6	98.5	100.2
山　西 Shanxi	106.6	99.6	99.8	98.7	97.1	99.9
内蒙古 Inner Mongolia	105.9	96.9	99.9	99.7	99.4	100.5
辽　宁 Liaoning	105.4	101.1	99.7	99.5	98.5	100.4
吉　林 Jilin	97.8	99.3	99.7	101.3	102.9	100.3
黑龙江 Heilongjiang	105.3	99.7	100.0	101.3	99.8	99.8
上　海 Shanghai	98.2	95.6	101.7	103.6	108.7	100.0
江　苏 Jiangsu	105.8	99.8	100.4	99.2	96.6	100.7
浙　江 Zhejiang	110.4	96.9	104.0	99.7	96.4	101.9
安　徽 Anhui	103.1	100.0	100.8	106.1	113.8	100.7
福　建 Fujian	112.9	99.2	99.7	102.7	104.9	102.3
江　西 Jiangxi	106.1	99.2	99.7	97.5	95.0	100.1
山　东 Shandong	106.2	99.0	100.0	100.0	100.3	100.2
河　南 Henan	104.7	98.5	100.0	98.9	96.3	100.8
湖　北 Hubei	107.9	99.1	100.7	99.0	97.2	100.2
湖　南 Hunan	113.3	99.4	101.3	100.1	97.0	102.9
广　东 Guangdong	116.6	98.6	103.2	99.1	97.7	101.2
广　西 Guangxi	113.7	97.9	100.0	98.5	94.8	100.5
海　南 Hainan	102.9	99.0	100.3	96.6	93.2	98.7
重　庆 Chongqing	98.9	98.5	100.8	100.0	100.0	99.9
四　川 Sichuan	105.3	99.1	99.1	97.1	94.0	100.4
贵　州 Guizhou	105.6	99.0	100.9	99.8	98.8	101.1
云　南 Yunnan	117.1	100.1	101.8	98.1	97.3	100.0
西　藏 Tibet	100.3	96.4	99.3	99.9	100.9	100.5
陕　西 Shaanxi	106.1	103.4	101.0	99.7	99.7	100.7
甘　肃 Gansu	121.7	104.5	99.7	96.2	92.0	101.3
青　海 Qinghai	114.0	102.2	103.4	99.4	94.3	102.1
宁　夏 Ningxia	105.0	96.6	104.6	98.1	96.1	100.4
新　疆 Xinjiang	102.8	99.5	99.0	101.4	101.5	100.2

4-8-4 续表 8 Continued 8

(上年=100) (Preceding year=100)

地 区 Region	3. 电子音像制品 Electronic Publications	十五、燃料 Fuels	1. 煤炭及制品 Coal and its product	2. 石油及制品 Petroleum and its product	十六、建筑材料及五金电料 Building Materials and Hardware	1. 建筑装璜材料 Building Decoration Materials	2. 五金电料 Hardware
全国平均 National	**99.4**	**104.2**	**104.9**	**104.1**	**105.1**	**105.6**	**103.4**
北 京 Beijing	100.3	104.1	103.7	104.1	103.5	102.5	108.0
天 津 Tianjin	96.5	104.8	105.8	104.5	104.0	104.5	101.9
河 北 Hebei	101.1	104.9	107.8	103.7	103.4	103.8	102.0
山 西 Shanxi	101.3	105.1	109.7	103.1	105.6	106.3	103.3
内 蒙 古 Inner Mongolia	98.6	104.6	106.1	103.7	103.1	102.5	104.8
辽 宁 Liaoning	99.3	104.0	105.4	103.6	103.9	104.2	103.2
吉 林 Jilin	99.5	103.6	103.4	103.6	104.3	105.7	100.7
黑 龙 江 Heilongjiang	105.8	105.3	106.9	104.0	106.2	105.9	107.0
上 海 Shanghai	98.0	103.0	102.7	103.0	107.6	108.6	103.7
江 苏 Jiangsu	98.3	103.9	107.3	103.6	107.5	108.2	106.0
浙 江 Zhejiang	100.4	104.5	104.9	104.4	107.0	108.2	104.0
安 徽 Anhui	99.4	103.3	102.1	103.6	104.7	104.9	104.1
福 建 Fujian	99.7	104.4	100.4	104.8	105.3	105.9	102.7
江 西 Jiangxi	97.5	102.9	102.0	103.3	105.5	105.9	103.6
山 东 Shandong	99.2	104.3	103.6	104.6	104.4	105.1	102.8
河 南 Henan	99.7	102.6	101.1	103.2	105.5	106.5	102.2
湖 北 Hubei	100.0	104.2	103.7	104.3	105.3	106.0	103.5
湖 南 Hunan	99.7	102.8	102.3	103.1	104.6	104.6	104.7
广 东 Guangdong	98.3	104.2	101.9	104.4	103.5	103.9	102.1
广 西 Guangxi	101.2	104.3	105.3	104.3	106.9	108.5	101.4
海 南 Hainan	98.2	103.6	100.9	103.8	109.3	109.8	107.6
重 庆 Chongqing	100.3	106.0	106.4	106.0	109.2	109.5	108.6
四 川 Sichuan	99.8	105.7	108.9	103.9	104.3	104.8	101.4
贵 州 Guizhou	99.5	108.1	114.8	105.3	105.2	105.1	105.9
云 南 Yunnan	96.1	103.9	108.3	102.9	103.0	102.8	103.8
西 藏 Tibet	98.2	104.0	98.5	106.1	100.4	100.6	99.6
陕 西 Shaanxi	97.7	103.7	104.5	103.6	104.7	104.2	106.3
甘 肃 Gansu	95.9	103.2	103.7	102.9	103.5	104.4	101.6
青 海 Qinghai	105.2	105.8	104.9	106.1	105.3	107.4	99.7
宁 夏 Ningxia	98.5	104.2	101.8	105.2	106.3	108.6	101.8
新 疆 Xinjiang	102.2	107.7	115.7	103.4	107.3	108.1	105.2

4－8－5　各地区城市商品零售价格分类指数(2007 年)
Urban Retail Price Indices by Category and Region (2007)

(上年价格＝100)　　(Preceding year＝100)

地　区　Region	总指数 Retail Price Index	一、食品 Food	1.粮食 Grain	2.淀粉 Starches	3.干豆类及豆制品 Dried Bean and Their Products	4.油脂 Oil or Fat	5.肉禽及其制品 Meat, Poultry and Their Products	6.蛋 Eggs
全国平均 National	**103.3**	**111.7**	**106.1**	**106.8**	**107.4**	**125.2**	**130.8**	**122.1**
北　京 Beijing	100.8	109.6	107.4	108.6	108.5	117.3	128.6	118.6
天　津 Tianjin	103.2	111.9	106.3	111.1	109.9	126.8	129.9	122.4
河　北 Hebei	103.5	112.3	109.1	104.5	108.1	118.8	136.8	123.3
山　西 Shanxi	103.9	112.8	106.3	109.9	108.8	121.3	138.1	123.3
内蒙古 Inner Mongolia	103.4	112.4	108.4	110.0	104.4	124.3	135.1	125.0
辽　宁 Liaoning	104.1	113.7	105.4	106.3	110.9	130.0	138.6	126.7
吉　林 Jilin	103.2	112.4	106.8	112.7	109.9	124.0	140.6	131.0
黑龙江 Heilongjiang	105.3	114.4	105.3	116.5	108.2	140.6	136.7	129.2
上　海 Shanghai	102.4	109.6	101.4	101.8	108.6	129.8	123.0	121.8
江　苏 Jiangsu	102.1	110.4	104.3	103.6	105.1	126.5	125.5	123.1
浙　江 Zhejiang	103.7	110.7	104.0	101.0	110.8	130.6	127.8	123.2
安　徽 Anhui	104.4	112.4	104.5	109.6	107.5	125.4	134.6	120.3
福　建 Fujian	104.0	111.1	106.6	105.9	107.2	121.5	129.1	123.8
江　西 Jiangxi	103.5	111.4	107.4	101.8	104.9	125.9	131.1	121.7
山　东 Shandong	103.1	113.1	108.9	107.7	107.9	116.9	130.8	119.0
河　南 Henan	103.8	114.7	108.3	108.8	108.2	123.0	137.4	124.3
湖　北 Hubei	103.4	112.5	106.6	100.9	105.7	127.8	134.3	121.7
湖　南 Hunan	103.6	113.2	108.8	100.5	106.1	128.9	132.1	119.4
广　东 Guangdong	103.2	108.8	103.5	103.4	102.6	118.7	122.3	118.4
广　西 Guangxi	104.2	112.9	107.8	105.2	107.2	121.1	131.7	122.8
海　南 Hainan	102.8	109.4	101.5	102.2	105.3	123.4	124.3	121.4
重　庆 Chongqing	103.7	114.4	107.9	107.1	103.4	132.3	136.7	120.5
四　川 Sichuan	105.1	114.1	107.3	99.7	106.2	126.8	135.5	120.4
贵　州 Guizhou	103.6	117.0	107.2	101.2	105.5	137.8	139.9	114.0
云　南 Yunnan	103.8	115.2	106.0	95.3	111.8	137.1	131.9	112.9
西　藏 Tibet	101.3	106.0	110.7	97.0	103.9	108.1	119.3	104.6
陕　西 Shaanxi	104.8	114.4	108.2	102.8	110.3	128.5	141.1	121.4
甘　肃 Gansu	103.9	111.8	105.8	113.8	105.5	126.3	132.6	127.1
青　海 Qinghai	105.9	112.5	107.2	112.0	112.0	126.2	132.8	120.4
宁　夏 Ningxia	103.7	113.0	104.1	107.6	110.3	126.7	135.0	130.2
新　疆 Xinjiang	104.7	112.7	108.4	108.7	110.6	137.5	124.4	123.7

4-8-5 续表 1　Continued 1

(上年价格=100)　　(Preceding year=100)

地　区　Region	7. 水产品 Aquatic Products	8. 菜 Vegetables	9. 调味品 Flavoring	10. 糖 Carbohydrate	11. 干鲜瓜果 Dried and Fresh Melons and Fruits	12. 糕点饼干面包 Cake	13. 液体乳及乳制品 Milk and Its Products
全国平均 National	**104.7**	**107.5**	**104.3**	**101.9**	**102.6**	**103.7**	**103.1**
北　京 Beijing	108.8	109.8	102.5	103.4	102.0	104.6	102.4
天　津 Tianjin	108.6	101.5	102.1	103.0	97.8	105.5	102.3
河　北 Hebei	103.5	104.0	102.4	106.5	100.9	103.4	102.4
山　西 Shanxi	103.8	108.0	108.4	102.1	102.0	107.0	104.5
内 蒙 古 Inner Mongolia	110.7	102.8	106.0	98.1	99.5	104.7	104.0
辽　宁 Liaoning	103.1	106.2	102.4	102.6	102.6	104.1	101.5
吉　林 Jilin	105.8	102.4	100.5	99.6	96.7	101.2	100.2
黑 龙 江 Heilongjiang	101.3	99.5	105.0	104.0	103.8	102.7	100.3
上　海 Shanghai	101.4	113.5	104.6	99.1	111.8	101.5	106.2
江　苏 Jiangsu	104.5	110.1	101.4	101.9	103.7	102.3	106.0
浙　江 Zhejiang	105.2	107.0	101.3	102.2	102.5	104.5	104.6
安　徽 Anhui	106.1	108.9	102.0	101.2	96.4	101.9	103.5
福　建 Fujian	102.7	108.8	104.9	102.8	97.4	102.7	100.3
江　西 Jiangxi	103.8	102.0	103.2	101.1	96.5	104.1	101.6
山　东 Shandong	106.1	119.1	104.7	103.1	111.3	100.8	102.9
河　南 Henan	108.5	108.3	109.2	102.6	101.8	104.2	102.0
湖　北 Hubei	104.9	107.2	103.6	105.6	108.8	113.1	101.6
湖　南 Hunan	108.4	106.1	101.3	102.0	103.5	104.3	103.5
广　东 Guangdong	104.1	103.3	104.7	100.7	102.1	102.3	103.0
广　西 Guangxi	104.9	106.2	105.7	100.9	100.2	102.9	102.6
海　南 Hainan	109.8	107.5	113.5	95.0	94.2	100.0	101.2
重　庆 Chongqing	109.8	110.5	103.5	104.9	99.3	107.4	101.6
四　川 Sichuan	108.1	105.9	103.1	101.9	91.4	104.0	101.9
贵　州 Guizhou	110.0	107.0	111.8	102.5	100.7	106.5	100.2
云　南 Yunnan	102.8	118.6	111.5	99.8	97.8	110.8	100.9
西　藏 Tibet	104.0	99.0	96.6	102.0	106.9	104.3	103.6
陕　西 Shaanxi	106.4	107.3	110.0	102.0	97.6	105.2	103.4
甘　肃 Gansu	105.2	104.6	109.7	103.4	100.5	104.9	101.8
青　海 Qinghai	102.4	105.2	103.6	105.4	105.6	108.1	105.4
宁　夏 Ningxia	113.2	103.3	104.8	99.4	106.2	106.9	104.3
新　疆 Xinjiang	107.6	101.5	114.7	101.6	105.7	103.2	108.8

4—8—5 续表 2　Continued 2

(上年价格=100)　　(Preceding year=100)

地　区　　Region	14. 在外用膳食品 Outward Dinner Food	15. 其它食品 Other Foods	二、饮料、烟酒 Beverages, Tobacco and Liquor	1. 茶及饮料 Tea and Beverages	2. 烟草 Tobacco	3. 酒 Liquor	三、服装、鞋帽 Garments, Shoes and Hats
全国平均 National	**107.1**	**104.8**	**101.8**	**101.6**	**100.7**	**103.7**	**99.2**
北　京 Beijing	105.0	106.5	101.5	100.9	100.8	103.2	100.0
天　津 Tianjin	113.1	112.0	103.3	101.4	100.5	109.2	98.8
河　北 Hebei	107.0	102.8	101.6	101.3	100.5	103.4	98.6
山　西 Shanxi	110.2	103.6	103.6	101.3	100.2	117.3	97.5
内 蒙 古 Inner Mongolia	107.9	103.4	101.2	101.1	100.5	101.9	98.6
辽　宁 Liaoning	105.4	105.0	101.3	99.9	100.5	103.1	98.2
吉　林 Jilin	104.4	105.7	100.1	99.2	97.7	103.4	98.2
黑 龙 江 Heilongjiang	109.9	110.0	101.2	100.0	100.0	102.9	99.2
上　海 Shanghai	107.6	100.9	100.9	101.5	100.6	101.0	101.2
江　苏 Jiangsu	106.4	107.3	101.8	101.3	101.2	103.5	101.3
浙　江 Zhejiang	107.8	103.4	101.9	101.0	101.4	104.2	101.0
安　徽 Anhui	107.0	103.3	101.9	101.5	99.4	105.5	100.9
福　建 Fujian	109.1	103.1	101.4	98.2	100.2	104.8	100.0
江　西 Jiangxi	105.4	103.6	101.2	100.1	100.8	102.4	96.5
山　东 Shandong	106.4	102.1	101.4	100.8	100.5	102.6	97.0
河　南 Henan	109.0	108.3	102.2	101.4	99.8	105.4	98.9
湖　北 Hubei	104.1	107.1	101.9	104.1	98.9	105.8	100.1
湖　南 Hunan	106.9	101.1	102.0	99.5	104.2	100.8	100.3
广　东 Guangdong	105.6	105.1	102.7	104.5	101.3	102.7	99.0
广　西 Guangxi	104.0	103.5	102.3	104.5	99.3	103.8	101.0
海　南 Hainan	100.0	96.8	102.2	105.5	100.9	101.9	96.1
重　庆 Chongqing	107.2	102.1	103.0	103.2	99.8	109.6	94.2
四　川 Sichuan	109.2	102.1	101.7	101.4	100.3	103.7	100.2
贵　州 Guizhou	115.0	100.1	101.3	99.6	99.5	108.1	95.7
云　南 Yunnan	110.9	111.4	103.5	104.4	103.1	102.8	95.1
西　藏 Tibet	100.3	99.6	102.4	101.1	103.8	101.8	101.3
陕　西 Shaanxi	108.5	107.6	100.7	100.2	100.9	101.1	101.4
甘　肃 Gansu	106.2	101.4	101.9	103.3	100.2	102.6	96.5
青　海 Qinghai	107.4	102.9	103.7	105.3	102.9	103.3	107.1
宁　夏 Ningxia	112.5	108.0	101.6	102.9	100.4	101.4	103.5
新　疆 Xinjiang	104.5	108.2	103.1	101.5	100.5	106.8	99.6

4—8—5 续表 3 Continued 3

(上年价格=100) (Preceding year=100)

地 区 Region	1. 服装 Garments	2. 鞋袜帽 Footgear and Hats	3. 其它 Others	四、纺织品 Textiles	1. 衣着材料 Clothing Material	2. 床上用品 Bed Articles	五、家用电器及音像器材 Household Appliances, Music and Video Equipment
全国平均 National	**99.6**	**98.2**	**98.5**	**100.1**	**101.4**	**99.5**	**96.9**
北 京 Beijing	100.7	98.1	96.8	97.8	101.2	97.2	96.0
天 津 Tianjin	99.9	95.7	103.0	93.9	102.1	90.1	94.7
河 北 Hebei	99.2	97.2	98.9	99.0	100.2	98.4	96.2
山 西 Shanxi	96.5	100.7	97.2	100.8	99.3	101.6	98.0
内蒙古 Inner Mongolia	99.2	97.9	92.2	102.7	100.3	104.7	98.1
辽 宁 Liaoning	98.0	98.7	97.4	99.3	99.8	98.9	94.8
吉 林 Jilin	97.9	99.5	91.9	98.9	100.0	98.1	96.4
黑龙江 Heilongjiang	100.6	96.4	99.9	99.5	99.3	99.8	97.4
上 海 Shanghai	103.1	95.4	87.6	102.6	100.7	103.1	92.2
江 苏 Jiangsu	102.0	100.5	97.9	102.1	102.9	101.6	95.5
浙 江 Zhejiang	100.6	102.2	100.1	102.7	104.8	101.5	98.0
安 徽 Anhui	101.1	100.5	100.6	100.4	100.0	100.5	96.6
福 建 Fujian	101.2	96.5	99.4	97.9	104.5	95.9	97.1
江 西 Jiangxi	96.0	97.3	98.7	100.1	103.0	97.5	98.5
山 东 Shandong	97.3	96.0	99.1	99.5	101.1	98.4	98.5
河 南 Henan	98.6	99.4	99.6	100.7	103.5	98.8	99.4
湖 北 Hubei	100.2	99.7	100.4	99.5	100.2	99.3	94.8
湖 南 Hunan	99.1	103.9	97.8	99.7	99.3	100.0	99.0
广 东 Guangdong	99.1	98.4	103.0	100.3	105.7	98.5	98.3
广 西 Guangxi	99.7	104.9	98.3	99.2	102.4	97.7	98.1
海 南 Hainan	94.9	97.8	100.3	102.2	100.0	103.4	99.1
重 庆 Chongqing	95.7	89.0	76.0	95.8	100.0	95.0	97.6
四 川 Sichuan	100.4	99.9	97.6	100.6	101.2	100.4	101.5
贵 州 Guizhou	95.3	96.8	96.6	94.5	99.8	92.1	98.8
云 南 Yunnan	94.6	97.3	87.6	95.4	99.9	93.3	94.5
西 藏 Tibet	101.5	101.2	100.0	99.9	100.0	99.8	97.1
陕 西 Shaanxi	103.7	97.1	97.5	100.2	102.9	99.3	93.8
甘 肃 Gansu	99.2	89.1	99.0	96.6	100.4	92.5	95.9
青 海 Qinghai	107.5	105.9	97.4	102.2	102.2	102.2	97.0
宁 夏 Ningxia	102.7	105.5	98.1	101.4	102.5	101.1	97.6
新 疆 Xinjiang	100.5	98.2	95.1	99.2	99.0	99.4	96.9

4—8—5 续表 4 Continued 4

(上年价格=100) (Preceding year=100)

地　区　Region	1. 家庭设备 Household Facilities	2. 文娱用耐用消费品 Durable Consumer Goods for Cultural and Recreational Use	3. 音像器材 Music and Video Equipment	六、文化办公用品 Cultural and Office Appliances	七、日用品 rticles for Daily Use	1. 日用百货 General Merchandise for Daily Use	2. 日用杂品 Grocery for Daily Use
全国平均 National	**101.3**	**90.2**	**97.5**	**96.3**	**101.1**	**100.9**	**101.3**
北　京 Beijing	100.2	88.9	98.3	96.9	100.9	99.4	102.8
天　津 Tianjin	101.7	85.0	98.0	93.2	102.5	104.6	100.2
河　北 Hebei	100.0	91.6	97.3	98.4	101.4	100.1	100.9
山　西 Shanxi	103.1	91.2	98.4	98.3	102.0	100.2	103.1
内蒙古 Inner Mongolia	101.1	93.6	99.8	98.5	100.5	99.9	99.5
辽　宁 Liaoning	100.3	86.4	99.8	95.3	101.0	100.2	102.3
吉　林 Jilin	99.8	91.6	94.5	94.4	99.0	100.7	100.6
黑龙江 Heilongjiang	102.4	90.4	100.9	103.0	102.0	100.6	100.1
上　海 Shanghai	104.1	78.6	94.1	93.9	101.8	101.1	102.4
江　苏 Jiangsu	102.3	84.1	94.3	92.8	100.5	100.0	99.8
浙　江 Zhejiang	100.5	91.1	99.4	98.3	101.6	101.3	101.6
安　徽 Anhui	101.7	88.8	99.7	95.7	100.6	100.5	100.2
福　建 Fujian	100.1	92.6	97.1	97.7	99.3	99.2	101.9
江　西 Jiangxi	101.5	93.9	99.8	96.2	101.3	100.9	99.8
山　东 Shandong	102.0	93.3	99.0	97.1	100.8	102.0	100.5
河　南 Henan	102.3	95.6	98.5	97.8	100.9	100.5	100.0
湖　北 Hubei	99.4	88.3	98.6	97.8	100.6	100.1	100.4
湖　南 Hunan	100.3	96.7	99.2	96.8	100.7	100.5	103.0
广　东 Guangdong	100.8	95.2	96.3	95.1	100.8	101.6	101.4
广　西 Guangxi	103.5	91.5	98.4	98.2	102.4	102.0	103.0
海　南 Hainan	102.1	94.9	97.2	100.1	101.8	101.7	101.4
重　庆 Chongqing	103.1	89.7	100.0	99.3	101.7	101.7	100.6
四　川 Sichuan	104.0	96.5	98.0	96.0	102.0	100.7	101.6
贵　州 Guizhou	102.5	95.0	99.5	96.5	100.3	100.6	100.3
云　南 Yunnan	101.7	88.0	97.7	90.3	102.6	100.9	101.2
西　藏 Tibet	97.4	96.4	98.9	100.2	99.5	100.3	98.6
陕　西 Shaanxi	98.7	83.3	97.4	97.3	101.8	100.4	101.2
甘　肃 Gansu	100.0	92.1	93.9	98.1	102.3	101.4	103.7
青　海 Qinghai	98.9	93.7	99.6	95.5	102.9	100.5	106.2
宁　夏 Ningxia	104.5	87.6	98.6	94.9	102.7	100.8	101.4
新　疆 Xinjiang	99.0	93.9	100.0	97.2	101.5	101.6	101.1

4—8—5 续表 5 Continued 5

(上年价格=100) (Preceding year=100)

地 区 Region	3. 洗涤用品 Wash	4. 其它日用品 Other Articles for Daily Use	八、体育娱乐用品 Sports and Recreation Articles	1. 体育用品 Sports Articles	2. 娱乐用品 Recreation Articles	九、交通、通信用品 Transportation and Communication Appliances	1. 交通运输机械 Transportation Appliances
全国平均 National	**102. 0**	**100. 5**	**96. 8**	**100. 0**	**94. 8**	**91. 9**	**96. 3**
北 京 Beijing	105. 1	100. 0	87. 6	99. 7	84. 1	89. 1	92. 3
天 津 Tianjin	103. 4	100. 7	97. 5	96. 8	97. 8	89. 2	99. 7
河 北 Hebei	103. 7	101. 3	97. 7	100. 2	95. 8	93. 9	97. 5
山 西 Shanxi	103. 4	102. 4	98. 6	99. 4	98. 0	92. 5	97. 4
内蒙古 Inner Mongolia	102. 2	99. 6	99. 0	100. 0	98. 0	92. 1	98. 3
辽 宁 Liaoning	101. 8	100. 6	96. 9	99. 9	95. 2	89. 7	97. 1
吉 林 Jilin	100. 9	95. 3	97. 7	99. 2	96. 9	89. 5	96. 7
黑龙江 Heilongjiang	104. 6	102. 3	100. 3	101. 6	99. 4	89. 2	98. 1
上 海 Shanghai	101. 6	102. 2	92. 9	100. 5	89. 5	90. 8	96. 1
江 苏 Jiangsu	100. 4	101. 7	89. 5	97. 6	87. 8	90. 7	95. 7
浙 江 Zhejiang	102. 1	101. 4	99. 1	101. 2	97. 8	94. 6	96. 8
安 徽 Anhui	100. 6	100. 9	97. 4	99. 2	96. 3	94. 5	96. 7
福 建 Fujian	98. 9	98. 3	98. 2	101. 6	96. 1	94. 2	98. 6
江 西 Jiangxi	102. 7	101. 4	96. 9	99. 6	95. 0	90. 4	96. 8
山 东 Shandong	101. 4	99. 4	98. 4	98. 8	98. 0	93. 4	96. 3
河 南 Henan	102. 2	100. 7	99. 0	100. 0	98. 0	89. 6	94. 9
湖 北 Hubei	101. 3	100. 5	96. 8	100. 2	94. 2	88. 8	97. 6
湖 南 Hunan	101. 1	98. 3	100. 3	100. 5	100. 2	94. 4	98. 2
广 东 Guangdong	101. 4	99. 0	99. 2	101. 3	97. 0	93. 6	97. 8
广 西 Guangxi	102. 6	102. 0	100. 4	101. 2	99. 5	91. 2	96. 3
海 南 Hainan	103. 3	100. 7	99. 1	99. 0	99. 3	86. 9	86. 9
重 庆 Chongqing	102. 9	101. 2	95. 0	90. 7	96. 7	88. 6	98. 4
四 川 Sichuan	102. 8	102. 4	98. 5	99. 7	98. 2	93. 5	95. 7
贵 州 Guizhou	99. 9	100. 6	100. 1	100. 4	100. 0	92. 2	98. 8
云 南 Yunnan	102. 7	105. 8	95. 0	101. 5	92. 5	90. 8	94. 0
西 藏 Tibet	99. 5	99. 4	96. 8	97. 8	95. 7	96. 2	98. 8
陕 西 Shaanxi	104. 8	100. 9	96. 1	100. 8	93. 2	94. 4	97. 0
甘 肃 Gansu	103. 0	99. 8	99. 0	99. 8	98. 2	90. 9	95. 3
青 海 Qinghai	102. 8	102. 8	99. 8	101. 5	98. 9	94. 9	98. 5
宁 夏 Ningxia	103. 6	103. 7	95. 5	100. 5	91. 5	89. 8	97. 8
新 疆 Xinjiang	103. 0	99. 2	99. 7	99. 9	99. 6	93. 7	97. 8

4—8—5 续表 6 Continued 6

(上年价格=100) (Preceding year=100)

地区 Region	2. 通讯器材 Communication Appliances	十、家具 Furniture	十一、化妆品 Cosmetics	十二、金银珠宝 Gold, Silver and Jewelry	十三、中西药品及医疗保健用品 Traditional Chinese and Western Medicines and Health Care Articles	1. 医疗器具及用品 Medical Apparatus and Article
全国平均 National	**82.8**	**101.1**	**100.1**	**107.7**	**101.7**	**98.6**
北京 Beijing	74.8	101.4	100.5	109.0	100.2	99.9
天津 Tianjin	64.9	105.5	102.1	109.8	99.3	94.4
河北 Hebei	87.3	100.7	100.2	107.3	101.0	99.2
山西 Shanxi	82.0	100.3	99.2	105.0	100.5	97.1
内蒙古 Inner Mongolia	86.0	100.0	99.3	106.7	98.8	91.6
辽宁 Liaoning	77.9	100.6	99.2	108.0	102.0	99.8
吉林 Jilin	77.3	89.9	100.3	110.3	99.0	101.2
黑龙江 Heilongjiang	82.9	101.0	99.3	109.0	101.3	98.4
上海 Shanghai	73.0	101.8	101.2	106.2	98.0	100.0
江苏 Jiangsu	76.0	101.9	100.3	109.9	101.0	98.8
浙江 Zhejiang	85.2	101.7	99.9	108.3	102.0	100.2
安徽 Anhui	89.0	100.0	99.3	110.4	100.5	99.0
福建 Fujian	85.3	102.4	100.3	103.6	105.1	98.3
江西 Jiangxi	81.5	100.6	99.5	109.6	101.6	96.2
山东 Shandong	86.7	101.6	99.9	107.0	100.3	96.0
河南 Henan	76.9	103.2	100.0	106.3	98.2	95.7
湖北 Hubei	78.7	99.8	99.4	107.1	101.1	100.2
湖南 Hunan	89.4	99.1	99.2	107.8	104.4	95.9
广东 Guangdong	88.5	100.6	100.6	108.0	105.6	100.9
广西 Guangxi	79.9	100.4	101.0	106.9	101.8	100.4
海南 Hainan	86.5	100.1	100.6	105.8	100.7	99.9
重庆 Chongqing	81.4	101.0	99.0	106.5	98.9	100.0
四川 Sichuan	88.1	102.8	100.7	105.9	100.3	97.4
贵州 Guizhou	84.4	101.2	99.2	107.4	99.6	100.2
云南 Yunnan	85.0	100.4	98.8	109.1	107.0	99.0
西藏 Tibet	94.3	102.2	98.6	101.3	99.2	100.0
陕西 Shaanxi	83.1	112.4	100.2	105.9	104.6	99.9
甘肃 Gansu	80.5	102.6	99.5	107.9	113.5	100.7
青海 Qinghai	80.0	101.7	101.1	122.6	106.9	100.9
宁夏 Ningxia	76.5	100.7	100.9	103.4	100.3	101.7
新疆 Xinjiang	89.5	99.0	99.7	105.1	99.7	93.5

4—8—5 续表 7 Continued 7

(上年价格=100) (Preceding year=100)

地 区 Region	2. 中药材及中成药 Traditional Chinese Medicinal Materials and Medicines	3. 西药 Western Medicines	4. 保健器具及用品 Health Care Appliances and Articles	十四、书报杂志及电子出版物 Books, Newspapers, Magazines and Electronic Publications	1. 教材及参考书 Teaching Materials and Reference Books	2. 书报杂志 Newspapers and Magazines
全国平均 National	**107.6**	**98.8**	**101.5**	**99.8**	**99.1**	**100.7**
北 京 Beijing	103.7	98.5	99.3	99.4	96.5	101.0
天 津 Tianjin	100.2	99.3	97.2	97.0	94.2	100.0
河 北 Hebei	105.1	98.8	100.6	99.3	98.4	99.9
山 西 Shanxi	105.7	99.2	100.4	99.3	98.5	100.0
内蒙古 Inner Mongolia	103.0	96.7	100.1	99.6	99.7	100.1
辽 宁 Liaoning	105.0	100.6	99.6	99.4	98.3	100.3
吉 林 Jilin	97.4	99.2	99.6	102.1	104.4	100.7
黑龙江 Heilongjiang	105.2	99.1	100.4	101.0	97.8	99.7
上 海 Shanghai	98.2	95.6	101.7	103.6	108.7	100.0
江 苏 Jiangsu	106.9	99.4	100.7	99.2	96.7	100.7
浙 江 Zhejiang	111.0	97.5	104.8	99.8	96.6	101.9
安 徽 Anhui	101.1	100.2	100.3	105.0	111.7	100.8
福 建 Fujian	115.5	99.6	99.8	102.8	105.4	102.5
江 西 Jiangxi	106.5	99.3	99.5	97.7	95.8	100.1
山 东 Shandong	105.0	98.4	99.8	100.0	100.5	100.0
河 南 Henan	99.1	97.7	99.9	98.8	96.7	100.1
湖 北 Hubei	105.8	98.5	101.1	99.8	99.2	100.0
湖 南 Hunan	114.8	100.0	101.2	100.6	97.8	103.4
广 东 Guangdong	117.1	98.2	104.3	99.4	98.4	101.5
广 西 Guangxi	109.9	97.0	99.3	98.3	93.1	100.7
海 南 Hainan	103.1	98.8	101.8	95.9	88.9	98.0
重 庆 Chongqing	98.9	98.5	100.8	100.0	100.0	99.9
四 川 Sichuan	104.5	99.5	100.4	96.5	91.4	99.9
贵 州 Guizhou	102.1	97.6	101.0	99.6	97.1	102.2
云 南 Yunnan	120.1	100.4	102.7	97.8	97.6	100.0
西 藏 Tibet	100.9	97.6	99.5	99.5	101.2	100.0
陕 西 Shaanxi	105.2	104.7	101.9	99.7	100.1	100.4
甘 肃 Gansu	128.1	106.2	101.4	95.2	91.9	100.3
青 海 Qinghai	113.1	102.7	103.9	98.6	92.5	100.4
宁 夏 Ningxia	105.2	96.0	106.2	97.8	94.2	100.3
新 疆 Xinjiang	101.8	99.2	98.8	101.8	101.9	100.1

4—8—5 续表 8　Continued 8

(上年价格=100)　　(Preceding year=100)

地　区　Region	3. 电子音像制品 Electronic Publications	十五、燃料 Fuels	1. 煤炭及制品 Coal and Its Product	2. 石油及制品 Petroleum and Its Product	十六、建筑材料及五金电料 Building Materials and Hardware	1. 建筑装璜材料 Building Decoration Materials	2. 五金电料 Hardware
全国平均　National	**99.2**	**104.1**	**105.1**	**103.9**	**105.2**	**105.7**	**103.7**
北　京　Beijing	100.3	104.1	103.7	104.1	103.5	102.5	108.0
天　津　Tianjin	96.5	104.8	105.8	104.5	104.0	104.5	101.9
河　北　Hebei	100.1	103.8	109.5	102.9	103.4	103.7	102.4
山　西　Shanxi	100.2	105.2	110.7	103.2	106.0	106.5	104.3
内蒙古　Inner Mongolia	98.4	104.9	107.2	103.8	103.4	102.4	106.9
辽　宁　Liaoning	99.5	103.6	103.6	103.6	104.2	104.6	103.2
吉　林　Jilin	99.4	104.3	103.3	104.6	105.4	107.2	100.9
黑龙江　Heilongjiang	107.2	106.2	109.9	103.1	106.9	106.3	108.5
上　海　Shanghai	98.0	103.0	102.7	103.0	107.6	108.6	103.7
江　苏　Jiangsu	97.9	102.2	103.6	102.1	107.0	107.7	105.4
浙　江　Zhejiang	100.9	104.7	105.6	104.5	106.7	107.8	104.3
安　徽　Anhui	100.0	102.9	102.3	103.0	105.7	106.1	104.6
福　建　Fujian	99.6	105.0	102.2	105.2	105.1	105.6	103.2
江　西　Jiangxi	97.1	103.5	102.0	103.9	105.0	105.6	102.4
山　东　Shandong	99.2	104.1	102.6	104.6	104.5	105.1	103.2
河　南　Henan	99.6	102.7	101.8	102.9	106.0	107.3	102.3
湖　北　Hubei	100.2	103.6	101.5	103.9	104.4	104.7	103.5
湖　南　Hunan	99.7	103.1	103.9	102.9	103.5	102.6	106.7
广　东　Guangdong	97.8	104.6	103.7	104.6	103.6	104.1	102.4
广　西　Guangxi	101.0	103.3	102.4	103.4	109.8	112.1	102.6
海　南　Hainan	99.6	103.7	100.8	103.9	108.1	110.1	103.0
重　庆　Chongqing	100.3	106.0	106.4	106.0	109.2	109.5	108.6
四　川　Sichuan	98.4	105.3	111.0	103.5	106.0	106.5	102.1
贵　州　Guizhou	99.4	106.9	111.3	105.8	104.9	105.4	102.9
云　南　Yunnan	94.5	102.3	102.7	102.3	104.0	103.1	108.8
西　藏　Tibet	97.5	104.8	98.9	107.0	99.3	99.2	99.7
陕　西　Shaanxi	96.7	102.9	103.5	102.8	104.6	103.6	108.4
甘　肃　Gansu	92.8	102.8	103.0	102.7	102.6	103.4	101.0
青　海　Qinghai	111.8	105.5	102.4	106.2	104.0	106.1	99.0
宁　夏　Ningxia	99.4	104.4	99.9	105.2	104.6	107.6	100.5
新　疆　Xinjiang	102.6	106.4	118.2	102.8	107.1	108.4	104.0

4—8—6 各地区农村商品零售价格分类指数(2007 年)

Rural Retail Price Indices by Category and RegionUrban (2007)

(上年价格=100) (Preceding year=100)

地 区 Region	总指数 Retail Price Index	一、食品 Food	1. 粮食 Grain	2. 淀粉 Starches	3. 干豆类及豆制品 Dried Bean and Their Products	4. 油脂 Oil or Fat	5. 肉禽及其制品 Meat, Poultry and Their Products	6. 蛋 Eggs
全国平均 National	**104.9**	**113.6**	**107.0**	**106.2**	**108.7**	**128.1**	**131.5**	**121.4**
北 京 Beijing								
天 津 Tianjin								
河 北 Hebei	104.6	113.8	109.3	108.1	106.1	122.0	132.2	122.7
山 西 Shanxi	104.7	113.3	105.4	115.9	105.5	123.3	135.0	125.9
内 蒙 古 Inner Mongolia	104.0	113.0	105.5	115.9	107.4	129.5	132.2	120.6
辽 宁 Liaoning	106.1	115.7	106.9	106.6	112.8	133.8	140.8	125.9
吉 林 Jilin	103.8	112.5	106.8	103.1	111.5	128.0	139.4	121.4
黑 龙 江 Heilongjiang	107.2	116.5	106.1	102.7	115.6	148.0	144.1	123.8
上 海 Shanghai								
江 苏 Jiangsu	104.6	113.5	102.7	102.2	107.6	133.1	130.6	117.0
浙 江 Zhejiang	103.9	111.5	104.2	102.6	110.2	129.7	132.2	125.3
安 徽 Anhui	104.7	111.9	108.0	103.7	107.0	131.6	128.2	120.3
福 建 Fujian	105.0	113.2	106.5	109.5	109.5	123.4	125.2	123.1
江 西 Jiangxi	105.1	112.4	110.4	105.6	108.6	124.7	126.2	115.2
山 东 Shandong	104.6	114.8	107.5	106.4	108.2	122.5	135.3	124.6
河 南 Henan	105.1	116.3	108.9	109.4	110.1	129.2	138.0	118.6
湖 北 Hubei	105.4	114.4	108.5	104.0	109.2	133.6	135.4	121.3
湖 南 Hunan	106.7	116.6	109.1	101.8	112.7	135.0	135.5	121.2
广 东 Guangdong	103.8	109.7	106.8	105.3	104.4	123.6	121.0	117.1
广 西 Guangxi	105.3	115.3	104.8	105.5	113.3	124.3	133.5	124.6
海 南 Hainan	105.2	111.9	103.1	100.8	94.3	112.9	124.2	109.7
重 庆 Chongqing								
四 川 Sichuan	105.5	114.9	108.8	102.8	105.7	124.7	131.5	117.2
贵 州 Guizhou	105.2	118.1	106.9	108.1	110.8	148.7	125.6	116.5
云 南 Yunnan	105.1	113.6	105.8	101.4	107.4	126.9	129.1	111.4
西 藏 Tibet	102.5	107.6	103.7	102.9	100.7	111.9	118.3	107.5
陕 西 Shaanxi	105.2	113.4	106.7	101.2	107.8	124.1	139.0	121.0
甘 肃 Gansu	105.5	113.8	107.8	107.7	110.9	127.4	137.7	121.6
青 海 Qinghai	106.3	116.0	108.6	103.2	110.5	128.4	140.5	117.2
宁 夏 Ningxia	105.4	115.2	106.5	120.5	107.3	126.0	141.4	131.6
新 疆 Xinjiang	105.9	113.0	107.1	102.8	108.1	136.1	125.7	122.5

4－8－6 续表 1　Continued 1

（上年价格＝100）　　　　　　　　　　　　　　　　　　　　　　　　（Preceding year＝100）

地　区　Region	7. 水产品 Aquatic Products	8. 菜 Vegetables	9. 调味品 Flavoring	10. 糖 Carbohydrate	11. 干鲜瓜果 Dried and Fresh Melons and Fruits	12. 糕点饼干面包 Cake	13. 液体乳及乳制品 Milk and Its Products
全国平均 National	**106.9**	**109.1**	**103.4**	**100.9**	**102.2**	**103.0**	**102.3**
北　京 Beijing							
天　津 Tianjin							
河　北 Hebei	107.2	108.5	99.8	104.5	101.4	100.7	102.5
山　西 Shanxi	103.5	108.6	105.8	99.1	101.1	102.1	102.8
内蒙古 Inner Mongolia	102.5	106.4	106.4	99.4	105.7	103.7	99.4
辽　宁 Liaoning	104.1	112.1	101.4	100.3	104.5	102.3	101.6
吉　林 Jilin	110.9	101.1	100.6	101.0	98.8	102.9	102.0
黑龙江 Heilongjiang	111.9	97.4	106.7	100.6	117.0	105.1	101.1
上　海 Shanghai							
江　苏 Jiangsu	108.7	122.4	101.1	101.4	105.4	104.7	106.0
浙　江 Zhejiang	104.3	106.0	101.5	100.5	98.5	102.3	103.2
安　徽 Anhui	104.3	106.3	101.7	100.8	105.7	102.7	99.7
福　建 Fujian	108.7	113.1	100.7	101.5	105.1	102.3	100.6
江　西 Jiangxi	103.4	105.4	102.9	99.4	102.3	101.5	106.2
山　东 Shandong	104.6	112.3	101.5	102.4	106.3	104.7	103.7
河　南 Henan	110.5	112.5	107.4	100.4	101.4	103.2	101.9
湖　北 Hubei	108.4	108.0	102.9	101.3	101.7	103.2	101.9
湖　南 Hunan	111.7	118.9	101.0	96.8	98.6	103.0	100.1
广　东 Guangdong	106.0	107.0	105.0	101.2	98.2	101.8	100.0
广　西 Guangxi	106.0	105.2	107.0	98.4	97.6	105.7	103.1
海　南 Hainan	108.6	112.6	116.0	96.9	103.1	101.0	100.6
重　庆 Chongqing							
四　川 Sichuan	106.0	109.4	101.0	99.9	101.4	101.3	98.5
贵　州 Guizhou	113.1	114.1	109.6	100.2	113.4	105.5	101.0
云　南 Yunnan	108.6	113.9	109.1	104.6	101.2	103.1	101.7
西　藏 Tibet	103.7	104.7	103.2	104.2	110.9	100.8	102.8
陕　西 Shaanxi	108.1	111.0	108.4	100.5	101.1	103.6	104.6
甘　肃 Gansu	107.3	104.3	110.1	102.4	108.6	103.4	103.8
青　海 Qinghai	101.8	102.3	108.6	99.7	106.7	107.3	108.1
宁　夏 Ningxia	109.4	101.7	104.6	96.4	107.8	104.8	102.8
新　疆 Xinjiang	112.5	101.2	112.3	101.2	106.3	108.4	108.8

4－8－6 续表 2　Continued 2

（上年价格＝100）　　(Preceding year＝100)

地 区 Region	14. 在外用膳食品 Outward Dinner Food	15. 其它食品 Other Foods	二、饮料、烟酒 Beverages, Tobacco and Liquor	1. 茶及饮料 Tea and Beverages	2. 烟草 Tobacco	3. 酒 Liquor	三、服装、鞋帽 Garments, Shoes and Hats
全国平均 National	**107.0**	**103.1**	**101.7**	**101.0**	**101.2**	**102.9**	**99.8**
北 京 Beijing							
天 津 Tianjin							
河 北 Hebei	106.6	102.2	102.1	100.6	100.2	104.8	99.1
山 西 Shanxi	105.4	104.7	103.4	102.0	101.8	108.9	99.8
内蒙古 Inner Mongolia	106.0	100.7	100.3	100.0	100.6	100.0	100.3
辽 宁 Liaoning	105.5	102.4	100.3	101.4	99.6	100.7	100.2
吉 林 Jilin	105.6	102.5	100.8	101.9	99.7	100.8	99.1
黑龙江 Heilongjiang	106.1	106.7	101.5	100.4	100.1	103.0	104.4
上 海 Shanghai							
江 苏 Jiangsu	107.1	105.6	100.5	99.2	100.2	102.5	100.5
浙 江 Zhejiang	107.4	103.4	101.4	100.5	100.7	102.9	98.1
安 徽 Anhui	106.0	101.8	100.3	100.4	99.5	101.6	99.8
福 建 Fujian	109.3	103.1	100.9	101.5	100.4	101.0	98.1
江 西 Jiangxi	108.5	100.8	100.9	100.0	101.0	101.2	100.8
山 东 Shandong	105.8	102.7	103.0	102.0	101.1	105.2	95.4
河 南 Henan	105.5	102.2	101.2	101.0	100.8	101.8	100.9
湖 北 Hubei	107.9	103.1	100.9	100.9	100.3	101.9	99.2
湖 南 Hunan	108.1	100.8	104.8	100.3	107.3	101.4	97.4
广 东 Guangdong	103.8	103.2	102.0	101.7	100.7	103.7	101.2
广 西 Guangxi	106.6	105.4	100.7	102.8	98.5	101.7	104.0
海 南 Hainan	104.3	106.1	101.6	103.5	100.8	101.3	101.6
重 庆 Chongqing							
四 川 Sichuan	108.7	102.1	102.2	100.9	102.0	102.7	100.2
贵 州 Guizhou	110.7	102.9	100.6	100.0	100.0	102.2	104.5
云 南 Yunnan	112.1	103.6	103.0	105.0	103.1	100.9	99.6
西 藏 Tibet	108.5	101.1	101.3	101.0	100.9	101.9	103.5
陕 西 Shaanxi	108.0	108.6	102.3	101.1	101.6	104.5	102.0
甘 肃 Gansu	113.0	105.2	103.5	103.4	102.0	105.0	101.0
青 海 Qinghai	114.0	101.9	103.3	106.8	100.4	104.5	98.8
宁 夏 Ningxia	112.8	103.4	101.3	102.5	101.4	100.3	103.5
新 疆 Xinjiang	111.8	102.1	101.4	102.4	101.2	100.8	102.0

4—8—6 续表 3　Continued 3

(上年价格＝100)　　　　(Preceding year＝100)

地　区　Region	1. 服装 Garments	2. 鞋袜帽 Footgear and Hats	3. 其它 Others	四、纺织品 Textiles	1. 衣着材料 Clothing Material	2. 床上用品 Bed Articles	五、家用电器及音像器材 Household Appliances，Music and Video Equipment
全国平均 National	**99.6**	**100.5**	**98.7**	**100.5**	**101.3**	**99.9**	**98.8**
北　京 Beijing							
天　津 Tianjin							
河　北 Hebei	98.6	100.3	98.3	100.7	102.9	99.0	98.8
山　西 Shanxi	98.9	101.9	100.4	100.5	101.6	99.4	99.0
内蒙古 Inner Mongolia	99.7	101.9	98.8	100.1	100.5	99.5	96.8
辽　宁 Liaoning	100.0	100.4	100.8	103.1	104.3	101.9	98.1
吉　林 Jilin	99.5	98.3	99.2	99.4	101.2	96.9	97.9
黑龙江 Heilongjiang	103.0	106.9	100.0	100.3	100.5	100.2	102.7
上　海 Shanghai							
江　苏 Jiangsu	100.3	101.4	99.4	100.9	102.4	99.7	99.6
浙　江 Zhejiang	97.9	98.4	100.4	99.9	100.9	99.0	98.7
安　徽 Anhui	100.0	99.0	102.3	100.8	102.2	99.3	100.9
福　建 Fujian	98.6	96.2	99.5	100.1	101.4	99.5	99.8
江　西 Jiangxi	101.0	100.7	99.2	100.9	103.1	99.1	98.5
山　东 Shandong	95.2	95.7	96.3	101.6	102.3	100.6	99.0
河　南 Henan	100.7	101.9	96.2	101.1	99.8	102.8	100.2
湖　北 Hubei	97.4	103.3	99.3	100.0	101.4	99.2	98.9
湖　南 Hunan	96.2	100.2	101.3	100.7	104.4	98.4	99.3
广　东 Guangdong	101.8	100.5	98.5	101.0	101.5	100.8	98.0
广　西 Guangxi	103.1	107.2	97.8	96.5	98.4	95.2	95.1
海　南 Hainan	102.0	100.8	100.0	101.1	99.2	101.8	99.5
重　庆 Chongqing							
四　川 Sichuan	100.9	99.0	99.6	99.8	100.0	99.6	98.8
贵　州 Guizhou	106.8	101.9	100.0	99.8	99.4	100.0	96.8
云　南 Yunnan	98.7	101.4	98.5	100.6	100.6	100.6	97.3
西　藏 Tibet	102.8	105.1	102.3	101.1	100.7	101.3	98.2
陕　西 Shaanxi	102.2	102.9	94.5	102.3	103.4	101.0	99.4
甘　肃 Gansu	100.0	103.6	97.7	100.0	99.7	100.3	98.9
青　海 Qinghai	98.7	99.6	96.2	99.8	99.3	100.4	95.9
宁　夏 Ningxia	103.1	105.0	96.3	100.4	101.7	99.7	95.6
新　疆 Xinjiang	103.0	100.4	99.2	101.0	101.3	100.7	99.2

4-8-6续表4　Continued 4

(上年价格=100)　　　　(Preceding year=100)

地　区　Region	1.家庭设备 Household Facilities	2.文娱用耐用消费品 Durable Consumer Goods for Cultural and Recreational Use	3.音像器材 Music and Video Equipment	六、文化办公用品 Cultural and Office Appliances	七、日用品 Articles for Daily Use	1.日用百货 General Merchandise for Daily Use	2.日用杂品 Grocery for Daily Use
全国平均 National	**101.5**	**95.7**	**97.9**	**98.8**	**101.1**	**100.5**	**101.8**
北　京 Beijing							
天　津 Tianjin							
河　北 Hebei	100.6	96.9	98.7	99.2	100.8	100.8	100.2
山　西 Shanxi	102.6	94.8	86.0	99.3	100.8	100.5	103.3
内蒙古 Inner Mongolia	99.7	92.9	100.0	98.8	100.6	99.5	101.2
辽　宁 Liaoning	99.8	96.1	100.0	98.6	101.8	101.0	102.4
吉　林 Jilin	97.3	98.3	99.9	96.8	100.9	98.9	100.7
黑龙江 Heilongjiang	105.5	99.3	100.0	99.8	102.1	101.3	99.7
上　海 Shanghai							
江　苏 Jiangsu	101.5	96.2	97.3	98.2	100.8	100.1	100.1
浙　江 Zhejiang	102.4	94.0	98.4	97.3	100.2	100.0	100.2
安　徽 Anhui	101.8	99.6	100.0	98.1	100.6	100.5	100.1
福　建 Fujian	102.0	97.2	95.2	98.8	100.6	100.8	101.0
江　西 Jiangxi	101.3	95.5	100.0	99.2	102.0	101.1	102.0
山　东 Shandong	101.6	95.9	100.5	99.4	100.9	101.1	102.4
河　南 Henan	103.6	94.8	99.6	100.8	101.8	101.0	101.5
湖　北 Hubei	101.5	94.4	99.5	99.2	100.7	100.3	100.7
湖　南 Hunan	101.7	98.3	99.2	100.2	101.3	100.9	101.6
广　东 Guangdong	100.4	95.7	97.9	98.3	100.5	99.7	100.1
广　西 Guangxi	99.5	89.2	100.0	97.2	101.4	99.2	101.9
海　南 Hainan	101.7	96.7	95.6	97.0	101.8	100.4	108.6
重　庆 Chongqing							
四　川 Sichuan	101.3	97.3	90.4	99.6	101.7	98.6	106.3
贵　州 Guizhou	101.0	94.0	97.0	100.5	105.4	103.5	114.9
云　南 Yunnan	98.7	95.1	101.3	98.4	102.1	101.2	99.9
西　藏 Tibet	99.0	97.8	95.3	98.3	98.5	99.1	100.9
陕　西 Shaanxi	103.1	95.1	96.7	99.1	102.5	102.6	102.0
甘　肃 Gansu	100.6	96.9	98.7	98.8	101.2	102.1	101.0
青　海 Qinghai	100.2	91.2	100.0	99.9	100.9	101.5	100.6
宁　夏 Ningxia	100.6	90.9	91.5	95.7	101.4	102.6	100.6
新　疆 Xinjiang	100.5	97.8	100.0	99.6	101.7	102.7	102.0

4—8—6 续表 5 Continued 5

（上年价格=100） (Preceding year=100)

地 区 Region	3. 洗涤用品 Wash	4. 其它日用品 Other Articles for Daily Use	八、体育娱乐用品 Sports and Recreation Articles	1. 体育用品 Sports Articles	2. 娱乐用品 Recreation Articles	九、交通、通信用品 Transportation and Communication Appliances	1. 交通运输机械 Transportation Appliances
全国平均 National	**102.2**	**100.2**	**99.6**	**100.2**	**99.0**	**94.9**	**98.5**
北 京 Beijing							
天 津 Tianjin							
河 北 Hebei	101.5	100.3	100.7	101.0	100.5	95.8	98.7
山 西 Shanxi	101.1	99.4	98.8	100.9	97.4	94.0	98.9
内蒙古 Inner Mongolia	102.1	99.9	99.3	99.2	99.4	95.5	99.9
辽 宁 Liaoning	104.0	98.8	98.6	98.7	98.5	94.8	98.2
吉 林 Jilin	102.6	102.1	100.1	99.8	100.3	97.1	99.7
黑龙江 Heilongjiang	105.3	100.2	100.0	100.0	100.0	98.0	100.7
上 海 Shanghai							
江 苏 Jiangsu	101.6	101.1	99.4	99.5	99.2	94.5	96.1
浙 江 Zhejiang	100.3	100.2	99.9	100.5	99.5	95.1	98.1
安 徽 Anhui	101.3	100.1	100.8	102.6	99.3	94.3	100.3
福 建 Fujian	100.4	100.4	98.9	99.7	98.3	95.1	98.6
江 西 Jiangxi	104.3	99.9	99.1	101.4	97.7	94.0	100.5
山 东 Shandong	100.7	99.9	98.8	99.4	98.0	94.9	99.8
河 南 Henan	103.6	100.8	100.3	100.8	99.2	90.6	99.2
湖 北 Hubei	102.3	99.7	99.9	100.2	99.6	95.9	100.2
湖 南 Hunan	102.6	100.7	100.3	100.4	100.3	94.8	99.7
广 东 Guangdong	102.1	100.2	99.8	100.3	99.2	94.9	96.4
广 西 Guangxi	105.1	98.8	98.7	97.9	99.5	91.9	97.2
海 南 Hainan	102.1	98.0	99.6	100.3	98.7	95.1	99.6
重 庆 Chongqing							
四 川 Sichuan	101.4	100.3	98.3	100.5	97.9	97.7	99.9
贵 州 Guizhou	103.3	100.7	102.3	102.6	101.5	100.5	100.7
云 南 Yunnan	104.3	101.7	99.1	100.5	97.5	94.4	97.7
西 藏 Tibet	96.5	98.2	95.7	95.2	96.3	98.6	99.1
陕 西 Shaanxi	104.5	100.6	99.9	100.7	99.1	92.8	99.8
甘 肃 Gansu	101.2	100.1	99.8	100.4	99.2	96.0	98.9
青 海 Qinghai	101.5	99.6	100.7	101.1	100.3	95.8	99.3
宁 夏 Ningxia	100.9	100.9	99.0	100.1	97.3	90.7	97.0
新 疆 Xinjiang	101.1	100.3	99.8	99.8	99.8	94.3	99.7

4－8－6 续表 6　Continued 6

(上年价格＝100)　　(Preceding year＝100)

地　区　Region	2. 通讯器材 Communication Appliances	十、家具 Furniture	十一、化妆品 Cosmetics	十二、金银珠宝 Gold, Silver and Jewelry	十三、中西药品及医疗保健用品 Traditional Chinese and Western Medicines and Health Care Articles	1. 医疗器具及用品 Medical Apparatus and Article
全国平均 National	**89.9**	**102.9**	**100.4**	**108.2**	**102.6**	**98.1**
北　京 Beijing						
天　津 Tianjin						
河　北 Hebei	91.4	100.5	100.4	104.4	100.5	98.9
山　西 Shanxi	84.1	107.9	99.2	105.3	102.5	98.6
内 蒙 古 Inner Mongolia	91.7	98.4	101.0	110.8	102.9	100.4
辽　宁 Liaoning	89.3	101.7	99.2	110.8	104.0	101.3
吉　林 Jilin	94.3	99.8	100.2	100.4	99.5	99.2
黑 龙 江 Heilongjiang	96.2	100.8	100.3	105.1	102.7	99.1
上　海 Shanghai						
江　苏 Jiangsu	90.1	100.4	101.1	107.3	101.2	99.6
浙　江 Zhejiang	84.5	103.4	100.6	109.1	100.9	99.3
安　徽 Anhui	82.2	103.8	100.9	108.0	101.7	97.3
福　建 Fujian	89.2	104.2	100.2	109.4	101.3	98.3
江　西 Jiangxi	87.7	102.1	100.3	115.9	101.2	100.9
山　东 Shandong	89.1	107.9	100.0	112.2	103.2	97.3
河　南 Henan	84.5	101.9	100.3	109.3	102.9	97.6
湖　北 Hubei	92.3	102.0	100.0	107.3	103.5	97.3
湖　南 Hunan	89.9	102.4	100.8	109.1	103.6	98.9
广　东 Guangdong	93.3	104.1	100.6	107.0	105.3	99.7
广　西 Guangxi	82.4	101.3	100.7	107.0	105.7	99.1
海　南 Hainan	86.9	106.8	101.9	112.9	100.5	99.9
重　庆 Chongqing						
四　川 Sichuan	94.9	98.3	99.5	104.8	100.8	97.0
贵　州 Guizhou	99.6	99.0	101.6	110.1	104.2	98.5
云　南 Yunnan	91.0	101.6	99.9	108.6	103.3	93.6
西　藏 Tibet	98.2	101.8	100.8	101.2	97.3	99.5
陕　西 Shaanxi	86.3	101.9	100.3	108.1	103.1	95.6
甘　肃 Gansu	94.0	104.3	100.3	110.5	106.0	99.1
青　海 Qinghai	92.6	101.1	97.1	107.5	106.6	99.6
宁　夏 Ningxia	84.3	99.6	99.3	110.8	99.5	99.2
新　疆 Xinjiang	88.7	100.4	100.8	106.4	101.2	95.3

4－8－6 续表 7 Continued 7

(上年价格＝100) (Preceding year＝100)

地 区 Region	2. 中药材及中成药 Traditional Chinese Medicinal Materials and Medicines	3. 西药 Western Medicines	4. 保健器具及用品 Health Care Appliances and Articles	十四、书报杂志及电子出版物 Books, Newspapers, Magazines and Electronic Publications	1. 教材及参考书 Teaching Materials and Reference Books	2. 书报杂志 Newspapers and Magazines
全国平均 National	**109.0**	**99.4**	**100.3**	**99.4**	**98.0**	**100.8**
北 京 Beijing						
天 津 Tianjin						
河 北 Hebei	102.1	99.7	100.0	99.9	98.5	100.5
山 西 Shanxi	107.9	100.5	97.8	97.9	94.4	99.8
内蒙古 Inner Mongolia	111.7	97.4	99.7	99.9	98.9	101.3
辽 宁 Liaoning	107.5	103.0	100.1	99.9	99.4	101.2
吉 林 Jilin	98.8	100.0	100.2	97.4	94.6	98.5
黑龙江 Heilongjiang	105.6	102.0	99.4	102.0	104.3	100.0
上 海 Shanghai						
江 苏 Jiangsu	102.9	100.5	99.1	99.2	96.5	100.7
浙 江 Zhejiang	109.7	95.8	101.9	99.5	96.2	102.0
安 徽 Anhui	105.3	99.8	101.7	107.1	115.8	100.6
福 建 Fujian	107.3	98.3	99.5	102.4	104.2	102.0
江 西 Jiangxi	104.8	98.9	101.0	97.2	94.2	100.1
山 东 Shandong	109.7	100.6	100.7	100.0	99.9	100.7
河 南 Henan	109.6	99.4	100.1	99.0	95.8	101.6
湖 北 Hubei	110.5	99.9	99.9	97.8	95.1	100.4
湖 南 Hunan	111.4	99.3	100.2	99.2	97.8	100.0
广 东 Guangdong	115.5	99.5	100.7	98.4	95.8	100.6
广 西 Guangxi	117.3	98.7	100.8	98.6	96.0	100.3
海 南 Hainan	102.8	99.4	98.0	97.7	96.8	99.9
重 庆 Chongqing						
四 川 Sichuan	105.8	98.5	96.8	97.7	95.5	101.5
贵 州 Guizhou	110.3	101.0	100.8	100.0	100.5	99.8
云 南 Yunnan	112.6	99.7	100.0	98.4	96.9	99.9
西 藏 Tibet	99.6	94.2	98.8	100.7	100.1	101.7
陕 西 Shaanxi	107.7	101.2	99.6	99.8	98.8	101.3
甘 肃 Gansu	113.4	102.2	97.7	97.9	92.1	103.3
青 海 Qinghai	116.2	101.3	101.6	100.5	96.7	105.2
宁 夏 Ningxia	103.4	97.5	99.9	98.8	98.1	100.7
新 疆 Xinjiang	105.0	99.8	99.4	100.6	100.5	100.7

4－8－6 续表 8 Continued 8

(上年价格＝100) (Preceding year＝100)

地 区 Region	3. 电子音像制品 Electronic Publications	十五、燃料 Fuels	1. 煤炭及制品 Coal and Its Product	2. 石油及制品 Petroleum and Its Product	十六、建筑材料及五金电料 Building Materials and Hardware	1. 建筑装璜材料 Building Decoration Materials	2. 五金电料 Hardware
全国平均 National	**99.8**	**104.6**	**104.8**	**104.5**	**105.0**	**105.6**	**102.7**
北 京 Beijing							
天 津 Tianjin							
河 北 Hebei	102.1	105.9	107.3	104.8	103.4	103.8	101.8
山 西 Shanxi	102.7	104.8	108.3	103.0	105.0	105.9	101.7
内 蒙 古 Inner Mongolia	98.9	103.8	104.0	103.7	102.7	102.8	102.4
辽 宁 Liaoning	98.8	105.7	110.4	103.3	102.5	102.2	103.2
吉 林 Jilin	99.7	100.6	104.0	99.2	101.5	102.1	100.2
黑 龙 江 Heilongjiang	100.0	102.4	98.1	106.2	104.4	104.5	104.1
上 海 Shanghai							
江 苏 Jiangsu	98.7	108.1	114.0	107.6	108.0	108.5	107.1
浙 江 Zhejiang	99.6	104.1	103.6	104.2	107.5	108.8	103.2
安 徽 Anhui	98.7	103.8	101.9	104.6	103.9	104.0	103.7
福 建 Fujian	100.0	103.3	98.5	103.9	105.5	106.4	102.0
江 西 Jiangxi	98.1	102.4	101.9	102.6	106.2	106.4	105.3
山 东 Shandong	99.1	104.9	105.0	104.9	104.6	105.5	102.1
河 南 Henan	100.0	102.4	100.5	103.9	105.1	105.9	102.1
湖 北 Hubei	99.6	105.2	105.4	105.1	106.5	107.4	103.5
湖 南 Hunan	101.9	104.1	103.4	104.4	105.8	106.3	101.2
广 东 Guangdong	99.4	103.3	100.8	103.8	103.2	103.6	101.0
广 西 Guangxi	101.3	105.5	109.0	105.4	104.9	106.1	100.4
海 南 Hainan	95.5	103.5	100.9	103.6	110.7	109.5	117.2
重 庆 Chongqing							
四 川 Sichuan	101.5	106.1	107.6	104.5	102.7	103.1	101.0
贵 州 Guizhou	99.5	109.7	116.8	104.3	105.4	105.0	109.1
云 南 Yunnan	98.8	106.1	108.9	104.2	102.2	102.5	101.2
西 藏 Tibet	99.9	102.7	97.9	104.6	102.5	103.4	99.2
陕 西 Shaanxi	99.3	105.3	105.3	105.3	104.9	105.5	103.4
甘 肃 Gansu	99.4	103.9	104.3	103.7	105.2	106.2	102.9
青 海 Qinghai	100.1	106.6	107.3	105.9	108.3	109.8	102.0
宁 夏 Ningxia	96.6	103.9	102.8	105.2	108.1	109.6	104.1
新 疆 Xinjiang	100.4	108.2	111.7	104.3	107.5	107.6	107.2

4-8-7 36个大中城市商品零售价格分类指数(2007年)

Retail Price Indices by Category in 36 Major Cities (2007)

(上年价格=100) (Preceding year=100)

地区 Region	总指数 Retail Price Index	一、食品 Food	1.粮食 Grain	2.淀粉 Starches	3.干豆类及豆制品 Dried Bean and Their Products	4.油脂 Oil or Fat	5.肉禽及其制品 Meat, Poultry and Their Products	6.蛋 Eggs
平均指数 Average	**102.6**	**110.8**	**105.5**	**104.0**	**107.5**	**125.7**	**128.8**	**122.0**
北京 Beijing	100.8	109.6	107.4	108.6	108.5	117.3	128.6	118.6
天津 Tianjin	103.2	111.9	106.3	111.1	109.9	126.8	129.9	122.4
石家庄 Shijiazhuang	104.4	110.4	103.6	102.5	108.3	126.6	130.2	124.1
太原 Taiyuan	102.9	112.8	105.9	118.5	104.3	122.1	135.7	119.7
呼和浩特 Hohhot	102.7	110.6	106.1	105.0	101.6	122.5	133.6	127.5
沈阳 Shenyang	103.2	112.4	104.7	111.5	113.2	131.4	136.9	130.0
大连 Dalian	101.9	110.8	106.9	107.7	110.3	128.9	136.8	122.0
长春 Changchun	102.1	112.2	110.3	100.0	106.1	128.5	142.1	134.0
哈尔滨 Harbin	103.7	110.1	101.3	104.0	103.5	127.2	125.9	121.1
上海 Shanghai	102.4	109.6	101.4	101.8	108.6	129.8	123.0	121.8
南京 Nanjing	99.9	110.8	107.4	104.3	106.5	129.2	128.0	123.9
杭州 Hangzhou	103.1	108.8	103.5	97.3	114.9	131.7	126.1	121.1
宁波 Ningbo	103.3	109.6	105.1	96.0	109.4	131.4	126.5	121.7
合肥 Hefei	104.6	113.0	104.0	103.6	107.7	123.8	132.5	119.5
福州 Fuzhou	103.1	109.0	105.6	102.9	107.7	124.6	127.1	126.4
厦门 Xiamen	103.9	112.2	107.3	104.5	103.8	116.2	134.0	125.1
南昌 Nanchang	103.5	112.0	106.6	100.1	105.1	127.5	135.3	122.4
济南 Jinan	102.2	112.0	112.4	107.3	110.4	118.0	131.3	113.6
青岛 Qingdao	102.7	111.7	105.4	108.7	107.4	120.9	129.2	113.2
郑州 Zhengzhou	102.7	114.0	109.4	117.6	113.2	121.6	138.2	124.5
武汉 Wuhan	103.0	111.3	109.5	101.1	105.2	127.6	133.7	122.4
长沙 Changsha	102.3	110.7	108.4	100.0	105.3	128.9	127.3	113.6
广州 Guangzhou	102.9	108.6	101.3	100.7	102.5	112.2	119.4	119.3
深圳 Shenzhen	103.5	108.9	106.2	99.9	101.9	128.4	124.0	120.0
南宁 Nanning	103.1	110.8	106.8	100.5	110.1	121.9	129.3	125.6
海口 Haikou	103.4	109.4	101.4	102.2	105.3	120.8	124.8	121.4
重庆 Chongqing	103.7	114.4	107.9	107.1	103.4	132.3	136.7	120.5
成都 Chengdu	104.2	113.1	108.7	94.4	105.3	120.2	136.0	121.1
贵阳 Guiyang	102.8	115.4	103.8	104.0	106.2	143.2	136.7	114.0
昆明 Kunming	103.4	114.9	105.1	89.4	112.2	141.6	130.7	112.4
拉萨 Lhasa	101.2	105.9	104.1	100.0	103.7	108.4	117.2	106.9
西安 Xi'an	103.7	112.2	108.6	100.5	111.0	129.8	136.0	120.5
兰州 Lanzhou	103.1	112.3	105.8	109.8	102.1	124.5	129.3	127.1
西宁 Xining	105.7	112.0	107.0	110.6	111.9	127.0	133.2	119.7
银川 Yinchuan	103.6	113.0	105.0	103.6	105.9	126.8	134.7	128.0
乌鲁木齐 Urumchi	104.6	112.4	105.2	113.1	111.3	135.7	125.7	127.6

4－8－7 续表 1 Continued 1

(上年价格＝100) (Preceding year＝100)

地　区　Region	7. 水产品 Aquatic Products	8. 菜 Vegetables	9. 调味品 Flavoring	10. 糖 Carbohydrate	11. 干鲜瓜果 Dried and Fresh Melons and Fruits	12. 糕点饼干面包 Cake	13. 液体乳及乳制品 Milk and Its Products
平均指数 Average	**103.7**	**107.0**	**104.1**	**102.1**	**102.6**	**104.1**	**103.0**
北　京 Beijing	108.8	109.8	102.5	103.4	102.0	104.6	102.4
天　津 Tianjin	108.6	101.5	102.1	103.0	97.8	105.5	102.3
石家庄 Shijiazhuang	101.4	103.7	102.1	106.9	97.4	107.2	100.8
太　原 Taiyuan	102.4	107.5	107.3	106.0	103.8	106.5	103.3
呼和浩特 Hohhot	105.2	95.0	104.2	93.2	93.2	110.1	103.5
沈　阳 Shenyang	103.3	107.3	103.2	104.5	100.6	104.6	99.3
大　连 Dalian	101.3	105.1	101.9	101.7	103.0	102.8	102.9
长　春 Changchun	106.6	95.9	100.4	99.0	100.2	100.7	98.3
哈尔滨 Harbin	97.8	98.1	106.9	108.0	105.9	100.2	100.6
上　海 Shanghai	101.4	113.5	104.6	99.1	111.8	101.5	106.2
南　京 Nanjing	100.9	110.2	100.0	100.9	105.3	101.4	107.8
杭　州 Hangzhou	100.9	102.7	100.6	103.7	100.9	106.1	99.9
宁　波 Ningbo	105.8	114.6	100.0	100.0	104.5	104.9	109.3
合　肥 Hefei	109.1	113.0	101.8	103.1	99.1	102.1	103.4
福　州 Fuzhou	96.5	110.6	107.2	102.3	93.2	101.8	100.0
厦　门 Xiamen	110.0	105.9	101.3	102.6	94.6	101.7	98.6
南　昌 Nanchang	100.8	104.2	104.3	99.9	94.1	104.9	101.5
济　南 Jinan	105.3	106.5	105.1	102.7	112.8	103.6	102.1
青　岛 Qingdao	101.6	112.0	104.7	104.1	120.7	101.8	100.5
郑　州 Zhengzhou	105.4	110.5	111.3	111.0	101.8	99.6	101.6
武　汉 Wuhan	101.8	105.4	102.3	105.8	105.3	115.9	100.0
长　沙 Changsha	107.8	102.4	100.3	100.9	104.3	103.3	105.3
广　州 Guangzhou	103.1	103.7	105.7	99.0	103.0	103.0	104.0
深　圳 Shenzhen	105.5	103.1	103.1	103.2	101.0	101.1	104.0
南　宁 Nanning	103.9	103.5	105.0	103.0	98.6	103.8	104.2
海　口 Haikou	110.1	107.5	114.0	95.6	93.9	99.8	101.2
重　庆 Chongqing	109.8	110.5	103.5	104.9	99.3	107.4	101.6
成　都 Chengdu	108.6	102.6	105.3	103.4	86.8	105.2	101.7
贵　阳 Guiyang	108.9	111.1	107.9	101.3	93.3	110.4	99.6
昆　明 Kunming	101.4	117.9	112.3	99.7	97.0	114.3	100.9
拉　萨 Lhasa	105.1	100.5	100.2	101.9	106.3	105.8	105.5
西　安 Xi'an	106.1	106.8	106.5	100.7	99.9	104.6	104.7
兰　州 Lanzhou	104.7	104.1	104.7	103.9	99.7	107.0	103.2
西　宁 Xining	101.2	105.1	102.5	105.6	104.1	108.0	106.2
银　川 Yinchuan	117.2	105.8	105.0	98.8	103.4	106.7	105.5
乌鲁木齐 Urumchi	108.8	104.1	121.3	103.4	107.1	103.3	108.7

4—8—7 续表 2　Continued 2

(上年价格=100)　　(Preceding year=100)

地区　Region	14. 在外用膳食品 Outward Dinner Food	15. 其它食品 Other Foods	二、饮料、烟酒 Beverages, Tobacco and Liquor	1. 茶及饮料 Tea and Beverages	2. 烟草 Tobacco	3. 酒 Liquor	三、服装、鞋帽 Garments, Shoes and Hats
平均指数　Average	**107.5**	**105.1**	**102.0**	**102.2**	**100.8**	**104.0**	**99.9**
北　京　Beijing	105.0	106.5	101.5	100.9	100.8	103.2	100.0
天　津　Tianjin	113.1	112.0	103.3	101.4	100.5	109.2	98.8
石家庄　Shijiazhuang	105.9	103.4	102.2	100.8	100.2	105.1	100.6
太　原　Taiyuan	111.4	103.1	101.3	102.5	99.3	108.4	96.3
呼和浩特　Hohhot	109.5	111.4	102.1	102.4	100.0	105.1	99.2
沈　阳　Shenyang	104.1	106.7	101.4	99.7	101.0	103.8	100.3
大　连　Dalian	106.4	103.7	100.7	100.3	100.4	101.2	98.2
长　春　Changchun	101.3	102.4	100.7	98.1	100.0	102.5	94.4
哈尔滨　Harbin	117.0	111.5	101.3	102.4	100.2	101.7	101.0
上　海　Shanghai	107.6	100.9	100.9	101.5	100.6	101.0	101.2
南　京　Nanjing	107.0	107.8	102.9	105.7	100.2	106.1	104.0
杭　州　Hangzhou	109.7	103.5	102.4	100.6	101.6	104.6	102.0
宁　波　Ningbo	103.8	101.6	101.5	102.5	100.5	103.0	101.2
合　肥　Hefei	109.1	100.8	102.5	103.3	98.9	108.9	99.4
福　州　Fuzhou	110.4	101.1	101.9	99.1	100.0	106.1	95.0
厦　门　Xiamen	108.3	103.8	100.3	96.7	100.7	103.4	106.3
南　昌　Nanchang	108.3	107.6	101.7	99.9	100.5	103.7	96.6
济　南　Jinan	107.9	101.0	102.7	102.4	100.7	105.2	97.3
青　岛　Qingdao	107.1	105.3	103.8	103.5	101.1	106.9	99.1
郑　州　Zhengzhou	106.4	105.3	104.5	102.6	100.4	110.9	100.9
武　汉　Wuhan	102.1	106.5	104.0	105.3	98.9	111.5	100.4
长　沙　Changsha	104.9	102.0	101.0	98.5	104.2	97.9	101.7
广　州　Guangzhou	109.3	104.1	102.7	105.3	100.2	103.1	96.0
深　圳　Shenzhen	103.0	109.3	103.0	102.0	103.6	103.2	102.9
南　宁　Nanning	101.4	99.8	102.6	108.4	98.0	103.8	100.6
海　口　Haikou	100.0	96.8	102.2	105.9	100.9	101.8	96.5
重　庆　Chongqing	107.2	102.1	103.0	103.2	99.8	109.6	94.2
成　都　Chengdu	108.0	101.8	101.4	101.7	100.8	102.4	100.9
贵　阳　Guiyang	114.5	101.7	99.8	96.5	99.1	104.0	92.7
昆　明　Kunming	111.5	114.8	103.7	104.5	103.4	102.5	93.7
拉　萨　Lhasa	101.0	101.5	101.2	101.6	100.0	102.5	100.4
西　安　Xi'an	109.3	111.2	100.6	100.5	100.9	100.1	102.1
兰　州　Lanzhou	112.9	100.2	101.8	103.2	100.0	103.5	92.8
西　宁　Xining	106.5	97.6	104.3	105.9	103.8	103.3	106.5
银　川　Yinchuan	113.2	115.3	101.6	103.4	99.5	101.0	105.1
乌鲁木齐　Urumchi	103.3	110.2	104.6	101.3	100.0	111.3	99.0

4—8—7 续表 3 Continued 3

(上年价格＝100) (Preceding year＝100)

地 区 Region	1. 服装 Garments	2. 鞋袜帽 Footgear and Hats	3. 其它 Others	四、纺织品 Textiles	1. 衣着材料 Clothing Material	2. 床上用品 Bed Articles	五、家用电器及音像器材 Household Appliances, Music and Video Equipment
平均指数 Average	**100.6**	**98.0**	**99.1**	**100.1**	**102.5**	**99.4**	**95.7**
北 京 Beijing	100.7	98.1	96.8	97.8	101.2	97.2	96.0
天 津 Tianjin	99.9	95.7	103.0	93.9	102.1	90.1	94.7
石家庄 Shijiazhuang	99.8	102.2	100.4	97.6	100.4	96.5	96.4
太 原 Taiyuan	96.0	96.6	101.3	97.5	98.8	96.6	98.3
呼和浩特 Hohhot	98.9	100.1	100.0	98.2	100.7	97.3	95.6
沈 阳 Shenyang	101.4	97.3	99.6	99.5	99.8	99.5	93.7
大 连 Dalian	98.4	94.6	92.4	104.3	97.8	104.7	92.4
长 春 Changchun	93.9	96.4	84.8	99.1	100.2	97.8	90.7
哈尔滨 Harbin	103.3	96.7	100.0	103.7	103.5	104.0	95.9
上 海 Shanghai	103.1	95.4	87.6	102.6	100.7	103.1	92.2
南 京 Nanjing	104.4	107.5	98.3	104.4	108.9	103.5	87.1
杭 州 Hangzhou	100.1	106.5	106.0	105.3	111.8	100.9	97.9
宁 波 Ningbo	100.5	105.0	100.9	102.5	100.9	103.0	99.7
合 肥 Hefei	99.8	98.2	100.0	101.0	100.0	101.5	96.9
福 州 Fuzhou	96.0	91.0	99.7	94.7	104.4	91.5	96.8
厦 门 Xiamen	109.1	97.0	101.2	102.4	101.1	102.4	97.8
南 昌 Nanchang	96.3	97.0	100.0	102.3	107.2	98.7	98.8
济 南 Jinan	95.7	101.8	106.1	96.2	99.3	95.2	100.0
青 岛 Qingdao	101.0	94.4	99.3	96.1	101.7	95.1	97.8
郑 州 Zhengzhou	100.2	102.5	100.0	102.3	110.3	100.0	100.9
武 汉 Wuhan	100.3	100.6	100.8	98.8	99.2	98.6	92.1
长 沙 Changsha	100.0	106.7	97.0	101.3	98.5	102.9	99.4
广 州 Guangzhou	96.8	93.9	94.0	100.3	111.1	97.0	97.2
深 圳 Shenzhen	103.0	101.7	105.5	104.0	108.9	101.3	101.3
南 宁 Nanning	99.6	102.1	106.4	100.8	100.0	101.1	100.0
海 口 Haikou	95.4	97.8	100.3	102.6	100.0	104.1	99.2
重 庆 Chongqing	95.7	89.0	76.0	95.8	100.0	95.0	97.6
成 都 Chengdu	100.9	101.0	95.5	100.7	101.2	100.6	102.8
贵 阳 Guiyang	92.2	94.5	95.1	92.7	99.8	90.1	99.3
昆 明 Kunming	92.9	96.6	80.5	93.6	99.6	91.1	94.6
拉 萨 Lhasa	100.3	100.7	100.0	101.0	100.0	102.1	98.5
西 安 Xi'an	104.3	95.8	94.8	100.0	103.0	99.7	88.6
兰 州 Lanzhou	97.4	82.5	100.0	94.7	100.1	90.7	95.4
西 宁 Xining	107.2	104.6	96.0	102.4	102.1	102.7	96.4
银 川 Yinchuan	104.3	107.2	98.7	102.0	103.4	101.7	97.9
乌鲁木齐 Urumchi	101.2	94.8	90.7	98.9	98.1	99.3	94.3

4—8—7 续表 4　Continued 4

(上年价格=100)　(Preceding year=100)

地　区　Region	1. 家庭设备 Household Facilities	2. 文娱用耐用消费品 Durable Consumer Goods for Cultural and Recreational Use	3. 音像器材 Music and Video Equipment	六、文化办公用品 Cultural and Office Appliances	七、日用品 Articles for Daily Use	1. 日用百货 General Merchandise for Daily Use	2. 日用杂品 Grocery for Daily Use
平均指数 Average	**101.6**	**87.3**	**96.5**	**95.0**	**101.3**	**101.3**	**101.8**
北　京 Beijing	100.2	88.9	98.3	96.9	100.9	99.4	102.8
天　津 Tianjin	101.7	85.0	98.0	93.2	102.5	104.6	100.2
石家庄 Shijiazhuang	102.4	88.6	94.6	98.1	101.1	99.0	100.8
太　原 Taiyuan	107.0	85.1	98.7	99.7	101.6	100.8	104.2
呼和浩特 Hohhot	101.8	88.2	100.0	94.2	101.5	99.8	99.1
沈　阳 Shenyang	100.2	83.7	100.0	96.1	100.6	99.7	102.0
大　连 Dalian	100.9	80.3	100.0	90.2	102.6	103.7	105.2
长　春 Changchun	96.3	82.6	100.0	93.3	94.5	102.3	99.9
哈尔滨 Harbin	102.7	86.1	100.0	95.6	102.4	100.8	99.9
上　海 Shanghai	104.1	78.6	94.1	93.9	101.8	101.1	102.4
南　京 Nanjing	98.2	74.2	78.2	91.3	99.2	97.9	102.3
杭　州 Hangzhou	101.5	88.9	100.0	97.4	101.8	101.6	99.2
宁　波 Ningbo	101.7	95.0	99.1	99.6	102.9	102.4	106.7
合　肥 Hefei	102.8	85.2	100.0	92.9	100.1	100.1	99.4
福　州 Fuzhou	100.5	91.2	100.0	98.4	99.4	99.3	103.0
厦　门 Xiamen	99.7	94.0	95.2	95.9	97.6	96.7	99.0
南　昌 Nanchang	101.5	93.1	102.1	92.9	102.5	101.8	100.0
济　南 Jinan	104.2	92.0	100.0	93.8	101.5	102.1	102.9
青　岛 Qingdao	100.5	93.7	99.5	97.3	102.7	109.7	99.2
郑　州 Zhengzhou	101.7	99.9	100.0	98.1	100.6	100.1	100.0
武　汉 Wuhan	97.2	85.7	99.7	97.2	100.5	100.5	100.6
长　沙 Changsha	100.3	97.6	98.9	96.3	100.6	101.0	103.3
广　州 Guangzhou	100.1	94.0	94.3	92.4	101.8	108.7	103.3
深　圳 Shenzhen	103.0	97.6	98.7	97.8	100.9	100.6	100.4
南　宁 Nanning	105.8	92.1	97.4	97.9	101.8	101.9	100.0
海　口 Haikou	102.2	94.9	97.2	100.0	101.8	101.7	101.4
重　庆 Chongqing	103.1	89.7	100.0	99.3	101.7	101.7	100.6
成　都 Chengdu	105.7	97.5	97.3	94.0	102.2	100.3	101.2
贵　阳 Guiyang	103.2	93.8	100.0	96.0	100.4	100.5	100.4
昆　明 Kunming	103.2	87.4	97.9	89.2	103.0	101.1	101.2
拉　萨 Lhasa	97.8	99.2	100.0	99.7	99.5	98.4	99.7
西　安 Xi'an	96.9	82.2	100.0	96.3	101.3	100.4	100.5
兰　州 Lanzhou	100.6	91.7	91.7	90.4	103.4	102.0	101.7
西　宁 Xining	98.4	92.0	99.6	94.4	103.0	100.5	106.6
银　川 Yinchuan	104.8	88.1	100.2	94.2	102.9	100.0	101.6
乌鲁木齐 Urumchi	97.2	89.9	100.0	95.1	102.2	102.6	101.5

4—8—7 续表 5 Continued 5

(上年价格=100) (Preceding year=100)

地 区 Region		3. 洗涤用品 Wash	4. 其它日用品 Other Articles for Daily Use	八、体育娱乐用品 Sports and Recreation Articles	1. 体育用品 Sports Articles	2. 娱乐用品 Recreation Articles	九、交通、通信用品 Transportation and Communication Appliances	1. 交通运输机械 Transportation Appliances
平均指数	**Average**	**102.2**	**100.5**	**94.9**	**99.8**	**92.6**	**91.1**	**95.7**
北 京	Beijing	105.1	100.0	87.6	99.7	84.1	89.1	92.3
天 津	Tianjin	103.4	100.7	97.5	96.8	97.8	89.2	99.7
石家庄	Shijiazhuang	102.3	102.3	95.1	102.0	90.4	92.7	98.4
太 原	Taiyuan	99.6	102.7	99.7	99.8	99.7	88.3	96.5
呼和浩特	Hohhot	105.1	99.5	96.4	100.0	92.5	93.8	97.1
沈 阳	Shenyang	99.2	102.7	95.4	99.6	94.2	89.3	96.6
大 连	Dalian	99.2	100.5	92.2	97.5	89.3	91.2	96.3
长 春	Changchun	99.4	88.4	91.7	95.9	90.9	96.0	97.2
哈尔滨	Harbin	104.3	105.8	100.9	103.0	99.6	91.0	95.5
上 海	Shanghai	101.6	102.2	92.9	100.5	89.5	90.8	96.1
南 京	Nanjing	98.2	101.0	79.9	95.0	74.4	86.1	94.6
杭 州	Hangzhou	101.7	103.9	99.6	101.4	98.9	94.2	96.3
宁 波	Ningbo	103.9	99.3	98.0	98.9	97.5	93.4	95.0
合 肥	Hefei	99.6	101.3	94.4	98.5	91.2	92.1	94.6
福 州	Fuzhou	99.3	97.8	99.0	102.4	97.1	96.1	97.4
厦 门	Xiamen	97.3	98.2	93.8	98.8	91.9	97.0	100.8
南 昌	Nanchang	103.8	103.7	94.4	100.0	90.3	88.2	95.9
济 南	Jinan	103.1	98.6	100.2	99.7	100.6	91.3	95.4
青 岛	Qingdao	102.2	99.1	97.9	98.4	97.9	96.1	97.6
郑 州	Zhengzhou	101.1	101.0	99.7	100.0	99.4	86.2	91.6
武 汉	Wuhan	100.9	100.0	93.3	100.0	87.1	88.9	97.9
长 沙	Changsha	100.9	98.0	101.5	100.1	102.5	94.0	98.1
广 州	Guangzhou	101.6	96.0	99.8	102.9	98.2	93.6	97.6
深 圳	Shenzhen	101.8	100.8	97.9	101.0	97.3	93.0	97.9
南 宁	Nanning	103.3	101.1	100.4	99.9	100.9	89.4	97.1
海 口	Haikou	103.4	100.6	99.2	98.9	99.3	93.3	97.7
重 庆	Chongqing	102.9	101.2	95.0	90.7	96.7	88.6	98.4
成 都	Chengdu	103.2	104.2	98.5	99.4	98.3	92.1	94.2
贵 阳	Guiyang	100.2	100.8	99.6	99.6	99.7	93.4	99.4
昆 明	Kunming	102.6	108.2	92.4	100.2	90.7	90.3	93.7
拉 萨	Lhasa	100.1	99.9	98.6	99.6	97.7	97.6	98.2
西 安	Xi'an	104.4	99.7	91.1	100.2	87.6	92.4	96.6
兰 州	Lanzhou	105.0	102.5	98.9	99.7	98.1	81.7	96.5
西 宁	Xining	102.5	103.3	100.0	101.8	99.2	94.0	98.3
银 川	Yinchuan	103.4	104.3	95.2	100.6	91.1	89.6	97.9
乌鲁木齐	Urumchi	103.3	99.0	99.1	100.0	98.2	90.7	96.1

4－8－7 续表 6　Continued 6

（上年价格＝100）　　(Preceding year＝100)

地　区　Region	2. 通讯器材 Communication Appliances	十、家具 Furniture	十一、化妆品 Cosmetics	十二、金银珠宝 Gold, Silver and Jewelry	十三、中西药品及医疗保健用品 Traditional Chinese and Western Medicines and Health Care Articles	1. 医疗器具及用品 Medical Apparatus and Article
平均指数　Average	**77.9**	**101.3**	**100.3**	**107.5**	**101.7**	**98.9**
北　京　Beijing	74.8	101.4	100.5	109.0	100.2	99.9
天　津　Tianjin	64.9	105.5	102.1	109.8	99.3	94.4
石家庄　Shijiazhuang	87.0	103.8	99.1	107.5	100.0	100.0
太　原　Taiyuan	78.6	95.2	96.7	105.0	100.1	97.8
呼和浩特　Hohhot	86.2	99.3	100.0	107.6	98.0	90.4
沈　阳　Shenyang	70.6	100.6	99.1	107.5	102.4	99.7
大　连　Dalian	67.9	99.1	98.6	107.7	99.4	101.2
长　春　Changchun	71.7	77.8	103.6	111.3	98.9	100.0
哈尔滨　Harbin	86.0	101.3	98.4	107.6	99.1	100.0
上　海　Shanghai	73.0	101.8	101.2	106.2	98.0	100.0
南　京　Nanjing	57.9	100.6	102.3	107.3	101.2	99.6
杭　州　Hangzhou	79.4	100.9	99.8	106.3	103.5	99.9
宁　波　Ningbo	81.0	103.6	101.5	108.2	100.8	100.3
合　肥　Hefei	82.2	98.2	96.6	113.3	101.6	100.0
福　州　Fuzhou	93.3	102.1	99.1	99.8	107.4	98.4
厦　门　Xiamen	70.4	96.5	100.5	103.4	102.3	97.4
南　昌　Nanchang	75.5	99.6	100.6	111.4	102.7	93.1
济　南　Jinan	78.8	105.1	100.8	104.6	102.8	85.0
青　岛　Qingdao	90.8	102.0	98.0	103.7	102.6	100.9
郑　州　Zhengzhou	72.9	107.6	100.4	105.2	94.1	83.2
武　汉　Wuhan	80.8	96.7	98.8	108.7	100.1	101.1
长　沙　Changsha	86.8	100.0	99.3	106.6	103.1	95.6
广　州　Guangzhou	84.0	101.1	100.8	103.0	107.7	100.4
深　圳　Shenzhen	84.2	100.4	101.5	114.8	103.2	102.1
南　宁　Nanning	75.3	101.3	100.4	103.4	98.6	98.8
海　口　Haikou	86.4	100.1	100.6	106.0	100.9	99.9
重　庆　Chongqing	81.4	101.0	99.0	106.5	98.9	100.0
成　都　Chengdu	83.9	101.7	100.0	105.8	100.6	96.6
贵　阳　Guiyang	83.4	100.9	99.3	108.1	100.8	100.0
昆　明　Kunming	83.6	100.0	98.7	110.0	107.7	99.4
拉　萨　Lhasa	97.0	101.9	99.7	102.8	99.0	100.0
西　安　Xi'an	74.0	115.5	100.3	107.5	104.4	100.0
兰　州　Lanzhou	70.2	104.1	99.3	110.2	116.2	103.0
西　宁　Xining	72.8	101.5	101.1	110.5	106.4	101.3
银　川　Yinchuan	75.4	100.2	101.3	102.5	101.0	101.0
乌鲁木齐　Urumchi	83.7	95.9	99.0	105.0	99.4	91.8

4—8—7 续表 7 Continued 7

(上年价格=100) (Preceding year=100)

地 区	Region	2.中药材及中成药 Traditional Chinese Medicinal Materials and Medicines	3.西药 Western Medicines	4.保健器具及用品 Health Care Appliances and Articles	十四、书报杂志及电子出版物 Books,Newspapers, Magazines and Electronic Publications	1.教材及参考书 Teaching Materials and Reference Books	2.书报杂志 Newspapers and Magazines
平均指数	**Average**	**107.5**	**98.8**	**101.4**	**99.8**	**99.5**	**100.7**
北 京	Beijing	103.7	98.5	99.3	99.4	96.5	101.0
天 津	Tianjin	100.2	99.3	97.2	97.0	94.2	100.0
石家庄	Shijiazhuang	102.3	98.2	98.6	100.3	100.0	100.0
太 原	Taiyuan	102.9	98.0	99.8	98.1	97.0	100.0
呼和浩特	Hohhot	104.5	98.5	101.6	98.7	99.5	100.0
沈 阳	Shenyang	103.2	102.9	100.6	99.7	98.1	100.0
大 连	Dalian	106.5	98.6	100.0	99.4	99.1	100.0
长 春	Changchun	98.2	98.9	100.9	100.8	102.5	100.0
哈尔滨	Harbin	103.7	95.6	101.5	102.5	97.9	100.0
上 海	Shanghai	98.2	95.6	101.7	103.6	108.7	100.0
南 京	Nanjing	102.9	102.0	97.8	98.3	92.6	100.0
杭 州	Hangzhou	113.0	98.5	102.7	100.1	96.2	103.1
宁 波	Ningbo	109.2	95.6	103.4	99.5	95.5	102.2
合 肥	Hefei	102.4	101.5	99.9	105.0	110.6	100.0
福 州	Fuzhou	121.8	98.8	99.8	102.7	105.3	101.5
厦 门	Xiamen	109.7	99.9	100.0	103.9	107.8	104.3
南 昌	Nanchang	109.5	99.7	100.7	97.6	96.9	100.0
济 南	Jinan	108.4	100.7	100.0	100.5	101.2	100.0
青 岛	Qingdao	105.2	101.5	98.3	99.1	98.9	100.2
郑 州	Zhengzhou	90.2	96.2	97.0	98.3	96.5	99.6
武 汉	Wuhan	105.3	97.2	100.7	100.6	101.8	100.0
长 沙	Changsha	112.2	98.7	102.2	100.6	96.4	104.7
广 州	Guangzhou	126.6	98.1	102.0	99.3	101.0	103.1
深 圳	Shenzhen	107.8	97.4	112.4	99.1	96.2	100.3
南 宁	Nanning	100.6	96.6	98.3	97.5	91.9	100.0
海 口	Haikou	103.3	98.9	101.9	96.6	90.3	98.1
重 庆	Chongqing	98.9	98.5	100.8	100.0	100.0	99.9
成 都	Chengdu	105.4	100.1	99.8	95.8	90.6	100.0
贵 阳	Guiyang	105.1	97.0	102.5	101.0	98.3	103.1
昆 明	Kunming	122.5	100.3	102.9	97.6	97.6	100.0
拉 萨	Lhasa	101.8	96.0	100.0	99.1	100.0	100.0
西 安	Xi'an	102.3	107.3	101.8	100.0	100.9	100.0
兰 州	Lanzhou	138.6	107.2	101.3	93.5	91.2	100.0
西 宁	Xining	112.8	101.4	105.5	98.7	92.2	100.0
银 川	Yinchuan	105.6	97.2	103.2	97.5	93.3	100.2
乌鲁木齐	Urumchi	102.1	99.5	98.1	101.9	104.0	100.0

4—8—7 续表 8 Continued 8

(上年价格=100) (Preceding year=100)

地 区 Region	3.电子音像制品 Electronic Publications	十五、燃料 Fuels	1.煤炭及制品 Coal and Its Product	2.石油及制品 Petroleum and Its Product	十六、建筑材料及五金电料 Building Materials and Hardware	1.建筑装潢材料 Building Decoration Materials	2.五金电料 Hardware
平均指数 Average	**98.8**	**104.4**	**107.4**	**104.1**	**105.1**	**105.6**	**103.6**
北 京 Beijing	100.3	104.1	103.7	104.1	103.5	102.5	108.0
天 津 Tianjin	96.5	104.8	105.8	104.5	104.0	104.5	101.9
石家庄 Shijiazhuang	101.7	113.3	129.4	106.6	104.9	105.6	102.6
太 原 Taiyuan	100.0	106.1	114.8	102.4	106.1	107.1	103.8
呼和浩特 Hohhot	95.1	105.2	114.7	102.5	105.5	104.0	108.8
沈 阳 Shenyang	101.2	104.0	107.3	103.9	103.1	104.0	100.4
大 连 Dalian	98.9	103.7	102.2	103.8	105.7	107.4	102.9
长 春 Changchun	100.1	104.7	103.3	105.9	105.4	106.2	100.0
哈尔滨 Harbin	112.6	108.7	124.4	102.4	108.8	109.2	106.7
上 海 Shanghai	98.0	103.0	102.7	103.0	107.6	108.6	103.7
南 京 Nanjing	98.0	101.5	102.5	101.2	104.7	104.9	104.0
杭 州 Hangzhou	100.3	103.9	103.0	104.0	108.8	109.9	106.1
宁 波 Ningbo	100.0	108.9	106.7	109.1	106.3	107.1	104.7
合 肥 Hefei	100.0	103.2	109.6	102.4	107.6	106.9	109.9
福 州 Fuzhou	100.0	107.6	104.0	107.9	104.8	105.3	103.1
厦 门 Xiamen	99.0	105.1		105.1	102.5	102.8	101.7
南 昌 Nanchang	94.1	104.3	100.0	104.6	103.9	104.7	101.4
济 南 Jinan	100.3	106.9	101.5	108.3	106.5	105.8	108.3
青 岛 Qingdao	97.1	103.0	100.0	103.2	104.2	103.0	105.9
郑 州 Zhengzhou	101.0	102.0	100.7	102.2	107.3	110.6	99.5
武 汉 Wuhan	99.8	103.0	102.6	103.1	108.8	108.3	109.5
长 沙 Changsha	100.1	103.1	105.8	102.8	101.4	101.6	101.0
广 州 Guangzhou	93.6	103.3	106.6	103.2	106.1	106.4	105.0
深 圳 Shenzhen	99.8	105.2	103.0	105.3	101.3	101.7	100.3
南 宁 Nanning	103.2	102.9	95.4	103.4	111.0	114.0	100.0
海 口 Haikou	99.7	104.4	100.8	104.6	108.6	110.7	103.1
重 庆 Chongqing	100.3	106.0	106.4	106.0	109.2	109.5	108.6
成 都 Chengdu	97.7	103.3	110.9	102.8	107.9	108.8	100.3
贵 阳 Guiyang	100.0	108.5	106.3	108.8	104.8	105.9	100.3
昆 明 Kunming	93.6	101.7	102.5	101.7	104.4	103.0	112.6
拉 萨 Lhasa	97.4	101.9	95.2	103.8	101.4	101.9	100.4
西 安 Xi'an	95.5	102.9	103.4	102.9	105.5	102.7	109.6
兰 州 Lanzhou	89.7	101.8	103.7	101.0	103.0	103.9	101.5
西 宁 Xining	123.2	105.8	102.9	106.3	103.9	106.2	99.0
银 川 Yinchuan	98.5	105.6	107.2	105.4	104.4	107.5	100.3
乌鲁木齐 Urumchi	104.6	104.5	125.9	102.6	109.8	111.4	105.1

4－9－1　各地区农业生产资料价格分类指数(2007年)
Price Indices of Means of Agricultural Production by Category (2007)

地　区	Region	农业生产资料价格指数 General Index	一、农用手工工具 Hand Tool for Farming	二、饲料 Forage	三、产品畜 Production Livestock	四、半机械化农具 Half-mechanized Farm Tools	五、机械化农具 Mechanized Farm Tools	六、化学肥料 Chemical Fertilizer	七、农药及农药械 Pesticide and Its Appliances
全国平均	**National**	**107.7**	**104.9**	**108.2**	**144.5**	**102.7**	**101.7**	**103.4**	**101.4**
河　北	Hebei	106.9	100.1	107.6	140.6	100.4	101.0	101.6	100.6
山　西	Shanxi	106.2	104.5	106.5	151.0	102.3	100.3	99.9	100.8
内蒙古	Inner Mongolia	103.0	100.4	104.7	121.5	100.4	100.6	101.1	100.0
辽　宁	Liaoning	114.2	105.6	109.6	196.6	102.1	102.0	100.9	102.0
吉　林	Jilin	106.0	99.1	115.6	141.6	112.6	100.4	102.8	102.2
黑龙江	Heilongjiang	109.4	104.6	115.1	153.3	100.7	101.5	101.5	97.5
江　苏	Jiangsu	106.9	103.2	107.8	138.7	101.3	100.6	102.4	100.4
浙　江	Zhejiang	107.3	110.9	108.8	143.2	100.5	102.6	102.9	100.8
安　徽	Anhui	106.8	107.6	105.4	126.5	107.5	104.2	105.7	99.8
福　建	Fujian	110.3	103.2	109.4	137.3	102.6	101.5	107.5	103.6
江　西	Jiangxi	106.6	104.0	109.5	140.2	100.4	101.8	103.2	100.3
山　东	Shandong	107.1	105.2	110.6	134.7	101.2	102.4	104.5	100.8
河　南	Henan	106.1	102.2	108.4	132.1	101.6	101.2	105.3	102.7
湖　北	Hubei	108.0	107.7	107.2	158.9	101.3	103.4	101.9	101.7
湖　南	Hunan	113.0	114.3	109.1	170.0	100.9	100.6	104.3	104.4
广　东	Guangdong	105.8	104.4	104.3	132.8	104.2	102.0	104.5	101.2
广　西	Guangxi	114.4	109.4	101.6	182.0	103.8	101.8	107.3	98.9
海　南	Hainan	107.1	102.1	101.6	142.4	104.5	100.4	103.3	103.1
四　川	Sichuan	109.0	107.4	106.0	150.9	103.3	102.8	104.0	100.7
贵　州	Guizhou	105.1	101.4	107.5	129.8	101.2	98.3	103.5	101.8
云　南	Yunnan	107.0	104.7	109.3	128.5	102.0	99.6	104.1	103.4
西　藏	Tibet	101.0	101.0	104.2	101.4	97.9	99.8	100.1	99.7
陕　西	Shanxi	108.3	105.6	107.9	168.6	103.2	101.4	102.2	103.3
甘　肃	Gansu	107.1	109.6	111.7	144.5	102.7	102.2	104.3	101.9
青　海	Qinghai	108.1	100.2	107.7	170.4	100.7	104.4	100.7	100.3
宁　夏	Ningxia	112.2	103.6	104.7	180.9	113.3	101.9	101.3	102.2
新　疆	Xinjiang	106.2	106.9	114.7	163.3	100.8	100.6	99.0	100.6

4—9—1续表 Continued

地 区	Region	1.化学农药 Chemical Pesticide	2.农药器械 Pesticides Appliances	八、农用机油 Oil for Farm Machinery	九、其他农业生产资料 Others Means of Agricultural Production	1.农用种子 Seed	2.其 他 Others	十、农业生产服务 Services for Agriculture
全国平均	**National**	**101.3**	**101.9**	**105.3**	**103.4**	**103.1**	**103.8**	**109.7**
河 北	Hebei	100.5	101.6	105.1	104.5	105.2	102.8	108.2
山 西	Shanxi	100.2	102.9	105.5	109.6	111.6	104.8	113.2
内蒙古	Inner Mongolia	99.9	100.2	103.9	102.3	103.5	100.9	101.5
辽 宁	Liaoning	101.7	104.5	105.5	105.4	103.1	110.3	118.1
吉 林	Jilin	102.7	98.7	106.0	101.5	101.4	101.7	115.0
黑龙江	Heilongjiang	97.3	99.6	106.8	116.4	129.7	104.4	101.1
江 苏	Jiangsu	100.1	103.1	103.9	101.2	101.1	100.9	102.6
浙 江	Zhejiang	100.9	99.5	104.3	103.7	102.8	105.5	109.6
安 徽	Anhui	99.6	102.2	102.6	102.5	102.4	102.5	111.2
福 建	Fujian	104.1	99.3	105.6	101.7	99.8	105.0	108.6
江 西	Jiangxi	100.9	97.8	105.5	103.2	103.8	102.3	109.3
山 东	Shandong	100.5	102.8	106.2	102.9	102.0	103.9	117.5
河 南	Henan	102.8	101.9	104.2	103.2	101.8	106.3	104.7
湖 北	Hubei	101.5	102.7	106.4	99.6	97.8	104.5	107.7
湖 南	Hunan	104.3	105.7	107.4	104.3	103.9	104.9	128.5
广 东	Guangdong	101.1	102.2	105.7	102.9	102.8	102.9	107.1
广 西	Guangxi	98.8	99.3	103.9	99.3	95.5	104.2	104.7
海 南	Hainan	103.6	100.0	104.7	102.8	103.3	101.5	102.1
四 川	Sichuan	100.0	104.5	105.2	102.2	102.2	102.2	117.5
贵 州	Guizhou	102.5	100.7	103.4	105.0	105.3	101.8	102.5
云 南	Yunnan	103.3	103.9	105.2	102.9	102.2	104.0	103.3
西 藏	Tibet	100.0	98.8	101.3	101.6	102.0	101.2	100.0
陕 西	Shanxi	103.4	102.3	104.8	102.2	101.7	102.9	102.0
甘 肃	Gansu	102.0	101.1	104.8	97.4	93.2	100.9	103.4
青 海	Qinghai	98.8	107.5	110.6	102.7	101.8	104.0	109.3
宁 夏	Ningxia	102.2	102.8	108.3	101.0	98.0	105.7	122.7
新 疆	Xinjiang	100.5	100.7	105.9	102.5	101.5	103.4	109.1

4－9－2 各地区农业生产资料价格总指数(1994～2007 年)

Price Indices of Means of Agricultural Production by Region(1994～2007)

(上年价格＝100) (Preceding year＝100)

地 区	Region	1994	1995	1996	1997	1998	1999	2000
全国平均	**National**	**121.6**	**127.4**	**108.4**	**99.5**	**94.5**	**95.8**	**99.1**
河 北	Hebei	117.0	120.9	108.0	104.3	98.7	97.5	101.5
山 西	Shanxi	122.4	129.3	111.5	104.3	95.8	94.1	102.5
内蒙古	Inner Mongolia	122.6	128.5	109.9	104.0	98.7	96.3	106.1
辽 宁	Liaoning	121.5	128.7	109.0	99.2	95.6	94.4	97.5
吉 林	Jilin	120.2	130.2	111.5	99.8	97.2	97.6	98.9
黑龙江	Heilongjiang	125.9	123.1	110.3	100.6	96.0	96.5	98.6
江 苏	Jiangsu	121.5	126.9	106.6	101.2	92.5	95.5	98.9
浙 江	Zhejiang	126.5	129.8	106.7	99.7	92.4	95.8	100.4
安 徽	Anhui	122.8	128.0	107.2	98.9	94.8	95.3	98.2
福 建	Fujian	117.8	120.2	106.2	99.5	94.6	96.1	97.4
江 西	Jiangxi	116.7	128.7	107.0	100.4	95.5	93.8	95.9
山 东	Shandong	124.1	133.3	105.5	96.6	96.2	95.1	98.7
河 南	Henan	124.4	125.8	107.9	99.3	94.2	95.7	99.6
湖 北	Hubei	122.4	129.0	108.6	96.0	91.9	93.9	97.6
湖 南	Hunan	118.6	129.3	107.3	97.9	89.5	95.3	99.3
广 东	Guangdong	115.8	120.3	104.7	98.2	94.9	95.5	98.1
广 西	Guangxi	118.1	130.1	103.8	100.3	92.1	96.4	99.9
海 南	Hainan	138.2	115.7	106.8	100.3	98.4	97.1	98.0
四 川	Sichuan	117.4	130.8	114.0	100.9	92.9	95.2	96.2
贵 州	Guizhou	114.9	135.7	108.1	101.3	95.0	94.9	100.6
云 南	Yunnan	114.6	125.5	113.3	102.4	96.5	98.7	98.9
西 藏	Tibet							96.0
陕 西	Shaanxi	128.6	126.3	110.3	102.4	95.2	93.9	102.2
甘 肃	Gansu	123.2	129.6	110.7	101.4	96.3	95.8	103.9
青 海	Qinghai	125.0	123.9	112.6	105.0	100.3	95.6	100.7
宁 夏	Ningxia	123.3	130.4	109.0	98.2	96.1	93.4	96.0
新 疆	Xinjiang	126.8	126.6	115.5	106.5	100.8	97.0	97.9

4—9—2 续表　Continued

(上年价格=100)　　　　(Preceding year=100)

地　区	Region	2001	2002	2003	2004	2005	2006	2007
全国平均	**National**	**99.1**	**100.5**	**101.4**	**110.6**	**108.3**	**101.5**	**107.7**
河　北	Hebei	100.2	100.4	99.8	106.7	106.8	101.6	106.9
山　西	Shanxi	101.9	100.9	98.4	107.3	113.3	103.6	106.2
内蒙古	Inner Mongolia	101.4	102.6	101.2	109.5	108.3	101.1	103.0
辽　宁	Liaoning	100.5	101.7	98.4	113.3	110.0	100.5	114.2
吉　林	Jilin	101.1	100.4	101.0	106.3	109.2	97.2	106.0
黑龙江	Heilongjiang	98.9	99.7	101.8	112.0	108.6	101.9	109.4
江　苏	Jiangsu	96.8	99.3	101.9	112.3	106.9	101.7	106.9
浙　江	Zhejiang	99.7	99.5	102.9	113.2	105.8	99.6	107.3
安　徽	Anhui	97.9	99.9	100.2	112.0	108.3	100.0	106.8
福　建	Fujian	98.7	99.9	101.8	112.5	108.1	100.9	110.3
江　西	Jiangxi	99.6	99.8	102.5	110.7	107.9	101.1	106.6
山　东	Shandong	101.8	100.3	102.4	110.2	106.2	103.0	107.1
河　南	Henan	99.1	100.9	101.9	111.4	107.9	101.2	106.1
湖　北	Hubei	99.3	101.0	100.8	111.3	115.1	101.4	108.0
湖　南	Hunan	98.4	98.9	102.6	112.1	111.2	100.7	113.0
广　东	Guangdong	97.1	98.4	99.6	109.4	105.8	102.6	105.8
广　西	Guangxi	97.7	98.2	102.4	115.3	110.5	101.0	114.4
海　南	Hainan	99.5	101.7	104.8	111.3	108.9	100.7	107.1
四　川	Sichuan	97.8	104.1	100.8	110.9	107.2	103.3	109.0
贵　州	Guizhou	99.4	100.6	104.1	109.0	110.2	105.4	105.1
云　南	Yunnan	96.6	100.4	101.9	106.3	105.9	102.8	107.0
西　藏	Tibet	98.9		102.8	101.3	100.6	100.4	101.0
陕　西	Shaanxi	101.9	100.8	102.3	111.6	107.2	100.7	108.3
甘　肃	Gansu	98.6	100.4	101.8	107.4	109.0	104.4	107.1
青　海	Qinghai	99.6	98.0	101.1	109.2	106.5	102.1	108.1
宁　夏	Ningxia	102.0	103.5	99.4	113.5	109.3	100.8	112.2
新　疆	Xinjiang	103.0	99.6	101.1	107.3	105.3	102.5	106.2

附录

Appendix

附录 1 主要统计指标解释

第 1 篇 收入与消费

家庭人口数:指居住在一起,经济上合在一起共同生活的家庭成员。凡计算为家庭人口的成员其全部收支都应包括在调查表中。

有收入者人数:指就业者及当月财产性收入、转移性收入、零星劳动收入等在 100 元以上的非就业者。

就业人口数:包括:

(1)国有经济单位职工。

(2)城镇集体经济单位职工。

(3)其他各种经济类型单位职工。

(4)个体经营者:指个体雇主与自营者。包括:

雇主:指在工商行政管理部门领取个体营业执照并雇用一人以上(但不包括家属劳动者)进行生产、经营或服务性工作的人员。

自营者:指在工商行政管理部门领取个体营业执照(除家属劳动者外未雇佣任何工作人员)自己进行生产、经营或服务性工作的人员。

(5)个体被雇人员:指受雇于个体经营者的人员。

(6)离退休再就业人员:指离退休人员接受原单位或其他单位聘用并单独领取离退休金以外报酬的人。

包括离退休后领取个体执照、从事个体劳动的人以及在所调查的月份内从事社会劳动时间超过半个月,所取得的报酬在当地足以维持本人生活的离退休人员。

(7)其他就业人口:指以上 6 部分以外的就业人口,包括没有固定性职业,在所调查的月份内从事社会劳动时间超过半个月,所取得的报酬在当地足以维持本人生活的人员。如从企业领取原料在自己家里进行生产加工、家庭拆洗缝补、家庭托儿、保姆以及其他未领执照的个体劳动者。

初中、高中、大专院校的学生在假期参加劳动,虽然领取一定的劳动报酬,但不计算为就业人口。

离退休人数:按规定退出工作岗位,并领取离退休金的人员。不包括离退休再就业人员。

其他有收入者人数:指除就业人员和离退休人员以外的家庭成员,当月财产性收入、转移性收入、零星劳动收入等在 100 元以上的未就业者。

无收入者人数:指当月收入不足 100 元的非就业者。

期末家庭人口数:指月末或年末登记时点的家庭人口。

家庭总收入:指调查户中生活在一起的所有家庭成员在调查期得到的工薪收入、经营净收入、财产性收入、转移性收入的总和,不包括出售财物和借贷收入。收入的统计标准以实际发生的数额为准,无论收入是补发还是预发,只要是调查期得到的都应如实计算,不作分摊。

可支配收入:指调查户可用于最终消费支出和其它非义务性支出以及储蓄的总和,即居民家庭可以用来自由支配的收入。它是家庭总收入扣除交纳的所得税、个人交纳的社会保障费以及调查户的记账补贴后的收入。计算公式为:

可支配收入=家庭总收入-交纳所得税-个人交纳的社会保障支出-记账补贴

工薪收入:指就业人员通过各种途径得到的全部劳动报酬,包括所从事的主要职业的工资以及从事第二职业、其他兼职和零星劳动得到的其它劳动收入。

工资及补贴收入:指劳动者从工作单位得到的全部劳动报酬。既包括单位支付的计时计件劳动报酬,也包括根据国家的有关政策、法令规定,为了不使职工工资受某些特殊因素影响而支付的工资性津贴、补贴,以及根据国家法律、法规和政策规定,因病、工伤、产假、计划生育假、婚丧假、事假、探亲假、定期休假、停工学习、执行国家或社会义务等原因按计时工资标准或计时工资标准的一定比例支付的工资。工资收入按应发数计算,只要是在调查期内实际得到的工资收入都应记账,无论该工资是补发还是预发(不包括一次性买断工龄收入,买断工龄收入记入转移性收入)。工资收入中不包括单位出资交纳的各种社会保障费,如养老金、住房公积金、医疗基金和失业基金等。工资收入应包括各种扣款,如工作单位代扣的应由个人承担的养老金、住房公积金、医疗保险等;单位在工资中代扣的房租、水电费、托儿费、医疗费、借款等也应包括在工资收入中,同时把所扣除的各项费用分别记入各项支出中。工资收入不论就业者所在单位的经济类型,个体被雇人员的劳动报酬、退休再就业人员的劳动收入都作为工资收入统计。因企业停工发给职工的生活费用也统计在内。

职工从单位得到的各种福利收入,如生活困难补助费、福利费(如洗理费)、上下班交通费(通勤津贴)、自行车补助费、独生子女费、冬季取暖费、防暑降温费、对接触有毒物质、矽尘作业、放射线作业和潜水、沉箱作业、高温作业等工种所享受的保健食品费、文娱费、出差伙食补助和交通补贴、误餐补助、调动工作的旅费和安家费、计划生育奖、创造发明奖、自然科学奖、合理化建议、技术改进奖等。实行医疗制度改革的单位直接支付给个人或单位报销的医疗费、现金发放的劳保用品等也都包括在内。不包括发给的实物和票证。

其它劳动收入:指家庭成员从事第二职业、兼职、零星劳动所得的劳动报酬。如稿费、翻译费、讲课费、课题费、咨询费、信息费、调查费、商品推销费、购进旧家电维修后出售所得的净收入等。

经营净收入:指家庭成员从事生产经营活动所获得的净收入。是全部生产经营收入中扣除生产成本和税金后所得的收入。如当期收入小于生产费用的开支,其差额记入"其他借贷支出"中。

财产性收入:指家庭拥有的动产(如银行存款、有价证券)、不动产(如房屋、车辆、土地、收藏品等)所获得的收入。包括出让财产使用权所获得的利息、租金、专利收入;财产营运所获得的红利收入、财产增值收益等。

利息收入:指资产所有者按预先约定的利率获得的高于存款本金以外的那部分收入。包括各类定期和活期存款利息、债券利息、储蓄性奖券和存款的"中奖"收入。利息与红利的差异:利息一般是预先约定的,与企业的经营状况无关,而红利的多少与企业的经营效益直接有关,一般不预先约定。利息收入是应得收入,包括银行代扣的利息所得税。

股息与红利收入:指购买公司股票所获得的各种收益。包括股票发行公司按入股数量定期分配的股息、年终分红,股票买、卖所获得的营运净收益。如果结算时发生亏损,则亏损额记入"其他借贷支出"中。

保险收益:家庭参加储蓄性保险,扣除交纳的保险本金后,所获得的保险净收益。不包括保险责任人对保险人给予的保险理赔收入。

其它投资收入:指家庭从事股票投资、保险以外的投资行为所获得的投资收益。如出售艺术品、邮票等收藏品超过原购买价的那部分收入;如投资各种经营活动(自己不参与经营)所获得的利润;财产转让溢价部分收入。

出租房屋收入:指出租房屋所得的租金净收入。租金收入中应扣除交纳的各税费、出租房屋的维修费用等各种成本支出。

知识产权收入:指出让家庭或家庭成员拥有的专利、版权等知识产权所获得的净收入。

其它财产性收入:指家庭所得的除上述以外的各种财产性收入。

转移性收入:指国家、单位、社会团体对居民家庭的各种转移支付和居民家庭间的收入转移。包括政府对个人收入转移的离退休金、失业救济金、赔偿等;单位对个人收入转移的辞退金、保险索赔、住房公积金、家庭间的赠送和赡养等。

养老金或离退休金:指根据国家有关规定,离开生产或工作岗位,正式办理了离休、退休手续并享受离退休待遇的人员,领取的离退休金。包括退休人员的退休金、离休人员的离休金、生活补贴、保姆津贴,因工致伤离退休人员的护理费,离退休人员异地安家补助费、取暖补贴、医疗费、旅游补贴、书报费、困难补助以及在原工作单位所得的各种其它收入。

社会救济收入:指国家对各类特殊家庭、人员提供的特别津贴。包括国家对享受城镇居民最低生活保障待遇的家庭,发放的最低生活保障金;国家和社会对特殊困难家庭给予的困难补助、受灾救济款、国家对伤残军人的抚恤金等。只计算得到的现金收入,不包括赠送的实物。

辞退金:职工被解除劳动合同时,单位或雇主支付的补偿费,包括一次性工龄买断收入。

赔偿收入:指国家、单位、个人支付给受到财产损失、人身伤害家庭的各种赔偿,不包括保险赔偿收入。

保险收入:指参加保险的住户从保险公司得到的保险理赔款。如人身意外事故赔偿、财产损失赔偿。不包括人寿保险返回的年金。

失业保险金:按照国家《失业保险条例》规定,失业保险经办机构对符合条件的失业人员,进行失业登记,并定期发放的失业救济金。

赡养收入:指亲友因赡养和抚养义务给家庭成员的现金。包括家庭人员到外地工作,带回、寄回给家庭的收入。

捐赠收入:指家庭得到的亲友赠送收入,包括遗产收入。与赡养收入的区别,赠送是对本家庭成员无赡养义务的亲友给家庭成员的现金。

亲友搭伙费:指未计入家庭人口的成员,包括亲友和保姆等在调查家庭用饭所交的伙食费。

提取住房公积金:指参加住房公积金制度的职工,通过一定的手续提取的住房公积金。包括个人交纳的公积金和单位交纳的公积金。也包括单位给未达到住房面积标准的职工和离退休人员发放的住房补贴。发放的住房补贴是指已提取现金或已用于购房,如果仅是名义上划入个人住房公积金账户的,不作统计。

记账补贴:指调查户因承担记账工作从统计部门、工作单位和其它途径所得到的现金。不包括实物部分。

其他转移性收入:指家庭从除上述各项收入以外得到的其他转移性收入。如单位发放的抚恤金、军人的转业费、复员费、各种有奖彩票的中奖收入等。

出售财物收入:指调查户出售家庭财物所得到的收入。由于出售财物是家庭财产从实物形态转为货币形态,家庭财产总量不变,因此不计入可支配收入中。

出售住房收入:指调查户出售所拥有的全部或部分产权的住房,得到的购买该住房时所支付的房款。本指标只反映出售住房的全部值,高于购房原价的增值部分(扣除各种交易费用)统计在"其它投资收入"指标中。

出售其他物品收入:指家庭出售各种废旧物品收入。

借贷收入:指家庭资产不发生增减的周转性收入。包括提取银行存款、提取储金会款、借入款、收回借出款、兑售有价证券、收回的投资本金、贷款等。

提取(存入)储蓄存款:指从金融机构提取已存入的活期或定期存款。按实际发生数填列,即按本月内调查户实际提取的存款总金额填列,不包括利息和奖金。

借入款:指调查户向亲友或工作单位借入的现金。不包括临时周转借款(即当月归还的)以及因公从工作单位借入的现金,如旅差费等。

收回借出款:指调查户收回非当月借出的现金。

收回储蓄性保险本金:指收回到期的调查户支付的本金。

兑售有价证券:指出售股票、兑换债券的收入。出售股票收入仅计等于或低于原来购买股票时支付的金额,如果出售所得高于原购买金额,超出部分统计在财产性收入的"股息与红利收入"。兑售债券收入仅指购买时支付的金额,所得利息计入"利息收入"。

收回投资本金:指居民家庭从事除股票、债券以外的投资活动，结束投资行为时，收回的投资本金。如返还的集资款原值、出售艺术品、收藏品等回收的原值。

住房贷款：指居民家庭为购买住房向金融机构、住房公积金中心取得的银行贷款和住房公积金贷款。

汽车贷款：指居民家庭为购买消费用家用汽车从金融机构取得的银行贷款。

教育贷款：指为家庭成员就学向银行、学校申请的贷款。

其他贷款：指除住房、汽车、教育以外，以消费为目的向金融机构申请的贷款，如耐用品贷款、旅游贷款等。

其他借贷收入：指除以上几项外的各种借贷收入。

家庭总支出：指家庭除借贷支出以外的全部实际支出。包括消费性支出、购房建房支出、转移性支出、财产性支出、社会保障支出。支出统计是以实际购得的商品或服务的总价值填报，不论其付款方式是一次付清、分期付款，还是赊购，只要商品或服务已被消费就要按其总价值计量。如果采用分期付款或赊购形式，则要在借贷收入类相应的项目填入实付款与总的应付款的差额。

消费支出：指调查户用于本家庭日常生活的全部支出，包括食品、衣着、家庭设备用品及服务、医疗保健、交通和通讯、娱乐教育文化服务、居住、杂项商品和服务八大类等。不包括用于赠送的商品或服务。消费支出按商品（服务）的用途分类，详细解释见消费支出表。

服务性消费支出：指调查户用于本家庭支付社会提供的各种文化和生活方面的非商品性服务费用。不包括为别人付款的服务。服务消费与商品消费不同，其特点在于其劳动过程和消费过程在时间与空间上的统一。

服务性消费支出＝食品加工服务费用＋在外饮食业×50%＋衣着加工服务费＋家庭服务＋医疗费＋交通工具服务支出＋交通费＋通信服务＋文化娱乐服务费＋教育费用＋房租＋自有房租折算＋住房装潢支出×40%＋居住服务费＋杂项服务费

这一指标是派生的，由计算机根据各类消费支出的性质自动生成。

购房与建房支出：指包括居民家庭购买住房、建房时的全部支出。

购房：指购买商品房、房改房、二手房的房价支出。如采用按揭购房，按房屋全价计算，贷款部分计入“住房贷款”。不包括购买时交纳的各种税费（统计在财产性支出的住房指标中）。

建房：指自建房的全部支出，包括土地购置费、单位集资建房自付部分。不包括用于住房维修的建筑材料支出、人工费。

转移性支出：指居民家庭对国家、单位、住户、个人的转移支付。包括交纳的税款、捐赠和赡养支出等。

交纳的税赋：指调查对象向税务机关交纳的各种税款。如个人所得税、利息税等。

捐赠支出：指家庭赠送、捐款给别的家庭或个人、单位的支出，包括个人对公共设施建设的各类捐款。不包括实物，购买商品赠送亲友的支出记入消费支出。捐赠支出应按实际发生的金额计算，不论是从报告期收入中开支的，还是从银行存款、手存现金以及其他非经常性收入中开支的，均应包括在内。捐赠支出不论用途、对象、途径，只要是现金的无偿转让，均作为捐赠支出，如送给客人的路费、替亲友交纳的学费、为亲友支付的医疗费、寺庙的捐款均应作为捐赠支出统计。

购买彩票：指居民购买经政府批准公开发行的彩票支出。例如，福利彩票、体育彩票等。

赡养支出：指调查户因赡养和抚养义务而付给亲友的现金。不包括实物。赡养支出应按实际发生的金额计算，不论是从报告期收入中开支的，还是从银行存款、手存现金以及其他非经常性收入中开支的，均应包括在内。

在外就学子女费用：指供养在外地就学，不算作家庭人口的子女的学费、生活费。

各种非储蓄性保险支出：指不能收回本金的保险支出。如人身意外保险、疾病保险、财产保险、责任保险等。

车辆保险支出：指各类机动车保险支出。

其他转移性支出：指除交纳的税收、捐赠和赡养支出以外的转移性支出。如赔偿他人的支出；各种罚款，如交通罚款、违反计划生育罚款；兵役费；政府部门向居民提供服务收取的服务费，如迁户口的办理费、办理身份证费等。

财产性支出：指家庭购买或维护财产所支付的利息等有关费用。

非生产性贷款利息支出：指非生产性贷款、借款的利息支出。如果归还贷款时，本金与利息一起支付的，要进行分摊。

社会保障支出：指调查户成员参加国家法律、法规规定的社会保障项目中由个人交纳的保障支出。不包括职工所在单位交纳的那部分社会保障金。

个人交纳的养老基金：根据国家统一规定，按一定的工资比例个人交纳的养老保险金，以及私营企业主、个体经营户、其他人员全部由个人承担的养老保险金。

个人交纳的住房公积金：指参加住房公积金制度的个人由单位从工资中代扣的住房公积金。

个人交纳的医疗基金：指职工参加医疗保险个人交纳的医疗基金。

个人交纳的失业基金：指职工参加失业保险个人交纳的失业基金。

其他社会保障支出：指以上几项以外的个人支付的其他各种社会保障支出。

借贷支出：包括所有权没有变化的周转性支付，如存入储蓄款、借出款；资金归还，如归还借款、归还各类贷款等。

存入储蓄款：指存入各类金融机构的存款。

借出款：指调查户借给亲友的现金。不包括临时周转借款（即当月归还的）。按各月实际发生数填列。借出款与借入款应分别计算，不可相互冲抵。

归还借款：指调查户归还过去从各种途径借入的现金。不包括归还旅差费等因公借款。

储蓄性保险支出：指调查户参加储蓄性保险的支出。储蓄性保险是到期能归还保险本金，并能获得增值的险种。包括财产两全保险，人身两全保险、养老保险等能收回本金的储蓄性保险。

购买有价证券支出:指购买由政府、公司发行的各类股票、债券支出。债券一般有事先约定的利率和兑付期限。股票是对公司出资额的一种凭证。购买股票既包括上市公司的股票,也包括非上市股份公司的股票。股票收益主要有分红、送股、转让溢价。包括职工参与企业集资所交纳的集资款。

其他投资支出:指除购买各类有价证券、参加储蓄性保险投资行为以外的各类投资支出。如为转卖增值而购买的字画、邮票、古董、工艺美术品等;购买店面用于出租、购买汽车承包给他人营运的购车支出;民间高利息的借贷支出也作为其他投资支出。由于换户而造成的现金收支不平衡,如期初手存现金、家庭总收入、借贷收入之和小于家庭总支出、借贷支出、期末手存现金之和,则将差额填入"其他借贷收入";反之,如后者之和小于前者之和,则可将差额填入"其他借贷支出"。由于漏记账而发生的不平衡,不可作"其他借贷收入(支出)"记账。

归还住房贷款:指归还因购置住房向金融机构或住房公积金中心申请的贷款本金,不包括贷款利息。

归还汽车贷款:指除归还汽车贷款的本金,不包括贷款利息。

归还教育贷款:指归还教育贷款的本金,不包括贷款利息。

归还其他贷款:指除归还上述贷款以外,而从银行贷款的本金,不包括贷款利息。

其他借贷支出:指除以上几项以外的各种借贷支出。如各种押金、计划生育保证金、住房保证金等。

期末手存现金:见期初手存现金。

消费支出:指调查户用于满足家庭日常生活消费需要的全部支出,包括食品、衣着、家庭设备用品及服务、医疗保健、交通和通讯、娱乐教育文化服务、居住、杂项商品和服务等八大类。消费支出构成是按照商品或服务的用途进行分类,如果消费支出的目的与用途不一致时,必须按照用途归入相应类内。

食品:指居民为摄取身体所需要的营养和满足某种嗜好而进食的各种消费品,包括在商店、集市、工作单位食堂和饮食业购买的主食、副食、烟草、酒、饮料以及干鲜瓜果、糖果、糕点、奶制品等。

粮食:指居民用作主食的各种成品粮及其加工品,包括大米、面粉、粗杂粮以及各种粗、细粮制品,不包括薯类、豆类及糕点食品。

大米:包括粳米、籼米、杂交米、糯米等。

面粉:指小麦面粉。

其他粮食及制品:包括大米面粉之外的其他各种粗杂粮,如玉米、小米、大麦等,以及各种粮食类的加工制品,包括生制品和熟制品,如面包、馒头、面条、方便面、饺子皮、米粉等。

淀粉及薯类:各种薯类、淀粉以及淀粉制品。包括马铃薯、红薯及各种淀粉和制品。

干豆类及豆制品:包括大豆、杂豆等各种豆类及豆制品。

油脂类:指各种食用油脂,包括植物油和动物油。

食用植物油:以植物果实为原料榨取的油料。包括花生油、菜籽油、芝麻油、豆油、茶油、葵花籽油等。也包括以几种植物果实为原料混合加工提取的食用调和油、色拉油等。

食用动物油:指各种生、熟的动物油,包括猪油、黄油等,如果购买生猪油加工食用,其数量按八折计算。

肉禽蛋水产品类:包括肉、禽、蛋和水产品。

肉类:指各种家畜、野畜肉食品,包括活的、鲜的、冻的以及各种加工制品。

猪肉:指鲜、冻猪肉,包括内脏、头、爪、皮、骨头、猪血。不包括各种猪肉加工品。

牛肉:指鲜、冻牛肉,包括内脏、头、爪。不包括各种牛肉加工品。

羊肉:指鲜、冻羊肉,包括内脏、头、爪。不包括各种羊肉加工品。

其他肉及制品:指猪、牛、羊肉以外的兔、驴、马、狗、蛇肉以及各种野畜肉等,以及各种肉的加工制品,包括熟肉品、酱肉、腊肉、咸肉、火腿、香肠、火腿肠、西式火腿、红肠、各种灌肠、烤羊肉串、肉松、肉干、肉元、鲜肉贡丸、油炸猪肉皮以及各种肉罐头等。

禽类:指用于食用的各种家禽和野禽。

鸡:指食用的活鸡、白条鸡、分割的鸡腿、鸡翅、速冻的鸡脯肉,包括鸡头、鸡爪、鸡架、各种内脏,不包括加工品。

鸭:指食用的活鸭、白条鸭、分割的鸭腿、鸭翅,包括鸭头、鸭爪、各种内脏。不包括加工品。

其他禽类及制品:指鸡、鸭以外的各种禽类。如鹅、鹌鹑、野鸡、野鸭、火鸡、鸽子等,以及家禽和野禽的腌、腊、酱、烧、熏、烤制品以及各种禽制罐头等,也包括内脏加工品。

蛋类:包括各种禽蛋和禽蛋制品。

鲜蛋:指鲜鸡蛋、鲜鸭蛋以及各种鲜禽蛋,如鹅蛋、鹌鹑蛋等,不包括蛋制品。

蛋制品:各种禽蛋的加工制品,包括咸蛋、松花蛋(也称皮蛋、彩蛋)、冰蛋、糟蛋、茶叶蛋等。

水产品类:包括鱼、虾、蟹、贝、藻等各类海水和淡水产品。

鱼:包括各类海水鱼和淡水鱼。主要有黄花鱼、带鱼、草鱼、鲤鱼、鲢鱼、鲫鱼、鲳鱼、鳗鱼、黄鳝、鲥鱼、扁鱼、黑鱼等。

虾:包括海水和淡水产的活、鲜、冻、咸、干的各种虾,主要有对虾、毛虾、米虾、白虾、沼虾、龙虾、河虾、草虾、基围虾等。包括熟虾、各种虾制品、虾罐头等,如虾皮、虾米、虾干、虾仁。不包括虾片(可列入各类淀粉及制品项目)、虾油(列入调味品)、虾酱(列入其他水产品项目)。

其他水产品及制品:指鱼和虾以外的各种水产品,主要包括各种水生软体动物和蟹类。品种有:淡菜、干贝、海蛎、海参、海蜇、蛤利、蛆子、河蚌、蚬子、螺蛳、墨鱼、牡蛎、生蚝、鲜贝、赤贝、扇贝、鱿鱼、章鱼;蟹的主要品种有:海蟹、河蟹、青蟹、梭子蟹,还包括龟、鳖、食用的青蛙、海菜、石花菜、海带、紫菜。包括其它水产品的制品,如人造海蜇。

水产制品是指经过腌、干、薰等方法加工的水产制品,包括鱼干、鱼丸、海鲜贡丸、鱼松、烤鱼片、油炸鱼、熏鱼以及各种鱼虾罐头。论袋、论包、论只买的应根据实际情况折算统计。

蔬菜类:包括各种叶菜、茎菜、根菜、花菜、果菜以及各种食用菌类。

鲜菜:指没有经过腌制、干制、霉制等加工的新鲜的蔬菜。包括经过简单洗切的净菜。主要品种:白菜、洋白菜、菠菜、油菜、芹菜、韭菜、空心菜、大葱、菜花、萝卜、胡萝卜、葱头、生姜、莴笋、蒜台、蒜头、黄瓜、冬瓜、丝瓜、西红柿、茄子、青椒、豆角、莲藕、豆芽菜、毛豆角、红辣椒、蚕豆芽、鲜黄花菜、鲜香菇等。

干菜:指鲜菜经过干制的加工品。包括干制的笋干、黄花菜、黑木耳、蘑菇、食用白木耳等菌类食品。也包括水发的笋干、黑木耳。

菜制品:指鲜菜的再制品。包括腌菜、榨菜、泡菜、酱菜、萝卜干、蔬菜罐头、速冻蔬菜等。

调味品:包括食用盐、酱油、虾油(鱼卤)、醋、味精、鸡精、糖精、料酒、辣椒酱、花生酱、芝麻酱、蕃茄酱、花椒、八角、茴香、胡椒、咖喱粉、五香粉、炸鸡粉等。

糖烟酒饮料类:包括各类糖、烟草、酒类和饮料。

糖类:以糖为主要原料,生产加工的食品。包括食糖、糖果、糖类小食品。不包括糖精。

烟草类:包括卷烟、烟叶。

酒类:是用高粱、大麦、米、葡萄或其他水果发酵制成的含酒精饮料。主要有白酒、黄酒、葡萄酒、啤酒。

白酒:由淀粉或糖质原料制成酒醅或发酵经蒸馏而得,是一种蒸馏酒。包括散装和瓶装两种,瓶装、罐装、坛装的应折合成千克计算。

果酒:以各种水果以及某些野生果实用发酵法酿成的酒,主要有葡萄酒、苹果酒、荔枝酒、桔子酒等,瓶装的应折合千克计算。

啤酒:以大麦芽、酒花为主要原料,经酵母发酵作用而成的包含二氧化碳的低酒精度酒。包括罐装、瓶装、散装的鲜啤酒、熟啤酒、黑啤酒、黄啤酒,罐装和瓶装应折合成千克计算。

其他酒:指白酒、果酒、啤酒以外的各种含酒精饮料和泡制酒。包括黄酒、米酒、五加皮酒、人参酒、香槟酒、汽酒及各种滋补酒等。不包括药酒和作调味用的料酒,药酒可计入滋补品,料酒可计入调味品。

饮料:饮料是指以水、粮食、果蔬或奶为基本原料加工而成的流体、半流体或固体冲剂食品。不包括白开水。

碳酸饮料:包含二氧化碳的非酒精液体饮料。包括盐汽水、甜汽水、果味汽水,以及罐装、瓶装、杯装的各种可乐。

瓶装饮用水:包括小瓶装的矿泉水、纯净水、天然水等。也包括饮水机用的桶装饮用水。

茶叶:以茶树新梢上的芽叶嫩梢为原料加工而成的产品。主要分为绿茶、红茶、黄茶、黑茶、白茶、青茶、花茶等。

其他饮料:指除碳酸饮料、果蔬饮料、瓶装饮用水、咖啡可可粉以外的各种非酒精饮料。主要有果味晶体饮料(桔子粉、酸梅粉、山楂晶、菊花晶)、白菊花、非奶制冰棍等。

干鲜瓜果类:包括干鲜瓜果及制品。

鲜果:包括苹果、梨、山楂;桃、杏、李、梅、樱桃、葡萄、柿子、猕猴桃、草莓、树莓、越橘、香蕉、椰子、芒果、菠萝、龙眼、荔枝、枇杷、杨梅、油橄榄、石榴、甘蔗、荸荠、莲蓬、百合等。不包括各类坚果。

鲜瓜:包括西瓜、甜瓜、哈密瓜等。

其他干鲜瓜果类及制品:指鲜果、鲜瓜以外的各种干鲜瓜果及制品。主要有干果、坚果、果仁及瓜果制品等。干果是由各种水果经过日晒或烘干而成的食品。带壳的有荔枝干、桂圆干等;带皮的有葡萄干、红枣、黑枣、南枣、无花果等;对切的有杏干、桃干等;片状的有山楂干、苹果干、梨干等。瓜果制品是指鲜瓜果经过工业加工而成的再制品,包括各种蜜饯(果脯、桔饼、加应子、话梅、蜜饯、蜜枣等)、水果罐头、果酱、山楂糕、山楂片等。坚果及果仁包括生的和熟的大核桃、小核桃、板栗、银杏、榛子、松子、瓜子、花生、芝麻和各种坚果及果仁的加工品。包括湿花生、嫩花生、鱼皮花生、糖衣花生、油炸花生等。

糕点:指以面粉和糖为基本原料,以油、蛋、奶、果仁、果料等为辅料,经过调制、成型、熟制而成的食品。包括饼干和蛋糕、冻米糕、米花糖,不包括面包。幼儿园、中小学生交纳的点心费,如不能分清具体品种,归入糕点指标。

奶及奶制品:包括鲜奶品、奶粉、酸奶以及其他奶制品。不包括代乳粉、糕干粉等以粮食或豆类为主加工的制品。

鲜乳品:包括牛奶、马奶、羊奶、以及以鲜奶为主要原料配制的混合奶,不包括酸奶、活性乳、奶粉等各种奶制品,也不包括豆奶。

奶粉:以鲜奶为原料,经预处理及真空浓缩,然后喷雾干燥而制成的粉末状食品。

酸奶:以牛(马、羊)乳为原料,接入专用菌种,经保温发酵而制成的乳制品。

其他奶制品:指除鲜奶、奶粉、酸奶以外的以奶为主要原料制成的加工品,包括炼乳、奶酪、麦乳精、可可奶、活性乳,也包括以奶为主要原料制成的冷食,如冰淇淋、雪糕。不包括含奶量很低的各种果奶饮料。

其它食品:指上述各类食品以外的其他食品,包括半成品净菜、面筋、奶糕、代乳粉、蜂蜜、发酵粉、甜酒药、糖桂花、各种膨化食品等。

饮食服务:包括在外用餐和食品加工费。

食品加工服务费:指用于食品加工所支付的加工服务费,包括磨粉、爆米花、炒花生、做糕点、加工彩蛋等费用。

在外饮食:指在家庭以外地点的自费用餐支出,包括在单位食堂、餐饮业、亲友家的用餐支出。对于从单位食堂、餐饮业购买并带回家直接食用的食品,若能单列具体品种的,则分别计入相应的食品项中,若不能单列的,则作为在外用餐支出。公费在外饮食不含在内。

衣着:指各种穿着用品及加工穿着品的各种材料,包括棉、麻、丝、毛和各种人造纤维、合成纤维纺织的各种布匹、呢绒、绸缎及其加工的服装,各种鞋、袜、帽及其他零星穿着用品等。

服装:指以各种棉布、棉花化纤混纺布、化纤布、呢绒、绸缎、毛皮等为材料加工的各式服装,以及棉、麻、毛、丝、化纤纯纺或混纺经针织而成的服装,按穿着对象分为男士服装、女士服装、各式童装,不包括塑料雨衣和胶布雨衣(雨披)。

衣着材料:指以棉、麻、丝、毛和各种人造纤维纺织及混纺的各种衣着材料,也包括加工衣着品所需的其他各种材料。不包括用于加工床上用品、窗帘、台布的布料。

鞋类:包括用棉布、呢绒、绸缎、化纤、塑料、橡胶、皮革、人造革等为材料制作的有各种式样和用途的皮鞋、旅游鞋、布鞋、雨鞋、凉鞋、拖鞋、运动鞋、健身鞋、婴儿鞋等。

其他衣着用品:指除服装、鞋以外的各种穿着用品,主要有帽子、袜子、手套、护脚套、耳罩、胸罩;装饰性服饰件,如头纱、披巾、红领巾、领带、领带夹、面纱、发带、围巾;雨披;鞋垫;鞋带;皮带等。

衣着加工服务费:指为加工服装、鞋、帽等穿着用品所支付的各项加工维修、保养和洗涤等服务费。包括拷边、裁剪、绒线编结(手织或机织)、打油、洗涤、修鞋等费用。

居住:指与居住有关的支出,包括住房、水、电、燃料方面的支出。

住房:指调查户用于住房的直接支出,包括房租、房屋维修支出、物业管理费、房屋装潢支出。

租赁房房租:指调查户租赁公房或私房支付的房租。不包括外出住旅店、宾馆或招待所支付的住宿费。如果单位管理的宿舍,房租、水、电合并计算的,要根据实际情况估算分摊,分别计入房租、水费、电费项内。

住房装潢支出:装潢是指依附于建筑物的各种装修支出,装潢后与建筑物合为一体,不能搬移。主要包括水电装修、墙面、门窗、地面、顶装饰、厨房间、卫生间的装修等。包括全部装潢材料和人工费。不包括装潢时制作的各种家具、电器支出和饰品的支出。

维修用建筑材料:指调查户购买用于住房维修的各种建筑材料支出。如木材、水泥、钢筋、砖、瓦、防水材料、玻璃、防盗门、防盗窗、雨蓬等。不包括新建住房购买的各种建筑材料支出。

其他住房支出:指调查户用于房租、房屋维修支出、物业管理费、房屋装潢支出以外的其他住房支出。

水电燃料及其他:指调查户支付的水费、电费、燃料费、取暖费等支出。

水:指调查户支付的自来水费。不包括桶装饮用水。其消费量以吨或立方米为计量单位。

电:住户用于照明和使用家用电器等所支付的电费。

燃料:指家庭用于购买煤炭、液化气、煤气等的燃料支出。

煤炭:包括原煤、煤球、蜂窝煤。论个、论筐、论车购买的都要按实际情况折算成重量(千克)计算。

罐装液化石油气:指罐装的液化石油气。

管道液化石油气:指通过管道运输供调查户使用的液化石油气。

管道煤气:指通过管道运输供调查户使用的煤气、包括焦炉煤气。

管道天然气:指通过管道运输供调查户使用的管道天然气。

柴油:指用于燃料的柴油。

其他燃料:指煤炭、液化石油气、管道煤气以外的各种燃料,包括煤油、柴油、酒精、柴草、木炭等家用燃料。

取暖费:指调查户使用集中供暖而支付的取暖费用。

其他相关支出:指调查户用于水、电、燃料支出以外的其他支出,包括取暖费、管道燃气的初装费、液化气的开户费、电力一户一表的扩容费等。

居住服务费:指用于住房各种服务费用,包括物业管理费、住房维修服务费等。

物业管理费:指住户向承担本住宅管理的物业管理部门交纳的物业管理费。包括治安费、清洁费、绿化费等。

维修服务费:指调查户用于住房装潢和维修房屋所支付的人工费、招待费等。

其他居住服务费:除上述各项住房支出外的其他各类住房支出

家庭设备用品及服务:指家庭各类日用消费品及家庭服务。包括日用耐用消费品、室内装饰品、床上用品、家庭日用杂品、家具、家庭服务。不含个人用品和服务。

耐用消费品:指价值比较高、消费期较长的家用电器和家庭设备。

家具:主要有坐卧类家具,如椅子、凳子、沙发、床;凭椅类家具,如桌子、茶几;贮藏类家具,如柜、箱;隔断类家具,如屏风等。

家庭设备:指家庭使用的各类电气和电子器具,不包括文娱用家电。包括制冷电器,如冰箱、冷饮机;空气调节器,如空调、电扇、冷热风机、换气扇、空气除湿机;清洁电器,如洗衣机、电熨斗、吸尘器、干衣机;厨房电器,包括热水器、微波炉、电饭煲、消毒碗柜、电炒锅、食品加工机;电暖器具,如取暖器、油汀等。

洗衣机:指一次洗衣在 6 公斤以下的自动、半自动、单缸、双缸、滚筒家用洗衣机,不包括手摇洗衣机。

电冰箱(柜):指单门、双门、三门家用电冰箱,包括冰柜。

微波炉:指利用微波辐射来烹饪食物的厨房电器。

空调器:指具有空气的加热、冷却、增湿、除湿等功能的空气调节器,不包括冷暖风机。

淋浴热水器:指家用淋浴热水器,包括电热水器、燃气热水器、太阳能热水器。

消毒碗柜:利用红外线对食用器具进行杀菌消毒的电子器具。

洗碗机:利用电力清洗碗、碟、杯、盘等餐具的厨房电器。

其他家庭设备:指以上各列以外的其他各项家庭设备。包括电风扇、电炊具、排油烟机、吸尘器、饮水机、取暖器、排气扇、电熨斗、甩干机、食品加工机、干衣机等。

室内装饰品:指美化、装饰房间用的各种装饰品及工艺品,包括纺织装饰品、装饰灯具及其它装饰品。不含珍藏的艺术品。

纺织装饰品:指用于房间装饰用的纺织品及纺织工艺品。包括棉、麻、丝、化纤等为原料纺织或编结的窗帘、台布、茶具罩、电视机罩等,也包括各种装饰用的织锦品和刺绣品以及其他纺织工艺品等。

装饰灯具:指带有各种装饰性、艺术性的灯具。如落地灯、吊灯、壁灯、吸顶灯、工艺台灯等,一般价格比较高。不包括普通的照明灯具,如日光灯、白炽灯、荧光灯以及各种节能灯等以照明为主要目的普通灯具。

其他装饰品:指除纺织装饰品和装饰灯具以外的各种室内装饰品。包括各种泥、石、塑、竹、木、骨、石膏等各种材料制作的雕塑品、插花,以及字画、条幅、年画、挂历、花架、盆景、陶瓷工艺品、塑料百页窗、塑料和木珠门帘、塑料台布等。

床上用品:指以棉、毛、丝及合成纤维等材料纺织或针织制品,各种纺织品制成的各种床上用品。包括毛毯、床单、被单、床罩、被套、枕具、蚊帐、凉席、垫褥以及各种棉被、鸭绒被、棉毯、线毯、电热毯、毛巾被等。

家庭日用杂品:指除家具、室内装饰品、各种家庭设备以及床上用品以外的各类家庭日用品。包括厨、炊、茶具、家用工具、家庭清洁用品等日用杂品。包括各种材料制作的锅、勺、刀、水壶、案板、水缸、碗、碟、匙、筷,各种炉灶具(电炉、煤油炉、煤炉、鼓风机、煤气灶、煤气瓶等)、各种茶具及咖啡具等;各种榔头、钳子、锯子、板手、锉刀、泥刀等泥工、木工、电工等家用工具;肥皂、香皂、洗衣粉、洗衣皂、丝毛洗剂、洗洁精、去污粉、衣物漂白剂、衣物柔软剂、空气清新剂、家居消毒剂、除臭剂、家具光亮剂、地板蜡、鞋油等家居清洁用各种日用化工产品;小五金(如元钉、木螺丝、铁丝、合页、插销、门勾、锁等);各种电料(如插座、插头、开关、灯头、电线、镇流器、日光灯管、日光灯架、灯泡、灯罩、普通台灯、电表);各种材料的自来水管、各种水笼头、阀门、水表等;各种保温瓶(如大口冰瓶、热水瓶、气压热水瓶、瓶胆等);各种扫帚、床刷、剪刀、扇子、竹帘、烟筒、火柴、照明用蜡烛、各种灭蚊用品、电池、皮鞋刷等;各种材料制成的脸盆、脚盆、水桶、洗衣板、簸箕、手电筒、窗纱、雨伞等;各种纸制品(如卫生纸、卫生巾、餐巾纸、皱纹纸、纸杯等);各种购物袋(如网线袋、塑料袋、纺织袋、编织袋等);做衣服用的针线、顶针、编织衣物的针、勾针等。

家具材料:指自制家具用的材料,包括木材、胶合板、纤维板、玻璃、粘胶、油漆以及各种零配件材料等。住房装潢时自制的各种柜、家具,应对用于家具部分的支出进行估算。

家庭服务:指家政服务支出及加工维修费用。

家政服务:指家庭日常生活中,各类家庭服务所支付的费用,如雇请的长期或计日、计时的保姆费、钟点工;搬运费;送气费;送煤费、管道疏通费等。不包括家庭的托幼费、归入物业管理的治安费和清洁费。

加工维修服务费:指家庭用于加工和维修所支付的服务费用。包括各种设备维修(零配件)、自制家具加工费、修锁和配钥匙的费用等。

医疗保健:指用于医疗和保健的药品、用品和服务费用。包括医疗器具、保健用品、医药费、滋补保健品、医疗保健服务及其他医疗保健费用。实行医疗改革的单位,医疗基金(医保卡)支付的全部费用计入工资及补贴收入中,同时记入相应的医疗保健支出中。个人先现金支付然后到单位报销的医疗费在记入相应消费的同时,如果是在职职工则记入工资性收入,如果是离退休职工则记入离退休金中。

医疗器具:指家庭购买的用于医疗的器具。包括血压计、体温计、注射器等。

保健器具:指用于身体保健的器具。包括按摩器、健身球、磁疗枕(药枕)、护膝、护腰、护肩等。不包括体育运动器械,如扩胸器、哑铃等。

药品费:指去医院治疗或直接向药店购买的西药、中成药、中草药(包括药用的白木耳),包括输血费。交纳的子女统筹医疗费也作为药品费统计。不包括滋补品和可报销部分的药品费。

滋补保健品:为了简化统计归类,市场上销售的具有滋补保健作用的保健食品均统计在内,包括人参、鹿茸、蜂王浆、阿胶、青春宝、西洋参、各种营养口服液、燕窝、胎盘等。

医疗费:指用于医疗保健的服务性支出。包括挂号费、诊疗费、注射费、手术费、透视费、镶牙费、出诊费、送药费、陪侍费、住院费、救护车费等。

其他医疗保健支出:指除医疗器具、保健用品、药品费、滋补保健品、医疗保健服务以外的其他医疗保健支出,包括胶布、纱布、药棉及学习气功和太极拳学费等。

交通和通信:指用于交通和通信工具和相关的各种服务费、维修等支出。

交通:指购置交通工具及零配件、支付各种交通费、修理服务费、油料费等的支出。

家庭交通工具:指家庭购买摩托车、自行车、家用汽车及其他家庭交通工具的支出。不包括购买经营用交通工具。

摩托车:以汽油机为动力的二轮或三轮机动车,包括轻便摩托车。

助力车:也称助动车,主要以电力、小型汽油发动机为辅助动力的二轮或三轮车。

家用汽车:指购买以消费为主的各种家用汽车。包括轿车、面包车等。

其他交通工具:指除摩托车、助力车、家用汽车以外的其他交通工具。包括三轮车、自行车、残疾人车、母子斗车以及购买零件自行装配的自行车等。

车辆用燃料及零配件指用于家庭交通工具的燃料及充电费和零配件。

燃料:包括汽油、柴油、机油、电瓶以及电瓶充电费。

汽油:指购买车辆用汽油的费用。

柴油:指购买车辆用柴油的费用。

零配件:指购买交通工具的零配件支出。包括摩托车头盔、挡风板、挡泥板、防冻手套、护膝等。

交通工具服务支出:除车辆用油支出和零配件外的使用各项交通工具所发生的相关费用,包括交通工具维修费其它相关支出。

维修费:指维修各种交通工具的支出,不包括零配件支出。

汽车使用税费:指汽车使用中所支付的各种税、费。包括购买时支付的相关费用,如上牌费、牌照成本费、喷码费、销售单位出库费、过路费、过桥费、停车费;也包括养路费、车辆管理费、车辆年检费、排污费等。包括与汽车有关的各种税及汽车内装修费用。

其它车辆使用费:指除汽车外的其它车辆的使用费。

交通费:指家庭成员乘坐各种交通工具所支付的交通费。不包括因公出差暂由个人垫付的交通费。

飞机:指家庭成员乘坐飞机旅行的机票费及机场建设费。不包括保险费,保险费计在"非储蓄性支出"内。

火车:指家庭成员乘坐火车旅行的火车票费及相关的订票费等。

长途汽车:指家庭成员乘坐除市内公交汽车以外的长途汽车旅行(一般指车程在三小时以上)的汽车票费。

市内公共交通:指家庭成员乘坐市内交通工具出行的车票费。如公共汽车、地铁、轻轨铁路等。不包括乘坐出租汽车和其它交通工具。

出租汽车费:指乘坐出租汽车所支付的交通费,出租汽车一般以里程计费。包括向汽车租赁公司租用汽车的租用费。不包括公共小汽车、机动三轮车等的费用。

其他交通费:指除以上各类交通工具以外的各类其它交通工具费用。如三轮车费、摆渡费等。不包括公园内的车船及摆渡费、以及碰碰车、脚踏船、自划船的租借费(列入文娱费)。

通信:指家庭用于通信方面的全部支出。包括通信工具、电话费、邮费及其他通信费用。

通信工具:指购买各种通信工具所支付的费用。包括固定电话机、移动电话机、寻呼机、传真机等。

电话机:指购买固定电话的电话机支出,不包括电话初装费。

移动电话机:指购买移动电话的电话机,包括本地通、小灵通。不包括入网费。

其他通信工具:指购买电话机、移动电话机以外的通信工具,如对讲机、寻呼机、传真机等,也包括为通信工具购买的附件及零配件,如移动电话电池、皮套、挂件、电话线、电话号码簿等。

通信服务:指家庭用于电话初装费、入网费、电信费、邮费等方面的服务支出。

电信费:指居民交纳的电信业务使用费,包括月租费、特种业务费和根据通信时间和次数收取的通信费,也包括购买IC卡、IP卡、磁卡等各种电信卡费、电报费、电传费、公用电话费、公用电话呼叫费、电报纸费等。

邮费:指用于邮寄信件、包裹以及汇款等支付的邮资,也包括购买包装匣、包装箱的费用、包装费、特快专递的信封费、包裹超时保管费。不包括为集邮所支付的费用。

其他通信服务费:指除购买通信工具、电信费和邮费以外的其它家庭通信费。包括移动通信工具的修理费,各类通信工具的安装费和入网,即为取得特种电讯业务的使用权向电信部门支付的费用,如申请固定电话交纳的电话初装费、移动电话的入网费、申请一线通(ISDN)的专线费、申请163账号的入网费等。

教育文化娱乐服务:指调查户用于教育和文化娱乐方面的支出。

文化娱乐用品:指调查户用于购置家庭文娱用耐用消费品和其它文娱用品的支出。其中,购买家庭影院的根据其设备配置情况分别记为彩色电视机、影碟机、组合音响等。

彩色电视机:也称彩色电视接收机。包括显像管彩色电视机和固体显示(液晶显示、等离子显示)彩色电视机,不包括可以接收电视的计算机。

家用电脑:指有显示器、中央处理器、键盘输入设备、存贮器等主要部件组成的家用电子计算机,主要有台式计算机和便携式计算机。不包括学习机、掌上电脑。

购买整机:指一次购买剧具有显示器、主机、键盘全部部件的计算机。包括自行购买散件一次性组装而成的计算机。

计算机外部设备:指安装在主机外的计算机外部附属设备。主要包括显示器、键盘、鼠标、外置光驱、移动硬盘、扫描仪、打印机、音响、调制解调器、数码摄像头等。

各种零配件及耗材:指令性购买主机内的各种零件和配件。

组合音响:指收录、扩音、放音等两件和两件以上的多功能组合音响。不包括普通音箱以及自制的音箱。

摄像机:把景物的图像和现场的声音转换为电子信号的设备。不包括有录像功能的电视监视器。

照相机:把景物记录在感光材料或磁性材料上的设备。包括普通照相机和数码照相机。

钢琴:击奏弦鸣乐器,主要部件包括键盘、踏板、击弦机、弦槌、琴弦、金属框架及共鸣板。主要式样有三角钢琴和立式钢琴。

其他中高档乐器:指除钢琴以外的价格在200元以上的各种中高档乐器。包括提琴、手风琴、吉他及各种电子乐器。

健身器材:指价值500元以上的体育锻炼器械,如跑步器、划船器等,不包括医疗功能的按摩器。

电子词典:指各类袖珍电子工具。包括好易通、商务通、掌上电脑、快译通等。不包括计算器。

音像制品和软件:指除用于教育之外的记录声音、图像、文字等的磁介质和各类光盘。包括磁带、录像带、CD、VCD、DVD、游戏娱乐光盘、电子书籍等。

体育用品:包括各类体育运动器材和体育用品。如球类、棋类、乒乓球板、乒乓球台、小型健身用品(哑铃、拉力器)、秒表等,不包括运动服、运动鞋。

书报杂志:指除教材及参考书以外的各种中外文图书、报纸、杂志。预订的书报杂志按订购的全部金额记入付款当月。

纸张文具:包括各种簿册、纸张、各种笔、文具盒、墨水、图钉、胶水、日历、写字台板玻璃、书立、电子计算器等。

其他文娱用品:指除上述所列文娱用耐用消费品和音像制品、体育用品以外的各类文化娱乐用品。主要包括电唱机、录像带倒带机、单放机和自制音箱、照相器材、各类玩具、低档乐器、扑克、游戏带、胶卷、鞭炮、集邮品(不包括用于投资的)、价值低廉的饰品、钓鱼用具、喂养花、宠物的食物、用具、肥料支出、有线电视接线和信号分配器、儿童玩具童车、明信片、贺卡、请柬、鲜花、盆花等。

文化娱乐服务:指和文化娱乐活动有关的各种服务费用。

参观游览:指参观各类展览、游览公园的门票及游览设施的使用费。

健身活动:指为锻炼身体而进行的各类健身活动的费

用。如游泳、打球、去健身房等。如果是一次性购买活动卡，要一次性记录花费。

团体旅游:指随旅游团参加国内或出境旅游，无法拆分旅游花费的。如是自费旅游或可以拆分旅游花费，需分别记入各项花费中。

其它文娱活动费:指除以上 3 项文娱活动以外的其它文娱活动费。如电影票、演出门票、体育娱乐用品的租借费、游泳场的沐浴费、存衣费、有限电视安装及使用费等。

文娱用品修理服务费:指文娱用品的修理服务费用及零配件。

教育:教育是指按一定的目的要求，对受教育者的德育、智育、体育、爱好、技能等诸方面施以影响的一种有计划的活动，与这一活动直接相关的支出即为教育支出。包括学费、教材费、家教费、赞助费、寄宿学生的住宿费等。

教材:接受各类教育购买的学习用书。

课本及参考书:指用于教育的教材及参考书，包括成人教育(包括自学者和五大生)，大、中、小学学生以及幼儿的课本、讲义和其他各种学习用书，也包括报考研究生、公务员的考前培训班书费。

教育软件:指家庭购买的各种教育用软件支出，如英语学习软件、中小学教材辅导软件等。包括系统工具软件，不包括游戏软件、电子书籍及娱乐用 CD、VCD、DVD 等。

其它教材:指课本及参考书和教育软件以外的各类教育用书。

教育费用:包括付给学校的各种学费、杂费及其它教育支出。

非义务教育学杂费:指高中及以上学生以及在非国立学校就读的学生在校期间交纳的各种学费和杂费。

义务教育学杂费:指在义务教育期的中、小学学生在公立学校学习而支付的学杂费，包括学费、杂费、报告费、补课费以及学生参加必须参加的文化艺术、体育班学习的费用(自愿参加的培训班费用不计在其中)、向学校交纳的各种管理费、电费、困难班费、自备课桌椅购置费、电扇费等，不包括课本及讲义费，如一并交付的应进行分摊，部分费用列入教材及参考书支出项目中。

托幼费:指支付给幼儿园、托儿所和请私人带小孩的费用。不包括伙食费、家庭保姆工资以及可报销的部分托幼费。

成人教育费:指用于成人教育所支付的有关教育费用，包括学杂费、报名费、听课费、培训费等。

家教费:指聘请专业人员在家庭给子女进行各类辅导的费用。包括语文、数学等文化课的家教费，也包括对子女进行音乐、美术等艺术教育的家教费。

培训班:指在校学生自愿参加各种类型的培训班所交纳的费用。

学校住宿费:指在本市寄宿的学生在学校所交纳的住宿费。

其他教育费用:指除上列各项教育费用以外的其他教育费支出。如赞助费、转学费、捐资助学费、旁听费、教材及参考书租借费等。

其他商品和服务:指无法直接归入上述各类支出以外的个人用品和其他商品与服务支出。

其他商品:指七大类以外的个人用品和各种其他商品。

金银珠宝饰品:指以珍珠、玉器等珠宝和金银制作或镀金、镀银的耳坠、耳针、手镯、戒指、项链、胸针、头簪等装饰品。不包括价值低廉的玻璃、铝制饰品(列入文娱用品项目中)等。

手表:一种戴在手上的计时工具，包括机械表、电子表、石英表、自动表。不包括怀表和运动秒表。

理发美容用具:指用于理发和美容的工具。包括剃须刀、刮脸刀具、理发用具、镜子、梳子、电吹风、卷发器等。

化妆品:指清洁、保护、美化人体面部、皮肤以及毛发等的日用化学品。包括护肤化妆品、毛发化妆品、美容化妆品。主要有:胭脂、粉饼、指甲油、洗面奶、润肤霜、爽肤水、唇膏、眉笔、香粉、香水、头油、摩丝、定型水、焗油膏、倒膜膏、染发用品等。

其他商品:指饰品、手表、化妆品、理发美容工具以外的各种个人用品支出，包括手提包、眼镜、牙膏、牙刷、毛巾、打火机、怀表、表带、手杖、发套、甘油、蛤蜊油、痱子粉、花露水等。包括无法列入七大类支出的其他各类商品，如迷信用品、丧葬用品、老鼠药、蟑螂药、各种驱蚊药水(片)等。

服务:指用于个人消费中的服务费，包括旅馆住宿费、理发洗澡费、美容费等。

旅馆住宿费:指居住饭店、旅馆、招待所等场所支付的住宿费，不包括住校的住宿费。

理发洗澡费:指用于一般的理(烫)发和洗澡费用。不包括出于美容和其他需要而支付的染发、中高档烫发、修发和蒸气浴、桑拿浴以及修脚、搓澡、按摩的费用。

美容费:指出于美容的目的而支付的服务费。包括整容、面部护理、整形、染发、中高档烫发等。

其他服务费:指除理发洗澡费、美容费以外的其他服务费，包括蒸气浴、桑拿浴以及修脚、搓澡、按摩的费用。包括无法归入七大类服务支出的其他各项服务支出，如迷信服务费、丧葬费、请律师等(指非营业性)的诉讼费、公证费以及部分证件的工本费，参加各类应聘的报名和考试费(与教育类中的考试报名费不同)。对服务性支出，根据用途性质记入相应的七类商品支出中，确实无法归入的，统计在本项中。

第 2 篇　城市资源与经济

年末总人口:是指本市本年 12 月 31 日 24 时的人口总数。

非农业人口:是指从事农业以外的职业维持生活的人口以及由他们抚养的人口，本年报采用按农业、非农业户口分类的户籍统计口径。

年末单位从业人员数：是指在各级国家机关、政党机关、社会团体及企业、事业单位中工作，并取得劳动报酬的全部人员。包括在岗职工、再就业的离退休人员、民办教师以及在各单位中工作的外方工作人员和港、澳、台人员、兼职人员、借用的外单位人员和第二职业者。不包括离开本单位仍保留劳动关系的职工。

年末城镇登记失业人员数：是指有非农业户口，在一定的劳动年龄内，有劳动能力，无业而要求就业，并在当地就业服务机构进行求职登记的人员。

行政区域土地面积：是指在该行政区划内的全部土地面积(包括水面面积)。计算土地面积是以行政区划为准。

建成区面积：指市政区范围内经过征用的土地和实际建设发展起来的非农业生产建设地段，包括市区集中连片的部分以及分散在近郊区与城市有着密切联系，具有基本完善的市政公用设施的城市建设用地(如机场、污水处理厂、通讯电台)。

国内生产总值(GDP)：指按市场价格计算的一个国家(地区)所有常住单位在一定时期内生产活动的最终成果。

地方财政一般预算内收入：包括：(1)各项税收；(2)国有资产经营收益；(3)国有企业计划亏损补贴；(4)行政性收费收入(5)罚没收入；(6)海域场矿区使用费收入；(7)专项收入；(8)其他收入。不包括中央补助收入(含税收返还)、地方向国外借款收入、国债转贷收入、国债转贷资金上年结余、上年结余收入和调入其他资金等。

地方财政一般预算内支出：包括：(1)基本建设支出；(2)企业挖潜改造资金；(3)地质勘探费；(4)科技三项费用；(5)流动资金；(7)农业支出；(8)林业支出；(9)水利气象支出(10)工业交通等部门的事业费；(11)流通部门事业费；(12)文体广播事业费；(13)教育支出；(14)科学支出；(15)医疗卫生支出；(16)其他部门的事业费(17)抚恤金和社会福利救济费；(18)行政事业单位离退休支出；(19)社会保障补助支出；(20)行政管理费；(21)武装警察部队支出；(22)公检法司支出；(23)城市维护费；(24)政策性补贴支出；(25)支援不发达地区支出；(26)海域开发建设和场地使用费支出；(27)车辆税费支出；(28)债务利息支出；(29)专项支出；(30)其他支出；(31)总预备费。不包括上中央支出、建设预算周转资金、地方向国外借款安排的支出、地方向国外借款还本付息支出、国债转贷收入安排的支出、国债转贷收入结余、调出资金和年终滚存结余等。

城乡居民储蓄年末余额：包括城镇居民储蓄、农民个人储蓄两部分的年末余额。不包括工矿企业、部队、机关团体等集团存款。

社会消费品零售总额：指国民经济各行各业售给城乡居民直接用于生活消费的商品和社会集团直接用于公共消费的商品的总量。

在岗职工平均人数：是指在国有经济、城镇集体经济和其他各种经济类型单位及附属机构生产或工作，并由单位支付工资的在岗人员人数(包括在乡镇一级管理机构中工作、由国家支付工资的干部)，不包括已退休的职工、在农村乡镇企、事业单位中参加劳动并取得收入的劳动者和城乡个体劳动者。职工平均人数等于12个月月未人数之和除以12或4个季度的季未人数之和除以4求得。

在岗职工工资总额：指各单位在一定时期内直接支付给本单位在岗职工的劳动报酬总额。包括：计时工资、计件工资、奖金、津贴和补贴、加班加点工资和其他工资。

第3篇 城市生活质量与环境

普通高等学校：是指按国家规定的标准和审批程序批准建立的，通过全国普通高等教育统一招生考试、招收高级中等学校毕业为主要培养对象，实施高等学历教育的全日制大学、独立设置的学院和高等专科学校、高等职业学校和其他机构。

中等职业技术学校：是指按国家规定的设置标准和审批程序批准建立的，招收初中(或部分高中)毕业生或同等学历者，实施中等职业技术教育，培养中等职业技术人才的学校。招收初中毕业生的，修业年限一般为三至四年；招收高中毕业生的，修业年限一般为二年至三年。包括中等专业学校、技工学校、职业中学(高中)等。统计中等职业学校时应注意，已承担培养学生任务的中等职业技术学校和独立设置的高等学校中专部或中专学校计算校数。正在筹建、尚未招生的中等职业学校和高等学校附设的中专班不计校数。

普通中学：指按国家规定的审批程序批准设立的，招收小学、初中(或部分高中)毕业生或同等学历者，实施普通中学教育的学校。

剧场、影剧院数：是指独立核算的专用剧场和属文化部门主管的能演出戏剧的影剧院、兼映电影的剧场，以及附属在剧院、团公开营业的非独立核算的剧场、排演场。

公共图书馆图书总藏量：指图书馆已编目的古籍、图书、期刊和报纸的合订本、小册子、手稿、以及缩微制品、录像带、录音带、光盘等听视文献资料数量总和。

体育场馆数：体育场指有400米跑道(中心含足球场)、有固定道牙、跑道6条以上并有固定看台的室外田径场地。体育场按看台容纳观众人数分为：甲级25000人以上，乙级15000～25000人，丙级5000～15000人，丁级5000人以下；体育馆指有固定看台、可供篮球、排球、羽毛球、乒乓球、体操等项目训练比赛活动用的室内运动场地。体育馆按看台容纳观众人数分为：甲级6000人以上，乙级4000～6000人，丙级2000～4000人，丁级2000人以下。

医院、卫生院数：是指卫生部门、工业及其他部门(如农业、铁道、邮电、公安、文教、民政、社团、等)、集体所有制单位、私人、各种合作方式(全民与集体或个体合办集体与个体合办、中外合资)等举办的医院和卫生院数(包括县及县以上医院数、城市街道卫生院、农村卫生院及其他医院数)。

医院、卫生院床位数:指各级各类医院本年10月底的固定实有床位(非编制床位)。包括正规床、简易床、监护床和正在消毒、修理的床位及因扩建或大修理而停用的床位(按扩建或大修理前的床位计算),但不包括产科的新生儿床、库存床、临时增设的床位、病人家属的陪床、接产室的待产床等。

在岗职工平均人数:是指在国有经济、城镇集体经济和其他各种经济类型单位及附属机构生产或工作,并由单位支付工资的在岗人员人数(包括在乡镇一级管理机构中工作、由国家支付工资的干部),不包括已退休的职工、在农村乡镇企、事业单位中参加劳动并取得收入的劳动者和城乡个体劳动者。职工平均人数等于12个月月末人数之和除以12或4个季度的季末人数之和除以4求得。

在岗职工工资总额:指各单位在一定时期内直接支付给本单位在岗职工的劳动报酬总额。包括:计时工资、计件工资、奖金、津贴和补贴、加班加点工资和其他工资。

人均住房使用面积:使用面积和常住人口的比值。此数据由住户调查得到。

基本养老保险参保职工:指报告期末参加基本养老保险的职工人数。

基本医疗保险参保人数:指报告期末参加基本医疗保险的职工人数。

失业保险参保人数:指报告期末参加失业保险的人数。

居民最低生活保障线以下人数:指在报告期末,家庭平均收入在当地规定的最低生活保障线以下的城镇居民数。包括“三无对象”,失业人员和在职、下岗,退休人员。

年末实有城市道路面积:是指路面经过铺筑的路面宽度在3.5米以上(含3.5米)的道路。包括高级、次高级道路和普通道路,不包括街道内部路面宽度不足3.5米的胡同、里弄。

道路面积只包括路面面积和与道路相通的广场、桥梁、停车场面积。不包括街心花坛、侧石、人行道和路肩的面积。人均实有道路面积指该指标除以年末总人口。

居民家庭用水量:指城市范围内所有居民家庭的日常生活用水。包括城市居民、农民家庭、公共供水站用水。

用水人口:指供应生活用水的年末实际人口。包括非农业人口和农业人口。

人均家庭生活用水量指居民家庭用水量除以用水人口。

用水普及率指城市用水人口数与城市人口总数的比率。2000年数据系非农业人口计算。

煤气(人工煤气、天然气)供气总量:是指城市煤气企业向城市生产用户、家庭用户和其他用户供应的全部煤气量,包括外购及损失量。

用煤气人口:指报告期末家庭用户的用气人口。

人均煤气家庭用量指煤气供气总量除以用煤气人口。

用气普及率指报告期末使用燃气的城市人口数与城市人口总数的比率。

年末实有公共汽(电)车运营车辆数:是指城市公共交通企业可参加营运的全部车辆数。包括技术完好的、在修的、待修的、长期停驶的,以及拟报废尚未经上级主管部门批准报废的运营车辆数。不包括公交企业的油罐车、货车和其他专用车等非运营车,也不包括借人、租人的客运车辆。

全年公共汽(电)车客运总量:指运送乘客的总人数。包括普通票乘客人次,月票乘客人次和包车乘客人次。普通票乘客人次按上车付现金购票,一张票计算一个人次;月票日乘车次按5个人次计算;团体包车,一个乘客按一个人次计算,往返按二个人次计算。

年末实有出租汽车数:指经有关部门批准的专门从事出租业务的一切营业车辆。包括轿车、面包车、大客车。

园林绿地面积:指用作园林和绿化的各种绿地面积。包括公共绿地、单位附属绿地、居住区绿地、生产绿地、防护绿地和风景林地的总面积。

人均园林绿地面积=(公共绿地+单位附属绿地+居住区绿地+生产防护绿地+风景林地)÷城市非农业人口

公共绿地面积:指开放的各级各类公园和街头绿地。

建成区绿化覆盖面积:指城市建成区内各单位管理的一切用于绿化的乔灌木和多年生草本植物的垂直投影面积。包括园林绿地以外的道路绿化覆盖面积(即道路的隔离带、中心绿岛和林荫道及行道树的覆盖面积)和单株树木的覆盖面积。行道和单株树覆盖面积,可按各种树的平均垂直投影面积乘以各种树木的总株数求得。乔木树冠下重叠的灌木和草本植物不再重复计算。

第四篇　价格

一、居民消费价格和商品零售价格

食品:指人们为摄取身体所需要的营养和满足某种嗜好而进食的各种消费品,包括在商店、集市、工作单位食堂和饮食业购买的主食、副食以及干鲜瓜果、糖果、糕点、奶制品等。

粮食:指人们用作主食的各种成品粮及其加工品,包括大米、面粉、粗杂粮以及各种粗、细粮制品,不包括薯类、豆类及糕点食品。

大米:包括粳米、籼米、杂交米、糯米等。

面粉:指小麦粉。

粮食制品:指各种粮食类的加工制品,包括生制品和熟制品,如馒头、面条、方便面、饺子皮、米粉等。

其他粮食:包括大米、面粉之外的其他各种粗杂粮,如玉米、小米、大麦等。

淀粉:包括各种淀粉及淀粉制品。

干豆类及豆制品:包括大豆、杂豆等各种豆类及豆制品。

油脂类:指各种食用油脂,包括植物油、植物油制品和动物油等。

食用植物油:以植物果实为原料榨取的油料。包括花生油、菜籽油、芝麻油、豆油、茶油、葵花籽油等。

植物油制品:指各种以植物油为原料制作的食用油品,包括色拉油、调和油等。

肉禽及其制品类:包括肉、禽及其制品。

食用畜肉及副产品:指各种家畜、野畜肉食品,包括活的、鲜的、冻的。

猪肉:指鲜、冻猪肉,不包括各种内脏及猪肉加工品。

牛肉:指鲜、冻牛肉,不包括内脏及各种牛肉加工品。

羊肉:指鲜、冻羊肉,不包括内脏及各种羊肉加工品。

畜肉副产品:指上述畜类内脏、头、爪、皮、骨头等。

其他畜肉:指猪、牛、羊肉以外的兔、驴、马、狗、蛇肉以及各种野畜肉等。

禽类:指用于食用的各种家禽和野禽。

鸡:指食用的活鸡、白条鸡、分割的鸡腿、鸡翅、速冻的鸡脯肉等,包括鸡头、鸡爪、鸡架、各种内脏,不包括加工品。

鸭:指食用的活鸭、白条鸭、分割的鸭腿、鸭翅等,包括鸭头、鸭爪、各种内脏,不包括加工品。

其他禽类:指鸡、鸭以外的各种禽类。如鹅、鹌鹑、野鸡、野鸭、火鸡、鸽子,不包括加工品。

畜肉加工制品:指各种畜肉的加工制品,包括熟肉品、酱肉、腊肉、咸肉、火腿、香肠、火腿肠、西式火腿、红肠、各种灌肠、烤羊肉串、肉松、肉干、肉圆、鲜肉贡丸、油炸猪肉皮以及各种肉罐头等。

禽制品:指家禽和野禽的腌、腊、酱、烧、熏、烤制品以及各种禽制罐头等,也包括内脏加工品。

蛋类:包括各种禽蛋和禽蛋制品。

鲜蛋:指鲜鸡蛋、鲜鸭蛋以及各种鲜禽蛋,如鹅蛋、鹌鹑蛋等,不包括蛋制品。

蛋制品:各种禽蛋的加工制品,包括咸蛋、松花蛋(也称皮蛋、彩蛋)、冰蛋、糟蛋、茶叶蛋等。

水产品类:包括鱼、虾、蟹、贝、藻等各类海水和淡水产品。

鱼:包括各类海水鱼和淡水鱼。主要有黄花鱼、带鱼、草鱼、鲤鱼、鲢鱼、鲫鱼、鲳鱼、鳗鱼、黄鳝、鲥鱼、扁鱼、黑鱼等。

其他水产品:指鱼以外的各种水产品,主要包括各种水生软体动物、虾蟹类及贝类等。品种有:淡菜、干贝、海蛎、海参、海蜇、蛤蜊、蛆子、河蚌、蚬子、螺蛳、墨鱼、牡蛎、生蚝、鲜贝、赤贝、扇贝、鱿鱼、章鱼;虾的主要品种有:对虾、毛虾、米虾、白虾、沼虾、龙虾、河虾、草虾、基围虾等;蟹的主要品种有:海蟹、河蟹、青蟹、梭子蟹。还包括龟、鳖、食用的青蛙、海菜、石花菜、海带、紫菜。包括其他水产品的制品,如人造海蜇。

蔬菜类:包括各种叶菜、茎菜、根菜、花菜、果菜以及各种食用菌类。

鲜菜:指没有经过腌制、干制、霉制等加工的新鲜的蔬菜,包括经过简单洗切的净菜。主要品种:白菜、洋白菜、菠菜、油菜、芹菜、韭菜、空心菜、大葱、菜花、萝卜、胡萝卜、葱头、生姜、莴笋、蒜苔、蒜头、黄瓜、冬瓜、丝瓜、西红柿、茄子、青椒、豆角、莲藕、豆芽菜、毛豆角、红辣椒、蚕豆芽、鲜黄花菜、鲜香菇等。

干菜及菜制品:指鲜菜经过干制的加工品和鲜菜再制品。包括干制的笋干、黄花菜、黑木耳、磨菇、食用白木耳等食品。也包括水发的笋干、黑木耳。鲜菜再制品包括:腌菜、榨菜、泡菜、酱菜、萝卜干、蔬菜罐头、速冻蔬菜等。

薯类:各种薯类,包括马铃薯、红薯等。

调味品:包括食用盐、酱油、虾油(鱼卤)、醋、味精、鸡精、糖精、料酒、辣椒酱、花生酱、芝麻酱、蕃茄酱、花椒、八角、茴香、胡椒、咖喱粉、五香粉、炸鸡粉等。

糖类:以糖为主要原料,生产加工的食品。包括食糖、糖果、巧克力制品和糖类小食品,不包括糖精。

干鲜瓜果:包括干鲜瓜果及制品。

鲜瓜果:鲜瓜类包括西瓜、甜瓜、哈密瓜等;鲜果类包括:苹果、梨、山楂、桃、杏、李、梅、樱桃、葡萄、柿子、猕猴桃、草莓、树莓、柑桔、香蕉、椰子、芒果、菠萝、龙眼、荔枝、枇杷、杨梅、油橄榄、石榴、甘蔗、荸荠、莲蓬、百合等。不包括各类干、坚果。

干(坚)果及瓜果制品:包括各种干(坚)果及瓜果制品。干果包括各种水果经过日晒或烘干而成的食品。带壳的有荔枝干、桂圆干等;带皮的有葡萄干、红枣、黑枣、南枣、无花果等;对切的有杏干、桃干等;片状的有山楂干、苹果干、梨干等。坚果指坚果及果仁,具体包括生的和熟的大核桃、小核桃、板栗、银杏、榛子、松子、瓜子、花生、芝麻和各种坚果及果仁的加工品。包括湿花生、嫩花生、鱼皮花生、糖衣花生、油炸花生等。瓜果制品指鲜瓜果经过工业加工而成的再制品,包括各种蜜饯(果脯、桔饼、加应子、话梅、蜜枣等)、水果罐头、果酱、山楂糕、山楂片等。

糕点饼干面包:指以面粉和糖为基本原料,以油、蛋、奶、果仁、果料等为辅料,经过调制、成型、熟制而成的食品,包括饼干、面包、蛋糕等。

液体乳及乳制品:包括鲜奶、奶粉、酸奶以及其他乳制品。不包括代乳粉、糕干粉等以粮食或豆类为主加工的制品。这里的鲜奶包括鲜牛奶、鲜马奶、鲜羊奶以及以鲜奶为主要原料配制的混合奶,不包括活性乳、奶粉等各种奶制品,也不包括豆奶。

巴氏杀菌奶:通常指将生奶加热到 72℃～85℃,瞬间杀死致病微生物,保留有益菌群,对牛奶营养物质破坏少,充分保持牛奶的鲜度,但只能低温保存且保存时间短的产品。

高温杀菌奶:在 135℃～150℃下对牛奶进行 4－15 秒的瞬间杀菌处理,完全破坏其中可生长的微生物和芽孢,能在常温下可保存数月的产品。

目前市场上销售的绝大部分“鲜奶”均为上述产品。一般来说,每日供应的、低温条件下保质期在 48 小时以内的“鲜奶”多为“巴氏杀菌奶”;避光条件下常温保存 30～45 天的“鲜奶”多为“高温杀菌奶”。

酸奶:指以新鲜牛乳为原料,添加适量的砂糖,经巴氏杀菌和冷却后加入纯乳酸菌发酵剂,经保温发酵而制成的产品。

奶粉:以鲜奶为原料,经预处理及真空浓缩,然后喷雾干燥而制成的粉末状食品。

其他乳制品:指除鲜奶、酸奶、奶粉以外的以奶为主要原料制成的加工品,包括炼乳、奶酪、麦乳精、可可奶、活性乳,不包括含奶量很低的各种果奶饮料。

在外用膳食品:指在家庭以外地点的用餐,主要是在餐饮业用餐的食品,包括主食、炒菜和地方小吃。

其他食品:指上述各类食品以外的其他食品,包括半成品净菜、面筋、代乳粉、蜂蜜、发酵粉、甜酒药、糖桂花、各种膨化食品等,但不包括面包、糕点类食品。

茶叶:以茶树新梢上的芽叶嫩梢为原料加工而成的产品。主要分为绿茶、红茶、黄茶、黑茶、白茶、青茶、花茶等。

饮料:指以水、粮食、果蔬或奶为基本原料加工而成的流体、半流体或固体冲剂食品,包括固体饮料、液体饮料和冷冻饮品。固体饮料包括咖啡、可可粉和一些果味晶体饮料,如桔子粉、酸梅粉、山楂晶、菊花晶等;液体饮料主要有碳酸饮料、果蔬饮料和桶装矿泉水、饮用水等。碳酸饮料指含二氧化碳的非酒精液体饮料,包括盐汽水、甜汽水、果味汽水,以及罐装、瓶装、杯装的各种可乐。果蔬饮料是以水果、蔬菜、植物的根、茎、叶、花为原料,经压榨或浸渍抽提等方法取汁后加工而成的饮料;冷冻饮品主要是以奶为主要原料制成的冷食,如冰淇淋、雪糕等。

烟草类:指卷烟和烟叶。包括国产卷烟和进口卷烟。

酒:指用高粱、大麦、米、葡萄或其他水果发酵制成的含酒精饮料。主要有白酒、黄酒、葡萄酒、啤酒等。

白酒:由淀粉或糖质原料制成酒醅或发酵经蒸馏而得,是一种蒸馏酒。包括散装和瓶装两种,瓶装、罐装、坛装的应折合成千克计算。

葡萄酒:用经过发酵的葡萄酿成的酒,含酒精量较低。瓶装的应折合成千克计算。

啤酒:以大麦芽、酒花为主要原料,经酵母发酵作用而成的包含二氧化碳的低酒精度酒。包括罐装、瓶装、散装的鲜啤酒、熟啤酒、黑啤酒、黄啤酒,罐装和瓶装的应折合成千克计算。

其他酒:指白酒、葡萄酒、啤酒以外的各种含酒精饮料和泡制酒。包括黄酒、米酒、五加皮酒、人参酒、香槟酒、汽酒及各种滋补酒等。不包括药酒和作调味用的料酒,药酒可计入滋补品,料酒可计入调味品。

服装鞋帽类:指各种穿戴用品,包括棉、麻、丝、毛和各种人造纤维、合成纤维纺织的各种布匹、呢绒和绸缎加工而成的服装,各种鞋、袜、帽等。

服装:指以各种棉布、棉花化纤混纺布、化纤布、呢绒、绸缎、毛皮等为材料加工的各式服装,以及棉、麻、毛、丝、化纤纯纺或混纺经针织而成的服装,按穿着对象分为男士服装、女士服装、各式童装,不包括塑料雨衣和胶布雨衣(雨披)。

男式服装:指各类材料、各种工艺制作的各式男士服装,包括单衣、夹衣、棉衣、内衣、外衣等。

女式服装:指各类材料、各种工艺制作的各式女士服装,包括单衣、夹衣、大衣、裤子、内衣、外衣等。

儿童服装:指各类材料、各种工艺制作的各式儿童服装,包括单衣、夹衣、棉衣、大衣、毛线衣、披风、各种学生装、各种婴儿服装。儿童一般指年龄12周岁及以下。

鞋袜帽类:包括皮鞋、胶鞋、布鞋、全塑料鞋及各种材料制作的靴子、凉鞋、便鞋、拖鞋、运动鞋、旅游鞋、春秋鞋。帽袜包括男、女、童、婴儿的各种面料、各种样式的帽子和袜子。

纺织品:指以棉、麻、丝、毛和各种人造纤维纺织及混纺的各种衣着材料和床上用品,也包括加工衣着品和其他用品所需的其他各种纺织类产品。

床上用品:指以棉、毛、丝及合成纤维等为材料纺织或针织制成的各种床上用品。包括毛毯、床单、被单、床罩、被套、枕具、蚊帐、凉席、垫褥以及各种棉被、鸭绒被、棉毯、线毯、电热毯、毛巾被等。

家庭设备:包括洗涤电器:洗衣机、甩干机;制冷电器:电冰箱、电冰柜;清洁电器:吸尘器、加湿器、空气净化器、电熨斗、电风扇、房间空调器、电淋浴器等;家用厨房电器具:食品加工机、电炊具、吸排油烟机、微波炉、电饭煲、饮水机、电烤箱、洗碗机、消毒柜;家用保健电器:电取暖器、电动按摩器等。

洗衣机:指一次洗衣在6公斤以下的自动、半自动、单缸、双缸、滚筒家用洗衣机,不包括手摇洗衣机。

电风扇:包括各种规格、型号的台扇、壁扇、落地扇、吊扇,不包括换气扇。

电冰箱:指单门、双门、三门家用电冰箱,不包括冰柜。

冰柜:指用于冷冻食品的各种规格家用冰柜。

微波炉:指利用微波辐射来烹饪食物的厨房电器。

空调器:指具有空气的加热、冷却、增湿、除湿等功能的空气调节器,不包括冷暖风机。

电炊具:指以电为热能的家用炊具,包括电饭煲、电炒锅、电水壶、电火锅、电烤箱等,不包括电炉子。

吸排油烟机:指家庭炊事用的排油烟机,又称抽油烟机或脱排油烟机,不包括换气扇、排气风扇。

电暖器:包括油汀、暖风机、石英管取暖器、浴霸等取暖设备。

其他家用设备:指除上述已列出的其他家庭设备,如吸尘器、消毒碗柜、洗碗机等,不包括家庭文娱用耐用消费品。

文娱用耐用消费品:包括彩色电视机、激光视盘机(LD、VCD、DVD)、摄像机、音响、收录音机、录放像机、幻灯机等。

彩色电视机:也称彩色电视接收机。包括显像管彩色电视机和固体显示(液晶显示、等离子显示)彩色电视机,不包括可以接收电视的计算机。

激光视盘机:主要包括VCD视盘播放机、DVD视盘播放机、DVD视盘录放机等。

便携式音响:主要包括袖珍盒式磁带录放机、MP3、CD机、MD机和复读机等产品。

音像器材类:包括专业音响器材、专业声像器材及其配件。

自行车:包括脚踏自行车、助动车。助动车指主要以蓄电池或燃油作为辅助能源,具有两个车轮,能实现人力骑行、电动或电动助力功能的特种自行车。

义务教育:指按照国家义务教育法规定的、并主要由政府财政支出的初等教育和成人扫盲教育及按照国家义务教育法规定的对小学毕业生进行的初级中等教育。

非义务教育：指主要由政府财政支出的，通过考试招收初中毕业生进行普通高中教育的活动以及普通高等教育。

技能培训：指经教育主管部门、劳动部门或有关主管部门批准，由政府部门、企业、社会力量办的职业培训、就业培训及各种知识、技能的培训活动。

学杂托幼费中其他项：主要指社会力量所办初等教育、初中教育和高中教育所收取的学费。家教费及择校费也可归入此类。

文化办公用品：包括学习和办公用的纸张、文具、计算机及其配件、打印机及配件、复印机、扫描仪、油印机、速印机、电子辞典、计算器、印刷材料以及教学用的设备、普通测绘仪器、器材、标本、模型等，不包括通讯器材。计算机及其配套产品包括大、中、小、微型、台式和手提式电子计算机、掌上电脑和计算机的辅助设备，如不间断电源、多媒体配件以及专用设备、零配件，计算机用光盘、磁盘、磁带等，不包括单板机、插卡式电脑学习机和各种电子计算机软件。打印机及配件包括各种打印机（针式、喷墨、激光）以及相关的打印机用纸、色带、硒鼓等。

日用百货：包括非机动车及配件（主要是自行车及配件）、雨衣雨伞、理发用具、剃须刀具、部分日用小五金（如刀、剪、针线、锁等）、卫生纸、卫生巾、保温瓶、打火机等。

日用杂品：包括精铝、铸铝、铝合金家用器皿、不锈钢餐具、家用厨具及其他不锈钢器皿等，不包括工业建筑的通用金属器皿；日用搪瓷制品，包括单瓷、双瓷的面盆、口杯及其他搪瓷制品等，不包括工业建筑的通用搪瓷制品；铁锅、笼屉、瓷碗、碟等餐具和炊事用具，清洁卫生用具，竹、木、藤、柳编制品以及炉子、烟筒等。

洗涤用品：包括洗衣粉、肥皂、香皂、浴皂、药皂、牙膏及各种清洁洗涤剂（膏、液、粉）等日用洗涤用品。

洗浴服务：指专业洗浴室以及在宾馆、饭店或娱乐场所常设的独立（或相对独立）洗浴服务。

其他日用品：不包括以上列出的其他日用品。包括：各种燃气灶具、各种儿童玩具、照明器具（各种灯具、灯泡、灯管等）、钟表（各种机械、石英电子的闹钟、挂钟、座钟等；各种机械、石英电子手表、怀表等及钟表零配件）、眼镜（各种成品眼镜、眼镜架、眼镜片、眼镜毛坯、眼镜零配件）、工艺美术品（各种雕塑工艺品，如玉雕、牙雕等；金属工艺品；漆器工艺品；画类工艺品；人造花卉；天然植物、纤维编织工艺品，如竹、藤、草编工艺品等；刺绣工艺品；抽纱工艺品）、日用塑料制品、日用皮革制品、日用玻璃器皿和日用普通饰品等。

体育用品：包括球类及球类器材、棋牌和健身器材。球类包括篮球、足球、排球、羽毛球、乒乓球等；棋牌包括象棋、国际象棋、围棋、克郎棋、军棋、跳棋、扑克牌、麻将牌等。健身器材包括各种通过器械达到锻炼身体、提高身体素质的器材，如侧重于“练块的”扩胸机、举重床、自重式健力器、哑铃组合架、坐式后拉器、卧式后屈腿训练器等；侧重于身体素质训练的跑步机、健步器、骑马机、滑雪器、健骑机等以及集消除疲劳、减肥健身为一体的各种非电动按摩机、健腹器等。其他体育用品包括体操运动器材，举重运动器材，田径运动器材，水上运动器材，冰雪运动器材，射击、射箭、击剑器材，场地器材，航空、航海模型材料，运动保护用具，钓鱼用具等。

娱乐用品：包括游艺器材、照相器材和乐器等。游艺器材包括游戏机、插卡式电脑学习机、儿童运动游艺器材等；照相器材，包括照相机、胶卷、存储卡、座机、外拍机、胶片（不包括X光胶片及工业胶片）、相纸、放大机、照相镜头、摄影灯具、零配件等，暗房用品，如上光机、反拍机、翻版机、冲片机等，修相用品，如修相油、上光用品、修底版用具等，洗相药品，如显影液、定影液等。乐器包括中西乐器、电子乐器、乐器辅助用品及配件，如钢琴、提琴、手风琴、吉他等。

交通运输机械：包括各类轿车、客车、货车、摩托车等机动车辆及其配件。

通信器材：包括各种通信工具器材，如固定电话机、移动电话机、传真机、对讲机及其配件等。

家具：主要有坐卧类家具，如椅子、凳子、沙发、床；凭椅类家具，如桌子、茶几；贮藏类家具，如柜、箱；隔断类家具，如屏风等；以及具有多种组合功能的组合家具等。

柜：包括卧室柜（服装柜）、书柜、展示柜、厨房整体橱柜等产品。

床上套件：包括床单（罩）、被罩、枕套等产品的不同组合。

化妆品类：包括护肤品、美容品、护发美容品、清洁化妆品和药物美容用品等。护肤品，如霜、香脂、乳液、润肤油等；美容品，如香粉（粉饼）、胭脂、唇膏、眼影、眉笔、指甲油及各种化妆盒、假发等；护发美容品，如发油、发霜、发蜡、发宝、营养发水、护发素、发胶、摩丝、各种染发剂等；清洁化妆用品，如洗发香波、洗发膏、洗发精、剃发膏、花露水、爽身粉、腋下香、香水等；药物美容用品，如防秃生发水、浓眉露、止痒水（粉）、祛斑霜、粉刺露、防晒剂、痱子粉（水）、减肥霜等。

金银珠宝类：包括以金、银、铂等金属及钻石、宝（玉）石、翡翠、珍珠、水晶、象牙、骨角等为原料，经加工和连接组合、镶嵌等方法，制成各种图案造型的装饰品、饰品、工艺品等。包括首饰，如项链、戒指、耳环、手镯、脚链、挂件、别针、发卡等；珠宝饰品，如宝（玉）石、钻石镶嵌、珍珠镶嵌、宝（玉）石首饰以及其他金银珠宝饰品等。

医疗器具：指人使用的用于医疗的小型器具。包括血压计、体温计、注射器等，不包括医疗用的各种大型设备，如CT机、核磁共振器等医疗器材。

保健器具：指用于身体保健的器具。包括按摩器、健身球、磁疗枕（药枕）、护膝、护腰、护肩等。不包括体育运动器械，如扩胸器、哑铃等。

滋补保健用品：指市场上销售的具有滋补保健作用的保健食品，包括人参、鹿茸、蜂王浆、阿胶、青春宝、西洋参、各种营养口服液、燕窝、胎盘等。

抗微生物药：包括抗生素类药品、合成抗菌药、抗分枝杆菌药、抗真菌药、抗病毒类药。其中，(1)抗生素类药品主要包括青霉素类、头孢菌类、大环内酯类等药品。青霉素类主要包括窄谱青霉素类的青霉素（注射剂）、普鲁卡因青霉素（注射剂）和广谱青霉素及复方制剂的阿莫西林（口服常释剂型)；头孢菌类主要包括第一代头孢菌类中的头孢氨苄、头孢拉定；大环内酯类主要包括红霉素、琥乙红霉素、罗红霉素、乙酰螺旋霉素等药品。(2)合成抗菌药主要包括磺胺类、喹诺酮类(主要包括吡哌酸、环丙沙星、诺氟沙星等药品)和硝基咪唑类(主要指甲硝唑类)等药品。

消化系统用药：包括抗酸药及抗溃疡病药、助消化药、胃肠解痉及胃动力药、泻药、止泻药、肝病辅助治疗药、利胆药、肛肠科用药和其他消化系统药物。其中，(1)抗酸药及抗溃疡病药主要包括抗酸药及胃粘膜保护药、抑酸药。抗酸药及胃粘膜保护药主要包括大黄碳酸氢钠、复方铝酸铋、枸橼酸铋钾等药品。抑酸药主要包括雷尼替丁、西咪替丁等药品。(2)助消化药主要包括乳酶生(口服常释剂型)。(3)胃肠解痉及胃动力药主要包括胃肠解痉药、胃动力药和止吐药、催吐药。(4)其他消化系统药物主要包括缓解消化道不适症状的复方 OTC 制剂。

呼吸系统用药：包括祛痰药、镇咳药和平喘药。

解热镇痛及非甾体抗炎药：包括解热镇痛及非甾体抗炎药和抗痛风药。其中，解热镇痛及非甾体抗炎类药品主要包括阿司匹林(口服常释剂型)、布洛芬(口服常释剂型)、复方阿司匹林(口服常释剂型)及缓解感冒症状的复方 OTC 制剂。

抗肿瘤药：包括细胞毒药物、激素类及抗激素类抗肿瘤药和其他抗肿瘤药。

激素及调节内分泌功能药：包括胰岛素及其他影响血糖的药物、雄激素、抗雄激素及同化激素类、肾上腺皮质激素类、甲状腺激素及抗甲状腺药和下丘脑垂体激素及其类似物。其中，胰岛素及其他影响血糖的药物主要包括胰岛素类药品和口服降糖药。

循环系统用药：包括强心药、抗心律失常药、利尿降压药、钙拮抗药、血管舒张药、降血脂药等。血管舒张类药主要包括复方降压药、硝酸甘油等药品。

神经系统用药：包括脑血管病用药、抗重症肌无力药、抗癫痫药、抗帕金森病药、中枢兴奋药、镇静催眠药、抗偏头痛药和其他神经系统用药。其中，脑血管病用药主要包括尼莫地平(口服常释剂型)、倍他司汀(口服常释剂型或注射剂)和丹参酮 IIA(注射剂)等药品。

专科用药：包括皮肤科外用药、眼科用药、耳鼻喉科用药、口腔科用药和妇产科用药。皮肤科外用药主要包括红霉素(软膏剂)、环丙沙星(软膏剂)、甲硝唑(凝胶剂)、地塞米松(软膏剂)、克霉唑(软膏剂)、尿素(软膏剂)等药品。眼科用药主要包括红霉素(眼膏剂)、金霉素(眼膏剂)、氯霉素(滴眼剂)、环丙沙星(滴眼剂)、可的松(滴眼剂、眼膏剂)等药品。耳鼻喉科用药主要包括复方硼砂漱口(口服常释剂型)、复方诺氟沙星(滴鼻剂)、克霉唑(滴耳剂)等药品。口腔科用药主要包括糠甾醇(牙周宁)。妇产科用药主要包括甲硝唑、克霉唑、咪康唑等药品。

书报杂志：包括以纸介质形态出版发行的各种中、外文书籍，工具书、课本，教材，图片，报纸和杂志等。

电子音像制品：包括以数字代码方式将声音、图像、文字和编码等图文音像信息编辑加工后存储在磁、光、电介质上，通过计算机或者具有类似功能的设备读取使用的产品，其媒体形态包括软磁盘(FD)、只读光盘(CD—ROM)、交互式光盘(CD—I)、照片光盘(PHOTO—ROM)、高密度只读光盘(DVD—ROM)等。音像制品指各种磁、光、电介质的录音、录像的磁带、光盘(CD、LD、VCD、DVD)等。

煤炭及制品类：包括原煤、煤炭及制品，如焦炭、石油焦、半焦、煤(饼)块和煤球等。

石油及制品类：包括液化石油气、管道燃气、汽油、柴油、机油等。

木材及制品类：包括原木、板材、锯材等。

五金、电料类：包括五金工具、电工工具、工具配件、水暖器材、各种专业工具、五金杂品，各种五金商品，木瓦工具，电工、电讯器材及配件等各类商品。如各种榔头、钳子、锯子、扳手、锉刀、泥刀、自来水管、各种水龙头、暖气片、阀门、螺丝、螺母、水表、电表、插座、插头、开关、电线、铁丝、镇流器、灯架、灯罩等。

二、固定资产投资价格

固定资产投资额：固定资产投资额(又称固定资产投资完成额)是以货币形式表现的在一定时期内建造和购置固定资产的工作量以及与此有关的费用的总称。它是反映固定资产投资规模、结构和发展速度的综合性指标，又是观察工程进度和考核投资效果的重要依据。

固定资产投资额的构成：指固定资产投资额的工程内容和实现方式，包括：

1. 建筑工程：指各种房屋、建筑物的建造工程，又称建筑工作量。这部分投资额必须兴工动料，通过施工活动才能实现，是固定资产投资额的重要组成部分。

建筑工程包括：

(1)各种房屋如厂房、仓库、办公室、住宅、商店、学校、医院、俱乐部、食堂、招待所等工程。包括房屋的土建工程；列入房屋工程预算内的暖气、卫生、通风、照明、煤气等设备的价值及装设油饰工程；列入建筑工程预算内的各种管道(如蒸汽、压缩空气、石油、给排水等管道)、电力、电讯电缆导线等的敷设工程；房地产开发单位进行的商品房屋开发建设工程。

(2)设备基础、支柱、操作平台、梯子、烟囱、凉水塔、水池、灰塔等建筑工程；炼焦炉、裂解炉、蒸汽炉等各种窑炉的砌筑工程及金属结构工程。

(3)为施工而进行的建筑场地的布置、工程地质勘探，原有建筑和障碍物的拆除、平整场地、施工临时用水、电、汽、道路工程，以及完工后建筑场地的清理、环境绿化美化工作等；房地产开发单位进行的土地开发工程。

(4)矿井的开凿，井巷掘进延伸，露天矿的剥离，石油、天然气钻井工程和铁路、公路、港口、桥梁等工程。

(5)水利工程，如水库、堤坝、灌溉以及河道整治等工程。

(6)防空、地下建筑等特殊工程及其他建筑工程。

2. 安装工程：指各种设备、装置的安装工程，又称安装工作量。

安装工程包括：

(1)生产、动力、起重、运输、传动和医疗、实验等各种需要安装设备的装配和安装,与设备相连的工作台、梯子、栏杆等装设工程,附属于被安装设备的管线敷设工程,被安装设备的绝缘、防腐、保温、油漆等工作。

(2)为测定安装工程质量,对单个设备、系统设备进行单机试运、系统联动无负荷试运工作(投料试运工作不包括在内)。在安装工程中,不包括被安装设备本身价值。

3. 设备、工具、器具购置:指把工业企业生产的产品转为固定资产的购置活动,包括建设单位或企、事业单位购置或自制的,达到固定资产标准的设备、工具、器具的价值。新建单位及扩建单位的新建车间,按照设计或计划要求购置或自制的全部设备、工具、器具,不论是否达到固定资产标准均计入"设备、工具、器具购置"中。

(1)设备:指各种生产设备、传导设备、动力设备、运输设备等。分为需要安装的设备和不需要安装的设备两种。

需要安装的设备(简称"需安设备"):指必须将其整体或几个部位装配起来,安装在基础上或建筑物支架上才能使用的设备。如轧钢机、发电机、蒸汽锅炉、变压器、塔、换热器、各种泵、机床等。有的设备虽不要基础,但必须进行组装工作,并在一定范围内使用的,如生产用电铲、塔吊、门吊、皮带运输机等也作为需要安装的设备统计。

不需要安装的设备(简称"不需安设备"):指不必固定在一定位置或支架上就可以使用的各种设备,如电焊机、叉车、汽车、机车、飞机、船舶以及生产上流动使用的空压机、泵等。

(2)工具、器具:指具有独立用途的各种生产用具、工作工具和仪器。如生产和维修用的切削工具、压延工具、铆焊工具、模压器、铸型、风镐等,检验、实验测量用的各种计量、分析、化验仪器,以及达到固定资产标准的包装容器等。

4. 其他费用:指在固定资产建造和购置过程中发生的,除上述几项内容以外的各种应分摊计入固定资产的费用(包括范围见"其他费用的内容")。

其中:土地购置费是指行政事业单位建设项目通过出让方式取得土地使用权而支付的出让金。

旧建筑物购置费是指购置已使用过的各种旧房屋及其他建筑物。

建筑安装工程投资额的费用项目:建筑安装工程费用划分为直接工程费、间接工程费两个部分。

直接工程费,由直接费、其他直接费、现场经费组成。

1. 直接费:指施工过程中耗费的构成工程实体和有助于工程形成的各项费用,包括人工费、材料费、施工机械使用费。

(1)人工费,指直接从事建筑安装工程施工的生产工人开支的各项费用,内容包括:①基本工资②工资性补贴③生产工人辅助工资④职工福利费⑤生产工人劳动保护费。

(2)材料费,指施工过程中耗用的构成工程实体的原材料、辅助材料、构配件、零件和半成品的费用以及周转使用材料的摊销(或租赁)费用,内容包括:①材料原价(或供应价)②供销部门手续费③包装费④材料装卸费、运输费及途耗⑤采购及保管费。

(3)机械使用费,指使用施工机械作业所发生的机械使用费以及机械安、拆及进出场费用,内容包括:①折旧费②大修费③经修费④安拆费及场外运输费⑤燃料动力费⑥人工费⑦运输机械养路费、车船使用税及保险费。

2. 其他直接费:指直接费以外施工过程中发生的其他费用,内容包括:①冬雨季施工增加费②夜间施工增加费③二次搬运费④仪器仪表使用费⑤生产工具用具使用费⑥检验试验费⑦特殊工种培训费⑧工程定位复测、工程点交、场地清理等费用⑨特殊地区施工增加费。

3. 现场经费:指为施工准备、组织施工生产和管理所需费用,内容包括:

(1)临时设施费,指施工企业为进行建筑安装工程施工所必需的生活和生产用的临时建筑物、构筑物和其他临时设施费用等,内容包括:临时设施的搭设、维修、拆除或摊销费。

(2)现场管理费,内容包括:①现场管理人员的基本工资、工资性补贴、职工福利费、劳动保护费等。②办公费③差旅交通费④固定资本产使用费⑤工具用具使用费⑥保险费⑦工程保修费⑧工程排污费⑨其他费用。

间接工程费,由企业管理费、财务费、其他费用和计划利润、税金组成。

1. 企业管理费:指施工企业为组织施工生产经营活动所发生的管理费用,内容包括:①管理人员的基本工资、工资性补贴及按规定标准计提的职工福利费②差旅交通费③办公费④固定资产折旧、修理费⑤工具用具使用费⑥工会经费⑦职工教育经费⑧劳动保险费⑨职工养老保险费及待业保险费用⑩保险费⑪税金⑫其他。

2. 财务费用:指企业为筹集资金而发生的各项费用,包括企业经营期间发生的短期贷款利息净支出、汇兑净损失、调剂外汇手续费、金融机构手续费、以及企业筹集资金发生的其他财务费用。

3. 其他费用:指按规定支付工程造价(定额)管理部门的定额编制管理费及劳动定额管理部门的定额测定费,以及按有关部门规定支付的上级管理费。

4. 计划利润:指按规定应计入建筑安装工程造价的利润。依据不同投资来源或工程类别实施差别利率。

5. 税金:指国家税法规定的应计入建筑安装工程造价内的营业税,城市维护建设税及教育费附加。

其他费用:

1. 旧房屋购置:指建设单位和企、事业单位购置的各种旧房屋和其他建筑物,但不包括由房地产开发公司统一开发建设的商品房屋购置。

2. 基本畜禽支出:指农林建设单位的基本畜禽购置,包括新建农场外购的大牲畜(如种畜)、各种禽类(如鸡群、鸭群等)。不包括老农场自繁自养或外购补充的基本畜禽支出。基本畜禽支出一般包括:基本畜禽购置费用;基本畜禽在移交生产单位前所发生的各种饲养费用。

3. 林木支出:指各种经济林木的造林费用。一般包括:整地、种植和幼林抚育等支出。

4. 办公生活用家具、器具购置:指为保证新建、扩建、改建项目投产初期正常生产经营所必需购置的办公和生活用家具、用具的费用。包括办公室、会议室、资料档案室、阅览室、文娱室、食堂、浴室、理发室、单身宿舍和设计规定必须建设的托儿所、卫生所、招待所、中小学校等的家具、用具。

5. 建设单位管理费:指建设单位所发生的管理费用。包括工作人员的工资、工资附加费、劳保支出、办公费、差旅交通费、劳动保护费、工具用具使用费、固定资产使用费、零星固定资产购置费、招募生产工人费、技术图书资料费和其他管理性质的开支。

6. 土地征用及迁移补偿费:指通过划拨方式取得无限期的土地使用权而支付的土地补偿费、附着物和青苗补偿费、安置补偿费以及土地征收管理费等,以及行政事业单位建设项目通过出让方式取得土地使用权而支付的出让金。不包括非行政事业单位建设项目通过出让方式取得有限期的土地使用权而支付的出让金。

7. 勘察设计费:指建设单位自行或委托勘察设计单位进行工程水文地质勘察、设计所发生的各项费用。

8. 研究实验费:指为建设项目提供或验证设计数据、资料进行必要的研究试验,按照设计规定在施工过程中必须进行试验所发生的费用,以及支付科技成果和先进技术的一次性技术转让费。不包括应由科技三项费用开支的费用和应由间接费开支的施工企业对建筑材料、构件和建筑物进行一般鉴定、检查所发生的费用及技术革新的研究试验费,以及应由勘察设计单位的事业费或基本建设投资开支的费用。

9. 可行性研究费:指在建设前期进行建设项目可行性研究而发生的费用,包括为进行可行性研究而购置的固定资产。

10. 施工机构转移费:指按规定支付给施工企业因成建制地调来承担施工任务而发生的一次性搬迁费用。

11. 设备检验费:指按照规定支付给商品检验部门的进口成套设备检验费。建设单位对进口成套设备自行组织检验所发生的费用,应计入设备、工器具购置。

12. 负荷联合试车费:指单项工程(车间)在交工验收以前进行的负荷联合试车亏损(即全部试车费减去试车产品销售收入和其他收入后的差额)。单机试运或系统联动无负荷试运所发生的费用,应计入安装工程投资。

13. 土地占用、使用费:指因进行固定资产投资活动而占用土地,按规定应支付的土地使用税、耕地占用税、以及应支付的土地复垦费用和土地损失补偿费用。

14. 退耕退牧还林还草、土壤改良、城市绿化等投资:指列入县及县以上投资计划的,有资金投入的退耕退牧还林还草、土壤改良、城市绿化等投资。

15. 建设期应付利息:指在建设阶段应支付的各种利息,包括采取分期付款方式进口成套设备应支付的利息,向银行或其他金融机构借款应支付的利息,以及因发行或使用各种债券进行固定资产投资应支付的利息。不包括超过建设期或投产后应付的各种利息。

16. 政府收费:指在投资过程中发生的各种政府收费。主要有土地增值税、城市维护建设税、城市基础设施配套费、教育纲附加、排污费、城市水资源费、电力增容费等。

17. 企业债券发行费:指筹措债券资金而发生的债券发行费用,包括支付给银行的代理发行手续费和债券的设计、印刷等费用。

18. 合同公证费及工程质量监测费:指建设单位按规定支付给司法部门的合同公证费和支付给工程质量监测部门的工程质量监测费。

19. 国外借款手续费及承诺费:指因向境外借款而支付的手续费和承诺费。

20. 汇兑损益:指利用外资或外汇进行固定资产投资,由于不同时间、不同汇率而产生的外汇兑换差额。

21. 临时设施费:指按照规定拨付给施工企业的临时设施包干费,以及建设单位自行施工所发生的临时设施实际支出。包括临时设施的搭设、维修、拆除费或摊销费,以及施工期间专用公路养护费、维修费。

22. 坏账损失:指建设单位按规定程序报经批准确实无法收回的预付及应收款项。

23. 固定资产亏损及损失:指在固定资产建造和购置过程中,由于管理不善、设计方案变更、重大自然灾害等原因造成的工程报废净损失、固定资产净损失、器材处理亏损和设备净盘亏。

24. 其他:指在建设阶段发生的除上述各种费用以外的其他费用,如国外设计及技术资料费、出国联络费、外国技术人员费、取消项目的可行性研究费、编外人员生活费、停缓建维护费、商业网点费、供电贴费和行政事业单位建设项目发生的非常损失等。

计算固定资产投资额的价格:固定资产投资额是以货币形式表现的建造和购置固定资产的工作量指标,计算固定资产投资额的价格,应该反映一定时期固定资产的价值,即建造或购置固定资产所耗费的社会必要劳动时间。为真实反映固定资产投资活动的规模、水平和效果,便于进行综合平衡,原则上应以实际价格作为计算固定资产投资额的价格依据。

1. 建筑安装工程投资额的价格

由于建筑产品的单个性及周期长的特点,建筑安装工程投资额一般按预算价格计算。预算价格,是在施工图设计阶段根据一定时期的预算定额计算出来的工程总费用。由于预算定额的编制有一定的时间间隔和相对稳定性,预算价格不能完全反映当期的实际水平。因此,以预算价格计算建安工程投资额时,应将经建设单位与施工单位双方协商同意,且经商业银行同意拨款的工程价差、量差,视同修改预算价格。建筑安装工程应按修改后的预算价格计算投资完成额。

实行招标投标的建安工程,以中标价格作为计算建安工程投资额的价格依据。中标后价格有调整的,以调整后的价格作为计算投资完成额的价格依据。

对于某些工程已进入施工,但施工图预算尚未编出的,可根据工程进度先按设计概算或套用相同结构、类型工程的预算价格计算,待预算编出后再进行调整。

建设单位议价购料供应给施工单位,材料价差部分未转给施工单位的,建设单位应将这部分价差包括在建安工程投资额中。

2. 设备、工具、器具购置投资额

一律按实际价格,即支出的全部金额计算。外购设备、工具、器具除设备本身的价格外，还应包括运杂费、仓库保管费等。自行建造的设备、工具、器具，按建造过程中实际发生的全部支出计算。如果设备已经安装，而实际价格尚未结出，可暂按设计(计划)价格计算，待实际价格结出后再行调整。

3. 其他费用的计算价格

一般按财务部门实际支付的金额计算。为保证统计数字的及时性，基层单位可根据会计账面数字填报，不必等财务决算或财务报表编出。在报送投资统计月报时，可根据报告期发生的其他费用报送初步数字或预计完成数，待年报时根据会计账表进行调整。

三、房地产价格

房地产：从广义上讲，房地产是房产与地产的总称，指国家、集体及个人所拥有的房屋和土地。但就我国目前房地产业的业务范围而言，它包括归国家所有的城镇生产性或非生产性用地(城市地产)，及附着在其上的城镇生产、生活用建筑和辅助设施(城市房产)和对这些建筑、辅助设施的管理等。农村生产用地、用房及宅基地等不属城市房地产业的业务范围。国家有偿征用农村土地用于城镇建设时，只有所有权转让过程结束后，才纳入城市房地产业的经营范围。

商品房：进入房屋市场进行交易，第一次进行产权登记的商品房屋。

二手房：进入房屋市场进行交易，第二次以上进行产权登记的商品房屋。

房产价格：房产价格按取得所有权(使用权)的方式分为房屋销售价格和房屋租赁价格两种形式。

房屋销售价格：房屋销售价格指房产所有权转移时买卖双方实际成交的价格(合同价格)。房产买卖时，买房人购买的是房产的所有权，卖房人将房产所有权出让，同时要获得房产所有权出让的价值补偿。它主要包括商品房销售和二手房销售两部分。

房屋租赁价格：房屋租赁价格指房屋的所有人出租房屋而取得的实际租金。在此种流通形式中，房屋所有权不变，承租者支付房租，获得一定时期内的房屋使用权；出租者放弃或出让一定时期内的房屋使用权。它包括住宅租赁、办公楼租赁、商业用房租赁和工业用房租赁等。

商品房销售价格：商品房销售价格是指进入房屋市场进行交易的房屋，第一次进行产权登记时的实际交易价格(合同价格)。其价格由成本、税金、利润、代收费用等组成，它受地段、层次、朝向、质量、材料差价等因素的影响。

住宅：住宅是专供居住用的房屋。它主要包括经济适用房、普通住宅、高档住宅和廉租房等，职工单身宿舍和学生宿舍等也包括在内。

非住宅：非住宅是指除住宅以外的其它房屋。它主要包括办公楼、商业用房和工业仓储用房等。

私房：私房是指由个人或家庭购买、建造并拥有产权的房屋。一般情况下，居民可以自由出租或出售。

经济适用房：经济适用房是指具有政策和社会保障性质的商品住宅，是国家为解决中低收入家庭住房问题而修建的普通住房，具有经济性和适用性的特点。经济性是指住宅价格相对市场价格而言，是适中的，能够适应中低收入家庭的承受能力；适应性是指在住房设计及其建筑标准上强调住房的使用效果，而不是降低建筑标准。这类住宅因减免了工程报建中的部分费用，其成本略低于普通商品房，故称为经济实用房(安居工程住宅)。其认购是有标准的。集资、合资所建房屋也属于经济适用房。

普通住宅：普通住宅是指按所在地一般民用住宅建筑标准建造的居住房屋。普通住宅主要包括多层住宅和高层住宅。多层住宅是指2—6层(含6层)的楼房；高层住宅是指6层以上的楼房，高层住宅多安装电梯。由于各地对多层和高层的定义不一致，划分标准各地可根据实际情况酌情确定。

高档住宅：高档住宅是指按超出普通住宅建筑标准建造的高标准住宅，通常包括别墅和高档公寓。

别墅是指在郊区或风景区建造的园林式住宅，一般拥有独自的私家车库、花园、草坪、院落等。

高档公寓一般是指其单位建筑面积销售价格高于当地普通住宅销售价格一倍以上的高档次住宅，通常为复式住宅顶层有花园或多层住宅配有电梯并拥有较好的绿化、商业服务、物业管理等配套设施。

办公楼：办公楼是指机关、团体、企业、事业、学校、医院等单位的各类办公用房。其中，档次较高的、设备较齐全的为写字楼，条件一般的为普通办公用房。

写字楼：写字楼是指机关、团体、企业、事业、等单位的高档次办公用房。一般拥有较完备的办公设施，且交通便利，服务设施齐全。

商业用房：商业用房是指用于商业经营服务活动的房屋。如商场、酒店、饭店、度假村等。

工业仓储用房：指用于工业生产、存储活动的房屋。

工业厂房：工业厂房指直接用于工业生产或为工业生产配套的各种房屋。工业厂房主要包括车间、辅助用房及附属设施用房。凡工业、交通运输、商业、建筑业以及科研、学校等单位中的厂房都应包括在内。

仓库：仓库指工业、交通运输、商业、供销、外贸、物资及其他企事业单位等用于物资存储的房屋。

土地交易价格：土地交易价格是指房地产开发商或其他建设单位在进行项目开发之前，为取得土地使用权而实际支付的价格，不包括土地的后续开发费用，税费、各种手续费和拆迁费等。土地交易方式主要包括：政府出让、政府划拨、政府租赁、政府其它、市场转让、市场出租和市场抵押。

居住用地：居民住宅用地指用于建造居民居住用房所用的土地。其中主要包括经济适用房用地、普通住宅用地和高档住宅用地。

工业仓储用地：工业用地指工业生产或与工业生产相配套的各种活动所占用的场所，包括车间用地、仓库用地、辅助用房用地及附属设施用房用地等。

商业、旅游、娱乐用地：商业、旅游、娱乐用地指用于开展商业、旅游、娱乐活动所占用的场所。如用于建造商店、粮店、饮食店、公园、游乐场、影剧院、俱乐部等用地。

其他用地：其他用地指用于建造服务业用房、办公用房、教育用房、医疗用房、科学实验研究用房等所占用的土地。如理发馆、照相馆、旅馆、办公室、教室、医院、科研所等占用的土地。

项目地段:项目地段是指根据项目所在地段的土地级别而划分的项目等级。其中,土地级别是指根据土地使用价值及所处地段繁华程度的不同而划分的土地等级。目前各地的标准不一,例如北京市的土地级别分为一、二、三、四级、…、十级,而福建省的土地级别分为一、二、三、四、五级。土地没有进行级别划分的地区,我们可以将其按繁华、较好、一般和偏僻等划分为一、二、三、四级。

项目结构:项目结构是按房屋建筑的主要承重部分(如梁、柱、墙及各种构架)所用的主要材料划分为不同的结构类型,一般可分为:

(1)钢架结构:承重的主要结构是用钢材建造的。

(2)钢、钢筋混凝土结构:承重的主要结构是用钢、钢筋混凝土建造的。如一栋房屋的一部分梁柱采用钢制构架,一部分梁柱采用钢筋混凝土建造。

(3)钢筋混凝土结构:承重的主要结构是用钢筋混凝土建造的。

(4)混合结构:承重的主要结构是用钢筋混凝土和砖木建造的。如一栋房屋的梁是用钢筋混凝土制成,以砖为承重墙;或者梁是木材制造,柱是钢筋混凝土建造的。

(5)砖木结构:承重的主要结构是用砖、木材建造的。如一栋房屋是木制房架、砖墙、木柱建造的。

(6)其他结构:凡不属于上述结构的房屋都归此类。如土砖木结构(土基墙、砖柱、木梁)、木结构、竹结构、砖拱结构、窑洞等。

随着施工技术的发展和新型材料的问世而出现的一些新结构,按上述划分标准分别列入有关结构中。

权数:权数表示某商品销售的金额占全社会商品销售总金额的比重,通常以千分之多少表示。如:在商品房销售中,住宅和非住宅销售额分别占商品房销售总额的700‰和300‰,那么住宅和非住宅的权数就分别为700和300。

附录2 城市调查统计方法的简要说明

一、城镇居民家庭收支调查(城镇住户调查)

(一)调查方法

城镇居民可支配收入和收支资料是通过城镇住户抽样调查得到的。城镇住户调查采用住宅框选取调查户样本。调查对象包括中国城镇区域内的所有住户。住户调查城镇采用分层随机抽样的方法确定,首先,按照城镇规模将全国所有省(区、市)的城镇划分为三层:大中城市(地级和地级以上的城市)、县级市和县城(镇);第二,按各层人口占全省(区、市)人口的比例来分配每层的样本量;第三,按城镇就业者年人均工资从高到低排队,依次计算各城镇人口累计数,然后根据样本量的大小随机起点等距抽取所需数量的调查城镇。

调查户的抽选工作分两步进行。第一步进行一次性的大规模城镇住户基本情况抽样调查,采取分层、二(多)阶段、与大小成比例(PPS方法)的随机等距方法选取调查样本也称一相样本;第二步根据城镇住户基本情况抽样调查取得的家庭人口、就业人口、收入等资料进行分组,从中按比例抽出一个小样本也称二相样本,作为经常性调查户,开展家庭日记账工作,以取得可支配收入和相关收支资料。

为了增强样本代表性,城镇住户调查实行样本轮换制度。调查城镇中的经常性调查户要求每年轮换1/2,也就是每年有1/2的调查户要退出调查,再从一相样本中抽选1/2的新调查户替代之。

最后,由国家统计局对城镇住户调查数据进行全国汇总,得出城镇居民可支配收入和相关收支资料。

(二)开展一次性城镇住户基本情况抽样调查的必要性

城镇住户基本情况抽样调查每三年进行一次,其目的主要是为经常性调查提供抽样框和为经常性调查数据评估提供基础资料,是我国开展住户调查工作的主要特点和方法。各调查市、县采取分层、二(多)阶段、与大小成比例(PPS方法)的随机等距方法选取调查样本。取得调查户家庭人口、就业人口、收入等辅助资料后,根据这些资料进行分组,从中按比例抽出一个小样本也称二相样本,作为经常性调查户,开展日记账工作。

进行城镇住户基本情况抽样调查,首先可以全面系统地收集我国城镇居民家庭人口、就业、收入、消费的基本情况,为全面构建社会主义和谐社会提供基础资料,为各级党委和政府研究和解决好医疗、教育、住房与社会保障等人民群众最关心、最直接、最现实的利益问题提供决策参考信息。

其次,是为了抽选常规调查记账户,为常规城镇住户调查提供基础抽样框。常规城镇住户调查一直采用二相法抽选调查户。每三年在全国选出一个大样本(或称一相样本)开展基本情况抽样调查,并以此为分层依据,从中抽出一个小样本(也称二相样本)作为常规调查户,开展连续日记账工作。

第三,可以评估现行城镇住户调查中样本及数据的科学性,提高常规城镇住户调查的代表性。由于一些中小城市样本量较小,利用大样本调查的资料进行排队,采用分层、等距等抽样技术,能大大提高抽样的设计效应,尤其是对调查户数相对较少的市(县),作用更加明显。

第四,可以有效控制样本抽选或轮换时的随意性,进一步加强国家对基层常规调查户的抽选和监控,尽量避免随意换户和人为换户现象,为提高常规住户调查数据质量提供科学依据。

(三)城镇居民可支配收入与农民人均纯收入的区别

城镇居民可支配收入指调查户可用于最终消费支出和其它非义务性支出以及储蓄的总和,即居民家庭可以用来自由支配的收入。它是家庭总收入扣除经营性支出、交纳的个人所得税、个人交纳的社会保障费以及调查户的记账补贴后的收入。计算公式为:

可支配收入=家庭总收入-经营性支出-交纳个人所得税-个人交纳的社会保障支出-记账补贴

农民人均纯收入是指农村住户当年从各个来源得到的总收入相应地扣除所发生的费用后的收入总和。纯收入主要用于再生产投入和当年生活消费支出,也可用于储蓄和各种非义务性支出。“农民人均纯收入”按人口平均的纯收入水平,反映的是一个地区或一个农户农村居民的平均收入水平。计算方法为:

纯收入=总收入-家庭经营费用支出-税费支出-生产性固定资产折旧-农村内部亲友赠送

(四)恩格尔系数的概念及其经济含义

19世纪德国统计学家恩格尔根据统计资料,对消费结构的变化得出一个规律:一个家庭收入越少,家庭收入中(或总支出中)用来购买食物的支出所占的比例就越大,随着家庭收入的增加,家庭收入中(或总支出中)用来购买食物的支出则会下降。推而广之,一个国家越穷,每个国民的平均收入中(或平均支出中)用于购买食物的支出所占比例就越大,随着国家的富裕,这个比例呈下降趋势。

恩格尔系数是根据恩格尔定律得出的比例数,是表示生活水平高低的一个指标。其计算公式如下:

$$恩格尔系数=\frac{食物支出金额}{总支出金额}$$

除食物支出外，衣着、住房、日用必需品等的支出，也同样在不断增长的家庭收入或总支出中，所占比重上升一段时期后，呈递减趋势。

(五)基尼系数的概念及经济含义

20世纪初意大利经济学家基尼，根据洛伦茨曲线找出了判断分配平等程度的指标，设实际收入分配曲线和收入分配绝对平等曲线之间的面积为A，实际收入分配曲线右下方的面积为B。并以A除以A+B的商表示不平等程度。这个数值被称为基尼系数或称洛伦茨系数。如果A为零，基尼系数为零，表示收入分配完全平等；如果B为零则系数为1，收入分配绝对不平等。该系数可在零和1之间取任何值。收入分配越是趋向平等，洛伦茨曲线的弧度越小，基尼系数也越小，反之，收入分配越是趋向不平等，洛伦茨曲线的弧度越大，那么基尼系数也越大。如果个人所得税能使收入均等化，那么，基尼系数即会变小。联合国有关组织规定：若低于0.2表示收入绝对平均；0.2～0.3表示比较平均；0.3～0.4表示相对合理；0.4～0.5表示收入差距较大；0.6以上表示收入差距悬殊。

二、价格调查

(一)居民消费价格指数的含义和作用

居民消费价格指数是度量消费商品及服务项目的价格水平随时间而变动的相对数，反映居民家庭购买的消费品及服务价格水平的变动情况。它是宏观经济分析和调控、价格总水平监测以及国民经济核算的重要指标。

在日常经济生活中，大体来说CPI它有三个用途，一是测量通货膨胀之用，如果CPI在一段时期内连续高幅度上涨，就可以说发生了严重通货膨胀；二是用于国民经济核算，比如核算城市运输业价值量时要扣除物价上涨因素，从而得到了城市运输业实际成果的变化情况；三是作为利益关系方的利益调整参照系数，比如在一些西方国家中作为劳资双方工资调整的依据。

(二)居民消费价格指数的调查和编制方法

国家统计局每月在直辖市、省会城市、自治区首府城市和大连、青岛、宁波、厦门、深圳市，以及其他选中的调查市、县进行价格调查，即调查城乡居民购买并用于日常生活消费的商品和服务项目的价格。调查方式采用派员定时、定点直接调查采价。一般性商品(服务)每月调查2至3次，对于与居民生活密切相关、价格变动比较频繁的商品(服务)，每5天调查一次价格，价格变动不频繁的规格品(服务)每月调查1次。目前我国编制指数的地区根据各地情况选择了550～750个代表规格品进行调查。

各调查点每月定期报送调查数据，国家统计局根据上报数据，运用国际通用的计算方法计算出全国及分省、36个大中城市的居民消费价格指数。每月定期发布居民消费价格总指数及分类价格指数(按用途划分为8个大类：食品、烟酒、衣着、家庭设备用品及维修服务、医疗保健和个人用品、交通和通信、娱乐教育文化用品及服务、居住)。

(三)编制现行居民消费价格指数需要调查的主要内容

日常生活中，城乡居民消费的商品和服务项目包罗万象、品种繁多、变化多样。为了及时准确地编制出每个月的CPI，就要在成千上万种的商品和服务项目中选出一部分用来编制CPI。也就是说，CPI不是用全部商品和服务项目编制的，而是挑选重要的商品和服务项目用于编制CPI的商品和服务项目。计算CPI的商品和服务项目一旦被选中，一般要使用五年，最短的也要使用两三年。

如何确定每种商品和服务项目的重要性呢？目前全国有城乡12万户居民要把自己家的支出一笔一笔地记录下来，这些数据被国家统计局收集、加工出来，就得到了全国城乡居民的消费结构，并由此确定了日常消费的商品及服务项目在消费总额中的重要程度。

(四)为什么公布的居民消费价格指数与百姓的感受不一样?

老百姓的日常感受与国家统计局公布的居民消费价格指数不一致是很正常的情况。一般来说，导致这种情况的出现有这么几点原因：

1.居民消费价格指数在我国叫做城乡居民消费价格指数，代表全国的平均水平。由于我国城乡人口有13亿，这13亿消费者中有农民有城市居民，有富人也有低收入者，有生活在东南沿海经济较发达地区的居民，也有生活在中西部经济欠发达地区的居民，所以居民消费价格指数是13亿人平均水平的居民消费价格指数。因而，当某个人谈对居民消费价格指数的感受时是他(她)的个体感受，个体感受肯定会与平均水平的居民消费价格指数有差异。打个比方吧，假如说我国平均海拔是2000米，可是我国有世界上最高的高原—青藏高原，有世界海拔最高的山峰—珠峰，而东南沿海大多在海拔几百米左右。那么，如果生活在东南沿海的人就会感到这个平均海拔高了，而如果生活在青藏高原就会感到这个海拔太低了。

2.国家统计局公布居民消费价格指数时，公布的大多是总指数和类指数，作为消费者比较时，总是用自身感受的某种具体商品或服务项目价格的变动情况与居民消费价格总指数或某类指数比较，从而得出居民消费价格指数走势与感受不一致的结论。比方说吧，国家统计局公布的9月份居民消费价格指数同比上涨1.5%(但居住类商品和服务项目却上涨了5%)，如果这段时间您正好装修房子，买的建筑材料价格上涨了许多，当您看到1.5%的价格涨幅时，肯定感到国家统计局公布的居民消费价格指数低了。

3."人往高处走，水往低处流"的潜意识在起作用。每个人都希望自己的生活蒸蒸日上、日子一天比一天好，因此总是希望市场价格不涨或者下降才好。在这种心理的作用下，一种情况是人们一般对市场上商品或服务项目价格的下降不敏感或者没什么反映，但对商品或服务项目价格的上涨比较敏感；另一种情况是，有些商品价格下降很大，但大家日常生活中不常消费这些商品，所以对这些商品价格的下降就不敏感，而对日常生活中经常消费的商品或服务项目价格的上涨反映强烈(比如说，近几年来手机、彩电大幅度降价，但这些商品我们不经常消费，所以就不敏感，而水、电、燃气价格大幅度上涨，而这些商品我们天天要消费，所以我们感受强烈)。

4.收入水平和消费水平的不同导致了对价格指数感受的不同。改革开放以来，我国的国民经济有了巨大发展，人民生活水平也有了极大提高，但高收入者毕竟只是少数，绝大多数城乡居民收入水平和消费水平还不高。一般来说，收入水平和消费水平的高低会造成对价格指数感受的差异。高收入者消费水平高，消费内容广，对价格上涨的承受能力强；反之，低收入者消费水平低、消费面窄，收入主要用于吃、穿、医疗和子女的教育等方面上，对价格上涨的承受能力低。近几年来，一些生活必需品不断涨价，因此低收入者、老百姓反映敏感，感觉实际消费价格上涨的幅度应该比公布的居民消费价格指数数据高。

(五)生产者价格指数的概念及内容

生产者价格指数是价格统计指数体系的重要组成部分。它反映的是一定时期内产品出售或购买(也称产出和投入)的价格以及服务所收取费用价格的变动情况，国际上统称为PPI(producer price index)。生产者价格指数主要包括三部分：一是农产品生产价格指数，二是工业生产者价格指数(有些国家只编制制造业生产者价格指数)，三是服务业生产者价格指数。在我们国家农产品生产价格指数是从2002年正式开始编制的，在此之前一直编制农产品收购价格指数。工业生产者价格指数包括工业品出厂价格指数和原材料、燃料、动力购进价格指数两部分，这是我国起步最早、编制技术也较为完善的一种生产者价格指数。服务业生产者价格指数是起步最晚也是亟待完善的一种生产者价格指数。除上面提到的三种生产者价格指数，我国还编制了固定资产投资价格指数，包括建筑安装工程投资价格指数(它的前身为建筑业价格指数)、设备工器具购置价格指数以及其它费用投资价格指数三部分。应该说，目前我国涵盖第一、第二产业的生产者价格指数已经较为完善，而且已基本上满足了国民经济核算的需要，尤其是开展了二十多年的工业生产者价格指数无论是它的调查范围还是调查方法已得到国际同仁的认可。相比之下，我们的服务业生产者价格调查工作则远远落后于其他国家，很难满足国民经济核算的需要。因此，弄清我国服务业生产者价格统计现状及未来的发展方向，已成为一项摆在我们面前的重要工作。

(六)开展工业品价格调查的目的和任务

工业品价格调查的主要任务是按照科学的方案调查收集代表企业中代表产品的价格资料，编制工业品价格指数。它包括工业品第一次出售时的出厂价格和企业作为中间投入的原材料、燃料、动力购进价格。工业品价格是在国民经济活动中处于生产环节或上游领域的价格，其价格波动对国民经济、对下游产品价格变化都有重要影响。工业品价格指数是我国价格体系的重要组成部分。

工业品价格调查的目的在于及时、准确、科学地反映全国及各地区的各工业行业产品价格水平和各种工业产品价格的变动趋势及幅度，为国民经济核算、计算工业发展速度、宏观经济分析和调控、理顺价格体系提供科学、准确的依据。我国的工业品价格统计工作从1986年建立到现在，走过了20年的历程。这期间，工业品价格调查的方法制度不断更新，调查企业、调查产品不断增加，调查网点日益完善。工业品价格指数从总体上看，基本反映了我国工业品价格的变动趋势和变动幅度，为宏观经济分析和决策，为理顺我国价格体系，为统计分析和核算，为科研、教学部门和社会公众了解国情，提供了大量宝贵的资料，发挥了应有的作用。尤其是2004年以后，根据国际惯例及国民经济核算的需要，国家统计局正式采用价格指数法计算工业发展速度，从而使工业品价格指数的应用范围进一步扩大了。

(七)工业品价格指数在县区级计算工业发展速度中的应用

我国现行工业品价格统计制度按照国际统计一般规则的要求，不断改进和完善，正在努力接近国际先进水平，得到不少国际组织和外国专家的好评。2002年，我国加入国际货币基金组织(IMF)的通用数据公布系统(GDDS)。工业品价格调查制度经IMF专家严格审核，已登上IMF的GDDS网站，和我国居民消费价格统计等少数统计制度一起享受如此殊荣。目前，工业品价格调查的企业为50000多家，包括大、中、小等各种规模的企业，也涵盖了国有、集体、其它等各种经济类型的企业。调查市县为430多个，各省(自治区、直辖市)均编制了本省的工业品价格指数，35个大中城市及部分有条件的地级市也编制了本地区的工业品价格指数。县区级由于产业结构比较单一，一般不编制本地区的工业品价格指数，但代表性的企业要参与工业品价格的上报，以保证地市级或更高一级指数的代表性。为满足地、市、县计算发展速度的需要，现在各省(自治区、直辖市)建立了定期向地、市、县统计部门反馈分行业工业品价格指数资料的制度，各地、市、县根据本地的工业结构，选择有关行业的工业品价格指数计算工业发展速度。由于计算发展速度时，采用的是当地的行业资料做权数，因而具有足够的代表性。

(八)现行房地产价格调查统计中包括的主要内容

从广义上讲，房地产是房产与地产的总称。因此房地产价格调查的内容主要包括以下几个部分：

房屋销售价格。从进入房地产市场的渠道看，房屋销售价格包括商品房和二手房两大部分。

房屋租赁价格。房屋租赁价格包括住宅、办公楼、商业娱乐用房、工业仓储用房和其他用房五部分。

土地交易价格。土地交易价格包括居民用地、工业仓储用地、商业旅游娱乐用地和其他用地四部分。

物业管理价格。物业管理价格包括住宅、办公楼、商业娱乐用房和工业仓储用房四部分。

房地产价格调查采用重点调查与典型调查相结合的方法。调查方式采用报表与走访相结合的方式。目前我国房地产价格调查在七十个大中城市开展，调查样本超过1万个。

(九)固定资产投资价格调查主要目的

固定资产投资是社会再生产的重要环节，其规模、速度、结构、比例和效益直接影响国民经济的发展。各类投资品价格作为生产领域价格是国民经济价格体系中的重要组成部分。

固定资产投资价格调查的目的在于及时、准确地反映全社会及各类工程固定资产投资中涉及的各类投资品和取费项目价格的变动趋势和变动幅度，消除按现价计算的固定资产投资指标中的价格变动因素，真实地反映全社会及各类工程固定资产投资的规模、速度、结构和效益，为国家及各部门科学地制定、检查固定资产投资计划和进行国民经济核算提供科学的、可靠的依据。

(十)固定资产投资价格调查的主要任务

1. 调查和搜集全社会及各类工程固定资产投资经济活动中涉及的各种价格资料和费用资料，并掌握各种平均价格水平和费用标准。

2. 编制与固定资产投资经济活动有关的各种价格指数，(如固定资产投资价格总指数及主要分类指数、分工程类别投资价格指数等)，准确地反映全社会及各类工程固定资产投资价格变动幅度和变动趋势。

3. 结合固定资产投资经济和建筑业经济活动中的主要指标(如投资规模、效益和建筑业产值、成本等)，积极开展统计分析，并及时反映新情况和新问题，为宏观决策提供咨询服务。

(十一)通货膨胀的基本概念和含义

通货膨胀最初指因纸币发行量超过商品流通中的实际需要量而引起的货币贬值现象。纸币流通规律表明，纸币发行量不能超过它象征地代表的金银货币量，一旦超过了这个量，纸币就要贬值，物价就要上涨，从而出现通货膨胀。通货膨胀只有在纸币流通的条件下才会出现，在金银货币流通的条件下不会出现此种现象。因为金银本身具有价值，作为贮藏手段的职能，可以自发地调节流通中的货币量，使它同商品流通所需要的货币量相适应。而在纸币流通的条件下，因为纸币本身不具有价值，它只是代表金银货币的符号，不能作为贮藏手段，因此，纸币的发行量如果超过了商品流通所需要的数量，就会贬值。例如，商品流通中所需要的金银货币量不变，而纸币发行量超过了金银货币量的一倍，单位纸币就只能代表单位金银货币价值量的1/2，在这种情况下，如果用纸币来计量物价，物价就上涨了一倍，这就是通常所说的货币贬值。此时，流通中的纸币量比流通中所需要的金银货币量增加了一倍，这就是通货膨胀。在宏观经济学中，通货膨胀主要是指价格和工资的普遍上涨。通货膨胀在现代经济学中意指整体物价水平上升。一般性通货膨胀为货币之市值或购买力下降，而货币贬值为两经济体间之币值相对性降低。前者用于形容全国性的币值，而后者用于形容国际市场上的附加价值。两者之相关性为经济学上的争议之一。通货膨胀之反义为通货紧缩。无通货膨胀或极低度通货膨胀称之为稳定性物价。

三、城市基本情况统计

(一)城市统计的基本概念和基本任务

城市基本情况统计是以城市总体为观察对象，反映城市经济、社会等各个方面活动规律的科学，是具有全面性、综合性、地区性等特点的一项统计工作。基本任务和职责是搜集、整理、分析反映城市规模、经济发展、社会发展、城市建设、生态环境的基本现状及其发展变化的基础资料。为研究制定城市发展战略和城市总体规划；为加强城市建设和管理，更好地发挥城市的整体功能和综合效益；为加强城市在全国和区域经济中的地位与作用；为有效的开展城市之间、地区之间乃至国际间的比较研究；为反映和研究城市居民生活环境与状况、城市居民生活质量等提供科学依据。城市统计指标体系可归纳为五个部分：

1.城市人口和劳动力资源统计。包括人口状况、劳动力的素质与结构等。

2.经济发展。包括综合经济、农业、工业、建筑业、商业、外贸、投资、财政金融、保险等。

3.社会发展。包括居民收入与消费、居住、医疗、教育、文化、社会服务、旅游等。

4.基础设施。包括道路与交通、邮政与通讯、水、电等基础设施。

5.环境与环境保护。包括城市绿化、环境状况、城市环境保护和治理情况。

(二)调查方法

城市统计主要采用条块结合的统计方法，根据指标体系的内容，各城市统计部门每年从相关部门收集资料，以反映城市发展的全貌，并报上级统计部门，以全面反映区域和全国城市发展状况。